Código Penal
y Ley Penal del Menor

En color azul, los artículos modificados recientemente

Código Penal
y Ley Penal del Menor

5ª Edición

FRANCISCO JAVIER ÁLVAREZ GARCÍA
Universidad Carlos III de Madrid
ANA CRISTINA ANDRÉS DOMÍNGUEZ
Universidad de Burgos
PAZ M. DE LA CUESTA AGUADO
ANA GUTIÉRREZ CASTAÑEDA
BÁRBARA SAN MILLÁN FERNÁNDEZ
VALENTINA DIPSE
Cátedra de Derecho Penal de la Universidad de Cantabria
CARMEN SÁNCHEZ MORÁN
IOANA ANDREEA GRIGORAS
Abogadas

tirant lo blanch
Valencia, 2025

Copyright ® 2025

En caso de erratas y actualizaciones, la Editorial Tirant lo Blanch publicará la pertinente corrección en la página web www.tirant.com incorporada a la ficha del libro. En www.tirant.com dispondrá de un servicio con los textos legales básicos y sectoriales actualizados como complemento de su libro.

© Francisco Javier Álvarez García y otros

© TIRANT LO BLANCH
EDITA: TIRANT LO BLANCH
C/ Artes Gráficas, 14 - 46010 - Valencia
Telfs.: 96/361 00 48 - 50
Fax: 96/369 41 51
Email: tlb@tirant.com
www.tirant.com
Librería virtual: www.tirant.es
DEPÓSITO LEGAL: V-3084-2025
ISBN: 979-13-7021-132-5

Si tiene alguna queja o sugerencia, envíenos un mail a: *atencioncliente@tirant.com*. En caso de no ser atendida su sugerencia, por favor, lea en *www.tirant.net/index.php/empresa/politicas-de-empresa* nuestro procedimiento de quejas.

Responsabilidad Social Corporativa: http://www.tirant.net/Docs/RSCTirant.pdf

Índice

LIBRO II
DELITOS Y SUS PENAS

PRÓLOGO

1. *Introducción.* Desde las reformas del Código Penal de 2003 todas las modificaciones a este cuerpo legal fueron muy discutidas, fundamentalmente por dos motivos: improvisación y ausencia de "opinión experta", a lo que añado "falta de sensibilidad". En este sentido la reforma de 2015, impulsada por el Ministro Catalá, ha sido, seguramente (aunque en esta materia es difícil realizar un pronunciamiento rotundo, pues muchas son las candidatas cualificadas), la peor de toda la historia de España, lo que ha supuesto el definitivo desmantelamiento del Código Penal de 1995. En todo caso, desde aquel último año se han efectuado tantas reformas y, en general, tan desafortunadas que el vigente Código ya no tiene arreglo; es preciso hacer uno nuevo cuanto antes (y, a ser posible, en el que se contemple también un nuevo "Derecho penal político", incluida la supresión de algunos preceptos que traen su origen en algunas de las leyes más crueles dictadas tras la Guerra Civil, como la Ley para la Seguridad del Estado).

Pero el gran problema, a mi modo de ver, es que en las reformas (y hago las excepciones que se quieran) se han cometido dos errores, ambos de singular importancia: ausencia de una clara política criminal (sustituida en no pocos casos por ideología y, no excepcionalmente, por fanatismo y, de su mano, ignorancia), y falta del necesario "diseño normativo". Además, se ha hecho gala de una, como ya se ha apuntado, falta importante de la más mínima sensibilidad y de conciencia de las necesidades de regulación sentidas por los ciudadanos y necesarias para estos.

2. *Una mala decisión legislativa.* Veamos uno de los objetos de regulación más frecuentados por los reformadores en los últimos lustros: el hurto. Todo viene a cuento del, se supone, continuo e importante aumento de estas infracciones penales, que tienen por objeto preferente, en algunas ciudades, a visitantes (turistas), en un país como España en el que la contribución del turismo al PIB es más que relevante. La primera dificultad para la evaluación de lo acertado de las reformas llevadas a cabo es que no existen datos criminológicos fiables (no sabemos en muchos casos el proceso de producción de los que se proporcionan, y en no escasos supuestos los que se dan no están suficientemente desagregados): España tiene una carencia histórica de estadística criminal, lo que ha provocado (además de por la errónea metodología y continuos cambios en la misma) que se legisle "a ciegas"; y peor aún: basándose en "habladurías" o informaciones periodísticas poco rigurosas más que en datos. Todavía seguimos careciendo de una verdadera Oficina de Estadística Criminal mil veces reclamada. De hecho, la última reforma del hurto (LO 9/2022, de 28 de julio) ha sido impulsada por la Delegación del Gobierno en Barcelona y el Ayuntamiento de esta ciudad, que alegaban una insoportable presión de este delito (y de los "hurtadores") sobre los, especialmente, visitantes de su colapsada ciudad; y sin poner datos fiables desglosados, explicados suficientemente, sobre la mesa...se

ha procedido a la reforma del delito de hurto en un cierto sentido (que técnicamente está mal resuelto).

Que la indicada ha sido la razón de ser de la modificación del hurto resulta avalada en el Preámbulo de la aludida alteración del CP: "La reforma resulta necesaria porque, si bien la regulación actual prevé expresamente la posibilidad de aplicar una modalidad agravada del delito de hurto cuando el autor es multirreincidente, el Tribunal Supremo considera que esta posibilidad debe reservarse para los casos en que los delitos de hurto cometidos con anterioridad superan los 400 euros, pues de lo contrario se produciría un desproporcionado salto punitivo entre la pena prevista en el artículo 234.2 del Código Penal para los delitos de hurto inferiores a 400 euros, que es una pena de multa de 1 a 3 meses, y la pena prevista en el artículo 235.1.7.ª del Código Penal para los casos de multirreincidencia, que es una pena de prisión de 1 a 3 años. Esta regulación, conforme a la interpretación efectuada por el Tribunal Supremo, está suponiendo que los delitos leves de hurto que se cometen de manera multirreincidente no cuenten con una suficiente respuesta penal, a pesar de que son delitos que están siendo objeto de una creciente preocupación por afectar directamente no solo al turismo, al comercio y a la economía en general, sino también a la propia seguridad de los ciudadanos"[1].

Veamos algunos datos (que, insisto, hay que tomar *cum grano salis*). Contemplemos, en primer lugar, la Estadística Criminal de los Mossos d'Escuadra[2]. Según la dicha estadística, en el año 2023 se manifiesta en Cataluña un incremento general de criminalidad de un 6,72% respecto del año anterior (un total de 608.449); y del global de los delitos el 83% corresponde a infracciones patrimoniales, de las cuales un 40,8% son hurtos (206.023, con un incremento de 4,52% respecto al año anterior). Se carece, o no se proporcionan, datos "personales" sobre los autores de los hechos de hurto (sí los hay en relación con otros delitos, como en el caso del tráfico de marihuana donde sólo el 36% son de nacionalidad española, siendo la franja de edad mayoritaria de los sujetos activos entre los 20 y los 40 años). En cuanto a la ciudad de Barcelona, los hechos de hurto conocidos en 2023, según la Guardia Urbana, fueron de 100. 944,

---

[1]   Véase una breve exposición sobre el tratamiento de la reincidencia en el hurto desde el CP1995, en: RODRÍGUEZ CENTENO, R "Penalidad de la multirreincidencia en los delitos leves de hurto. Modificación 234 Código Penal. ¿Hacia una nueva y efectiva aplicación?", en *Diario La Ley*, núm. 10.246, 2023, *passim*.

[2]   https://mossos.gencat.cat/web/.content/home/01_els_mossos_desquadra/ indicadors_i_qualitat/estadistica/Evolucio_fets_penals_coneguts_policia-de_catalunya_2023.pdf, con diferencia las mejores estadísticas comparadas con las habidas en el resto de España; eso sí: los datos se expresan exclusivamente en catalán, pareciera de esta forma que no desean sus responsables que se difundan fuera del escaso círculo de hablantes en esa lengua).

y del total de denuncias el 48,1% responden a este injusto, habiendo crecido la comisión de estos delitos en un 6,5% con relación a 2022[3].

En lo que importa a la multirreincidencia señalar que sólo entre cinco sujetos acumularon en la ciudad de Barcelona, en 2023, 228 detenciones (según los Mossos, de un total de 526 personas catalogadas como reincidentes resultan 6.169 delitos[4]).

En lo que se refiere a los datos (pobres datos) proporcionados por el Ministerio del Interior[5], señalar que en 2022 se conocieron 642. 276 hechos de hurtos; habiendo sido en 2021 de 493.479, y en 2020 de 420.950. Se trata de incrementos anuales absolutamente disparatados que nos provocan dudas sobre la certeza de las mediciones.

Todo lo anterior debe mezclarse con una considerable alarma social que se refleja constantemente en la prensa y se incrementa por los empresarios hosteleros, que advierten a los clientes que acuden a sus instalaciones sobre la necesidad de "estar alerta" frente a los hurtos. Pero la "alarma" debe ser asimismo atendida, porque el bienestar de los ciudadanos también depende de su seguridad psicológica (se corresponda o no con los datos que ofrece la evolución de la delincuencia).

¿Reacción del Legislador a este hecho? Pues más allá de atribuir parte de la responsabilidad a las interpretaciones de la Sala Segunda del Tribunal Supremo (que cada vez con mayor frecuencia "hace" de Legislador), acude de inmediato a la reforma del Código Penal. Lo que así, sin más, es metodológicamente equivocado. Pues no se pregunta previamente por las causas de esa criminalidad, ni por las circunstancias de todo tipo referidas a los autores de los hechos, ni...; y desde luego, plantea la cuestión desde un punto de vista exclusivamente penal, como si el CP tuviera todas las respuestas idóneas frente a ese crimen. Así, el Legislador, una vez más, olvida algo esencial: el Derecho Penal es sólo uno de los instrumentos represivos y generalmente el más tosco, y no puede pretenderse un correcto enfrentamiento del problema (es decir, una oposición eficaz al crimen) con su solo auxilio[6]. Eso es populismo punitivo y conduce a un

---

[3]   https://ajuntament.barcelona.cat/guardiaurbana/es/noticia/balance-de-los-hechos-delictivos-en-la-ciudad-en-el-2023_1371744

[4]   https://ajuntament.barcelona.cat/guardiaurbana/es/noticia/balance-de-los-hechos-delictivos-en-la-ciudad-en-el-2023_1371744

[5]   https://www.interior.gob.es/opencms/es/archivos-y-documentacion/documentacion-y-publicaciones/anuarios-y-estadisticas/anuarios-estadisticos-anteriores/anuario-estadistico-de-2022/

[6]   De todas formas, cuando se hace referencia al "instrumento penal" automáticamente suele venir a la memoria la imposición de penas privativas de libertad y el cumplimiento de las mismas en centros penitenciarios; pero la realidad es muy distinta. En primer lugar, porque las sanciones más abundantes en el Código Penal español son, y con mucho, las de multa (aunque su deficiente ejecución cuestiona la eficacia); y, en segundo término, lo que es especialmente relevante, porque las herramientas de suspensión y sustitución de las penas privativas de libertad son muy usadas en la práctica, con lo cual el rigor penal que se refleja en las sentencias condenatorias no

fracaso cierto que, en muchas ocasiones, multiplica y amplifica el problema. El uso de instrumentos de asistencia social, civiles, procesales, administrativos, educativos, laborales, policiales…son indispensables para combatir ese delito, y ello por razones, en primer lugar, de eficacia: de nada, o de muy poco, sirve atrincherarse en lo existente y mostrar al exterior únicamente el arma penal, pues ello nos obligará inevitablemente no sólo a seguir soportando el delito, sino a continuar "subiendo la apuesta penal", imponiendo mayores sanciones, y ayudando de esa manera (porque el solo uso del Derecho Penal refuerza la exclusión) a la constitución de "sociedades marginales", "criminales", que amenazarán cada vez más el *statu quo*: la lucha contra la marginación inducida debe ser una de las primeras tareas de Gobierno.

Lo acabado de decir —con lo que no se descubre nada: sólo se ordenan algunas ideas que llevamos exponiendo muchos años los penalistas— señala toda una metodología en la lucha contra las "conductas desviadas". La elaboración, ante el incremento de una cierta criminalidad, de una "respuesta" adecuada exige valorar el hecho globalmente y evaluar los múltiples instrumentos que han de estar implicados en esa contestación al crimen, lo que implica conven-

viene a ser tanto. Véase a este respecto el interesante trabajo de BLAY GIL, E y VARONA GÓMEZ, D "El castigo en la España del siglo XXI. Cartografiando el iceberg de la penalidad", en *Política Criminal: Revista Electrónica Semestral de Políticas Públicas en Materias Penales*, núm. 31, 2021, *passim*, para quienes: "Si tenemos en cuenta la decisión judicial de la suspensión y la sustitución de las penas de prisión…veremos que la prisión constituye únicamente un 9,11% del conjunto de penas definitivas impuestas. Ello es así porque la mayor parte de las penas de prisión se cumplen mediante formas de ejecución alternativas, entre las que resulta mayoritaria la suspensión ordinaria. Esta opción representa el 27,65% de las penas definitivas, y la sustitución de las penas de prisión el 5,78% de las mismas. Estos datos estarían confirmando la historia de éxito de la suspensión en nuestro país" (en este contexto resulta interesante el estudio de LARRAURI, E y SALES, A "Punitivismo, exclusión social y antecedentes penales: una discusión a propósito de RIMES", en CEREZO DOMÍNGUEZ, AI *Política criminal y exclusión social*, Valencia, 2021, págs. 119 y ss., especialmente 121 y ss.).

Es cierto, sin embargo, que a esas suspensión y sustitución de las penas de prisión es posible llegar por el mal funcionamiento de la Administración de Justicia española, que por su lentitud desesperante permite que una y otra vez entre en aplicación la, mal concebida desde su fundamento, atenuante de "dilaciones indebidas"; asimismo, la, también deficientemente diseñada, atenuante de "reparación a la víctima" y su peor interpretación y aplicación por los tribunales, está provocando que en un porcentaje muy alto de delitos (que no estoy en disposición de cuantificar) provoque disminución de la pena en uno o dos grados. Uniendo ambas posibilidades de atenuación (y más aún cuando se incorpora el mecanismo procesal de la "conformidad") termina resultando que lo que son delitos muy graves, incluso gravísimos, termine provocando penas al alcance de las referidas formas alternativas de cumplimiento. Huelga decir que lo señalado provoca unos efectos muy indeseados en materia de prevención general negativa, de forma que lo que es una buena noticia (bajo índice de entrada en prisión) termina siendo demostración de una Administración de Justicia y de un Legislador que no se constituyen, precisamente, en un modelo de correcto o buen funcionamiento de dos de los poderes del Estado.

cerse de que no son sólo policía y tribunales quienes deben salir a enfrentarse: otras instancias también deben hacerlo —a veces repartiendo "justicia social"—. Ello supone una modificación en la forma de legislar penalmente, lo que deberá hacerse de la mano de equipos multidisciplinares: la respuesta al incremento de los hurtos (suponiendo que ello sea real) en la ciudad de Barcelona no puede ser la fracasada y exclusiva penal, sino una que analice causas y circunstancias y luego aplique los instrumentos más convenientes (¡también el penal si es funcional!), más eficaces.

Pero todo lo anterior no debe hacernos olvidar algo (lo que constantemente hacen aquéllos que, en el fondo, consideran que el Derecho Penal es siempre un mal, y ni siquiera un mal necesario, es decir, los vulgarmente denominados "buenistas"): que todos esos hurtos originan también centenares de miles de víctimas que ven su vida afectada de muchas maneras (a veces solo patrimonialmente, en otras ocasiones psicológicamente, en unas terceras de alteración de planes de vida...); y a esa afectación —que se ha de medir, asimismo, en términos de seguridad general y no sólo frente al concreto hecho— el Estado debe responder con la contundencia que sea precisa. No más de lo necesario, pero no menos tampoco. Hay que mirar y proteger los derechos del delincuente y mensurar la reacción estatal, pero también los de las víctimas, en primer lugar, los de las víctimas. Esta es una obligación política y ciudadana de primer orden.

En cuanto al concreto caso de los multirreincidentes es evidente que no se puede soportar que cinco de ellos hayan sido detenidos en 238 ocasiones, pues además hay que suponer que no en todas las oportunidades en que han cometido una infracción fueron interceptados por la Policía, lo que termina arrojando unas cifras de posible comisión delictiva "por cabeza", y anualmente, imposibles de tolerar; y lo mismo sucede en el total de Cataluña con los 529 reincidentes más caracterizados. Las cifras de víctimas en ambos casos se pueden contar por varios miles. Desde luego que faltan datos que nos permitan decidir qué tipo de intervención debe llevarse a cabo, y asimismo no contamos con los necesarios como para concluir que la salida a la situación debe consistir en un incremento de las penas: la decisión legislativa penal debe ser la última y no la primera. Pero paralelamente se muestra como evidente que esos multirreincidentes deben ser neutralizados por vía asistencial, educativa, administrativa, procesal...o en ocasiones también penal, pues no se puede exigir a los ciudadanos que soporten una y otra vez ataques de esa índole[7]: el Estado se encuentra obligado a actuar en defensa de los ciudadanos, se trata de una obligación constitucional en tutela de sus derechos (no debe olvidarse en el sentido anterior,

---

[7]   Téngase también en cuenta que ya no en hurtos, pero sí en delitos que antaño llegaron a ser tratados como hurtos (me refiero al "tirón"), las víctimas, que con frecuencia se trata de mujeres mayores, pueden sufrir un daño físico como consecuencia de la actividad delictiva (caída, arrastramiento...; véase por todas STS 30/1997, de 22 de enero) que con frecuencia excede con mucho el patrimonial y que en las calificaciones penales no siempre es suficiente y correctamente evaluado en lo que importa al elemento subjetivo y tampoco en los posibles concursos (en este último sentido véase SAP, Barcelona, Sección 2ª, 767/2023, de 19 de octubre).

ma por empresas de seguridad. El número de armas en poder de los particulares es, sin embargo, muy superior: más de dos millones de escopetas de caza (2.135.910), por encima de trescientas mil armas largas (380.519) para caza mayor, más de ocho mil pistolas y revólveres... A ello debe unirse, evidentemente, el número de armas que están en manos de los miembros de las Fuerzas y Cuerpos de Seguridad del Estado, Fuerzas Armadas y, sobre todo, las ilegales[12], sobre las cuales no existen cifras fiables más allá de estimaciones no suficientemente fundamentadas. En definitiva, todo un arsenal.

El resumen de todo lo anterior es que a pesar de que el número, como se ha indicado más arriba, de armas en circulación en España es muy alto, teóricamente también se halla controlado (desde luego no las ilegales). No obstante, tanto la apertura de fronteras en la UE, como la última guerra en los Balcanes, la actual en Ucrania y los distintos conflictos africanos, están provocando que armas de todo tipo, especialmente "de guerra", estén llegando a las organizaciones criminales, y ya no es algo excepcional que aparezcan en las actividades delictivas de estas últimas, especialmente las ligadas al tráfico de drogas[13]. El problema, además, se acrecienta por las posibilidades de fabricación autónoma de armas acudiendo a nuevos materiales, a novedosas formas de impresión o a la reconversión de armas de lícita tenencia (detonadoras, de aire comprimido, etc.).

Se trata de un "delito instrumental" (el de tráfico de armas) cuya peligrosidad se encuentra en función no tanto del ilícito recogido en los artículos 563 y ss., CP, sino en el de aquéllos a cuyo servicio se ponen esas armas, que siempre serán graves. Desde luego estamos hablando de ilícitos que presentan numerosos problemas técnicos e incluso de determinación de la pena[14], pero seguramente las dos mayores disfunciones tienen que ver con el control e intervención de las armas lícitas y con la escasa punición de las ilegales.

En efecto, de acuerdo con el artículo 563, CP, la tenencia de armas prohibidas y modificadas se castigarán con pena de prisión de uno a tres años. Seguramente esta sanción era la apropiada cuando las circunstancias no eran las descritas más arriba de la mano de nuestras escasas estadísticas, pero en un momento en el que las organizaciones criminales han proliferado enormemente en nuestro país, que éstas hacen uso de armas de alto potencial letal, que las dichas organizaciones se enfrentan con armas de guerra entre ellas y con las

---

[12] Véase: https://globalinitiative.net/analysis/arms-trafficking-and-organized-crime/#:~:text=The%20GI%2DTOC's%20Global%20Organized,Africa%2C%20the%20Americas%20and%20Asia.

[13] Según la Guardia Urbana barcelonesa, el 60% de sus intervenciones están vinculadas, de una forma u otra, con el tráfico de drogas (https://www.lavanguardia.com/local/barcelona/20230129/8716899/droga-esta-60-conflictos-interviene-guardia-urbana.html).

[14] Véase el espléndido estudio que realiza al respecto HAVA GARCÍA, E *El control penal de las armas. Análisis del Capítulo V del Título XXII del Código penal*, Valencia, 2019, *passim*.

fuerzas de seguridad, que las bandas juveniles (de proveniencia latina) también se han multiplicado y radicalizado y usan para sus actividades delictivas y enfrentamientos armas de fuego, parece evidente que hay que reforzar los efectos de la prevención general negativa respecto a la posesión de estas armas.

Pues bien, con el marco penal establecido en el artículo 563, CP, y si no median circunstancias extraordinarias, las penas que se imponen son muy bajas, y por sí solas —si no hay concursos con otros delitos— no provocan nunca la entrada en prisión. En este sentido, véanse las siguientes resoluciones con indicación de las penas impuestas: SSTS 432/2024, de 17 de mayo (1 año y seis meses de prisión), 337/2024, de 19 de abril (1 año de prisión), 232/2024, de 8 de marzo (1 año de prisión). SSTSJ, Castilla-La Mancha, 28/2024, de 21 de marzo (1 año de prisión), Extremadura (Cáceres) 15/2024, de 19 de marzo (1 año y nueve meses de prisión). SSAP, Burgos, 1ª, 129/2024, de 3 de abril (seis meses de prisión), AP, Valladolid, 2ª, 85/2024, de 19 de marzo (1 año y cuatro meses y 1 años y tres meses de prisión, respectivamente a los dos autores), AP, Málaga, 100ª, 6/2024, de 16 de febrero (2 años de prisión), AP, Pontevedra, 2ª, 35/2024, de 9 de febrero (1 año y dieciocho meses de prisión, respectivamente, a los dos autores), AP, Segovia, 1ª, 8/2024, de 5 de febrero (9 meses de prisión),... y un largo etcétera en el que se imponen penas del mismo tenor que las apuntadas; y lo mismo sucede en relación al artículo 564, CP, cuya Jurisprudencia abordamos en el párrafo siguiente.

En el caso de la tenencia de armas reglamentadas careciendo de licencias y permisos (artículo 564, CP), las penas son aún más bajas (de uno a dos años en caso de armas cortas y seis meses a un año en armas largas; las agravaciones específicas pueden llevar las penas, respectivamente, a marcos de dos a tres años y de uno a dos años); véase: SSAN, 9/2024, de 9 de mayo (1 año de prisión), 5/2024, de 5 de marzo (seis meses de prisión), 3/2024, de 22 de febrero (1 año de prisión), etc., etc.

A la vista de lo anterior y de que la realidad criminológica nos está informando de un creciente volumen de armas en manos de organizaciones criminales que las utilizan para enfrentarse a las fuerzas de seguridad y a otros criminales, que parte de esas armas lo son "de guerra", de que no dudan los referidos delincuentes en usarlas en todo tipo de escenarios (también en locales cerrados), et., etc., ¿se debe entender que las penas con las que se sanciona la tenencia ilícita de armas es la adecuada? ¿Qué con la amenaza de esa sanción las finalidades de prevención general se alcanzarán? ¿Qué la tenencia y tráfico de armas de fuego ilegales va a disminuir? Desde luego que la realidad nos informa de lo contrario.

¿Cuál sería la penalidad más adecuada a la vista del estado de cosas? Hace ya años[15] sugería algunos criterios sobre cómo medir la pena en el momento de

---

[15]   "Principio de proporcionalidad. Comentario a la Sentencia del Tribunal Constitucional de 20 de junio de 1999, recaída en el recurso de amparo interpuesto por los componentes de la Mesa Nacional de Herri Batasuna", en *La Ley*, núm. 4.913, de 26 de octubre de 1999.

la amenaza penal. A ese respecto ya había escrito GARCÍA ARÁN[16], en una obra que sigue siendo de referencia, que: "La proporcionalidad entre la entidad de la sanción y la gravedad de lo cometido es un principio general que, siendo irrenunciable, admite tantos y tan variados enfoques que no basta con su simple enunciado. Quien se contenta con ello deja una puerta abierta a que las penas se impongan únicamente sobre la base del daño objetivo que se desprende de la acción inicial o que la retribución sea un fin en sí misma". Teniendo en cuenta esta advertencia, y en una enumeración apresurada (lo que no se merece la materia), entiendo han de tenerse en cuenta los siguientes factores para tratar de dar una salida a un problema que es, en primer término, referencial y, en segundo lugar, valorativo. Digo "referencial", porque, como expuse en su momento, el principio de proporcionalidad, tal y como es entendido en su vigencia por el Tribunal Constitucional, impone reconocer una relación entre la pena con que se amenaza la realización de la conducta y el bien jurídico protegido[17]. De esta forma habría infracción de este principio —dicho en general— si se amenaza con pena superior el ataque a un bien de menor importancia que la agresión a uno de superior relieve. Es decir, que determinada la pena a imponer por el ataque a los bienes "de referencia"[18], la capacidad de selección de la medida de la pena en relación a otros bienes jurídicos resulta, en principio, seriamente limitada. Desde luego que esto implica, como he dicho en otro lugar, mantener la idea de una cierta jerarquización de los bienes jurídicos, lo que viene enormemente facilitado si se mantiene un concepto de bien jurídico en clave constitucional[19]

Lo anterior debe matizarse en el siguiente sentido: no existe una medida radicalmente objetiva, atemporal y neutral para calibrar la importancia de los distintos bienes protegibles. Ello, además, porque la referencia varía en el tiem-

---

[16] *Los criterios de determinación de la pena en el Derecho español*, Barcelona, 1982, pág. 212.

[17] Seguramente el estudio más reciente en materia de proporcionalidad es el contenido en la Tesis Doctoral de PENA GONZÁLEZ, W *La proporcionalidad de las penas como criterio de control de la legitimidad del castigo estatal*, Universidad de Salamanca, 2024 (accesible en https://www.educacion.gob.es/teseo/imprimirFicheroTesis.do?idFichero=TJjV5qsbBZQ%3D).

[18] Tradicionalmente se ha jugado en España, como máxima pena a imponer, con la de quince años de prisión, que habría de otorgarse al delito de homicidio. Esta referencia temporal fue tomada de un estudio alemán de los años 30 del pasado siglo y carece de todo sustento científico, sólo ha pasado de unos autores a otros y se ha terminado asentando con el razonamiento de: "toda la doctrina científica asevera". Véase a este respecto mi "Estudio Preliminar. Sobre los fines de la pena en el Ordenamiento constitucional español", en ÁLVAREZ GARCÍA, FJ y otros *Los efectos psicosociales de la pena de prisión*, Valencia, 2009, págs. 36 y ss. Véase también DÍEZ RIPOLLÉS, JL *Delitos y penas en España*, Madrid, 2015, págs. 101 y ss.

[19] Véanse mi "Bien jurídico y Constitución", en *Cuadernos de Política Criminal*, núm. 43, 1991, págs. 5 y ss., e *Introducción a la teoría jurídica del delito*, Valencia, 1999, págs. 11 y ss.

po no sólo teniendo en cuenta la significatividad social del bien, sino también necesidades concretas de tutela. En el sentido anterior, además, ha de tenerse en cuenta que una conducta puede estar en lo particular, y contingentemente, castigada con una sanción que esté muy por debajo de la que "por rango" le correspondería; ello puede ser así porque se entienda que a la vista de las concretas circunstancias la sanción minusvalorada es suficiente para conseguir las finalidades tuitivas[20]. Es decir: no hay por qué acudir al máximo nivel de pena amenazada si no hay necesidad de ello.

Más otras pautas, además de las anteriores, deben ser usadas a la hora de establecer marcos penales (para evitar, entre otros efectos indeseables, que la tentativa se castigue con la misma pena que el delito consumado —criterio por el que de vez en cuando opta el Legislador, es el caso de los delitos de emprendimiento— o que al tipo imprudente le corresponda la misma sanción que al doloso, o que el de peligro se equipare al de resultado); estas deben ser, entre otras, las derivadas de los siguientes principios: proporcionalidad, fragmentariedad, especial posición del bien de que se trate en el seno del Ordenamiento Jurídico, elementos subjetivos, grados de ejecución de la conducta y de participación, planteamientos preventivo generales y especiales, criterios motivacionales, peligrosidad del sujeto activo, frecuencias de comisión del concreto hecho delictivo, etc. Pero en todo caso debe tenerse en cuenta que la muy escasa presencia de ciertas conductas delictivas o la comprobada efectividad de otros instrumentos de todo tipo (no sólo tienen que ser los jurídicos, sino que pueden serlo los asistenciales, verbigracia), pueden, deben, llevarle al Legislador a la conclusión de la innecesariedad de acudir en el concreto caso al instrumento penal, o a la imposición de sanciones penales muy atenuadas, lo que ha sucedido con los delitos de tráfico de armas —quizás no con el referido a los depósitos de las mismas, por más que se pudieran hacer matizaciones en cuanto a la tipología de algunas de estas armas.

Pues bien, de los criterios terminados de exponer y de la actual criminología de los delitos de tenencia y tráfico de armas (en este sentido, no debe olvidarse que la libre circulación de personas y mercancías en el interior de la UE ha debilitado el control sobre determinados comportamientos peligrosos), así como del aumento de actividad violenta llevada a cabo por las organizaciones criminales, se deduce que las penas por los delitos a los que me estoy refiriendo deben ser notablemente, notablemente incrementadas (al mismo tiempo que modificadas —en el sentido que indica HAVA GARCÍA— las respectivas tipicidades, ya que como indica la autora acabada de citar presentan numerosos defectos). Pues, en términos de prevención general negativa, ¿qué temor puede prender en un miembro de las organizaciones criminales por el hecho de poseer potentes "armas de asalto", si lo más que puede esperar es una pena que en ningún caso le llevará a la prisión (si no es en supuestos de concursos con otros

---

[20]   Ha de contarse con que el "ámbito de juego" viene delimitado también por el horizonte (el marco penal) de sanción (tanto en cantidad como en naturaleza) que se seleccione.

delitos)? Siendo así, además, que la posesión de las mismas le otorga, frente a otras organizaciones criminales y las mismas fuerzas de seguridad, una mayor "temibilidad".

Produce, también, inquietud la falta de un control administrativo más efectivo sobre la tenencia y circulación de las armas. Ya, en la "Europa de los comerciantes" se adoptó la Directiva 91/477/CEE del Consejo, de 18 de junio de 1991, sobre el control de la adquisición y tenencia de armas[21], que, también en este sensible campo, venía a consagrar una cierta libertad de mercado que más tarde, a la vista de los resultados habidos y los previsibles excepto para la ambición de fabricantes y comerciantes de armas, hubo que limitar. A ese factor hay que unir el hecho de que España es uno de los principales países del mundo en fabricación y venta del tipo de armas y munición que puede ser de interés para las organizaciones criminales, y que, lógicamente, trae como corolario la constitución de grupos de interés que pugnan por una mayor liberalización de la tenencia y tráfico de armas. En todo caso, parece que a la vista de las circunstancias se presenta como necesario un mayor control de las armas de fuego en poder de particulares.

La cuestión, a partir de los datos anteriores, es tomar la decisión de, por la baja criminalización de la conducta de tenencia de armas, si acercarnos a aquellos países en los que existe una gran laxitud en cuanto a la tenencia y las licencias de armas (EE.UU, México y Guatemala por referirme sólo a países cuyas constituciones reconocen el derecho a portar armas, con unas tasas altísimas —para nuestro estándares— de homicidios por cien mil habitantes y una participación en ellos de las armas de fuego más que relevantes, y todo ello al margen de matanzas colectivas esporádicas[22]), o por el contrario mantener

---

[21] Hoy derogada por otras como la Directiva (UE) 2017/853 del Parlamento Europeo y del Consejo, de 17 de mayo de 2017, y la Directiva de Ejecución (UE) 2019/68 de la Comisión, de 16 de enero de 2019; todo lo cual llevó a la modificación de nuestro Reglamento de Armas -RD 137/1993, de 29 de enero- por RD 726/2020, de 4 de agosto.

[22] En este sentido, las "noticias" que llegan del país -por lo que conocemos- que más recientemente ha decidido "armar" a su población civil para que los ciudadanos ejerzan su "legítima defensa" frente a los bandidos (el argumento más utilizado por los partidarios de legitimar la tenencia y porte de armas por los ciudadanos) no pueden ser más intranquilizadoras. Me refiero a Ecuador. Pues bien, en ese país (algo más de 18 millones de habitantes) se registraron en 2023 8.004 homicidios de los cuales más del 80% fueron muertes por arma de fuego; Ecuador tiene una tasa de homicidios por cien mil habitantes de 47,25 en 2023 (en la provincia de Los Ríos se llega hasta 110), y una tasa interanual de crecimiento de los homicidios del 65%. Con esos datos, el Presidente Noboa ordenó el 8 de enero de 2024 el estado de excepción. Véase el *Boletín anual de homicidios intencionales en Ecuador. Análisis de las estadísticas finales de 2023* (en el citado Boletín se advierte que a la vista de los terribles datos en los meses de noviembre y diciembre de 2023 no se comunicaron las cifras de homicidios, con lo que hubo que completar la serie con las estadísticas ofrecidas por la Policía, que las proporciona de la mano de una metodología diferente). El Boletín está disponible en https://oeco.padf.org/wp-content/uploads/2024/04/OECO.-BOLETIN-ANUAL-DE-HOMICIDIOS-2023.pdf

nuestros criterios al respecto, limitar más aún la tenencia y tráfico —incluso el lícito— de armas, y establecer amenazas penales y administrativas contundentes que produzcan un efecto que motive fuertemente en contra de la posesión de armas.

4. *La ideología codificada*. La LO 10/2022, de 6 de septiembre, más allá de evidenciar su redacción un gran desconocimiento de técnica penal, ha manifestado unas implicaciones ideológicas que difícilmente casan con un Derecho Penal democrático. Lo mismo sucede con otras normativas en materia sexual dictadas recientemente. Veamos algunos puntos concretos.

Como ya he manifestado en otro lugar[23], la decisión de dictar una Ley Orgánica de la que expresamente se excluye a los varones mayores de edad, a pesar de que por su naturaleza podrían comprenderse en la norma, constituye una decisión no sólo imposible de compartir sino tampoco de justificar mínimamente en términos democráticos. En efecto, el artículo 3.2 de la citada LO preceptúa:

"Ámbito de aplicación.
La presente ley orgánica es de aplicación a las mujeres, niñas y niños que hayan sido víctimas de violencias sexuales en España, con independencia de su nacionalidad y de su situación administrativa; o en el extranjero, siempre que sean de nacionalidad española, pudiendo a estos efectos recabar la asistencia de embajadas y oficinas consulares prevista en el artículo 51, todo ello sin perjuicio de lo establecido en la Ley Orgánica 6/1985, de 1 de julio, del Poder Judicial, respecto a la competencia de los tribunales españoles"[24].

---

[23] ÁLVAREZ GARCÍA, FJ "La libertad sexual en peligro", en *Diario La Ley*, núm. 10.007, 2022, e *id.*, "Algunos comentarios generales a la Ley Orgánica 10/2022, de 6 de septiembre, de garantía integral de la libertad sexual", en *Revista Electrónica de Ciencia Penal y Criminología*, núm. 25, 2023.

[24] En otros preceptos de la Ley (artículo 1.2) se insiste en la misma idea:
*"La finalidad de la presente ley orgánica es la adopción y puesta en práctica de políticas efectivas, globales y coordinadas entre las distintas administraciones públicas competentes, a nivel estatal y autonómico, que garanticen la sensibilización, prevención, detección y la sanción de las violencias sexuales, e incluyan todas las medidas de protección integral pertinentes que garanticen la respuesta integral especializada frente a todas las formas de violencia sexual, la atención integral inmediata y recuperación en todos los ámbitos en los que se desarrolla la vida de las **mujeres, niñas, niños y adolescentes**, en tanto víctimas principales de todas las formas de violencia sexual"*.
No se trató de un olvido ni de un error circunstancial. No. Pues ya en el Informe del Consejo Fiscal al Anteproyecto de Ley Orgánica de Garantía Integral de la Libertad Sexual, de 2 de febrero de 2021 (pág. 16), se decía: "En el apartado 1 del artículo 1 se establece que el objeto de esta ley es 'la protección integral del derecho a la libertad sexual mediante la prevención y la erradicación de todas las violencias sexuales contra las mujeres, las niñas y los niños, en tanto que víctimas fundamentales de la violencia sexual'. **No se considera correcta la formulación del objeto de la ley en tales términos. La libertad sexual se configura como una manifestación del derecho a la libertad del artículo 17 Constitución española, libertad que se predica de toda persona**, como se analizará con más detenimiento al tratar la Disposición final quinta". Pues bien, el efectuar un mero cambio del contenido del

Se trata, la de excluir a los varones, de una decisión que se explica y justifica en el mismo Preámbulo de la disposición; no se trata, pues, de un "olvido" en la redacción del precepto:

> "Las consecuencias físicas, psicológicas y emocionales de las violencias sexuales **pueden afectar gravemente o incluso impedir la realización de un proyecto vital personal a las mujeres y las niñas,** que se pueden ver sometidas a las relaciones de poder que sustentan este tipo de violencias".

¿Es que acaso los varones, adultos y niños, no sufren secuelas físicas y psicológicas como consecuencia de haber sido víctimas de violencias sexuales[25]? Recordemos, por ejemplo, lo afirmado en el "Informe sobre los abusos sexuales en el ámbito de la iglesia católica y el papel de los poderes públicos. Una respuesta necesaria", de octubre de 2003, y elaborado por el Defensor del Pueblo, sobre las consecuencias de los abusos sexuales en víctimas adultas: "El impacto de esta relación [de abuso sexual] es psicológico, emocional, físico, espiritual, en definitiva, es existencial, pues abre un boquete en la interioridad de la persona victimizada. A partir de ese momento, la experiencia traumática y sus consecuencias pasan a configurar la propia identidad y a dificultar la vida en el mundo y la relación con otras personas". No son necesarias mayores citas para demostrar la incidencia del abuso sexual sobre la vida adulta (aunque hubieran sido víctimas del abuso en la niñez), de la misma forma que no hay que probar que el sol sale todas las mañanas. Pero sí proporcionar dos datos más: la mayor parte de las personas abusadas en el "ámbito de la iglesia" son varones[26]; el segundo, en el ámbito internacional está demostrado que cuanto más catolicismo más abusos sexuales a niños y jóvenes varones.

¿A qué obedece la decisión de excluir a los varones adultos —como víctimas— del ámbito de la LO 10/2022? ¿Quizá a que no hay libertad sexual que proteger en los varones (quizá tampoco en las prisiones masculinas)? ¿O a que el abuso sexual, a pesar de lo que afirma el Defensor del Pueblo y toda la literatura consultable, no deja huella en los varones adultos que pasan a ser así unas "bestias insensibles"[27]? Quizá esta última conclusión pudiera parece exagerada, pero no lo es tanto si se contempla el tenor del artículo 33.1 de la LO:

---

precepto pasándolo del 1.1 al 1.2 de la LO no es suficiente para solventar tachas de ilegalidad, se parece más a un juego infantil que a otra cosa.

[25] Parece que no, pues de otra forma no se hubiera incluido en el Preámbulo de la LO 10/2022, una "reflexión" como la siguiente: "Asimismo, al tratarse de una norma compleja **que abarca un ámbito particular pero amplio de la violencia contra las mujeres,** la regulación por una ley *ad hoc* exhaustiva constituye el instrumento más adecuado para garantizar la consecución de dichos fines". Que se trata de una norma en cuyo ámbito únicamente tienen cabida las mujeres, resulta evidente.

[26] Véanse págs. 182 y ss. del citado Informe del Defensor del Pueblo.

[27] No es buen camino histórico degradar humanamente a un colectivo, pues las consecuencias de ello se terminan manifestando en la caída de todo tipo de reservas morales respecto de las víctimas de esas colectividades. Véase el reciente caso del ex Embajador del Estado judío ante la ONU, Dan Gillerman, que define a los palestinos como "animales horribles e inhumanos" (https://www.aa.com.tr/es/mundo/

"Artículo 33. El derecho a la asistencia integral especializada y accesible.
1. Todas las personas comprendidas en el apartado 2 del artículo 3 de esta ley orgánica tienen derecho a la asistencia integral especializada y accesible que les ayude a superar las consecuencias físicas, psicológicas, sociales o de otra índole, derivadas de las violencias sexuales..."

Tómese en cuenta que el apartado 2 del artículo 3 de la LO se refiere exclusiva y nominativamente **"a las mujeres, niñas y niños"**. Los varones adultos quedan privados de asistencia, apartados del ámbito de tutela de la Ley. Se trata, pues, de una Ley que siendo así que se refiere a hechos de los cuales son también víctimas los hombres, opta por apartar a estos del ámbito de la misma[28]. ¿Por qué? Una sola interpretación salta a la vista: el hombre, el varón, es conceptualmente el enemigo, por ello se le deja fuera de la tutela legal, aunque sea víctima; por eso, en la Ley, únicamente se le recuerda cuando se trata de "reeducarle"[29], pero carece de derechos en ese ámbito legal: se trata de un planteamiento que ideológicamente posee una traza muy clara...y colorida.

exembajador-de-israel-ante-la-onu-llama-a-los-palestinos-animales-horribles-e-inhumanos/3034605); y en el mismo sentido el Ministro de Defensa israelí: "Estamos luchamos con animales humanos..." (https://www.europapress.es/internacional/noticia-ministro-defensa-israeli-anuncia-completo-asedio-gaza-estamos-luchando-contra-animales-20231009113938.html). Con semejante escenario, no resulta extraño que el Ministro israelí de Seguridad Nacional proponga: "Se deberían disparar balas a la cabeza de los prisioneros, en lugar de darles más comida" (https://www.eldiario.es/politica/ministro-ultra-israeli-pide-ejecucion-presos-palestinos-disparos-cabeza_1_11489587.html).

[28]   Desde luego se "riza el rizo" con el artículo 34.2: "Se garantizará, a través de los medios necesarios, el acceso integral de las mujeres con discapacidad, así como de las niñas y los niños víctimas de violencias sexuales, a la información sobre sus derechos y sobre los recursos existentes...". ¿Por qué no a los varones con discapacidad? ¿Qué peculiaridad tienen los discapaces varones para no ser atendidos? Muy sencilla la respuesta: son hombres, varones, no tienen hechos, por tanto, méritos para asistencia especializada.
Son "infrahumanos", como diría el Ministro de Defensa israelí, y por eso no se les reconoce derechos. ¿Acaso cabe una mejor explicación?

[29]   Artículo 9.1 b), LO 10/2022: "Campañas de concienciación y sensibilización dirigidas específicamente a hombres, adolescentes y niños para erradicar los prejuicios basados en roles estereotipados..." [también en el caso del artículo 9.1.f)].
Como señalaba en mi publicación ya citada "La libertad sexual en peligro" (pág. 19): "Resulta llamativo..., que esas campañas de 'concienciación y sensibilización' (reeducación) se dirijan solamente a varones en toda su amplitud. Ello obliga a subrayar tres aspectos: a) Se señala tácitamente al varón como "el enemigo"; b) Al implicarse al "niño", sin limitaciones en cuanto a la edad, entre el objeto de la norma, se apunta a la creencia genética en su "maldad"; c) Se excluye a la mujer, *in toto*, siendo así que en no pocos casos la mujer es portadora clara de la ideología machista (piénsese, verbigracia, en el caso de las abuelas llevando a cabo la mutilación genital de las nietas); d) Es evidente: no sólo estamos ante una Ley casi exclusivamente para las mujeres, sino también contra el hombre desde el nacimiento de éste"

Pero todo el entramado legal que se ha construido en los últimos años (y especialmente el impulsado por la LO 10/2022) implica un tratamiento discriminatorio de los varones adultos en cuanto víctimas de delitos contra la libertad sexual, pues como se ha visto se les excluye de medidas asistenciales y de apoyo de todo tipo que sí se diseñan en favor de mujeres, niñas y niños (aunque con algún matiz en referencia a estos últimos). En cuanto a la decisión tomada en relación a los varones como sujetos activos de delitos sexuales, se encuentra en un camino de apartamiento de estos de la comunidad de ciudadanos. A esto último responde el que cualquier atentado sexual (que no debe olvidarse son llevados a cabo muy mayoritariamente por varones) resulte castigado con unas penas —y sanciones administrativas— que excluyen a estos por largo tiempo de muy diversos contextos sociales. Esa decisión de marginación es lo que explica el tenor del artículo 180.3, CP:

> "En todos los casos previstos en este capítulo, cuando el culpable se hubiera prevalido de su condición de autoridad, agente de ésta o funcionario público, se impondrá, además, la pena de inhabilitación absoluta de seis a doce años".

Pues bien, habida cuenta de que si se aplicara el artículo 178.4, CP, podríamos encontrarnos con que una pena de multa llevará aparejada la de inhabilitación absoluta de hasta doce años, la conclusión —más allá de otras que ahora no interesan— es que la reforma legal introducida en este precepto tiene la finalidad de apartar de la "vida civil", de la "comunidad de ciudadanos", a los incursos en cualquier delito contra la libertad sexual, siendo absolutamente irrelevante la gravedad del mismo (no debe olvidarse, además, que tal pena tendrá efectos importantes en materia de prescripción, reincidencia y antecedentes penales: es evidente, desde luego, que a los delincuentes sexuales se les quiere meter en un pozo ¿cómo se cohonestan esas disposiciones con el tenor del artículo 25.2 CE? ¿es que acaso esos delincuentes tendrán oportunidad de reinsertarse socialmente?, como veremos en lo que continúa desde luego que no).

En efecto. El artículo 192.3, II, CP, posee el siguiente tenor:

> "Asimismo, la autoridad judicial impondrá a las personas responsables de los delitos comprendidos en el presente Título, sin perjuicio de las penas que correspondan con arreglo a los artículos precedentes, una pena de inhabilitación especial para cualquier profesión, oficio o actividades, sean o no retribuidos, que conlleve contacto regular y directo con personas menores de edad, por un tiempo superior entre cinco y veinte años al de la duración de la pena de privación de libertad impuesta en la sentencia si el delito fuera grave, y entre dos y veinte años si fuera menos grave. En ambos casos se atenderá proporcionalmente a la gravedad del delito, el número de los delitos cometidos y a las circunstancias que concurran en la persona condenada".

Dice el Tribunal Supremo en una reciente resolución (625/2024, de 19 de junio), que el "beso robado" constituye actualmente, y siempre, delito de agresión sexual (es irrelevante el lugar del cuerpo de la víctima en el que se estampa el ósculo, "cualquier parte del cuerpo de la víctima" dice la Sala; es decir, que un beso no consentido dado en la espalda de la víctima —en el abrigo— puede llegar a ser merecedor de una pena de cuatro años de prisión[30]. Éste es el criterio

---

[30]   Es el fanatismo del Legislador quien ha propiciado este disparate, junto con una interpretación desajustada de la norma por parte de los magistrados de la Sala 2ª -sin duda muy presionados socialmente-. Como es conocido estos atentados leves se cas-

de la Sala 2ª del Tribunal Supremo[31]). Es decir: que una agresión sexual sancionada con pena de multa, además de (jugando con los límites máximos) con hasta doce años de inhabilitación absoluta, deberá castigarse con hasta veinte años de inhabilitación especial "para cualquier profesión, oficio o actividades, sean o no retribuidos, que conlleve contacto regular y directo con personas menores de edad". A lo ya expresado deberá unirse, por otra parte, el plazo para la cancelación de antecedentes penales, y la inclusión en el Registro Central de Delincuentes Sexuales (RD 1110/2015, de 11 de diciembre), que tiene un término de cancelación de hasta treinta años que "se contará desde el día siguiente a aquél en que se considere extinguida la pena".

Estamos, pues, ante todo un programa de inocuización del delincuente que ideológicamente tiene un pésimo significado y peor color. Aunque una ideología muy clara y atemorizante.

Pero todavía hay más en lo sexual. En efecto, el Legislador decidió instaurar una especie de "tarifa plana" en esos delitos contra la libertad sexual. Así, la tradicional, y obligada jurídicamente, diversificación de penas a la vista de la distinta gravedad de los injustos había sido olvidada completamente en las últimas reformas en materia sexual. En este sentido, la LO 10/2022 consagraba, en el artículo 178, CP, la idea de que el Juez dispondría de todo el marco penal —desde una multa a cuatro años de prisión— para decidir qué pena imponer ante atentados sexuales cometidos con muy diferentes modalidades: ya fuera con violencia o se tratare de un ataque sorpresivo y poco intenso. El Legislador renunciaba, por tanto, a sus facultades de determinación de la gravedad de lo injusto y de fijación de la pena, y lo confiaba todo al Juez..., al arbitrio de éste, con la consecuencia de equiparar lo que no es igual y de infringir el principio de igualdad en la aplicación de la Ley, pues un arbitrio tan amplio lleva consigo a una muy desigual aplicación de la norma por los numerosísimos operadores jurídicos. Las críticas —y los desastrosos efectos prácticos— dirigidas a esa incorrecta opción legislativa, llevó al dictado de la LO 4/2023, de 27 de abril, que, haciendo equilibrios, construyó un tipo agravado de agresiones sexuales violentas, intimidatorias o realizadas sobre víctima que tuviere anulada su voluntad, a las que se pasó a imponer mayor pena que al resto de las agresiones sexuales. Sin embargo, esa modificación legislativa no ha evitado un "pecado

tigaban en su momento como una vejación injusta de carácter leve (falta); posteriormente se llevó este caso a los abusos sexuales (que disponían una pena de hasta tres años de prisión o multa, lo que también era excesivo habida cuenta de la gravedad de lo injusto) y hoy se sancionan por la vía de la agresión sexual. En verdad este tratamiento de semejantes conductas, u otras parejas, se me antoja radicalmente desproporcionado, más hubiera valido hacer previsión de un "desaguadero" (para lo cual podría servir el artículo 173.4, CP, despojándole de las limitaciones de autoría) al que poder acudir ante ataques sexuales de bajísima intensidad. Pero esta posibilidad fue rechazada airadamente por las responsables del Ministerio de Igualdad, desgraciadas autoras de la LO 10/2022.

[31]   La determinación de la pena en el caso de la sentencia citada no constituyó, precisamente, un alarde de técnica jurídica.

original" legislativo: el haber suprimido los diferentes escalones que consagraban una distinta gravedad de los injustos atendiendo a los modos de comisión; de esta forma, continúa habiendo una equiparación valorativa no deseable entre muy diferentes formas de realización del hecho y existiendo un ámbito de arbitrio desmesurado para el Juez en lo que importa a la fijación de la pena. Sería necesario repensar todo el sistema (y mientras tanto seguir "soportando" las consecuencias de la retroactividad favorable).

Pero dentro de los inacabables errores técnicos cometidos en la elaboración de la LO 10/2022[32], destaca el "olvido" de inclusión de las obligadas —en este caso— disposiciones transitorias[33]; y quizá aún más: las justificaciones y los "remedios" sugeridos para ese olvido, tanto las invocadas por las autoras de la LO como por sus "animadores", resultan extraordinariamente llamativos. Todos ellos han olvidado —posiblemente nunca lo supieron— algo elemental: la naturaleza de esas disposiciones —que pueden ser repetidas en redacción idéntica en muchas leyes— provoca que estén destinadas a agotarse en sí mismas; es decir: que tras solventar los problemas del "tránsito" de una concreta norma a otra particular, quedan sin eficacia ninguna: no pueden tener ultraactividad, no pueden ser trasplantadas a otra Ley.

En lo relativo a las penas privativas de derechos (y las consecuencias administrativas) la sanción es sustancialmente idéntica con independencia de la gravedad de la acción realizada: a lo que hay que atender no es tanto a lo injusto cometido como a que se está ante un delincuente sexual (Derecho Penal de autor), de forma que todos los infractores han de ser "recompensados" con idéntica sanción, pues en definitiva el problema penal está en el sujeto y no en el hecho. De ahí que sea imperativo imponer la medida de libertad vigilada —artículo 192.1, CP— a todos los "delincuentes sexuales" (la única diferencia se encuentra en la duración de la medida: hasta diez años si se tratara de delitos graves y hasta cinco años en caso de delitos menos graves); es indiferente que se tratara de un injusto de acoso sexual castigado con prisión de seis a doce meses que de una agresión sexual agravada sancionada con pena de prisión de doce a quince años; de un delito de exhibicionismo punido con pena de hasta

---

[32]   Por ejemplo, no es comprensible que una agresión sexual del artículo 178.1, CP, llevada a cabo con prevalimiento de una situación de superioridad, artículo 180.1.5ª, CP, se castigue con pena mayor que una agresión sexual violenta; o tampoco lo es que la utilización de fármacos para anular la voluntad de la víctima tenga, también, pena superior a la agresión violenta (todo esto, por cierto, puede provocar no pocos problemas de *bis in idem*). Lo que ha sucedido, en este y en otros casos, es que la supresión de los "escalones" y su sustitución por tipos agravados ha conducido a dislates valorativos. Tampoco es correcto saltar al tipo agravado por, sin más, la presencia de varios autores, y asimismo constituye un error el partir del mismo grado mínimo de la pena ante injustos de diferente gravedad, porque, aunque el techo del marco penal sea distinto, la tentativa o el juego de las atenuantes puede acabar equiparando lo que valorativamente es distinto.

[33]   Véase pormenorizadamente mi: "Algunos comentarios generales a la Ley Orgánica 10/2022, de 6 de septiembre, de garantía integral de la libertad sexual", ob. cit., págs. 10 y ss.

un año de prisión o de prostitución coactiva castigada hasta con cinco años de privación de libertad. La libertad vigilada se impondrá en todos los supuestos.

En fin, una ideologización antiliberal y arbitraria del Ordenamiento penal. Toda una demostración de hasta dónde se está dispuesto a llegar en la aplicación de un Derecho Penal autoritario.

4. Hemos visto tres supuestos en los que una deficiente política criminal arroja resultados que no favorecen —al contrario— la reducción de los delitos (hurto y tráfico de armas) o que (atentados a la libertad sexual) imponen una política criminal fuertemente autoritaria, en línea con los movimientos de ese carácter que podemos ver en distintas naciones europeas en los últimos años y que recuerdan otros más lejanos. Una correcta tipificación de esas conductas (y cualesquiera otras recogidas en el Código) exigiría la contemplación de unas buenas estadísticas criminales, que nos permitan conocer frecuencias en la comisión de los injustos, modalidades más habituales de comisión y zonas más necesitadas de represión penal; y solamente después, la elaboración de líneas definidas de política criminal encajadas en un entorno democrático, donde puedan escogerse aquellos instrumentos de intervención más adecuados (que no han de ser, necesariamente, de naturaleza penal).

5. *Conclusiones*. Sólo he querido utilizar unos ejemplos para evidenciar lo erróneamente que ejerce sus facultades el Legislador. Hay muchos otros casos en el Código Penal como el ya aludido: Derecho Penal político, delitos contra la Administración Pública (cuya última reforma los ha empeorado —malversación— hasta límites escandalosos y abriendo ámbitos de impunidad), delitos contra la familia, contra la Administración de Justicia, contra..., y luego problemas más puntuales como los relativos a la prostitución cuya regulación está amenazada por el fanatismo más radical y autoritario, la trata de personas que acumula carencias históricas, la regulación del asesinato donde en la última reforma se ha evidenciado un populismo importante y una incomprensión evidente de las necesidades de legislación —además de defectos técnicos escandalosos—, un nuevo abordaje de la receptación...y un largo etcétera.

Se hace, pues, preciso, iniciar la redacción de un nuevo Código Penal con una metodología diferente a la utilizada en las muchas reformas habidas durante los últimos treinta años, que nos permita ofrecer a los ciudadanos y a los jueces un cuerpo legal atinado y claro...alejado de fanatismos.

FCO. JAVIER ÁLVAREZ GARCÍA
Catedrático de Derecho Penal
Universidad Carlos III

NOTA PREVIA

Las cotidianas reformas —y contrarreformas— de la legislación penal están convirtiendo en muy dificultosa la tarea de elaboración y manejo de cualquier edición de un Código Penal; esta situación se ha visto agravada con la aprobación de leyes que vienen a modificar artículos que se habían visto ya previamente afectados por alguna —o incluso por varias— de las numerosas leyes de reforma de nuestro Código Penal que han visto la luz en los últimos años y muy especialmente desde el 2003.

En este contexto, la necesidad de simplificar en lo posible el manejo de un Código de las características del que aquí se presenta, evitando un excesivo incremento de su volumen con la introducción de textos que han dejado de estar en vigor —aunque dada la sorprendente celeridad de nuestra Justicia Penal es cierto que pueden seguir siendo aplicados hasta dentro de veinte o treinta años, y hay sobrados ejemplos recientes al respecto—, nos ha conducido a incluir únicamente lo siguiente:

1º. El texto que está actualmente en vigor, destacándose en azul aquellos artículos, apartados o párrafos que han sido modificados por la LO 1/2024, de 10 de junio, de amnistía para la normalización institucional, política y social en Cataluña, en el bien entendido que se colorea todo el pasaje afectado —incluso cuando se haya tratado de un simple cambio en la numeración y no en el contenido material, y no sólo las singulares palabras involucradas en la reforma.

2º. A continuación de cada artículo, apartado o párrafo modificado desde el año 2010 en adelante se ha incluido en cursiva el texto anterior, con la excepción de los afectados por las LLOO 2/2015, de 30 de marzo en materia de terrorismo y 10/2022, de 6 de septiembre, de garantía integral de la libertad sexual, cuyo texto anterior se ha incluido íntegramente en los Anexos VI y XV, respectivamente.

En todo caso es conveniente tener en cuenta las fechas de entrada en vigor de las últimas leyes de modificación del Código Penal; en concreto, las dictadas desde el año 2003 hasta la actualidad que serán las más utilizadas en los Tribunales. Esas citadas fechas son las siguientes:

1. LO 1/2003, de 10 de marzo, para la garantía de la democracia en los Ayuntamientos y la seguridad de los Concejales (entrada en vigor el 12 de marzo de 2003).

2. LO 7/2003, de 30 de junio, de medidas de reforma para el cumplimiento íntegro y efectivo de las penas (entrada en vigor el 2 de julio de 2003).

3. LO 11/2003, de 29 de septiembre, de medidas concretas en materia de seguridad ciudadana, violencia doméstica e integración social de los extranjeros (entrada en vigor el 1 de octubre de 2003).

4. LO 15/2003, de 25 de noviembre, por la que se modifica la Ley Orgánica 10/1995, de 23 de noviembre, del Código Penal (entrada en vigor el 1 de octubre de 2004, salvo las Disposiciones Finales primera, segun-

da, tercera y cuarta que entraron en vigor el 27 de noviembre de 2003 —y los apartados octogésimo octavo, octogésimo noveno y nonagésimo, que modifican los arts. 259, 260 y 261 CP— que entran en vigor el 1 de septiembre de 2004).

5. LO 20/2003, de 23 de diciembre, de modificación de la Ley Orgánica del Poder Judicial y del Código Penal (entrada en vigor el 27 de diciembre de 2003).

6. LO 1/2004, de 28 de diciembre, de medidas de protección integral contra la violencia de género (entrada en vigor el 29 de junio de 2005).

7. LO 2/2005, de 22 de junio, de modificación del Código Penal (entrada en vigor el 24 de junio de 2005).

8. LO 4/2005, de 10 de octubre, por la que se modifica la Ley Orgánica 10/1995, de 23 de noviembre, del Código Penal, en materia de delitos de riesgo provocados por explosivos (entrada en vigor el 12 de octubre de 2005).

9. LO 7/2006, de 21 de noviembre, de protección de la salud y de lucha contra el dopaje en el deporte (entrada en vigor el 22 de febrero de 2007).

10. LO 13/2007, de 19 de noviembre, para la persecución extraterritorial del tráfico ilegal o la inmigración clandestina de personas (entrada en vigor el 21 de noviembre de 2007).

11. LO 15/2007, de 30 de noviembre, por la que se modifica la Ley Orgánica 10/1995, de 23 de noviembre, del Código Penal en materia de seguridad vial (entrada en vigor el 2 de diciembre de 2007, salvo el párrafo segundo del artículo 384 CP, que entró en vigor el 1 de mayo de 2008).

12. LO 2/2010, de 3 de marzo, de salud sexual y reproductiva y de la interrupción voluntaria del embarazo (entrada en vigor el 5 de julio de 2010).

13. LO 5/2010, de 22 de junio, por la que se modifica la Ley Orgánica 10/1995, de 23 de noviembre, del Código Penal (entrada en vigor el 23 de diciembre de 2010).

14. LO 3/2011, de 28 de enero, por la que se modifica la Ley Orgánica 5/1985, de 19 de junio, del Régimen Electoral General (entrada en vigor el 30 de enero de 2011).

15. LO 7/2012, de 27 de diciembre, por la que se modifica la Ley Orgánica 10/1995, de 23 de noviembre, del Código Penal en materia de transparencia y lucha contra el fraude fiscal y en la Seguridad Social (entrada en vigor el 17 de enero de 2013).

16. LO 1/2015, de 30 de marzo, por la que se modifica la Ley Orgánica 10/1995, de 23 de noviembre, del Código Penal (entrada en vigor el 1 de julio de 2015).

17. LO 2/2015, de 30 de marzo, por la que se modifica la Ley Orgánica 10/1995, de 23 de noviembre, del Código Penal en materia de delitos de terrorismo (entrada en vigor el 1 de julio de 2015).

18. LO 1/2019 de 20 de febrero, por la que se modifica la Ley Orgánica 10/1995, de 23 de noviembre, del Código Penal, para transponer Directivas de la Unión Europea en los ámbitos financiero y de terrorismo, y abordar cuestiones de índole internacional (entrada en vigor el 13 de marzo de 2019).
19. LO 2/2019, de 1 de marzo, de modificación de la Ley Orgánica 10/1995, de 23 de noviembre, del Código Penal, en materia de imprudencia en la conducción de vehículos a motor o ciclomotor y sanción del abandono del lugar del accidente (entrada en vigor el 3 de marzo de 2019).
20. LO 2/2020, de 16 de diciembre, de modificación del Código Penal para la erradicación de la esterilización forzada o no consentida de personas con discapacidad incapacitadas judicialmente (entrada en vigor el 17 de diciembre de 2020).
21. LO 3/2021, de 24 de marzo, de regulación de la eutanasia (entrada en vigor el 25 de junio de 2021).
22. LO 5/2021, de 22 de abril, de derogación del artículo 315 apartado 3 del Código Penal (entrada en vigor el 23 de abril de 2021).
23. LO 6/2021, de 28 de abril, complementaria de la Ley 6/2021, de 28 de abril, por la que se modifica la Ley 20/2011, de 21 de julio, del Registro Civil, de modificación de la Ley Orgánica 6/1985, de 1 de julio, del Poder Judicial y de modificación de la Ley Orgánica 10/1995, de 23 de noviembre, del Código Penal (entrada en vigor el 30 de abril de 2021).
24. Ley 8/2021, de 2 de junio, por la que se reforma la legislación civil y procesal para el apoyo a las personas con discapacidad en el ejercicio de su capacidad jurídica (entrada en vigor el 3 de septiembre de 2021).
25. LO 8/2021, de 4 de junio, de protección integral a la infancia y la adolescencia frente a la violencia (entrada en vigor el 25 de junio de 2021).
26. LO 9/2021, de 1 de julio, de aplicación del Reglamento (UE) 2017/1939 del Consejo, de 12 de octubre de 2017, por el que se establece una cooperación reforzada para la creación de la Fiscalía Europea (entrada en vigor el 3 de julio de 2021).
27. LO 4/2022, de 12 de abril, por la que se modifica la Ley Orgánica 10/1995, de 23 de noviembre, del Código Penal, para penalizar el acoso a las mujeres que acuden a clínicas para la interrupción voluntaria del embarazo (entrada en vigor el 14 de abril de 2022).
28. LO 6/2022, de 12 de julio, complementaria de la Ley 15/2022, de 12 de julio, integral para la igualdad de trato y la no discriminación, de modificación de la Ley Orgánica 10/1995, de 23 de noviembre, del Código Penal (entrada en vigor el 14 de julio de 2022).
29. LO 9/2022, de 28 de julio, por la que se establecen normas que faciliten el uso de información financiera y de otro tipo para la prevención, detección, investigación o enjuiciamiento de infracciones penales, de modificación de la Ley Orgánica 8/1980, de 22 de septiembre, de Financiación de las Comunidades Autónomas y otras disposiciones

conexas y de modificación de la Ley Orgánica 10/1995, de 23 de noviembre, del Código Penal (entrada en vigor el 29 de agosto de 2022).

30. LO 10/2022, de 6 de septiembre, de garantía integral de la libertad sexual (entrada en vigor el 7 de octubre de 2022).

31. LO 11/2022, de 13 de septiembre, de modificación del Código Penal en materia de imprudencia en la conducción de vehículos a motor o ciclomotor (entrada en vigor el 15 de septiembre de 2022).

32. LO 13/2022, de 20 de diciembre, por la que se modifica la Ley Orgánica 10/1995, de 23 de noviembre, del Código Penal, para agravar las penas previstas para los delitos de trata de seres humanos desplazados por un conflicto armado o una catástrofe humanitaria (entrada en vigor el 22 de diciembre de 2022).

33. LO 14/2022, de 22 de diciembre, de transposición de directivas europeas y otras disposiciones para la adaptación de la legislación penal al ordenamiento de la Unión Europea, y reforma de los delitos contra la integridad moral, desórdenes públicos y contrabando de armas de doble uso (entrada en vigor el 12 de enero de 2023).

34. LO 1/2023, de 28 de febrero, por la que se modifica la Ley Orgánica 2/2010, de 3 de marzo, de salud sexual y reproductiva y de la interrupción voluntaria del embarazo (entrada en vigor el 2 de marzo de 2023).

35. LO 3/2023, de 28 de marzo, de modificación de la Ley Orgánica 10/1995, de 23 de noviembre, del Código Penal, en materia de maltrato animal (entrada en vigor el 18 de abril de 2023).

36. LO 4/2023, de 27 de abril, para la modificación de la Ley Orgánica 10/1995, de 23 de noviembre, del Código Penal, en los delitos contra la libertad sexual, la Ley de Enjuiciamiento Criminal y la Ley Orgánica 5/2000, de 12 de enero, reguladora de la responsabilidad penal de los menores (entrada en vigor el 29 de abril de 2023).

37. LO 1/2024, de 10 de junio, de amnistía para la normalización institucional, política y social en Cataluña (entrada en vigor el 11 de junio de 2024)[1].

... y que alguien nos ampare.

---

[1]   Se incluye en el texto referencia a la STC 137/2025, de 26 de junio de 2025 (ECLI:ES:TC:2025:137).

LEY ORGÁNICA 10/1995, DE 23 DE NOVIEMBRE, DEL CÓDIGO PENAL

(BOE núm. 281 de 24 de noviembre)

EXPOSICIÓN DE MOTIVOS

Si se ha llegado a definir el ordenamiento jurídico como conjunto de normas que regulan el uso de la fuerza, puede entenderse fácilmente la importancia del Código Penal en cualquier sociedad civilizada. El Código Penal define los delitos y faltas que constituyen los presupuestos de la aplicación de la forma suprema que puede revestir el poder coactivo del Estado: la pena criminal. En consecuencia, ocupa un lugar preeminente en el conjunto del ordenamiento, hasta el punto de que, no sin razón, se ha considerado como una especie de «Constitución negativa». El Código Penal ha de tutelar los valores y principios básicos de la convivencia social. Cuando esos valores y principios cambian, debe también cambiar. En nuestro país, sin embargo, pese a las profundas modificaciones de orden social, económico y político, el texto vigente data, en lo que pudiera considerarse su núcleo básico, del pasado siglo. La necesidad de su reforma no puede, pues, discutirse.

A partir de los distintos intentos de reforma llevados a cabo desde la instauración del régimen democrático, el Gobierno ha elaborado el proyecto que somete a la discusión y aprobación de las Cámaras. Debe, por ello, exponer, siquiera sea de modo sucinto, los criterios en que se inspira, aunque éstos puedan deducirse con facilidad de la lectura de su texto.

El eje de dichos criterios ha sido, como es lógico, el de la adaptación positiva del nuevo Código Penal a los valores constitucionales. Los cambios que introduce en esa dirección el presente proyecto son innumerables, pero merece la pena destacar algunos.

En primer lugar, se propone una reforma total del actual sistema de penas, de modo que permita alcanzar, en lo posible, los objetivos de resocialización que la Constitución le asigna. El sistema que se propone simplifica, de una parte, la regulación de las penas privativas de libertad, ampliando, a la vez, las posibilidades de sustituirlas por otras que afecten a bienes jurídicos menos básicos, y, de otra, introduce cambios en las penas pecuniarias, adoptando el sistema de días-multa y añade los trabajos en beneficio de la comunidad.

En segundo lugar, se ha afrontado la antinomia existente entre el principio de intervención mínima y las crecientes necesidades de tutela en una sociedad cada vez más compleja, dando prudente acogida a nuevas formas de delincuencia, pero eliminando, a la vez, figuras delictivas que han perdido su razón de ser. En el primer sentido, merece destacarse la introducción de los delitos contra el orden socioeconómico o la nueva regulación de los delitos relativos a la ordenación del territorio y de los recursos naturales; en el segundo, la desaparición de las figuras complejas de robo con violencia e intimidación en las personas que, surgidas en el marco de la lucha contra el bandolerismo, deben desaparecer dejando paso a la aplicación de las reglas generales.

En tercer lugar, se ha dado especial relieve a la tutela de los derechos fundamentales y se ha procurado diseñar con especial mesura el recurso al instrumento punitivo allí donde está en juego el ejercicio de cualquiera de ellos: sirva de ejemplo, de una parte, la tutela específica de la integridad moral y, de otra, la nueva regulación de los delitos contra el honor. Al tutelar específicamente la integridad moral, se otorga al ciudadano una protección más fuerte frente a la tortura, y al configurar los delitos contra el honor del modo en que se propone, se otorga a la libertad de expresión toda la relevancia que puede y debe reconocerle un régimen democrático.

En cuarto lugar, y en consonancia con el objetivo de tutela y respeto a los derechos fundamentales, se ha eliminado el régimen de privilegio de que hasta ahora han venido gozando las injerencias ilegítimas de los funcionarios públicos en el ámbito de los derechos y libertades de los ciudadanos. Por tanto, se propone que las detenciones, entradas y registros en el domicilio llevadas a cabo por autoridad o funcionario fuera de los casos permitidos por la Ley, sean tratadas como formas agravadas de los correspondientes delitos comunes, y no como hasta ahora lo han venido siendo, esto es, como delitos especiales incomprensible e injustificadamente atenuados.

En quinto lugar, se ha procurado avanzar en el camino de la igualdad real y efectiva, tratando de cumplir la tarea que, en ese sentido, impone la Constitución a los poderes públicos. Cierto que no es el Código Penal el instrumento más importante para llevar a cabo esa tarea; sin embargo, puede contribuir a ella, eliminando regulaciones que son un obstáculo para su realización o introduciendo medidas de tutela frente a situaciones discriminatorias. Además de las normas que otorgan una protección específica frente a las actividades tendentes a la discriminación, ha de mencionarse aquí la nueva regulación de los delitos contra la libertad sexual. Se pretende con ella adecuar los tipos penales al bien jurídico protegido, que no es ya, como fuera históricamente, la honestidad de la mujer, sino la libertad sexual de todos. Bajo la tutela de la honestidad de la mujer se escondía una intolerable situación de agravio, que la regulación que se propone elimina totalmente. Podrá sorprender la novedad de las técnicas punitivas utilizadas; pero, en este caso, alejarse de la tradición parece un acierto.

Dejando el ámbito de los principios y descendiendo al de las técnicas de elaboración, el presente proyecto difiere de los anteriores en la pretensión de universalidad. Se venía operando con la idea de que el Código Penal constituyese una regulación completa del poder punitivo del Estado. La realización de esa idea partía ya de un déficit, dada la importancia que en nuestro país reviste la potestad sancionadora de la Administración; pero, además, resultaba innecesaria y perturbadora.

Innecesaria, porque la opción decimonónica a favor del Código Penal y en contra de las leyes especiales se basaba en el hecho innegable de que el legislador, al elaborar un Código, se hallaba constreñido, por razones externas de trascendencia social, a respetar los principios constitucionales, cosa que no ocurría, u ocurría en menor medida, en el caso de una ley particular. En el marco de un constitucionalismo flexible, era ese un argumento de especial importancia para fundamentar la pretensión de universalidad absoluta del Código. Hoy, sin embargo, tanto el Código Penal como las leyes especiales se hallan jerárquicamente subordinados a la Constitución y obligados a someterse a ella, no sólo por esa jerarquía, sino también por la existencia de un control jurisdiccional de la constitucionalidad. Consiguientemente, las leyes especiales no pueden suscitar la prevención que históricamente provocaban.

Perturbadora, porque, aunque es innegable que un Código no merecería ese nombre si no contuviese la mayor parte de las normas penales y, desde luego los principios básicos informadores de toda la regulación, lo cierto es que hay materias que difícilmente pueden introducirse en él. Pues, si una pretensión relativa de universalidad es inherente a la idea de Código, también lo son las de estabilidad y fijeza, y existen ámbitos en que, por la especial situación del resto del ordenamiento, o por la naturaleza misma de las cosas, esa estabilidad y fijeza son imposibles. Tal es, por ejemplo, el caso de los delitos relativos al control de cambios. En ellos, la modificación constante de las condiciones económicas y del contexto normativo, en el que, quiérase o no, se integran tales delitos, aconseja situar las normas penales en dicho contexto y dejarlas fuera del Código: por lo demás, ésa es nuestra tradición, y no faltan, en los países de nuestro entorno, ejemplos caracterizados de un proceder semejante.

Así pues, en ese y en otros parecidos, se ha optado por remitir a las correspondientes leyes especiales la regulación penal de las respectivas materias. La misma técnica se ha utilizado para las normas reguladoras de la despenalización de la interrupción voluntaria del embarazo. En este caso, junto a razones semejantes a las anteriormente expuestas, podría argüirse que no se trata de normas incriminadoras, sino de normas que regulan supuestos de no incriminación. El Tribunal Constitucional exigió que, en la configuración de dichos supuestos, se adoptasen garantías que no parecen propias de un Código Penal, sino más bien de otro tipo de norma.

En la elaboración del Proyecto se han tenido muy presentes las discusiones parlamentarias del de 1992, el dictamen del Consejo General del Poder Judicial, el estado de la jurisprudencia y las opiniones de la doctrina científica. Se ha llevado a cabo desde la idea, profundamente sentida, de que el Código Penal ha de ser de todos y de que, por consiguiente, han de escucharse todas las opiniones y optar por las soluciones que parezcan más razonables, esto es, por aquéllas que todo el mundo debería poder aceptar.

No se pretende haber realizado una obra perfecta sino, simplemente, una obra útil. El Gobierno no tiene aquí la última palabra, sino solamente la primera. Se limita, pues, con este Proyecto, a pronunciarla, invitando a todas las fuerzas políticas y a todos los ciudadanos a colaborar en la tarea de su perfeccionamiento. Solamente si todos deseamos tener un Código Penal mejor y contribuimos a conseguirlo podrá lograrse un objetivo cuya importancia para la convivencia y el pacífico disfrute de los derechos y libertades que la Constitución proclama difícilmente podría exagerarse.

DISPOSICIONES ADICIONALES

Primera.

Cuando una persona sea declarada exenta de responsabilidad criminal por concurrir alguna de las causas previstas en los números 1.º y 3.º del artículo 20, el Ministerio Fiscal evaluará, atendiendo a las circunstancias del caso, la procedencia de promover un proceso para la adopción judicial de medidas de apoyo a la persona con discapacidad o, en el supuesto de que tales medidas hubieran sido ya anteriormente acordadas, para su revisión[1].

> *Cuando una persona sea declarada exenta de responsabilidad criminal por concurrir alguna de las causas previstas en los números 1.º y 3.º del artículo 20 de este Código, el Ministerio Fiscal instará, si fuera procedente, la declaración de incapacidad ante la Jurisdicción Civil, salvo que la misma hubiera sido ya anteriormente acordada y, en su caso, el internamiento conforme a las normas de la legislación civil.*

Segunda.

Cuando la autoridad gubernativa tenga conocimiento de la existencia de un menor de edad o de un incapaz que se halla en estado de prostitución, sea o no por su voluntad, pero con anuencia de las personas que sobre él ejerzan autoridad familiar o ético-social o de hecho, o que carece de ellas, o estas lo tienen en abandono y no se encargan de su custodia, lo comunicará de inmediato a la entidad pública que en el respectivo territorio tenga encomendada la protección de menores y al Ministerio Fiscal, para que actúen de conformidad con sus respectivas competencias.

Asimismo, en los supuestos en que el Juez o Tribunal acuerde la inhabilitación especial para el ejercicio de la patria potestad, el acogimiento, la guarda, tutela o curatela, o la privación de la patria potestad lo comunicará de inmediato a la entidad pública que en el respectivo territorio tenga encomendada la protección de los menores y al Ministerio Fiscal para que actúen de conformidad con sus respectivas competencias.

> *Asimismo, en los supuestos en los que el Juez o Tribunal acuerde la inhabilitación especial para el ejercicio de la patria potestad, el acogimiento, la guarda, tutela o curatela, lo comunicará de inmediato a la entidad pública que en el respectivo territorio tenga encomendada la protección de los menores y al Ministerio Fiscal para que actúen de conformidad con sus respectivas competencias.*

Tercera.

Cuando, mediando denuncia o reclamación del perjudicado, se incoe un procedimiento penal por hechos constitutivos de infracciones previstas y pe-

---

[1] Redactada conforme Ley 8/2021, de 2 de junio, por la que se reforma la legislación civil y procesal para el apoyo a las personas con discapacidad en el ejercicio de su capacidad jurídica. Según lo dispuesto en la Disposición final tercera de la misma ley, esta redacción entrará en vigor a los tres meses de su publicación en el Boletín Oficial del Estado; es decir, el día 3 de septiembre de 2021.

nadas en los artículos 267 y 621 del presente Código, podrán comparecer en las diligencias penales que se incoen y mostrarse parte todos aquellos otros implicados en los mismos hechos que se consideren perjudicados, cualquiera que sea la cuantía de los daños que reclamen.

DISPOSICIONES TRANSITORIAS

Primera.

Los delitos y faltas cometidos hasta el día de la entrada en vigor de este Código se juzgarán conforme al cuerpo legal y demás leyes penales especiales que se derogan. Una vez que entre en vigor el presente Código, si las disposiciones del mismo son más favorables para el reo, se aplicarán éstas.

Segunda.

Para la determinación de cuál sea la ley más favorable se tendrá en cuenta la pena que correspondería al hecho enjuiciado con la aplicación de las normas completas de uno u otro Código. Las disposiciones sobre redención de penas por el trabajo sólo serán de aplicación a todos los condenados conforme al Código derogado y no podrán gozar de ellas aquellos a quienes se les apliquen las disposiciones del nuevo Código.

En todo caso, será oído el reo.

Tercera.

Los Directores de los establecimientos penitenciarios remitirán a la mayor urgencia, a partir de la publicación del nuevo Código Penal, a los Jueces o Tribunales que estén conociendo de la ejecutoria, relación de los penados internos en el Centro que dirijan, y liquidación provisional de la pena en ejecución, señalando los días que el reo haya redimido por el trabajo y los que pueda redimir, en su caso, en el futuro conforme al artículo 100 del Código penal que se deroga y disposiciones complementarias.

Cuarta.

Los Jueces o Tribunales mencionados en la disposición anterior procederán, una vez recibida la anterior liquidación de condena, a dar traslado al Ministerio Fiscal, para que informe sobre si procede revisar la sentencia y, en tal caso, los términos de la revisión. Una vez haya informado el Fiscal, procederán también a oír al reo, notificándole los términos de la revisión propuesta, así como a dar traslado al Letrado que asumió su defensa en el juicio oral, para que exponga lo que estime más favorable para el reo.

Quinta.

El Consejo General del Poder Judicial, en el ámbito de las competencias que le atribuye el artículo 98 de la Ley Orgánica del Poder Judicial, podrá asignar a uno o varios de los Juzgados de lo Penal o Secciones de las Audiencias Provinciales dedicados en régimen de exclusividad a la ejecución de sentencias penales, la revisión de las sentencias firmes dictadas antes de la vigencia de este Código.

Dichos Jueces o Tribunales procederán a revisar las sentencias firmes y en las que el penado esté cumpliendo efectivamente la pena, aplicando la disposición más favorable considerada taxativamente y no por el ejercicio del arbitrio judicial. En las penas privativas de libertad no se considerará más favorable este Código cuando la duración de la pena anterior impuesta al hecho con sus circunstancias sea también imponible con arreglo al nuevo Código. Se exceptúa el supuesto en que este Código contenga para el mismo hecho la previsión alternativa de una pena no privativa de libertad; en tal caso deberá revisarse la sentencia.

No se revisarán las sentencias en que el cumplimiento de la pena esté suspendido, sin perjuicio de hacerlo en caso de que se revoque la suspensión y antes de proceder al cumplimiento efectivo de la pena suspendida. Igual regla se aplicará si el penado se encuentra en período de libertad condicional.

Tampoco se revisarán las sentencias en que, con arreglo al Código derogado y al nuevo, corresponda, exclusivamente, pena de multa.

Sexta.

No serán revisadas las sentencias en que la pena esté ejecutada o suspendida, aunque se encuentren pendientes de ejecutar otros pronunciamientos del fallo, así como las ya totalmente ejecutadas, sin perjuicio de que el Juez o Tribunal que en el futuro pudiera tenerlas en cuenta a efectos de reincidencia deba examinar previamente si el hecho en ellas penado ha dejado de ser delito o pudiera corresponderle una pena menor de la impuesta conforme a este Código.

En los supuestos de indulto parcial, no se revisarán las sentencias cuando la pena resultante que se halle cumpliendo el condenado se encuentre comprendida en un marco imponible inferior respecto al nuevo Código.

Séptima.

A los efectos de la apreciación de la agravante de reincidencia, se entenderán comprendidos en el mismo Título de este Código, aquellos delitos previstos en el Cuerpo legal que se deroga y que tengan análoga denominación y ataquen del mismo modo a idéntico bien jurídico.

Octava.

En los casos en que la pena que pudiera corresponder por la aplicación de este Código fuera la de arresto de fin de semana, se considerará, para valorar su gravedad comparativa, que la duración de la privación de libertad equivale a dos días por cada fin de semana que correspondiera imponer. Si la pena fuera la de multa, se considerará que cada día de arresto sustitutorio que se haya impuesto o pudiese imponer el Juez o Tribunal conforme al Código que se deroga, equivale a dos cuotas diarias de la multa del presente Cuerpo legal.

Novena.

En las sentencias dictadas conforme a la legislación que se deroga y que no sean firmes por estar pendientes de recurso, se observarán, una vez transcurrido el período de vacatio, las siguientes reglas:

a) Si se trata de un recurso de apelación, las partes podrán invocar y el Juez o Tribunal aplicará de oficio los preceptos del nuevo Código, cuando resulten más favorables al reo.

b) Si se trata de un recurso de casación, aun no formalizado, el recurrente podrá señalar las infracciones legales basándose en los preceptos del nuevo Código.

c) Si, interpuesto recurso de casación, estuviera sustanciándose, se pasará de nuevo al recurrente, de oficio o a instancia de parte, por el término de ocho días, para que adapte, si lo estima procedente, los motivos de casación alegados a los preceptos del nuevo Código, y del recurso así modificado se instruirán las partes interesadas, el Fiscal y el Magistrado Ponente, continuando la tramitación conforme a Derecho.

Décima.

Las medidas de seguridad que se hallen en ejecución o pendientes de ella, acordadas conforme a la Ley de Peligrosidad y Rehabilitación Social, o en aplicación de los números 1º y 3º del artículo 8 o del número 1º del artículo 9 del Código Penal que se deroga, serán revisadas conforme a los preceptos del Título IV del Libro I de este Código y a las reglas anteriores.

En aquellos casos en que la duración máxima de la medida prevista en este Código sea inferior al tiempo que efectivamente hayan cumplido los sometidos a la misma, el Juez o Tribunal dará por extinguido dicho cumplimiento y, en el caso de tratarse de una medida de internamiento, ordenará su inmediata puesta en libertad.

Undécima.

Cuando se hayan de aplicar Leyes penales especiales o procesales por la jurisdicción ordinaria, se entenderán sustituidas:

a) La pena de reclusión mayor, por la de prisión de quince a veinte años, con la cláusula de elevación de la misma a la pena de prisión de veinte a veinticinco años cuando concurran en el hecho dos o más circunstancias agravantes.

b) La pena de reclusión menor, por la de prisión de ocho a quince años.

c) La pena de prisión mayor, por la de prisión de tres a ocho años.

d) La pena de prisión menor, por la de prisión de seis meses a tres años.

e) La pena de arresto mayor, por la de arresto de siete a quince fines de semana.

f) La pena de multa impuesta en cuantía superior a cien mil pesetas señalada para hechos castigados como delito, por la de multa de tres a diez meses.

g) La pena de multa impuesta en cuantía inferior a cien mil pesetas señalada para hechos castigados como delito, por la de multa de dos a tres meses.

h) La pena de multa impuesta para hechos delictivos en cuantía proporcional al lucro obtenido o al perjuicio causado seguirá aplicándose proporcionalmente.

i) La pena de arresto menor, por la de arresto de uno a seis fines de semana.

j) La pena de multa establecida para hechos definidos como falta, por la multa de uno a sesenta días.

k) Las penas privativas de derechos se impondrán en los términos y por los plazos fijados en este Código.

l) Cualquier otra pena de las suprimidas en este Código, por la pena o medida de seguridad que el Juez o Tribunal estime más análoga y de igual o menor gravedad. De no existir o de ser todas más graves, dejará de imponerse.

En caso de duda, será oído el reo.

Duodécima.

Derogada por la Disposición Final 5.1 de la Ley Orgánica 5/2000, de 12 de enero. El texto de esta disposición tenía el siguiente tenor:

Hasta la aprobación de la ley que regule la responsabilidad penal del menor, en los procedimientos que se sustancien por razón de un delito o falta presuntamente cometido por un menor de dieciocho años, el Juez o Tribunal competente requerirá a los equipos técnicos que están al servicio de los Jueces de menores, la elaboración de un informe sobre la situación psicológica, educativa y familiar del menor, así como sobre su entorno social y, en general, sobre cualquier otra circunstancia que pueda haber influido en el hecho que se le imputa.

DISPOSICIÓN DEROGATORIA ÚNICA

1. Quedan derogados:

a) El Texto Refundido del Código Penal publicado por el Decreto 3096/1973, de 14 de septiembre, conforme a la Ley 44/1971, de 15 de noviembre, con sus modificaciones posteriores, excepto los artículos 8.2, 9.3, la regla 1ª del artículo 20 en lo que se refiere al número 2º del artículo 8, el segundo párrafo del artículo 22, 65 y las disposiciones adicionales primera y segunda de la Ley Orgánica 3/1989, de 21 de junio[2].

b) La Ley de 17 de marzo de 1908 de condena condicional, con sus modificaciones posteriores y disposiciones complementarias.

c) La Ley 16/1970, de 4 de agosto, sobre Peligrosidad y Rehabilitación Social, con sus modificaciones posteriores y disposiciones complementarias.

d) La Ley de 26 de julio de 1878, de prohibición de ejercicios peligrosos ejecutados por menores.

e) Los preceptos penales sustantivos de las siguientes leyes especiales:

Ley de 19 de septiembre de 1896, para la protección de pájaros insectívoros.
Ley de 16 de mayo de 1902, sobre la propiedad industrial.

---

[2]   Por la Disposición final primera de la LO 2/2010, de 3 de marzo, de salud sexual y reproductiva y de la interrupción voluntaria del embarazo se suprimió el inciso «417 bis» que figuraba en esta letra.

Ley de 23 de julio de 1903, sobre mendicidad de menores. Ley de 20 de febrero de 1942, de pesca fluvial.

Ley de 31 de diciembre de 1946, sobre pesca con explosivos.

Ley 1/1970, de 4 de abril, de caza. Los delitos y faltas previstos en dicha Ley, no contenidos en este Código, tendrán la consideración de infracciones administrativas muy graves, sancionándose con multa de cincuenta mil a quinientas mil pesetas y retirada de la licencia de caza, o de la facultad de obtenerla, por un plazo de dos a cinco años.

f) Los siguientes preceptos:

El artículo 256 del Reglamento Penitenciario, aprobado por Real Decreto 1201/1981, de 8 de mayo.

Los artículos 65 a 73 del Reglamento de los servicios de prisiones, aprobado por Decreto de 2 de febrero de 1956.

Los artículos 84 a 90 de la Ley 25/1964, de 29 de abril, de Energía Nuclear. El artículo 54 de la Ley 33/1971, de 21 de julio, de Emigración.

El segundo párrafo del artículo 24 de la Ley Orgánica 2/1981, de 6 de abril, del Defensor del Pueblo.

El artículo 2 de la Ley Orgánica 8/1984, de 26 de diciembre, sobre régimen de recursos en caso de objeción de conciencia y su régimen penal.

El artículo 4º de la Ley Orgánica 5/1984, de 24 de mayo, de Comparecencia ante las Comisiones de Investigación del Congreso y del Senado o de ambas Cámaras.

Los artículos 29 y 49 de la Ley 209/1964, de 24 de diciembre, Penal y Procesal de la Navegación Aérea.

Los términos «activo y» del artículo 137 de la Ley Orgánica 5/1985, de 19 de junio, del Régimen Electoral General.

El artículo 6 de la Ley 57/1968, de 27 de julio, sobre Percibo de Cantidades Anticipadas en la Construcción y Venta de Viviendas.

2. Quedan también derogadas cuantas normas sean incompatibles con lo dispuesto en este Código.

DISPOSICIONES FINALES

Primera.

La Ley de Enjuiciamiento Criminal quedará modificada en los siguientes términos:

> «Artículo 14. Tercero. Para el conocimiento y fallo de las causas por delitos menos graves, así como de las faltas, sean o no incidentales, imputables a los autores de esos delitos o a otras personas, cuando la comisión de la falta o su prueba estuviesen relacionadas con aquéllos, el Juez de lo Penal de la circunscripción donde el delito fue cometido o el Juez Central de lo Penal en el ámbito que le es propio.»
>
> «Artículo 779. Sin perjuicio de lo establecido para los demás procesos especiales, el procedimiento regulado en este Título se aplicará al

enjuiciamiento de los delitos castigados con pena privativa de libertad no superior a nueve años, o bien con cualesquiera otras penas de distinta naturaleza, bien sean únicas, conjuntas o alternativas, cualquiera que sea su cuantía o duración.»

Segunda.

El apartado 2 del Artículo 1 de la Ley Orgánica 5/1995, sobre el Tribunal del Jurado, queda redactado en los siguientes términos:

«2. Dentro del ámbito de enjuiciamiento previsto en el apartado anterior, el Tribunal del Jurado será competente para el conocimiento y fallo de las causas por los delitos tipificados en los siguientes preceptos del Código Penal:

a) Del homicidio (Artículos 138 a 140).

b) De las amenazas (Artículo 169.1º).

c) De la omisión del deber de socorro (Artículos 195 y 196).

d) Del allanamiento de morada (Artículos 202 y 204).

e) De los incendios forestales (Artículos 352 a 354).

f) De la infidelidad en la custodia de documentos (Artículos 413 a 415).

g) Del cohecho (Artículos 419 a 426).

h) Del tráfico de influencias (Artículos 428 a 430).

i) De la malversación de caudales públicos (Artículos 432 a 434).

j) De los fraudes y exacciones ilegales (Artículos 436 a 438).

k) De las negociaciones prohibidas a funcionarios (Artículos 439 y 440).

l) De la infidelidad en la custodia de presos (Artículo 471).»

Tercera.

1. El Capítulo VI de la Ley 35/1988, de 22 de noviembre, sobre Técnicas de Reproducción Asistida, quedará modificado en los siguientes términos.

1º Quedan suprimidas las letras a), k), l), y v) del apartado 2.B) del artículo 20. 2º El texto de la letra r) de dicho apartado 2.B) se sustituirá por el siguiente: «la transferencia de gametos o preembriones humanos en el útero de otra especie animal o la operación inversa, así como las fecundaciones entre gametos humanos y animales que no estén autorizadas».

2. El artículo 21 del Capítulo VII de la Ley 35/1988, sobre Técnicas de Reproducción Asistida, pasará a ser artículo 24.

Cuarta.

La Ley Orgánica 1/1982, de 5 de mayo, de Protección del Derecho al Honor, a la Intimidad Personal y Familiar y a la Propia Imagen, quedará modificada en los siguientes términos:

«Artículo 1º 2. El carácter delictivo de la intromisión no impedirá el recurso al procedimiento de tutela judicial previsto en el artículo 9º de esta Ley. En cualquier caso, serán aplicables los criterios de esta Ley para la determinación de la responsabilidad civil derivada de delito.»

«Artículo 7º 7. La imputación de hechos o la manifestación de juicios de valor a través de acciones o expresiones que de cualquier modo lesionen la dignidad de otra persona, menoscabando su fama o atentando contra su propia estimación.»

Quinta.

La disposición adicional segunda de la Ley Orgánica 6/1995, de 29 de junio, quedará modificada en los siguientes términos:

«La exención de responsabilidad penal contemplada en los párrafos segundos de los artículos 306, apartado 4; 308, apartado 3, y 309, apartado 4, resultará igualmente aplicable aunque las deudas objeto de regularización sean inferiores a las cuantías establecidas en los citados artículos.»

Sexta.

El Título V del Libro I de este Código, los artículos 193, 212, 233.3, y 272, así como las disposiciones adicionales primera y segunda, la disposición transitoria duodécima y las disposiciones finales primera y tercera tienen carácter de Ley ordinaria.

Séptima.

El presente Código entrará en vigor a los seis meses de su completa publicación en el «Boletín Oficial del Estado» y se aplicará a todos los hechos punibles que se cometan a partir de su vigencia.

No obstante lo anterior, queda exceptuada la entrada en vigor de su artículo 19 hasta tanto adquiera vigencia la ley que regule la responsabilidad penal del menor a que se refiere dicho precepto.

Art. 1.

1. No será castigada ninguna acción ni omisión que no esté prevista como delito por ley anterior a su perpetración[3].

> *1. No será castigada ninguna acción ni omisión que no esté prevista como delito o falta por ley anterior a su perpetración.*

2. Las medidas de seguridad sólo podrán aplicarse cuando concurran los presupuestos establecidos previamente por la Ley.

Art. 2.

1. No será castigado ningún delito con pena que no se halle prevista por ley anterior a su perpetración. Carecerán, igualmente, de efecto retroactivo las leyes que establezcan medidas de seguridad[4].

> *1. No será castigado ningún delito ni falta con pena que no se halle prevista por Ley anterior a su perpetración. Carecerán, igualmente, de efecto retroactivo las leyes que establezcan medidas de seguridad.*

2. No obstante, tendrán efecto retroactivo aquellas leyes penales que favorezcan al reo, aunque al entrar en vigor hubiera recaído sentencia firme y el sujeto estuviese cumpliendo condena. En caso de duda sobre la determinación de la Ley más favorable, será oído el reo. Los hechos cometidos bajo la vigencia de una Ley temporal serán juzgados, sin embargo, conforme a ella, salvo que se disponga expresamente lo contrario.

Art. 3.

1. No podrá ejecutarse pena ni medida de seguridad sino en virtud de sentencia firme dictada por el Juez o Tribunal competente, de acuerdo con las leyes procesales.

2. Tampoco podrá ejecutarse pena ni medida de seguridad en otra forma que la prescrita por la Ley y reglamentos que la desarrollan, ni con otras circunstancias o accidentes que los expresados en su texto. La ejecución de la pena o de la medida de seguridad se realizará bajo el control de los Jueces y Tribunales competentes.

Art. 4.

1. Las leyes penales no se aplicarán a casos distintos de los comprendidos expresamente en ellas.

2. En el caso de que un Juez o Tribunal, en el ejercicio de su jurisdicción, tenga conocimiento de alguna acción u omisión que, sin estar penada por la

---

[3]   Redactado conforme LO 1/2015, de 30 de marzo, por la que se modifica la Ley Orgánica 10/1995, de 23 de noviembre, del Código Penal.

[4]   Redactado conforme LO 1/2015, de 30 de marzo, por la que se modifica la Ley Orgánica 10/1995, de 23 de noviembre, del Código Penal.

Ley, estime digna de represión, se abstendrá de todo procedimiento sobre ella y expondrá al Gobierno las razones que le asistan para creer que debiera ser objeto de sanción penal.

3. Del mismo modo acudirá al Gobierno exponiendo lo conveniente sobre la derogación o modificación del precepto o la concesión de indulto, sin perjuicio de ejecutar desde luego la sentencia, cuando de la rigurosa aplicación de las disposiciones de la Ley resulte penada una acción u omisión que, a juicio del Juez o Tribunal, no debiera serlo, o cuando la pena sea notablemente excesiva, atendidos el mal causado por la infracción y las circunstancias personales del reo.

4. Si mediara petición de indulto, y el Juez o Tribunal hubiere apreciado en resolución fundada que por el cumplimiento de la pena puede resultar vulnerado el derecho a un proceso sin dilaciones indebidas, suspenderá la ejecución de la misma en tanto no se resuelva sobre la petición formulada.

También podrá el Juez o Tribunal suspender la ejecución de la pena, mientras no se resuelva sobre el indulto cuando, de ser ejecutada la sentencia, la finalidad de éste pudiera resultar ilusoria.

Art. 5.

No hay pena sin dolo o imprudencia.

Art. 6.

1. Las medidas de seguridad se fundamentan en la peligrosidad criminal del sujeto al que se impongan, exteriorizada en la comisión de un hecho previsto como delito.

2. Las medidas de seguridad no pueden resultar ni más gravosas ni de mayor duración que la pena abstractamente aplicable al hecho cometido, ni exceder el límite de lo necesario para prevenir la peligrosidad del autor.

Art. 7[5].

A los efectos de determinar la ley penal aplicable en el tiempo, los delitos se consideran cometidos en el momento en que el sujeto ejecuta la acción u omite el acto que estaba obligado a realizar.

> *A los efectos de determinar la ley penal aplicable en el tiempo, los delitos y faltas se consideran cometidos en el momento en que el sujeto ejecuta la acción u omite el acto que estaba obligado a realizar.*

Art. 8.

Los hechos susceptibles de ser calificados con arreglo a dos o más preceptos de este Código, y no comprendidos en los artículos 73 a 77, se castigarán observando las siguientes reglas:

1.ª El precepto especial se aplicará con preferencia al general.

2.ª El precepto subsidiario se aplicará sólo en defecto del principal, ya se declare expresamente dicha subsidiariedad, ya sea ésta tácitamente deducible.

---

[5] Redactado conforme LO 1/2015, de 30 de marzo, por la que se modifica la Ley Orgánica 10/1995, de 23 de noviembre, del Código Penal.

3.ª El precepto penal más amplio o complejo absorberá a los que castiguen las infracciones consumidas en aquél.

4.ª En defecto de los criterios anteriores, el precepto penal más grave excluirá los que castiguen el hecho con pena menor.

Art. 9[6].

Las disposiciones de este Título se aplicarán a los delitos que se hallen penados por leyes especiales. Las restantes disposiciones de este Código se aplicarán como supletorias en lo no previsto expresamente por aquéllas.

> *Las disposiciones de este Título se aplicarán a los delitos y faltas que se hallen penados por leyes especiales. Las restantes disposiciones de este Código se aplicarán como supletorias en lo no previsto expresamente por aquéllas.*

---

[6]   Redactado conforme LO 1/2015, de 30 de marzo, por la que se modifica la Ley Orgánica 10/1995, de 23 de noviembre, del Código Penal.

LIBRO I
DISPOSICIONES GENERALES SOBRE LOS DELITOS, LAS PERSONAS RESPONSABLES, LAS PENAS, MEDIDAS DE SEGURIDAD Y DEMÁS CONSECUENCIAS DE LA INFRACCIÓN PENAL[7]

**TÍTULO I
DE LA INFRACCIÓN PENAL**

**CAPÍTULO I
DE LOS DELITOS[8]**

Art. 10[9].

Son delitos las acciones y omisiones dolosas o imprudentes penadas por la ley.

Son delitos o faltas las acciones y omisiones dolosas o imprudentes penadas por la ley.

Art. 11[10].

Los delitos que consistan en la producción de un resultado sólo se entenderán cometidos por omisión cuando la no evitación del mismo, al infringir un especial deber jurídico del autor, equivalga, según el sentido del texto de la ley, a su causación. A tal efecto se equiparará la omisión a la acción:

a) Cuando exista una específica obligación legal o contractual de actuar.

b) Cuando el omitente haya creado una ocasión de riesgo para el bien jurídicamente protegido mediante una acción u omisión precedente.

Los delitos o faltas que consistan en la producción de un resultado sólo se entenderán cometidos por omisión cuando la no evitación del mismo, al infringir un especial deber jurídico del autor, equivalga, según el sentido del texto de la Ley, a su causación. A tal efecto se equiparará la omisión a la acción:
a) Cuando exista una específica obligación legal o contractual de actuar.
b) Cuando el omitente haya creado una ocasión de riesgo para el bien jurídicamente protegido mediante una acción u omisión precedente.

Art. 12.

Las acciones u omisiones imprudentes sólo se castigarán cuando expresamente lo disponga la Ley.

---

[7] Redactado conforme LO 1/2015, de 30 de marzo, por la que se modifica la Ley Orgánica 10/1995, de 23 de noviembre, del Código Penal.

[8] Redactado conforme LO 1/2015, de 30 de marzo, por la que se modifica la Ley Orgánica 10/1995, de 23 de noviembre, del Código Penal.

[9] Redactado conforme LO 1/2015, de 30 de marzo, por la que se modifica la Ley Orgánica 10/1995, de 23 de noviembre, del Código Penal.

[10] Redactado conforme LO 1/2015, de 30 de marzo, por la que se modifica la Ley Orgánica 10/1995, de 23 de noviembre, del Código Penal.

Art. 13.

1. Son delitos graves las infracciones que la Ley castiga con pena grave.

2. Son delitos menos graves las infracciones que la Ley castiga con pena menos grave.

3. Son delitos leves las infracciones que la ley castiga con pena leve[11].

> *3. Son faltas las infracciones que la Ley castiga con pena leve.*

4. Cuando la pena, por su extensión, pueda incluirse a la vez entre las mencionadas en los dos primeros números de este artículo, el delito se considerará, en todo caso, como grave. Cuando la pena, por su extensión, pueda considerarse como leve y como menos grave, el delito se considerará, en todo caso, como leve[12].

> *4. Cuando la pena, por su extensión, pueda incluirse a la vez entre las mencionadas en los dos primeros números de este artículo, el delito se considerará, en todo caso, como grave.*

Art. 14.

1. El error invencible sobre un hecho constitutivo de la infracción penal excluye la responsabilidad criminal. Si el error, atendidas las circunstancias del hecho y las personales del autor, fuera vencible, la infracción será castigada, en su caso, como imprudente.

2. El error sobre un hecho que cualifique la infracción o sobre una circunstancia agravante, impedirá su apreciación.

3. El error invencible sobre la ilicitud del hecho constitutivo de la infracción penal excluye la responsabilidad criminal. Si el error fuera vencible, se aplicará la pena inferior en uno o dos grados.

Art. 15[13].

Son punibles el delito consumado y la tentativa de delito.

> *1. Son punibles el delito consumado y la tentativa de delito.*
> *2. Las faltas sólo se castigarán cuando hayan sido consumadas, excepto las intentadas contra las personas o el patrimonio.*

Art. 16.

1. Hay tentativa cuando el sujeto da principio a la ejecución del delito directamente por hechos exteriores, practicando todos o parte de los actos que objetivamente deberían producir el resultado, y sin embargo éste no se produce por causas independientes de la voluntad del autor.

2. Quedará exento de responsabilidad penal por el delito intentado quien evite voluntariamente la consumación del delito, bien desistiendo de la ejecu-

---

[11]   Redactado conforme LO 1/2015, de 30 de marzo, por la que se modifica la Ley Orgánica 10/1995, de 23 de noviembre, del Código Penal.

[12]   Redactado conforme LO 1/2015, de 30 de marzo, por la que se modifica la Ley Orgánica 10/1995, de 23 de noviembre, del Código Penal.

[13]   Redactado conforme LO 1/2015, de 30 de marzo, por la que se modifica la Ley Orgánica 10/1995, de 23 de noviembre, del Código Penal.

ción ya iniciada, bien impidiendo la producción del resultado, sin perjuicio de la responsabilidad en que pudiera haber incurrido por los actos ejecutados, si éstos fueren ya constitutivos de otro delito[14].

> *2. Quedará exento de responsabilidad penal por el delito intentado quien evite voluntariamente la consumación del delito, bien desistiendo de la ejecución ya iniciada, bien impidiendo la producción del resultado, sin perjuicio de la responsabilidad en que pudiera haber incurrido por los actos ejecutados, si éstos fueren ya constitutivos de otro delito o falta.*

3. Cuando en un hecho intervengan varios sujetos, quedarán exentos de responsabilidad penal aquél o aquéllos que desistan de la ejecución ya iniciada, e impidan o intenten impedir, seria, firme y decididamente, la consumación, sin perjuicio de la responsabilidad en que pudieran haber incurrido por los actos ejecutados, si éstos fueren ya constitutivos de otro delito[15].

> *3. Cuando en un hecho intervengan varios sujetos, quedarán exentos de responsabilidad penal aquel o aquellos que desistan de la ejecución ya iniciada, e impidan o intenten impedir, seria, firme y decididamente, la consumación, sin perjuicio de la responsabilidad en que pudieran haber incurrido por los actos ejecutados, si éstos fueren ya constitutivos de otro delito o falta.*

Art. 17[16].

1. La conspiración existe cuando dos o más personas se conciertan para la ejecución de un delito y resuelven ejecutarlo.

2. La proposición existe cuando el que ha resuelto cometer un delito invita a otra u otras personas a participar en él.

3. La conspiración y la proposición para delinquir sólo se castigarán en los casos especialmente previstos en la ley.

> *1. La conspiración existe cuando dos o más personas se conciertan para la ejecución de un delito y resuelven ejecutarlo.*
> *2. La proposición existe cuando el que ha resuelto cometer un delito invita a otra u otras personas a ejecutarlo.*
> *3. La conspiración y la proposición para delinquir sólo se castigarán en los casos especialmente previstos en la Ley.*

Art. 18.

1. La provocación existe cuando directamente se incita por medio de la imprenta, la radiodifusión o cualquier otro medio de eficacia semejante, que facilite la publicidad, o ante una concurrencia de personas, a la perpetración de un delito.

Es apología, a los efectos de este Código, la exposición, ante una concurrencia de personas o por cualquier medio de difusión, de ideas o doctrinas que ensalcen el crimen o enaltezcan a su autor. La apología sólo será delictiva como

---

[14]   Redactado conforme LO 1/2015, de 30 de marzo, por la que se modifica la Ley Orgánica 10/1995, de 23 de noviembre, del Código Penal.

[15]   Redactado conforme LO 1/2015, de 30 de marzo, por la que se modifica la Ley Orgánica 10/1995, de 23 de noviembre, del Código Penal.

[16]   Redactado conforme LO 1/2015, de 30 de marzo, por la que se modifica la Ley Orgánica 10/1995, de 23 de noviembre, del Código Penal.

Art. 19

forma de provocación y si por su naturaleza y circunstancias constituye una incitación directa a cometer un delito.

2. La provocación se castigará exclusivamente en los casos en que la Ley así lo prevea.

Si a la provocación hubiese seguido la perpetración del delito, se castigará como inducción.

CAPÍTULO II
DE LAS CAUSAS QUE EXIMEN DE LA RESPONSABILIDAD CRIMINAL

Art. 19.

Los menores de dieciocho años no serán responsables criminalmente con arreglo a este Código.

Cuando un menor de dicha edad cometa un hecho delictivo podrá ser responsable con arreglo a lo dispuesto en la ley que regule la responsabilidad penal del menor.

Art. 20.

Están exentos de responsabilidad criminal:

1.º El que al tiempo de cometer la infracción penal, a causa de cualquier anomalía o alteración psíquica, no pueda comprender la ilicitud del hecho o actuar conforme a esa comprensión.

El trastorno mental transitorio no eximirá de pena cuando hubiese sido provocado por el sujeto con el propósito de cometer el delito o hubiera previsto o debido prever su comisión.

2.º El que al tiempo de cometer la infracción penal se halle en estado de intoxicación plena por el consumo de bebidas alcohólicas, drogas tóxicas, estupefacientes, sustancias psicotrópicas u otras que produzcan efectos análogos, siempre que no haya sido buscado con el propósito de cometerla o no se hubiese previsto o debido prever su comisión, o se halle bajo la influencia de un síndrome de abstinencia, a causa de su dependencia de tales sustancias, que le impida comprender la ilicitud del hecho o actuar conforme a esa comprensión.

3.º El que, por sufrir alteraciones en la percepción desde el nacimiento o desde la infancia, tenga alterada gravemente la conciencia de la realidad.

4.º El que obre en defensa de la persona o derechos propios o ajenos, siempre que concurran los requisitos siguientes:

Primero. Agresión ilegítima. En caso de defensa de los bienes se reputará agresión ilegítima el ataque a los mismos que constituya delito y los ponga en grave peligro de deterioro o pérdida inminentes. En caso de defensa de la morada o sus dependencias, se reputará agresión ilegítima la entrada indebida en aquélla o éstas[17].

---

[17]   Redactado conforme LO 1/2015, de 30 de marzo, por la que se modifica la Ley Orgánica 10/1995, de 23 de noviembre, del Código Penal.

Primero. Agresión ilegítima. En caso de defensa de los bienes se reputará agresión ilegítima el ataque a los mismos que constituya delito o falta y los ponga en grave peligro de deterioro o pérdida inminentes. En caso de defensa de la morada o sus dependencias, se reputará agresión ilegítima la entrada indebida en aquélla o éstas.

Segundo. Necesidad racional del medio empleado para impedirla o repelerla.

Tercero. Falta de provocación suficiente por parte del defensor.

5.º El que, en estado de necesidad, para evitar un mal propio o ajeno lesione un bien jurídico de otra persona o infrinja un deber, siempre que concurran los siguientes requisitos:

Primero. Que el mal causado no sea mayor que el que se trate de evitar.

Segundo. Que la situación de necesidad no haya sido provocada intencionadamente por el sujeto.

Tercero. Que el necesitado no tenga, por su oficio o cargo, obligación de sacrificarse.

6.º El que obre impulsado por miedo insuperable.

7.º El que obre en cumplimiento de un deber o en el ejercicio legítimo de un derecho, oficio o cargo.

En los supuestos de los tres primeros números se aplicarán, en su caso, las medidas de seguridad previstas en este Código.

CAPÍTULO III
DE LAS CIRCUNSTANCIAS QUE ATENÚAN LA RESPONSABILIDAD CRIMINAL

Art. 21.

Son circunstancias atenuantes:

1.ª Las causas expresadas en el capítulo anterior, cuando no concurrieren todos los requisitos necesarios para eximir de responsabilidad en sus respectivos casos.

2.ª La de actuar el culpable a causa de su grave adicción a las sustancias mencionadas en el número 2.º del artículo anterior.

3.ª La de obrar por causas o estímulos tan poderosos que hayan producido arrebato, obcecación u otro estado pasional de entidad semejante.

4.ª La de haber procedido el culpable, antes de conocer que el procedimiento judicial se dirige contra él, a confesar la infracción a las autoridades.

5.ª La de haber procedido el culpable a reparar el daño ocasionado a la víctima, o disminuir sus efectos, en cualquier momento del procedimiento y con anterioridad a la celebración del acto del juicio oral.

6.ª La dilación extraordinaria e indebida en la tramitación del procedimiento, siempre que no sea atribuible al propio inculpado y que no guarde proporción con la complejidad de la causa[18].

7.ª Cualquier otra circunstancia de análoga significación que las anteriores.

CAPÍTULO IV
DE LAS CIRCUNSTANCIAS QUE AGRAVAN LA RESPONSABILIDAD CRIMINAL

Art. 22.

Son circunstancias agravantes:

1.ª Ejecutar el hecho con alevosía.

Hay alevosía cuando el culpable comete cualquiera de los delitos contra las personas empleando en la ejecución medios, modos o formas que tiendan directa o especialmente a asegurarla, sin el riesgo que para su persona pudiera proceder de la defensa por parte del ofendido.

2.ª Ejecutar el hecho mediante disfraz, con abuso de superioridad o aprovechando las circunstancias de lugar, tiempo o auxilio de otras personas que debiliten la defensa del ofendido o faciliten la impunidad del delincuente.

3.ª Ejecutar el hecho mediante precio, recompensa o promesa.

4.ª Cometer el delito por motivos racistas, antisemitas, antigitanos u otra clase de discriminación referente a la ideología, religión o creencias de la víctima, la etnia, raza o nación a la que pertenezca, su sexo, edad, orientación o identidad sexual o de género, razones de género, de aporofobia o de exclusión social, la enfermedad que padezca o su discapacidad, con independencia de que tales condiciones o circunstancias concurran efectivamente en la persona sobre la que recaiga la conducta[19].

> *4.ª Cometer el delito por motivos racistas, antisemitas u otra clase de discriminación referente a la ideología, religión o creencias de la víctima, la etnia, raza o nación a la que pertenezca, su sexo, edad, orientación o identidad sexual o de género, razones de género, de aporofobia o de exclusión social, la enfermedad que padezca o su discapacidad, con independencia de que tales condiciones o circunstancias concurran efectivamente en la persona sobre la que recaiga la conducta[20].*

5.ª Aumentar deliberada e inhumanamente el sufrimiento de la víctima, causando a ésta padecimientos innecesarios para la ejecución del delito.

6.ª Obrar con abuso de confianza.

7.ª Prevalerse del carácter público que tenga el culpable.

---

[18] Redactado conforme LO 5/2010, de 22 de junio, por la que se modifica la Ley Orgánica 10/1995, de 28 de noviembre, del Código Penal.

[19] Apartado redactado conforme LO 6/2022, de 12 de julio, complementaria de la Ley 15/2022, de 12 de julio, integral para la igualdad de trato y la no discriminación, de modificación de la Ley Orgánica 10/1995, de 23 de noviembre, del Código Penal.

[20] Apartado redactado conforme LO 8/2021, de 4 de junio, de protección integral a la infancia y la adolescencia frente a la violencia.

8.ª[21] Ser reincidente.

Hay reincidencia cuando, al delinquir, el culpable haya sido condenado ejecutoriamente por un delito comprendido en el mismo título de este Código, siempre que sea de la misma naturaleza.

A los efectos de este número no se computarán los antecedentes penales cancelados o que debieran serlo, ni los que correspondan a delitos leves.

Las condenas firmes de jueces o tribunales impuestas en otros Estados de la Unión Europea producirán los efectos de reincidencia salvo que el antecedente penal haya sido cancelado o pudiera serlo con arreglo al Derecho español.

> 8.ª Ser reincidente.
> Hay reincidencia cuando, al delinquir, el culpable haya sido condenado ejecutoriamente por un delito comprendido en el mismo Título de este Código, siempre que sea de la misma naturaleza.
> A los efectos de este número no se computarán los antecedentes penales cancelados o que debieran serlo.

CAPÍTULO V
DE LA CIRCUNSTANCIA MIXTA DE PARENTESCO

Art. 23.

Es circunstancia que puede atenuar o agravar la responsabilidad, según la naturaleza, los motivos y los efectos del delito, ser o haber sido el agraviado cónyuge o persona que esté o haya estado ligada de forma estable por análoga relación de afectividad, o ser ascendiente, descendiente o hermano por naturaleza o adopción del ofensor o de su cónyuge o conviviente[22].

CAPÍTULO VI
DISPOSICIONES GENERALES

Art. 24.

1. A los efectos penales se reputará autoridad al que por sí solo o como miembro de alguna corporación, tribunal u órgano colegiado tenga mando o ejerza jurisdicción propia. En todo caso, tendrán la consideración de autoridad los miembros del Congreso de los Diputados, del Senado, de las Asambleas Legislativas de las Comunidades Autónomas y del Parlamento Europeo. Tendrán también la consideración de autoridad los funcionarios del Ministerio Fiscal y los Fiscales de la Fiscalía Europea[23].

---

[21] Redactado conforme LO 1/2015, de 30 de marzo, por la que se modifica la Ley Orgánica 10/1995, de 23 de noviembre, del Código Penal.

[22] Redactado conforme LO 11/2003, de 29 de septiembre, de medidas concretas en materia de seguridad ciudadana, violencia doméstica e integración social de los extranjeros.

[23] Apartado redactado conforme LO 9/2021, de 1 de julio, de aplicación del Reglamento (UE) 2017/1939 del Consejo, de 12 de octubre de 2017, por el que se establece una cooperación reforzada para la creación de la Fiscalía Europea.

Art. 25

1. A los efectos penales se reputará autoridad al que por sí solo o como miembro de alguna corporación, tribunal u órgano colegiado tenga mando o ejerza jurisdicción propia. En todo caso, tendrán la consideración de autoridad los miembros del Congreso de los Diputados, del Senado, de las Asambleas Legislativas de las Comunidades Autónomas y del Parlamento Europeo. Se reputará también autoridad a los funcionarios del Ministerio Fiscal.

2. Se considerará funcionario público todo el que por disposición inmediata de la Ley o por elección o por nombramiento de autoridad competente participe en el ejercicio de funciones públicas.

Art. 25[24].

A los efectos de este Código se entiende por discapacidad aquella situación en que se encuentra una persona con deficiencias físicas, mentales, intelectuales o sensoriales de carácter permanente que, al interactuar con diversas barreras, puedan limitar o impedir su participación plena y efectiva en la sociedad, en igualdad de condiciones con las demás.

Asimismo a los efectos de este Código, se entenderá por persona con discapacidad necesitada de especial protección a aquella persona con discapacidad que, tenga o no judicialmente modificada su capacidad de obrar, requiera de asistencia o apoyo para el ejercicio de su capacidad jurídica y para la toma de decisiones respecto de su persona, de sus derechos o intereses a causa de sus deficiencias intelectuales o mentales de carácter permanente.

A los efectos de este Código se considera incapaz a toda persona, haya sido o no declarada su incapacitación, que padezca una enfermedad de carácter persistente que le impida gobernar su persona o bienes por sí misma.

Art. 26.

A los efectos de este Código se considera documento todo soporte material que exprese o incorpore datos, hechos o narraciones con eficacia probatoria o cualquier otro tipo de relevancia jurídica.

**TÍTULO II
DE LAS PERSONAS CRIMINALMENTE
RESPONSABLES DE LOS DELITOS[25]**

Art. 27[26].

Son responsables criminalmente de los delitos los autores y los cómplices.

Son responsables criminalmente de los delitos y faltas los autores y los cómplices.

---

[24] Redactado conforme LO 1/2015, de 30 de marzo, por la que se modifica la Ley Orgánica 10/1995, de 23 de noviembre, del Código Penal.

[25] Redactado conforme LO 1/2015, de 30 de marzo, por la que se modifica la Ley Orgánica 10/1995, de 23 de noviembre, del Código Penal.

[26] Redactado conforme LO 1/2015, de 30 de marzo, por la que se modifica la Ley Orgánica 10/1995, de 23 de noviembre, del Código Penal.

Art. 28.

Son autores quienes realizan el hecho por sí solos, conjuntamente o por medio de otro del que se sirven como instrumento.

También serán considerados autores:

a) Los que inducen directamente a otro u otros a ejecutarlo.

b) Los que cooperan a su ejecución con un acto sin el cual no se habría efectuado.

Art. 29.

Son cómplices los que, no hallándose comprendidos en el artículo anterior, cooperan a la ejecución del hecho con actos anteriores o simultáneos.

Art. 30.

1. En los delitos que se cometan utilizando medios o soportes de difusión mecánicos no responderán criminalmente ni los cómplices ni quienes los hubieren favorecido personal o realmente[27].

> *1. En los delitos y faltas que se cometan utilizando medios o soportes de difusión mecánicos no responderán criminalmente ni los cómplices ni quienes los hubieren favorecido personal o realmente.*

2. Los autores a los que se refiere el artículo 28 responderán de forma escalonada, excluyente y subsidiaria de acuerdo con el siguiente orden:

1.° Los que realmente hayan redactado el texto o producido el signo de que se trate, y quienes les hayan inducido a realizarlo.

2.° Los directores de la publicación o programa en que se difunda.

3.° Los directores de la empresa editora, emisora o difusora.

4.° Los directores de la empresa grabadora, reproductora o impresora.

3. Cuando por cualquier motivo distinto de la extinción de la responsabilidad penal, incluso la declaración de rebeldía o la residencia fuera de España, no pueda perseguirse a ninguna de las personas comprendidas en alguno de los números del apartado anterior, se dirigirá el procedimiento contra las mencionadas en el número inmediatamente posterior.

Art. 31[28].

El que actúe como administrador de hecho o de derecho de una persona jurídica, o en nombre o representación legal o voluntaria de otro, responderá personalmente, aunque no concurran en él las condiciones, cualidades o relaciones que la correspondiente figura de delito requiera para poder ser sujeto activo del mismo, si tales circunstancias se dan en la entidad o persona en cuyo nombre o representación obre.

> *El que actúe como administrador de hecho o de derecho de una persona jurídica, o en nombre o representación legal o voluntaria de otro, responderá personalmente, aunque no concurran en él las condiciones,*

---

[27] Redactado conforme LO 1/2015, de 30 de marzo, por la que se modifica la Ley Orgánica 10/1995, de 23 de noviembre, del Código Penal.

[28] Redactado conforme LO 1/2015, de 30 de marzo, por la que se modifica la Ley Orgánica 10/1995, de 23 de noviembre, del Código Penal.

cualidades o relaciones que la correspondiente figura de delito o falta requiera para poder ser sujeto activo del mismo, si tales circunstancias se dan en la entidad o persona en cuyo nombre o representación obre[29].

Art. 31 bis[30].

1. En los supuestos previstos en este Código, las personas jurídicas serán penalmente responsables:

a) De los delitos cometidos en nombre o por cuenta de las mismas, y en su beneficio directo o indirecto, por sus representantes legales o por aquellos que actuando individualmente o como integrantes de un órgano de la persona jurídica, están autorizados para tomar decisiones en nombre de la persona jurídica u ostentan facultades de organización y control dentro de la misma.

b) De los delitos cometidos, en el ejercicio de actividades sociales y por cuenta y en beneficio directo o indirecto de las mismas, por quienes, estando sometidos a la autoridad de las personas físicas mencionadas en el párrafo anterior, han podido realizar los hechos por haberse incumplido gravemente por aquéllos los deberes de supervisión, vigilancia y control de su actividad atendidas las concretas circunstancias del caso.

2. Si el delito fuere cometido por las personas indicadas en la letra a) del apartado anterior, la persona jurídica quedará exenta de responsabilidad si se cumplen las siguientes condiciones:

1.ª el órgano de administración ha adoptado y ejecutado con eficacia, antes de la comisión del delito, modelos de organización y gestión que incluyen las medidas de vigilancia y control idóneas para prevenir delitos de la misma naturaleza o para reducir de forma significativa el riesgo de su comisión;

2.ª la supervisión del funcionamiento y del cumplimiento del modelo de prevención implantado ha sido confiada a un órgano de la persona jurídica con poderes autónomos de iniciativa y de control o que tenga encomendada legalmente la función de supervisar la eficacia de los controles internos de la persona jurídica;

3.ª los autores individuales han cometido el delito eludiendo fraudulentamente los modelos de organización y de prevención y

4.ª no se ha producido una omisión o un ejercicio insuficiente de sus funciones de supervisión, vigilancia y control por parte del órgano al que se refiere la condición 2.ª

En los casos en los que las anteriores circunstancias solamente puedan ser objeto de acreditación parcial, esta circunstancia será valorada a los efectos de atenuación de la pena.

3. En las personas jurídicas de pequeñas dimensiones, las funciones de supervisión a que se refiere la condición 2.ª del apartado 2 podrán ser asumidas directamente por el órgano de administración. A estos efectos, son personas

---

[29]   Redactado conforme LO 5/2010, de 22 de junio, por la que se modifica la Ley Orgánica 10/1995, de 23 de noviembre, del Código Penal.

[30]   Redactado conforme LO 1/2015, de 30 de marzo, por la que se modifica la Ley Orgánica 10/1995, de 23 de noviembre, del Código Penal.

jurídicas de pequeñas dimensiones aquéllas que, según la legislación aplicable, estén autorizadas a presentar cuenta de pérdidas y ganancias abreviada.

4. Si el delito fuera cometido por las personas indicadas en la letra b) del apartado 1, la persona jurídica quedará exenta de responsabilidad si, antes de la comisión del delito, ha adoptado y ejecutado eficazmente un modelo de organización y gestión que resulte adecuado para prevenir delitos de la naturaleza del que fue cometido o para reducir de forma significativa el riesgo de su comisión.

En este caso resultará igualmente aplicable la atenuación prevista en el párrafo segundo del apartado 2 de este artículo.

5. Los modelos de organización y gestión a que se refieren la condición 1.ª del apartado 2 y el apartado anterior deberán cumplir los siguientes requisitos:

1.º Identificarán las actividades en cuyo ámbito puedan ser cometidos los delitos que deben ser prevenidos.

2.º Establecerán los protocolos o procedimientos que concreten el proceso de formación de la voluntad de la persona jurídica, de adopción de decisiones y de ejecución de las mismas con relación a aquéllos.

3.º Dispondrán de modelos de gestión de los recursos financieros adecuados para impedir la comisión de los delitos que deben ser prevenidos.

4.º Impondrán la obligación de informar de posibles riesgos e incumplimientos al organismo encargado de vigilar el funcionamiento y observancia del modelo de prevención.

5.º Establecerán un sistema disciplinario que sancione adecuadamente el incumplimiento de las medidas que establezca el modelo.

6.º Realizarán una verificación periódica del modelo y de su eventual modificación cuando se pongan de manifiesto infracciones relevantes de sus disposiciones, o cuando se produzcan cambios en la organización, en la estructura de control o en la actividad desarrollada que los hagan necesarios.

1. En los supuestos previstos en este Código, las personas jurídicas serán penalmente responsables de los delitos cometidos en nombre o por cuenta de las mismas, y en su provecho, por sus representantes legales y administradores de hecho o de derecho.

En los mismos supuestos, las personas jurídicas serán también penalmente responsables de los delitos cometidos, en el ejercicio de actividades sociales y por cuenta y en provecho de las mismas, por quienes, estando sometidos a la autoridad de las personas físicas mencionadas en el párrafo anterior, han podido realizar los hechos por no haberse ejercido sobre ellos el debido control atendidas las concretas circunstancias del caso.

2. La responsabilidad penal de las personas jurídicas será exigible siempre que se constate la comisión de un delito que haya tenido que cometerse por quien ostente los cargos o funciones aludidas en el apartado anterior, aun cuando la concreta persona física responsable no haya sido individualizada o no haya sido posible dirigir el procedimiento contra ella. Cuando como consecuencia de los mismos hechos se impusiere a ambas la pena de multa, los jueces o tribunales modularán las respectivas cuantías, de modo que la suma resultante no sea desproporcionada en relación con la gravedad de aquéllos.

3. La concurrencia, en las personas que materialmente hayan realizado los hechos o en las que los hubiesen hecho posibles por no haber ejercido el debido control, de circunstancias que afecten a la culpabilidad del acusado o agraven su responsabilidad, o el hecho de que dichas personas hayan fallecido o se hubieren sustraído a la acción de la justicia, no excluirá ni modificará la responsabilidad penal de las personas jurídicas, sin perjuicio de lo que se dispone en el apartado siguiente.

4. Sólo podrán considerarse circunstancias atenuantes de la responsabilidad penal de las personas jurídicas haber realizado, con posterioridad a la comisión del delito y a través de sus representantes legales, las siguientes actividades:

a) Haber procedido, antes de conocer que el procedimiento judicial se dirige contra ella, a confesar la infracción a las autoridades.

b) Haber colaborado en la investigación del hecho aportando pruebas, en cualquier momento del proceso, que fueran nuevas y decisivas para esclarecer las responsabilidades penales dimanantes de los hechos.

c) Haber procedido en cualquier momento del procedimiento y con anterioridad al juicio oral a reparar o disminuir el daño causado por el delito.

d) Haber establecido, antes del comienzo del juicio oral, medidas eficaces para prevenir y descubrir los delitos que en el futuro pudieran cometerse con los medios o bajo la cobertura de la persona jurídica.

5. Las disposiciones relativas a la responsabilidad penal de las personas jurídicas no serán aplicables al Estado, a las Administraciones Públicas territoriales e institucionales, a los Organismos Reguladores, las Agencias y Entidades Públicas Empresariales, a las organizaciones internacionales de derecho público, ni a aquellas otras que ejerzan potestades públicas de soberanía, administrativas o cuando se trate de Sociedades mercantiles Estatales que ejecuten políticas públicas o presten servicios de interés económico general[31].

En estos supuestos, los órganos jurisdiccionales podrán efectuar declaración de responsabilidad penal en el caso de que aprecien que se trata de una forma jurídica creada por sus promotores, fundadores, administradores o representantes con el propósito de eludir una eventual responsabilidad penal[32].

Art. 31 ter[33].

1. La responsabilidad penal de las personas jurídicas será exigible siempre que se constate la comisión de un delito que haya tenido que cometerse por quien ostente los cargos o funciones aludidas en el artículo anterior, aun cuando la concreta persona física responsable no haya sido individualizada o no haya sido posible dirigir el procedimiento contra ella. Cuando como consecuencia de los mismos hechos se impusiere a ambas la pena de multa, los jueces o tribunales modularán las respectivas cuantías, de modo que la suma resultante no sea desproporcionada en relación con la gravedad de aquéllos.

2. La concurrencia, en las personas que materialmente hayan realizado los hechos o en las que los hubiesen hecho posibles por no haber ejercido el debido control, de circunstancias que afecten a la culpabilidad del acusado o agraven su responsabilidad, o el hecho de que dichas personas hayan fallecido o se hu-

---

[31]   Párrafo redactado conforme LO 7/2012, de 27 de diciembre, por la que se modifica la Ley Orgánica 10/1995, de 23 de noviembre, del Código Penal en materia de transparencia y lucha contra el fraude fiscal y en la Seguridad Social. Este párrafo fue introducido por LO 5/2010, de 22 de junio, por la que se modifica la Ley Orgánica 10/1995, de 23 de noviembre, del Código Penal con el siguiente tenor literal: *«Las disposiciones relativas a la responsabilidad penal de las personas jurídicas no serán aplicables al Estado, a las Administraciones Públicas territoriales e institucionales, a los Organismos Reguladores, las Agencias y Entidades Públicas Empresariales, a los partidos políticos y sindicatos, a las organizaciones internacionales de derecho público, ni a aquellas otras que ejerzan potestades públicas de soberanía, administrativas o cuando se trate de Sociedades mercantiles Estatales que ejecuten políticas públicas o presten servicios de interés económico general».*

[32]   Artículo introducido por LO 5/2010, de 22 de junio, por la que se modifica la Ley Orgánica 10/1995, de 23 de noviembre, del Código Penal.

[33]   Artículo introducido por LO 1/2015, de 30 de marzo, por la que se modifica la Ley Orgánica 10/1995, de 23 de noviembre, del Código Penal.

bieren sustraído a la acción de la justicia, no excluirá ni modificará la responsabilidad penal de las personas jurídicas, sin perjuicio de lo que se dispone en el artículo siguiente.

Art. 31 quater[34].

Sólo podrán considerarse circunstancias atenuantes de la responsabilidad penal de las personas jurídicas haber realizado, con posterioridad a la comisión del delito y a través de sus representantes legales, las siguientes actividades[35]:

a) Haber procedido, antes de conocer que el procedimiento judicial se dirige contra ella, a confesar la infracción a las autoridades.

b) Haber colaborado en la investigación del hecho aportando pruebas, en cualquier momento del proceso, que fueran nuevas y decisivas para esclarecer las responsabilidades penales dimanantes de los hechos.

c) Haber procedido en cualquier momento del procedimiento y con anterioridad al juicio oral a reparar o disminuir el daño causado por el delito.

d) Haber establecido, antes del comienzo del juicio oral, medidas eficaces para prevenir y descubrir los delitos que en el futuro pudieran cometerse con los medios o bajo la cobertura de la persona jurídica.

Art. 31 quinquies[36].

1. Las disposiciones relativas a la responsabilidad penal de las personas jurídicas no serán aplicables al Estado, a las Administraciones públicas territoriales e institucionales, a los Organismos Reguladores, las Agencias y Entidades públicas Empresariales, a las organizaciones internacionales de derecho público, ni a aquellas otras que ejerzan potestades públicas de soberanía o administrativas.

2. En el caso de las Sociedades mercantiles públicas que ejecuten políticas públicas o presten servicios de interés económico general, solamente les podrán ser impuestas las penas previstas en las letras a) y g) del apartado 7 del artículo 33. Esta limitación no será aplicable cuando el juez o tribunal aprecie que se trata de una forma jurídica creada por sus promotores, fundadores, administradores o representantes con el propósito de eludir una eventual responsabilidad penal.

---

[34] Artículo introducido por LO 1/2015, de 30 de marzo, por la que se modifica la Ley Orgánica 10/1995, de 23 de noviembre, del Código Penal.

[35] La versión consolidada del Código Penal publicada por el BOE numera este apartado como «1.», apartándose del tenor literal del texto legal.

[36] Artículo introducido por LO 1/2015, de 30 de marzo, por la que se modifica la Ley Orgánica 10/1995, de 23 de noviembre, del Código Penal.

TÍTULO III
DE LAS PENAS

CAPÍTULO I
DE LAS PENAS, SUS CLASES Y EFECTOS

SECCIÓN 1.ª
DE LAS PENAS Y SUS CLASES

Art. 32.

Las penas que pueden imponerse con arreglo a este Código, bien con carácter principal bien como accesorias, son privativas de libertad, privativas de otros derechos y multa.

Art. 33.

1. En función de su naturaleza y duración, las penas se clasifican en graves, menos graves y leves.

2[37]. Son penas graves:

a) La prisión permanente revisable.

b) La prisión superior a cinco años.

c) La inhabilitación absoluta.

d) Las inhabilitaciones especiales por tiempo superior a cinco años.

e) La suspensión de empleo o cargo público por tiempo superior a cinco años.

f) La privación del derecho a conducir vehículos a motor y ciclomotores por tiempo superior a ocho años.

g) La privación del derecho a la tenencia y porte de armas por tiempo superior a ocho años.

h) La privación del derecho a residir en determinados lugares o acudir a ellos, por tiempo superior a cinco años.

i) La prohibición de aproximarse a la víctima o a aquellos de sus familiares u otras personas que determine el juez o tribunal, por tiempo superior a cinco años.

j) La prohibición de comunicarse con la víctima o con aquellos de sus familiares u otras personas que determine el juez o tribunal, por tiempo superior a cinco años.

k) La privación de la patria potestad.

2. Son penas graves[38]:
a) La prisión superior a cinco años.
b) La inhabilitación absoluta.

---

[37] Apartado redactado conforme LO 1/2015, de 30 de marzo, por la que se modifica la Ley Orgánica 10/1995, de 23 de noviembre, del Código Penal.

[38] Redactado conforme LO 15/2003, de 25 de noviembre, por la que se modifica la Ley Orgánica 10/1995, de 23 de noviembre, del Código Penal.

c) Las inhabilitaciones especiales por tiempo superior a cinco años.

d) La suspensión de empleo o cargo público por tiempo superior a cinco años.

e) La privación del derecho a conducir vehículos a motor y ciclomotores por tiempo superior a ocho años.

f) La privación del derecho a la tenencia y porte de armas por tiempo superior a ocho años.

g) La privación del derecho a residir en determinados lugares o acudir a ellos, por tiempo superior a cinco años.

h) La prohibición de aproximarse a la víctima o a aquellos de sus familiares u otras personas que determine el juez o tribunal, por tiempo superior a cinco años.

i) La prohibición de comunicarse con la víctima o con aquellos de sus familiares u otras personas que determine el juez o tribunal, por tiempo superior a cinco años.

j) La privación de la patria potestad[39].

3[40]. Son penas menos graves:

a) La prisión de tres meses hasta cinco años.

b) Las inhabilitaciones especiales hasta cinco años.

c) La suspensión de empleo o cargo público hasta cinco años.

d) La privación del derecho a conducir vehículos a motor y ciclomotores de un año y un día a ocho años.

e) La privación del derecho a la tenencia y porte de armas de un año y un día a ocho años.

f) Inhabilitación especial para el ejercicio de profesión, oficio o comercio que tenga relación con los animales y para la tenencia de animales de un año y un día a cinco años.

g) La privación del derecho a residir en determinados lugares o acudir a ellos, por tiempo de seis meses a cinco años.

h) La prohibición de aproximarse a la víctima o a aquellos de sus familiares u otras personas que determine el juez o tribunal, por tiempo de seis meses a cinco años.

i) La prohibición de comunicarse con la víctima o con aquellos de sus familiares u otras personas que determine el juez o tribunal, por tiempo de seis meses a cinco años.

j) La multa de más de tres meses.

k) La multa proporcional, cualquiera que fuese su cuantía, salvo lo dispuesto en el apartado 7 de este artículo.

l) Los trabajos en beneficio de la comunidad de treinta y un días a un año.

3. Son penas menos graves[41]:

a) La prisión de tres meses hasta cinco años.

b) Las inhabilitaciones especiales hasta cinco años.

c) La suspensión de empleo o cargo público hasta cinco años.

d) La privación del derecho a conducir vehículos a motor y ciclomotores de un año y un día a ocho años.

e) La privación del derecho a la tenencia y porte de armas de un año y un día a ocho años.

---

[39]   Introducido por LO 5/2010, de 22 de junio, por la que se modifica la Ley Orgánica 10/1995, de 23 de noviembre, del Código Penal.

[40]   Apartado redactado conforme LO 1/2015, de 30 de marzo, por la que se modifica la Ley Orgánica 10/1995, de 23 de noviembre, del Código Penal.

[41]   Redactado conforme LO 15/2003, de 25 de noviembre, por la que se modifica la Ley Orgánica 10/1995, de 23 de noviembre, del Código Penal.

f) La privación del derecho a residir en determinados lugares o acudir a ellos, por tiempo de seis meses a cinco años.

g) La prohibición de aproximarse a la víctima o a aquellos de sus familiares u otras personas que determine el juez o tribunal, por tiempo de seis meses a cinco años.

h) La prohibición de comunicarse con la víctima o con aquellos de sus familiares u otras personas que determine el juez o tribunal, por tiempo de seis meses a cinco años.

i) La multa de más de dos meses.

j) La multa proporcional, cualquiera que fuese su cuantía, salvo lo dispuesto en el apartado 7 de este artículo[42].

k) Los trabajos en beneficio de la comunidad de 31 a 180 días.

l) La localización permanente de tres meses y un día a seis meses[43].

m) La pérdida de la posibilidad de obtener subvenciones o ayudas públicas y del derecho a gozar de beneficios o incentivos fiscales o de la Seguridad Social, cualquiera que sea su duración[44].

4. Son penas leves[45]:

a) La privación del derecho a conducir vehículos a motor y ciclomotores de tres meses a un año.

b) La privación del derecho a la tenencia y porte de armas de tres meses a un año.

c) Inhabilitación especial para el ejercicio de profesión, oficio o comercio que tenga relación con los animales y para la tenencia de animales de tres meses a un año.

d) La privación del derecho a residir en determinados lugares o acudir a ellos, por tiempo inferior a seis meses.

e) La prohibición de aproximarse a la víctima o a aquellos de sus familiares u otras personas que determine el juez o tribunal, por tiempo de un mes a menos de seis meses.

f) La prohibición de comunicarse con la víctima o con aquellos de sus familiares u otras personas que determine el juez o tribunal, por tiempo de un mes a menos de seis meses.

g) La multa de hasta tres meses.

h) La localización permanente de un día a tres meses.

i) Los trabajos en beneficio de la comunidad de uno a treinta días.

4. Son penas leves[46]:

a) La privación del derecho a conducir vehículos a motor y ciclomotores de tres meses a un año.

b) La privación del derecho a la tenencia y porte de armas de tres meses a un año.

---

[42] Redactado conforme LO 5/2010, de 22 de junio, por la que se modifica la Ley Orgánica 10/1995, de 23 de noviembre, del Código Penal.

[43] Introducido por LO 5/2010, de 22 de junio, por la que se modifica la Ley Orgánica 10/1995, de 23 de noviembre, del Código Penal.

[44] Introducido por LO 5/2010, de 22 de junio, por la que se modifica la Ley Orgánica 10/1995, de 23 de noviembre, del Código Penal.

[45] Apartado redactado conforme LO 1/2015, de 30 de marzo, por la que se modifica la Ley Orgánica 10/1995, de 23 de noviembre, del Código Penal.

[46] Redactado conforme LO 15/2003, de 25 de noviembre, por la que se modifica la Ley Orgánica 10/1995, de 23 de noviembre, del Código Penal.

c) La privación del derecho a residir en determinados lugares o acudir a ellos, por tiempo inferior a seis meses.
d) La prohibición de aproximarse a la víctima o a aquellos de sus familiares u otras personas que determine el juez o tribunal, por tiempo de un mes a menos de seis meses.
e) La prohibición de comunicarse con la víctima o con aquellos de sus familiares u otras personas que determine el juez o tribunal, por tiempo de un mes a menos de seis meses.
f) La multa de 10 días a dos meses.
g) La localización permanente de un día a tres meses[47].
h) Los trabajos en beneficio de la comunidad de uno a 30 días.

5. La responsabilidad personal subsidiaria por impago de multa tendrá naturaleza menos grave o leve, según la que corresponda a la pena que sustituya.

6. Las penas accesorias tendrán la duración que respectivamente tenga la pena principal, excepto lo que dispongan expresamente otros preceptos de este Código[48].

7[49]. Las penas aplicables a las personas jurídicas, que tienen todas la consideración de graves, son las siguientes:

a) Multa por cuotas o proporcional.

b) Disolución de la persona jurídica. La disolución producirá la pérdida definitiva de su personalidad jurídica, así como la de su capacidad de actuar de cualquier modo en el tráfico jurídico, o llevar a cabo cualquier clase de actividad, aunque sea lícita.

c) Suspensión de sus actividades por un plazo que no podrá exceder de cinco años.

d) Clausura de sus locales y establecimientos por un plazo que no podrá exceder de cinco años.

e) Prohibición de realizar en el futuro las actividades en cuyo ejercicio se haya cometido, favorecido o encubierto el delito. Esta prohibición podrá ser temporal o definitiva. Si fuere temporal, el plazo no podrá exceder de quince años.

f) Inhabilitación para obtener subvenciones y ayudas públicas, para contratar con el sector público y para gozar de beneficios e incentivos fiscales o de la Seguridad Social, por un plazo que no podrá exceder de quince años.

g) Intervención judicial para salvaguardar los derechos de los trabajadores o de los acreedores por el tiempo que se estime necesario, que no podrá exceder de cinco años.

La intervención podrá afectar a la totalidad de la organización o limitarse a alguna de sus instalaciones, secciones o unidades de negocio. El Juez o Tribunal, en la sentencia o, posteriormente, mediante auto, determinará exactamente el contenido de la intervención y determinará quién se hará cargo de la

---

[47]   Redactado conforme LO 5/2010, de 22 de junio de 2010, por la que se modifica la Ley Orgánica 10/1995, de 23 de noviembre, del Código Penal.

[48]   Redactado conforme LO 15/2003, de 25 de noviembre, por la que se modifica la Ley Orgánica 10/1995, de 23 de noviembre, del Código Penal.

[49]   Introducido por LO 5/2010, de 22 de junio, por la que se modifica la Ley Orgánica 10/1995, de 23 de noviembre, del Código Penal.

intervención y en qué plazos deberá realizar informes de seguimiento para el órgano judicial. La intervención se podrá modificar o suspender en todo momento previo informe del interventor y del Ministerio Fiscal. El interventor tendrá derecho a acceder a todas las instalaciones y locales de la empresa o persona jurídica y a recibir cuanta información estime necesaria para el ejercicio de sus funciones. Reglamentariamente se determinarán los aspectos relacionados con el ejercicio de la función de interventor, como la retribución o la cualificación necesaria.

La clausura temporal de los locales o establecimientos, la suspensión de las actividades sociales y la intervención judicial podrán ser acordadas también por el Juez Instructor como medida cautelar durante la instrucción de la causa.

Art. 34.

No se reputarán penas:

1. La detención y prisión preventiva y las demás medidas cautelares de naturaleza penal.

2. Las multas y demás correcciones que, en uso de atribuciones gubernativas o disciplinarias, se impongan a los subordinados o administrados.

3. Las privaciones de derechos y las sanciones reparadoras que establezcan las leyes civiles o administrativas.

SECCIÓN 2.ª
DE LAS PENAS PRIVATIVAS DE LIBERTAD

Art. 35[50].

Son penas privativas de libertad la prisión permanente revisable, la prisión, la localización permanente y la responsabilidad personal subsidiaria por impago de multa. Su cumplimiento, así como los beneficios penitenciarios que supongan acortamiento de la condena, se ajustarán a lo dispuesto en las leyes y en este Código.

> *Son penas privativas de libertad la prisión, la localización permanente y la responsabilidad personal subsidiaria por impago de multa[51].*

Art. 36.

1. La pena de prisión permanente será revisada de conformidad con lo dispuesto en el artículo 92.

La clasificación del condenado en el tercer grado deberá ser autorizada por el tribunal previo pronóstico individualizado y favorable de reinserción social, oídos el Ministerio Fiscal e Instituciones Penitenciarias, y no podrá efectuarse:

---

[50]   Redactado conforme LO 1/2015, de 30 de marzo, por la que se modifica la Ley Orgánica 10/1995, de 23 de noviembre, del Código Penal.

[51]   Redactado conforme LO 15/2003, de 25 de noviembre, por la que se modifica la Ley Orgánica 10/1995, de 23 de noviembre, del Código Penal.

a) Hasta el cumplimiento de veinte años de prisión efectiva, en el caso de que el penado lo hubiera sido por un delito del Capítulo VII del Título XXII del Libro II de este Código.

b) Hasta el cumplimiento de quince años de prisión efectiva, en el resto de los casos.

En estos supuestos, el penado no podrá disfrutar de permisos de salida hasta que haya cumplido un mínimo de doce años de prisión, en el caso previsto en la letra a), y ocho años de prisión, en el previsto en la letra b)[52].

> *1. La pena de prisión tendrá una duración mínima de tres meses y máxima de 20 años, salvo lo que excepcionalmente dispongan otros preceptos del presente Código.*
>
> *Su cumplimiento, así como los beneficios penitenciarios que supongan acortamiento de la condena, se ajustarán a lo dispuesto en las leyes y en este Código[53].*

2. La pena de prisión tendrá una duración mínima de tres meses y máxima de veinte años, salvo lo que excepcionalmente dispongan otros preceptos del presente Código.

Cuando la duración de la pena de prisión impuesta sea superior a cinco años, el juez o tribunal podrá ordenar que la clasificación del condenado en el tercer grado de tratamiento penitenciario no se efectúe hasta el cumplimiento de la mitad de la pena impuesta.

En cualquier caso, cuando la duración de la pena de prisión impuesta sea superior a cinco años y se trate de los delitos enumerados a continuación, la clasificación del condenado en el tercer grado de tratamiento penitenciario no podrá efectuarse hasta el cumplimiento de la mitad de la misma:

a) Delitos referentes a organizaciones y grupos terroristas y delitos de terrorismo del Capítulo VII del Título XXII del Libro II de este Código.

b) Delitos cometidos en el seno de una organización o grupo criminal.

c) Delitos del Título VII bis del Libro II de este Código, cuando la víctima sea una persona menor de edad o persona con discapacidad necesitada de especial protección.

d) Delitos del artículo 181.

e) Delitos del Capítulo V del Título VIII del Libro II de este Código, cuando la víctima sea menor de dieciséis años.

En los supuestos de las letras c), d) y e), si la condena fuera superior a cinco años de prisión la clasificación del condenado en el tercer grado de tratamiento penitenciario no podrá efectuarse sin valoración e informe específico acerca del aprovechamiento por el reo del programa de tratamiento para condenados por agresión sexual[54].

---

[52] Apartado redactado conforme LO 1/2015, de 30 de marzo, por la que se modifica la Ley Orgánica 10/1995, de 23 de noviembre, del Código Penal.

[53] Redactado conforme LO 15/2003, de 25 de noviembre, por la que se modifica la Ley Orgánica 10/1995, de 23 de noviembre, del Código Penal.

[54] Apartado redactado conforme LO 10/2022, de 6 de septiembre, de garantía integral de la libertad sexual.

2. La pena de prisión tendrá una duración mínima de tres meses y máxima de veinte años, salvo lo que excepcionalmente dispongan otros preceptos del presente Código.

Cuando la duración de la pena de prisión impuesta sea superior a cinco años, el juez o tribunal podrá ordenar que la clasificación del condenado en el tercer grado de tratamiento penitenciario no se efectúe hasta el cumplimiento de la mitad de la pena impuesta.

En cualquier caso, cuando la duración de la pena de prisión impuesta sea superior a cinco años y se trate de los delitos enumerados a continuación, la clasificación del condenado en el tercer grado de tratamiento penitenciario no podrá efectuarse hasta el cumplimiento de la mitad de la misma:

a) Delitos referentes a organizaciones y grupos terroristas y delitos de terrorismo del Capítulo VII del Título XXII del Libro II de este Código.

b) Delitos cometidos en el seno de una organización o grupo criminal.

c) Delitos del artículo 183.

d) Delitos del Capítulo V del Título VIII del Libro II de este Código, cuando la víctima sea menor de trece años.

El juez de vigilancia, previo pronóstico individualizado y favorable de reinserción social y valorando, en su caso, las circunstancias personales del reo y la evolución del tratamiento reeducador, podrá acordar razonadamente, oídos el Ministerio Fiscal, Instituciones Penitenciarias y las demás partes, la aplicación del régimen general de cumplimiento, salvo en los supuestos contenidos en el párrafo anterior[55].

3. La autoridad judicial de vigilancia penitenciaria, previo pronóstico individualizado y favorable de reinserción social y valorando, en su caso, las circunstancias personales de la persona condenada y la evolución del tratamiento reeducador, podrá acordar razonadamente, oídos el Ministerio Fiscal, Instituciones Penitenciarias y las demás partes, la aplicación del régimen general de cumplimiento, salvo en los supuestos contenidos en el apartado anterior[56].

3. En todo caso, el tribunal o el juez de vigilancia penitenciaria, según corresponda, podrá acordar, previo informe del Ministerio Fiscal, Instituciones Penitenciarias y las demás partes, la progresión a tercer grado por motivos humanitarios y de dignidad personal de penados enfermos muy graves con padecimientos incurables y de los septuagenarios valorando, especialmente su escasa peligrosidad[57].

4. En todo caso, la autoridad judicial de vigilancia penitenciaria, según corresponda, podrá acordar, previo informe del Ministerio Fiscal, Instituciones Penitenciarias y las demás partes, la progresión a tercer grado por motivos humanitarios y de dignidad personal de las personas condenadas enfermas muy graves con padecimientos incurables y de las personas septuagenarias, valorando, especialmente, su escasa peligrosidad[58].

---

[55] Apartado redactado conforme LO 1/2015, de 30 de marzo, por la que se modifica la Ley Orgánica 10/1995, de 23 de noviembre, del Código Penal.

[56] Apartado redactado conforme LO 10/2022, de 6 de septiembre, de garantía integral de la libertad sexual.

[57] Apartado introducido por LO 1/2015, de 30 de marzo, por la que se modifica la Ley Orgánica 10/1995, de 23 de noviembre, del Código Penal.

[58] Apartado introducido por LO 10/2022, de 6 de septiembre, de garantía integral de la libertad sexual.

Art. 37[59].

1. La localización permanente tendrá una duración de hasta seis meses. Su cumplimiento obliga al penado a permanecer en su domicilio o en lugar determinado fijado por el Juez en sentencia o posteriormente en auto motivado.

No obstante, en los casos en los que la localización permanente esté prevista como pena principal, atendiendo a la reiteración en la comisión de la infracción y siempre que así lo disponga expresamente el concreto precepto aplicable, el Juez podrá acordar en sentencia que la pena de localización permanente se cumpla los sábados, domingos y días festivos en el centro penitenciario más próximo al domicilio del penado[60].

> *1. La localización permanente tendrá una duración de hasta 12 días. Su cumplimiento obliga al penado a permanecer en su domicilio o en lugar determinado fijado por el juez en sentencia[61].*

2. Si el reo lo solicitare y las circunstancias lo aconsejaren, oído el ministerio fiscal, el juez o tribunal sentenciador podrá acordar que la condena se cumpla durante los sábados y domingos o de forma no continuada.

3. Si el condenado incumpliera la pena, el juez o tribunal sentenciador deducirá testimonio para proceder de conformidad con lo que dispone el artículo 468[62].

4. Para garantizar el cumplimiento efectivo, el Juez o Tribunal podrá acordar la utilización de medios mecánicos o electrónicos que permitan la localización del reo[63].

Art. 38.

1. Cuando el reo estuviere preso, la duración de las penas empezará a computarse desde el día en que la sentencia condenatoria haya quedado firme.

2. Cuando el reo no estuviere preso, la duración de las penas empezará a contarse desde que ingrese en el establecimiento adecuado para su cumplimiento.

---

[59] Redactado conforme LO 15/2003, de 25 de noviembre, por la que se modifica la Ley Orgánica 10/1995, de 23 de noviembre, del Código Penal.

[60] Apartado 1 redactado conforme LO 5/2010, de 22 de junio, por la que se modifica la Ley Orgánica 10/1995, de 23 de noviembre, del Código Penal.

[61] Redactado conforme LO 15/2003, de 25 de noviembre, por la que se modifica la Ley Orgánica 10/1995, de 23 de noviembre, del Código Penal.

[62] Apartados 2 y 3 redactados conforme LO 15/2003, de 25 de noviembre, por la que se modifica la Ley Orgánica 10/1995, de 23 de noviembre, del Código Penal.

[63] Apartado introducido por LO 5/2010, de 22 de junio, por la que se modifica la Ley Orgánica 10/1995, de 23 de noviembre, del Código Penal.

SECCIÓN 3.ª
DE LAS PENAS PRIVATIVAS DE DERECHOS

Art. 39[64].

Son penas privativas de derechos:

a) La inhabilitación absoluta.

b) Las de inhabilitación especial para empleo o cargo público, profesión, oficio, industria o comercio, u otras actividades, sean o no retribuidas, o de los derechos de patria potestad, tutela, guarda o curatela, tenencia de animales, derecho de sufragio pasivo o de cualquier otro derecho[65].

> *b) Las de inhabilitación especial para empleo o cargo público, profesión, oficio, industria o comercio, u otras actividades determinadas en este Código, o de los derechos de patria potestad, tutela, guarda o curatela, tenencia de animales, derecho de sufragio pasivo o de cualquier otro derecho.*

c) La suspensión de empleo o cargo público.

d) La privación del derecho a conducir vehículos a motor y ciclomotores.

e) La privación del derecho a la tenencia y porte de armas.

f) La privación del derecho a residir en determinados lugares o acudir a ellos.

g) La prohibición de aproximarse a la víctima o a aquellos de sus familiares u otras personas que determine el juez o el tribunal.

h) La prohibición de comunicarse con la víctima o con aquellos de sus familiares u otras personas que determine el juez o tribunal.

i) Los trabajos en beneficio de la comunidad.

j) La privación de la patria potestad.

> *Son penas privativas de derechos[66]:*
> *a) La inhabilitación absoluta.*
> *b) Las de inhabilitación especial para empleo o cargo público, profesión, oficio, industria o comercio, u otras actividades determinadas en este Código, o de los derechos de patria potestad, tutela, guarda o curatela, derecho de sufragio pasivo o de cualquier otro derecho.*
> *c) La suspensión de empleo o cargo público.*
> *d) La privación del derecho a conducir vehículos a motor y ciclomotores.*
> *e) La privación del derecho a la tenencia y porte de armas.*
> *f) La privación del derecho a residir en determinados lugares o acudir a ellos.*
> *g) La prohibición de aproximarse a la víctima o a aquellos de sus familiares u otras personas que determine el juez o tribunal.*
> *h) La prohibición de comunicarse con la víctima o con aquellos de sus familiares u otras personas que determine el juez o tribunal.*
> *i) Los trabajos en beneficio de la comunidad.*

---

[64] Redactado —a excepción de la letra b)— conforme LO 1/2015, de 30 de marzo, por la que se modifica la Ley Orgánica 10/1995, de 23 de noviembre, del Código Penal.

[65] Apartado redactado conforme LO 8/2021, de 4 de junio, de protección integral a la infancia y la adolescencia frente a la violencia.

[66] Redactado conforme LO 15/2003, de 25 de noviembre, por la que se modifica la Ley Orgánica 10/1995, de 23 de noviembre, del Código Penal.

j) La privación de la patria potestad[67].

Art. 40[68].

1. La pena de inhabilitación absoluta tendrá una duración de seis a 20 años; las de inhabilitación especial, de tres meses a 20 años, y la de suspensión de empleo o cargo público, de tres meses a seis años.

2. La pena de privación del derecho a conducir vehículos a motor y ciclomotores, y la de privación del derecho a la tenencia y porte de armas, tendrán una duración de tres meses a 10 años.

3. La pena de privación del derecho a residir en determinados lugares o acudir a ellos tendrá una duración de hasta 10 años. La prohibición de aproximarse a la víctima o a aquellos de sus familiares u otras personas, o de comunicarse con ellas, tendrá una duración de un mes a 10 años.

4. La pena de trabajos en beneficio de la comunidad tendrá una duración de un día a un año.

5. La duración de cada una de estas penas será la prevista en los apartados anteriores, salvo lo que excepcionalmente dispongan otros preceptos de este Código.

Art. 41.

La pena de inhabilitación absoluta produce la privación definitiva de todos los honores, empleos y cargos públicos que tenga el penado, aunque sean electivos. Produce, además, la incapacidad para obtener los mismos o cualesquiera otros honores, cargos o empleos públicos, y la de ser elegido para cargo público, durante el tiempo de la condena.

Art. 42[69].

La pena de inhabilitación especial para empleo o cargo público produce la privación definitiva del empleo o cargo sobre el que recayere, aunque sea electivo, y de los honores que le sean anejos. Produce, además, la incapacidad para obtener el mismo u otros análogos, durante el tiempo de la condena. En la sentencia habrán de especificarse los empleos, cargos y honores sobre los que recae la inhabilitación.

Art. 43.

La suspensión de empleo o cargo público priva de su ejercicio al penado durante el tiempo de la condena.

---

[67]   Introducido por LO 5/2010, de 22 de junio, por la que se modifica la Ley Orgánica 10/1995, de 23 de noviembre, del Código Penal.

[68]   Redactado conforme LO 15/2003, de 25 de noviembre, por la que se modifica la Ley Orgánica 10/1995, de 23 de noviembre, del Código Penal.

[69]   Redactado conforme LO 15/2003, de 25 de noviembre, por la que se modifica la Ley Orgánica 10/1995, de 23 de noviembre, del Código Penal.

Art. 44.

La inhabilitación especial para el derecho de sufragio pasivo priva al penado, durante el tiempo de la condena, del derecho a ser elegido para cargos públicos.

Art. 45[70].

La inhabilitación especial para profesión, oficio, industria o comercio u otras actividades, sean o no retribuidas, o cualquier otro derecho, que ha de concretarse expresa y motivadamente en la sentencia, priva a la persona penada de la facultad de ejercerlos durante el tiempo de la condena. La autoridad judicial podrá restringir la inhabilitación a determinadas actividades o funciones de la profesión u oficio, retribuido o no, permitiendo, si ello fuera posible, el ejercicio de aquellas funciones no directamente relacionadas con el delito cometido.

La inhabilitación especial para profesión, oficio, industria o comercio o cualquier otro derecho, que ha de concretarse expresa y motivadamente en la sentencia, priva al penado de la facultad de ejercerlos durante el tiempo de la condena.

Art. 46[71].

La inhabilitación especial para el ejercicio de la patria potestad, tutela, curatela, guarda o acogimiento, priva a la persona condenada de los derechos inherentes a la primera, y supone la extinción de las demás, así como la incapacidad para obtener nombramiento para dichos cargos durante el tiempo de la condena. La pena de privación de la patria potestad implica la pérdida de la titularidad de la misma, subsistiendo aquellos derechos de los que sea titular el hijo o la hija respecto de la persona condenada que se determinen judicialmente. La autoridad judicial podrá acordar estas penas respecto de todas o algunas de las personas menores de edad o personas con discapacidad necesitadas de especial protección que estén a cargo de la persona condenada.

Para concretar qué derechos de las personas menores de edad o personas con discapacidad han de subsistir en caso de privación de la patria potestad y para determinar respecto de qué personas se acuerda la pena, la autoridad judicial valorará el interés superior de la persona menor de edad o con discapacidad, en relación a las circunstancias del caso concreto.

A los efectos de este artículo, la patria potestad comprende tanto la regulada en el Código Civil, incluida la prorrogada y la rehabilitada, como las instituciones análogas previstas en la legislación civil de las comunidades autónomas.

La inhabilitación especial para el ejercicio de la patria potestad, tutela, curatela, guarda o acogimiento, priva al penado de los derechos inherentes a la primera, y supone la extinción de las demás, así como la incapacidad para obtener nombramiento para dichos cargos durante el tiempo de la condena. La pena de

---

[70] Redactado conforme LO 8/2021, de 4 de junio, de protección integral a la infancia y la adolescencia frente a la violencia.

[71] Redactado conforme LO 8/2021, de 4 de junio, de protección integral a la infancia y la adolescencia frente a la violencia.

privación de la patria potestad implica la pérdida de la titularidad de la misma, subsistiendo los derechos de los que sea titular el hijo respecto del penado. El Juez o Tribunal podrá acordar estas penas respecto de todos o alguno de los menores o personas con discapacidad necesitadas de especial protección que estén a cargo del penado, en atención a las circunstancias del caso.

A los efectos de este artículo, la patria potestad comprende tanto la regulada en el Código Civil, incluida la prorrogada, como las instituciones análogas previstas en la legislación civil de las Comunidades Autónomas[72].

Art. 47.

La imposición de la pena de privación del derecho a conducir vehículos a motor y ciclomotores inhabilitará al penado para el ejercicio de ambos derechos durante el tiempo fijado en la sentencia.

La imposición de la pena de privación del derecho a la tenencia y porte de armas inhabilitará al penado para el ejercicio de este derecho por el tiempo fijado en la sentencia.

Cuando la pena impuesta lo fuere por un tiempo superior a dos años comportará la pérdida de vigencia del permiso o licencia que habilite para la conducción o la tenencia y porte, respectivamente[73].

Art. 48.

1. La privación del derecho a residir en determinados lugares o acudir a ellos impide al penado residir o acudir al lugar en que haya cometido el delito, o a aquel en que resida la víctima o su familia, si fueren distintos. En los casos en que exista declarada una discapacidad intelectual o una discapacidad que tenga su origen en un trastorno mental, se estudiará el caso concreto a fin de resolver teniendo presentes los bienes jurídicos a proteger y el interés superior de la persona con discapacidad que, en su caso, habrá de contar con los medios de acompañamiento y apoyo precisos para el cumplimiento de la medida[74].

> *1. La privación del derecho a residir en determinados lugares o acudir a ellos impide al penado residir o acudir al lugar en que haya cometido el delito o falta, o a aquél en que resida la víctima o su familia, si fueren distintos[75].*

2. La prohibición de aproximarse a la víctima, o a aquellos de sus familiares u otras personas que determine el juez o tribunal, impide al penado acercarse a ellos, en cualquier lugar donde se encuentren, así como acercarse a su domicilio, a sus lugares de trabajo y a cualquier otro que sea frecuentado por ellos, quedando en suspenso, respecto de los hijos, el régimen de visitas, comunica-

---

[72] Redactado conforme LO 5/2010, de 22 de junio, por la que se modifica la Ley Orgánica 10/1995, de 23 de noviembre, del Código Penal.

[73] Párrafo introducido por LO 15/2007, de 30 de noviembre, por la que se modifica la Ley Orgánica 10/1995, de 23 de noviembre, del Código Penal en materia de seguridad vial.

[74] Apartado redactado conforme LO 1/2015, de 30 de marzo, por la que se modifica la Ley Orgánica 10/1995, de 23 de noviembre, del Código Penal.

[75] Redactado conforme LO 5/2010, de 22 de junio, por la que se modifica la Ley Orgánica 10/1995, de 23 de noviembre, del Código Penal.

ción y estancia que, en su caso, se hubiere reconocido en sentencia civil hasta el total cumplimiento de esta pena[76].

3. La prohibición de comunicarse con la víctima, o con aquellos de sus familiares u otras personas que determine el juez o tribunal, impide al penado establecer con ellas, por cualquier medio de comunicación o medio informático o telemático, contacto escrito, verbal o visual[77].

4. El juez o tribunal podrá acordar que el control de estas medidas se realice a través de aquellos medios electrónicos que lo permitan[78].

Art. 49[79].

Los trabajos en beneficio de la comunidad, que no podrán imponerse sin el consentimiento de la persona condenada, le obligan a prestar su cooperación no retribuida en determinadas actividades de utilidad pública, que podrán consistir, en relación con delitos de similar naturaleza al cometido por la persona condenada, en labores de reparación de los daños causados o de apoyo o asistencia a las víctimas, así como en la participación de la persona condenada en talleres o programas formativos de reeducación, laborales, culturales, de educación vial, sexual, resolución pacífica de conflictos, parentalidad positiva y otros similares. Su duración diaria no podrá exceder de ocho horas y sus condiciones serán las siguientes[80]:

> *Los trabajos en beneficio de la comunidad, que no podrán imponerse sin el consentimiento del penado, le obligan a prestar su cooperación no retribuida en determinadas actividades de utilidad pública, que podrán consistir, en relación con delitos de similar naturaleza al cometido por el penado, en labores de reparación de los daños causados o de apoyo o asistencia a las víctimas, así como en la participación del penado en talleres o programas formativos o de reeducación, laborales, culturales, de educación vial, sexual y otros similares. Su duración diaria no podrá exceder de ocho horas y sus condiciones serán las siguientes[81]:*

1.ª La ejecución se desarrollará bajo el control del Juez de Vigilancia Penitenciaria, que, a tal efecto, requerirá los informes sobre el desempeño del trabajo a la Administración, entidad pública o asociación de interés general en que se presten los servicios.

2.ª No atentará a la dignidad del penado.

---

[76]   Redactado conforme LO 15/2003, de 25 de noviembre, por la que se modifica la Ley Orgánica 10/1995, de 23 de noviembre, del Código Penal.

[77]   Redactado conforme LO 15/2003, de 25 de noviembre, por la que se modifica la Ley Orgánica 10/1995, de 23 de noviembre, del Código Penal.

[78]   Redactado conforme LO 15/2003, de 25 de noviembre, por la que se modifica la Ley Orgánica 10/1995, de 23 de noviembre, del Código Penal.

[79]   Redactado —a excepción del párrafo primero— conforme LO 15/2003, de 25 de noviembre, por la que se modifica la Ley Orgánica 10/1995, de 23 de noviembre, del Código Penal.

[80]   Párrafo redactado conforme LO 8/2021, de 4 de junio, de protección integral a la infancia y la adolescencia frente a la violencia.

[81]   Párrafo redactado conforme LO 5/2010, de 22 de junio, por la que se modifica la Ley Orgánica 10/1995, de 23 de noviembre, del Código Penal.

3.ª El trabajo en beneficio de la comunidad será facilitado por la Administración, la cual podrá establecer los convenios oportunos a tal fin.

4.ª Gozará de la protección dispensada a los penados por la legislación penitenciaria en materia de Seguridad Social.

5.ª No se supeditará al logro de intereses económicos.

6.ª Los servicios sociales penitenciarios, hechas las verificaciones necesarias, comunicarán al Juez de Vigilancia Penitenciaria las incidencias relevantes de la ejecución de la pena y, en todo caso, si el penado:

a) Se ausenta del trabajo durante al menos dos jornadas laborales, siempre que ello suponga un rechazo voluntario por su parte al cumplimiento de la pena.

b) A pesar de los requerimientos del responsable del centro de trabajo, su rendimiento fuera sensiblemente inferior al mínimo exigible.

c) Se opusiera o incumpliera de forma reiterada y manifiesta las instrucciones que se le dieren por el responsable de la ocupación referidas al desarrollo de la misma.

d) Por cualquier otra razón, su conducta fuere tal que el responsable del trabajo se negase a seguir manteniéndolo en el centro.

Una vez valorado el informe, el Juez de Vigilancia Penitenciaria podrá acordar su ejecución en el mismo centro, enviar al penado para que finalice la ejecución de la misma en otro centro o entender que el penado ha incumplido la pena.

En caso de incumplimiento, se deducirá testimonio para proceder de conformidad con el artículo 468.

7.ª Si el penado faltara del trabajo por causa justificada no se entenderá como abandono de la actividad. No obstante, el trabajo perdido no se le computará en la liquidación de la condena, en la que se deberán hacer constar los días o jornadas que efectivamente hubiese trabajado del total que se le hubiera impuesto.

SECCIÓN 4.ª
DE LA PENA DE MULTA

Art. 50.

1. La pena de multa consistirá en la imposición al condenado de una sanción pecuniaria.

2. La pena de multa se impondrá, salvo que la Ley disponga otra cosa, por el sistema de días-multa.

3. Su extensión mínima será de diez días y la máxima de dos años. Las penas de multa imponibles a personas jurídicas tendrán una extensión máxima de cinco años[82].

---

[82]   Redactado conforme LO 5/2010, de 22 de junio, por la que se modifica la Ley Orgánica 10/1995, de 23 de noviembre, del Código Penal.

Art. 51

3. Su extensión mínima será de 10 días y la máxima de dos años[83].

4. La cuota diaria tendrá un mínimo de dos y un máximo de 400 euros, excepto en el caso de las multas imponibles a las personas jurídicas, en las que la cuota diaria tendrá un mínimo de 30 y un máximo de 5.000 euros. A efectos de cómputo, cuando se fije la duración por meses o por años, se entenderá que los meses son de treinta días y los años de trescientos sesenta[84].

4. La cuota diaria tendrá un mínimo de dos y un máximo de 400 euros. A efectos de cómputo, cuando se fije la duración por meses o por años, se entenderá que los meses son de 30 días y los años de 360[85].

5. Los Jueces o Tribunales determinarán motivadamente la extensión de la pena dentro de los límites establecidos para cada delito y según las reglas del capítulo II de este Título. Igualmente, fijarán en la sentencia, el importe de estas cuotas, teniendo en cuenta para ello exclusivamente la situación económica del reo, deducida de su patrimonio, ingresos, obligaciones y cargas familiares y demás circunstancias personales del mismo.

6. El tribunal, por causa justificada, podrá autorizar el pago de la multa dentro de un plazo que no exceda de dos años desde la firmeza de la sentencia, bien de una vez o en los plazos que se determinen. En este caso, el impago de dos de ellos determinará el vencimiento de los restantes[86].

Art. 51[87].

Si, después de la sentencia, variase la situación económica del penado, el juez o tribunal, excepcionalmente y tras la debida indagación de dicha situación, podrá modificar tanto el importe de las cuotas periódicas como los plazos para su pago.

Art. 52[88].

1. No obstante lo dispuesto en los artículos anteriores y cuando el Código así lo determine, la multa se establecerá en proporción al daño causado, el valor del objeto del delito o el beneficio reportado por el mismo.

2. En estos casos, los jueces y tribunales impondrán la multa dentro de los límites fijados para cada delito, considerando para determinar en cada caso

---

83 Redactado conforme LO 15/2003, de 25 de noviembre, por la que se modifica la Ley Orgánica 10/1995, de 23 de noviembre, del Código Penal.

84 Redactado conforme LO 5/2010, de 22 de junio, por la que se modifica la Ley Orgánica 10/1995, de 23 de noviembre, del Código Penal.

85 Redactado conforme LO 15/2003, de 25 de noviembre, por la que se modifica la Ley Orgánica 10/1995, de 23 de noviembre, del Código Penal.

86 Redactado conforme LO 15/2003, de 25 de noviembre, por la que se modifica la Ley Orgánica 10/1995, de 23 de noviembre, del Código Penal.

87 Redactado conforme LO 15/2003, de 25 de noviembre, por la que se modifica la Ley Orgánica 10/1995, de 23 de noviembre, del Código Penal.

88 Redactado —excepto el apartado 4— conforme LO 15/2003, de 25 de noviembre, por la que se modifica la Ley Orgánica 10/1995, de 23 de noviembre, del Código Penal.

su cuantía, no sólo las circunstancias atenuantes y agravantes del hecho, sino principalmente la situación económica del culpable.

3. Si, después de la sentencia, empeorase la situación económica del penado, el juez o tribunal, excepcionalmente y tras la debida indagación de dicha situación, podrá reducir el importe de la multa dentro de los límites señalados por la ley para el delito de que se trate, o autorizar su pago en los plazos que se determinen.

4. En los casos en los que este Código prevé una pena de multa para las personas jurídicas en proporción al beneficio obtenido o facilitado, al perjuicio causado, al valor del objeto, o a la cantidad defraudada o indebidamente obtenida, de no ser posible el cálculo en base a tales conceptos, el Juez o Tribunal motivará la imposibilidad de proceder a tal cálculo y las multas previstas se sustituirán por las siguientes:

a) Multa de dos a cinco años, si el delito cometido por la persona física tiene prevista una pena de prisión de más de cinco años.

b) Multa de uno a tres años, si el delito cometido por la persona física tiene prevista una pena de prisión de más de dos años no incluida en el inciso anterior.

c) Multa de seis meses a dos años, en el resto de los casos[89].

Art. 53.

1. Si el condenado no satisficiere, voluntariamente o por vía de apremio, la multa impuesta, quedará sujeto a una responsabilidad personal subsidiaria de un día de privación de libertad por cada dos cuotas diarias no satisfechas, que, tratándose de delitos leves, podrá cumplirse mediante localización permanente. En este caso, no regirá la limitación que en su duración establece el apartado 1 del artículo 37.

También podrá el juez o tribunal, previa conformidad del penado, acordar que la responsabilidad subsidiaria se cumpla mediante trabajos en beneficio de la comunidad. En este caso, cada día de privación de libertad equivaldrá a una jornada de trabajo[90].

> *1. Si el condenado no satisficiere, voluntariamente o por vía de apremio, la multa impuesta, quedará sujeto a una responsabilidad personal subsidiaria de un día de privación de libertad por cada dos cuotas diarias no satisfechas, que, tratándose de faltas, podrá cumplirse mediante localización permanente. En este caso, no regirá la limitación que en su duración establece el artículo 37.1 de este Código.*
>
> *También podrá el juez o tribunal, previa conformidad del penado, acordar que la responsabilidad subsidiaria se cumpla mediante trabajos en beneficio de la comunidad. En este caso, cada día de privación de libertad equivaldrá a una jornada de trabajo[91].*

---

[89] Apartado introducido por LO 5/2010, de 22 de junio, por la que se modifica la Ley Orgánica 10/1995, de 23 de noviembre, del Código Penal.

[90] Apartado redactado conforme LO 1/2015, de 30 de marzo, por la que se modifica la Ley Orgánica 10/1995, de 23 de noviembre, del Código Penal.

[91] Apartado redactado conforme LO 15/2003, de 25 de noviembre, por la que se modifica la Ley Orgánica 10/1995, de 23 de noviembre, del Código Penal.

Art. 54

2. En los supuestos de multa proporcional los Jueces y Tribunales establecerán, según su prudente arbitrio, la responsabilidad personal subsidiaria que proceda, que no podrá exceder, en ningún caso, de un año de duración. También podrá el Juez o Tribunal acordar, previa conformidad del penado, que se cumpla mediante trabajos en beneficio de la comunidad.

3. Esta responsabilidad subsidiaria no se impondrá a los condenados a pena privativa de libertad superior a cinco años[92].

4. El cumplimiento de la responsabilidad subsidiaria extingue la obligación de pago de la multa, aunque mejore la situación económica del penado[93].

5. Podrá ser fraccionado el pago de la multa impuesta a una persona jurídica, durante un período de hasta cinco años, cuando su cuantía ponga probadamente en peligro la supervivencia de aquélla o el mantenimiento de los puestos de trabajo existentes en la misma, o cuando lo aconseje el interés general. Si la persona jurídica condenada no satisficiere, voluntariamente o por vía de apremio, la multa impuesta en el plazo que se hubiere señalado, el Tribunal podrá acordar su intervención hasta el pago total de la misma[94].

SECCIÓN 5.ª
DE LAS PENAS ACCESORIAS

Art. 54.

Las penas de inhabilitación son accesorias en los casos en que, no imponiéndolas especialmente, la Ley declare que otras penas las llevan consigo.

Art. 55[95].

La pena de prisión igual o superior a diez años llevará consigo la inhabilitación absoluta durante el tiempo de la condena, salvo que ésta ya estuviere prevista como pena principal para el supuesto de que se trate. El Juez podrá además disponer la inhabilitación especial para el ejercicio de la patria potestad, tutela, curatela, guarda o acogimiento, o bien la privación de la patria potestad, cuando estos derechos hubieren tenido relación directa con el delito cometido. Esta vinculación deberá determinarse expresamente en la sentencia.

La pena de prisión igual o superior a diez años llevará consigo la inhabilitación absoluta durante el tiempo de la condena, salvo que ésta ya estuviere prevista como pena principal para el supuesto de que se trate.

---

[92] Apartado redactado conforme LO 15/2003, de 25 de noviembre, por la que se modifica la Ley Orgánica 10/1995, de 23 de noviembre, del Código Penal.

[93] Apartado redactado conforme LO 15/2003, de 25 de noviembre, por la que se modifica la Ley Orgánica 10/1995, de 23 de noviembre, del Código Penal.

[94] Redactado conforme LO 5/2010, de 22 de junio, por la que se modifica la Ley Orgánica 10/1995, de 23 de noviembre, del Código Penal.

[95] Redactado conforme LO 5/2010, de 22 de junio, por la que se modifica la Ley Orgánica 10/1995, de 23 de noviembre, del Código Penal.

Art. 56[96].

1. En las penas de prisión inferiores a diez años, los jueces o tribunales impondrán, atendiendo a la gravedad del delito, como penas accesorias, alguna o algunas de las siguientes:

1.º Suspensión de empleo o cargo público.

2.º Inhabilitación especial para el derecho de sufragio pasivo durante el tiempo de la condena.

3.º Inhabilitación especial para empleo o cargo público, profesión, oficio, industria, comercio, ejercicio de la patria potestad, tutela, curatela, guarda o acogimiento o cualquier otro derecho, la privación de la patria potestad, si estos derechos hubieran tenido relación directa con el delito cometido, debiendo determinarse expresamente en la sentencia esta vinculación, sin perjuicio de la aplicación de lo previsto en el artículo 579 de este Código[97].

> *3.º Inhabilitación especial para empleo o cargo público, profesión, oficio, industria o comercio o cualquier otro derecho, si estos hubieran tenido relación directa con el delito cometido, debiendo determinarse expresamente en la sentencia esta vinculación, sin perjuicio de la aplicación de lo previsto en el artículo 579 de este Código[98].*

2. Lo previsto en este artículo se entiende sin perjuicio de la aplicación de lo dispuesto en otros preceptos de este Código respecto de la imposición de estas penas.

Art. 57.

1. Las autoridades judiciales, en los delitos de homicidio, aborto, lesiones, contra la libertad, de torturas y contra la integridad moral, trata de seres humanos, contra la libertad e indemnidad sexuales, la intimidad, el derecho a la propia imagen y la inviolabilidad del domicilio, el honor, el patrimonio, el orden socioeconómico y las relaciones familiares, atendiendo a la gravedad de los hechos o al peligro que el delincuente represente, podrán acordar en sus sentencias la imposición de una o varias de las prohibiciones contempladas en el artículo 48, por un tiempo que no excederá de diez años si el delito fuera grave, o de cinco si fuera menos grave.

No obstante lo anterior, si la persona condenada lo fuera a pena de prisión y el Juez o Tribunal acordara la imposición de una o varias de dichas prohibiciones, lo hará por un tiempo superior entre uno y diez años al de la duración de la pena de prisión impuesta en la sentencia, si el delito fuera grave, y entre uno y cinco años, si fuera menos grave. En este supuesto, la pena de prisión

---

[96]   Redactado conforme —excepto el apartado 1.3.º— LO 15/2003, de 25 de noviembre, por la que se modifica la Ley Orgánica 10/1995, de 23 de noviembre, del Código Penal.

[97]   Redactado conforme LO 5/2010, de 22 de junio, por la que se modifica la Ley Orgánica 10/1995, de 23 de noviembre, del Código Penal.

[98]   Redactado conforme LO 15/2003, de 25 de noviembre, por la que se modifica la Ley Orgánica 10/1995, de 23 de noviembre, del Código Penal.

y las prohibiciones antes citadas se cumplirán necesariamente por la persona condenada de forma simultánea[99].

> *1. Los jueces o tribunales, en los delitos de homicidio, aborto, lesiones, contra la libertad, de torturas y contra la integridad moral, trata de seres humanos, contra la libertad e indemnidad sexuales, la intimidad, el derecho a la propia imagen y la inviolabilidad del domicilio, el honor, el patrimonio y el orden socioeconómico, atendiendo a la gravedad de los hechos o al peligro que el delincuente represente, podrán acordar en sus sentencias la imposición de una o varias de las prohibiciones contempladas en el artículo 48, por un tiempo que no excederá de diez años si el delito fuera grave, o de cinco si fuera menos grave. No obstante lo anterior, si el condenado lo fuera a pena de prisión y el juez o tribunal acordara la imposición de una o varias de dichas prohibiciones, lo hará por un tiempo superior entre uno y diez años al de la duración de la pena de prisión impuesta en la sentencia, si el delito fuera grave, y entre uno y cinco años, si fuera menos grave. En este supuesto, la pena de prisión y las prohibiciones antes citadas se cumplirán necesariamente por el condenado de forma simultánea[100].*

2. En los supuestos de los delitos mencionados en el primer párrafo del apartado 1 de este artículo cometidos contra quien sea o haya sido el cónyuge, o sobre persona que esté o haya estado ligada al condenado por una análoga relación de afectividad aun sin convivencia, o sobre los descendientes, ascendientes o hermanos por naturaleza, adopción o afinidad, propios o del cónyuge o conviviente, o sobre los menores o personas con discapacidad necesitadas de especial protección que con él convivan o que se hallen sujetos a la potestad, tutela, curatela, acogimiento o guarda de hecho del cónyuge o conviviente, o sobre persona amparada en cualquier otra relación por la que se encuentre integrada en el núcleo de su convivencia familiar, así como sobre las personas que por su especial vulnerabilidad se encuentran sometidas a su custodia o guarda en centros públicos o privados se acordará, en todo caso, la aplicación de la pena prevista en el apartado 2 del artículo 48 por un tiempo que no excederá de diez años si el delito fuera grave, o de cinco si fuera menos grave, sin perjuicio de lo dispuesto en el párrafo segundo del apartado anterior[101].

3. También podrán imponerse las prohibiciones establecidas en el artículo 48, por un periodo de tiempo que no excederá de seis meses, por la comisión de los delitos mencionados en el primer párrafo del apartado 1 de este artículo que tengan la consideración de delitos leves[102].

> *2. En los supuestos de los delitos mencionados en el primer párrafo del apartado 1 de este artículo cometidos contra quien sea o haya sido el cónyuge, o sobre persona que esté o haya estado ligada al condenado por una análoga relación de afectividad aun sin convivencia, o sobre los descendientes, ascendientes o hermanos por naturaleza, adopción o afinidad, propios o del cónyuge o conviviente, o sobre los menores o incapaces que con él convivan o que se hallen sujetos a la potestad, tutela, curatela, acogimiento o*

---

[99] Apartado redactado conforme LO 8/2021, de 4 de junio, de protección integral a la infancia y la adolescencia frente a la violencia.

[100] Redactado conforme LO 1/2015, de 30 de marzo, por la que se modifica la Ley Orgánica 10/1995, de 23 de noviembre, del Código Penal.

[101] Redactado conforme LO 1/2015, de 30 de marzo, por la que se modifica la Ley Orgánica 10/1995, de 23 de noviembre, del Código Penal.

[102] Redactado conforme LO 1/2015, de 30 de marzo, por la que se modifica la Ley Orgánica 10/1995, de 23 de noviembre, del Código Penal.

guarda de hecho del cónyuge o conviviente, o sobre persona amparada en cualquier otra relación por la que se encuentre integrada en el núcleo de su convivencia familiar, así como sobre las personas que por su especial vulnerabilidad se encuentran sometidas a su custodia o guarda en centros públicos o privados se acordará, en todo caso, la aplicación de la pena prevista en el apartado 2 del artículo 48 por un tiempo que no excederá de diez años si el delito fuera grave o de cinco si fuera menos grave, sin perjuicio de lo dispuesto en el párrafo segundo del apartado anterior.

3. También podrán imponerse las prohibiciones establecidas en el artículo 48, por un período de tiempo que no excederá de seis meses, por la comisión de una infracción calificada como falta contra las personas de los artículos 617 y 620[103].

SECCIÓN 6.ª
DISPOSICIONES COMUNES

Art. 58[104].

1. El tiempo de privación de libertad sufrido provisionalmente será abonado en su totalidad por el Juez o Tribunal sentenciador para el cumplimiento de la pena o penas impuestas en la causa en que dicha privación fue acordada, salvo en cuanto haya coincidido con cualquier privación de libertad impuesta al penado en otra causa, que le haya sido abonada o le sea abonable en ella. En ningún caso un mismo periodo de privación de libertad podrá ser abonado en más de una causa[105].

> *1. El tiempo de privación de libertad sufrido provisionalmente será abonado en su totalidad por el juez o tribunal sentenciador para el cumplimiento de la pena o penas impuestas en la causa en que dicha privación fue acordada[106].*

2. El abono de prisión provisional en causa distinta de la que se decretó será acordado de oficio o a petición del penado y previa comprobación de que no ha sido abonada en otra causa, por el Juez de Vigilancia Penitenciaria de la jurisdicción de la que dependa el centro penitenciario en que se encuentre el penado, previa audiencia del ministerio fiscal.

3. Sólo procederá el abono de prisión provisional sufrida en otra causa cuando dicha medida cautelar sea posterior a los hechos delictivos que motivaron la pena a la que se pretende abonar.

4. Las reglas anteriores se aplicarán también respecto de las privaciones de derechos acordadas cautelarmente.

---

[103] Redactado conforme LO 15/2003, de 25 de noviembre, por la que se modifica la Ley Orgánica 10/1995, de 23 de noviembre, del Código Penal.

[104] Redactado —excepto el apartado 1— conforme LO 15/2003, de 25 de noviembre, por la que se modifica la Ley Orgánica 10/1995, de 23 de noviembre, del Código Penal.

[105] Redactado conforme LO 5/2010, de 22 de junio, por la que se modifica la Ley Orgánica 10/1995, de 23 de noviembre, del Código Penal.

[106] Redactado conforme LO 15/2003, de 25 de noviembre, por la que se modifica la Ley Orgánica 10/1995, de 23 de noviembre, del Código Penal.

Art. 59.

Cuando las medidas cautelares sufridas y la pena impuesta sean de distinta naturaleza, el Juez o Tribunal ordenará que se tenga por ejecutada la pena impuesta en aquella parte que estime compensada.

Art. 60.

1. Cuando, después de pronunciada sentencia firme, se aprecie en el penado una situación duradera de trastorno mental grave que le impida conocer el sentido de la pena, el Juez de Vigilancia Penitenciaria suspenderá la ejecución de la pena privativa de libertad que se le hubiera impuesto, garantizando que reciba la asistencia médica precisa, para lo cual podrá decretar la imposición de una medida de seguridad privativa de libertad de las previstas en este Código que no podrá ser, en ningún caso, más gravosa que la pena sustituida. Si se tratase de una pena de distinta naturaleza, el Juez de Vigilancia Penitenciaria apreciará si la situación del penado le permite conocer el sentido de la pena y, en su caso, suspenderá la ejecución imponiendo las medidas de seguridad que estime necesarias.

El Juez de Vigilancia comunicará al ministerio fiscal, con suficiente antelación, la próxima extinción de la pena o medida de seguridad impuesta, a efectos de lo previsto por la disposición adicional primera de este Código[107].

2. Restablecida la salud mental del penado, éste cumplirá la sentencia si la pena no hubiere prescrito, sin perjuicio de que el Juez o Tribunal, por razones de equidad, pueda dar por extinguida la condena o reducir su duración, en la medida en que el cumplimiento de la pena resulte innecesario o contraproducente.

CAPÍTULO II
DE LA APLICACIÓN DE LAS PENAS

SECCIÓN 1.ª
REGLAS GENERALES PARA LA APLICACIÓN DE LAS PENAS

Art. 61.

Cuando la Ley establece una pena, se entiende que la impone a los autores de la infracción consumada.

Art. 62.

A los autores de tentativa de delito se les impondrá la pena inferior en uno o dos grados a la señalada por la Ley para el delito consumado, en la extensión que se estime adecuada, atendiendo al peligro inherente al intento y al grado de ejecución alcanzado.

---

[107] Redactado conforme LO 15/2003, de 25 de noviembre, por la que se modifica la Ley Orgánica 10/1995, de 23 de noviembre, del Código Penal.

Art. 63.

A los cómplices de un delito consumado o intentado se les impondrá la pena inferior en grado a la fijada por la Ley para los autores del mismo delito.

Art. 64.

Las reglas anteriores no serán de aplicación en los casos en que la tentativa y la complicidad se hallen especialmente penadas por la Ley.

Art. 65.

1. Las circunstancias agravantes o atenuantes que consistan en cualquier causa de naturaleza personal agravarán o atenuarán la responsabilidad sólo de aquéllos en quienes concurran[108].

2. Las que consistan en la ejecución material del hecho o en los medios empleados para realizarla, servirán únicamente para agravar o atenuar la responsabilidad de los que hayan tenido conocimiento de ellas en el momento de la acción o de su cooperación para el delito.

3. Cuando en el inductor o en el cooperador necesario no concurran las condiciones, cualidades o relaciones personales que fundamentan la culpabilidad del autor, los jueces o tribunales podrán imponer la pena inferior en grado a la señalada por la ley para la infracción de que se trate[109].

Art. 66.

1. En la aplicación de la pena, tratándose de delitos dolosos, los jueces o tribunales observarán, según haya o no circunstancias atenuantes o agravantes, las siguientes reglas:

1.ª Cuando concurra sólo una circunstancia atenuante, aplicarán la pena en la mitad inferior de la que fije la ley para el delito.

2.ª Cuando concurran dos o más circunstancias atenuantes, o una o varias muy cualificadas, y no concurra agravante alguna, aplicarán la pena inferior en uno o dos grados a la establecida por la ley, atendidos el número y la entidad de dichas circunstancias atenuantes.

3.ª Cuando concurra sólo una o dos circunstancias agravantes, aplicarán la pena en la mitad superior de la que fije la ley para el delito.

4.ª Cuando concurran más de dos circunstancias agravantes y no concurra atenuante alguna, podrán aplicar la pena superior en grado a la establecida por la ley, en su mitad inferior.

5.ª Cuando concurra la circunstancia agravante de reincidencia con la cualificación de que el culpable al delinquir hubiera sido condenado ejecutoriamente, al menos, por tres delitos comprendidos en el mismo título de este Código, siempre que sean de la misma naturaleza, podrán aplicar la pena superior

---

[108] Redactado conforme LO 15/2003, de 25 de noviembre, por la que se modifica la Ley Orgánica 10/1995, de 23 de noviembre, del Código Penal.

[109] Apartado introducido por LO 15/2003, de 25 de noviembre, por la que se modifica la Ley Orgánica 10/1995, de 23 de noviembre, del Código Penal.

en grado a la prevista por la ley para el delito de que se trate, teniendo en cuenta las condenas precedentes, así como la gravedad del nuevo delito cometido.

A los efectos de esta regla no se computarán los antecedentes penales cancelados o que debieran serlo[110].

6.ª Cuando no concurran atenuantes ni agravantes aplicarán la pena establecida por la ley para el delito cometido, en la extensión que estimen adecuada, en atención a las circunstancias personales del delincuente y a la mayor o menor gravedad del hecho[111].

7.ª Cuando concurran atenuantes y agravantes, las valorarán y compensarán racionalmente para la individualización de la pena. En el caso de persistir un fundamento cualificado de atenuación aplicarán la pena inferior en grado. Si se mantiene un fundamento cualificado de agravación, aplicarán la pena en su mitad superior[112].

8.ª Cuando los jueces o tribunales apliquen la pena inferior en más de un grado podrán hacerlo en toda su extensión[113].

2. En los delitos leves y en los delitos imprudentes, los jueces o tribunales aplicarán las penas a su prudente arbitrio, sin sujetarse a las reglas prescritas en el apartado anterior[114].

> *2. En los delitos imprudentes, los jueces y tribunales aplicarán las penas a su prudente arbitrio, sin sujetarse a las reglas prescritas en el apartado anterior[115].*

Art. 66 bis[116].

En la aplicación de las penas impuestas a las personas jurídicas se estará a lo dispuesto en las reglas 1.ª a 4.ª y 6.ª a 8.ª del primer número del artículo 66, así como a las siguientes:

1.ª En los supuestos en los que vengan establecidas por las disposiciones del Libro II, para decidir sobre la imposición y la extensión de las penas previstas en las letras b) a g) del apartado 7 del artículo 33 habrá de tenerse en cuenta:

a) Su necesidad para prevenir la continuidad de la actividad delictiva o de sus efectos.

---

[110] Regla introducida por LO 11/2003, de 29 de septiembre, de medidas concretas en materia de seguridad ciudadana, violencia doméstica e integración social de los extranjeros.

[111] Regla introducida por LO 11/2003, de 29 de septiembre, de medidas concretas en materia de seguridad ciudadana, violencia doméstica e integración social de los extranjeros.

[112] Regla introducida por LO 11/2003, de 29 de septiembre, de medidas concretas en materia de seguridad ciudadana, violencia doméstica e integración social de los extranjeros.

[113] Regla introducida por LO 11/2003, de 29 de septiembre, de medidas concretas en materia de seguridad ciudadana, violencia doméstica e integración social de los extranjeros.

[114] Redactado conforme LO 1/2015, de 30 de marzo, por la que se modifica la Ley Orgánica 10/1995, de 23 de noviembre, del Código Penal.

[115] Apartado introducido por LO 11/2003, de 29 de septiembre, de medidas concretas en materia de seguridad ciudadana, violencia doméstica e integración social de los extranjeros.

[116] Artículo introducido por LO 5/2010, de 22 de junio, por la que se modifica la Ley Orgánica 10/1995, de 23 de noviembre, del Código Penal.

b) Sus consecuencias económicas y sociales, y especialmente los efectos para los trabajadores.

c) El puesto que en la estructura de la persona jurídica ocupa la persona física u órgano que incumplió el deber de control.

2.ª[117] Cuando las penas previstas en las letras c) a g) del apartado 7 del artículo 33 se impongan con una duración limitada, ésta no podrá exceder la duración máxima de la pena privativa de libertad prevista para el caso de que el delito fuera cometido por persona física.

Para la imposición de las sanciones previstas en las letras c) a g) por un plazo superior a dos años será necesario que se dé alguna de las dos circunstancias siguientes:

a) Que la persona jurídica sea reincidente.

b) Que la persona jurídica se utilice instrumentalmente para la comisión de ilícitos penales. Se entenderá que se está ante este último supuesto siempre que la actividad legal de la persona jurídica sea menos relevante que su actividad ilegal.

Cuando la responsabilidad de la persona jurídica, en los casos previstos en la letra b) del apartado 1 del artículo 31 bis, derive de un incumplimiento de los deberes de supervisión, vigilancia y control que no tenga carácter grave, estas penas tendrán en todo caso una duración máxima de dos años.

Para la imposición con carácter permanente de las sanciones previstas en las letras b) y e), y para la imposición por un plazo superior a cinco años de las previstas en las letras e) y f) del apartado 7 del artículo 33, será necesario que se dé alguna de las dos circunstancias siguientes:

a) Que se esté ante el supuesto de hecho previsto en la regla 5.ª del apartado 1 del artículo 66.

b) Que la persona jurídica se utilice instrumentalmente para la comisión de ilícitos penales. Se entenderá que se está ante este último supuesto siempre que la actividad legal de la persona jurídica sea menos relevante que su actividad ilegal.

2.ª Cuando las penas previstas en las letras c) a g) del apartado 7 del artículo 33 se impongan con una duración limitada, ésta no podrá exceder la duración máxima de la pena privativa de libertad prevista para el caso de que el delito fuera cometido por persona física.

Para la imposición de las sanciones previstas en las letras c) a g) por un plazo superior a dos años será necesario que se dé alguna de las dos circunstancias siguientes:

a) Que la persona jurídica sea reincidente.

b) Que la persona jurídica se utilice instrumentalmente para la comisión de ilícitos penales. Se entenderá que se está ante este último supuesto siempre que la actividad legal de la persona jurídica sea menos relevante que su actividad ilegal.

Para la imposición con carácter permanente de las sanciones previstas en las letras b) y e), y para la imposición por un plazo superior a cinco años de las previstas en las letras e) y f) del apartado 7 del artículo 33, será necesario que se dé alguna de las dos circunstancias siguientes:

a) Que se esté ante el supuesto de hecho previsto en la regla 5.ª del primer número del artículo 66.

---

[117] Redactado conforme LO 1/2015, de 30 de marzo, por la que se modifica la Ley Orgánica 10/1995, de 23 de noviembre, del Código Penal.

b) Que la persona jurídica se utilice instrumentalmente para la comisión de ilícitos penales. Se entenderá que se está ante este último supuesto siempre que la actividad legal de la persona jurídica sea menos relevante que su actividad ilegal.

Art. 67.

Las reglas del artículo anterior no se aplicarán a las circunstancias agravantes o atenuantes que la Ley haya tenido en cuenta al describir o sancionar una infracción, ni a las que sean de tal manera inherentes al delito que sin la concurrencia de ellas no podría cometerse.

Art. 68[118].

En los casos previstos en la circunstancia primera del artículo 21, los jueces o tribunales impondrán la pena inferior en uno o dos grados a la señalada por la ley, atendidos el número y la entidad de los requisitos que falten o concurran, y las circunstancias personales de su autor, sin perjuicio de la aplicación del artículo 66 del presente Código.

Art. 69.

Al mayor de dieciocho años y menor de veintiuno que cometa un hecho delictivo, podrán aplicársele las disposiciones de la ley que regule la responsabilidad penal del menor en los casos y con los requisitos que ésta disponga.

Art. 70[119].

1. La pena superior e inferior en grado a la prevista por la ley para cualquier delito tendrá la extensión resultante de la aplicación de las siguientes reglas:

1.ª La pena superior en grado se formará partiendo de la cifra máxima señalada por la ley para el delito de que se trate y aumentando a ésta la mitad de su cuantía, constituyendo la suma resultante su límite máximo. El límite mínimo de la pena superior en grado será el máximo de la pena señalada por la ley para el delito de que se trate, incrementado en un día o en un día multa según la naturaleza de la pena a imponer.

2.ª La pena inferior en grado se formará partiendo de la cifra mínima señalada para el delito de que se trate y deduciendo de ésta la mitad de su cuantía, constituyendo el resultado de tal deducción su límite mínimo. El límite máximo de la pena inferior en grado será el mínimo de la pena señalada por la ley para el delito de que se trate, reducido en un día o en un día multa según la naturaleza de la pena a imponer.

2. A los efectos de determinar la mitad superior o inferior de la pena o de concretar la pena inferior o superior en grado, el día o el día multa se conside-

---

[118] Redactado conforme LO 15/2003, de 25 de noviembre, por la que se modifica la Ley Orgánica 10/1995, de 23 de noviembre, del Código Penal.

[119] Redactado conforme LO 15/2003, de 25 de noviembre, por la que se modifica la Ley Orgánica 10/1995, de 23 de noviembre, del Código Penal.

rarán indivisibles y actuaran[120] como unidades penológicas de más o menos, según los casos.

3. Cuando, en la aplicación de la regla 1.ª del apartado 1 de este artículo, la pena superior en grado exceda de los límites máximos fijados a cada pena en este Código, se considerarán como inmediatamente superiores:

1.° Si la pena determinada fuera la de prisión, la misma pena, con la cláusula de que su duración máxima será de 30 años.

2.° Si fuera de inhabilitación absoluta o especial, la misma pena, con la cláusula de que su duración máxima será de 30 años.

3.° Si fuera de suspensión de empleo o cargo público, la misma pena, con la cláusula de que su duración máxima será de ocho años.

4.° Tratándose de privación del derecho a conducir vehículos a motor y ciclomotores, la misma pena, con la cláusula de que su duración máxima será de 15 años.

5.° Tratándose de privación del derecho a la tenencia y porte de armas, la misma pena, con la cláusula de que su duración máxima será de 20 años.

6.° Tratándose de privación del derecho a residir en determinados lugares o acudir a ellos, la misma pena, con la cláusula de que su duración máxima será de 20 años.

7.° Tratándose de prohibición de aproximarse a la víctima o a aquellos de sus familiares u otras personas que determine el juez o tribunal, la misma pena, con la cláusula de que su duración máxima será de 20 años.

8.° Tratándose de prohibición de comunicarse con la víctima o con aquellos de sus familiares u otras personas que determine el juez o tribunal, la misma pena, con la cláusula de que su duración máxima será de 20 años.

9.° Si fuera de multa, la misma pena, con la cláusula de que su duración máxima será de 30 meses.

4. La pena inferior en grado a la de prisión permanente es la pena de prisión de veinte a treinta años[121].

Art. 71[122].

1. En la determinación de la pena inferior en grado, los jueces o tribunales no quedarán limitados por las cuantías mínimas señaladas en la ley a cada clase de pena, sino que podrán reducirlas en la forma que resulte de la aplicación de la regla correspondiente.

2. No obstante, cuando por aplicación de las reglas anteriores proceda imponer una pena de prisión inferior a tres meses, ésta será en todo caso sustituida por multa, trabajos en beneficio de la comunidad, o localización per-

---

[120] Literalmente transcrito según LO 15/2003, de 25 noviembre, por la que se modifica la Ley Orgánica 10/1995, de 23 de noviembre, del Código Penal.

[121] Apartado introducido por LO 1/2015, de 30 de marzo, por la que se modifica la Ley Orgánica 10/1995, de 23 de noviembre, del Código Penal.

[122] Redactado conforme LO 1/2015, de 30 de marzo, por la que se modifica la Ley Orgánica 10/1995, de 23 de noviembre, del Código Penal.

Art. 72

manente, aunque la ley no prevea estas penas para el delito de que se trate, sustituyéndose cada día de prisión por dos cuotas de multa o por una jornada de trabajo o por un día de localización permanente.

> *1. En la determinación de la pena inferior en grado, los jueces o tribunales no quedarán limitados por las cuantías mínimas señaladas en la ley a cada clase de pena, sino que podrán reducirlas en la forma que resulte de la aplicación de la regla correspondiente, sin que ello suponga la degradación a falta.*
> *2. No obstante, cuando por aplicación de las reglas anteriores proceda imponer una pena de prisión inferior a tres meses, ésta será en todo caso sustituida conforme a lo dispuesto en la sección 2.ª del capítulo III de este título, sin perjuicio de la suspensión de la ejecución de la pena en los casos en que proceda[123].*

Art. 72[124].

Los jueces o tribunales, en la aplicación de la pena, con arreglo a las normas contenidas en este capítulo, razonarán en la sentencia el grado y extensión concreta de la impuesta.

SECCIÓN 2.ª
REGLAS ESPECIALES PARA LA APLICACIÓN DE LAS PENAS

Art. 73.

Al responsable de dos o más delitos o faltas se le impondrán todas las penas correspondientes a las diversas infracciones para su cumplimiento simultáneo, si fuera posible, por la naturaleza y efectos de las mismas.

Art. 74.

1. No obstante lo dispuesto en el artículo anterior, el que, en ejecución de un plan preconcebido o aprovechando idéntica ocasión, realice una pluralidad de acciones u omisiones que ofendan a uno o varios sujetos e infrinjan el mismo precepto penal o preceptos de igual o semejante naturaleza, será castigado como autor de un delito o falta continuados con la pena señalada para la infracción más grave, que se impondrá en su mitad superior, pudiendo llegar hasta la mitad inferior de la pena superior en grado[125].

2. Si se tratare de infracciones contra el patrimonio, se impondrá la pena teniendo en cuenta el perjuicio total causado. En estas infracciones el Juez o Tribunal impondrá, motivadamente, la pena superior en uno o dos grados, en la extensión que estime conveniente, si el hecho revistiere notoria gravedad y hubiere perjudicado a una generalidad de personas.

3. Quedan exceptuadas de lo establecido en los apartados anteriores las ofensas a bienes eminentemente personales, salvo las constitutivas de infrac-

---

[123] Artículo redactado conforme LO 15/2003, de 25 de noviembre, por la que se modifica la Ley Orgánica 10/1995, de 23 de noviembre, del Código Penal.

[124] Redactado conforme LO 15/2003, de 25 de noviembre, por la que se modifica la Ley Orgánica 10/1995, de 23 de noviembre, del Código Penal.

[125] Redactado conforme LO 15/2003, de 25 de noviembre, por la que se modifica la Ley Orgánica 10/1995, de 23 de noviembre, del Código Penal.

ciones contra el honor y la libertad e indemnidad sexuales que afecten al mismo sujeto pasivo. En estos casos, se atenderá a la naturaleza del hecho y del precepto infringido para aplicar o no la continuidad delictiva[126].

Art. 75.

Cuando todas o algunas de las penas correspondientes a las diversas infracciones no puedan ser cumplidas simultáneamente por el condenado, se seguirá el orden de su respectiva gravedad para su cumplimiento sucesivo, en cuanto sea posible.

Art. 76.

1. No obstante lo dispuesto en el artículo anterior, el máximo de cumplimiento efectivo de la condena del culpable no podrá exceder del triple del tiempo por el que se le imponga la más grave de las penas en que haya incurrido, declarando extinguidas las que procedan desde que las ya impuestas cubran dicho máximo, que no podrá exceder de 20 años[127]. Excepcionalmente, este límite máximo será:

a) De 25 años, cuando el sujeto haya sido condenado por dos o más delitos y alguno de ellos esté castigado por la ley con pena de prisión de hasta 20 años[128].

b) De 30 años, cuando el sujeto haya sido condenado por dos o más delitos y alguno de ellos esté castigado por la ley con pena de prisión superior a 20 años[129].

c) De 40 años, cuando el sujeto haya sido condenado por dos o más delitos y, al menos, dos de ellos estén castigados por la ley con pena de prisión superior a 20 años.

d) De 40 años, cuando el sujeto haya sido condenado por dos o más delitos referentes a organizaciones y grupos terroristas y delitos de terrorismo del Capítulo VII del Título XXII del Libro II de este Código y alguno de ellos esté castigado por la ley con pena de prisión superior a 20 años[130].

d) De 40 años, cuando el sujeto haya sido condenado por dos o más delitos de terrorismo de la sección segunda del capítulo V del título XXII del libro II de este Código y alguno de ellos esté castigado por la ley con pena de prisión superior a 20 años.

---

[126]   Redactado conforme LO 15/2003, de 25 de noviembre, por la que se modifica la Ley Orgánica 10/1995, de 23 de noviembre, del Código Penal.

[127]   Redactado conforme LO 7/2003, de 30 de junio, de medidas de reforma para el cumplimiento íntegro y efectivo de las penas.

[128]   Redactado conforme LO 7/2003, de 30 de junio, de medidas de reforma para el cumplimiento íntegro y efectivo de las penas.

[129]   Redactado conforme LO 7/2003, de 30 de junio, de medidas de reforma para el cumplimiento íntegro y efectivo de las penas.

[130]   Los apartados c) y d) han sido introducidos por LO 7/2003, de 30 de junio, de medidas de reforma para el cumplimiento íntegro y efectivo de las penas; y el d) fue modificado por la Disposición Adicional 1 de la LO 5/2010, de 22 de junio, por la que se modifica la Ley Orgánica 10/1995, de 23 de noviembre, del Código Penal.

e) Cuando el sujeto haya sido condenado por dos o más delitos y, al menos, uno de ellos esté castigado por la ley con pena de prisión permanente revisable, se estará a lo dispuesto en los artículos 92 y 78 bis[131].

2. La limitación se aplicará aunque las penas se hayan impuesto en distintos procesos cuando lo hayan sido por hechos cometidos antes de la fecha en que fueron enjuiciados los que, siendo objeto de acumulación, lo hubieran sido en primer lugar[132].

> *2. La limitación se aplicará aunque las penas se hayan impuesto en distintos procesos si los hechos, por su conexión o el momento de su comisión, pudieran haberse enjuiciado en uno sólo[133].*

Art. 77[134].

1. Lo dispuesto en los dos artículos anteriores no es aplicable en el caso de que un solo hecho constituya dos o más delitos, o cuando uno de ellos sea medio necesario para cometer el otro.

2. En el primer caso, se aplicará en su mitad superior la pena prevista para la infracción más grave, sin que pueda exceder de la que represente la suma de las que correspondería aplicar si se penaran separadamente las infracciones. Cuando la pena así computada exceda de este límite, se sancionarán las infracciones por separado.

3. En el segundo, se impondrá una pena superior a la que habría correspondido, en el caso concreto, por la infracción más grave, y que no podrá exceder de la suma de las penas concretas que hubieran sido impuestas separadamente por cada uno de los delitos. Dentro de estos límites, el juez o tribunal individualizará la pena conforme a los criterios expresados en el artículo 66. En todo caso, la pena impuesta no podrá exceder del límite de duración previsto en el artículo anterior.

> *1. Lo dispuesto en los dos artículos anteriores, no es aplicable en el caso de que un solo hecho constituya dos o más infracciones, o cuando una de ellas sea medio necesario para cometer la otra.*
> *2. En estos casos se aplicará en su mitad superior la pena prevista para la infracción más grave, sin que pueda exceder de la que represente la suma de las que correspondería aplicar si se penara separadamente las infracciones.*
> *3. Cuando la pena así computada exceda de este límite, se sancionarán las infracciones por separado.*

Art. 78.

1. Si a consecuencia de las limitaciones establecidas en el apartado 1 del artículo 76 la pena a cumplir resultase inferior a la mitad de la suma total de las impuestas, el juez o tribunal sentenciador podrá acordar que los benefi-

---

131 Párrafo introducido por LO 1/2015, de 30 de marzo, por la que se modifica la Ley Orgánica 10/1995, de 23 de noviembre, del Código Penal.

132 Redactado conforme LO 1/2015, de 30 de marzo, por la que se modifica la Ley Orgánica 10/1995, de 23 de noviembre, del Código Penal.

133 Redactado conforme LO 7/2003, de 30 de junio, de medidas de reforma para el cumplimiento íntegro y efectivo de las penas.

134 Redactado conforme LO 1/2015, de 30 de marzo, por la que se modifica la Ley Orgánica 10/1995, de 23 de noviembre, del Código Penal.

cios penitenciarios, los permisos de salida, la clasificación en tercer grado y el cómputo de tiempo para la libertad condicional se refieran a la totalidad de las penas impuestas en las sentencias[135].

2[136]. En estos casos, el juez de vigilancia, previo pronóstico individualizado y favorable de reinserción social y valorando, en su caso, las circunstancias personales del reo y la evolución del tratamiento reeducador, podrá acordar razonadamente, oídos el Ministerio Fiscal, Instituciones Penitenciarias y las demás partes, la aplicación del régimen general de cumplimiento.

Si se tratase de delitos referentes a organizaciones y grupos terroristas y delitos de terrorismo del Capítulo VII del Título XXII del Libro II de este Código, o cometidos en el seno de organizaciones criminales, y atendiendo a la suma total de las penas impuestas, la anterior posibilidad sólo será aplicable:

a) Al tercer grado penitenciario, cuando quede por cumplir una quinta parte del límite máximo de cumplimiento de la condena.

b) A la libertad condicional, cuando quede por cumplir una octava parte del límite máximo de cumplimiento de la condena.

3[137].

> 2. Dicho acuerdo será preceptivo en los supuestos previstos en los párrafos a), b), c) y d) del apartado 1 del artículo 76 de este Código, siempre que la pena a cumplir resulte inferior a la mitad de la suma total de las impuestas[138].
>
> 3. En estos casos, el juez de vigilancia, previo pronóstico individualizado y favorable de reinserción social y valorando, en su caso, las circunstancias personales del reo y la evolución del tratamiento reeducador, podrá acordar razonadamente, oídos el Ministerio Fiscal, Instituciones Penitenciarias y las demás partes, la aplicación del régimen general de cumplimiento. Si se tratase de delitos de terrorismo de la sección segunda del capítulo V del título XXII del libro II de este Código, o cometidos en el seno de organizaciones criminales, y atendiendo a la suma total de las penas impuestas, la anterior posibilidad sólo será aplicable:
> a) Al tercer grado penitenciario, cuando quede por cumplir una quinta parte del límite máximo de cumplimiento de la condena.
> b) A la libertad condicional, cuando quede por cumplir una octava parte del límite máximo de cumplimiento de la condena[139].

---

[135] Redactado conforme LO 7/2003, de 30 de junio, de medidas de reforma para el cumplimiento íntegro y efectivo de las penas.

[136] Apartado redactado conforme LO 1/2015, de 30 de marzo, por la que se modifica la Ley Orgánica 10/1995, de 23 de noviembre, del Código Penal.

[137] Dejado sin contenido por LO 1/2015, de 30 de marzo, por la que se modifica la Ley Orgánica 10/1995, de 23 de noviembre, del Código Penal.

[138] Apartado introducido por LO 7/2003, de 30 de junio, de medidas de reforma para el cumplimiento íntegro y efectivo de las penas.

[139] Redactado conforme LO 7/2003, de 30 de junio, de medidas de reforma para el cumplimiento íntegro y efectivo de las penas.

Art. 78 bis[140].

1. Cuando el sujeto haya sido condenado por dos o más delitos y, al menos, uno de ellos esté castigado por la ley con pena de prisión permanente revisable, la progresión a tercer grado requerirá del cumplimiento:

a) de un mínimo de dieciocho años de prisión, cuando el penado lo haya sido por varios delitos, uno de ellos esté castigado con pena de prisión permanente revisable y el resto de las penas impuestas sumen un total que exceda de cinco años.

b) de un mínimo de veinte años de prisión, cuando el penado lo haya sido por varios delitos, uno de ellos esté castigado con una pena de prisión permanente revisable y el resto de las penas impuestas sumen un total que exceda de quince años.

c) de un mínimo de veintidós años de prisión, cuando el penado lo haya sido por varios delitos y dos o más de ellos estén castigados con una pena de prisión permanente revisable, o bien uno de ellos esté castigado con una pena de prisión permanente revisable y el resto de penas impuestas sumen un total de veinticinco años o más.

2. En estos casos, la suspensión de la ejecución del resto de la pena requerirá que el penado haya extinguido:

a) Un mínimo de veinticinco años de prisión, en los supuestos a los que se refieren las letras a) y b) del apartado anterior.

b) Un mínimo de treinta años de prisión en el de la letra c) del apartado anterior.

3. Si se tratase de delitos referentes a organizaciones y grupos terroristas y delitos de terrorismo del Capítulo VII del Título XXII del Libro II de este Código, o cometidos en el seno de organizaciones criminales, los límites mínimos de cumplimiento para el acceso al tercer grado de clasificación serán de veinticuatro años de prisión, en los supuestos a que se refieren las letras a) y b) del apartado primero, y de treinta y dos años de prisión en el de la letra c) del apartado primero.

En estos casos, la suspensión de la ejecución del resto de la pena requerirá que el penado haya extinguido un mínimo de veintiocho años de prisión, en los supuestos a que se refieren las letras a) y b) del apartado primero, y de treinta y cinco años de prisión en el de la letra b)[141] del apartado primero.

Art. 79.

Siempre que los Jueces o Tribunales impongan una pena que lleve consigo otras accesorias condenarán también expresamente al reo a estas últimas.

---

[140] Artículo introducido por LO 1/2015, de 30 de marzo, por la que se modifica la Ley Orgánica 10/1995, de 23 de noviembre, del Código Penal.

[141] Entendemos que se trata de una posible errata de la ley y que se debería hacer referencia a la letra c) del apartado primero. En este sentido, también, la versión consolidada del Boletín Oficial del Estado.

CAPÍTULO III
DE LAS FORMAS SUSTITUTIVAS DE LA EJECUCIÓN DE LAS PENAS PRIVATIVAS DE LIBERTAD Y DE LA LIBERTAD CONDICIONAL[142]

SECCIÓN 1.ª
DE LA SUSPENSIÓN DE LA EJECUCIÓN DE LAS PENAS PRIVATIVAS DE LIBERTAD

Art. 80[143].

1. Los jueces o tribunales, mediante resolución motivada, podrán dejar en suspenso la ejecución de las penas privativas de libertad no superiores a dos años cuando sea razonable esperar que la ejecución de la pena no sea necesaria para evitar la comisión futura por el penado de nuevos delitos.

Para adoptar esta resolución el juez o tribunal valorará las circunstancias del delito cometido, las circunstancias personales del penado, sus antecedentes, su conducta posterior al hecho, en particular su esfuerzo para reparar el daño causado, sus circunstancias familiares y sociales, y los efectos que quepa esperar de la propia suspensión de la ejecución y del cumplimiento de las medidas que fueren impuestas.

2. Serán condiciones necesarias para dejar en suspenso la ejecución de la pena, las siguientes:

1.ª Que el condenado haya delinquido por primera vez. A tal efecto no se tendrán en cuenta las anteriores condenas por delitos imprudentes o por delitos leves, ni los antecedentes penales que hayan sido cancelados, o debieran serlo con arreglo a lo dispuesto en el artículo 136. Tampoco se tendrán en cuenta los antecedentes penales correspondientes a delitos que, por su naturaleza o circunstancias, carezcan de relevancia para valorar la probabilidad de comisión de delitos futuros.

2.ª Que la pena o la suma de las impuestas no sea superior a dos años, sin incluir en tal cómputo la derivada del impago de la multa.

3.ª Que se hayan satisfecho las responsabilidades civiles que se hubieren originado y se haya hecho efectivo el decomiso acordado en sentencia conforme al artículo 127.

Este requisito se entenderá cumplido cuando el penado asuma el compromiso de satisfacer las responsabilidades civiles de acuerdo a su capacidad económica y de facilitar el decomiso acordado, y sea razonable esperar que el mismo será cumplido en el plazo prudencial que el juez o tribunal determine. El juez o tribunal, en atención al alcance de la responsabilidad civil y al impacto social del delito, podrá solicitar las garantías que considere convenientes para asegurar su cumplimiento.

---

[142] Redactado conforme LO 15/2003, de 25 de noviembre, por la que se modifica la Ley Orgánica 10/1995, de 23 de noviembre, del Código Penal.

[143] Redactado conforme LO 1/2015, de 30 de marzo, por la que se modifica la Ley Orgánica 10/1995, de 23 de noviembre, del Código Penal.

3. Excepcionalmente, aunque no concurran las condiciones 1.ª y 2.ª del apartado anterior, y siempre que no se trate de reos habituales, podrá acordarse la suspensión de las penas de prisión que individualmente no excedan de dos años cuando las circunstancias personales del reo, la naturaleza del hecho, su conducta y, en particular, el esfuerzo para reparar el daño causado, así lo aconsejen.

En estos casos, la suspensión se condicionará siempre a la reparación efectiva del daño o la indemnización del perjuicio causado conforme a sus posibilidades físicas y económicas, o al cumplimiento del acuerdo a que se refiere la medida 1.ª del artículo 84. Asimismo, se impondrá siempre una de las medidas a que se refieren los numerales 2.ª o 3.ª del mismo precepto, con una extensión que no podrá ser inferior a la que resulte de aplicar los criterios de conversión fijados en el mismo sobre un quinto de la pena impuesta.

4. Los jueces y tribunales podrán otorgar la suspensión de cualquier pena impuesta sin sujeción a requisito alguno en el caso de que el penado esté aquejado de una enfermedad muy grave con padecimientos incurables, salvo que en el momento de la comisión del delito tuviera ya otra pena suspendida por el mismo motivo.

5. Aun cuando no concurran las condiciones 1.ª y 2.ª previstas en el apartado 2 de este artículo, el juez o tribunal podrá acordar la suspensión de la ejecución de las penas privativas de libertad no superiores a cinco años de los penados que hubiesen cometido el hecho delictivo a causa de su dependencia de las sustancias señaladas en el numeral 2.º del artículo 20, siempre que se certifique suficientemente, por centro o servicio público o privado debidamente acreditado u homologado, que el condenado se encuentra deshabituado o sometido a tratamiento para tal fin en el momento de decidir sobre la suspensión.

El juez o tribunal podrá ordenar la realización de las comprobaciones necesarias para verificar el cumplimiento de los anteriores requisitos.

En el caso de que el condenado se halle sometido a tratamiento de deshabituación, también se condicionará la suspensión de la ejecución de la pena a que no abandone el tratamiento hasta su finalización. No se entenderán abandono las recaídas en el tratamiento si estas no evidencian un abandono definitivo del tratamiento de deshabituación.

6. En los delitos que sólo pueden ser perseguidos previa denuncia o querella del ofendido, los jueces y tribunales oirán a éste y, en su caso, a quien le represente, antes de conceder los beneficios de la suspensión de la ejecución de la pena.

1. Los jueces o tribunales podrán dejar en suspenso la ejecución de las penas privativas de libertad no superiores a dos años mediante resolución motivada.

En dicha resolución se atenderá fundamentalmente a la peligrosidad criminal del sujeto, así como a la existencia de otros procedimientos penales contra éste[144].

---

[144]   Redactado conforme LO 15/2003, de 25 de noviembre, por la que se reforma la Ley Orgánica 10/1995, de 23 de noviembre, del Código Penal.

2. El plazo de suspensión será de dos a cinco años para las penas privativas de libertad inferiores a dos años, y de tres meses a un año para las penas leves y se fijará por los Jueces o Tribunales, previa audiencia de las partes, atendidas las circunstancias personales del delincuente, las características del hecho y la duración de la pena.

3. La suspensión de la ejecución de la pena no será extensiva a la responsabilidad civil derivada del delito o falta penados.

4. Los Jueces y Tribunales sentenciadores podrán otorgar la suspensión de cualquier pena impuesta sin sujeción a requisito alguno en el caso de que el penado esté aquejado de una enfermedad muy grave con padecimientos incurables, salvo que en el momento de la comisión del delito tuviera ya otra pena suspendida por el mismo motivo.

Art. 81[145].

El plazo de suspensión será de dos a cinco años para las penas privativas de libertad no superiores a dos años, y de tres meses a un año para las penas leves, y se fijará por el juez o tribunal, atendidos los criterios expresados en el párrafo segundo del apartado 1 del artículo 80.

En el caso de que la suspensión hubiera sido acordada de conformidad con lo dispuesto en el apartado 5 del artículo anterior, el plazo de suspensión será de tres a cinco años.

Serán condiciones necesarias para dejar en suspenso la ejecución de la pena las siguientes:

1.ª Que el condenado haya delinquido por primera vez. A tal efecto no se tendrán en cuenta las anteriores condenas por delitos imprudentes ni los antecedentes penales que hayan sido cancelados, o debieran serlo, con arreglo a lo dispuesto en el artículo 136 de este Código.

2.ª Que la pena o penas impuestas, o la suma de las impuestas, no sea superior a dos años, sin incluir en tal cómputo la derivada del impago de la multa[146].

3.ª Que se hayan satisfecho las responsabilidades civiles que se hubieren originado, salvo que el Juez o Tribunal sentenciador, después de oír a los interesados y al Ministerio Fiscal, declare la imposibilidad total o parcial de que el condenado haga frente a las mismas.

Art. 82[147].

1. El juez o tribunal resolverá en sentencia sobre la suspensión de la ejecución de la pena siempre que ello resulte posible. En los demás casos, una vez declarada la firmeza de la sentencia, se pronunciará con la mayor urgencia, previa audiencia a las partes, sobre la concesión o no de la suspensión de la ejecución de la pena.

2. El plazo de suspensión se computará desde la fecha de la resolución que la acuerda. Si la suspensión hubiera sido acordada en sentencia, el plazo de la suspensión se computará desde la fecha en que aquélla hubiere devenido firme.

No se computará como plazo de suspensión aquél en el que el penado se hubiera mantenido en situación de rebeldía.

---

[145] Redactado conforme LO 1/2015, de 30 de marzo, por la que se modifica la Ley Orgánica 10/1995, de 23 de noviembre, del Código Penal.

[146] Redactado conforme LO 15/2003, de 25 de noviembre, por la que se modifica la Ley Orgánica 10/1995, de 23 de noviembre, del Código Penal.

[147] Redactado conforme LO 1/2015, de 30 de marzo, por la que se modifica la Ley Orgánica 10/1995, de 23 de noviembre, del Código Penal.

Declarada la firmeza de la sentencia y acreditados los requisitos establecidos en el artículo anterior, los jueces o tribunales se pronunciarán con la mayor urgencia sobre la concesión o no de la suspensión de la ejecución de la pena[148].

Art. 83[149].

1. El juez o tribunal podrá condicionar la suspensión al cumplimiento de las siguientes prohibiciones y deberes cuando ello resulte necesario para evitar el peligro de comisión de nuevos delitos, sin que puedan imponerse deberes y obligaciones que resulten excesivos y desproporcionados:

1.ª Prohibición de aproximarse a la víctima o a aquéllos de sus familiares u otras personas que se determine por el juez o tribunal, a sus domicilios, a sus lugares de trabajo o a otros lugares habitualmente frecuentados por ellos, o de comunicar con los mismos por cualquier medio. La imposición de esta prohibición será siempre comunicada a las personas con relación a las cuales sea acordada.

2.ª Prohibición de establecer contacto con personas determinadas o con miembros de un grupo determinado, cuando existan indicios que permitan suponer fundadamente que tales sujetos pueden facilitarle la ocasión para cometer nuevos delitos o incitarle a hacerlo.

3.ª Mantener su lugar de residencia en un lugar determinado con prohibición de abandonarlo o ausentarse temporalmente sin autorización del juez o tribunal.

4.ª Prohibición de residir en un lugar determinado o de acudir al mismo, cuando en ellos pueda encontrar la ocasión o motivo para cometer nuevos delitos.

5.ª Comparecer personalmente con la periodicidad que se determine ante el juez o tribunal, dependencias policiales o servicio de la administración que se determine, para informar de sus actividades y justificarlas.

6.ª Participar en programas formativos, laborales, culturales, de educación vial, sexual, de defensa del medio ambiente, de protección de los animales, de igualdad de trato y no discriminación, resolución pacífica de conflictos, parentalidad positiva y otros similares[150].

6.ª Participar en programas formativos, laborales, culturales, de educación vial, sexual, de defensa del medio ambiente, de protección de los animales, de igualdad de trato y no discriminación, y otros similares[151].

---

[148] Redactado conforme LO 15/2003, de 25 de noviembre, por la que se modifica la Ley Orgánica 10/1995, de 23 de noviembre, del Código Penal.

[149] Redactado —excepto el párrafo 6.ª del apartado 1 y el párrafo segundo del apartado 2— conforme LO 1/2015, de 30 de marzo, por la que se modifica la Ley Orgánica 10/1995, de 23 de noviembre, del Código Penal.

[150] Párrafo redactado conforme LO 8/2021, de 4 de junio, de protección integral a la infancia y la adolescencia frente a la violencia.

[151] Redactado conforme LO 1/2015, de 30 de marzo, por la que se modifica la Ley Orgánica 10/1995, de 23 de noviembre del Código Penal.

7.ª Participar en programas de deshabituación al consumo de alcohol, drogas tóxicas o sustancias estupefacientes, o de tratamiento de otros comportamientos adictivos.

8.ª Prohibición de conducir vehículos de motor que no dispongan de dispositivos tecnológicos que condicionen su encendido o funcionamiento a la comprobación previa de las condiciones físicas del conductor, cuando el sujeto haya sido condenado por un delito contra la seguridad vial y la medida resulte necesaria para prevenir la posible comisión de nuevos delitos.

9.ª Cumplir los demás deberes que el juez o tribunal estime convenientes para la rehabilitación social del penado, previa conformidad de éste, siempre que no atenten contra su dignidad como persona.

2. Cuando se trate de delitos cometidos sobre la mujer por quien sea o haya sido su cónyuge, o por quien esté o haya estado ligado a ella por una relación similar de afectividad, aun sin convivencia, se impondrán siempre las prohibiciones y deberes indicados en las reglas 1.ª, 4.ª y 6.ª del apartado anterior.

Las anteriores prohibiciones y deberes se impondrán asimismo cuando se trate de delitos contra la libertad sexual, matrimonio forzado, mutilación genital femenina y trata de seres humanos[152].

3. La imposición de cualquiera de las prohibiciones o deberes de las reglas 1.ª, 2.ª, 3.ª, o 4.ª del apartado 1 de este artículo será comunicada a las Fuerzas y Cuerpos de Seguridad del Estado, que velarán por su cumplimiento. Cualquier posible quebrantamiento o circunstancia relevante para valorar la peligrosidad del penado y la posibilidad de comisión futura de nuevos delitos, será inmediatamente comunicada al Ministerio Fiscal y al juez o tribunal de ejecución.

4. El control del cumplimiento de los deberes a que se refieren las reglas 6.ª, 7.ª y 8.ª del apartado 1 de este artículo corresponderá a los servicios de gestión de penas y medidas alternativas de la Administración penitenciaria. Estos servicios informarán al juez o tribunal de ejecución sobre el cumplimiento con una periodicidad al menos trimestral, en el caso de las reglas 6.ª y 8.ª, y semestral, en el caso de la 7.ª y, en todo caso, a su conclusión.

Asimismo, informarán inmediatamente de cualquier circunstancia relevante para valorar la peligrosidad del penado y la posibilidad de comisión futura de nuevos delitos, así como de los incumplimientos de la obligación impuesta o de su cumplimiento efectivo.

1. La suspensión de la ejecución de la pena quedará siempre condicionada a que el reo no delinca en el plazo fijado por el juez o tribunal, conforme al artículo 80.2 de este Código. En el caso de que la pena suspendida fuese de prisión, el juez o tribunal sentenciador, si lo estima necesario, podrá también condicionar la suspensión al cumplimiento de las obligaciones o deberes que le haya fijado de entre las siguientes:
1.ª Prohibición de acudir a determinados lugares.
2.ª Prohibición de aproximarse a la víctima, o a aquellos de sus familiares u otras personas que determine el juez o tribunal, o de comunicarse con ellos.
3.ª Prohibición de ausentarse sin autorización del juez o tribunal del lugar donde resida.

---

[152] Párrafo introducido por LO 10/2022, de 6 de septiembre, de garantía integral de la libertad sexual.

4.ª Comparecer personalmente ante el juzgado o tribunal, o servicio de la Administración que éstos señalen, para informar de sus actividades y justificarlas.

5.º Participar en programas formativos, laborales, culturales, de educación vial, sexual, de defensa del medio ambiente, de protección de los animales y otros similares[153].

6.ª Cumplir los demás deberes que el juez o tribunal estime convenientes para la rehabilitación social del penado, previa conformidad de éste, siempre que no atenten contra su dignidad como persona.

Si se tratase de delitos relacionados con la violencia de género, el Juez o Tribunal condicionará en todo caso la suspensión al cumplimiento de las obligaciones o deberes previstos en las reglas 1.ª, 2.ª y 5.ª de este apartado[154].

2. Los servicios correspondientes de la Administración competente informarán al Juez o Tribunal sentenciador, al menos cada tres meses, sobre la observancia de las reglas de conducta impuestas.

Art. 84[155].

1. El juez o tribunal también podrá condicionar la suspensión de la ejecución de la pena al cumplimiento de alguna o algunas de las siguientes prestaciones o medidas:

1.ª El cumplimiento del acuerdo alcanzado por las partes en virtud de mediación.

2.ª El pago de una multa, cuya extensión determinarán el juez o tribunal en atención a las circunstancias del caso, que no podrá ser superior a la que resultase de aplicar dos cuotas de multa por cada día de prisión sobre un límite máximo de dos tercios de su duración.

3.ª La realización de trabajos en beneficio de la comunidad, especialmente cuando resulte adecuado como forma de reparación simbólica a la vista de las circunstancias del hecho y del autor. La duración de esta prestación de trabajos se determinará por el juez o tribunal en atención a las circunstancias del caso, sin que pueda exceder de la que resulte de computar un día de trabajos por cada día de prisión sobre un límite máximo de dos tercios de su duración.

2. Si se hubiera tratado de un delito cometido sobre la mujer por quien sea o haya sido su cónyuge, o por quien esté o haya estado ligado a ella por una relación similar de afectividad, aun sin convivencia, o sobre los descendientes, ascendientes o hermanos por naturaleza, adopción o afinidad propios o del cónyuge o conviviente, o sobre los menores o personas con discapacidad necesitadas de especial protección que con él convivan o que se hallen sujetos a la potestad, tutela, curatela, acogimiento o guarda de hecho del cónyuge o conviviente, el pago de la multa a que se refiere la medida 2.ª del apartado anterior solamente podrá imponerse cuando conste acreditado que entre ellos no existen relaciones económicas derivadas de una relación conyugal, de convivencia o filiación, o de la existencia de una descendencia común.

---

[153] Redactado conforme LO 5/2010, de 22 de junio, por la que se modifica la Ley Orgánica 10/1995, de 23 de noviembre, del Código Penal.

[154] Redactado conforme LO 1/2004, de 28 de diciembre, de Medidas de Protección Integral contra la Violencia de Género.

[155] Redactado conforme LO 1/2015, de 30 de marzo, por la que se modifica la Ley Orgánica 10/1995, de 23 de noviembre, del Código Penal.

1. Si el sujeto delinquiera durante el plazo de suspensión fijado, el Juez o Tribunal revocará la suspensión de la ejecución de la pena.

2. Si el sujeto infringiera durante el plazo de suspensión las obligaciones o deberes impuestos, el Juez o Tribunal podrá, previa audiencia de las partes, según los casos:

a) Sustituir la regla de conducta impuesta por otra distinta.

b) Prorrogar el plazo de suspensión, sin que en ningún caso pueda exceder de cinco años.

c) Revocar la suspensión de la ejecución de la pena, si el incumplimiento fuera reiterado.

3. En el supuesto de que la pena suspendida fuera de prisión por la comisión de delitos relacionados con la violencia de género, el incumplimiento por parte del reo de las obligaciones o deberes previstos en las reglas 1.ª, 2.ª y 5.ª del apartado 1 del artículo 83 determinará la revocación de la suspensión de la ejecución de la pena[156].

Art. 85[157].

Durante el tiempo de suspensión de la pena, y a la vista de la posible modificación de las circunstancias valoradas, el juez o tribunal podrá modificar la decisión que anteriormente hubiera adoptado conforme a los artículos 83 y 84, y acordar el alzamiento de todas o alguna de las prohibiciones, deberes o prestaciones que hubieran sido acordadas, su modificación o sustitución por otras que resulten menos gravosas.

1. Revocada la suspensión, se ordenará la ejecución de la pena.

2. Transcurrido el plazo de suspensión fijado sin haber delinquido el sujeto, y cumplidas, en su caso, las reglas de conducta fijadas por el juez o tribunal, éste acordará la remisión de la pena[158].

Art. 86[159].

1. El juez o tribunal revocará la suspensión y ordenará la ejecución de la pena cuando el penado:

a) Sea condenado por un delito cometido durante el período de suspensión y ello ponga de manifiesto que la expectativa en la que se fundaba la decisión de suspensión adoptada ya no puede ser mantenida.

b) Incumpla de forma grave o reiterada las prohibiciones y deberes que le hubieran sido impuestos conforme al artículo 83, o se sustraiga al control de los servicios de gestión de penas y medidas alternativas de la Administración penitenciaria.

c) Incumpla de forma grave o reiterada las condiciones que, para la suspensión, hubieran sido impuestas conforme al artículo 84.

d) Facilite información inexacta o insuficiente sobre el paradero de bienes u objetos cuyo decomiso hubiera sido acordado; no dé cumplimiento al compromiso de pago de las responsabilidades civiles a que hubiera sido condenado,

---

[156] Redactado conforme LO 1/2004, de 28 de diciembre, de Medidas de Protección Integral contra la Violencia de Género.

[157] Redactado conforme LO 1/2015, de 30 de marzo, por la que se modifica la Ley Orgánica 10/1995, de 23 de noviembre, del Código Penal.

[158] Redactado conforme LO 15/2003, de 25 de noviembre, por la que se modifica la Ley Orgánica 10/1995, de 23 de noviembre, del Código Penal.

[159] Redactado conforme LO 1/2015, de 30 de marzo, por la que se modifica la Ley Orgánica 10/1995, de 23 de noviembre, del Código Penal.

salvo que careciera de capacidad económica para ello; o facilite información inexacta o insuficiente sobre su patrimonio, incumpliendo la obligación impuesta en el artículo 589 de la Ley de Enjuiciamiento Civil.

2. Si el incumplimiento de las prohibiciones, deberes o condiciones no hubiera tenido carácter grave o reiterado, el juez o tribunal podrá:

a) Imponer al penado nuevas prohibiciones, deberes o condiciones, o modificar las ya impuestas.

b) Prorrogar el plazo de suspensión, sin que en ningún caso pueda exceder de la mitad de la duración del que hubiera sido inicialmente fijado.

3. En el caso de revocación de la suspensión, los gastos que hubiera realizado el penado para reparar el daño causado por el delito conforme al apartado 1 del artículo 84 no serán restituidos. Sin embargo, el juez o tribunal abonará a la pena los pagos y la prestación de trabajos que hubieran sido realizados o cumplidos conforme a las medidas 2.ª y 3.ª

4. En todos los casos anteriores, el juez o tribunal resolverá después de haber oído al Fiscal y a las demás partes. Sin embargo, podrá revocar la suspensión de la ejecución de la pena y ordenar el ingreso inmediato del penado en prisión cuando resulte imprescindible para evitar el riesgo de reiteración delictiva, el riesgo de huida del penado o asegurar la protección de la víctima.

El juez o tribunal podrá acordar la realización de las diligencias de comprobación que fueran necesarias y acordar la celebración de una vista oral cuando lo considere necesario para resolver.

> *En los delitos que sólo pueden ser perseguidos previa denuncia o querella del ofendido, los Jueces y Tribunales oirán a éste y, en su caso, a quien le represente, antes de conceder los beneficios de la suspensión de la ejecución de la pena.*

Art. 87[160].

1. Transcurrido el plazo de suspensión fijado sin haber cometido el sujeto un delito que ponga de manifiesto que la expectativa en la que se fundaba la decisión de suspensión adoptada ya no puede ser mantenida, y cumplidas de forma suficiente las reglas de conducta fijadas por el juez o tribunal, éste acordará la remisión de la pena.

2. No obstante, para acordar la remisión de la pena que hubiera sido suspendida conforme al apartado 5 del artículo 80, deberá acreditarse la deshabituación del sujeto o la continuidad del tratamiento. De lo contrario, el juez o tribunal ordenará su cumplimiento, salvo que, oídos los informes correspondientes, estime necesaria la continuación del tratamiento; en tal caso podrá conceder razonadamente una prórroga del plazo de suspensión por tiempo no superior a dos años.

> *1. Aun cuando no concurran las condiciones 1.ª y 2.ª previstas en el artículo 81, el juez o tribunal, con audiencia de las partes, podrá acordar la suspensión de la ejecución de las penas privativas de libertad no superiores a cinco años de los penados que hubiesen cometido el hecho delictivo a causa de su*

---

[160]   Redactado conforme LO 1/2015, de 30 de marzo, por la que se modifica la Ley Orgánica 10/1995, de 23 de noviembre, del Código Penal.

dependencia de las sustancias señaladas en el número 2° del artículo 20, siempre que se certifique suficientemente, por centro o servicio público o privado debidamente acreditado u homologado, que el condenado se encuentra deshabituado o sometido a tratamiento para tal fin en el momento de decidir sobre la suspensión.

El juez o tribunal solicitará en todo caso informe del Médico forense sobre los extremos anteriores[161].

2. En el supuesto de que el condenado sea reincidente, el Juez o Tribunal valorará, por resolución motivada, la oportunidad de conceder o no el beneficio de la suspensión de la ejecución de la pena, atendidas las circunstancias del hecho y del autor.

3. La suspensión de la ejecución de la pena quedará siempre condicionada a que el reo no delinca en el periodo que se señale, que será de tres a cinco años.

4. En el caso de que el condenado se halle sometido a tratamiento de deshabituación, también se condicionará la suspensión de la ejecución de la pena a que no abandone el tratamiento hasta su finalización. Los centros o servicios responsables del tratamiento estarán obligados a facilitar al juez o tribunal sentenciador, en los plazos que señale, y nunca con una periodicidad superior al año, la información precisa para comprobar el comienzo de aquél, así como para conocer periódicamente su evolución, las modificaciones que haya de experimentar así como su finalización[162].

5. El Juez o Tribunal revocará la suspensión de la ejecución de la pena si el penado incumpliere cualquiera de las condiciones establecidas.

Transcurrido el plazo de suspensión sin haber delinquido el sujeto, el Juez o Tribunal acordará la remisión de la pena si se ha acreditado la deshabituación o la continuidad del tratamiento del reo. De lo contrario, ordenará su cumplimiento, salvo que, oídos los informes correspondientes, estime necesaria la continuación del tratamiento; en tal caso podrá conceder razonadamente una prórroga del plazo de suspensión por tiempo no superior a dos años.

SECCIÓN 2.ª
DE LA SUSTITUCIÓN DE LAS PENAS PRIVATIVAS DE LIBERTAD

Art. 88[163].

1. Los jueces o tribunales podrán sustituir, previa audiencia de las partes, en la misma sentencia, o posteriormente en auto motivado, antes de dar inicio a su ejecución, las penas de prisión que no excedan de un año por multa o por trabajos en beneficio de la comunidad, y en los casos de penas de prisión que no excedan de seis meses, también por localización permanente, aunque la Ley no prevea estas penas para el delito de que se trate, cuando las circunstancias personales del reo, la naturaleza del hecho, su conducta y, en particular, el esfuerzo para reparar el daño causado así lo aconsejen, siempre que no se trate de reos habituales, sustituyéndose cada día de prisión por dos cuotas de multa o por una jornada de trabajo o por un día de localización permanente. En estos casos el Juez o Tribunal podrá además imponer al penado la observancia de una o varias obligaciones o deberes previstos en el artículo 83 de este Código, de no haberse establecido como penas en la sentencia, por tiempo que no podrá exceder de la duración de la pena sustituida[164].

Excepcionalmente, podrán los jueces o tribunales sustituir por multa o por multa y trabajos en beneficio de la comunidad, las penas de prisión que no excedan de dos años a los reos no habituales, cuando de las

---

[161] Redactado conforme LO 15/2003, de 25 de noviembre, por la que se modifica la Ley Orgánica 10/1995, de 23 de noviembre, del Código Penal.

[162] Redactado conforme LO 15/2003, de 25 de noviembre, por la que se modifica la Ley Orgánica 10/1995, de 23 de noviembre, del Código Penal.

[163] Dejado sin contenido por LO 1/2015, de 30 de marzo, por la que se modifica la Ley Orgánica 10/1995, de 23 de noviembre, del Código Penal.

[164] Párrafo redactado conforme LO 5/2010, de 22 de junio, por la que se modifica la Ley Orgánica 10/1995, de 23 de noviembre, del Código Penal.

circunstancias del hecho y del culpable se infiera que el cumplimiento de aquéllas habría de frustrar sus fines de prevención y reinserción social. En estos casos, la sustitución se llevará a cabo con los mismos requisitos y en los mismos términos y módulos de conversión establecidos en el párrafo anterior para la pena de multa[165].

En el caso de que el reo hubiera sido condenado por un delito relacionado con la violencia de género, la pena de prisión sólo podrá ser sustituida por la de trabajos en beneficio de la comunidad o localización permanente en lugar distinto y separado del domicilio de la víctima. En estos supuestos, el Juez o Tribunal impondrá adicionalmente, además de la sujeción a programas específicos de reeducación y tratamiento psicológico, la observancia de las obligaciones o deberes previstos en las reglas 1.ª y 2.ª, del apartado 1 del artículo 83 de este Código[166].

2. En el supuesto de incumplimiento en todo o en parte de la pena sustitutiva, la pena de prisión inicialmente impuesta se ejecutará descontando, en su caso, la parte de tiempo a que equivalgan las cuotas satisfechas, de acuerdo con la regla de conversión establecida en el apartado precedente.

3. En ningún caso se podrán sustituir penas que sean sustitutivas de otras.

Art. 89[167].

1. Las penas de prisión de más de un año impuestas a un ciudadano extranjero serán sustituidas por su expulsión del territorio español. Excepcionalmente, cuando resulte necesario para asegurar la defensa del orden jurídico y restablecer la confianza en la vigencia de la norma infringida por el delito, el juez o tribunal podrá acordar la ejecución de una parte de la pena que no podrá ser superior a dos tercios de su extensión, y la sustitución del resto por la expulsión del penado del territorio español. En todo caso, se sustituirá el resto de la pena por la expulsión del penado del territorio español cuando aquél acceda al tercer grado o le sea concedida la libertad condicional.

2. Cuando hubiera sido impuesta una pena de más de cinco años de prisión, o varias penas que excedieran de esa duración, el juez o tribunal acordará la ejecución de todo o parte de la pena, en la medida en que resulte necesario para asegurar la defensa del orden jurídico y restablecer la confianza en la vigencia de la norma infringida por el delito. En estos casos, se sustituirá la ejecución del resto de la pena por la expulsión del penado del territorio español, cuando el penado cumpla la parte de la pena que se hubiera determinado, acceda al tercer grado o se le conceda la libertad condicional.

3. El juez o tribunal resolverá en sentencia sobre la sustitución de la ejecución de la pena siempre que ello resulte posible. En los demás casos, una vez declarada la firmeza de la sentencia, se pronunciará con la mayor urgencia, previa audiencia al Fiscal y a las demás partes, sobre la concesión o no de la sustitución de la ejecución de la pena.

4. No procederá la sustitución cuando, a la vista de las circunstancias del hecho y las personales del autor, en particular su arraigo en España, la expulsión resulte desproporcionada.

---

[165] Párrafo redactado conforme LO 15/2003, de 25 de noviembre, por la que se modifica la Ley Orgánica 10/1995, de 23 de noviembre, del Código Penal.

[166] Párrafo redactado conforme LO 5/2010, de 22 de junio, por la que se modifica la Ley Orgánica 10/1995, de 23 de noviembre, del Código Penal.

[167] Redactado conforme LO 1/2015, de 30 de marzo, por la que se modifica la Ley Orgánica 10/1995, de 23 de noviembre, del Código Penal.

La expulsión de un ciudadano de la Unión Europea solamente procederá cuando represente una amenaza grave para el orden público o la seguridad pública en atención a la naturaleza, circunstancias y gravedad del delito cometido, sus antecedentes y circunstancias personales.

Si hubiera residido en España durante los diez años anteriores procederá la expulsión cuando además:

a) Hubiera sido condenado por uno o más delitos contra la vida, libertad, integridad física y libertad e indemnidad sexuales castigados con pena máxima de prisión de más de cinco años y se aprecie fundadamente un riesgo grave de que pueda cometer delitos de la misma naturaleza.

b) Hubiera sido condenado por uno o más delitos de terrorismo u otros delitos cometidos en el seno de un grupo u organización criminal.

En estos supuestos será en todo caso de aplicación lo dispuesto en el apartado 2 de este artículo.

5. El extranjero no podrá regresar a España en un plazo de cinco a diez años, contados desde la fecha de su expulsión, atendidas la duración de la pena sustituida y las circunstancias personales del penado.

6. La expulsión llevará consigo el archivo de cualquier procedimiento administrativo que tuviera por objeto la autorización para residir o trabajar en España.

7. Si el extranjero expulsado regresara a España antes de transcurrir el período de tiempo establecido judicialmente, cumplirá las penas que fueron sustituidas, salvo que, excepcionalmente, el juez o tribunal, reduzca su duración cuando su cumplimiento resulte innecesario para asegurar la defensa del orden jurídico y restablecer la confianza en la norma jurídica infringida por el delito, en atención al tiempo transcurrido desde la expulsión y las circunstancias en las que se haya producido su incumplimiento.

No obstante, si fuera sorprendido en la frontera, será expulsado directamente por la autoridad gubernativa, empezando a computarse de nuevo el plazo de prohibición de entrada en su integridad.

8. Cuando, al acordarse la expulsión en cualquiera de los supuestos previstos en este artículo, el extranjero no se encuentre o no quede efectivamente privado de libertad en ejecución de la pena impuesta, el juez o tribunal podrá acordar, con el fin de asegurar la expulsión, su ingreso en un centro de internamiento de extranjeros, en los términos y con los límites y garantías previstos en la ley para la expulsión gubernativa.

En todo caso, si acordada la sustitución de la pena privativa de libertad por la expulsión, ésta no pudiera llevarse a efecto, se procederá a la ejecución de la pena originariamente impuesta o del período de condena pendiente, o a la aplicación, en su caso, de la suspensión de la ejecución de la misma.

9. No serán sustituidas las penas que se hubieran impuesto por la comisión de los delitos a que se refieren los artículos 177 bis, 312, 313 y 318 bis.

1. Las penas privativas de libertad inferiores a seis años impuestas a un extranjero no residente legalmente en España serán sustituidas en la sentencia por su expulsión del territorio español, salvo que el Juez o

Tribunal, previa audiencia del penado, del Ministerio Fiscal y de las partes personadas, de forma motivada, aprecie razones que justifiquen el cumplimiento de la condena en un centro penitenciario en España. También podrá acordarse la expulsión en auto motivado posterior, previa audiencia del penado, del Ministerio Fiscal y de las demás partes personadas.

2. El extranjero no podrá regresar a España en un plazo de cinco a diez años, contados desde la fecha de su expulsión, atendidas la duración de la pena sustituida y las circunstancias personales del penado.

3. La expulsión llevará consigo el archivo de cualquier procedimiento administrativo que tuviera por objeto la autorización para residir o trabajar en España.

4. Si el extranjero expulsado regresara a España antes de transcurrir el período de tiempo establecido judicialmente, cumplirá las penas que fueron sustituidas. No obstante, si fuera sorprendido en la frontera, será expulsado directamente por la autoridad gubernativa, empezando a computarse de nuevo el plazo de prohibición de entrada en su integridad.

5. Los jueces o tribunales, a instancia del Ministerio Fiscal y previa audiencia del penado y de las partes personadas, acordarán en sentencia, o durante su ejecución, la expulsión del territorio nacional del extranjero no residente legalmente en España, que hubiera de cumplir o estuviera cumpliendo cualquier pena privativa de libertad, para el caso de que hubiera accedido al tercer grado penitenciario o cumplido las tres cuartas partes de la condena, salvo que previa audiencia del Ministerio Fiscal y de forma motivada aprecien razones que justifiquen el cumplimiento en España.

6. Cuando, al acordarse la expulsión en cualquiera de los supuestos previstos en este artículo, el extranjero no se encuentre o no quede efectivamente privado de libertad en ejecución de la pena impuesta, el Juez o Tribunal podrá acordar, con el fin de asegurar la expulsión, su ingreso en un centro de internamiento de extranjeros, en los términos y con los límites y garantías previstos en la Ley para la expulsión gubernativa. En todo caso, si acordada la sustitución de la pena privativa de libertad por la expulsión, ésta no pudiera llevarse a efecto, se procederá a la ejecución de la pena originariamente impuesta o del período de condena pendiente, o a la aplicación, en su caso, de la suspensión de la ejecución de la misma o su sustitución en los términos del artículo 88 de este Código.

7. Las disposiciones establecidas en los apartados anteriores no serán de aplicación a los extranjeros que hubieran sido condenados por la comisión de delitos a que se refieren los artículos 312, 313 y 318 bis de este Código[168].

SECCIÓN 3.ª
DE LA LIBERTAD CONDICIONAL

Art. 90[169].

1. El juez de vigilancia penitenciaria acordará la suspensión de la ejecución del resto de la pena de prisión y concederá la libertad condicional al penado que cumpla los siguientes requisitos:

a) Que se encuentre clasificado en tercer grado.

b) Que haya extinguido las tres cuartas partes de la pena impuesta.

c) Que haya observado buena conducta.

Para resolver sobre la suspensión de la ejecución del resto de la pena y concesión de la libertad condicional, el juez de vigilancia penitenciaria valorará la personalidad del penado, sus antecedentes, las circunstancias del delito cometido, la relevancia de los bienes jurídicos que podrían verse afectados por una

---

[168]   Artículo redactado conforme LO 5/2010, de 22 de junio, por la que se modifica la Ley Orgánica 10/1995, de 23 de noviembre, del Código Penal.

[169]   Redactado conforme LO 1/2015, de 30 de marzo, por la que se modifica la Ley Orgánica 10/1995, de 23 de noviembre, del Código Penal.

reiteración en el delito, su conducta durante el cumplimiento de la pena, sus circunstancias familiares y sociales y los efectos que quepa esperar de la propia suspensión de la ejecución y del cumplimiento de las medidas que fueren impuestas.

No se concederá la suspensión si el penado no hubiese satisfecho la responsabilidad civil derivada del delito en los supuestos y conforme a los criterios establecidos por los apartados 5 y 6 del artículo 72 de la Ley Orgánica 1/1979, de 26 de septiembre, General Penitenciaria.

2. También podrá acordar la suspensión de la ejecución del resto de la pena y conceder la libertad condicional a los penados que cumplan los siguientes requisitos:

a) Que hayan extinguido dos terceras parte de su condena.

b) Que durante el cumplimiento de su pena hayan desarrollado actividades laborales, culturales u ocupacionales, bien de forma continuada, bien con un aprovechamiento del que se haya derivado una modificación relevante y favorable de aquéllas de sus circunstancias personales relacionadas con su actividad delictiva previa.

c) Que acredite el cumplimiento de los requisitos a que se refiere el apartado anterior, salvo el de haber extinguido tres cuartas partes de su condena.

A propuesta de Instituciones Penitenciarias y previo informe del Ministerio Fiscal y de las demás partes, cumplidas las circunstancias de las letras a) y c) del apartado anterior, el juez de vigilancia penitenciaria podrá adelantar, una vez extinguida la mitad de la condena, la concesión de la libertad condicional en relación con el plazo previsto en el apartado anterior, hasta un máximo de noventa días por cada año transcurrido de cumplimiento efectivo de condena. Esta medida requerirá que el penado haya desarrollado continuadamente las actividades indicadas en la letra b) de este apartado y que acredite, además, la participación efectiva y favorable en programas de reparación a las víctimas o programas de tratamiento o desintoxicación, en su caso.

3. Excepcionalmente, el juez de vigilancia penitenciaria podrá acordar la suspensión de la ejecución del resto de la pena y conceder la libertad condicional a los penados en que concurran los siguientes requisitos:

a) Que se encuentren cumpliendo su primera condena de prisión y que ésta no supere los tres años de duración.

b) Que hayan extinguido la mitad de su condena.

c) Que acredite el cumplimiento de los requisitos a que se refiere al apartado 1, salvo el de haber extinguido tres cuartas partes de su condena, así como el regulado en la letra b) del apartado anterior.

Este régimen no será aplicable a los penados que lo hayan sido por la comisión de un delito contra la libertad e indemnidad sexuales.

4. El juez de vigilancia penitenciaria podrá denegar la suspensión de la ejecución del resto de la pena cuando el penado hubiera dado información inexacta o insuficiente sobre el paradero de bienes u objetos cuyo decomiso hubiera sido acordado; no dé cumplimiento conforme a su capacidad al compromiso de pago de las responsabilidades civiles a que hubiera sido condenado; o facilite

información inexacta o insuficiente sobre su patrimonio, incumpliendo la obligación impuesta en el artículo 589 de la Ley de Enjuiciamiento Civil.

También podrá denegar la suspensión de la ejecución del resto de la pena impuesta para alguno de los delitos previstos en el Título XIX del Libro II de este Código, cuando el penado hubiere eludido el cumplimiento de las responsabilidades pecuniarias o la reparación del daño económico causado a la Administración a que hubiere sido condenado.

5. En los casos de suspensión de la ejecución del resto de la pena y concesión de la libertad condicional, resultarán aplicables las normas contenidas en los artículos 83, 86 y 87.

El juez de vigilancia penitenciaria, a la vista de la posible modificación de las circunstancias valoradas, podrá modificar la decisión que anteriormente hubiera adoptado conforme al artículo 83, y acordar la imposición de nuevas prohibiciones, deberes o prestaciones, la modificación de las que ya hubieran sido acordadas o el alzamiento de las mismas.

Asimismo, el juez de vigilancia penitenciaria revocará la suspensión de la ejecución del resto de la pena y la libertad condicional concedida cuando se ponga de manifiesto un cambio de las circunstancias que hubieran dado lugar a la suspensión que no permita mantener ya el pronóstico de falta de peligrosidad en que se fundaba la decisión adoptada.

El plazo de suspensión de la ejecución del resto de la pena será de dos a cinco años. En todo caso, el plazo de suspensión de la ejecución y de libertad condicional no podrá ser inferior a la duración de la parte de pena pendiente de cumplimiento. El plazo de suspensión y libertad condicional se computará desde la fecha de puesta en libertad del penado.

6. La revocación de la suspensión de la ejecución del resto de la pena y libertad condicional dará lugar a la ejecución de la parte de la pena pendiente de cumplimiento. El tiempo transcurrido en libertad condicional no será computado como tiempo de cumplimiento de la condena.

7. El juez de vigilancia penitenciaria resolverá de oficio sobre la suspensión de la ejecución del resto de la pena y concesión de la libertad condicional a petición del penado. En el caso de que la petición no fuera estimada, el juez o tribunal podrá fijar un plazo de seis meses, que motivadamente podrá ser prolongado a un año, hasta que la pretensión pueda ser nuevamente planteada.

8. En el caso de personas condenadas por delitos cometidos en el seno de organizaciones criminales o por alguno de los delitos regulados en el Capítulo VII del Título XXII del Libro II de este Código, la suspensión de la ejecución del resto de la pena impuesta y concesión de la libertad condicional requiere que el penado muestre signos inequívocos de haber abandonado los fines y los medios de la actividad terrorista y haya colaborado activamente con las autoridades, bien para impedir la producción de otros delitos por parte de la organización o grupo terrorista, bien para atenuar los efectos de su delito, bien para la identificación, captura y procesamiento de responsables de delitos terroristas, para obtener pruebas o para impedir la actuación o el desarrollo de las organizaciones o asociaciones a las que haya pertenecido o con las que haya colaborado,

lo que podrá acreditarse mediante una declaración expresa de repudio de sus actividades delictivas y de abandono de la violencia y una petición expresa de perdón a las víctimas de su delito, así como por los informes técnicos que acrediten que el preso está realmente desvinculado de la organización terrorista y del entorno y actividades de asociaciones y colectivos ilegales que la rodean y su colaboración con las autoridades.

Los apartados 2 y 3 no serán aplicables a las personas condenadas por la comisión de alguno de los delitos regulados en el Capítulo VII del Título XXII del Libro II de este Código o por delitos cometidos en el seno de organizaciones criminales.

1. Se establece la libertad condicional en la pena privativa de libertad para aquellos sentenciados en quienes concurran las circunstancias siguientes:

a) Que se encuentren en el tercer grado de tratamiento penitenciario.

b) Que hayan extinguido las tres cuartas partes de la condena impuesta.

c) Que hayan observado buena conducta y exista respecto de los sentenciados un pronóstico individualizado y favorable de reinserción social, emitido en el informe final previsto en el artículo 67 de la Ley Orgánica General Penitenciaria.

No se entenderá cumplida la circunstancia anterior si el penado no hubiese satisfecho la responsabilidad civil derivada del delito en los supuestos y conforme a los criterios establecidos por el artículo 72.5 y 6 de la Ley Orgánica General Penitenciaria.

Asimismo, en el caso de personas condenadas por delitos de terrorismo de la sección segunda del capítulo V del título XXII del libro II de este Código, o por delitos cometidos en el seno de organizaciones criminales, se entenderá que hay pronóstico de reinserción social cuando el penado muestre signos inequívocos de haber abandonado los fines y los medios de la actividad terrorista y además haya colaborado activamente con las autoridades, bien para impedir la producción de otros delitos por parte de la organización o grupo terrorista, bien para atenuar los efectos de su delito, bien para la identificación, captura y procesamiento de responsables de delitos terroristas, para obtener pruebas o para impedir la actuación o el desarrollo de las organizaciones o asociaciones a las que haya pertenecido o con las que haya colaborado, lo que podrá acreditarse mediante una declaración expresa de repudio de sus actividades delictivas y de abandono de la violencia y una petición expresa de perdón a las víctimas de su delito, así como por los informes técnicos que acrediten que el preso está realmente desvinculado de la organización terrorista y del entorno y actividades de asociaciones y colectivos ilegales que la rodean y su colaboración con las autoridades[170].

2. El juez de vigilancia, al decretar la libertad condicional de los penados, podrá imponerles motivadamente la observancia de una o varias de las reglas de conducta o medidas previstas en los artículos 83 y 96.3 del presente Código[171].

Art. 91[172].

1. No obstante lo dispuesto en el artículo anterior, los penados que hubieran cumplido la edad de setenta años, o la cumplan durante la extinción de la condena, y reúnan los requisitos exigidos en el artículo anterior, excepto el de haber extinguido las tres cuartas partes de aquélla, las dos terceras partes o, en

---

[170]   Redactado conforme LO 7/2003, de 30 de junio, de medidas de reforma para el cumplimiento íntegro y efectivo de las penas.

[171]   Redactado conforme LO 7/2003, de 30 de junio, de medidas de reforma para el cumplimiento íntegro y efectivo de las penas.

[172]   Redactado conforme LO 1/2015, de 30 de marzo, por la que se modifica la Ley Orgánica 10/1995, de 23 de noviembre, del Código Penal.

Art. 91

su caso, la mitad de la condena, podrán obtener la suspensión de la ejecución del resto de la pena y la concesión de la libertad condicional.

El mismo criterio se aplicará cuando se trate de enfermos muy graves con padecimientos incurables, y así quede acreditado tras la práctica de los informes médicos que, a criterio del juez de vigilancia penitenciaria, se estimen necesarios.

2. Constando a la Administración penitenciaria que el interno se halla en cualquiera de los casos previstos en los párrafos anteriores, elevará el expediente de libertad condicional, con la urgencia que el caso requiera, al juez de vigilancia penitenciaria, quien, a la hora de resolverlo, valorará junto a las circunstancias personales la dificultad para delinquir y la escasa peligrosidad del sujeto.

3. Si el peligro para la vida del interno, a causa de su enfermedad o de su avanzada edad, fuera patente, por estar así acreditado por el dictamen del médico forense y de los servicios médicos del establecimiento penitenciario, el juez o tribunal podrá, sin necesidad de que se acredite el cumplimiento de ningún otro requisito y valorada la falta de peligrosidad relevante del penado, acordar la suspensión de la ejecución del resto de la pena y concederle la libertad condicional sin más trámite que requerir al centro penitenciario el informe de pronóstico final al objeto de poder hacer la valoración a que se refiere el apartado anterior.

En este caso, el penado estará obligado a facilitar al servicio médico penitenciario, al médico forense, o a aquel otro que se determine por el juez o tribunal, la información necesaria para poder valorar sobre la evolución de su enfermedad.

El incumplimiento de esta obligación podrá dar lugar a la revocación de la suspensión de la ejecución y de la libertad condicional.

4. Son aplicables al supuesto regulado en este artículo las disposiciones contenidas en los apartados 4, 5 y 6 del artículo anterior.

1. Excepcionalmente, cumplidas las circunstancias de los párrafos a) y c) del apartado 1 del artículo anterior, y siempre que no se trate de delitos de terrorismo de la sección segunda del capítulo V del título XXII del libro II de este Código, o cometidos en el seno de organizaciones criminales, el juez de vigilancia penitenciaria, previo informe del Ministerio Fiscal, Instituciones Penitenciarias y las demás partes, podrá conceder la libertad condicional a los sentenciados a penas privativas de libertad que hayan extinguido las dos terceras partes de su condena, siempre que merezcan dicho beneficio por haber desarrollado continuamente actividades laborales, culturales u ocupacionales.

2. A propuesta de Instituciones Penitenciarias y previo informe del Ministerio Fiscal y de las demás partes, cumplidas las circunstancias de los párrafos a) y c) del apartado 1 del artículo anterior, el juez de vigilancia penitenciaria podrá adelantar, una vez extinguida la mitad de la condena, la concesión de la libertad condicional en relación con el plazo previsto en el apartado anterior, hasta un máximo de 90 días por cada año transcurrido de cumplimiento efectivo de condena, siempre que no se trate de delitos de terrorismo de la sección segunda del capítulo V del título XXII o cometidos en el seno de organizaciones criminales. Esta medida requerirá que el penado haya desarrollado continuamente las actividades indicadas en el apartado anterior y que acredite, además, la participación efectiva y favorable en programas de reparación a las víctimas o programas de tratamiento o desintoxicación, en su caso[173].

---

[173] Redactado conforme LO 7/2003, de 30 de junio, de medidas de reforma para el cumplimiento íntegro y efectivo de las penas.

Art. 92[174].

1. El tribunal acordará la suspensión de la ejecución de la pena de prisión permanente revisable cuando se cumplan los siguientes requisitos:

a) Que el penado haya cumplido veinticinco años de su condena, sin perjuicio de lo dispuesto en el artículo 78 bis para los casos regulados en el mismo.

b) Que se encuentre clasificado en tercer grado.

c) Que el tribunal, a la vista de la personalidad del penado, sus antecedentes, las circunstancias del delito cometido, la relevancia de los bienes jurídicos que podrían verse afectados por una reiteración en el delito, su conducta durante el cumplimiento de la pena, sus circunstancias familiares y sociales, y los efectos que quepa esperar de la propia suspensión de la ejecución y del cumplimiento de las medidas que fueren impuestas, pueda fundar, previa valoración de los informes de evolución remitidos por el centro penitenciario y por aquellos especialistas que el propio tribunal determine, la existencia de un pronóstico favorable de reinserción social.

En el caso de que el penado lo hubiera sido por varios delitos, el examen de los requisitos a que se refiere la letra c) se realizará valorando en su conjunto todos los delitos cometidos.

El tribunal resolverá sobre la suspensión de la pena de prisión permanente revisable tras un procedimiento oral contradictorio en el que intervendrán el Ministerio Fiscal y el penado, asistido por su abogado.

2. Si se tratase de delitos referentes a organizaciones y grupos terroristas y delitos de terrorismo del Capítulo VII del Título XXII del Libro II de este Código, será además necesario que el penado muestre signos inequívocos de haber abandonado los fines y los medios de la actividad terrorista y haya colaborado activamente con las autoridades, bien para impedir la producción de otros delitos por parte de la organización o grupo terrorista, bien para atenuar los efectos de su delito, bien para la identificación, captura y procesamiento de responsables de delitos terroristas, para obtener pruebas o para impedir la actuación o el desarrollo de las organizaciones o asociaciones a las que haya pertenecido o con las que haya colaborado, lo que podrá acreditarse mediante una declaración expresa de repudio de sus actividades delictivas y de abandono de la violencia y una petición expresa de perdón a las víctimas de su delito, así como por los informes técnicos que acrediten que el preso está realmente desvinculado de la organización terrorista y del entorno y actividades de asociaciones y colectivos ilegales que la rodean y su colaboración con las autoridades.

3. La suspensión de la ejecución tendrá una duración de cinco a diez años. El plazo de suspensión y libertad condicional se computará desde la fecha de puesta en libertad del penado. Son aplicables las normas contenidas en el párrafo segundo del apartado 1 del artículo 80 y en los artículos 83, 86, 87 y 91.

El juez o tribunal, a la vista de la posible modificación de las circunstancias valoradas, podrá modificar la decisión que anteriormente hubiera adoptado

---

[174] Redactado conforme LO 1/2015, de 30 de marzo, por la que se modifica la Ley Orgánica 10/1995, de 23 de noviembre, del Código Penal.

conforme al artículo 83, y acordar la imposición de nuevas prohibiciones, deberes o prestaciones, la modificación de las que ya hubieran sido acordadas, o el alzamiento de las mismas.

Asimismo, el juez de vigilancia penitenciaria revocará la suspensión de la ejecución del resto de la pena y la libertad condicional concedida cuando se ponga de manifiesto un cambio de las circunstancias que hubieran dado lugar a la suspensión que no permita mantener ya el pronóstico de falta de peligrosidad en que se fundaba la decisión adoptada.

4. Extinguida la parte de la condena a que se refiere la letra a) del apartado 1 de este artículo o, en su caso, en el artículo 78 bis, el tribunal deberá verificar, al menos cada dos años, el cumplimiento del resto de requisitos de la libertad condicional. El tribunal resolverá también las peticiones de concesión de la libertad condicional del penado, pero podrá fijar un plazo de hasta un año dentro del cual, tras haber sido rechazada una petición, no se dará curso a sus nuevas solicitudes.

1. No obstante lo dispuesto en los artículos anteriores, los sentenciados que hubieran cumplido la edad de 70 años, o la cumplan durante la extinción de la condena, y reúnan los requisitos establecidos, excepto el haber extinguido las tres cuartas partes de aquélla o, en su caso, las dos terceras, podrán obtener la concesión de la libertad condicional.

El mismo criterio se aplicará cuando, según informe médico, se trate de enfermos muy graves con padecimientos incurables.

2. Constando a la Administración penitenciaria que el interno se halla en cualquiera de los casos previstos en los párrafos anteriores, elevará el expediente de libertad condicional, con la urgencia que el caso requiera, al Juez de Vigilancia Penitenciaria que, a la hora de resolverlo, valorará junto a las circunstancias personales la dificultad para delinquir y la escasa peligrosidad del sujeto.

3. Si el peligro para la vida del interno, a causa de su enfermedad o de su avanzada edad, fuera patente, por estar así acreditado por el dictamen del médico forense y de los servicios médicos del establecimiento penitenciario el Juez de Vigilancia Penitenciaria podrá, previa en su caso la progresión de grado, autorizar la libertad condicional sin más trámite que requerir al centro penitenciario el informe de pronóstico final al objeto de poder hacer la valoración a que se refiere el párrafo anterior, todo ello sin perjuicio del seguimiento y control previstos por el artículo 75 de la Ley Orgánica General Penitenciaria[175].

Art. 93[176].

1. El período de libertad condicional durará todo el tiempo que le falte al sujeto para cumplir su condena. Si en dicho período el reo delinquiere o inobservare las reglas de conducta impuestas, el Juez de Vigilancia Penitenciaria revocará la libertad concedida, y el penado reingresará en prisión en el período o grado penitenciario que corresponda, sin perjuicio del cómputo del tiempo pasado en libertad condicional[177].

2. En el caso de condenados por delitos de terrorismo de la sección segunda del capítulo V del título XXII del libro II de este Código, el juez de vigilancia penitenciaria podrá solicitar los informes que permitan acreditar que subsisten las condiciones que permitieron obtener la libertad condicional. Si en este periodo de libertad condicional el condenado delinquiera, inobservara las reglas de conducta o incumpliera

---

[175]　Artículo redactado conforme LO 15/2003, de 25 de noviembre, por la que se modifica la Ley Orgánica 10/1995, de 23 de noviembre, del Código Penal.

[176]　Dejado sin contenido por LO 1/2015, de 30 de marzo, por la que se modifica la Ley Orgánica 10/1995, de 23 de noviembre, del Código Penal.

[177]　Redactado conforme LO 7/2003, de 30 de junio, de medidas de reforma para el cumplimiento íntegro y efectivo de las penas.

las condiciones que le permitieron acceder a la libertad condicional, el juez de vigilancia penitenciaria revocará la libertad concedida, y el penado reingresará en prisión en el periodo o grado penitenciario que corresponda.

3. En el supuesto previsto en el apartado anterior, el penado cumplirá el tiempo que reste de cumplimiento de la condena con pérdida del tiempo pasado en libertad condicional[178].

SECCIÓN 4.ª
DISPOSICIONES COMUNES

Art. 94[179].

A los efectos previstos en la sección 2.ª de este capítulo, se consideran reos habituales los que hubieren cometido tres o más delitos de los comprendidos en un mismo capítulo, en un plazo no superior a cinco años, y hayan sido condenados por ello.

Para realizar este cómputo se considerarán, por una parte, el momento de posible suspensión o sustitución de la pena conforme al artículo 88 y, por otra parte, la fecha de comisión de aquellos delitos que fundamenten la apreciación de la habitualidad.

Art. 94 bis[180].

A los efectos previstos en este Capítulo, las condenas firmes de jueces o tribunales impuestas en otros Estados de la Unión Europea tendrán el mismo valor que las impuestas por los jueces o tribunales españoles salvo que sus antecedentes hubieran sido cancelados, o pudieran serlo con arreglo al Derecho español.

TÍTULO IV
DE LAS MEDIDAS DE SEGURIDAD

CAPÍTULO I
DE LAS MEDIDAS DE SEGURIDAD EN GENERAL

Art. 95.

1. Las medidas de seguridad se aplicarán por el Juez o Tribunal, previos los informes que estime convenientes, a las personas que se encuentren en los supuestos previstos en el capítulo siguiente de este Código, siempre que concurran estas circunstancias:

---

[178]   Los apartados 2 y 3 han sido introducidos por LO 7/2003, de 30 de junio, de medidas de reforma para el cumplimiento íntegro y efectivo de las penas.

[179]   Redactado conforme LO 15/2003, de 25 de noviembre, por la que se modifica la Ley Orgánica 10/1995, de 23 de noviembre, del Código Penal.

[180]   Artículo introducido por LO 1/2015, de 30 de marzo, por la que se modifica la Ley Orgánica 10/1995, de 23 de noviembre, del Código Penal.

1.ª Que el sujeto haya cometido un hecho previsto como delito.

2.ª Que del hecho y de las circunstancias personales del sujeto pueda deducirse un pronóstico de comportamiento futuro que revele la probabilidad de comisión de nuevos delitos.

2. Cuando la pena que hubiere podido imponerse por el delito cometido no fuere privativa de libertad, el juez o tribunal sentenciador sólo podrá acordar alguna o algunas de las medidas previstas en el artículo 96.3[181].

Art. 96[182].

1. Las medidas de seguridad que se pueden imponer con arreglo a este Código son privativas y no privativas de libertad.

2. Son medidas privativas de libertad:

1.ª El internamiento en centro psiquiátrico.

2.ª El internamiento en centro de deshabituación.

3.ª El internamiento en centro educativo especial.

3. Son medidas no privativas de libertad[183]:

1.ª) La inhabilitación profesional.

2.ª) La expulsión del territorio nacional de extranjeros no residentes legalmente en España.

3.ª) La libertad vigilada

4.ª) La custodia familiar. El sometido a esta medida quedará sujeto al cuidado y vigilancia del familiar que se designe y que acepte la custodia, quien la ejercerá en relación con el Juez de Vigilancia Penitenciaria y sin menoscabo de las actividades escolares o laborales del custodiado.

5.ª) La privación del derecho a conducir vehículos a motor y ciclomotores.

6.ª) La privación del derecho a la tenencia y porte de armas.

3. Son medidas no privativas de libertad:

1.ª La inhabilitación profesional.

2.ª La expulsión del territorio nacional de extranjeros no residentes legalmente en España.

3.ª La obligación de residir en un lugar determinado.

4.ª La prohibición de residir en el lugar o territorio que se designe. En este caso, el sujeto quedará obligado a declarar el domicilio que elija y los cambios que se produzcan.

5.ª La prohibición de acudir a determinados lugares o territorios, espectáculos deportivos o culturales, o de visitar establecimientos de bebidas alcohólicas o de juego.

6.ª La custodia familiar. El sometido a esta medida quedará sujeto al cuidado y vigilancia del familiar que se designe y que acepte la custodia, quien la ejercerá en relación con el Juez de Vigilancia Penitenciaria y sin menoscabo de las actividades escolares o laborales del custodiado.

7.ª La privación del derecho a conducir vehículos a motor y ciclomotores.

8.ª La privación del derecho a la tenencia y porte de armas.

---

[181] Redactado conforme LO 15/2003, de 25 de noviembre, por la que se modifica la Ley Orgánica 10/1995, de 23 de noviembre, del Código Penal.

[182] Apartados 1 y 2 redactados conforme LO 15/2003, de 25 de noviembre, por la que se modifica la Ley Orgánica 10/1995, de 23 de noviembre, del Código Penal.

[183] Apartado redactado conforme LO 5/2010, de 22 de junio, por la que se modifica la Ley Orgánica 10/1995, de 23 de noviembre, del Código Penal.

9.ª La prohibición de aproximarse a la víctima, o a aquellos de sus familiares u otras personas que determine el Juez o Tribunal.

10.ª La prohibición de comunicarse con la víctima, o con aquellos de sus familiares u otras personas que determine el Juez o Tribunal.

11.ª La sumisión a tratamiento externo en centros médicos o establecimientos de carácter socio-sanitario.

12.ª El sometimiento a programas de tipo formativo, cultural, educativo, profesional, de educación sexual y otros similares[184].

Art. 97[185].

Durante la ejecución de la sentencia, el Juez o Tribunal sentenciador adoptará, por el procedimiento establecido en el artículo siguiente, alguna de las siguientes decisiones:

a) Mantener la ejecución de la medida de seguridad impuesta.

b) Decretar el cese de cualquier medida de seguridad impuesta en cuanto desaparezca la peligrosidad criminal del sujeto.

c) Sustituir una medida de seguridad por otra que estime más adecuada, entre las previstas para el supuesto de que se trate. En el caso de que fuera acordada la sustitución y el sujeto evolucionara desfavorablemente, se dejará sin efecto la sustitución, volviéndose a aplicar la medida sustituida.

d) Dejar en suspenso la ejecución de la medida en atención al resultado ya obtenido con su aplicación, por un plazo no superior al que reste hasta el máximo señalado en la sentencia que la impuso. La suspensión quedará condicionada a que el sujeto no delinca durante el plazo fijado, y podrá dejarse sin efecto si nuevamente resultara acreditada cualquiera de las circunstancias previstas en el artículo 95 de este Código.

Durante la ejecución de la sentencia, el juez o tribunal sentenciador adoptará, mediante un procedimiento contradictorio, previa propuesta del Juez de Vigilancia Penitenciaria, alguna de las siguientes decisiones:

a) Mantener la ejecución de la medida de seguridad impuesta.

b) Decretar el cese de cualquier medida de seguridad impuesta en cuanto desaparezca la peligrosidad criminal del sujeto.

c) Sustituir una medida de seguridad por otra que estime más adecuada, entre las previstas para el supuesto de que se trate. En el caso de que fuera acordada la sustitución y el sujeto evolucionara desfavorablemente, se dejará sin efecto la sustitución, volviéndose a aplicar la medida sustituida.

d) Dejar en suspenso la ejecución de la medida en atención al resultado ya obtenido con su aplicación, por un plazo no superior al que reste hasta el máximo señalado en la sentencia que la impuso. La suspensión quedará condicionada a que el sujeto no delinca durante el plazo fijado, y podrá dejarse sin efecto si nuevamente resultara acreditada cualquiera de las circunstancias previstas en el artículo 95 de este Código. A estos efectos, el Juez de Vigilancia Penitenciaria estará obligado a elevar al menos anualmente, una propuesta de mantenimiento, cese, sustitución o suspensión de la medida de seguridad de la pena privativa de libertad impuesta[186].

---

[184]   Apartado redactado conforme LO 15/2003, de 25 de noviembre, por la que se modifica la Ley Orgánica 10/1995, de 23 de noviembre, del Código Penal.

[185]   Redactado conforme LO 5/2010, de 22 de junio, por la que se modifica la Ley Orgánica 10/1995, de 23 de noviembre, del Código Penal.

[186]   Redactado conforme LO 15/2003, de 25 de noviembre, por la que se modifica la Ley Orgánica 10/1995, de 23 de noviembre, del Código Penal.

Art. 98[187].

1. A los efectos del artículo anterior, cuando se trate de una medida de seguridad privativa de libertad o de una medida de libertad vigilada que deba ejecutarse después del cumplimiento de una pena privativa de libertad, el Juez de Vigilancia Penitenciaria estará obligado a elevar al menos anualmente, una propuesta de mantenimiento, cese, sustitución o suspensión de la misma. Para formular dicha propuesta el Juez de Vigilancia Penitenciaria deberá valorar los informes emitidos por los facultativos y profesionales que asistan al sometido a medida de seguridad o por las Administraciones Públicas competentes y, en su caso, el resultado de las demás actuaciones que a este fin ordene.

2. Cuando se trate de cualquier otra medida no privativa de libertad, el Juez o Tribunal sentenciador recabará directamente de las Administraciones, facultativos y profesionales a que se refiere el apartado anterior, los oportunos informes acerca de la situación y la evolución del condenado, su grado de rehabilitación y el pronóstico de reincidencia o reiteración delictiva.

3. En todo caso, el Juez o Tribunal sentenciador resolverá motivadamente a la vista de la propuesta o los informes a los que respectivamente se refieren los dos apartados anteriores, oída la propia persona sometida a la medida, así como el Ministerio Fiscal y las demás partes. Se oirá asimismo a las víctimas del delito que no estuvieren personadas cuando así lo hubieran solicitado al inicio o en cualquier momento de la ejecución de la sentencia y permanezcan localizables a tal efecto.

> *Para formular la propuesta a que se refiere el artículo anterior el Juez de Vigilancia Penitenciaria deberá valorar los informes emitidos por los facultativos y profesionales que asistan al sometido a medida de seguridad, y, en su caso, el resultado de las demás actuaciones que a este fin ordene.*

Art. 99[188].

En el caso de concurrencia de penas y medidas de seguridad privativas de libertad, el juez o tribunal ordenará el cumplimiento de la medida, que se abonará para el de la pena. Una vez alzada la medida de seguridad, el juez o tribunal podrá, si con la ejecución de la pena se pusieran en peligro los efectos conseguidos a través de aquélla, suspender el cumplimiento del resto de la pena por un plazo no superior a la duración de la misma, o aplicar alguna de las medidas previstas en el artículo 96.3.

Art. 100[189].

1. El quebrantamiento de una medida de seguridad de internamiento dará lugar a que el juez o tribunal ordene el reingreso del sujeto en el mismo centro del que se hubiese evadido o en otro que corresponda a su estado.

---

[187] Redactado conforme LO 5/2010, de 22 de junio, por la que se modifica la Ley Orgánica 10/1995, de 23 de noviembre, del Código Penal.

[188] Redactado conforme LO 15/2003, de 25 de noviembre, por la que se modifica la Ley Orgánica 10/1995, de 23 de noviembre, del Código Penal.

[189] Apartados 1 y 2 redactados conforme LO 15/2003, de 25 de noviembre, por la que se modifica la Ley Orgánica 10/1995, de 23 de noviembre, del Código Penal.

2. Si se tratare de otras medidas, el juez o tribunal podrá acordar la sustitución de la quebrantada por la de internamiento si ésta estuviese prevista para el supuesto de que se trate y si el quebrantamiento demostrase su necesidad.

3. En ambos casos el Juez o Tribunal deducirá testimonio por el quebrantamiento. A estos efectos, no se considerará quebrantamiento de la medida la negativa del sujeto a someterse a tratamiento médico o a continuar un tratamiento médico inicialmente consentido. No obstante, el Juez o Tribunal podrá acordar la sustitución del tratamiento inicial o posteriormente rechazado por otra medida de entre las aplicables al supuesto de que se trate[190].

3. En ambos casos el juez o tribunal deducirá testimonio por el quebrantamiento[191].

CAPÍTULO II
DE LA APLICACIÓN DE LAS MEDIDAS DE SEGURIDAD

SECCIÓN 1.ª
DE LAS MEDIDAS PRIVATIVAS DE LIBERTAD

Art. 101.

1. Al sujeto que sea declarado exento de responsabilidad criminal conforme al número 1.° del artículo 20, se le podrá aplicar, si fuere necesaria, la medida de internamiento para tratamiento médico o educación especial en un establecimiento adecuado al tipo de anomalía o alteración psíquica que se aprecie, o cualquier otra de las medidas previstas en el apartado 3 del artículo 96. El internamiento no podrá exceder del tiempo que habría durado la pena privativa de libertad, si hubiera sido declarado responsable el sujeto, y a tal efecto el Juez o Tribunal fijará en la sentencia ese límite máximo.

2. El sometido a esta medida no podrá abandonar el establecimiento sin autorización del Juez o Tribunal sentenciador, de conformidad con lo previsto en el artículo 97 de este Código.

Art. 102.

1. A los exentos de responsabilidad penal conforme al número 2.° del artículo 20 se les aplicará, si fuere necesaria, la medida de internamiento en centro de deshabituación público, o privado debidamente acreditado u homologado, o cualquiera otra de las medidas previstas en el apartado 3 del artículo 96. El internamiento no podrá exceder del tiempo que habría durado la pena privativa de libertad, si el sujeto hubiere sido declarado responsable, y a tal efecto el Juez o Tribunal fijará ese límite máximo en la sentencia.

---

[190]   Redactado conforme LO 5/2010, de 22 de junio, por la que se modifica la Ley Orgánica 10/1995, de 23 de noviembre, del Código Penal.

[191]   Redactado conforme LO 15/2003, de 25 de noviembre, por la que se modifica la Ley Orgánica 10/1995, de 23 de noviembre, del Código Penal.

2. El sometido a esta medida no podrá abandonar el establecimiento sin autorización del Juez o Tribunal sentenciador de conformidad con lo previsto en el artículo 97 de este Código.

Art. 103.

1. A los que fueren declarados exentos de responsabilidad conforme al número 3.º del artículo 20, se les podrá aplicar, si fuere necesaria, la medida de internamiento en un centro educativo especial o cualquier otra de las medidas previstas en el apartado tercero del artículo 96. El internamiento no podrá exceder del tiempo que habría durado la pena privativa de libertad, si el sujeto hubiera sido declarado responsable y, a tal efecto, el Juez o Tribunal fijará en la sentencia ese límite máximo.

2. El sometido a esta medida no podrá abandonar el establecimiento sin autorización del Juez o Tribunal sentenciador de conformidad con lo previsto en el artículo 97 de este Código.

3. En este supuesto, la propuesta a que se refiere el artículo 98 de este Código deberá hacerse al terminar cada curso o grado de enseñanza[192].

> *3. En este supuesto, la propuesta a que se refiere el artículo 97 de este Código deberá hacerse al terminar cada curso o grado de enseñanza.*

Art. 104.

1. En los supuestos de eximente incompleta en relación con los números 1.º, 2.º y 3.º del artículo 20, el Juez o Tribunal podrá imponer, además de la pena correspondiente, las medidas previstas en los artículos 101, 102 y 103. No obstante, la medida de internamiento sólo será aplicable cuando la pena impuesta sea privativa de libertad y su duración no podrá exceder de la de la pena prevista por el Código para el delito. Para su aplicación se observará lo dispuesto en el artículo 99.

2. Cuando se aplique una medida de internamiento de las previstas en el apartado anterior o en los artículos 101, 102 y 103, el juez o tribunal sentenciador comunicará al ministerio fiscal, con suficiente antelación, la proximidad de su vencimiento, a efectos de lo previsto por la disposición adicional primera de este Código[193].

---

[192] Redactado conforme LO 5/2010, de 22 de junio, por la que se modifica la Ley Orgánica 10/1995, de 23 de noviembre, del Código Penal.

[193] Apartado introducido por LO 15/2003, de 25 de noviembre, por la que se modifica la Ley Orgánica 10/1995, de 23 de noviembre, del Código Penal.

SECCIÓN 2.ª
DE LAS MEDIDAS NO PRIVATIVAS DE LIBERTAD

Art. 105[194].

En los casos previstos en los artículos 101 a 104, cuando imponga la medida privativa de libertad o durante la ejecución de la misma, el Juez o Tribunal podrá imponer razonadamente una o varias medidas que se enumeran a continuación. Deberá asimismo imponer alguna o algunas de dichas medidas en los demás casos expresamente previstos en este Código.

1. Por un tiempo no superior a cinco años:

a) Libertad vigilada.

b) Custodia familiar. El sometido a esta medida quedará sujeto al cuidado y vigilancia del familiar que se designe y que acepte la custodia, quien la ejercerá en relación con el Juez de Vigilancia y sin menoscabo de las actividades escolares o laborales del custodiado.

2. Por un tiempo de hasta diez años:

a) Libertad vigilada, cuando expresamente lo disponga este Código.

b) La privación del derecho a la tenencia y porte de armas.

c) La privación del derecho a conducir vehículos a motor y ciclomotores.

Para decretar la obligación de observar alguna o algunas de las medidas previstas en este artículo, así como para concretar dicha obligación cuando por ley viene obligado a imponerlas, el Juez o Tribunal sentenciador deberá valorar los informes emitidos por los facultativos y profesionales encargados de asistir al sometido a la medida de seguridad.

El Juez de Vigilancia Penitenciaria o los servicios de la Administración correspondiente informarán al Juez o Tribunal sentenciador.

En los casos previstos en este artículo, el Juez o Tribunal sentenciador dispondrá que los servicios de asistencia social competentes presten la ayuda o atención que precise y legalmente le corresponda al sometido a medidas de seguridad no privativas de libertad.

En los casos previstos en los artículos 101 a 104, el juez o tribunal cuando imponga la medida privativa de libertad, o durante la ejecución de la misma, podrá acordar razonadamente la obligación de que el sometido a la medida observe una o varias de las siguientes medidas:

1. Por un tiempo no superior a cinco años:

a) Sumisión a tratamiento externo en centros médicos o establecimientos de carácter sociosanitario.

b) Obligación de residir en un lugar determinado.

c) Prohibición de residir en el lugar o territorio que se designe. En este caso, el sujeto quedará obligado a declarar el domicilio que elija y los cambios que se produzcan.

d) Prohibición de acudir a determinados lugares o territorios, espectáculos deportivos o culturales, o de visitar establecimientos de bebidas alcohólicas o de juego.

e) Custodia familiar. El sometido a esta medida quedará sujeto al cuidado y vigilancia del familiar que se designe y que acepte la custodia, quien la ejercerá en relación con el Juez de Vigilancia y sin menoscabo de las actividades escolares o laborales del custodiado.

---

[194] Redactado conforme LO 5/2010, de 22 de junio, por la que se modifica la Ley Orgánica 10/1995, de 23 de noviembre, del Código Penal.

f) Sometimiento a programas de tipo formativo, cultural, educativo profesional, de educación sexual y otros similares.

g) Prohibición de aproximarse a la víctima, o a aquellos de sus familiares u otras personas que determine el juez o tribunal, o de comunicarse con ellos.

2. Por un tiempo de hasta diez años:

a) La privación del derecho a la tenencia y porte de armas.

b) La privación del derecho a conducir vehículos a motor y ciclomotores. Para decretar la obligación de observar alguna o algunas de las medidas previstas en este artículo, el juez o tribunal sentenciador deberá valorar los informes emitidos por los facultativos y profesionales encargados de asistir al sometido a la medida de seguridad.

El Juez de Vigilancia Penitenciaria o los servicios de la Administración correspondiente informarán al juez o tribunal sentenciador[195].

Art. 106[196].

1. La libertad vigilada consistirá en el sometimiento del condenado a control judicial a través del cumplimiento por su parte de alguna o algunas de las siguientes medidas:

a) La obligación de estar siempre localizable mediante aparatos electrónicos que permitan su seguimiento permanente.

b) La obligación de presentarse periódicamente en el lugar que el Juez o Tribunal establezca.

c) La de comunicar inmediatamente, en el plazo máximo y por el medio que el Juez o Tribunal señale a tal efecto, cada cambio del lugar de residencia o del lugar o puesto de trabajo.

d) La prohibición de ausentarse del lugar donde resida o de un determinado territorio sin autorización del Juez o Tribunal.

e) La prohibición de aproximarse a la víctima, o a aquellos de sus familiares u otras personas que determine el Juez o Tribunal.

f) La prohibición de comunicarse con la víctima, o con aquellos de sus familiares u otras personas que determine el Juez o Tribunal.

g) La prohibición de acudir a determinados territorios, lugares o establecimientos.

h) La prohibición de residir en determinados lugares.

i) La prohibición de desempeñar determinadas actividades que puedan ofrecerle o facilitarle la ocasión para cometer hechos delictivos de similar naturaleza.

j) La obligación de participar en programas formativos, laborales, culturales, de educación sexual u otros similares.

k) La obligación de seguir tratamiento médico externo, o de someterse a un control médico periódico.

2. Sin perjuicio de lo dispuesto en el artículo 105, el Juez o Tribunal deberá imponer en la sentencia la medida de libertad vigilada para su cumplimiento

---

[195] Redactado conforme LO 15/2003, de 25 de noviembre, por la que se modifica la Ley Orgánica 10/1995, de 23 de noviembre, del Código Penal.

[196] Redactado conforme LO 5/2010, de 22 de junio, por la que se modifica la Ley Orgánica 10/1995, de 23 de noviembre, del Código Penal.

posterior a la pena privativa de libertad impuesta siempre que así lo disponga de manera expresa este Código.

En estos casos, al menos dos meses antes de la extinción de la pena privativa de libertad, de modo que la medida de libertad vigilada pueda iniciarse en ese mismo momento, el Juez de Vigilancia Penitenciaria, por el procedimiento previsto en el artículo 98, elevará la oportuna propuesta al Juez o Tribunal sentenciador, que, con arreglo a dicho procedimiento, concretará, sin perjuicio de lo establecido en el artículo 97, el contenido de la medida fijando las obligaciones o prohibiciones enumeradas en el apartado 1 de este artículo que habrá de observar el condenado.

Si éste lo hubiera sido a varias penas privativas de libertad que deba cumplir sucesivamente, lo dispuesto en el párrafo anterior se entenderá referido al momento en que concluya el cumplimiento de todas ellas.

Asimismo, el penado a quien se hubiere impuesto por diversos delitos otras tantas medidas de libertad vigilada que, dado el contenido de las obligaciones o prohibiciones establecidas, no pudieran ser ejecutadas simultáneamente, las cumplirá de manera sucesiva, sin perjuicio de que el Juez o Tribunal pueda ejercer las facultades que le atribuye el apartado siguiente.

3. Por el mismo procedimiento del artículo 98, el Juez o Tribunal podrá:

a) Modificar en lo sucesivo las obligaciones y prohibiciones impuestas.

b) Reducir la duración de la libertad vigilada o incluso poner fin a la misma en vista del pronóstico positivo de reinserción que considere innecesaria o contraproducente la continuidad de las obligaciones o prohibiciones impuestas.

c) Dejar sin efecto la medida cuando la circunstancia descrita en la letra anterior se dé en el momento de concreción de las medidas que se regula en el número 2 del presente artículo.

4. En caso de incumplimiento de una o varias obligaciones el Juez o Tribunal, a la vista de las circunstancias concurrentes y por el mismo procedimiento indicado en los números anteriores, podrá modificar las obligaciones o prohibiciones impuestas. Si el incumplimiento fuera reiterado o grave, revelador de la voluntad de no someterse a las obligaciones o prohibiciones impuestas, el Juez deducirá, además, testimonio por un presunto delito del artículo 468 de este Código.

En los casos previstos en el artículo anterior, el Juez o Tribunal sentenciador dispondrá que los servicios de asistencia social competentes presten la ayuda o atención que precise y legalmente le corresponda al sometido a medidas de seguridad no privativas de libertad.

Art. 107[197].

La autoridad judicial podrá decretar razonadamente la medida de inhabilitación para el ejercicio de determinado derecho, profesión, oficio, industria o comercio, cargo o empleo u otras actividades, sean o no retribuidas, por un tiempo de uno a cinco años, cuando la persona haya cometido con abuso de di-

---

[197]   Redactado conforme LO 8/2021, de 4 de junio, de protección integral a la infancia y la adolescencia frente a la violencia.

cho ejercicio, o en relación con él, un hecho delictivo, y cuando de la valoración de las circunstancias concurrentes pueda deducirse el peligro de que vuelva a cometer el mismo delito u otros semejantes, siempre que no sea posible imponerle la pena correspondiente por encontrarse en alguna de las situaciones previstas en los números 1.º, 2.º y 3.º del artículo 20.

> *El Juez o Tribunal podrá decretar razonadamente la medida de inhabilitación para el ejercicio de determinado derecho, profesión, oficio, industria o comercio, cargo o empleo, por un tiempo de uno a cinco años, cuando el sujeto haya cometido con abuso de dicho ejercicio, o en relación con él, un hecho delictivo, y cuando de la valoración de las circunstancias concurrentes pueda deducirse el peligro de que vuelva a cometer el mismo delito u otros semejantes, siempre que no sea posible imponerle la pena correspondiente por encontrarse en alguna de las situaciones previstas en los números 1.º, 2.º y 3.º del artículo 20.*

Art. 108.

1. Si el sujeto fuera extranjero no residente legalmente en España, el juez o tribunal acordará en la sentencia, previa audiencia de aquél, la expulsión del territorio nacional como sustitutiva de las medidas de seguridad que le sean aplicables, salvo que el juez o tribunal, previa audiencia del Ministerio Fiscal, excepcionalmente y de forma motivada, aprecie que la naturaleza del delito justifica el cumplimiento en España.

La expulsión así acordada llevará consigo el archivo de cualquier procedimiento administrativo que tuviera por objeto la autorización para residir o trabajar en España.

En el supuesto de que, acordada la sustitución de la medida de seguridad por la expulsión, ésta no pudiera llevarse a efecto, se procederá al cumplimiento de la medida de seguridad originariamente impuesta[198].

2. El extranjero no podrá regresar a España en un plazo de 10 años, contados desde la fecha de su expulsión[199].

3. El extranjero que intentara quebrantar una decisión judicial de expulsión y prohibición de entrada a la que se refieren los apartados anteriores será devuelto por la autoridad gubernativa, empezando a computarse de nuevo el plazo de prohibición de entrada en su integridad[200].

---

[198] Redactado conforme LO 11/2003, de 29 de septiembre, de medidas concretas en materia de seguridad ciudadana, violencia doméstica e integración social de los extranjeros.

[199] Redactado conforme LO 11/2003, de 29 de septiembre, de medidas concretas en materia de seguridad ciudadana, violencia doméstica e integración social de los extranjeros.

[200] Apartado introducido por LO 11/2003, de 29 de septiembre, de medidas concretas en materia de seguridad ciudadana, violencia doméstica e integración social de los extranjeros.

TÍTULO V
DE LA RESPONSABILIDAD CIVIL DERIVADA DE LOS DELITOS Y DE LAS COSTAS PROCESALES[201]

CAPÍTULO I
DE LA RESPONSABILIDAD CIVIL Y SU EXTENSIÓN

Art. 109.

1. La ejecución de un hecho descrito por la ley como delito obliga a reparar, en los términos previstos en las leyes, los daños y perjuicios por él causados[202].

1. La ejecución de un hecho descrito por la Ley como delito o falta obliga a reparar, en los términos previstos en las Leyes, los daños y perjuicios por él causados.

2. El perjudicado podrá optar, en todo caso, por exigir la responsabilidad civil ante la Jurisdicción Civil.

Art. 110.

La responsabilidad establecida en el artículo anterior comprende:
1.º La restitución.
2.º La reparación del daño.
3.º La indemnización de perjuicios materiales y morales.

Art. 111.

1. Deberá restituirse, siempre que sea posible, el mismo bien, con abono de los deterioros y menoscabos que el juez o tribunal determinen. La restitución tendrá lugar aunque el bien se halle en poder de tercero y éste lo haya adquirido legalmente y de buena fe, dejando a salvo su derecho de repetición contra quien corresponda y, en su caso, el de ser indemnizado por el responsable civil del delito[203].

1. Deberá restituirse, siempre que sea posible, el mismo bien, con abono de los deterioros y menoscabos que el Juez o Tribunal determinen. La restitución tendrá lugar aunque el bien se halle en poder de tercero y éste lo haya adquirido legalmente y de buena fe, dejando a salvo su derecho de repetición contra quien corresponda y, en su caso, el de ser indemnizado por el responsable civil del delito o falta.

2. Esta disposición no es aplicable cuando el tercero haya adquirido el bien en la forma y con los requisitos establecidos por las Leyes para hacerlo irreivindicable.

---

[201] Redactado conforme LO 1/2015, de 30 de marzo, por la que se modifica la Ley Orgánica 10/1995, de 23 de noviembre, del Código Penal.

[202] Redactado conforme LO 1/2015, de 30 de marzo, por la que se modifica la Ley Orgánica 10/1995, de 23 de noviembre, del Código Penal.

[203] Redactado conforme LO 1/2015, de 30 de marzo, por la que se modifica la Ley Orgánica 10/1995, de 23 de noviembre, del Código Penal.

Art. 112.

La reparación del daño podrá consistir en obligaciones de dar, de hacer o de no hacer que el Juez o Tribunal establecerá atendiendo a la naturaleza de aquél y a las condiciones personales y patrimoniales del culpable, determinando si han de ser cumplidas por él mismo o pueden ser ejecutadas a su costa.

Art. 113.

La indemnización de perjuicios materiales y morales comprenderá no sólo los que se hubieren causado al agraviado, sino también los que se hubieren irrogado a sus familiares o a terceros.

Art. 114.

Si la víctima hubiere contribuido con su conducta a la producción del daño o perjuicio sufrido, los Jueces o Tribunales podrán moderar el importe de su reparación o indemnización.

Art. 115.

Los Jueces y Tribunales, al declarar la existencia de responsabilidad civil, establecerán razonadamente, en sus resoluciones las bases en que fundamenten la cuantía de los daños e indemnizaciones, pudiendo fijarla en la propia resolución o en el momento de su ejecución.

CAPÍTULO II
DE LAS PERSONAS CIVILMENTE RESPONSABLES

Art. 116.

1. Toda persona criminalmente responsable de un delito lo es también civilmente si del hecho se derivaren daños o perjuicios. Si son dos o más los responsables de un delito los jueces o tribunales señalarán la cuota de que deba responder cada uno[204].

> *1. Toda persona criminalmente responsable de un delito o falta lo es también civilmente si del hecho se derivaren daños o perjuicios. Si son dos o más los responsables de un delito o falta los Jueces o Tribunales señalarán la cuota de que deba responder cada uno.*

2. Los autores y los cómplices, cada uno dentro de su respectiva clase, serán responsables solidariamente entre sí por sus cuotas, y subsidiariamente por las correspondientes a los demás responsables.

La responsabilidad subsidiaria se hará efectiva: primero, en los bienes de los autores, y después, en los de los cómplices.

Tanto en los casos en que se haga efectiva la responsabilidad solidaria como la subsidiaria, quedará a salvo la repetición del que hubiere pagado contra los demás por las cuotas correspondientes a cada uno.

---

[204] Redactado conforme LO 1/2015, de 30 de marzo, por la que se modifica la Ley Orgánica 10/1995, de 23 de noviembre, del Código Penal.

3. La responsabilidad penal de una persona jurídica llevará consigo su responsabilidad civil en los términos establecidos en el artículo 110 de este Código de forma solidaria con las personas físicas que fueren condenadas por los mismos hechos[205].

Art. 117.

Los aseguradores que hubieren asumido el riesgo de las responsabilidades pecuniarias derivadas del uso o explotación de cualquier bien, empresa, industria o actividad, cuando, como consecuencia de un hecho previsto en este Código, se produzca el evento que determine el riesgo asegurado, serán responsables civiles directos hasta el límite de la indemnización legalmente establecida o convencionalmente pactada, sin perjuicio del derecho de repetición contra quien corresponda.

Art. 118.

1. La exención de la responsabilidad criminal declarada en los números 1.º, 2.º, 3.º, 5.º y 6.º del artículo 20, no comprende la de la responsabilidad civil, que se hará efectiva conforme a las reglas siguientes:

1.ª En los casos de los números 1.º y 3.º, son también responsables por los hechos que ejecuten los declarados exentos de responsabilidad penal, quienes ejerzan su apoyo legal o de hecho, siempre que haya mediado culpa o negligencia por su parte y sin perjuicio de la responsabilidad civil directa que pudiera corresponder a los inimputables[206].

> *1.ª En los casos de los números 1.º y 3.º, son también responsables por los hechos que ejecuten los declarados exentos de responsabilidad penal quienes los tengan bajo su potestad o guarda legal o de hecho, siempre que haya mediado culpa o negligencia por su parte y sin perjuicio de la responsabilidad civil directa que pudiera corresponder a los imputables.*

Los Jueces o Tribunales graduarán de forma equitativa la medida en que deba responder con sus bienes cada uno de dichos sujetos.

2.ª Son igualmente responsables el ebrio y el intoxicado en el supuesto del número 2.º

3.ª En el caso del número 5.º serán responsables civiles directos las personas en cuyo favor se haya precavido el mal, en proporción al perjuicio que se les haya evitado, si fuera estimable o, en otro caso, en la que el Juez o Tribunal establezca según su prudente arbitrio.

Cuando las cuotas de que deba responder el interesado no sean equitativamente asignables por el Juez o Tribunal, ni siquiera por aproximación, o cuando la responsabilidad se extienda a las Administraciones Públicas o a la mayor

---

[205]   Apartado introducido por LO 5/2010, de 22 de junio, por la que se modifica la Ley Orgánica 10/1995, de 23 de noviembre, del Código Penal.

[206]   Párrafo redactado conforme Ley 8/2021, de 2 de junio, por la que se reforma la legislación civil y procesal para el apoyo a las personas con discapacidad en el ejercicio de su capacidad jurídica. Según lo dispuesto en la Disposición final tercera de la misma ley, esta redacción entrará en vigor a los tres meses de su publicación en el Boletín Oficial del Estado; es decir, el día 3 de septiembre de 2021.

parte de una población y, en todo caso, siempre que el daño se haya causado con asentimiento de la autoridad o de sus agentes, se acordará, en su caso, la indemnización en la forma que establezcan las leyes y reglamentos especiales.

4.ª En el caso del número 6.º, responderán principalmente los que hayan causado el miedo, y en defecto de ellos, los que hayan ejecutado el hecho.

2. En el caso del artículo 14, serán responsables civiles los autores del hecho.

Art. 119.

En todos los supuestos del artículo anterior, el Juez o Tribunal que dicte sentencia absolutoria por estimar la concurrencia de alguna de las causas de exención citadas, procederá a fijar las responsabilidades civiles salvo que se haya hecho expresa reserva de las acciones para reclamarlas en la vía que corresponda.

Art. 120[207].

Son también responsables civilmente, en defecto de los que lo sean criminalmente:

1.º Los curadores con facultades de representación plena que convivan con la persona a quien prestan apoyo, siempre que haya por su parte culpa o negligencia[208].

> *1.º Los padres o tutores, por los daños y perjuicios causados por los delitos cometidos por los mayores de dieciocho años sujetos a su patria potestad o tutela y que vivan en su compañía, siempre que haya por su parte culpa o negligencia[209].*

2.º Las personas naturales o jurídicas titulares de editoriales, periódicos, revistas, estaciones de radio o televisión o de cualquier otro medio de difusión escrita, hablada o visual, por los delitos cometidos utilizando los medios de los que sean titulares, dejando a salvo lo dispuesto en el artículo 212.

3.º Las personas naturales o jurídicas, en los casos de delitos cometidos en los establecimientos de los que sean titulares, cuando por parte de los que los dirijan o administren, o de sus dependientes o empleados, se hayan infringido los reglamentos de policía o las disposiciones de la autoridad que estén relacionados con el hecho punible cometido, de modo que éste no se hubiera producido sin dicha infracción.

4.º Las personas naturales o jurídicas dedicadas a cualquier género de industria o comercio, por los delitos que hayan cometido sus empleados o de-

---

[207] Redactado —excepto el ordinal 1.º— conforme LO 1/2015, de 30 de marzo, por la que se modifica la Ley Orgánica 10/1995, de 23 de noviembre, del Código Penal.

[208] Ordinal redactado conforme Ley 8/2021, de 2 de junio, por la que se reforma la legislación civil y procesal para el apoyo a las personas con discapacidad en el ejercicio de su capacidad jurídica. Según lo dispuesto en la Disposición final tercera de la misma ley, esta redacción entrará en vigor a los tres meses de su publicación en el Boletín Oficial del Estado; es decir, el día 3 de septiembre de 2021.

[209] Redactado conforme LO 1/2015, de 30 de marzo, por la que se modifica la Ley Orgánica 10/1995, de 23 de noviembre, del Código Penal.

pendientes, representantes o gestores en el desempeño de sus obligaciones o servicios.

5.º Las personas naturales o jurídicas titulares de vehículos susceptibles de crear riesgos para terceros, por los delitos cometidos en la utilización de aquellos por sus dependientes o representantes o personas autorizadas.

> *2.º Las personas naturales o jurídicas titulares de editoriales, periódicos, revistas, estaciones de radio o televisión o de cualquier otro medio de difusión escrita, hablada o visual, por los delitos o faltas cometidos utilizando los medios de los que sean titulares, dejando a salvo lo dispuesto en el artículo 212 de este Código.*
>
> *3.º Las personas naturales o jurídicas, en los casos de delitos o faltas cometidos en los establecimientos de los que sean titulares, cuando por parte de los que los dirijan o administren, o de sus dependientes o empleados, se hayan infringido los reglamentos de policía o las disposiciones de la autoridad que estén relacionados con el hecho punible cometido, de modo que éste no se hubiera producido sin dicha infracción.*
>
> *4.º Las personas naturales o jurídicas dedicadas a cualquier género de industria o comercio, por los delitos o faltas que hayan cometido sus empleados o dependientes, representantes o gestores en el desempeño de sus obligaciones o servicios.*
>
> *5.º Las personas naturales o jurídicas titulares de vehículos susceptibles de crear riesgos para terceros, por los delitos o faltas cometidos en la utilización de aquéllos por sus dependientes o representantes o personas autorizadas.*

Art. 121.

El Estado, la Comunidad Autónoma, la provincia, la isla, el municipio y demás entes públicos, según los casos, responden subsidiariamente de los daños causados por los penalmente responsables de los delitos dolosos o culposos, cuando éstos sean autoridad, agentes y contratados de la misma o funcionarios públicos en el ejercicio de sus cargos o funciones siempre que la lesión sea consecuencia directa del funcionamiento de los servicios públicos que les estuvieren confiados, sin perjuicio de la responsabilidad patrimonial derivada del funcionamiento normal o anormal de dichos servicios exigible conforme a las normas de procedimiento administrativo, y sin que, en ningún caso, pueda darse una duplicidad indemnizatoria.

Si se exigiera en el proceso penal la responsabilidad civil de la autoridad, agentes y contratados de la misma o funcionarios públicos, la pretensión deberá dirigirse simultáneamente contra la Administración o ente público presuntamente responsable civil subsidiario.

Art. 122[210].

El que por título lucrativo hubiere participado de los efectos de un delito, está obligado a la restitución de la cosa o al resarcimiento del daño hasta la cuantía de su participación.

> *El que por título lucrativo hubiere participado de los efectos de un delito o falta, está obligado a la restitución de la cosa o al resarcimiento del daño hasta la cuantía de su participación.*

---

[210]   Redactado conforme LO 1/2015, de 30 de marzo, por la que se modifica la Ley Orgánica 10/1995, de 23 de noviembre, del Código Penal.

CAPÍTULO III
DE LAS COSTAS PROCESALES

Art. 123[211].

Las costas procesales se entienden impuestas por la ley a los criminalmente responsables de todo delito.

Las costas procesales se entienden impuestas por la Ley a los criminalmente responsables de todo delito o falta.

Art. 124.

Las costas comprenderán los derechos e indemnizaciones ocasionados en las actuaciones judiciales e incluirán siempre los honorarios de la acusación particular en los delitos sólo perseguibles a instancia de parte.

CAPÍTULO IV
DEL CUMPLIMIENTO DE LA RESPONSABILIDAD CIVIL Y DEMÁS RESPONSABILIDADES PECUNIARIAS

Art. 125.

Cuando los bienes del responsable civil no sean bastantes para satisfacer de una vez todas las responsabilidades pecuniarias, el Juez o Tribunal, previa audiencia al perjudicado, podrá fraccionar su pago, señalando, según su prudente arbitrio y en atención a las necesidades del perjudicado y a las posibilidades económicas del responsable, el período e importe de los plazos.

Art. 126.

1. Los pagos que se efectúen por el penado o el responsable civil subsidiario se imputarán por el orden siguiente:

1.º A la reparación del daño causado e indemnización de los perjuicios.

2.º A la indemnización al Estado por el importe de los gastos que se hubieran hecho por su cuenta en la causa.

3.º A las costas del acusador particular o privado cuando se impusiere en la sentencia su pago.

4.º A las demás costas procesales, incluso las de la defensa del procesado, sin preferencia entre los interesados.

5.º A la multa.

2. Cuando el delito hubiere sido de los que sólo pueden perseguirse a instancia de parte, se satisfarán las costas del acusador privado con preferencia a la indemnización del Estado. Tendrá la misma preferencia el pago de las costas

---

[211] Redactado conforme LO 1/2015, de 30 de marzo, por la que se modifica la Ley Orgánica 10/1995, de 23 de noviembre, del Código Penal.

procesales causadas a la víctima en los supuestos a que se refiere el artículo 14 de la Ley del Estatuto de la Víctima del Delito[212].

2. Cuando el delito hubiere sido de los que sólo pueden perseguirse a instancia de parte, se satisfarán las costas del acusador privado con preferencia a la indemnización del Estado.

TÍTULO VI
DE LAS CONSECUENCIAS ACCESORIAS

Art. 127[213].

1. Toda pena que se imponga por un delito doloso llevará consigo la pérdida de los efectos que de él provengan y de los bienes, medios o instrumentos con que se haya preparado o ejecutado, así como de las ganancias provenientes del delito, cualesquiera que sean las transformaciones que hubieren podido experimentar.

2. En los casos en que la ley prevea la imposición de una pena privativa de libertad superior a un año por la comisión de un delito imprudente, el juez o tribunal podrá acordar la pérdida de los efectos que provengan del mismo y de los bienes, medios o instrumentos con que se haya preparado o ejecutado, así como de las ganancias provenientes del delito, cualesquiera que sean las transformaciones que hubieran podido experimentar.

3. Si por cualquier circunstancia no fuera posible el decomiso de los bienes señalados en los apartados anteriores de este artículo, se acordará el decomiso de otros bienes por una cantidad que corresponda al valor económico de los mismos, y al de las ganancias que se hubieran obtenido de ellos. De igual modo se procederá cuando se acuerde el decomiso de bienes, efectos o ganancias determinados, pero su valor sea inferior al que tenían en el momento de su adquisición.

1. Toda pena que se imponga por un delito o falta dolosos llevará consigo la pérdida de los efectos que de ellos provengan y de los bienes, medios o instrumentos con que se haya preparado o ejecutado, así como las ganancias provenientes del delito o falta, cualesquiera que sean las transformaciones que hubieren podido experimentar. Los unos y las otras serán decomisados, a no ser que pertenezcan a un tercero de buena fe no responsable del delito que los haya adquirido legalmente.

El Juez o Tribunal deberá ampliar el decomiso a los efectos, bienes, instrumentos y ganancias procedentes de actividades delictivas cometidas en el marco de una organización o grupo criminal o terrorista, o de un delito de terrorismo. A estos efectos se entenderá que proviene de la actividad delictiva el patrimonio de todas y cada una de las personas condenadas por delitos cometidos en el seno de la organización o grupo criminal o terrorista o por un delito de terrorismo cuyo valor sea desproporcionado con respecto a los ingresos obtenidos legalmente por cada una de dichas personas.

2. En los casos en que la ley prevea la imposición de una pena privativa de libertad superior a un año por la comisión de un delito imprudente, el Juez o Tribunal podrá acordar la pérdida de los efectos que provengan del mismo y de los bienes, medios o instrumentos con que se haya preparado o ejecutado,

---

[212] Redactado conforme Ley 4/2015, de 27 de abril, del Estatuto de la víctima del delito.

[213] Redactado conforme LO 1/2015, de 30 de marzo, por la que se modifica la Ley Orgánica 10/1995, de 23 de noviembre, del Código Penal.

así como las ganancias provenientes del delito, cualquiera que sean las transformaciones que hubieran podido experimentar.

3. Si por cualquier circunstancia no fuera posible el comiso de los bienes señalados en los apartados anteriores de este artículo, se acordará el comiso por un valor equivalente de otros bienes que pertenezcan a los criminalmente responsables del hecho.

4. El Juez o Tribunal podrá acordar el comiso previsto en los apartados anteriores de este artículo aun cuando no se imponga pena a alguna persona por estar exenta de responsabilidad criminal o por haberse ésta extinguido, en este último caso, siempre que quede demostrada la situación patrimonial ilícita.

5. Los que se decomisan se venderán, si son de lícito comercio, aplicándose su producto a cubrir las responsabilidades civiles del penado si la ley no previera otra cosa, y, si no lo son, se les dará el destino que se disponga reglamentariamente y, en su defecto, se inutilizarán[214].

Art. 127 bis[215].

1. El juez o tribunal ordenará también el decomiso de los bienes, efectos y ganancias pertenecientes a una persona condenada por alguno de los siguientes delitos cuando resuelva, a partir de indicios objetivos fundados, que los bienes o efectos provienen de una actividad delictiva, y no se acredite su origen lícito:

a) Delitos de trata de seres humanos.

a bis) Delitos de tráfico de órganos[216].

b) Delitos relativos a la prostitución y a la explotación sexual y corrupción de menores y delitos de abusos y agresiones sexuales a menores de dieciséis años.

c) Delitos informáticos de los apartados 2 y 3 del artículo 197 y artículo 264.

d) Delitos contra el patrimonio y contra el orden socioeconómico en los supuestos de continuidad delictiva y reincidencia.

e) Delitos relativos a las insolvencias punibles.

f) Delitos contra la propiedad intelectual o industrial.

g) Delitos de corrupción en los negocios.

h) Delitos de receptación del apartado 2 del artículo 298.

i) Delitos de blanqueo de capitales.

j) Delitos contra la Hacienda pública y la Seguridad Social.

k) Delitos contra los derechos de los trabajadores de los artículos 311 a 313.

l) Delitos contra los derechos de los ciudadanos extranjeros.

m) Delitos contra la salud pública de los artículos 368 a 373.

n) Delitos de falsificación de moneda.

o) Delitos de cohecho.

p) Delitos de malversación.

---

[214] Artículo redactado conforme LO 5/2010, de 22 de junio, por la que se modifica la Ley Orgánica 10/1995, de 23 de noviembre, del Código Penal.

[215] Artículo introducido por LO 1/2015, de 30 de marzo, por la que se modifica la Ley Orgánica 10/1995, de 23 de noviembre, del Código Penal.

[216] Apartado introducido por LO 1/2019, de 20 de febrero, por la que se modifica la Ley Orgánica 10/1995, de 23 de noviembre, del Código Penal, para transponer Directivas de la Unión Europea en los ámbitos financiero y de terrorismo, y abordar cuestiones de índole internacional.

q) Delitos de terrorismo.

r) Delitos cometidos en el seno de una organización o grupo criminal.

2. A los efectos de lo previsto en el apartado 1 de este artículo, se valorarán, especialmente, entre otros, los siguientes indicios:

1.º La desproporción entre el valor de los bienes y efectos de que se trate y los ingresos de origen lícito de la persona condenada.

2.º La ocultación de la titularidad o de cualquier poder de disposición sobre los bienes o efectos mediante la utilización de personas físicas o jurídicas o entes sin personalidad jurídica interpuestos, o paraísos fiscales o territorios de nula tributación que oculten o dificulten la determinación de la verdadera titularidad de los bienes.

3.º La transferencia de los bienes o efectos mediante operaciones que dificulten o impidan su localización o destino y que carezcan de una justificación legal o económica válida.

3. En estos supuestos será también aplicable lo dispuesto en el apartado 3 del artículo anterior.

4. Si posteriormente el condenado lo fuera por hechos delictivos similares cometidos con anterioridad, el juez o tribunal valorará el alcance del decomiso anterior acordado al resolver sobre el decomiso en el nuevo procedimiento.

5. El decomiso a que se refiere este artículo no será acordado cuando las actividades delictivas de las que provengan los bienes o efectos hubieran prescrito o hubieran sido ya objeto de un proceso penal resuelto por sentencia absolutoria o resolución de sobreseimiento con efectos de cosa juzgada.

Art. 127 ter[217].

1. El juez o tribunal podrá acordar el decomiso previsto en los artículos anteriores aunque no medie sentencia de condena, cuando la situación patrimonial ilícita quede acreditada en un proceso contradictorio y se trate de alguno de los siguientes supuestos:

a) Que el sujeto haya fallecido o sufra una enfermedad crónica que impida su enjuiciamiento y exista el riesgo de que puedan prescribir los hechos,

b) se encuentre en rebeldía y ello impida que los hechos puedan ser enjuiciados dentro de un plazo razonable, o

c) no se le imponga pena por estar exento de responsabilidad criminal o por haberse ésta extinguido.

2. El decomiso al que se refiere este artículo solamente podrá dirigirse contra quien haya sido formalmente acusado o contra el imputado con relación al que existan indicios racionales de criminalidad cuando las situaciones a que se refiere el apartado anterior hubieran impedido la continuación del procedimiento penal.

---

[217] Artículo introducido por LO 1/2015, de 30 de marzo, por la que se modifica la Ley Orgánica 10/1995, de 23 de noviembre, del Código Penal.

Art. 127 quater[218].

1. Los jueces y tribunales podrán acordar también el decomiso de los bienes, efectos y ganancias a que se refieren los artículos anteriores que hayan sido transferidos a terceras personas, o de un valor equivalente a los mismos, en los siguientes casos:

a) En el caso de los efectos y ganancias, cuando los hubieran adquirido con conocimiento de que proceden de una actividad ilícita o cuando una persona diligente habría tenido motivos para sospechar, en las circunstancias del caso, de su origen ilícito.

b) En el caso de otros bienes, cuando los hubieran adquirido con conocimiento de que de este modo se dificultaba su decomiso o cuando una persona diligente habría tenido motivos para sospechar, en las circunstancias del caso, que de ese modo se dificultaba su decomiso.

2. Se presumirá, salvo prueba en contrario, que el tercero ha conocido o ha tenido motivos para sospechar que se trataba de bienes procedentes de una actividad ilícita o que eran transferidos para evitar su decomiso, cuando los bienes o efectos le hubieran sido transferidos a título gratuito o por un precio inferior al real de mercado.

Art. 127 quinquies[219].

1. Los jueces y tribunales podrán acordar también el decomiso de bienes, efectos y ganancias provenientes de la actividad delictiva previa del condenado, cuando se cumplan, cumulativamente, los siguientes requisitos:

a) Que el sujeto sea o haya sido condenado por alguno de los delitos a que se refiere el artículo 127 bis.1 del Código Penal.

b) Que el delito se haya cometido en el contexto de una actividad delictiva previa continuada.

c) Que existan indicios fundados de que una parte relevante del patrimonio del penado procede de una actividad delictiva previa.

Son indicios relevantes:

1.º La desproporción entre el valor de los bienes y efectos de que se trate y los ingresos de origen lícito de la persona condenada.

2.º La ocultación de la titularidad o de cualquier poder de disposición sobre los bienes o efectos mediante la utilización de personas físicas o jurídicas o entes sin personalidad jurídica interpuestos, o paraísos fiscales o territorios de nula tributación que oculten o dificulten la determinación de la verdadera titularidad de los bienes.

3.º La transferencia de los bienes o efectos mediante operaciones que dificulten o impidan su localización o destino y que carezcan de una justificación legal o económica válida.

---

[218] Artículo introducido por LO 1/2015, de 30 de marzo, por la que se modifica la Ley Orgánica 10/1995, de 23 de noviembre, del Código Penal.

[219] Artículo introducido por LO 1/2015, de 30 de marzo, por la que se modifica la Ley Orgánica 10/1995, de 23 de noviembre, del Código Penal.

Lo dispuesto en el párrafo anterior solamente será de aplicación cuando consten indicios fundados de que el sujeto ha obtenido, a partir de su actividad delictiva, un beneficio superior a 6.000 euros.

2. A los efectos del apartado anterior, se entenderá que el delito se ha cometido en el contexto de una actividad delictiva continuada siempre que:

a) El sujeto sea condenado o haya sido condenado en el mismo procedimiento por tres o más delitos de los que se haya derivado la obtención de un beneficio económico directo o indirecto, o por un delito continuado que incluya, al menos, tres infracciones penales de las que haya derivado un beneficio económico directo o indirecto.

b) O en el período de seis años anterior al momento en que se inició el procedimiento en el que ha sido condenado por alguno de los delitos a que se refiere el artículo 127 bis del Código Penal, hubiera sido condenado por dos o más delitos de los que hubiera derivado la obtención de un beneficio económico, o por un delito continuado que incluya, al menos, dos infracciones penales de las que ha derivado la obtención de un beneficio económico.

Art. 127 sexies[220].

A los efectos de lo previsto en el artículo anterior serán de aplicación las siguientes presunciones:

1.º Se presumirá que todos los bienes adquiridos por el condenado dentro del período de tiempo que se inicia seis años antes de la fecha de apertura del procedimiento penal, proceden de su actividad delictiva.

A estos efectos, se entiende que los bienes han sido adquiridos en la fecha más temprana en la que conste que el sujeto ha dispuesto de ellos.

2.º Se presumirá que todos los gastos realizados por el penado durante el período de tiempo a que se refiere el párrafo primero del número anterior, se pagaron con fondos procedentes de su actividad delictiva.

3.º Se presumirá que todos los bienes a que se refiere el número 1 fueron adquiridos libres de cargas.

El juez o tribunal podrá acordar que las anteriores presunciones no sean aplicadas con relación a determinados bienes, efectos o ganancias, cuando, en las circunstancias concretas del caso, se revelen incorrectas o desproporcionadas.

Art. 127 septies[221].

Si la ejecución del decomiso no hubiera podido llevarse a cabo, en todo o en parte, a causa de la naturaleza o situación de los bienes, efectos o ganancias de que se trate, o por cualquier otra circunstancia, el juez o tribunal podrá, mediante auto, acordar el decomiso de otros bienes, incluso de origen lícito, que

---

[220] Artículo introducido por LO 1/2015, de 30 de marzo, por la que se modifica la Ley Orgánica 10/1995, de 23 de noviembre, del Código Penal.

[221] Artículo introducido por LO 1/2015, de 30 de marzo, por la que se modifica la Ley Orgánica 10/1995, de 23 de noviembre, del Código Penal.

pertenezcan a los criminalmente responsables del hecho por un valor equivalente al de la parte no ejecutada del decomiso inicialmente acordado.

De igual modo se procederá, cuando se acuerde el decomiso de bienes, efectos o ganancias determinados, pero su valor sea inferior al que tenían en el momento de su adquisición.

Art. 127 octies[222].

1. A fin de garantizar la efectividad del decomiso, los bienes, medios, instrumentos y ganancias podrán ser aprehendidos o embargados y puestos en depósito por la autoridad judicial desde el momento de las primeras diligencias.

2. Corresponderá al juez o tribunal resolver, conforme a lo dispuesto en la Ley de Enjuiciamiento Criminal, sobre la realización anticipada o utilización provisional de los bienes y efectos intervenidos.

3. Los bienes, instrumentos y ganancias decomisados por resolución firme, salvo que deban ser destinados al pago de indemnizaciones a las víctimas, serán adjudicados al Estado, que les dará el destino que se disponga legal o reglamentariamente.

Art. 128.

Cuando los referidos efectos e instrumentos sean de lícito comercio y su valor no guarde proporción con la naturaleza o gravedad de la infracción penal, o se hayan satisfecho completamente las responsabilidades civiles, podrá el Juez o Tribunal no decretar el decomiso, o decretarlo parcialmente.

Art. 129.

1. En caso de delitos cometidos en el seno, con la colaboración, a través o por medio de empresas, organizaciones, grupos o cualquier otra clase de entidades o agrupaciones de personas que, por carecer de personalidad jurídica, no estén comprendidas en el artículo 31 bis, el juez o tribunal podrá imponer motivadamente a dichas empresas, organizaciones, grupos, entidades o agrupaciones una o varias consecuencias accesorias a la pena que corresponda al autor del delito, con el contenido previsto en las letras c) a g) del apartado 7 del artículo 33. Podrá también acordar la prohibición definitiva de llevar a cabo cualquier actividad, aunque sea lícita[223].

> *1. En caso de delitos o faltas cometidos en el seno, con la colaboración, a través o por medio de empresas, organizaciones, grupos o cualquier otra clase de entidades o agrupaciones de personas que, por carecer de personalidad jurídica, no estén comprendidas en el artículo 31 bis de este Código, el Juez o Tribunal podrá imponer motivadamente a dichas empresas, organizaciones, grupos, entidades o agrupaciones una o varias consecuencias accesorias a la pena que corresponda al autor del delito, con el contenido previsto*

---

[222] Artículo introducido por LO 1/2015, de 30 de marzo, por la que se modifica la Ley Orgánica 10/1995, de 23 de noviembre, del Código Penal.

[223] Redactado conforme LO 1/2015, de 30 de marzo, por la que se modifica la Ley Orgánica 10/1995, de 23 de noviembre, del Código Penal.

en los apartados c) a g) del artículo 33.7. Podrá también acordar la prohibición definitiva de llevar a cabo cualquier actividad, aunque sea lícita[224].

2. Las consecuencias accesorias a las que se refiere en el apartado anterior sólo podrán aplicarse a las empresas, organizaciones, grupos o entidades o agrupaciones en él mencionados cuando este Código lo prevea expresamente, o cuando se trate de alguno de los delitos por los que el mismo permite exigir responsabilidad penal a las personas jurídicas[225].

> *2. Las consecuencias accesorias a las que se refiere en el apartado anterior sólo podrán aplicarse a las empresas, organizaciones, grupos o entidades o agrupaciones en él mencionados cuando este Código lo prevea expresamente, o cuando se trate de alguno de los delitos o faltas por los que el mismo permite exigir responsabilidad penal a las personas jurídicas[226].*

3. La clausura temporal de los locales o establecimientos, la suspensión de las actividades sociales y la intervención judicial podrán ser acordadas también por el Juez Instructor como medida cautelar durante la instrucción de la causa a los efectos establecidos en este artículo y con los límites señalados en el artículo 33.7[227].

Art. 129 bis[228].

Si se trata de condenados por la comisión de un delito grave contra la vida, la integridad de las personas, la libertad, la libertad o indemnidad sexual, de terrorismo, o cualquier otro delito grave que conlleve un riesgo grave para la vida, la salud o la integridad física de las personas, cuando de las circunstancias del hecho, antecedentes, valoración de su personalidad, o de otra información disponible pueda valorarse que existe un peligro relevante de reiteración delictiva, el juez o tribunal podrá acordar la toma de muestras biológicas de su persona y la realización de análisis para la obtención de identificadores de ADN e inscripción de los mismos en la base de datos policial. Únicamente podrán llevarse a cabo los análisis necesarios para obtener los identificadores que proporcionen, exclusivamente, información genética reveladora de la identidad de la persona y de su sexo.

Si el afectado se opusiera a la recogida de las muestras, podrá imponerse su ejecución forzosa mediante el recurso a las medidas coactivas mínimas indispensables para su ejecución, que deberán ser en todo caso proporcionadas a las circunstancias del caso y respetuosas con su dignidad.

---

[224] Redactado conforme LO 5/2010, de 22 de junio, por la que se modifica la Ley Orgánica 10/1995, de 23 de noviembre, del Código Penal.

[225] Redactado conforme LO 1/2015, de 30 de marzo, por la que se modifica la Ley Orgánica 10/1995, de 23 de noviembre, del Código Penal.

[226] Redactado conforme LO 5/2010, de 22 de junio, por la que se modifica la Ley Orgánica 10/1995, de 23 de noviembre, del Código Penal.

[227] Redactado conforme LO 5/2010, de 22 de junio, por la que se modifica la Ley Orgánica 10/1995, de 23 de noviembre, del Código Penal.

[228] Artículo introducido por LO 1/2015, de 30 de marzo, por la que se modifica la Ley Orgánica 10/1995, de 23 de noviembre, del Código Penal.

TÍTULO VII
DE LA EXTINCIÓN DE LA RESPONSABILIDAD CRIMINAL Y SUS EFECTOS

CAPÍTULO I
DE LAS CAUSAS QUE EXTINGUEN LA RESPONSABILIDAD CRIMINAL

Art. 130.

1[229]. La responsabilidad criminal se extingue:

1.º Por la muerte del reo.

2.º Por el cumplimiento de la condena.

3.º Por la remisión definitiva de la pena, conforme a lo dispuesto en los apartados 1 y 2 del artículo 87.

4.º Por la amnistía o el indulto.

5.º Por el perdón de la persona ofendida, cuando se trate de delitos leves perseguibles a instancias de la persona agraviada o la ley así lo prevea. El perdón habrá de ser otorgado de forma expresa antes de que se haya dictado sentencia, a cuyo efecto la autoridad judicial sentenciadora deberá oír a la persona ofendida por el delito antes de dictarla.

En los delitos cometidos contra personas menores de edad o personas con discapacidad necesitadas de especial protección que afecten a bienes jurídicos eminentemente personales, el perdón de la persona ofendida no extingue la responsabilidad criminal.

6.º Por la prescripción del delito.

7.º Por la prescripción de la pena o de la medida de seguridad.

1[230]. La responsabilidad criminal se extingue:

1.º Por la muerte del reo.

2.º Por el cumplimiento de la condena.

3.º Por la remisión definitiva de la pena, conforme a lo dispuesto en los apartados 1 y 2 del artículo 87[231].

4.º Por el indulto.

5.º[232] Por el perdón de la persona ofendida, cuando se trate de delitos leves perseguibles a instancias de la persona agraviada o la ley así lo prevea. El perdón habrá de ser otorgado de forma expresa antes de que se haya dictado sentencia, a cuyo efecto la autoridad judicial sentenciadora deberá oír a la persona ofendida por el delito antes de dictarla.

---

[229] Redactado conforme LO 1/2024, de 10 de junio, de amnistía para la normalización institucional, política y social de Cataluña.

[230] Este apartado pasa a reflejar lo que en la redacción anterior a la LO 5/2010, de 22 de junio, por la que se modifica la Ley Orgánica 10/1995, de 23 de noviembre, del Código Penal —que era debida a la LO 15/2003, de 25 de noviembre, por la que se modifica la Ley Orgánica 10/1995, de 23 de noviembre, del Código Penal— constituía todo el contenido de este artículo.

[231] Numeral redactado conforme LO 1/2015, de 30 de marzo, por la que se modifica la Ley Orgánica 10/1995, de 23 de noviembre, del Código Penal.

[232] Numeral redactado conforme LO 8/2021, de 4 de junio, de protección integral a la infancia y la adolescencia frente a la violencia.

En los delitos cometidos contra personas menores de edad o personas con discapacidad necesitadas de especial protección que afecten a bienes jurídicos eminentemente personales, el perdón de la persona ofendida no extingue la responsabilidad criminal.
6.º Por la prescripción del delito.
7.º Por la prescripción de la pena o de la medida de seguridad.

2[233]. La transformación, fusión, absorción o escisión de una persona jurídica no extingue su responsabilidad penal, que se trasladará a la entidad o entidades en que se transforme, quede fusionada o absorbida y se extenderá a la entidad o entidades que resulten de la escisión. El Juez o Tribunal podrá moderar el traslado de la pena a la persona jurídica en función de la proporción que la persona jurídica originariamente responsable del delito guarde con ella.

No extingue la responsabilidad penal la disolución encubierta o meramente aparente de la persona jurídica. Se considerará en todo caso que existe disolución encubierta o meramente aparente de la persona jurídica cuando se continúe su actividad económica y se mantenga la identidad sustancial de clientes, proveedores y empleados, o de la parte más relevante de todos ellos.

Art. 131[234].

1. Los delitos prescriben:

A los veinte años, cuando la pena máxima señalada al delito sea prisión de quince o más años.

A los quince, cuando la pena máxima señalada por la ley sea inhabilitación por más de diez años, o prisión por más de diez y menos de quince años.

A los diez, cuando la pena máxima señalada por la ley sea prisión o inhabilitación por más de cinco años y que no exceda de diez.

A los cinco, los demás delitos, excepto los delitos leves y los delitos de injurias y calumnias, que prescriben al año.

2. Cuando la pena señalada por la ley fuere compuesta, se estará, para la aplicación de las reglas comprendidas en este artículo, a la que exija mayor tiempo para la prescripción.

3. Los delitos de lesa humanidad y de genocidio y los delitos contra las personas y bienes protegidos en caso de conflicto armado, salvo los castigados en el artículo 614, no prescribirán en ningún caso.

Tampoco prescribirán los delitos de terrorismo, si hubieren causado la muerte de una persona.

4. En los supuestos de concurso de infracciones o de infracciones conexas, el plazo de prescripción será el que corresponda al delito más grave.

1. Los delitos prescriben:
A los 20 años, cuando la pena máxima señalada al delito sea prisión de 15 o más años.

---

[233] Apartado introducido por LO 5/2010, de 22 de junio, por la que se modifica la Ley Orgánica 10/1995, de 23 de noviembre, del Código Penal.

[234] Redactado conforme LO 1/2015, de 30 de marzo, por la que se modifica la Ley Orgánica 10/1995, de 23 de noviembre, del Código Penal.

Art. 132

A los 15, cuando la pena máxima señalada por la Ley sea inhabilitación por más de 10 años, o prisión por más de 10 y menos de 15 años.

A los 10, cuando la pena máxima señalada por la Ley sea prisión o inhabilitación por más de cinco años y que no exceda de 10.

A los cinco, los demás delitos, excepto los de injuria y calumnia, que prescriben al año[235].

2. Las faltas prescriben a los seis meses.

3. Cuando la pena señalada por la Ley fuere compuesta, se estará, para la aplicación de las reglas comprendidas en este artículo, a la que exija mayor tiempo para la prescripción.

4. Los delitos de lesa humanidad y de genocidio y los delitos contra las personas y bienes protegidos en caso de conflicto armado, salvo los castigados en el artículo 614, no prescribirán en ningún caso.

Tampoco prescribirán los delitos de terrorismo, si hubieren causado la muerte de una persona[236].

5. En los supuestos de concurso de infracciones o de infracciones conexas, el plazo de prescripción será el que corresponda al delito más grave[237].

Art. 132.

1[238]. Los términos previstos en el artículo precedente se computarán desde el día en que se haya cometido la infracción punible. En los casos de delito continuado, delito permanente, así como en las infracciones que exijan habitualidad, tales términos se computarán, respectivamente, desde el día en que se realizó la última infracción, desde que se eliminó la situación ilícita o desde que cesó la conducta.

En los delitos de aborto no consentido, lesiones, contra la libertad, de torturas y contra la integridad moral, contra la intimidad, el derecho a la propia imagen y la inviolabilidad del domicilio, y contra las relaciones familiares, excluidos los delitos contemplados en el párrafo siguiente, cuando la víctima fuere una persona menor de dieciocho años, los términos se computarán desde el día en que ésta haya alcanzado la mayoría de edad, y si falleciere antes de alcanzarla, a partir de la fecha del fallecimiento.

En los delitos de tentativa de homicidio, de lesiones de los artículos 149 y 150, en el delito de maltrato habitual previsto en el artículo 173.2, en los delitos contra la libertad sexual y en los delitos de trata de seres humanos, cuando la víctima fuere una persona menor de dieciocho años, los términos se computarán desde que la víctima cumpla los treinta y cinco años de edad, y si falleciere antes de alcanzar esa edad, a partir de la fecha del fallecimiento.

---

[235] Redactado conforme LO 5/2010, de 22 de junio, por la que se modifica la Ley Orgánica 10/1995, de 23 de noviembre, del Código Penal.

[236] Redactado conforme LO 5/2010, de 22 de junio, por la que se modifica la Ley Orgánica 10/1995, de 23 de noviembre, del Código Penal.

[237] Apartado introducido por LO 5/2010, de 22 de junio, por la que se modifica la Ley Orgánica 10/1995, de 23 de noviembre, del Código Penal.

[238] Apartado redactado conforme LO 4/2023, de 27 de abril, para la modificación de la Ley Orgánica 10/1995, de 23 de noviembre, del Código Penal, en los delitos contra la libertad sexual, la Ley de Enjuiciamiento Criminal y la Ley Orgánica 5/2000, de 12 de enero, reguladora de la responsabilidad penal de los menores.

1[239]. Los términos previstos en el artículo precedente se computarán desde el día en que se haya cometido la infracción punible. En los casos de delito continuado, delito permanente, así como en las infracciones que exijan habitualidad, tales términos se computarán, respectivamente, desde el día en que se realizó la última infracción, desde que se eliminó la situación ilícita o desde que cesó la conducta.

En los delitos de aborto no consentido, lesiones, contra la libertad, de torturas y contra la integridad moral, contra la intimidad, el derecho a la propia imagen y la inviolabilidad del domicilio, y contra las relaciones familiares, excluidos los delitos contemplados en el párrafo siguiente, cuando la víctima fuere una persona menor de dieciocho años, los términos se computarán desde el día en que ésta haya alcanzado la mayoría de edad, y si falleciere antes de alcanzarla, a partir de la fecha del fallecimiento.

En los delitos de tentativa de homicidio, de lesiones de los artículos 149 y 150, en el delito de maltrato habitual previsto en el artículo 173.2, en los delitos contra la libertad, en los delitos contra la libertad e indemnidad sexual y en los delitos de trata de seres humanos, cuando la víctima fuere una persona menor de dieciocho años, los términos se computarán desde que la víctima cumpla los treinta y cinco años de edad, y si falleciere antes de alcanzar esa edad, a partir de la fecha del fallecimiento.

2. La prescripción se interrumpirá, quedando sin efecto el tiempo transcurrido, cuando el procedimiento se dirija contra la persona indiciariamente responsable del delito, comenzando a correr de nuevo desde que se paralice el procedimiento o termine sin condena de acuerdo con las reglas siguientes[240]:

1.ª Se entenderá dirigido el procedimiento contra una persona determinada desde el momento en que, al incoar la causa o con posterioridad, se dicte resolución judicial motivada en la que se le atribuya su presunta participación en un hecho que pueda ser constitutivo de delito.

2.ª No obstante lo anterior, la presentación de querella o la denuncia formulada ante un órgano judicial, en la que se atribuya a una persona determinada su presunta participación en un hecho que pueda ser constitutivo de delito, suspenderá el cómputo de la prescripción por un plazo máximo de seis meses, a contar desde la misma fecha de presentación de la querella o de formulación de la denuncia.

Si dentro de dicho plazo se dicta contra el querellado o denunciado, o contra cualquier otra persona implicada en los hechos, alguna de las resoluciones judiciales mencionadas en la regla 1.ª, la interrupción de la prescripción se entenderá retroactivamente producida, a todos los efectos, en la fecha de presentación de la querella o denuncia.

Por el contrario, el cómputo del término de prescripción continuará desde la fecha de presentación de la querella o denuncia si, dentro del plazo de seis meses, recae resolución judicial firme de inadmisión a trámite de la querella o denuncia o por la que se acuerde no dirigir el procedimiento contra la persona querellada o denunciada. La continuación del cómputo se producirá también si, dentro de dicho plazo, el juez de instrucción no adoptara ninguna de las resoluciones previstas en este artículo.

3. A los efectos de este artículo, la persona contra la que se dirige el procedimiento deberá quedar suficientemente determinada en la resolución judi-

---

[239] Apartado redactado conforme LO 8/2021, de 4 de junio, de protección integral a la infancia y la adolescencia frente a la violencia.

[240] Redactado conforme LO 1/2015, de 30 de marzo, por la que se modifica la Ley Orgánica 10/1995, de 23 de noviembre, del Código Penal.

cial, ya sea mediante su identificación directa o mediante datos que permitan concretar posteriormente dicha identificación en el seno de la organización o grupo de personas a quienes se atribuya el hecho[241].

2. La prescripción se interrumpirá, quedando sin efecto el tiempo transcurrido, cuando el procedimiento se dirija contra la persona indiciariamente responsable del delito o falta, comenzando a correr de nuevo desde que se paralice el procedimiento o termine sin condena de acuerdo con las reglas siguientes[242]:

1.ª Se entenderá dirigido el procedimiento contra una persona determinada desde el momento en que, al incoar la causa o con posterioridad, se dicte resolución judicial motivada en la que se le atribuya su presunta participación en un hecho que pueda ser constitutivo de delito o falta.

2.ª No obstante lo anterior, la presentación de querella o la denuncia formulada ante un órgano judicial, en la que se atribuya a una persona determinada su presunta participación en un hecho que pueda ser constitutivo de delito o falta, suspenderá el cómputo de la prescripción por un plazo máximo de seis meses para el caso de delito y de dos meses para el caso de falta, a contar desde la misma fecha de presentación de la querella o de formulación de la denuncia.

Si dentro de dicho plazo se dicta contra el querellado o denunciado, o contra cualquier otra persona implicada en los hechos, alguna de los resoluciones judiciales mencionadas en el apartado anterior, la interrupción de la prescripción se entenderá retroactivamente producida, a todos los efectos, en la fecha de presentación de la querella o denuncia.

Por el contrario, el cómputo del término de prescripción continuará desde la fecha de presentación de la querella o denuncia si, dentro del plazo de seis o dos meses, en los respectivos supuestos de delito o falta, recae resolución judicial firme de inadmisión o trámite de la querella o denuncia o por la que se acuerde no dirigir el procedimiento contra la persona querellada o denunciada. La continuación del cómputo se producirá también si, dentro de dichos plazos, el Juez de Instrucción no adoptara ninguna de las resoluciones previstas en este artículo.

3.ª A los efectos de este artículo, la persona contra la que se dirige el procedimiento deberá quedar suficientemente determinada en la resolución judicial, ya sea mediante su identificación directa o mediante datos que permitan concretar posteriormente dicha identificación en el seno de la organización o grupo de personas a quienes se atribuya el hecho.

4[243]. En los procedimientos cuya investigación haya sido asumida por la Fiscalía Europea, la prescripción se interrumpirá:

a) cuando se dirija la investigación contra una persona determinada, suficientemente identificada, en los términos del apartado anterior, y así quede reflejado en un Decreto motivado.

b) cuando se interponga querella o denuncia ante la Fiscalía Europea en la que se atribuya a una persona determinada su presunta participación en un hecho que pueda ser constitutivo de delito, resultando de aplicación la regla 2.ª del apartado 2 de este artículo.

---

[241] Redactado conforme LO 1/2015, de 30 de marzo, por la que se modifica la Ley Orgánica 10/1995, de 23 de noviembre, del Código Penal.

[242] Redactado conforme LO 5/2010, de 22 de junio, por la que se modifica la Ley Orgánica 10/1995, de 23 de noviembre, del Código Penal.

[243] Apartado introducido por LO 9/2021, de 1 de julio, de aplicación del Reglamento (UE) 2017/1939 del Consejo, de 12 de octubre de 2017, por el que se establece una cooperación reforzada para la creación de la Fiscalía Europea.

Art. 133.

1. Las penas impuestas por sentencia firme prescriben[244]:

A los 30 años, las de prisión por más de 20 años.

A los 25 años, las de prisión de 15 o más años sin que excedan de 20.

A los 20, las de inhabilitación por más de 10 años y las de prisión por más de 10 y menos de 15.

A los 15, las de inhabilitación por más de seis años y que no excedan de 10, y las de prisión por más de cinco años y que no excedan de 10.

A los 10, las restantes penas graves.

A los cinco, las penas menos graves.

Al año, las penas leves.

2. Las penas impuestas por los delitos de lesa humanidad y de genocidio y por los delitos contra las personas y bienes protegidos en caso de conflicto armado, salvo los castigados en el artículo 614, no prescribirán en ningún caso.

Tampoco prescribirán las penas impuestas por delitos de terrorismo, si estos hubieren causado la muerte de una persona[245].

> *2. Las penas impuestas por los delitos de lesa humanidad y de genocidio y por los delitos contra las personas y bienes protegidos en caso de conflicto armado, no prescribirán en ningún caso[246].*

Art. 134.

1[247]. El tiempo de la prescripción de la pena se computará desde la fecha de la sentencia firme, o desde el quebrantamiento de la condena, si ésta hubiese comenzado a cumplirse.

2[248]. El plazo de prescripción de la pena quedará en suspenso:

a) Durante el período de suspensión de la ejecución de la pena.

b) Durante el cumplimiento de otras penas, cuando resulte aplicable lo dispuesto en el artículo 75.

Art. 135.

1. Las medidas de seguridad prescribirán a los diez años, si fueran privativas de libertad superiores a tres años, y a los cinco años si fueran privativas de libertad iguales o inferiores a tres años o tuvieran otro contenido.

2. El tiempo de la prescripción se computará desde el día en que haya quedado firme la resolución en la que se impuso la medida o, en caso de cumplimiento sucesivo, desde que debió empezar a cumplirse.

---

[244] Redactado conforme LO 15/2003, de 25 de noviembre, por la que se modifica la Ley Orgánica 10/1995, de 23 de noviembre, del Código Penal.

[245] Redactado conforme LO 5/2010, de 22 de junio, por la que se modifica la Ley Orgánica 10/1995, de 23 de noviembre, del Código Penal.

[246] Redactado conforme LO 15/2003, de 25 de noviembre, por la que se modifica la Ley Orgánica 10/1995, de 23 de noviembre, del Código Penal.

[247] Numeración introducida por LO 1/2015, de 30 de marzo, por la que se modifica la Ley Orgánica 10/1995, de 23 de noviembre, del Código Penal.

[248] Apartado introducido por LO 1/2015, de 30 de marzo, por la que se modifica la Ley Orgánica 10/1995, de 23 de noviembre, del Código Penal.

3. Si el cumplimiento de una medida de seguridad fuere posterior al de una pena, el plazo se computará desde la extinción de ésta.

CAPÍTULO II
DE LA CANCELACIÓN DE ANTECEDENTES DELICTIVOS

Art. 136[249].

1. Los condenados que hayan extinguido su responsabilidad penal tienen derecho a obtener del Ministerio de Justicia, de oficio o a instancia de parte, la cancelación de sus antecedentes penales, cuando hayan transcurrido sin haber vuelto a delinquir los siguientes plazos:

a) Seis meses para las penas leves.

b) Dos años para las penas que no excedan de doce meses y las impuestas por delitos imprudentes.

c) Tres años para las restantes penas menos graves inferiores a tres años.

d) Cinco años para las restantes penas menos graves iguales o superiores a tres años.

e) Diez años para las penas graves.

2. Los plazos a que se refiere el apartado anterior se contarán desde el día siguiente a aquel en que quedara extinguida la pena, pero si ello ocurriese mediante la remisión condicional, el plazo, una vez obtenida la remisión definitiva, se computará retrotrayéndolo al día siguiente a aquel en que hubiere quedado cumplida la pena si no se hubiere disfrutado de este beneficio. En este caso, se tomará como fecha inicial para el cómputo de la duración de la pena el día siguiente al del otorgamiento de la suspensión.

3. Las penas impuestas a las personas jurídicas y las consecuencias accesorias del artículo 129 se cancelarán en el plazo que corresponda, de acuerdo con la regla prevista en el apartado 1 de este artículo, salvo que se hubiese acordado la disolución o la prohibición definitiva de actividades. En estos casos, se cancelarán las anotaciones transcurridos cincuenta años computados desde el día siguiente a la firmeza de la sentencia.

4. Las inscripciones de antecedentes penales en las distintas secciones del Registro Central de Penados y Rebeldes no serán públicas. Durante su vigencia solo se emitirán certificaciones con las limitaciones y garantías previstas en sus normas específicas y en los casos establecidos por la ley. En todo caso, se librarán las que soliciten los jueces o tribunales, se refieran o no a inscripciones canceladas, haciendo constar expresamente esta última circunstancia.

5. En los casos en que, a pesar de cumplirse los requisitos establecidos en este artículo para la cancelación, ésta no se haya producido, el juez o tribunal, acreditadas tales circunstancias, no tendrá en cuenta dichos antecedentes.

---

[249] Redactado conforme LO 1/2015, de 30 de marzo, por la que se modifica la Ley Orgánica 10/1995, de 23 de noviembre, del Código Penal.

1. Los condenados que hayan extinguido su responsabilidad penal tienen derecho a obtener del Ministerio de Justicia, de oficio o a instancia de parte, la cancelación de sus antecedentes penales, previo informe del juez o tribunal sentenciador[250].

2. Para el reconocimiento de este derecho serán requisitos indispensables:

1.º Tener satisfechas las responsabilidades civiles provenientes de la infracción, excepto en los supuestos de insolvencia declarada por el juez o tribunal sentenciador, salvo que hubiera mejorado la situación económica del reo.

No obstante lo dispuesto en el párrafo anterior, en el caso previsto en el artículo 125 será suficiente que el reo se halle al corriente de los pagos fraccionados que le hubieran sido señalados por el juez o tribunal y preste, a juicio de éste, garantía suficiente con respecto a la cantidad aplazada.

2.º Haber transcurrido, sin delinquir de nuevo el culpable, los siguientes plazos: seis meses para las penas leves; dos años para las penas que no excedan de 12 meses y las impuestas por delitos imprudentes; tres años para las restantes penas menos graves; y cinco para las penas graves[251].

3. Estos plazos se contarán desde el día siguiente a aquel en que quedara extinguida la pena, pero si ello ocurriese mediante la remisión condicional, el plazo, una vez obtenida la remisión definitiva, se computará retrotrayéndolo al día siguiente a aquel en que hubiere quedado cumplida la pena si no se hubiere disfrutado de este beneficio. En este caso, se tomará como fecha inicial para el cómputo de la duración de la pena, el día siguiente al del otorgamiento de la suspensión[252].

4. Las inscripciones de antecedentes penales en las distintas Secciones del Registro Central de Penados y Rebeldes no serán públicas. Durante su vigencia sólo se emitirán certificaciones con las limitaciones y garantías previstas en sus normas específicas y en los casos establecidos por la Ley. En todo caso, se librarán las que soliciten los Jueces y Tribunales, se refieran o no a inscripciones canceladas, haciendo constar expresamente, si se da, esta última circunstancia.

5. En los casos en que, a pesar de cumplirse los requisitos establecidos en este artículo para la cancelación, bien por solicitud del interesado, bien de oficio por el Ministerio de Justicia, ésta no se haya producido, el juez o tribunal, acreditadas tales circunstancias, ordenará la cancelación y no tendrá en cuenta dichos antecedentes[253].

Art. 137.

Las anotaciones de las medidas de seguridad impuestas conforme a lo dispuesto en este Código o en otras leyes penales serán canceladas una vez cumplida o prescrita la respectiva medida; mientras tanto, sólo figurarán en las certificaciones que el Registro expida con destino a Jueces o Tribunales o autoridades administrativas, en los casos establecidos por la Ley.

---

[250] Redactado conforme LO 15/2003, de 25 de noviembre, por la que se modifica la Ley Orgánica 10/1995, de 23 de noviembre, del Código Penal.

[251] Redactado conforme LO 15/2003, de 25 de noviembre, por la que se modifica la Ley Orgánica 10/1995, de 23 de noviembre, del Código Penal.

[252] Redactado conforme LO 15/2003, de 25 de noviembre, por la que se modifica la Ley Orgánica 10/1995, de 23 de noviembre, del Código Penal.

[253] Redactado conforme LO 15/2003, de 25 de noviembre, por la que se modifica la Ley Orgánica 10/1995, de 23 de noviembre, del Código Penal.

LIBRO II
DELITOS Y SUS PENAS

TÍTULO I
DEL HOMICIDIO Y SUS FORMAS

Art. 138[254].

1. El que matare a otro será castigado, como reo de homicidio, con la pena de prisión de diez a quince años.

2. Los hechos serán castigados con la pena superior en grado en los siguientes casos:

a) cuando concurra en su comisión alguna de las circunstancias del apartado 1 del artículo 140, o

b) cuando los hechos sean además constitutivos de un delito de atentado del artículo 550.

El que matare a otro será castigado, como reo de homicidio, con la pena de prisión de diez a quince años.

Art. 139[255].

1. Será castigado con la pena de prisión de quince a veinticinco años, como reo de asesinato, el que matare a otro concurriendo alguna de las circunstancias siguientes:

1.ª Con alevosía.

2.ª Por precio, recompensa o promesa.

3.ª Con ensañamiento, aumentando deliberada e inhumanamente el dolor del ofendido.

4.ª Para facilitar la comisión de otro delito o para evitar que se descubra.

Será castigado con la pena de prisión de quince a veinte años, como reo de asesinato, el que matare a otro concurriendo alguna de las circunstancias siguientes:
1.ª Con alevosía.
2.ª Por precio, recompensa o promesa.
3.ª Con ensañamiento, aumentando deliberada e inhumanamente el dolor del ofendido.

2. Cuando en un asesinato concurran más de una de las circunstancias previstas en el apartado anterior, se impondrá la pena en su mitad superior.

Art. 140[256].

1. El asesinato será castigado con pena de prisión permanente revisable cuando concurra alguna de las siguientes circunstancias:

---

[254] Redactado conforme LO 1/2015, de 30 de marzo, por la que se modifica la Ley Orgánica 10/1995, de 23 de noviembre, del Código Penal.

[255] Redactado conforme LO 1/2015, de 30 de marzo, por la que se modifica la Ley Orgánica 10/1995, de 23 de noviembre, del Código Penal.

[256] Redactado conforme LO 1/2015, de 30 de marzo, por la que se modifica la Ley Orgánica 10/1995, de 23 de noviembre, del Código Penal.

1.ª Que la víctima sea menor de dieciséis años de edad, o se trate de una persona especialmente vulnerable por razón de su edad, enfermedad o discapacidad.

2.ª Que el hecho fuera subsiguiente a un delito contra la libertad sexual que el autor hubiera cometido sobre la víctima.

3.ª Que el delito se hubiera cometido por quien perteneciere a un grupo u organización criminal.

2. Al reo de asesinato que hubiera sido condenado por la muerte de más de dos personas se le impondrá una pena de prisión permanente revisable. En este caso, será de aplicación lo dispuesto en la letra b) del apartado 1 del artículo 78 bis y en la letra b) del apartado 2 del mismo artículo.

> *Cuando en un asesinato concurran más de una de las circunstancias previstas en el artículo anterior, se impondrá la pena de prisión de veinte a veinticinco años.*

Art. 140 bis[257].

1. A las personas condenadas por la comisión de uno o más delitos comprendidos en este título se les podrá imponer además una medida de libertad vigilada.

2. Si la víctima y quien sea autor de los delitos previstos en los tres artículos precedentes tuvieran un hijo o hija en común, la autoridad judicial impondrá, respecto de este, la pena de privación de la patria potestad.

La misma pena se impondrá cuando la víctima fuere hijo o hija del autor, respecto de otros hijos e hijas, si existieren.

> *A los condenados por la comisión de uno o más delitos comprendidos en este Título se les podrá imponer además una medida de libertad vigilada[258].*

Art. 141.

La provocación, la conspiración y la proposición para cometer los delitos previstos en los tres artículos precedentes, será castigada con la pena inferior en uno o dos grados a la señalada en su caso en los artículos anteriores.

Art. 142[259].

1. El que por imprudencia grave causare la muerte de otro, será castigado, como reo de homicidio imprudente, con la pena de prisión de uno a cuatro años.

Si el homicidio imprudente se hubiera cometido utilizando un vehículo a motor o un ciclomotor, se impondrá asimismo la pena de privación del derecho

---

257 Redactado conforme LO 8/2021, de 4 de junio, de protección integral a la infancia y la adolescencia frente a la violencia.

258 Artículo introducido por LO 1/2015, de 30 de marzo, por la que se modifica la Ley Orgánica 10/1995, de 23 de noviembre, del Código Penal.

259 Redactado —excepto los párrafos segundo y cuarto del apartado 2— conforme LO 2/2019, de 1 de marzo, de modificación de la Ley Orgánica 10/1995, de 23 de noviembre, del Código Penal, en materia de imprudencia en la conducción de vehículos a motor o ciclomotor y sanción del abandono del lugar del accidente.

a conducir vehículos a motor y ciclomotores de uno a seis años. A los efectos de este apartado, se reputará en todo caso como imprudencia grave la conducción en la que la concurrencia de alguna de las circunstancias previstas en el artículo 379 determinara la producción del hecho.

Si el homicidio imprudente se hubiera cometido utilizando un arma de fuego, se impondrá también la pena de privación del derecho al porte o tenencia de armas por tiempo de uno a seis años.

Si el homicidio se hubiera cometido por imprudencia profesional, se impondrá además la pena de inhabilitación especial para el ejercicio de la profesión, oficio o cargo por un periodo de tres a seis años.

> *1. El que por imprudencia grave causare la muerte de otro, será castigado, como reo de homicidio imprudente, con la pena de prisión de uno a cuatro años.*
>
> *Si el homicidio imprudente se hubiera cometido utilizando un vehículo a motor o un ciclomotor, se impondrá asimismo la pena de privación del derecho a conducir vehículos a motor y ciclomotores de uno a seis años.*
>
> *Si el homicidio imprudente se hubiera cometido utilizando un arma de fuego, se impondrá también la pena de privación del derecho al porte o tenencia de armas por tiempo de uno a seis años.*
>
> *Si el homicidio se hubiera cometido por imprudencia profesional, se impondrá además la pena de inhabilitación especial para el ejercicio de la profesión, oficio o cargo por un período de tres a seis años[260].*

2. El que por imprudencia menos grave causare la muerte de otro, será castigado con la pena de multa de tres meses a dieciocho meses.

> *El que por imprudencia menos grave causare la muerte de otro, será castigado con la pena de multa de tres meses a dieciocho meses[261].*

Si el homicidio se hubiera cometido utilizando un vehículo a motor o un ciclomotor, se impondrá también la pena de privación del derecho a conducir vehículos a motor y ciclomotores de tres a dieciocho meses. Se reputará en todo caso como imprudencia menos grave aquella no calificada como grave en la que para la producción del hecho haya sido determinante la comisión de alguna de las infracciones graves de las normas de tráfico, circulación de vehículos a motor y seguridad vial. La valoración sobre la existencia o no de la determinación deberá apreciarse en resolución motivada[262].

> *Si el homicidio se hubiera cometido utilizando un vehículo a motor o un ciclomotor, se podrá imponer también la pena de privación del derecho a conducir vehículos a motor y ciclomotores de tres a dieciocho meses. Se reputará imprudencia menos grave, cuando no sea calificada de grave, siempre que el hecho sea consecuencia de una infracción grave de las normas sobre tráfico, circulación de vehículos a motor y seguridad vial, apreciada la entidad de ésta por el Juez o el Tribunal[263].*

---

[260] Redactado conforme LO 1/2015, de 30 de marzo, por la que se modifica la Ley Orgánica 10/1995, de 23 de noviembre, del Código Penal.

[261] Redactado conforme LO 1/2015, de 30 de marzo, por la que se modifica la Ley Orgánica 10/1995, de 23 de noviembre, del Código Penal.

[262] Párrafo redactado conforme LO 11/2022, de 13 de septiembre, de modificación del Código Penal en materia de imprudencia en la conducción de vehículos a motor o ciclomotor.

[263] Redactado conforme LO 2/2019, de 1 de marzo, de modificación de la Ley Orgánica 10/1995, de 23 de noviembre, del Código Penal, en materia de imprudencia en la conducción de vehículos a motor o ciclomotor y sanción del abandono del lugar del accidente.

Si el homicidio se hubiera cometido utilizando un arma de fuego, se podrá imponer también la pena de privación del derecho al porte o tenencia de armas por tiempo de tres a dieciocho meses.

Si el homicidio imprudente se hubiera cometido utilizando un arma de fuego, se impondrá también la pena de privación del derecho al porte o tenencia de armas por tiempo de uno a seis años[264].

Salvo en los casos en que se produzca utilizando un vehículo a motor o un ciclomotor, el delito previsto en este apartado solo será perseguible mediante denuncia de la persona agraviada o de su representante legal[265].

El delito previsto en este apartado solo será perseguible mediante denuncia de la persona agraviada o de su representante legal[266].

Art. 142 bis[267].

En los casos previstos en el número 1 del artículo anterior, el Juez o Tribunal podrá imponer motivadamente la pena superior en un grado, en la extensión que estime conveniente, si el hecho revistiere notoria gravedad, en atención a la singular entidad y relevancia del riesgo creado y del deber normativo de cuidado infringido, y hubiere provocado la muerte de dos o más personas o la muerte de una y lesiones constitutivas de delito del artículo 152.1.2.º o 3.º en las demás, y en dos grados si el número de fallecidos fuere muy elevado.

Art. 143.

1. El que induzca al suicidio de otro será castigado con la pena de prisión de cuatro a ocho años.

2. Se impondrá la pena de prisión de dos a cinco años al que coopere con actos necesarios al suicidio de una persona.

3. Será castigado con la pena de prisión de seis a diez años si la cooperación llegara hasta el punto de ejecutar la muerte.

4. El que causare o cooperare activamente con actos necesarios y directos a la muerte de una persona que sufriera un padecimiento grave, crónico e imposibilitante o una enfermedad grave e incurable, con sufrimientos físicos o psíquicos constantes e insoportables, por la petición expresa, seria e inequívoca de esta, será castigado con la pena inferior en uno o dos grados a las señaladas en los apartados 2 y 3[268].

---

[264] Redactado conforme LO 1/2015, de 30 de marzo, por la que se modifica la Ley Orgánica 10/1995, de 23 de noviembre, del Código Penal.

[265] Párrafo redactado conforme LO 11/2022, de 13 de septiembre, de modificación del Código Penal en materia de imprudencia en la conducción de vehículos a motor o ciclomotor.

[266] Redactado conforme LO 2/2019, de 1 de marzo, de modificación de la Ley Orgánica 10/1995, de 23 de noviembre, del Código Penal, en materia de imprudencia en la conducción de vehículos a motor o ciclomotor y sanción del abandono del lugar del accidente.

[267] Artículo introducido por LO 2/2019, de 1 de marzo, de modificación de la Ley Orgánica 10/1995, de 23 de noviembre, del Código Penal, en materia de imprudencia en la conducción de vehículos a motor o ciclomotor y sanción del abandono del lugar del accidente.

[268] Apartado redactado conforme LO 3/2021, de 24 de marzo, de regulación de la eutanasia.

El que causare o cooperare activamente con actos necesarios y directos a la muerte de otro, por la petición expresa, seria e inequívoca de éste, en el caso de que la víctima sufriera una enfermedad grave que conduciría necesariamente a su muerte, o que produjera graves padecimientos permanentes y difíciles de soportar, será castigado con la pena inferior en uno o dos grados a las señaladas en los números 2 y 3 de este artículo.

5. No obstante lo dispuesto en el apartado anterior, no incurrirá en responsabilidad penal quien causare o cooperare activamente a la muerte de otra persona cumpliendo lo establecido en la ley orgánica reguladora de la eutanasia[269].

Art. 143 bis[270].

La distribución o difusión pública a través de Internet, del teléfono o de cualquier otra tecnología de la información o de la comunicación de contenidos específicamente destinados a promover, fomentar o incitar al suicidio de personas menores de edad o personas con discapacidad necesitadas de especial protección será castigada con la pena de prisión de uno a cuatro años.

Las autoridades judiciales ordenarán la adopción de las medidas necesarias para la retirada de los contenidos a los que se refiere el párrafo anterior, para la interrupción de los servicios que ofrezcan predominantemente dichos contenidos o para el bloqueo de unos y otros cuando radiquen en el extranjero.

TÍTULO II
DEL ABORTO[271]

Art. 144.

El que produzca el aborto de una mujer, sin su consentimiento, será castigado con la pena de prisión de cuatro a ocho años e inhabilitación especial para ejercer cualquier profesión sanitaria, o para prestar servicios de toda índole en clínicas, establecimientos o consultorios ginecológicos, públicos o privados, por tiempo de tres a diez años.

Las mismas penas se impondrán al que practique el aborto habiendo obtenido la anuencia de la mujer mediante violencia, amenaza o engaño.

---

[269] Apartado introducido por LO 3/2021, de 24 de marzo, de regulación de la eutanasia.

[270] Artículo introducido por LO 8/2021, de 4 de junio, de protección integral a la infancia y la adolescencia frente a la violencia.

[271] Véase LO 2/2010, de 3 de marzo, de salud sexual y reproductiva y de la interrupción voluntaria del embarazo. Véanse también RD 2409/86, de 21 de noviembre, sobre centros sanitarios acreditados y dictámenes preceptivos para la práctica legal de la interrupción voluntaria del embarazo, y RD 825/2010, de 25 de junio, de desarrollo parcial de la Ley Orgánica 2/2010, de 3 de marzo, de salud sexual y reproductiva y de la interrupción voluntaria del embarazo.

Art. 145[272].

1. El que produzca el aborto de una mujer, con su consentimiento, fuera de los casos permitidos por la ley[273] será castigado con la pena de prisión de uno a tres años e inhabilitación especial para ejercer cualquier profesión sanitaria, o para prestar servicios de toda índole en clínicas, establecimientos o consultorios ginecológicos, públicos o privados, por tiempo de uno a seis años. El juez podrá imponer la pena en su mitad superior cuando los actos descritos en este apartado se realicen fuera de un centro o establecimiento público o privado acreditado.

2. La mujer que produjere su aborto o consintiere que otra persona se lo cause, fuera de los casos permitidos por la ley, será castigada con la pena de multa de seis a veinticuatro meses.

3. En todo caso, el juez o tribunal impondrá las penas respectivamente previstas en este artículo en su mitad superior cuando la conducta se llevare a cabo a partir de la vigésimo segunda semana de gestación.

> *1. El que produzca el aborto de una mujer, con su consentimiento, fuera de los casos permitidos por la ley, será castigado con la pena de prisión de uno a tres años e inhabilitación especial para ejercer cualquier profesión sanitaria, o para prestar servicios de toda índole en clínicas, establecimientos o consultorios ginecológicos, públicos o privados, por tiempo de uno a seis años.*
>
> *2. La mujer que produjere su aborto o consintiera que otra persona se lo cause, fuera de los casos permitidos por la ley, será castigada con la pena de prisión de seis meses a un año o multa de seis a veinticuatro meses.*

Art. 145 bis[274].

1. Será castigado con la pena de multa de seis a doce meses e inhabilitación especial para prestar servicios de toda índole en clínicas, establecimientos o consultorios ginecológicos, públicos o privados, por tiempo de seis meses a dos años, el que dentro de los casos contemplados en la ley, practique un aborto:

a) Sin contar con los dictámenes previos preceptivos;

b) Fuera de un centro o establecimiento público o privado acreditado. En este caso, el juez podrá imponer la pena en su mitad superior.

2. En todo caso, el juez o tribunal impondrá las penas previstas en este artículo en su mitad superior cuando el aborto se haya practicado a partir de la vigésimo segunda semana de gestación.

3. La embarazada no será penada a tenor de este precepto.

> *1. Será castigado con la pena de multa de seis a doce meses e inhabilitación especial para prestar servicios de toda índole en clínicas, establecimientos o consultorios ginecológicos, públicos o privados, por tiempo de seis meses a dos años, el que dentro de los casos contemplados en la ley, practique un aborto:*

---

[272]   Redactado conforme LO 2/2010, de 3 de marzo, de salud sexual y reproductiva y de la interrupción voluntaria del embarazo.

[273]   Véanse arts. 12 a 17 LO 2/2010, de 3 de marzo, de salud sexual y reproductiva y de la interrupción voluntaria del embarazo.

[274]   Redactado conforme LO 1/2023, de 28 de febrero, por la que se modifica la Ley Orgánica 2/2010, de 3 de marzo, de salud sexual y reproductiva y de la interrupción voluntaria del embarazo.

a) sin haber comprobado que la mujer haya recibido la información previa relativa a los derechos, presta-ciones y ayudas públicas de apoyo a la maternidad;
b) sin haber transcurrido el período de espera contemplado en la legislación;
c) sin contar con los dictámenes previos preceptivos;
d) fuera de un centro o establecimiento público o privado acreditado. En este caso, el juez podrá imponer la pena en su mitad superior.
2. En todo caso, el juez o tribunal impondrá las penas previstas en este artículo en su mitad superior cuando el aborto se haya practicado a partir de la vigésimo segunda semana de gestación.
3. La embarazada no será penada a tenor de este precepto[275].

Art. 146.

El que por imprudencia grave ocasionare un aborto será castigado con la pena de prisión de tres a cinco meses o multa de seis a 10 meses[276].

Cuando el aborto fuere cometido por imprudencia profesional se impondrá asimismo la pena de inhabilitación especial para el ejercicio de la profesión, oficio o cargo por un período de uno a tres años.

La embarazada no será penada a tenor de este precepto.

TÍTULO III
DE LAS LESIONES

Art. 147[277].

1. El que, por cualquier medio o procedimiento, causare a otro una lesión que menoscabe su integridad corporal o su salud física o mental, será castigado, como reo del delito de lesiones con la pena de prisión de tres meses a tres años o multa de seis a doce meses, siempre que la lesión requiera objetivamente para su sanidad, además de una primera asistencia facultativa, tratamiento médico o quirúrgico. La simple vigilancia o seguimiento facultativo del curso de la lesión no se considerará tratamiento médico.

2. El que, por cualquier medio o procedimiento, causare a otro una lesión no incluida en el apartado anterior, será castigado con la pena de multa de uno a tres meses.

3. El que golpeare o maltratare de obra a otro sin causarle lesión, será castigado con la pena de multa de uno a dos meses.

4. Los delitos previstos en los dos apartados anteriores sólo serán perseguibles mediante denuncia de la persona agraviada o de su representante legal.

1. El que, por cualquier medio o procedimiento, causare a otro una lesión que menoscabe su integridad corporal o su salud física o mental, será castigado como reo del delito de lesiones con la pena de prisión de seis meses a tres años, siempre que la lesión requiera objetivamente para su sanidad, además de una

---

[275] Artículo introducido por y redactado conforme LO 2/2010, de 3 de marzo, de salud sexual y reproductiva y de la interrupción voluntaria del embarazo.

[276] Redactado conforme LO 15/2003, de 25 de noviembre, por la que se modifica la Ley Orgánica 10/1995, de 23 de noviembre, del Código Penal.

[277] Redactado conforme LO 1/2015, de 30 de marzo, por la que se modifica la Ley Orgánica 10/1995, de 23 de noviembre, del Código Penal.

primera asistencia facultativa, tratamiento médico o quirúrgico. La simple vigilancia o seguimiento facultativo del curso de la lesión no se considerará tratamiento médico.
Con la misma pena será castigado el que, en el plazo de un año, haya realizado cuatro veces la acción descrita en el artículo 617 de este Código[278].
2. No obstante, el hecho descrito en el apartado anterior será castigado con la pena de prisión de tres a seis meses o multa de seis a 12 meses, cuando sea de menor gravedad, atendidos el medio empleado o el resultado producido[279].

Art. 148.

Las lesiones previstas en el apartado 1 del artículo anterior podrán ser castigadas con la pena de prisión de dos a cinco años, atendiendo al resultado causado o riesgo producido:

1.º Si en la agresión se hubieren utilizado armas, instrumentos, objetos, medios, métodos o formas concretamente peligrosas para la vida o salud, física o psíquica, del lesionado.

2.º Si hubiere mediado ensañamiento o alevosía[280].

3.º Si la víctima fuere menor de catorce años o persona con discapacidad necesitada de especial protección[281].

3.º Si la víctima fuere menor de doce años o persona con discapacidad necesitada de especial protección.

4.º Si la víctima fuere o hubiere sido esposa, o mujer que estuviere o hubiere estado ligada al autor por una análoga relación de afectividad, aun sin convivencia[282].

5.º Si la víctima fuera una persona especialmente vulnerable que conviva con el autor[283].

Art. 149.

1. El que causara a otro, por cualquier medio o procedimiento, la pérdida o la inutilidad de un órgano o miembro principal, o de un sentido, la impotencia, la esterilidad, una grave deformidad, o una grave enfermedad somática o psíquica, será castigado con la pena de prisión de seis a 12 años[284].

---

[278]   Párrafo introducido por LO 11/2003, de 29 de septiembre, de medidas concretas en materia de seguridad ciudadana, violencia doméstica e integración social de los extranjeros.

[279]   Redactado conforme LO 15/2003, de 25 de noviembre, por la que se modifica la Ley Orgánica 10/1995, de 23 de noviembre, del Código Penal.

[280]   Apartado redactado conforme LO 1/2004, de 28 de diciembre, de Medidas de Protección Integral contra la Violencia de Género.

[281]   Apartado redactado conforme LO 8/2021, de 4 de junio, de protección integral a la infancia y la adolescencia frente a la violencia.

[282]   Apartado introducido por LO 1/2004, de 28 de diciembre, de Medidas de Protección Integral contra la Violencia de Género.

[283]   Apartado introducido por LO 1/2004, de 28 de diciembre, de Medidas de Protección Integral contra la Violencia de Género.

[284]   Redactado conforme LO 11/2003, de 29 de septiembre, de medidas concretas en materia de seguridad ciudadana, violencia doméstica e integración social de los extranjeros.

2. El que causara a otro una mutilación genital en cualquiera de sus manifestaciones será castigado con la pena de prisión de seis a 12 años. Si la víctima fuera menor o persona con discapacidad necesitada de especial protección, será aplicable la pena de inhabilitación especial para el ejercicio de la patria potestad, tutela, curatela, guarda o acogimiento por tiempo de cuatro a 10 años, si el juez lo estima adecuado al interés del menor o persona con discapacidad necesitada de especial protección[285].

Art. 150.

El que causare a otro la pérdida o la inutilidad de un órgano o miembro no principal, o la deformidad, será castigado con la pena de prisión de tres a seis años.

Art. 151.

La provocación, la conspiración y la proposición para cometer los delitos previstos en los artículos precedentes de este Título, será castigada con la pena inferior en uno o dos grados a la del delito correspondiente.

Art. 152[286].

1. El que por imprudencia grave causare alguna de las lesiones previstas en los artículos anteriores será castigado, en atención al riesgo creado y el resultado producido:

1.° Con la pena de prisión de tres a seis meses o multa de seis a dieciocho meses, si se tratare de las lesiones del apartado 1 del artículo 147.

2.° Con la pena de prisión de uno a tres años, si se tratare de las lesiones del artículo 149.

3.° Con la pena de prisión de seis meses a dos años, si se tratare de las lesiones del artículo 150.

Si los hechos se hubieran cometido utilizando un vehículo a motor o un ciclomotor, se impondrá asimismo la pena de privación del derecho a conducir vehículos a motor y ciclomotores de uno a cuatro años. A los efectos de este apartado, se reputará en todo caso como imprudencia grave la conducción en la que la concurrencia de alguna de las circunstancias previstas en el artículo 379 determinara la producción del hecho.

Si las lesiones se hubieran causado utilizando un arma de fuego, se impondrá también la pena de privación del derecho al porte o tenencia de armas por tiempo de uno a cuatro años.

---

[285] Apartado introducido por LO 11/2003, de 29 de septiembre, de medidas concretas en materia de seguridad ciudadana, violencia doméstica e integración social de los extranjeros.

[286] Redactado —excepto los párrafos primero y segundo del apartado 2— conforme LO 2/2019, de 1 de marzo, de modificación de la Ley Orgánica 10/1995, de 23 de noviembre, del Código Penal, en materia de imprudencia en la conducción de vehículos a motor o ciclomotor y sanción del abandono del lugar del accidente.

Si las lesiones hubieran sido cometidas por imprudencia profesional, se impondrá además la pena de inhabilitación especial para el ejercicio de la profesión, oficio o cargo por un período de seis meses a cuatro años.

1. El que por imprudencia grave causare alguna de las lesiones previstas en los artículos anteriores será castigado, en atención al riesgo creado y el resultado producido:

1.º Con la pena de prisión de tres a seis meses o multa de seis a dieciocho meses, si se tratare de las lesiones del apartado 1 del artículo 147.

2.º Con la pena de prisión de uno a tres años, si se tratare de las lesiones del artículo 149.

3.º Con la pena de prisión de seis meses a dos años, si se tratare de las lesiones del artículo 150.

Si los hechos se hubieran cometido utilizando un vehículo a motor o un ciclomotor, se impondrá asimismo la pena de privación del derecho a conducir vehículos a motor y ciclomotores de uno a cuatro años.

Si las lesiones se hubieran causado utilizando un arma de fuego, se impondrá también la pena de privación del derecho al porte o tenencia de armas por tiempo de uno a cuatro años.

Si las lesiones hubieran sido cometidas por imprudencia profesional, se impondrá además la pena de inhabilitación especial para el ejercicio de la profesión, oficio o cargo por un período de seis meses a cuatro años[287].

2. El que por imprudencia menos grave causare alguna de las lesiones a que se refiere el artículo 147.1, será castigado con la pena de multa de uno a dos meses, y si se causaren las lesiones a que se refieren los artículos 149 y 150, será castigado con la pena de multa de tres meses a doce meses[288].

El que por imprudencia menos grave causare alguna de las lesiones a que se refieren los artículos 147.1, 149 y 150, será castigado con la pena de multa de tres meses a doce meses[289].

Si los hechos se hubieran cometido utilizando un vehículo a motor o un ciclomotor, se impondrá también la pena de privación del derecho a conducir vehículos a motor y ciclomotores de tres a dieciocho meses. A los efectos de este apartado, se reputará en todo caso como imprudencia menos grave aquella no calificada como grave en la que para la producción del hecho haya sido determinante la comisión de alguna de las infracciones graves de las normas de tráfico, circulación de vehículos y seguridad vial. La valoración sobre la existencia o no de la determinación deberá apreciarse en resolución motivada[290].

Si los hechos se hubieran cometido utilizando un vehículo a motor o un ciclomotor, se podrá imponer también la pena de privación del derecho a conducir vehículos a motor y ciclomotores de tres meses a un año. Se reputará imprudencia menos grave, cuando no sea calificada de grave, siempre que el hecho

---

[287] Redactado conforme LO 1/2015, de 30 de marzo, por la que se modifica la Ley Orgánica 10/1995, de 23 de noviembre, del Código Penal.

[288] Párrafo redactado conforme LO 11/2022, de 13 de septiembre, de modificación del Código Penal en materia de imprudencia en la conducción de vehículos a motor y ciclomotor.

[289] Redactado conforme LO 2/2019, de 1 de marzo, de modificación de la Ley Orgánica 10/1995, de 23 de noviembre, del Código Penal, en materia de imprudencia en la conducción de vehículos a motor o ciclomotor y sanción del abandono del lugar del accidente.

[290] Párrafo redactado conforme LO 11/2022, de 13 de septiembre, de modificación del Código Penal en materia de imprudencia en la conducción de vehículos a motor y ciclomotor.

sea consecuencia de una infracción grave de las normas sobre tráfico, circulación de vehículos a motor y seguridad vial, apreciada la entidad de esta por el Juez o el Tribunal[291].

Si las lesiones se hubieran causado utilizando un arma de fuego, se podrá imponer también la pena de privación del derecho al porte o tenencia de armas por tiempo de tres meses a un año.

Si las lesiones se hubieran causado utilizando un arma de fuego, se podrá imponer también la pena de privación del derecho al porte o tenencia de armas por tiempo de tres meses a un año[292].

El delito previsto en este apartado solo será perseguible mediante denuncia de la persona agraviada o de su representante legal.

Art. 152 bis[293].

En los casos previstos en el número 1 del artículo anterior, el Juez o Tribunal podrá imponer motivadamente la pena superior en un grado, en la extensión que estime conveniente, si el hecho revistiere notoria gravedad, en atención a la singular entidad y relevancia del riesgo creado y del deber normativo de cuidado infringido, y hubiere provocado lesiones constitutivas de delito del artículo 152.1.2.º o 3.º a una pluralidad de personas, y en dos grados si el número de lesionados fuere muy elevado.

Art. 153.

1. El que por cualquier medio o procedimiento causare a otro menoscabo psíquico o una lesión de menor gravedad de las previstas en el apartado 2 del artículo 147, o golpeare o maltratare de obra a otro sin causarle lesión, cuando la ofendida sea o haya sido esposa, o mujer que esté o haya estado ligada a él por una análoga relación de afectividad aun sin convivencia, o persona especialmente vulnerable que conviva con el autor, será castigado con la pena de prisión de seis meses a un año o de trabajos en beneficios de la comunidad de treinta y uno a ochenta días y, en todo caso, privación del derecho a la tenencia y porte de armas de un año y un día a tres años, así como, cuando el juez o tribunal lo estime adecuado al interés del menor o persona con discapacidad necesitada de especial protección, inhabilitación para el ejercicio de la patria potestad, tutela, curatela, guarda o acogimiento hasta cinco años[294].

1. El que por cualquier medio o procedimiento causare a otro menoscabo psíquico o una lesión no definidos como delito en este Código, o golpeare o maltratare de obra a otro sin causarle lesión, cuando la

---

291   Redactado conforme LO 2/2019, de 1 de marzo, de modificación de la Ley Orgánica 10/1995, de 23 de noviembre, del Código Penal, en materia de imprudencia en la conducción de vehículos a motor o ciclomotor y sanción del abandono del lugar del accidente.

292   Redactado conforme LO 1/2015, de 30 de marzo, por la que se modifica la Ley Orgánica 10/1995, de 23 de noviembre, del Código Penal.

293   Artículo introducido por LO 2/2019, de 1 de marzo, de modificación de la Ley Orgánica 10/1995, de 23 de noviembre, del Código Penal, en materia de imprudencia en la conducción de vehículos a motor o ciclomotor y sanción del abandono del lugar del accidente.

294   Redactado conforme LO 1/2015, de 30 de marzo, por la que se modifica la Ley Orgánica 10/1995, de 23 de noviembre, del Código Penal.

Art. 154

ofendida sea o haya sido esposa, o mujer que esté o haya estado ligada a él por una análoga relación de afectividad aun sin convivencia, o persona especialmente vulnerable que conviva con el autor, será castigado con la pena de prisión de seis meses a un año o de trabajos en beneficios de la comunidad de treinta y uno a ochenta días y, en todo caso, privación del derecho a la tenencia y porte de armas de un año y un día a tres años, así como, cuando el Juez o Tribunal lo estime adecuado al interés del menor o incapaz, inhabilitación para el ejercicio de patria potestad, tutela, curatela, guarda o acogimiento hasta cinco años[295].

2. Si la víctima del delito previsto en el apartado anterior fuere alguna de las personas a que se refiere el artículo 173.2, exceptuadas las personas contempladas en el apartado anterior de este artículo, el autor será castigado con la pena de prisión de tres meses a un año o de trabajos en beneficio de la comunidad de treinta y uno a ochenta días y, en todo caso, privación del derecho a la tenencia y porte de armas de un año y un día a tres años, así como, cuando el Juez o Tribunal lo estime adecuado al interés del menor o persona con discapacidad necesitada de especial protección, inhabilitación para el ejercicio de la patria potestad, tutela, curatela, guarda o acogimiento de seis meses a tres años[296].

3. Las penas previstas en los apartados 1 y 2 se impondrán en su mitad superior cuando el delito se perpetre en presencia de menores, o utilizando armas, o tenga lugar en el domicilio común o en el domicilio de la víctima, o se realice quebrantando una pena de las contempladas en el artículo 48 de este Código o una medida cautelar o de seguridad de la misma naturaleza[297].

4. No obstante lo previsto en los apartados anteriores, el Juez o Tribunal, razonándolo en sentencia, en atención a las circunstancias personales del autor y las concurrentes en la realización del hecho, podrá imponer la pena inferior en grado[298].

Art. 154[299].

Quienes riñeren entre sí, acometiéndose tumultuariamente, y utilizando medios o instrumentos que pongan en peligro la vida o integridad de las personas, serán castigados por su participación en la riña con la pena de prisión de tres meses a un año o multa de seis a 24 meses.

Art. 155.

En los delitos de lesiones, si ha mediado el consentimiento válida, libre, espontánea y expresamente emitido del ofendido, se impondrá la pena inferior en uno o dos grados.

---

[295] Redactado conforme LO 1/2004, de 28 de diciembre, de Medidas de Protección Integral contra la Violencia de Género.

[296] Redactado conforme LO 1/2004, de 28 de diciembre, de Medidas de Protección Integral contra la Violencia de Género.

[297] Redactado conforme LO 1/2004, de 28 de diciembre, de Medidas de Protección Integral contra la Violencia de Género.

[298] Redactado conforme LO 1/2004, de 28 de diciembre, de Medidas de Protección Integral contra la Violencia de Género.

[299] Redactado conforme LO 15/2003, de 25 de noviembre, por la que se modifica la Ley Orgánica 10/1995, de 23 de noviembre, del Código Penal.

No será válido el consentimiento otorgado por un menor de edad o una persona con discapacidad necesitada de especial protección.

Art. 156.

No obstante lo dispuesto en el artículo anterior, el consentimiento válida, libre, consciente y expresamente emitido exime de responsabilidad penal en los supuestos de trasplante de órganos efectuado con arreglo a lo dispuesto en la ley, esterilizaciones y cirugía transexual realizadas por facultativo, salvo que el consentimiento se haya obtenido viciadamente, o mediante precio o recompensa, o el otorgante sea menor de edad o carezca absolutamente de aptitud para prestarlo, en cuyo caso no será válido el prestado por éstos ni por sus representantes legales[300].

> *No obstante lo dispuesto en el artículo anterior, el consentimiento válida, libre, consciente y expresamente emitido exime de responsabilidad penal en los supuestos de trasplante de órganos efectuado con arreglo a lo dispuesto en la ley, esterilizaciones y cirugía transexual realizadas por facultativo, salvo que el consentimiento se haya obtenido viciadamente, o mediante precio o recompensa, o el otorgante sea menor de edad o carezca absolutamente de aptitud para prestarlo, en cuyo caso no será válido el prestado por éstos ni por sus representantes legales.*
>
> *No será punible la esterilización acordada por órgano judicial en el caso de personas que de forma permanente no puedan prestar en modo alguno el consentimiento al que se refiere el párrafo anterior, siempre que se trate de supuestos excepcionales en los que se produzca grave conflicto de bienes jurídicos protegidos, a fin de salvaguardar el mayor interés del afectado, todo ello con arreglo a lo establecido en la legislación civil[301].*

Art. 156 bis[302].

1. Los que de cualquier modo promovieren, favorecieren, facilitaren, publicitaren o ejecutaren el tráfico de órganos humanos serán castigados con la pena de prisión de seis a doce años tratándose del órgano de una persona viva y de prisión de tres a seis años tratándose del órgano de una persona fallecida.

A estos efectos, se entenderá por tráfico de órganos humanos:

a) La extracción u obtención ilícita de órganos humanos ajenos. Dicha extracción u obtención será ilícita si se produce concurriendo cualquiera de las circunstancias siguientes:

1.ª que se haya realizado sin el consentimiento libre, informado y expreso del donante vivo en la forma y con los requisitos previstos legalmente;

---

[300] Redactado conforme LO 1/2015, de 30 de marzo, por la que se modifica la Ley Orgánica 10/1995, de 23 de noviembre, del Código Penal.

[301] Este párrafo, que había sido redactado conforme LO 1/2015, de 30 de marzo, por la que se modifica la Ley Orgánica 10/1995, de 23 de noviembre, del Código Penal, ha sido suprimido por LO 2/2020, de 16 de diciembre, de modificación del Código Penal para la erradicación de la esterilización forzada o no consentida de personas con discapacidad incapacitadas judicialmente.

[302] Redactado conforme LO 1/2019, de 20 de febrero, por la que se modifica la Ley Orgánica 10/1995, de 23 de noviembre, del Código Penal, para transponer Directivas de la Unión Europea en los ámbitos financiero y de terrorismo, y abordar cuestiones de índole internacional.

2.ª que se haya realizado sin la necesaria autorización exigida por la ley en el caso del donante fallecido,

3.ª que, a cambio de la extracción u obtención, en provecho propio o ajeno, se solicitare o recibiere por el donante o un tercero, por sí o por persona interpuesta, dádiva o retribución de cualquier clase o se aceptare ofrecimiento o promesa. No se entenderá por dádiva o retribución el resarcimiento de los gastos o pérdida de ingresos derivados de la donación.

b) La preparación, preservación, almacenamiento, transporte, traslado, recepción, importación o exportación de órganos ilícitamente extraídos.

c) El uso de órganos ilícitamente extraídos con la finalidad de su trasplante o para otros fines.

2. Del mismo modo se castigará a los que, en provecho propio o ajeno:

a) solicitaren o recibieren, por sí o por persona interpuesta, dádiva o retribución de cualquier clase, o aceptaren ofrecimiento o promesa por proponer o captar a un donante o a un receptor de órganos;

b) ofrecieren o entregaren, por sí o por persona interpuesta, dádiva o retribución de cualquier clase a personal facultativo, funcionario público o particular con ocasión del ejercicio de su profesión o cargo en clínicas, establecimientos o consultorios, públicos o privados, con el fin de que se lleve a cabo o se facilite la extracción u obtención ilícitas o la implantación de órganos ilícitamente extraídos.

3. Si el receptor del órgano consintiere la realización del trasplante conociendo su origen ilícito será castigado con las mismas penas previstas en el apartado 1, que podrán ser rebajadas en uno o dos grados atendiendo a las circunstancias del hecho y del culpable.

4. Se impondrán las penas superiores en grado a las previstas en el apartado 1 cuando:

a) se hubiera puesto en grave peligro la vida o la integridad física o psíquica de la víctima del delito.

b) la víctima sea menor de edad o especialmente vulnerable por razón de su edad, discapacidad, enfermedad o situación.

Si concurrieren ambas circunstancias, se impondrá la pena en su mitad superior.

5. El facultativo, funcionario público o particular que, con ocasión del ejercicio de su profesión o cargo, realizare en centros públicos o privados las conductas descritas en los apartados 1 y 2, o solicitare o recibiere la dádiva o retribución a que se refiere la letra b) de este último apartado, o aceptare el ofrecimiento o promesa de recibirla, incurrirá en la pena en ellos señalada superior en grado y, además, en la de inhabilitación especial para empleo o cargo público, profesión u oficio, para ejercer cualquier profesión sanitaria o para prestar servicios de toda índole en clínicas, establecimientos o consultorios, públicos o privados, por el tiempo de la condena. Si concurriere, además, alguna de las circunstancias previstas en el apartado 4, se impondrán las penas en su mitad superior.

A los efectos de este artículo, el término facultativo comprende los médicos, personal de enfermería y cualquier otra persona que realice una actividad sanitaria o socio-sanitaria.

6. Se impondrá la pena superior en grado a la prevista en el apartado 1 e inhabilitación especial para profesión, oficio, industria o comercio por el tiempo de la condena, cuando el culpable perteneciere a una organización o grupo criminal dedicado a la realización de tales actividades. Si concurriere alguna de las circunstancias previstas en el apartado 4, se impondrán las penas en la mitad superior. Si concurriere la circunstancia prevista en el apartado 5, se impondrán las penas señaladas en este en su mitad superior.

Cuando se tratare de los jefes, administradores o encargados de dichas organizaciones o grupos, se les aplicará la pena en su mitad superior, que podrá elevarse a la inmediatamente superior en grado. En todo caso se elevará la pena a la inmediatamente superior en grado si concurriera alguna de las circunstancias previstas en el apartado 4 o la circunstancia prevista en el apartado 5.

7. Cuando de acuerdo con lo establecido en el artículo 31 bis una persona jurídica sea responsable de los delitos comprendidos en este artículo, se le impondrá la pena de multa del triple al quíntuple del beneficio obtenido.

Atendidas las reglas establecidas en el artículo 66 bis, los jueces y tribunales podrán asimismo imponer las penas recogidas en las letras b) a g) del apartado 7 del artículo 33.

8. La provocación, la conspiración y la proposición para cometer los delitos previstos en este artículo se castigarán con la pena inferior en uno a dos grados a la que corresponde, respectivamente, a los hechos previstos en los apartados anteriores.

9. En todo caso, las penas previstas en este artículo se impondrán sin perjuicio de las que correspondan, en su caso, por el delito del artículo 177 bis de este Código y demás delitos efectivamente cometidos.

10. Las condenas de jueces o tribunales extranjeros por delitos de la misma naturaleza que los previstos en este artículo producirán los efectos de reincidencia, salvo que el antecedente penal haya sido cancelado o pueda serlo con arreglo al Derecho español.

1. Los que promuevan, favorezcan, faciliten o publiciten la obtención o el tráfico ilegal de órganos humanos ajenos o el trasplante de los mismos serán castigados con la pena de prisión de seis a doce años si se tratara de un órgano principal, y de prisión de tres a seis años si el órgano fuera no principal.

2. Si el receptor del órgano consintiera la realización del trasplante conociendo su origen ilícito será castigado con las mismas penas que en el apartado anterior, que podrán ser rebajadas en uno o dos grados atendiendo a las circunstancias del hecho y del culpable.

3. Cuando de acuerdo con lo establecido en el artículo 31 bis una persona jurídica sea responsable de los delitos comprendidos en este artículo, se le impondrá la pena de multa del triple al quíntuple del beneficio obtenido.

Atendidas las reglas establecidas en el artículo 66 bis, los jueces y tribunales podrán asimismo imponer las penas recogidas en las letras b) a g) del apartado 7 del artículo 33[303].

---

[303]   Artículo introducido por LO 5/2010, de 22 de junio, por la que se modifica la Ley Orgánica 10/1995, de 23 de noviembre, del Código Penal.

Art. 156 ter[304].

La distribución o difusión pública a través de Internet, del teléfono o de cualquier otra tecnología de la información o de la comunicación de contenidos específicamente destinados a promover, fomentar o incitar a la autolesión de personas menores de edad o personas con discapacidad necesitadas de especial protección será castigada con la pena de prisión de seis meses a tres años.

Las autoridades judiciales ordenarán la adopción de las medidas necesarias para la retirada de los contenidos a los que se refiere el párrafo anterior, para la interrupción de los servicios que ofrezcan predominantemente dichos contenidos o para el bloqueo de unos y otros cuando radiquen en el extranjero.

> *A los condenados por la comisión de uno o más delitos comprendidos en este Título, cuando la víctima fuere alguna de las personas a que se refiere el apartado 2 del artículo 173, se les podrá imponer además una medida de libertad vigilada[305].*

Art. 156 quater[306].

A las personas condenadas por la comisión de uno o más delitos comprendidos en este Título, cuando la víctima fuere alguna de las personas a que se refiere el apartado 2 del artículo 173, se les podrá imponer además una medida de libertad vigilada.

Art. 156 quinquies[307].

A las personas condenadas por la comisión de alguno de los delitos previstos en los artículos 147.1, 148, 149, 150 y 153 en los que la víctima sea una persona menor de edad se les podrá imponer, además de las penas que procedan, la pena de inhabilitación especial para cualquier profesión, oficio u otras actividades, sean o no retribuidos, que conlleve contacto regular y directo con personas menores de edad, por un tiempo superior entre tres y cinco años al de la duración de la pena de privación de libertad impuesta en la sentencia o por un tiempo de dos a cinco años cuando no se hubiere impuesto una pena de prisión, en ambos casos se atenderá proporcionalmente a la gravedad del delito, el número de los delitos cometidos y a las circunstancias que concurran en la persona condenada.

---

[304] Redactado conforme LO 8/2021, de 4 de junio, de protección integral a la infancia y la adolescencia frente a la violencia.

[305] Artículo introducido por LO 1/2015, de 30 de marzo, por la que se modifica la Ley Orgánica 10/1995, de 23 de noviembre, del Código Penal.

[306] Artículo introducido por LO 8/2021, de 4 de junio, de protección integral a la infancia y la adolescencia frente a la violencia.

[307] Artículo introducido por LO 8/2021, de 4 de junio, de protección integral a la infancia y la adolescencia frente a la violencia.

TÍTULO IV
DE LAS LESIONES AL FETO

Art. 157.

El que, por cualquier medio o procedimiento, causare en un feto una lesión o enfermedad que perjudique gravemente su normal desarrollo, o provoque en el mismo una grave tara física o psíquica, será castigado con pena de prisión de uno a cuatro años e inhabilitación especial para ejercer cualquier profesión sanitaria, o para prestar servicios de toda índole en clínicas, establecimientos o consultorios ginecológicos, públicos o privados, por tiempo de dos a ocho años.

Art. 158.

El que, por imprudencia grave, cometiere los hechos descritos en el artículo anterior, será castigado con la pena de prisión de tres a cinco meses o multa de seis a 10 meses[308].

Cuando los hechos descritos en el artículo anterior fueren cometidos por imprudencia profesional se impondrá asimismo la pena de inhabilitación especial para el ejercicio de la profesión, oficio o cargo por un período de seis meses a dos años.

La embarazada no será penada a tenor de este precepto.

TÍTULO V
DELITOS RELATIVOS A LA MANIPULACIÓN GENÉTICA

Art. 159.

1. Serán castigados con la pena de prisión de dos a seis años e inhabilitación especial para empleo o cargo público, profesión u oficio de siete a diez años los que, con finalidad distinta a la eliminación o disminución de taras o enfermedades graves, manipulen genes humanos de manera que se altere el genotipo.

2. Si la alteración del genotipo fuere realizada por imprudencia grave, la pena será de multa de seis a quince meses e inhabilitación especial para empleo o cargo público, profesión u oficio de uno a tres años.

Art. 160[309].

1. La utilización de la ingeniería genética para producir armas biológicas o exterminadoras de la especie humana, será castigada con la pena de prisión de tres a siete años e inhabilitación especial para empleo o cargo público, profesión u oficio por tiempo de siete a 10 años.

---

[308] Redactado conforme LO 15/2003, de 25 de noviembre, por la que se modifica la Ley Orgánica 10/1995, de 23 de noviembre, del Código Penal.

[309] Redactado conforme LO 15/2003, de 25 de noviembre, por la que se modifica la Ley Orgánica 10/1995, de 23 de noviembre, del Código Penal.

2. Serán castigados con la pena de prisión de uno a cinco años e inhabilitación especial para empleo o cargo público, profesión u oficio de seis a 10 años quienes fecunden óvulos humanos con cualquier fin distinto a la procreación humana.

3. Con la misma pena se castigará la creación de seres humanos idénticos por clonación u otros procedimientos dirigidos a la selección de la raza.

Art. 161[310].

1. Quien practicare reproducción asistida en una mujer, sin su consentimiento, será castigado con la pena de prisión de dos a seis años, e inhabilitación especial para empleo o cargo público, profesión u oficio por tiempo de uno a cuatro años.

2. Para proceder por este delito será precisa denuncia de la persona agraviada o de su representante legal. Cuando aquélla sea menor de edad, persona con discapacidad necesitada de especial protección[311] o una persona desvalida, también podrá denunciar el Ministerio Fiscal.

Art. 162[312].

En los delitos contemplados en este título, la autoridad judicial podrá imponer alguna o algunas de las consecuencias previstas en el artículo 129 de este Código cuando el culpable perteneciere a una sociedad, organización o asociación, incluso de carácter transitorio, que se dedicare a la realización de tales actividades.

TÍTULO VI
DELITOS CONTRA LA LIBERTAD

CAPÍTULO I
DE LAS DETENCIONES ILEGALES Y SECUESTROS

Art. 163.

1. El particular que encerrare o detuviere a otro, privándole de su libertad, será castigado con la pena de prisión de cuatro a seis años.

---

[310] Redactado conforme LO 15/2003, de 25 de noviembre, por la que se modifica la Ley Orgánica 10/1995, de 23 de noviembre, del Código Penal.

[311] La «coma» que sigue a «... de especial protección» ha sido omitida en el texto consolidado publicado por el BOE (última modificación: 3 de junio de 2021). Aquí se opta por mantenerla respetando la redacción originaria dada al precepto por la LO 10/1995, de 23 de noviembre, y que no se ha visto afectada, a estos efectos, por las reformas introducidas por la LO 15/2003, de 25 de noviembre ni por la LO 1/2015, de 30 de marzo.

[312] Redactado conforme LO 15/2003, de 25 de noviembre, por la que se modifica la Ley Orgánica 10/1995, de 23 de noviembre, del Código Penal.

2. Si el culpable diera libertad al encerrado o detenido dentro de los tres primeros días de su detención, sin haber logrado el objeto que se había propuesto, se impondrá la pena inferior en grado.

3. Se impondrá la pena de prisión de cinco a ocho años si el encierro o detención ha durado más de quince días.

4. El particular que, fuera de los casos permitidos por las leyes, aprehendiere a una persona para presentarla inmediatamente a la autoridad, será castigado con la pena de multa de tres a seis meses.

Art. 164.

El secuestro de una persona exigiendo alguna condición para ponerla en libertad, será castigado con la pena de prisión de seis a diez años. Si en el secuestro se hubiera dado la circunstancia del artículo 163.3, se impondrá la pena superior en grado, y la inferior en grado si se dieren las condiciones del artículo 163.2.

Art. 165.

Las penas de los artículos anteriores se impondrán en su mitad superior, en los respectivos casos, si la detención ilegal o secuestro se ha ejecutado con simulación de autoridad o función pública, o la víctima fuere menor de edad o persona con discapacidad necesitada de especial protección o funcionario público en el ejercicio de sus funciones.

Art. 166[313].

1. El reo de detención ilegal o secuestro que no dé razón del paradero de la persona detenida será castigado con una pena de prisión de diez a quince años, en el caso de la detención ilegal, y de quince a veinte años en el de secuestro.

2. El hecho será castigado con una pena de quince a veinte años de prisión, en el caso de detención ilegal, y de veinte a veinticinco años de prisión, en el de secuestro, cuando concurra alguna de las siguientes circunstancias:

a) Que la víctima fuera menor de edad o persona con discapacidad necesitada de especial protección.

b) Que el autor hubiera llevado a cabo la detención ilegal o secuestro con la intención de atentar contra la libertad o la indemnidad sexual de la víctima, o hubiera actuado posteriormente con esa finalidad.

> *El reo de detención ilegal o secuestro que no dé razón del paradero de la persona detenida será castigado, según los casos, con las penas superiores en grado a las señaladas en los artículos anteriores de este capítulo, salvo que la haya dejado en libertad.*

---

[313] Redactado conforme LO 1/2015, de 30 de marzo, por la que se modifica la Ley Orgánica 10/1995, de 23 de noviembre, del Código Penal.

Art. 167[314].

1. La autoridad o funcionario público que, fuera de los casos permitidos por la ley, y sin mediar causa por delito, cometiere alguno de los hechos descritos en este Capítulo será castigado con las penas respectivamente previstas en éstos, en su mitad superior, pudiéndose llegar hasta la superior en grado.

2. Con las mismas penas serán castigados:

a) El funcionario público o autoridad que, mediando o no causa por delito, acordare, practicare o prolongare la privación de libertad de cualquiera y que no reconociese dicha privación de libertad o, de cualquier otro modo, ocultase la situación o paradero de esa persona privándola de sus derechos constitucionales o legales.

b) El particular que hubiera llevado a cabo los hechos con la autorización, el apoyo o la aquiescencia del Estado o de sus autoridades.

3. En todos los casos en los que los hechos a que se refiere este artículo hubieran sido cometidos por autoridad o funcionario público, se les impondrá, además, la pena de inhabilitación absoluta por tiempo de ocho a doce años.

> *La autoridad o funcionario público que, fuera de los casos permitidos por la Ley, y sin mediar causa por delito, cometiere alguno de los hechos descritos en los artículos anteriores será castigado con las penas respectivamente previstas en éstos, en su mitad superior y, además, con la de inhabilitación absoluta por tiempo de ocho a doce años.*

Art. 168.

La provocación, la conspiración y la proposición para cometer los delitos previstos en este Capítulo se castigarán con la pena inferior en uno o dos grados a la señalada al delito de que se trate.

CAPÍTULO II
DE LAS AMENAZAS

Art. 169.

El que amenazare a otro con causarle a él, a su familia o a otras personas con las que esté íntimamente vinculado un mal que constituya delitos de homicidio, lesiones, aborto, contra la libertad, torturas y contra la integridad moral, la libertad sexual, la intimidad, el honor, el patrimonio y el orden socioeconómico, será castigado:

1.° Con la pena de prisión de uno a cinco años, si se hubiere hecho la amenaza exigiendo una cantidad o imponiendo cualquier otra condición, aunque no sea ilícita, y el culpable hubiere conseguido su propósito. De no conseguirlo, se impondrá la pena de prisión de seis meses a tres años.

Las penas señaladas en el párrafo anterior se impondrán en su mitad superior si las amenazas se hicieren por escrito, por teléfono o por cualquier medio

---

[314] Redactado conforme LO 1/2015, de 30 de marzo, por la que se modifica la Ley Orgánica 10/1995, de 23 de noviembre, del Código Penal.

de comunicación o de reproducción, o en nombre de entidades o grupos reales o supuestos.

2.º Con la pena de prisión de seis meses a dos años, cuando la amenaza no haya sido condicional.

Art. 170.

1. Si las amenazas de un mal que constituyere delito fuesen dirigidas a atemorizar a los habitantes de una población, grupo étnico, cultural o religioso, o colectivo social o profesional, o a cualquier otro grupo de personas, y tuvieran la gravedad necesaria para conseguirlo, se impondrán respectivamente las penas superiores en grado a las previstas en el artículo anterior.

2. Serán castigados con la pena de prisión de seis meses a dos años, los que, con la misma finalidad y gravedad, reclamen públicamente la comisión de acciones violentas por parte de organizaciones o grupos terroristas[315].

Art. 171[316].

1. Las amenazas de un mal que no constituya delito serán castigadas con pena de prisión de tres meses a un año o multa de seis a 24 meses, atendidas la gravedad y circunstancia del hecho, cuando la amenaza fuere condicional y la condición no consistiere en una conducta debida. Si el culpable hubiere conseguido su propósito se le impondrá la pena en su mitad superior.

2. Si alguien exigiere de otro una cantidad o recompensa bajo la amenaza de revelar o difundir hechos referentes a su vida privada o relaciones familiares que no sean públicamente conocidos y puedan afectar a su fama, crédito o interés, será castigado con la pena de prisión de dos a cuatro años, si ha conseguido la entrega de todo o parte de lo exigido, y con la de cuatro meses a dos años, si no lo consiguiere.

3. Si el hecho descrito en el apartado anterior consistiere en la amenaza de revelar o denunciar la comisión de algún delito el ministerio fiscal podrá, para facilitar el castigo de la amenaza, abstenerse de acusar por el delito cuya revelación se hubiere amenazado, salvo que éste estuviere castigado con pena de prisión superior a dos años. En este último caso, el juez o tribunal podrá rebajar la sanción en uno o dos grados.

4. El que de modo leve amenace a quien sea o haya sido su esposa, o mujer que esté o haya estado ligada a él por una análoga relación de afectividad aun sin convivencia, será castigado con la pena de prisión de seis meses a un año o de trabajos en beneficio de la comunidad de treinta y uno a ochenta días y, en todo caso, privación del derecho a la tenencia y porte de armas de un año y un día a tres años, así como, cuando el Juez o Tribunal lo estime adecuado al interés del menor o persona con discapacidad necesitada de especial protección,

---

[315] Redactado conforme LO 15/2003, de 25 de noviembre, por la que se modifica la Ley Orgánica 10/1995, de 23 de noviembre, del Código Penal.

[316] Redactado conforme LO 15/2003, de 25 de noviembre, por la que se modifica la Ley Orgánica 10/1995, de 23 de noviembre, del Código Penal.

inhabilitación especial para el ejercicio de la patria potestad, tutela, curatela, guarda o acogimiento hasta cinco años.

Igual pena se impondrá al que de modo leve amenace a una persona especialmente vulnerable que conviva con el autor[317].

5. El que de modo leve amenace con armas u otros instrumentos peligrosos a alguna de las personas a las que se refiere el artículo 173.2, exceptuadas las contempladas en el apartado anterior de este artículo, será castigado con la pena de prisión de tres meses a un año o trabajos en beneficio de la comunidad de treinta y uno a ochenta días y, en todo caso, privación del derecho a la tenencia y porte de armas de uno a tres años, así como, cuando el Juez o Tribunal lo estime adecuado al interés del menor o persona con discapacidad necesitada de especial protección, inhabilitación especial para el ejercicio de la patria potestad, tutela, curatela, guarda o acogimiento por tiempo de seis meses a tres años.

Se impondrán las penas previstas en los apartados 4 y 5, en su mitad superior cuando el delito se perpetre en presencia de menores, o tenga lugar en el domicilio común o en el domicilio de la víctima, o se realice quebrantando una pena de las contempladas en el artículo 48 de este Código o una medida cautelar o de seguridad de la misma naturaleza[318].

6. No obstante lo previsto en los apartados 4 y 5, el Juez o Tribunal, razonándolo en sentencia, en atención a las circunstancias personales del autor y a las concurrentes en la realización del hecho, podrá imponer la pena inferior en grado[319].

7. Fuera de los casos anteriores, el que de modo leve amenace a otro será castigado con la pena de multa de uno a tres meses. Este hecho sólo será perseguible mediante denuncia de la persona agraviada o de su representante legal.

Cuando el ofendido fuere alguna de las personas a las que se refiere el apartado 2 del artículo 173, la pena será la de localización permanente de cinco a treinta días, siempre en domicilio diferente y alejado del de la víctima, o trabajos en beneficio de la comunidad de cinco a treinta días, o multa de uno a cuatro meses, ésta última únicamente en los supuestos en los que concurran las circunstancias expresadas en el apartado 2 del artículo 84. En estos casos no será exigible la denuncia a que se refiere el párrafo anterior[320].

---

[317] Apartado introducido por LO 1/2004, de 28 de diciembre, de Medidas de Protección Integral contra la Violencia de Género.

[318] Apartado introducido por LO 1/2004, de 28 de diciembre, de Medidas de Protección Integral contra la Violencia de Género.

[319] Apartado introducido por LO 1/2004, de 28 de diciembre, de Medidas de Protección Integral contra la Violencia de Género.

[320] Apartado introducido por LO 1/2015, de 30 de marzo, por la que se modifica la Ley Orgánica 10/1995, de 23 de noviembre, del Código Penal.

CAPÍTULO III
DE LAS COACCIONES

Art. 172.

1[321]. El que, sin estar legítimamente autorizado, impidiere a otro con violencia hacer lo que la ley no prohíbe, o le compeliere a efectuar lo que no quiere, sea justo o injusto, será castigado con la pena de prisión de seis meses a tres años o con multa de 12 a 24 meses, según la gravedad de la coacción o de los medios empleados.

Cuando la coacción ejercida tuviera como objeto impedir el ejercicio de un derecho fundamental se le impondrán las penas en su mitad superior, salvo que el hecho tuviera señalada mayor pena en otro precepto de este Código[322].

También se impondrán las penas en su mitad superior cuando la coacción ejercida tuviera por objeto impedir el legítimo disfrute de la vivienda[323].

2. El que de modo leve coaccione a quien sea o haya sido su esposa, o mujer que esté o haya estado ligada a él por una análoga relación de afectividad, aun sin convivencia, será castigado con la pena de prisión de seis meses a un año o de trabajos en beneficio de la comunidad de treinta y uno a ochenta días y, en todo caso, privación del derecho a la tenencia y porte de armas de un año y un día a tres años, así como, cuando el Juez o Tribunal lo estime adecuado al interés del menor o persona con discapacidad necesitada de especial protección, inhabilitación especial para el ejercicio de la patria potestad, tutela, curatela, guarda o acogimiento hasta cinco años.

Igual pena se impondrá al que de modo leve coaccione a una persona especialmente vulnerable que conviva con el autor.

Se impondrá la pena en su mitad superior cuando el delito se perpetre en presencia de menores, o tenga lugar en el domicilio común o en el domicilio de la víctima, o se realice quebrantando una pena de las contempladas en el artículo 48 de este Código o una medida cautelar o de seguridad de la misma naturaleza.

No obstante lo previsto en los párrafos anteriores, el Juez o Tribunal, razonándolo en sentencia, en atención a las circunstancias personales del autor y a las concurrentes en la realización del hecho, podrá imponer la pena inferior en grado[324].

3. Fuera de los casos anteriores, el que cause a otro una coacción de carácter leve, será castigado con la pena de multa de uno a tres meses. Este hecho sólo

---

[321]   Numeración introducida por LO 1/2004, de 28 de diciembre, de Medidas de Protección Integral contra la Violencia de Género, que entró en vigor el 29 de junio de 2005.

[322]   Párrafos I y II del apartado 1 redactados conforme LO 15/2003, de 25 de noviembre, por la que se modifica la Ley Orgánica 10/1995, de 23 de noviembre, del Código Penal.

[323]   Párrafo introducido por LO 5/2010, de 22 de junio, por la que se modifica la Ley Orgánica 10/1995, de 23 de noviembre, del Código Penal.

[324]   Apartado introducido por LO 1/2004, de 28 de diciembre, de Medidas de Protección Integral contra la Violencia de Género.

será perseguible mediante denuncia de la persona agraviada o de su representante legal.

Cuando el ofendido fuere alguna de las personas a las que se refiere el apartado 2 del artículo 173, la pena será la de localización permanente de cinco a treinta días, siempre en domicilio diferente y alejado del de la víctima, o trabajos en beneficio de la comunidad de cinco a treinta días, o multa de uno a cuatro meses, ésta última únicamente en los supuestos en los que concurran las circunstancias expresadas en el apartado 2 del artículo 84. En estos casos no será exigible la denuncia a que se refiere el párrafo anterior[325].

Art. 172 bis[326].

1. El que con intimidación grave o violencia compeliere a otra persona a contraer matrimonio será castigado con una pena de prisión de seis meses a tres años y seis meses o con multa de doce a veinticuatro meses, según la gravedad de la coacción o de los medios empleados.

2. La misma pena se impondrá a quien, con la finalidad de cometer los hechos a que se refiere el apartado anterior, utilice violencia, intimidación grave o engaño para forzar a otro a abandonar el territorio español o a no regresar al mismo.

3. Las penas se impondrán en su mitad superior cuando la víctima fuera menor de edad.

4. En las sentencias condenatorias por delito de matrimonio forzado, además del pronunciamiento correspondiente a la responsabilidad civil, se harán, en su caso, los que procedan en orden a la declaración de nulidad o disolución del matrimonio así contraído y a la filiación y fijación de alimentos[327].

Art. 172 ter[328].

1[329]. Será castigado con la pena de prisión de tres meses a dos años o multa de seis a veinticuatro meses el que acose a una persona llevando a cabo de forma insistente y reiterada, y sin estar legítimamente autorizado, alguna de las conductas siguientes y, de esta forma, altere el normal desarrollo de su vida cotidiana:

1.ª La vigile, la persiga o busque su cercanía física.

---

[325] Apartado introducido por LO 1/2015, de 30 de marzo, por la que se modifica la Ley Orgánica 10/1995, de 23 de noviembre, del Código Penal.

[326] Artículo introducido por LO 1/2015, de 30 de marzo, por la que se modifica la Ley Orgánica 10/1995, de 23 de noviembre, del Código Penal.

[327] Apartado introducido por LO 10/2022, de 6 de septiembre, de garantía integral de la libertad sexual.

[328] Artículo introducido por LO 1/2015, de 30 de marzo, por la que se modifica la Ley Orgánica 10/1995, de 23 de noviembre, del Código Penal.

[329] Apartado redactado conforme LO 1/2023, de 28 de febrero, por la que se modifica la Ley Orgánica 2/2010, de 3 de marzo, de salud sexual y reproductiva y de la interrupción voluntaria del embarazo.

2.ª Establezca o intente establecer contacto con ella a través de cualquier medio de comunicación, o por medio de terceras personas.

3.ª Mediante el uso indebido de sus datos personales, adquiera productos o mercancías, o contrate servicios, o haga que terceras personas se pongan en contacto con ella.

4.ª Atente contra su libertad o contra su patrimonio, o contra la libertad o patrimonio de otra persona próxima a ella. Cuando la víctima se halle en una situación de especial vulnerabilidad por razón de su edad, enfermedad, discapacidad o por cualquier otra circunstancia, se impondrá la pena de prisión de seis meses a dos años.

1. Será castigado con la pena de prisión de tres meses a dos años o multa de seis a veinticuatro meses el que acose a una persona llevando a cabo de forma insistente y reiterada, y sin estar legítimamente autorizado, alguna de las conductas siguientes y, de esta forma, altere el normal desarrollo de su vida cotidiana:

1.ª La vigile, la persiga o busque su cercanía física.

2.ª Establezca o intente establecer contacto con ella a través de cualquier medio de comunicación, o por medio de terceras personas.

3.ª Mediante el uso indebido de sus datos personales, adquiera productos o mercancías, o contrate servicios, o haga que terceras personas se pongan en contacto con ella.

4.ª Atente contra su libertad o contra su patrimonio, o contra la libertad o patrimonio de otra persona próxima a ella.

Cuando la víctima se halle en una situación de especial vulnerabilidad por razón de su edad, enfermedad, discapacidad o por cualquier otra circunstancia, se impondrá la pena de prisión de seis meses a dos años[330].

2. Cuando el ofendido fuere alguna de las personas a las que se refiere el apartado 2 del artículo 173, se impondrá una pena de prisión de uno a dos años, o trabajos en beneficio de la comunidad de sesenta a ciento veinte días. En este caso no será necesaria la denuncia a que se refiere el apartado 4 de este artículo.

3. Las penas previstas en este artículo se impondrán sin perjuicio de las que pudieran corresponder a los delitos en que se hubieran concretado los actos de acoso.

4. Los hechos descritos en este artículo sólo serán perseguibles mediante denuncia de la persona agraviada o de su representante legal.

5[331]. El que, sin consentimiento de su titular, utilice la imagen de una persona para realizar anuncios o abrir perfiles falsos en redes sociales, páginas de contacto o cualquier medio de difusión pública, ocasionándole a la misma situación de acoso, hostigamiento o humillación, será castigado con pena de prisión de tres meses a un año o multa de seis a doce meses. Si la víctima del delito es un menor o una persona con discapacidad, se aplicará la mitad superior de la condena.

---

[330] Apartado redactado conforme LO 10/2022, de 6 de septiembre, de garantía integral de la libertad sexual.

[331] Apartado redactado conforme LO 1/2023, de 28 de febrero, por la que se modifica la Ley Orgánica 2/2010, de 3 de marzo, de salud sexual y reproductiva y de la interrupción voluntaria del embarazo.

5. El que, sin consentimiento de su titular, utilice la imagen de una persona para realizar anuncios o abrir perfiles falsos en redes sociales, páginas de contacto o cualquier medio de difusión pública, ocasionándole a la misma situación de acoso, hostigamiento o humillación, será castigado con pena de prisión de tres meses a un año o multa de seis a doce meses[332].

Art. 172 quater[333].

1. El que para obstaculizar el ejercicio del derecho a la interrupción voluntaria del embarazo acosare a una mujer mediante actos molestos, ofensivos, intimidatorios o coactivos que menoscaben su libertad, será castigado con la pena de prisión de tres meses a un año o de trabajos en beneficio de la comunidad de treinta y uno a ochenta días.

2. Las mismas penas se impondrán a quien, en la forma descrita en el apartado anterior, acosare a los trabajadores del ámbito sanitario en su ejercicio profesional o función pública y al personal facultativo o directivo de los centros habilitados para interrumpir el embarazo con el objetivo de obstaculizar el ejercicio de su profesión o cargo.

3. Atendidas la gravedad, las circunstancias personales del autor y las concurrentes en la realización del hecho, el tribunal podrá imponer, además, la prohibición de acudir a determinados lugares por tiempo de seis meses a tres años.

4. Las penas previstas en este artículo se impondrán sin perjuicio de las que pudieran corresponder a los delitos en que se hubieran concretado los actos de acoso.

5. En la persecución de los hechos descritos en este artículo no será necesaria la denuncia de la persona agraviada ni de su representación legal.

TÍTULO VII
DE LAS TORTURAS Y OTROS DELITOS
CONTRA LA INTEGRIDAD MORAL

Art. 173.

1[334]. El que infligiera a otra persona un trato degradante, menoscabando gravemente su integridad moral, será castigado con la pena de prisión de seis meses a dos años.

---

[332]   Apartado introducido por la LO 10/2022, de 6 de septiembre, de garantía integral de la libertad sexual.

[333]   Artículo introducido por LO 4/2022, de 12 de abril, por la que se modifica la Ley Orgánica 10/1995, de 23 de noviembre, del Código Penal, para penalizar el acoso a las mujeres que acuden a clínicas para la interrupción voluntaria del embarazo.

[334]   Apartado redactado conforme LO 4/2023, de 27 de abril, para la modificación de la Ley Orgánica 10/1995, de 23 de noviembre, del Código Penal, en los delitos contra la libertad sexual, la Ley de Enjuiciamiento Criminal y la Ley Orgánica 5/2000, de 12 de enero, reguladora de la responsabilidad penal de los menores. Fecha de entrada en vigor: 29 de abril de 2023.

Igual pena se impondrá a quienes, teniendo conocimiento del paradero del cadáver de una persona, oculten de modo reiterado tal información a los familiares o allegados de la misma.

Con la misma pena serán castigados los que, en el ámbito de cualquier relación laboral o funcionarial y prevaliéndose de su relación de superioridad, realicen contra otro de forma reiterada actos hostiles o humillantes que, sin llegar a constituir trato degradante, supongan grave acoso contra la víctima.

Se impondrá también la misma pena al que de forma reiterada lleve a cabo actos hostiles o humillantes que, sin llegar a constituir trato degradante, tengan por objeto impedir el legítimo disfrute de la vivienda.

Cuando de acuerdo con lo establecido en el artículo 31 bis, una persona jurídica sea responsable de los delitos comprendidos en los párrafos anteriores, se le impondrá la pena de multa de seis meses a dos años. Atendidas las reglas establecidas en el artículo 66 bis, los Jueces y Tribunales podrán asimismo imponer las penas recogidas en las letras b) a g) del apartado 7 del artículo 33.

> 1[335]. *El que infligiera a otra persona un trato degradante, menoscabando gravemente su integridad moral, será castigado con la pena de prisión de seis meses a dos años.*
>
> *Igual pena se impondrá a quienes, teniendo conocimiento del paradero del cadáver de una persona, oculten de modo reiterado tal información a los familiares o allegados de la misma[336].*
>
> *Con la misma pena serán castigados los que, en el ámbito de cualquier relación laboral o funcionarial y prevaliéndose de su relación de superioridad, realicen contra otro de forma reiterada actos hostiles o humillantes que, sin llegar a constituir trato degradante, supongan grave acoso contra la víctima.*
>
> *Se impondrá también la misma pena al que de forma reiterada lleve a cabo actos hostiles o humillantes que, sin llegar a constituir trato degradante, tengan por objeto impedir el legítimo disfrute de la vivienda.*
>
> *Cuando de acuerdo con lo establecido en el artículo 31 bis, una persona jurídica sea responsable de los delitos comprendidos en los tres párrafos anteriores, se le impondrá la pena de multa de seis meses a dos años. Atendidas las reglas establecidas en el artículo 66 bis, los Jueces y Tribunales podrán asimismo imponer las penas recogidas en las letras b) a g) del apartado 7 del artículo 33.*

2. El que habitualmente ejerza violencia física o psíquica sobre quien sea o haya sido su cónyuge o sobre persona que esté o haya estado ligada a él por una análoga relación de afectividad aun sin convivencia, o sobre los descendientes, ascendientes o hermanos por naturaleza, adopción o afinidad, propios o del cónyuge o conviviente, o sobre los menores o personas con discapacidad necesitadas de especial protección que con él convivan o que se hallen sujetos a la potestad, tutela, curatela, acogimiento o guarda de hecho del cónyuge o conviviente, o sobre persona amparada en cualquier otra relación por la que se encuentre integrada en el núcleo de su convivencia familiar, así como sobre las personas que por su especial vulnerabilidad se encuentran sometidas a custodia o guarda en centros públicos o privados, será castigado con la pena de prisión de seis meses a tres años, privación del derecho a la tenencia y porte de

---

[335] Apartado redactado —excepto el párrafo segundo— conforme LO 10/2022, de 6 de septiembre, de garantía integral de la libertad sexual.

[336] Párrafo introducido por LO 14/2022, de 22 de diciembre, de transposición de directivas europeas y otras disposiciones para la adaptación de la legislación penal al ordenamiento de la Unión Europea, y reforma de los delitos contra la integridad moral, desórdenes públicos y contrabando de armas de doble uso.

armas de tres a cinco años y, en su caso, cuando el juez o tribunal lo estime adecuado al interés del menor o persona con discapacidad necesitada de especial protección, inhabilitación especial para el ejercicio de la patria potestad, tutela, curatela, guarda o acogimiento por tiempo de uno a cinco años, sin perjuicio de las penas que pudieran corresponder a los delitos en que se hubieran concretado los actos de violencia física o psíquica.

Se impondrán las penas en su mitad superior cuando alguno o algunos de los actos de violencia se perpetren en presencia de menores, o utilizando armas, o tengan lugar en el domicilio común o en el domicilio de la víctima, o se realicen quebrantando una pena de las contempladas en el artículo 48 o una medida cautelar o de seguridad o prohibición de la misma naturaleza.

En los supuestos a que se refiere este apartado, podrá además imponerse una medida de libertad vigilada[337].

> *2. El que habitualmente ejerza violencia física o psíquica sobre quien sea o haya sido su cónyuge o sobre persona que esté o haya estado ligada a él por una análoga relación de afectividad aun sin convivencia, o sobre los descendientes, ascendientes o hermanos por naturaleza, adopción o afinidad, propios o del cónyuge o conviviente, o sobre los menores o incapaces que con él convivan o que se hallen sujetos a la potestad, tutela, curatela, acogimiento o guarda de hecho del cónyuge o conviviente, o sobre persona amparada en cualquier otra relación por la que se encuentre integrada en el núcleo de su convivencia familiar, así como sobre las personas que por su especial vulnerabilidad se encuentran sometidas a custodia o guarda en centros públicos o privados, será castigado con la pena de prisión de seis meses a tres años, privación del derecho a la tenencia y porte de armas de dos a cinco años y, en su caso, cuando el juez o tribunal lo estime adecuado al interés del menor o incapaz, inhabilitación especial para el ejercicio de la patria potestad, tutela, curatela, guarda o acogimiento por tiempo de uno a cinco años, sin perjuicio de las penas que pudieran corresponder a los delitos o faltas en que se hubieran concretado los actos de violencia física o psíquica.*
>
> *Se impondrán las penas en su mitad superior cuando alguno o algunos de los actos de violencia se perpetren en presencia de menores, o utilizando armas, o tengan lugar en el domicilio común o en el domicilio de la víctima, o se realicen quebrantando una pena de las contempladas en el artículo 48 de este Código o una medida cautelar o de seguridad o prohibición de la misma naturaleza[338].*

3. Para apreciar la habitualidad a que se refiere el apartado anterior, se atenderá al número de actos de violencia que resulten acreditados, así como a la proximidad temporal de los mismos, con independencia de que dicha violencia se haya ejercido sobre la misma o diferentes víctimas de las comprendidas en este artículo, y de que los actos violentos hayan sido o no objeto de enjuiciamiento en procesos anteriores[339].

4. Quien cause injuria o vejación injusta de carácter leve, cuando el ofendido fuera una de las personas a las que se refiere el apartado 2 del artículo 173, será castigado con la pena de localización permanente de cinco a treinta días, siempre en domicilio diferente y alejado del de la víctima, o trabajos en benefi-

---

[337]   Apartado redactado conforme LO 1/2015, de 30 de marzo, por la que se modifica la Ley Orgánica 10/1995, de 23 de noviembre, del Código Penal.

[338]   Redactado conforme LO 11/2003, de 29 de septiembre, de medidas concretas en materia de seguridad ciudadana, violencia doméstica e integración social de los extranjeros.

[339]   Redactado conforme LO 11/2003, de 29 de septiembre, de medidas concretas en materia de seguridad ciudadana, violencia doméstica e integración social de los extranjeros.

cio de la comunidad de cinco a treinta días, o multa de uno a cuatro meses, esta última únicamente en los supuestos en los que concurren las circunstancias expresadas en el apartado 2 del artículo 84.

Las mismas penas se impondrán a quienes se dirijan a otra persona con expresiones, comportamientos o proposiciones de carácter sexual que creen a la víctima una situación objetivamente humillante, hostil o intimidatoria, sin llegar a constituir otros delitos de mayor gravedad.

Los delitos tipificados en los dos párrafos anteriores sólo serán perseguibles mediante denuncia de la persona agraviada o su representante legal[340].

> *4. Quien cause injuria o vejación injusta de carácter leve, cuando el ofendido fuera una de las personas a las que se refiere el apartado 2 del artículo 173, será castigado con la pena de localización permanente de cinco a treinta días, siempre en domicilio diferente y alejado del de la víctima, o trabajos en beneficio de la comunidad de cinco a treinta días, o multa de uno a cuatro meses, esta última únicamente en los supuestos en los que concurran las circunstancias expresadas en el apartado 2 del artículo 84.*
>
> *Las injurias solamente serán perseguibles mediante denuncia de la persona agraviada o de su representante legal[341].*

Art. 174.

1. Comete tortura la autoridad o funcionario público que, abusando de su cargo, y con el fin de obtener una confesión o información de cualquier persona o de castigarla por cualquier hecho que haya cometido o se sospeche que ha cometido, o por cualquier razón basada en algún tipo de discriminación, la sometiere a condiciones o procedimientos que por su naturaleza, duración u otras circunstancias, le supongan sufrimientos físicos o mentales, la supresión o disminución de sus facultades de conocimiento, discernimiento o decisión o que, de cualquier otro modo, atenten contra su integridad moral. El culpable de tortura será castigado con la pena de prisión de dos a seis años si el atentado fuera grave, y de prisión de uno a tres años si no lo es. Además de las penas señaladas se impondrá, en todo caso, la pena de inhabilitación absoluta de ocho a 12 años[342].

2. En las mismas penas incurrirán, respectivamente, la autoridad o funcionario de instituciones penitenciarias o de centros de protección o corrección de menores que cometiere, respecto de detenidos, internos o presos, los actos a que se refiere el apartado anterior.

Art. 175.

La autoridad o funcionario público que, abusando de su cargo y fuera de los casos comprendidos en el artículo anterior, atentare contra la integridad moral de una persona será castigado con la pena de prisión de dos a cuatro años si el atentado fuera grave, y de prisión de seis meses a dos años si no lo es. Se impon-

---

340   Apartado redactado conforme LO 10/2022, de 6 de septiembre, de garantía integral de la libertad sexual.

341   Apartado introducido por LO 1/2015, de 30 de marzo, por la que se modifica la Ley Orgánica 10/1995, de 23 de noviembre, del Código Penal.

342   Redactado conforme LO 15/2003, de 25 de noviembre, por la que se modifica la Ley Orgánica 10/1995, de 23 de noviembre, del Código Penal.

Art. 176

drá, en todo caso, al autor, además de las penas señaladas, la de inhabilitación especial para empleo o cargo público de dos a cuatro años.

Art. 176.

Se impondrán las penas respectivamente establecidas en los artículos precedentes a la autoridad o funcionario que, faltando a los deberes de su cargo, permitiere que otras personas ejecuten los hechos previstos en ellos.

Art. 177[343].

Si en los delitos descritos en los artículos precedentes, además del atentado a la integridad moral, se produjere lesión o daño a la vida, integridad física, salud, libertad sexual o bienes de la víctima o de un tercero, se castigarán los hechos separadamente con la pena que les corresponda por los delitos cometidos, excepto cuando aquél ya se halle especialmente castigado por la ley.

Si en los delitos descritos en los artículos precedentes, además del atentado a la integridad moral, se produjere lesión o daño a la vida, integridad física, salud, libertad sexual o bienes de la víctima o de un tercero, se castigarán los hechos separadamente con la pena que les corresponda por los delitos o faltas cometidos, excepto cuando aquél ya se halle especialmente castigado por la Ley.

TÍTULO VII BIS
DE LA TRATA DE SERES HUMANOS[344]

Art. 177 bis.

1[345]. Será castigado con la pena de cinco a ocho años de prisión como reo de trata de seres humanos el que, sea en territorio español, sea desde España, en tránsito o con destino a ella, empleando violencia, intimidación o engaño, o abusando de una situación de superioridad o de necesidad o de vulnerabilidad de la víctima nacional o extranjera, o mediante la entrega o recepción de pagos o beneficios para lograr el consentimiento de la persona que poseyera el control sobre la víctima, la captare, transportare, trasladare, acogiere, o recibiere, incluido el intercambio o transferencia de control sobre esas personas, con cualquiera de las finalidades siguientes:

a) La imposición de trabajo o de servicios forzados, la esclavitud o prácticas similares a la esclavitud, a la servidumbre o a la mendicidad.

b) La explotación sexual, incluyendo la pornografía.

c) La explotación para realizar actividades delictivas.

d) La extracción de sus órganos corporales.

e) La celebración de matrimonios forzados.

---

[343] Redactado conforme LO 1/2015, de 30 de marzo, por la que se modifica la Ley Orgánica 10/1995, de 23 de noviembre, del Código Penal.

[344] Título introducido por LO 5/2010, de 22 de junio, por la que se modifica la Ley Orgánica 10/1995, de 23 de noviembre, del Código Penal.

[345] Apartado redactado conforme LO 8/2021, de 4 de junio, de protección integral a la infancia y la adolescencia frente a la violencia.

Existe una situación de necesidad o vulnerabilidad cuando la persona en cuestión no tiene otra alternativa, real o aceptable, que someterse al abuso.

Cuando la víctima de trata de seres humanos fuera una persona menor de edad se impondrá, en todo caso, la pena de inhabilitación especial para cualquier profesión, oficio o actividades, sean o no retribuidos, que conlleve contacto regular y directo con personas menores de edad, por un tiempo superior entre seis y veinte años al de la duración de la pena de privación de libertad impuesta.

> *1[346]. Será castigado con la pena de cinco a ocho años de prisión como reo de trata de seres humanos el que, sea en territorio español, sea desde España, en tránsito o con destino a ella, empleando violencia, intimidación o engaño, o abusando de una situación de superioridad o de necesidad o de vulnerabilidad de la víctima nacional o extranjera, o mediante la entrega o recepción de pagos o beneficios para lograr el consentimiento de la persona que poseyera el control sobre la víctima, la captare, transportare, trasladare, acogiere, o recibiere, incluido el intercambio o transferencia de control sobre esas personas, con cualquiera de las finalidades siguientes:*
>
> *a) La imposición de trabajo o de servicios forzados, la esclavitud o prácticas similares a la esclavitud, a la servidumbre o a la mendicidad.*
>
> *b) La explotación sexual, incluyendo la pornografía.*
>
> *c) La explotación para realizar actividades delictivas.*
>
> *d) La extracción de sus órganos corporales.*
>
> *e) La celebración de matrimonios forzados.*
>
> *Existe una situación de necesidad o vulnerabilidad cuando la persona en cuestión no tiene otra alternativa, real o aceptable, que someterse al abuso.*

2. Aun cuando no se recurra a ninguno de los medios enunciados en el apartado anterior, se considerará trata de seres humanos cualquiera de las acciones indicadas en el apartado anterior cuando se llevare a cabo respecto de menores de edad con fines de explotación.

3. El consentimiento de una víctima de trata de seres humanos será irrelevante cuando se haya recurrido a alguno de los medios indicados en el apartado primero de este artículo.

4[347]. Se impondrá la pena superior en grado a la prevista en el apartado primero de este artículo cuando:

a) se hubiera puesto en peligro la vida o la integridad física o psíquica de las personas objeto del delito;

b) la víctima sea especialmente vulnerable por razón de enfermedad, estado gestacional, discapacidad o situación personal, o sea menor de edad.

c) la víctima sea una persona cuya situación de vulnerabilidad haya sido originada o agravada por el desplazamiento derivado de un conflicto armado o una catástrofe humanitaria[348].

---

[346] Apartado redactado conforme LO 1/2015, de 30 de marzo, por la que se modifica la Ley Orgánica 10/1995, de 23 de noviembre, del Código Penal.

[347] Apartado redactado —excepto la letra c)— conforme LO 1/2015, de 30 de marzo, por la que se modifica la Ley Orgánica 10/1995, de 23 de noviembre, del Código Penal.

[348] Introducido por LO 13/2022, de 20 de diciembre, por la que se modifica la Ley Orgánica 10/1995, de 23 de noviembre, del Código Penal, para agravar las penas previstas para los

Si concurriere más de una circunstancia se impondrá la pena en su mitad superior.

> *4[349]. Se impondrá la pena superior en grado a la prevista en el apartado primero de este artículo cuando:*
> *a) Con ocasión de la trata se ponga en grave peligro a la víctima;*
> *b) la víctima sea menor de edad;*
> *c) la víctima sea especialmente vulnerable por razón de enfermedad, discapacidad o situación.*
> *Si concurriere más de una circunstancia se impondrá la pena en su mitad superior.*

5. Se impondrá la pena superior en grado a la prevista en el apartado 1 de este artículo e inhabilitación absoluta de seis a doce años a los que realicen los hechos prevaliéndose de su condición de autoridad, agente de ésta o funcionario público. Si concurriere además alguna de las circunstancias previstas en el apartado 4 de este artículo se impondrán las penas en su mitad superior.

6. Se impondrá la pena superior en grado a la prevista en el apartado 1 de este artículo e inhabilitación especial para profesión, oficio, industria o comercio por el tiempo de la condena, cuando el culpable perteneciera a una organización o asociación de más de dos personas, incluso de carácter transitorio, que se dedicase a la realización de tales actividades. Si concurriere alguna de las circunstancias previstas en el apartado 4 de este artículo se impondrán las penas en la mitad superior. Si concurriere la circunstancia prevista en el apartado 5 de este artículo se impondrán las penas señaladas en este en su mitad superior.

Cuando se trate de los jefes, administradores o encargados de dichas organizaciones o asociaciones, se les aplicará la pena en su mitad superior, que podrá elevarse a la inmediatamente superior en grado. En todo caso se elevará la pena a la inmediatamente superior en grado si concurriera alguna de las circunstancias previstas en el apartado 4 o la circunstancia prevista en el apartado 5 de este artículo.

7. Cuando de acuerdo con lo establecido en el artículo 31 bis una persona jurídica sea responsable de los delitos comprendidos en este artículo, se le impondrá la pena de multa del triple al quíntuple del beneficio obtenido. Atendidas las reglas establecidas en el artículo 66 bis, los jueces y tribunales podrán asimismo imponer las penas recogidas en las letras b) a g) del apartado 7 del artículo 33.

8. La provocación, la conspiración y la proposición para cometer el delito de trata de seres humanos serán castigadas con la pena inferior en uno o dos grados a la del delito correspondiente.

9. En todo caso, las penas previstas en este artículo se impondrán sin perjuicio de las que correspondan, en su caso, por el delito del artículo 318 bis de este Código y demás delitos efectivamente cometidos, incluidos los constitutivos de la correspondiente explotación.

---

delitos de trata de seres humanos desplazados por un conflicto armado o una catástrofe humanitaria.

[349] Introducido por LO 5/2010, de 22 de junio, por la que se modifica la Ley Orgánica 10/1995, de 23 de noviembre, del Código Penal.

10. Las condenas de jueces o tribunales extranjeros por delitos de la misma naturaleza que los previstos en este artículo producirán los efectos de reincidencia, salvo que el antecedente penal haya sido cancelado o pueda serlo con arreglo al Derecho español.

11. Sin perjuicio de la aplicación de las reglas generales de este Código, la víctima de trata de seres humanos quedará exenta de pena por las infracciones penales que haya cometido en la situación de explotación sufrida, siempre que su participación en ellas haya sido consecuencia directa de la situación de violencia, intimidación, engaño o abuso a que haya sido sometida y que exista una adecuada proporcionalidad entre dicha situación y el hecho criminal realizado.

TÍTULO VIII
DELITOS CONTRA LA LIBERTAD SEXUAL[350]

TÍTULO VIII
DELITOS CONTRA LA LIBERTAD E INDEMNIDAD SEXUALES[351]

CAPÍTULO I[352]
DE LAS AGRESIONES SEXUALES

Art. 178[353].

1[354]. Será castigado con la pena de prisión de uno a cuatro años, como responsable de agresión sexual, el que realice cualquier acto que atente contra la libertad sexual de otra persona sin su consentimiento. Sólo se entenderá que hay consentimiento cuando se haya manifestado libremente mediante actos que, en atención a las circunstancias del caso, expresen de manera clara la voluntad de la persona.

---

[350] Rúbrica redactada conforme LO 10/2022, de 6 de septiembre, de garantía integral de la libertad sexual.

[351] Rúbrica redactada conforme LO 11/1999, de 30 de abril, de modificación del Código Penal de 1995 en delitos contra la libertad e indemnidad sexuales.

[352] Capítulo redactado conforme LO 10/2022, de 6 de septiembre, de garantía integral de la libertad sexual. La redacción previa a la LO 10/2022, de 6 de septiembre, de garantía integral de la libertad sexual se encuentra íntegramente transcrita y anotada en el Anexo VIII.

[353] Artículo redactado —excepto el apartado 1— conforme LO 4/2023, de 27 de abril, para la modificación de la Ley Orgánica 10/1995, de 23 de noviembre, del Código Penal, en los delitos contra la libertad sexual, la Ley de Enjuiciamiento Criminal y la Ley Orgánica 5/2000, de 12 de enero, reguladora de la responsabilidad penal de los menores. Fecha de entrada en vigor: 29 de abril de 2023.

[354] Apartado redactado conforme LO 10/2022, de 6 de septiembre, de garantía integral de la libertad sexual.

Art. 178

2[355]. Se consideran en todo caso agresión sexual los actos de contenido sexual que se realicen empleando violencia, intimidación o abuso de una situación de superioridad o de vulnerabilidad de la víctima, así como los que se ejecuten sobre personas que se hallen privadas de sentido o de cuya situación mental se abusare y los que se realicen cuando la víctima tenga anulada por cualquier causa su voluntad.

> *2. A los efectos del apartado anterior, se consideran en todo caso agresión sexual los actos de contenido sexual que se realicen empleando violencia, intimidación o abuso de una situación de superioridad o de vulnerabilidad de la víctima, así como los que se ejecuten sobre personas que se hallen privadas de sentido o de cuya situación mental se abusare y los que se realicen cuando la víctima tenga anulada por cualquier causa su voluntad[356].*

3[357]. Si la agresión se hubiera cometido empleando violencia o intimidación o sobre una víctima que tenga anulada por cualquier causa su voluntad, su responsable será castigado con la pena de uno a cinco años de prisión.

4[358]. El órgano sentenciador, razonándolo en la sentencia, y siempre que no medie violencia o intimidación o que la víctima tuviera anulada por cualquier causa su voluntad o no concurran las circunstancias del artículo 180, podrá imponer la pena de prisión en su mitad inferior o multa de dieciocho a veinticuatro meses, en atención a la menor entidad del hecho y a las circunstancias personales del culpable.

> *3. El órgano sentenciador, razonándolo en la sentencia, y siempre que no concurran las circunstancias del artículo 180, podrá imponer la pena de prisión en su mitad inferior o multa de dieciocho a veinticuatro meses, en atención a la menor entidad del hecho y a las circunstancias personales del culpable[359].*

---

[355] Apartado redactado conforme LO 4/2023, de 27 de abril, para la modificación de la Ley Orgánica 10/1995, de 23 de noviembre, del Código Penal, en los delitos contra la libertad sexual, la Ley de Enjuiciamiento Criminal y la Ley Orgánica 5/2000, de 12 de enero, reguladora de la responsabilidad penal de los menores. Fecha de entrada en vigor: 29 de abril de 2023.

[356] Apartado redactado conforme LO 10/2022, de 6 de septiembre, de garantía integral de la libertad sexual. Periodo de vigencia: del 7 de octubre de 2022 al 28 de abril de 2023. La redacción previa a la LO 10/2022, de 6 de septiembre, de garantía integral de la libertad sexual se encuentra íntegramente transcrita y anotada en el Anexo VIII.

[357] Apartado introducido por LO 4/2023, de 27 de abril, para la modificación de la Ley Orgánica 10/1995, de 23 de noviembre, del Código Penal, en los delitos contra la libertad sexual, la Ley de Enjuiciamiento Criminal y la Ley Orgánica 5/2000, de 12 de enero, reguladora de la responsabilidad penal de los menores. Fecha de entrada en vigor: 29 de abril de 2023.

[358] Apartado redactado conforme LO 4/2023, de 27 de abril, para la modificación de la Ley Orgánica 10/1995, de 23 de noviembre, del Código Penal, en los delitos contra la libertad sexual, la Ley de Enjuiciamiento Criminal y la Ley Orgánica 5/2000, de 12 de enero, reguladora de la responsabilidad penal de los menores. Fecha de entrada en vigor: 29 de abril de 2023.

[359] Apartado redactado conforme LO 10/2022, de 6 de septiembre, de garantía integral de la libertad sexual. Periodo de vigencia: del 7 de octubre de 2022 al 28 de abril de 2023.

Art. 179.

1[360]. Cuando la agresión sexual consista en acceso carnal por vía vaginal, anal o bucal, o introducción de miembros corporales u objetos por alguna de las dos primeras vías, el responsable será castigado como reo de violación con la pena de prisión de cuatro a doce años.

2[361]. Si la agresión a la que se refiere el apartado anterior se cometiere empleando violencia o intimidación o cuando la víctima tuviera anulada por cualquier causa su voluntad, se impondrá la pena de prisión de seis a doce años.

Art. 180[362].

1[363]. Las anteriores conductas serán castigadas, respectivamente, con las penas de prisión de dos a ocho años para las agresiones del artículo 178.1, de prisión de cinco a diez años para las agresiones del artículo 178.3, de prisión de siete a quince años para las agresiones del artículo 179.1 y de prisión de doce a quince años para las del artículo 179.2, cuando concurra alguna de las siguientes circunstancias:

1.ª Cuando los hechos se cometan por la actuación conjunta de dos o más personas.

2.ª Cuando la agresión sexual vaya precedida o acompañada de una violencia de extrema gravedad o de actos que revistan un carácter particularmente degradante o vejatorio.

3.ª Cuando los hechos se cometan contra una persona que se halle en una situación de especial vulnerabilidad por razón de su edad, enfermedad, discapacidad o por cualquier otra circunstancia, salvo lo dispuesto en el artículo 181.

4.ª Cuando la víctima sea o haya sido esposa o mujer que esté o haya estado ligada por análoga relación de afectividad, aun sin convivencia.

5.ª Cuando, para la ejecución del delito, la persona responsable se hubiera prevalido de una situación o relación de convivencia o de parentesco o de una relación de superioridad con respecto a la víctima.

6.ª Cuando el responsable haga uso de armas u otros medios igualmente peligrosos, susceptibles de producir la muerte o alguna de las lesiones previs-

---

[360] Apartado redactado conforme LO 10/2022, de 6 de septiembre, de garantía integral de la libertad sexual.

[361] Apartado introducido por LO 4/2023, de 27 de abril, para la modificación de la Ley Orgánica 10/1995, de 23 de noviembre, del Código Penal, en los delitos contra la libertad sexual, la Ley de Enjuiciamiento Criminal y la Ley Orgánica 5/2000, de 12 de enero, reguladora de la responsabilidad penal de los menores. Fecha de entrada en vigor: 29 de abril de 2023.

[362] Artículo redactado —excepto el apartado 1— conforme LO 10/2022, de 6 de septiembre, de garantía integral de la libertad sexual.

[363] Apartado redactado conforme LO 4/2023, de 27 de abril, para la modificación de la Ley Orgánica 10/1995, de 23 de noviembre, del Código Penal, en los delitos contra la libertad sexual, la Ley de Enjuiciamiento Criminal y la Ley Orgánica 5/2000, de 12 de enero, reguladora de la responsabilidad penal de los menores. Fecha de entrada en vigor: 29 de abril de 2023.

Art. 180

tas en los artículos 149 y 150 de este Código, sin perjuicio de lo dispuesto en el artículo 194 bis.

7.ª Cuando para la comisión de estos hechos la persona responsable haya anulado la voluntad de la víctima suministrándole fármacos, drogas o cualquier otra sustancia natural o química idónea a tal efecto.

Cuando en la descripción de las modalidades típicas previstas en los artículos 178 o 179 se hubiera tenido en consideración alguna de las anteriores circunstancias el conflicto se resolverá conforme a la regla del artículo 8.4 de este Código.

> 1[364]. Las anteriores conductas serán castigadas con la pena de prisión de dos a ocho años para las agresiones del artículo 178.1 y de siete a quince años para las del artículo 179 cuando concurra alguna de las siguientes circunstancias, salvo que las mismas hayan sido tomadas en consideración para determinar que concurren los elementos de los delitos tipificados en los artículos 178 o 179:
>
> 1.ª Cuando los hechos se cometan por la actuación conjunta de dos o más personas.
>
> 2.ª Cuando la agresión sexual vaya precedida o acompañada de una violencia de extrema gravedad o de actos que revistan un carácter particularmente degradante o vejatorio.
>
> 3.ª Cuando los hechos se cometan contra una persona que se halle en una situación de especial vulnerabilidad por razón de su edad, enfermedad, discapacidad o por cualquier otra circunstancia, salvo lo dispuesto en el artículo 181.
>
> 4.ª Cuando la víctima sea o haya sido esposa o mujer que esté o haya estado ligada por análoga relación de afectividad, aun sin convivencia.
>
> 5.ª Cuando, para la ejecución del delito, la persona responsable se hubiera prevalido de una situación de convivencia o de parentesco, por ser ascendiente, o hermano, por naturaleza o adopción, o afines, o de una relación de superioridad con respecto a la víctima.
>
> 6.ª Cuando el responsable haga uso de armas u otros medios igualmente peligrosos, susceptibles de producir la muerte o alguna de las lesiones previstas en los artículos 149 y 150 de este Código, sin perjuicio de lo dispuesto en el artículo 194 bis.
>
> 7.ª Cuando para la comisión de estos hechos el autor haya anulado la voluntad de la víctima suministrándole fármacos, drogas o cualquier otra sustancia natural o química idónea a tal efecto.

2. Si concurrieren dos o más de las anteriores circunstancias, las penas respectivamente previstas en el apartado 1 de este artículo se impondrán en su mitad superior.

3. En todos los casos previstos en este capítulo, cuando el culpable se hubiera prevalido de su condición de autoridad, agente de ésta o funcionario público, se impondrá, además, la pena de inhabilitación absoluta de seis a doce años.

---

[364] Apartado redactado conforme LO 10/2022, de 6 de septiembre, de garantía integral de la libertad sexual. Periodo de vigencia: del 7 de octubre de 2022 al 28 de abril de 2023. La redacción previa a la LO 10/2022, de 6 de septiembre, de garantía integral de la libertad sexual se encuentra íntegramente transcrita y anotada en el Anexo VIII.

CAPÍTULO II[365]
DE LAS AGRESIONES SEXUALES A MENORES DE DIECISÉIS AÑOS

Art. 181[366].

1. El que realizare actos de carácter sexual con un menor de dieciséis años, será castigado con la pena de prisión de dos a seis años.

A estos efectos se consideran incluidos en los actos de carácter sexual los que realice el menor con un tercero o sobre sí mismo a instancia del autor.

2. Si en las conductas del apartado anterior concurre alguna de las modalidades descritas en el artículo 178.2 y 3, se impondrá una pena de prisión de cinco a diez años.

3. El órgano sentenciador, razonándolo en sentencia, en atención a la menor entidad del hecho y valorando todas las circunstancias concurrentes, incluyendo las circunstancias personales del culpable, podrá imponer la pena de prisión inferior en grado, excepto cuando medie violencia o intimidación o se realice sobre una víctima que tenga anulada por cualquier causa su voluntad, o concurran las circunstancias mencionadas en el apartado 5 de este artículo.

4. Cuando el acto sexual consista en acceso carnal por vía vaginal, anal o bucal, o en introducción de miembros corporales u objetos por alguna de las dos primeras vías, el responsable será castigado con la pena de prisión de ocho a doce años en los casos del apartado 1, y con la pena de prisión de doce a quince años en los casos del apartado 2.

5. Las conductas previstas en los apartados anteriores serán castigadas con la pena de prisión correspondiente en su mitad superior cuando concurra alguna de las siguientes circunstancias:

a) Cuando los hechos se cometan por la actuación conjunta de dos o más personas.

b) Cuando la agresión sexual vaya precedida o acompañada de una violencia de extrema gravedad o de actos que revistan un carácter particularmente degradante o vejatorio.

c) Cuando los hechos se cometan contra una persona que se halle en una situación de especial vulnerabilidad por razón de su edad, enfermedad, discapacidad o por cualquier otra circunstancia, y, en todo caso, cuando sea menor de cuatro años.

d) Cuando la víctima sea o haya sido pareja del autor, aun sin convivencia.

e) Cuando, para la ejecución del delito, la persona responsable se hubiera prevalido de una situación o relación de convivencia o de parentesco o de una relación de superioridad con respecto a la víctima.

---

[365]   Capítulo redactado conforme LO 10/2022, de 6 de septiembre, de garantía integral de la libertad sexual. La redacción previa a la LO 10/2022, de 6 de septiembre, de garantía integral de la libertad sexual se encuentra íntegramente transcrita y anotada en el Anexo VIII.

[366]   Artículo redactado conforme LO 4/2023, de 27 de abril, para la modificación de la Ley Orgánica 10/1995, de 23 de noviembre, del Código Penal, en los delitos contra la libertad sexual, la Ley de Enjuiciamiento Criminal y la Ley Orgánica 5/2000, de 12 de enero, reguladora de la responsabilidad penal de los menores. Fecha de entrada en vigor: 29 de abril de 2023.

f) Cuando el responsable haga uso de armas u otros medios igualmente peligrosos, susceptibles de producir la muerte o alguna de las lesiones previstas en los artículos 149 y 150 de este Código, sin perjuicio de lo dispuesto en el artículo 194 bis.

g) Cuando para la comisión de estos hechos la persona responsable haya anulado la voluntad de la víctima suministrándole fármacos, drogas o cualquier otra sustancia natural o química idónea a tal efecto.

h) Cuando la infracción se haya cometido en el seno de una organización o de un grupo criminal que se dedicare a la realización de tales actividades.

En caso de que en la descripción de las modalidades típicas previstas en los apartados 1 a 3 de este artículo se hubiera tenido en consideración alguna de las anteriores circunstancias el conflicto se resolverá conforme a la regla del artículo 8.4 de este Código.

6. Si concurrieren dos o más de las anteriores circunstancias, las penas del apartado anterior se impondrán en su mitad superior.

7. En todos los casos previstos en este artículo, cuando el culpable se hubiera prevalido de su condición de autoridad, agente de esta o funcionario público, se impondrá, además, la pena de inhabilitación absoluta de seis a doce años.

1. El que realizare actos de carácter sexual con un menor de dieciséis años, será castigado con la pena de prisión de dos a seis años.

A estos efectos se consideran incluidos en los actos de carácter sexual los que realice el menor con un tercero o sobre sí mismo a instancia del autor.

2. Si en las conductas del apartado anterior concurre alguna de las modalidades de agresión sexual descritas en el artículo 178, se impondrá una pena de prisión de cinco a diez años.

En estos casos, en atención a la menor entidad del hecho y valorando todas las circunstancias concurrentes, incluyendo las circunstancias personales del culpable, podrá imponerse la pena de prisión inferior en grado, excepto cuando medie violencia o intimidación o concurran las circunstancias mencionadas en el artículo 181.4.

3. Cuanto el acto sexual consista en acceso carnal por vía vaginal, anal o bucal, o en introducción de miembros corporales u objetos por algunas de las dos primeras vías, el responsable será castigado con la pena de prisión de seis a doce años de prisión en los casos del apartado 1, y con la pena de prisión de diez a quince años en los casos del apartado 2.

4. Las conductas previstas en los apartados anteriores serán castigadas con la pena de prisión correspondiente en su mitad superior cuando concurra alguna de las siguientes circunstancias:

a) Cuando los hechos se cometan por la actuación conjunta de dos o más personas.

b) Cuando la agresión sexual vaya precedida o acompañada de una violencia de extrema gravedad o de actos que revistan un carácter particularmente degradante o vejatorio.

c) Cuando los hechos se cometan contra una persona que se halle en una situación de especial vulnerabilidad por razón de su edad, enfermedad, discapacidad o por cualquier otra circunstancia, y, en todo caso, cuando sea menor de cuatro años.

d) Cuando la víctima sea o haya sido pareja del autor, aun sin convivencia.

e) Cuando, para la ejecución del delito, el responsable se hubiera prevalido de una situación de convivencia o de una relación de superioridad o parentesco, por ser ascendiente, o hermano, por naturaleza o adopción, o afines, con la víctima.

f) Cuando el responsable haga uso de armas u otros medios igualmente peligrosos, susceptibles de producir la muerte o alguna de las lesiones previstas en los artículos 149 y 150 de este Código, sin perjuicio de lo dispuesto en el artículo 194 bis.

g) Cuando para la comisión de estos hechos el autor haya anulado la voluntad de la víctima suministrándole fármacos, drogas o cualquier otra sustancia natural o química idónea a tal efecto.

h) Cuando la infracción se haya cometido en el seno de una organización o de un grupo criminal que se dedicare a la realización de tales actividades.

5. En todos los casos previstos en este artículo, cuando el culpable se hubiera prevalido de su condición de autoridad, agente de ésta o funcionario público, se impondrá, además, la pena de inhabilitación absoluta de seis a doce años[367].

Art. 182[368].

1. El que, con fines sexuales, haga presenciar a un menor de dieciséis años actos de carácter sexual, aunque el autor no participe en ellos, será castigado con una pena de prisión de seis meses a dos años.

2. Si los actos de carácter sexual que se hacen presenciar al menor de dieciséis años constituyeran un delito contra la libertad sexual, la pena será de prisión de uno a tres años.

Art. 183[369].

1. El que a través de internet, del teléfono o de cualquier otra tecnología de la información y la comunicación contacte con un menor de dieciséis años y proponga concertar un encuentro con el mismo a fin de cometer cualquiera de los delitos descritos en los artículos 181 y 189, siempre que tal propuesta se acompañe de actos materiales encaminados al acercamiento, será castigado con la pena de uno a tres años de prisión o multa de doce a veinticuatro meses, sin perjuicio de las penas correspondientes a los delitos en su caso cometidos. Las penas se impondrán en su mitad superior cuando el acercamiento se obtenga mediante coacción, intimidación o engaño.

2. El que, a través de internet, del teléfono o de cualquier otra tecnología de la información y la comunicación contacte con un menor de dieciséis años y realice actos dirigidos a embaucarle para que le facilite material pornográfico o le muestre imágenes pornográficas en las que se represente o aparezca un menor, será castigado con una pena de prisión de seis meses a dos años.

Art. 183 bis[370].

Salvo en los casos en que concurra alguna de las circunstancias previstas en el apartado segundo del artículo 178, el libre consentimiento del menor de dieciséis años excluirá la responsabilidad penal por los delitos previstos en este capítulo cuando el autor sea una persona próxima al menor por edad y grado de desarrollo o madurez física y psicológica.

---

[367] Artículo redactado conforme LO 10/2022, de 6 de septiembre, de garantía integral de la libertad sexual. Periodo de vigencia: del 7 de octubre de 2022 al 28 de abril de 2023. La redacción previa a la LO 10/2022, de 6 de septiembre, de garantía integral de la libertad sexual se encuentra íntegramente transcrita y anotada en el Anexo VIII.

[368] Redactado conforme LO 10/2022, de 6 de septiembre, de garantía integral de la libertad sexual.

[369] Redactado conforme LO 10/2022, de 6 de septiembre, de garantía integral de la libertad sexual.

[370] Redactado conforme LO 10/2022, de 6 de septiembre, de garantía integral de la libertad sexual.

Art. 183 bis

CAPÍTULO II BIS
De los abusos y agresiones sexuales a menores de dieciséis años[371]

Art. 183[372].
1. El que realizare actos de carácter sexual con un menor de dieciséis años, será castigado como responsable de abuso sexual a un menor con la pena de prisión de dos a seis años.
2. Cuando los hechos se cometan empleando violencia o intimidación, el responsable será castigado por el delito de agresión sexual a un menor con la pena de cinco a diez años de prisión. Las mismas penas se impondrán cuando mediante violencia o intimidación compeliere a un menor de dieciséis años a participar en actos de naturaleza sexual con un tercero o a realizarlos sobre sí mismo.
3. Cuando el ataque consista en acceso carnal por vía vaginal, anal o bucal, o introducción de miembros corporales u objetos por alguna de las dos primeras vías, el responsable será castigado con la pena de prisión de ocho a doce años, en el caso del apartado 1, y con la pena de doce a quince años, en el caso del apartado 2.
4. Las conductas previstas en los tres apartados anteriores serán castigadas con la pena de prisión correspondiente en su mitad superior cuando concurra alguna de las siguientes circunstancias:
a) Cuando la víctima se halle en una situación de especial vulnerabilidad por razón de su edad, enfermedad, discapacidad o por cualquier otra circunstancia, y, en todo caso, cuando sea menor de cuatro años[373].
b) Cuando los hechos se cometan por la actuación conjunta de dos o más personas.
c) Cuando la violencia o intimidación ejercidas revistan un carácter particularmente degradante o vejatorio.
d) Cuando, para la ejecución del delito, el responsable se hubiera prevalido de una situación de convivencia o de una relación de superioridad o parentesco, por ser ascendiente, o hermano, por naturaleza o adopción, o afines, con la víctima[374].
e) Cuando el culpable hubiere puesto en peligro, de forma dolosa o por imprudencia grave, la vida o salud de la víctima.
f) Cuando la infracción se haya cometido en el seno de una organización o de un grupo criminal que se dedicare a la realización de tales actividades.
5. En todos los casos previstos en este artículo, cuando el culpable se hubiera prevalido de su condición de autoridad, agente de ésta o funcionario público, se impondrá, además, la pena de inhabilitación absoluta de seis a doce años.

Art. 183 bis[375].
El que, con fines sexuales, determine a un menor de dieciséis años a participar en un comportamiento de naturaleza sexual, o le haga presenciar actos de carácter sexual, aunque el autor no participe en ellos, será castigado con una pena de prisión de seis meses a dos años.
Si le hubiera hecho presenciar abusos sexuales, aunque el autor no hubiera participado en ellos, se impondrá una pena de prisión de uno a tres años.

---

[371] Este Capítulo —que había sido redactado conforme LO 1/2015, de 30 de marzo, por la que se modifica la Ley Orgánica 10/1995, de 23 de noviembre, del Código Penal— ha sido suprimido por LO 10/2022, de 6 de septiembre, de garantía integral de la libertad sexual.

[372] Redactado —excepto las letras a) y d) del apartado 4— conforme LO 1/2015, de 30 de marzo, por la que se modifica la Ley Orgánica 10/1995, de 23 de noviembre, del Código Penal.

[373] Redactado conforme LO 8/2021, de 4 de junio, de protección integral a la infancia y la adolescencia frente a la violencia.

[374] Redactado conforme LO 8/2021, de 4 de junio, de protección integral a la infancia y la adolescencia frente a la violencia.

[375] Redactado conforme LO 1/2015, de 30 de marzo, por la que se modifica la Ley Orgánica 10/1995, de 23 de noviembre, del Código Penal.

Art. 183 ter[376].

1. El que a través de internet, del teléfono o de cualquier otra tecnología de la información y la comunicación contacte con un menor de dieciséis años y proponga concertar un encuentro con el mismo a fin de cometer cualquiera de los delitos descritos en los artículos 183 y 189, siempre que tal propuesta se acompañe de actos materiales encaminados al acercamiento, será castigado con la pena de uno a tres años de prisión o multa de doce a veinticuatro meses, sin perjuicio de las penas correspondientes a los delitos en su caso cometidos. Las penas se impondrán en su mitad superior cuando el acercamiento se obtenga mediante coacción, intimidación o engaño.

2. El que a través de internet, del teléfono o de cualquier otra tecnología de la información y la comunicación contacte con un menor de dieciséis años y realice actos dirigidos a embaucarle para que le facilite material pornográfico o le muestre imágenes pornográficas en las que se represente o aparezca un menor, será castigado con una pena de prisión de seis meses a dos años.

Art. 183 quater[377].

El consentimiento libre del menor de dieciséis años, excepto en los casos del artículo 183.2 del Código Penal, excluirá la responsabilidad penal por los delitos previstos en este capítulo cuando el autor sea una persona próxima al menor por edad y grado de desarrollo o madurez física y psicológica.

CAPÍTULO III
DEL ACOSO SEXUAL

Art. 184[378].

1. El que solicitare favores de naturaleza sexual, para sí o para un tercero, en el ámbito de una relación laboral, docente, de prestación de servicios o análoga, continuada o habitual, y con tal comportamiento provocare a la víctima una situación objetiva y gravemente intimidatoria, hostil o humillante, será castigado, como autor de acoso sexual, con la pena de prisión de seis a doce meses o multa de diez a quince meses e inhabilitación especial para el ejercicio de la profesión, oficio o actividad de doce a quince meses.

2. Si el culpable de acoso sexual hubiera cometido el hecho prevaliéndose de una situación de superioridad laboral, docente o jerárquica, o sobre persona sujeta a su guarda o custodia, o con el anuncio expreso o tácito de causar a la víctima un mal relacionado con las legítimas expectativas que aquella pueda tener en el ámbito de la indicada relación, la pena será de prisión de uno a dos años e inhabilitación especial para el ejercicio de la profesión, oficio o actividad de dieciocho a veinticuatro meses.

3. Asimismo, si el culpable de acoso sexual lo hubiera cometido en centros de protección o reforma de menores, centro de internamiento de personas extranjeras, o cualquier otro centro de detención, custodia o acogida, incluso de estancia temporal, la pena será de prisión de uno a dos años e inhabilitación

---

[376] Artículo introducido por LO 1/2015, de 30 de marzo, por la que se modifica la Ley Orgánica 10/1995, de 23 de noviembre, del Código Penal.

[377] Redactado conforme LO 8/2021, de 4 de junio, de protección integral a la infancia y la adolescencia frente a la violencia.

[378] Redactado conforme LO 10/2022, de 6 de septiembre, de garantía integral de la libertad sexual.

Art. 185

especial para el ejercicio de la profesión, oficio o actividad de dieciocho a veinticuatro meses, sin perjuicio de lo establecido en el artículo 443.2.

4. Cuando la víctima se halle en una situación de especial vulnerabilidad por razón de su edad, enfermedad o discapacidad, la pena se impondrá en su mitad superior.

5. Cuando de acuerdo con lo establecido en el art 31 bis, una persona jurídica sea responsable de este delito, se le impondrá la pena de multa de seis meses a dos años. Atenidas las reglas establecidas en el artículo 66 bis, los jueces y tribunales podrán asimismo imponer las penas recogidas en las letras b) a g) del apartado 7 del artículo 33.

> *1. El que solicitare favores de naturaleza sexual, para sí o para un tercero, en el ámbito de una relación laboral, docente o de prestación de servicios, continuada o habitual, y con tal comportamiento provocare a la víctima una situación objetiva y gravemente intimidatoria, hostil o humillante, será castigado, como autor de acoso sexual, con la pena de prisión de tres a cinco meses o multa de seis a 10 meses.*
> *2. Si el culpable de acoso sexual hubiera cometido el hecho prevaliéndose de una situación de superioridad laboral, docente o jerárquica, o con el anuncio expreso o tácito de causar a la víctima un mal relacionado con las legítimas expectativas que aquélla pueda tener en el ámbito de la indicada relación, la pena será de prisión de cinco a siete meses o multa de 10 a 14 meses.*
> *3. Cuando la víctima sea especialmente vulnerable, por razón de su edad, enfermedad o situación, la pena será de prisión de cinco a siete meses o multa de 10 a 14 meses en los supuestos previstos en el apartado 1, y de prisión de seis meses a un año en los supuestos previstos en el apartado 2 de este artículo[379].*

CAPÍTULO IV
DE LOS DELITOS DE EXHIBICIONISMO Y PROVOCACIÓN SEXUAL

Art. 185[380].

El que ejecutare o hiciere ejecutar a otra persona actos de exhibición obscena ante menores de edad o personas con discapacidad necesitadas de especial protección, será castigado con la pena de prisión de seis meses a un año o multa de 12 a 24 meses.

Art. 186[381].

El que, por cualquier medio directo, vendiere, difundiere o exhibiere material pornográfico entre menores de edad o personas con discapacidad necesitadas de especial protección, será castigado con la pena de prisión de seis meses a un año o multa de 12 a 24 meses.

---

[379] Artículo redactado conforme LO 15/2003, de 25 de noviembre, por la que se modifica la Ley Orgánica 10/1995, de 23 de noviembre, del Código Penal.

[380] Redactado conforme LO 15/2003, de 25 de noviembre, por la que se modifica la Ley Orgánica 10/1995, de 23 de noviembre, del Código Penal.

[381] Redactado conforme LO 15/2003, de 25 de noviembre, por la que se modifica la Ley Orgánica 10/1995, de 23 de noviembre, del Código Penal.

CAPÍTULO V
DE LOS DELITOS RELATIVOS A LA PROSTITUCIÓN Y A LA EXPLOTACIÓN SEXUAL Y CORRUPCIÓN DE MENORES[382]

Art. 187[383].

1. El que, empleando violencia, intimidación o engaño, o abusando de una situación de superioridad o de necesidad o vulnerabilidad de la víctima, determine a una persona mayor de edad a ejercer o a mantenerse en la prostitución, será castigado con las penas de prisión de dos a cinco años y multa de doce a veinticuatro meses.

Se impondrá la pena de prisión de dos a cuatro años y multa de doce a veinticuatro meses a quien se lucre explotando la prostitución de otra persona, aun con el consentimiento de la misma. En todo caso, se entenderá que hay explotación cuando concurra alguna de las siguientes circunstancias:

a) Que la víctima se encuentre en una situación de vulnerabilidad personal o económica.

b) Que se le impongan para su ejercicio condiciones gravosas, desproporcionadas o abusivas.

2. Se impondrán las penas previstas en los apartados anteriores en su mitad superior, en sus respectivos casos, cuando concurra alguna de las siguientes circunstancias:

a) Cuando el culpable se hubiera prevalido de su condición de autoridad, agente de ésta o funcionario público. En este caso se aplicará, además, la pena de inhabilitación absoluta de seis a doce años.

b) Cuando el culpable perteneciere a una organización o grupo criminal que se dedicare a la realización de tales actividades.

c) Cuando el culpable hubiere puesto en peligro, de forma dolosa o por imprudencia grave, la vida o salud de la víctima.

3. Las penas señaladas se impondrán en sus respectivos casos sin perjuicio de las que correspondan por las agresiones o abusos sexuales cometidos sobre la persona prostituida.

> *1. El que induzca, promueva, favorezca o facilite la prostitución de una persona menor de edad o incapaz será castigado con las penas de uno a cinco años y multa de doce a veinticuatro meses. La misma pena se impondrá al que solicite, acepte u obtenga a cambio de una remuneración o promesa, una relación sexual con persona menor de edad o incapaz[384].*
>
> *2. El que realice las conductas descritas en el apartado 1 de este artículo siendo la víctima menor de trece años será castigado con la pena de prisión de cuatro a seis años[385].*

---

[382]   Redactado conforme LO 1/2015, de 30 de marzo, por la que se modifica la Ley Orgánica 10/1995, de 23 de noviembre, del Código Penal.

[383]   Redactado conforme LO 1/2015, de 30 de marzo, por la que se modifica la Ley Orgánica 10/1995, de 23 de noviembre, del Código Penal.

[384]   Apartado redactado conforme LO 5/2010, de 22 de junio, por la que se modifica la Ley Orgánica 10/1995, de 23 de noviembre, del Código Penal.

[385]   Introducido por LO 5/2010, de 22 de junio, por la que se modifica la Ley Orgánica 10/1995, de 23 de noviembre, del Código Penal.

3[386]. Incurrirán en la pena de prisión indicada, en su mitad superior, y además en la de inhabilitación absoluta de seis a doce años, los que realicen los hechos prevaliéndose de su condición de autoridad, agente de ésta o funcionario público.

4[387]. Se impondrán las penas superiores en grado a las previstas en los apartados anteriores, en sus respectivos casos, cuando el culpable perteneciere a una organización o asociación, incluso de carácter transitorio, que se dedicare a la realización de tales actividades.

5. Las penas señaladas se impondrán en sus respectivos casos sin perjuicio de las que correspondan por las infracciones contra la libertad o indemnidad sexual cometidas sobre los menores e incapaces[388].

Art. 188[389].

1. El que induzca, promueva, favorezca o facilite la prostitución de un menor de edad o una persona con discapacidad necesitada de especial protección, o se lucre con ello, o explote de algún otro modo a un menor o a una persona con discapacidad para estos fines, será castigado con las penas de prisión de dos a cinco años y multa de doce a veinticuatro meses.

Si la víctima fuera menor de dieciséis años, se impondrá la pena de prisión de cuatro a ocho años y multa de doce a veinticuatro meses.

2. Si los hechos descritos en el apartado anterior se cometieran con violencia o intimidación, además de las penas de multa previstas, se impondrá la pena de prisión de cinco a diez años si la víctima es menor de dieciséis años, y la pena de prisión de cuatro a seis años en los demás casos.

3. Se impondrán las penas superiores en grado a las previstas en los apartados anteriores, en sus respectivos casos, cuando concurra alguna de las siguientes circunstancias:

a) Cuando la víctima se halle en una situación de especial vulnerabilidad por razón de su edad, enfermedad, discapacidad o por cualquier otra circunstancia[390].

a) Cuando la víctima sea especialmente vulnerable, por razón de su edad, enfermedad, discapacidad o situación[391].

b) Cuando, para la ejecución del delito, el responsable se hubiera prevalido de una situación de convivencia o de una relación de superioridad o parentes-

---

[386] Renumeración debida a LO 5/2010, de 22 de junio, por la que se modifica la Ley Orgánica 10/1995, de 23 de noviembre, del Código Penal.

[387] Renumeración debida a LO 5/2010, de 22 de junio, por la que se modifica la Ley Orgánica 10/1995, de 23 de noviembre, del Código Penal.

[388] Apartado introducido por LO 5/2010, de 22 de junio, por la que se modifica la Ley Orgánica 10/1995, de 23 de noviembre, del Código Penal.

[389] Redactado —excepto las letras a) y b) del apartado 3— conforme LO 1/2015, de 30 de marzo, por la que se modifica la Ley Orgánica 10/1995, de 23 de noviembre, del Código Penal.

[390] Redactado conforme LO 8/2021, de 4 de junio, de protección integral a la infancia y la adolescencia frente a la violencia.

[391] Redactado conforme LO 1/2015, de 30 de marzo, por la que se modifica la Ley Orgánica 10/1995, de 23 de noviembre, del Código Penal.

co, por ser ascendiente, o hermano, por naturaleza o adopción, o afines, con la víctima[392].

b) Cuando, para la ejecución del delito, el responsable se haya prevalido de una relación de superioridad o parentesco, por ser ascendiente, descendiente o hermano, por naturaleza o adopción, o afines, con la víctima[393].

c) Cuando, para la ejecución del delito, el responsable se hubiera prevalido de su condición de autoridad, agente de ésta o funcionario público. En este caso se impondrá, además, una pena de inhabilitación absoluta de seis a doce años.

d) Cuando el culpable hubiere puesto en peligro, de forma dolosa o por imprudencia grave, la vida o salud de la víctima.

e) Cuando los hechos se hubieren cometido por la actuación conjunta de dos o más personas.

f) Cuando el culpable perteneciere a una organización o asociación, incluso de carácter transitorio, que se dedicare a la realización de tales actividades.

4. El que solicite, acepte u obtenga, a cambio de una remuneración o promesa, una relación sexual con una persona menor de edad o una persona con discapacidad necesitada de especial protección, será castigado con una pena de uno a cuatro años de prisión. Si el menor no hubiera cumplido dieciséis años de edad, se impondrá una pena de dos a seis años de prisión.

5. Las penas señaladas se impondrán en sus respectivos casos sin perjuicio de las que correspondan por las infracciones contra la libertad o indemnidad sexual cometidas sobre los menores y personas con discapacidad necesitadas de especial protección.

1. El que determine, empleando violencia, intimidación o engaño, o abusando de una situación de superioridad o de necesidad o vulnerabilidad de la víctima, a persona mayor de edad a ejercer la prostitución o a mantenerse en ella, será castigado con las penas de prisión de dos a cuatro años y multa de 12 a 24 meses. En la misma pena incurrirá el que se lucre explotando la prostitución de otra persona, aun con el consentimiento de la misma[394].

2. Si las mencionadas conductas se realizaran sobre persona menor de edad o incapaz, para iniciarla o mantenerla en una situación de prostitución, se impondrá al responsable la pena de prisión de cuatro a seis años[395].

3. El que lleve a cabo la conducta prevista en el apartado anterior, siendo la víctima menor de trece años será castigado con la pena de prisión de cinco a diez años[396].

---

[392] Redactado conforme LO 8/2021, de 4 de junio, de protección integral a la infancia y la adolescencia frente a la violencia.

[393] Redactado conforme LO 1/2015, de 30 de marzo, por la que se modifica la Ley Orgánica 10/1995, de 23 de noviembre, del Código Penal.

[394] Apartado redactado conforme LO 11/2003, de 29 de septiembre, de medidas concretas en materia de seguridad ciudadana, violencia doméstica e integración social de los extranjeros.

[395] Apartado redactado conforme LO 5/2010, de 22 de junio, por la que se modifica la Ley Orgánica 10/1995, de 23 de noviembre, del Código Penal.

[396] Apartado redactado conforme LO 5/2010, de 22 de junio, por la que se modifica la Ley Orgánica 10/1995, de 23 de noviembre, del Código Penal.

4. Se impondrán las penas previstas en los apartados anteriores en su mitad superior, en sus respectivos casos, cuando concurra alguna de las siguientes circunstancias[397]:

a) Cuando el culpable se hubiera prevalido de su condición de autoridad, agente de ésta o funcionario público. En este caso se aplicará, además, la pena de inhabilitación absoluta de seis a doce años.

b) Cuando el culpable perteneciere a una organización o grupo criminales que se dedicaren a la realización de tales actividades.

c) Cuando el culpable hubiere puesto en peligro, de forma dolosa o por imprudencia grave, la vida o salud de la víctima.

5[398]. Las penas señaladas se impondrán en sus respectivos casos sin perjuicio de las que correspondan por las agresiones o abusos sexuales cometidos sobre la persona prostituida[399].

Art. 189[400].

1. Será castigado con la pena de prisión de uno a cinco años:

a) El que captare o utilizare a menores de edad o a personas con discapacidad necesitadas de especial protección con fines o en espectáculos exhibicionistas o pornográficos, tanto públicos como privados, o para elaborar cualquier clase de material pornográfico, cualquiera que sea su soporte, o financiare cualquiera de estas actividades o se lucrare con ellas.

b) El que produjere, vendiere, distribuyere, exhibiere, ofreciere o facilitare la producción, venta, difusión o exhibición por cualquier medio de pornografía infantil o en cuya elaboración hayan sido utilizadas personas con discapacidad necesitadas de especial protección, o lo poseyere para estos fines, aunque el material tuviere su origen en el extranjero o fuere desconocido.

A los efectos de este Título se considera pornografía infantil o en cuya elaboración hayan sido utilizadas personas con discapacidad necesitadas de especial protección:

a) Todo material que represente de manera visual a un menor o una persona con discapacidad necesitada de especial protección participando en una conducta sexualmente explícita, real o simulada.

b) Toda representación de los órganos sexuales de un menor o persona con discapacidad necesitada de especial protección con fines principalmente sexuales.

c) Todo material que represente de forma visual a una persona que parezca ser un menor participando en una conducta sexualmente explícita, real o simulada, o cualquier representación de los órganos sexuales de una persona que parezca ser un menor, con fines principalmente sexuales, salvo que la persona

---

[397] Apartado introducido por LO 5/2010, de 22 de junio, por la que se modifica la Ley Orgánica 10/1995, de 23 de noviembre, del Código Penal.

[398] Renumeración debida a LO 5/2010, de 22 de junio, por la que se modifica la Ley Orgánica 10/1995, de 23 de noviembre, del Código Penal.

[399] Apartado redactado conforme LO 11/2003, de 29 de septiembre, de medidas concretas en materia de seguridad ciudadana, violencia doméstica e integración social de los extranjeros.

[400] Redactado —excepto las letras b), c) y g) del apartado 2— conforme LO 1/2015, de 30 de marzo, por la que se modifica la Ley Orgánica 10/1995, de 23 de noviembre, del Código Penal.

que parezca ser un menor resulte tener en realidad dieciocho años o más en el momento de obtenerse las imágenes.

d) Imágenes realistas de un menor participando en una conducta sexualmente explícita o imágenes realistas de los órganos sexuales de un menor, con fines principalmente sexuales.

2. Serán castigados con la pena de prisión de cinco a nueve años los que realicen los actos previstos en el apartado 1 de este artículo cuando concurra alguna de las circunstancias siguientes:

a) Cuando se utilice a menores de dieciséis años.

b) Cuando los hechos revistan un carácter particularmente degradante o vejatorio, se emplee violencia física o sexual para la obtención del material pornográfico o se representen escenas de violencia física o sexual[401].

> b) Cuando los hechos revistan un carácter particularmente degradante o vejatorio[402].

c) Cuando se utilice a personas menores de edad que se hallen en una situación de especial vulnerabilidad por razón de enfermedad, discapacidad o por cualquier otra circunstancia[403].

> c) Cuando el material pornográfico represente a menores o a personas con discapacidad necesitadas de especial protección que sean víctimas de violencia física o sexual[404].

d) Cuando el culpable hubiere puesto en peligro, de forma dolosa o por imprudencia grave, la vida o salud de la víctima.

e) Cuando el material pornográfico fuera de notoria importancia.

f) Cuando el culpable perteneciere a una organización o asociación, incluso de carácter transitorio, que se dedicare a la realización de tales actividades.

g) Cuando el responsable sea ascendiente, tutor, curador, guardador, maestro o cualquier otra persona encargada, de hecho, aunque fuera provisionalmente, o de derecho, de la persona menor de edad o persona con discapacidad necesitada de especial protección, o se trate de cualquier persona que conviva con él o de otra persona que haya actuado abusando de su posición reconocida de confianza o autoridad[405].

> g) Cuando el responsable sea ascendiente, tutor, curador, guardador, maestro o cualquier otra persona encargada, de hecho, aunque fuera provisionalmente, o de derecho, del menor o persona con discapacidad

---

[401] Redactado conforme LO 8/2021, de 4 de junio, de protección integral a la infancia y la adolescencia frente a la violencia.

[402] Redactado conforme LO 1/2015, de 30 de marzo, por la que se modifica la Ley Orgánica 10/1995, de 23 de noviembre, del Código Penal.

[403] Redactado conforme LO 8/2021, de 4 de junio, de protección integral a la infancia y la adolescencia frente a la violencia.

[404] Redactado conforme LO 1/2015, de 30 de marzo, por la que se modifica la Ley Orgánica 10/1995, de 23 de noviembre, del Código Penal.

[405] Redactado conforme LO 8/2021, de 4 de junio, de protección integral a la infancia y la adolescencia frente a la violencia.

Art. 189

necesitada de especial protección, o se trate de cualquier otro miembro de su familia que conviva con él o de otra persona que haya actuado abusando de su posición reconocida de confianza o autoridad[406].

h) Cuando concurra la agravante de reincidencia.

3. Si los hechos a que se refiere la letra a) del párrafo primero del apartado 1 se hubieran cometido con violencia o intimidación se impondrá la pena superior en grado a las previstas en los apartados anteriores.

4. El que asistiere a sabiendas a espectáculos exhibicionistas o pornográficos en los que participen menores de edad o personas con discapacidad necesitadas de especial protección, será castigado con la pena de seis meses a dos años de prisión.

5. El que para su propio uso adquiera o posea pornografía infantil o en cuya elaboración se hubieran utilizado personas con discapacidad necesitadas de especial protección, será castigado con la pena de tres meses a un año de prisión o con multa de seis meses a dos años.

La misma pena se impondrá a quien acceda a sabiendas a pornografía infantil o en cuya elaboración se hubieran utilizado personas con discapacidad necesitadas de especial protección, por medio de las tecnologías de la información y la comunicación.

6. El que tuviere bajo su potestad, tutela, guarda o acogimiento a un menor de edad o una persona con discapacidad necesitada de especial protección y que, con conocimiento de su estado de prostitución o corrupción, no haga lo posible para impedir su continuación en tal estado, o no acuda a la autoridad competente para el mismo fin si carece de medios para la custodia del menor o persona con discapacidad necesitada de especial protección, será castigado con la pena de prisión de tres a seis meses o multa de seis a doce meses.

7. El Ministerio Fiscal promoverá las acciones pertinentes con objeto de privar de la patria potestad, tutela, guarda o acogimiento familiar, en su caso, a la persona que incurra en alguna de las conductas descritas en el apartado anterior.

8. Los jueces y tribunales ordenarán la adopción de las medidas necesarias para la retirada de las páginas web o aplicaciones de internet que contengan o difundan pornografía infantil o en cuya elaboración se hubieran utilizado personas con discapacidad necesitadas de especial protección o, en su caso, para bloquear el acceso a las mismas a los usuarios de Internet que se encuentren en territorio español.

Estas medidas podrán ser acordadas con carácter cautelar a petición del Ministerio Fiscal.

1. Será castigado con la pena de prisión de uno a cinco años[407]:

---

[406]   Redactado conforme LO 1/2015, de 30 de marzo, por la que se modifica la Ley Orgánica 10/1995, de 23 de noviembre, del Código Penal.

[407]   Apartado redactado conforme LO 5/2010, de 22 de junio, por la que se modifica la Ley Orgánica 10/1995, de 23 de noviembre, del Código Penal.

a) El que captare o utilizare a menores de edad o a incapaces con fines o en espectáculos exhibicionistas o pornográficos, tanto públicos como privados, o para elaborar cualquier clase de material pornográfico, cualquiera que sea su soporte, o financiare cualquiera de estas actividades o se lucrare con ellas.

b) El que produjere, vendiere, distribuyere, exhibiere, ofreciere o facilitare la producción, venta, difusión o exhibición por cualquier medio de material pornográfico en cuya elaboración hayan sido utilizados menores de edad o incapaces, o lo poseyere para estos fines, aunque el material tuviere su origen en el extranjero o fuere desconocido.

2. El que para su propio uso posea material pornográfico en cuya elaboración se hubieran utilizado menores de edad o incapaces, será castigado con la pena de tres meses a un año de prisión o con multa de seis meses a dos años.

3. Serán castigados con la pena de prisión de cinco a nueve años los que realicen los actos previstos en el apartado 1 de este artículo cuando concurra alguna de las circunstancias siguientes[408]:

a) Cuando se utilicen a niños menores de 13 años.

b) Cuando los hechos revistan un carácter particularmente degradante o vejatorio.

c) Cuando los hechos revistan especial gravedad atendiendo al valor económico del material pornográfico.

d) Cuando el material pornográfico represente a niños o a incapaces que son víctimas de violencia física o sexual.

e) Cuando el culpable perteneciere a una organización o asociación, incluso de carácter transitorio, que se dedicare a la realización de tales actividades.

f) Cuando el responsable sea ascendiente, tutor, curador, guardador, maestro o cualquier otra persona encargada, de hecho o de derecho, del menor o incapaz.

4. El que haga participar a un menor o incapaz en un comportamiento de naturaleza sexual que perjudique la evolución o desarrollo de la personalidad de éste, será castigado con la pena de prisión de seis meses a un año.

5. El que tuviere bajo su potestad, tutela, guarda o acogimiento a un menor de edad o incapaz y que, con conocimiento de su estado de prostitución o corrupción, no haga lo posible para impedir su continuación en tal estado, o no acuda a la autoridad competente para el mismo fin si carece de medios para la custodia del menor o incapaz, será castigado con la pena de prisión de tres a seis meses o multa de seis a 12 meses.

6. El ministerio fiscal promoverá las acciones pertinentes con objeto de privar de la patria potestad, tutela, guarda o acogimiento familiar, en su caso, a la persona que incurra en alguna de las conductas descritas en el apartado anterior.

7. Será castigado con la pena de prisión de tres meses a un año o multa de seis meses a dos años el que produjere, vendiere, distribuyere, exhibiere o facilitare por cualquier medio material pornográfico en el que no habiendo sido utilizados directamente menores o incapaces, se emplee su voz o imagen alterada o modificada.

Art. 189 bis[409].

La distribución o difusión pública a través de Internet, del teléfono o de cualquier otra tecnología de la información o de la comunicación de contenidos específicamente destinados a promover, fomentar o incitar a la comisión de los delitos previstos en este capítulo y en los capítulos II y IV del presente título será castigada con la pena de multa de seis a doce meses o pena de prisión de uno a tres años.

---

[408]   Párrafo redactado conforme LO 5/2010, de 22 de junio, por la que se modifica la Ley Orgánica 10/1995, de 23 de noviembre, del Código Penal.

[409]   Artículo redactado conforme LO 4/2023, de 27 de abril, para la modificación de la Ley Orgánica 10/1995, de 23 de noviembre, del Código Penal, en los delitos contra la libertad sexual, la Ley de Enjuiciamiento Criminal y la Ley Orgánica 5/2000, de 12 de enero, reguladora de la responsabilidad penal de los menores.

Art. 189 ter

Las autoridades judiciales ordenarán la adopción de las medidas necesarias para la retirada de los contenidos a los que se refiere el párrafo anterior, para la interrupción de los servicios que ofrezcan predominantemente dichos contenidos o para el bloqueo de unos y otros cuando radiquen en el extranjero.

> La distribución o difusión pública a través de Internet, del teléfono o de cualquier otra tecnología de la información o de la comunicación de contenidos específicamente destinados a promover, fomentar o incitar a la comisión de los delitos previstos en este capítulo y en los capítulos II bis y IV del presente título será castigada con la pena de multa de seis a doce meses o pena de prisión de uno a tres años.
>
> Las autoridades judiciales ordenarán la adopción de las medidas necesarias para la retirada de los contenidos a los que se refiere el párrafo anterior, para la interrupción de los servicios que ofrezcan predominantemente dichos contenidos o para el bloqueo de unos y otros cuando radiquen en el extranjero[410].

Art. 189 ter[411].

Cuando de acuerdo con lo establecido en el artículo 31 bis una persona jurídica sea responsable de los delitos comprendidos en este Capítulo, se le impondrán las siguientes penas:

a) Multa del triple al quíntuple del beneficio obtenido, si el delito cometido por la persona física tiene prevista una pena de prisión de más de cinco años.

b) Multa del doble al cuádruple del beneficio obtenido, si el delito cometido por la persona física tiene prevista una pena de prisión de más de dos años no incluida en el anterior inciso.

c) Multa del doble al triple del beneficio obtenido, en el resto de los casos.

d) Disolución de la persona jurídica, conforme a lo dispuesto en el artículo 33.7 b) de este Código, pudiendo decretarse, atendidas las reglas recogidas en el artículo 66 bis, las demás penas previstas en el mismo que sean compatibles con la disolución[412].

> Cuando de acuerdo con lo establecido en el artículo 31 bis una persona jurídica sea responsable de los delitos comprendidos en este Capítulo, se le impondrán las siguientes penas:
>
> a) Multa del triple al quíntuple del beneficio obtenido, si el delito cometido por la persona física tiene prevista una pena de prisión de más de cinco años.
>
> b) Multa del doble al cuádruple del beneficio obtenido, si el delito cometido por la persona física tiene prevista una pena de prisión de más de dos años no incluida en el anterior inciso.
>
> c) Multa del doble al triple del beneficio obtenido, en el resto de los casos.
>
> Atendidas las reglas establecidas en el artículo 66 bis, las autoridades judiciales podrán asimismo imponer las penas recogidas en las letras b) a g) del apartado 7 del artículo 33[413].

---

[410] Artículo redactado conforme LO 8/2021, de 4 de junio, de protección integral a la infancia y la adolescencia frente a la violencia.

[411] Artículo introducido por LO 8/2021, de 4 de junio, de protección integral a la infancia y la adolescencia frente a la violencia.

[412] Apartado introducido por LO 10/2022, de 6 de septiembre, de garantía integral de la libertad sexual.

[413] Artículo introducido por LO 8/2021, de 4 de junio, de protección integral a la infancia y la adolescencia frente a la violencia.

CAPÍTULO VI
DISPOSICIONES COMUNES A LOS CAPÍTULOS ANTERIORES

Art. 190[414].

La condena de un Juez o Tribunal extranjero, impuesta por delitos comprendidos en este Título, será equiparada a las sentencias de los Jueces o Tribunales españoles a los efectos de la aplicación de la circunstancia agravante de reincidencia.

> *La condena de un Juez o Tribunal extranjero, impuesta por delitos comprendidos en este capítulo, será equiparada a las sentencias de los Jueces o Tribunales españoles a los efectos de la aplicación de la circunstancia agravante de reincidencia.*

Art. 191.

1. Para proceder por los delitos de agresiones sexuales y acoso sexual será precisa denuncia de la persona agraviada, de su representante legal o querella del Ministerio Fiscal, que actuará ponderando los legítimos intereses en presencia. Cuando la víctima sea menor de edad, persona con discapacidad necesitada de especial protección o una persona desvalida, bastará la denuncia del Ministerio Fiscal[415].

> *1. Para proceder por los delitos de agresiones, acoso o abusos sexuales, será precisa denuncia de la persona agraviada, de su representante legal o querella del Ministerio Fiscal, que actuará ponderando los legítimos intereses en presencia. Cuando la víctima sea menor de edad, persona con discapacidad necesitada de especial protección o una persona desvalida, bastará la denuncia del Ministerio Fiscal.*

2. En estos delitos el perdón del ofendido o del representante legal no extingue la acción penal ni la responsabilidad de esa clase.

Art. 192.

1. A los condenados a pena de prisión por uno o más delitos comprendidos en este Título se les impondrá además la medida de libertad vigilada, que se ejecutará con posterioridad a la pena privativa de libertad. La duración de dicha medida será de cinco a diez años, si alguno de los delitos fuera grave, y de uno a cinco años si se trata de uno o más delitos menos graves. En este último caso, cuando se trate de un solo delito cometido por un delincuente primario, el tribunal podrá imponer o no la medida de libertad vigilada en atención a la menor peligrosidad del autor[416].

---

[414] Redactado conforme por LO 10/2022, de 6 de septiembre, de garantía integral de la libertad sexual.
Como consecuencia de la LO 10/2022, de 6 de septiembre, de garantía integral de la libertad sexual, este artículo ha pasado de estar ubicado en el Capítulo V del Título VIII del Libro II al Capítulo VI del Título VIII del Libro II.

[415] Apartado redactado conforme LO 10/2022, de 6 de septiembre, de garantía integral de la libertad sexual.

[416] Apartado redactado conforme LO 1/2015, de 30 de marzo, por la que se modifica la Ley Orgánica 10/1995, de 23 de noviembre, del Código Penal.

Art. 192

> *1. A los condenados a pena de prisión por uno o más delitos comprendidos en este Título se les impondrá además la medida de libertad vigilada, que se ejecutará con posterioridad a la pena privativa de libertad. La duración de dicha medida será de cinco a diez años, si alguno de los delitos fuera grave, y de uno a cinco años, si se trata de uno o más delitos menos graves. En este último caso, cuando se trate de un solo delito cometido por un delincuente primario, el Tribunal podrá imponer o no la medida de libertad vigilada en atención a la menor peligrosidad del autor[417].*

2[418]. Los ascendientes, tutores, curadores, guardadores, maestros o cualquier otra persona encargada de hecho o de derecho del menor o persona con discapacidad necesitada de especial protección, que intervengan como autores o cómplices en la perpetración de los delitos comprendidos en este Título, serán castigados con la pena que les corresponda, en su mitad superior.

No se aplicará esta regla cuando la circunstancia en ella contenida esté específicamente contemplada en el tipo penal de que se trate.

3[419]. La autoridad judicial impondrá a las personas responsables de la comisión de alguno de los delitos de los Capítulos I o V cuando la víctima sea menor de edad y en todo caso de alguno de los delitos del Capítulo II, además de las penas previstas en tales Capítulos, la pena de privación de la patria potestad o de inhabilitación especial para el ejercicio de los derechos de la patria potestad, tutela, curatela, guarda o acogimiento, por tiempo de cuatro a diez años. A las personas responsables del resto de delitos del presente Título se les podrá imponer razonadamente, además de las penas señaladas para tales delitos, la pena de privación de la patria potestad o la pena de inhabilitación especial para el ejercicio de los derechos de la patria potestad, tutela, curatela, guarda o acogimiento, por el tiempo de seis meses a seis años, así como la pena de inhabilitación para empleo o cargo público o ejercicio de la profesión u oficio, retribuido o no, por el tiempo de seis meses a seis años.

Asimismo, la autoridad judicial impondrá a las personas responsables de los delitos comprendidos en el presente Título, sin perjuicio de las penas que correspondan con arreglo a los artículos precedentes, una pena de inhabilitación especial para cualquier profesión, oficio o actividades, sean o no retribuidos, que conlleve contacto regular y directo con personas menores de edad, por un tiempo superior entre cinco y veinte años al de la duración de la pena de privación de libertad impuesta en la sentencia si el delito fuera grave, y entre dos y veinte años si fuera menos grave. En ambos casos se atenderá proporcionalmente a la gravedad del delito, el número de los delitos cometidos y a las circunstancias que concurran en la persona condenada.

---

[417] Apartado introducido por LO 5/2010, de 22 de junio, por la que se modifica la Ley Orgánica 10/1995, de 23 de noviembre, del Código Penal.

[418] Renumeración debida a LO 5/2010, de 22 de junio, por la que se modifica la Ley Orgánica 10/1995, de 23 de noviembre, del Código Penal.

[419] Apartado redactado conforme LO 10/2022, de 6 de septiembre, de garantía integral de la libertad sexual.

3[420]. La autoridad judicial podrá imponer razonadamente, además, la pena de privación de la patria potestad o la pena de inhabilitación especial para el ejercicio de los derechos de la patria potestad, tutela, curatela, guarda o acogimiento, por el tiempo de seis meses a seis años, y la pena de inhabilitación para empleo o cargo público o ejercicio de la profesión u oficio, retribuido o no, por el tiempo de seis meses a seis años.

La autoridad judicial impondrá a las personas responsables de los delitos comprendidos en el presente título, sin perjuicio de las penas que correspondan con arreglo a los artículos precedentes, una pena de inhabilitación especial para cualquier profesión, oficio o actividades, sean o no retribuidos, que conlleve contacto regular y directo con personas menores de edad, por un tiempo superior entre cinco y veinte años al de la duración de la pena de privación de libertad impuesta en la sentencia si el delito fuera grave, y entre dos y veinte años si fuera menos grave, en ambos casos se atenderá proporcionalmente a la gravedad del delito, el número de los delitos cometidos y a las circunstancias que concurran en la persona condenada.

Art. 193.

En las sentencias condenatorias por delitos contra la libertad sexual, además del pronunciamiento correspondiente a la responsabilidad civil, se harán, en su caso, los que procedan en orden a la filiación y fijación de alimentos.

Art. 194.

En los supuestos tipificados en los capítulos IV y V de este título, cuando en la realización de los actos se utilizaren establecimientos o locales, abiertos o no al público, se decretará en la sentencia condenatoria su clausura definitiva. La clausura podrá adoptarse también con carácter cautelar[421].

En los supuestos tipificados en los capítulos IV y V de este Título, cuando en la realización de los actos se utilizaren establecimientos o locales, abiertos o no al público, podrá decretarse en la sentencia condenatoria su clausura temporal o definitiva. La clausura temporal, que no podrá exceder de cinco años, podrá adoptarse también con carácter cautelar.

Art. 194 bis.

Las penas previstas en los delitos de este título se impondrán sin perjuicio de la que pudiera corresponder por los actos de violencia física o psíquica que se realizasen[422].

TÍTULO IX
DE LA OMISIÓN DEL DEBER DE SOCORRO

Art. 195.

1. El que no socorriere a una persona que se halle desamparada y en peligro manifiesto y grave, cuando pudiere hacerlo sin riesgo propio ni de terceros, será castigado con la pena de multa de tres a doce meses.

---

[420] Apartado redactado conforme LO 8/2021, de 4 de junio, de protección integral a la infancia y la adolescencia frente a la violencia.

[421] Redactado conforme LO 10/2022, de 6 de septiembre, de garantía integral de la libertad sexual.

[422] Artículo introducido por LO 10/2022, de 6 de septiembre, de garantía integral de la libertad sexual.

2. En las mismas penas incurrirá el que, impedido de prestar socorro, no demande con urgencia auxilio ajeno.

3. Si la víctima lo fuere por accidente ocasionado fortuitamente por el que omitió el auxilio, la pena será de prisión de seis meses a 18 meses, y si el accidente se debiere a imprudencia, la de prisión de seis meses a cuatro años[423].

Art. 196.

El profesional que, estando obligado a ello, denegare asistencia sanitaria o abandonare los servicios sanitarios, cuando de la denegación o abandono se derive riesgo grave para la salud de las personas, será castigado con las penas del artículo precedente en su mitad superior y con la de inhabilitación especial para empleo o cargo público, profesión u oficio, por tiempo de seis meses a tres años.

TÍTULO X
DELITOS CONTRA LA INTIMIDAD, EL DERECHO A LA PROPIA IMAGEN Y LA INVIOLABILIDAD DEL DOMICILIO

CAPÍTULO I
DEL DESCUBRIMIENTO Y REVELACIÓN DE SECRETOS

Art. 197[424].

1. El que, para descubrir los secretos o vulnerar la intimidad de otro, sin su consentimiento, se apodere de sus papeles, cartas, mensajes de correo electrónico o cualesquiera otros documentos o efectos personales, intercepte sus telecomunicaciones o utilice artificios técnicos de escucha, transmisión, grabación o reproducción del sonido o de la imagen, o de cualquier otra señal de comunicación, será castigado con las penas de prisión de uno a cuatro años y multa de doce a veinticuatro meses.

> *1. El que, para descubrir los secretos o vulnerar la intimidad de otro, sin su consentimiento, se apodere de sus papeles, cartas, mensajes de correo electrónico o cualesquiera otros documentos o efectos personales, intercepte sus telecomunicaciones o utilice artificios técnicos de escucha, transmisión, grabación o reproducción del sonido o de la imagen, o de cualquier otra señal de comunicación, será castigado con las penas de prisión de uno a cuatro años y multa de doce a veinticuatro meses.*

2. Las mismas penas se impondrán al que, sin estar autorizado, se apodere, utilice o modifique, en perjuicio de tercero, datos reservados de carácter personal o familiar de otro que se hallen registrados en ficheros o soportes informáticos, electrónicos o telemáticos, o en cualquier otro tipo de archivo o registro público o privado. Iguales penas se impondrán a quien, sin estar autorizado,

---

[423] Redactado conforme LO 15/2003, de 25 de noviembre, por la que se modifica la Ley Orgánica 10/1995, de 23 de noviembre, del Código Penal.

[424] Redactado —excepto el apartado 7— conforme LO 1/2015, de 30 de marzo, por la que se modifica la Ley Orgánica 10/1995, de 23 de noviembre, del Código Penal.

acceda por cualquier medio a los mismos y a quien los altere o utilice en perjuicio del titular de los datos o de un tercero.

> *2. Las mismas penas se impondrán al que, sin estar autorizado, se apodere, utilice o modifique, en perjuicio de tercero, datos reservados de carácter personal o familiar de otro que se hallen registrados en ficheros o soportes informáticos, electrónicos o telemáticos, o en cualquier otro tipo de archivo o registro público o privado. Iguales penas se impondrán a quien, sin estar autorizado, acceda por cualquier medio a los mismos y a quien los altere o utilice en perjuicio del titular de los datos o de un tercero.*

3. Se impondrá la pena de prisión de dos a cinco años si se difunden, revelan o ceden a terceros los datos o hechos descubiertos o las imágenes captadas a que se refieren los números anteriores.

Será castigado con las penas de prisión de uno a tres años y multa de doce a veinticuatro meses, el que, con conocimiento de su origen ilícito y sin haber tomado parte en su descubrimiento, realizare la conducta descrita en el párrafo anterior.

> *3. El que por cualquier medio o procedimiento y vulnerando las medidas de seguridad establecidas para impedirlo, acceda sin autorización a datos o programas informáticos contenidos en un sistema informático o en parte del mismo o se mantenga dentro del mismo en contra de la voluntad de quien tenga el legítimo derecho a excluirlo, será castigado con pena de prisión de seis meses a dos años.*
>
> *Cuando de acuerdo con lo establecido en el artículo 31 bis una persona jurídica sea responsable de los delitos comprendidos en este artículo, se le impondrá la pena de multa de seis meses a dos años. Atendidas las reglas establecidas en el artículo 66 bis, los jueces y tribunales podrán asimismo imponer las penas recogidas en las letras b) a g) del apartado 7 del artículo 33[425].*

4. Los hechos descritos en los apartados 1 y 2 de este artículo serán castigados con una pena de prisión de tres a cinco años cuando:

a) Se cometan por las personas encargadas o responsables de los ficheros, soportes informáticos, electrónicos o telemáticos, archivos o registros; o

b) se lleven a cabo mediante la utilización no autorizada de datos personales de la víctima.

Si los datos reservados se hubieran difundido, cedido o revelado a terceros, se impondrán las penas en su mitad superior.

> *4[426]. Se impondrá la pena de prisión de dos a cinco años si se difunden, revelan o ceden a terceros los datos o hechos descubiertos o las imágenes captadas a que se refieren los números anteriores.*
>
> *Será castigado con las penas de prisión de uno a tres años y multa de doce a veinticuatro meses, el que, con conocimiento de su origen ilícito y sin haber tomado parte en su descubrimiento, realizare la conducta descrita en el párrafo anterior.*

5. Igualmente, cuando los hechos descritos en los apartados anteriores afecten a datos de carácter personal que revelen la ideología, religión, creencias, salud, origen racial o vida sexual, o la víctima fuere un menor de edad o

---

[425]   Apartado introducido por LO 5/2010, de 22 de junio, por la que se modifica la Ley Orgánica 10/1995, de 23 de noviembre, del Código Penal.

[426]   Tras la LO 5/2010, de 22 de junio, por la que se modifica la Ley Orgánica 10/1995, de 23 de noviembre, del Código Penal los antiguos apartados 3, 4, 5 y 6 han sido renumerados como 4, 5, 6 y 7.

una persona con discapacidad necesitada de especial protección, se impondrán las penas previstas en su mitad superior.

> *5. Si los hechos descritos en los apartados 1 y 2 de este artículo se realizan por las personas encargadas o responsables de los ficheros, soportes informáticos, electrónicos o telemáticos, archivos o registros, se impondrá la pena de prisión de tres a cinco años, y si se difunden, ceden o revelan los datos reservados, se impondrá la pena en su mitad superior.*

6. Si los hechos se realizan con fines lucrativos, se impondrán las penas respectivamente previstas en los apartados 1 al 4 de este artículo en su mitad superior. Si además afectan a datos de los mencionados en el apartado anterior, la pena a imponer será la de prisión de cuatro a siete años.

> *6. Igualmente, cuando los hechos descritos en los apartados anteriores afecten a datos de carácter personal que revelen la ideología, religión, creencias, salud, origen racial o vida sexual, o la víctima fuere un menor de edad o un incapaz, se impondrán las penas previstas en su mitad superior.*

7. Será castigado con una pena de prisión de tres meses a un año o multa de seis a doce meses el que, sin autorización de la persona afectada, difunda, revele o ceda a terceros imágenes o grabaciones audiovisuales de aquélla que hubiera obtenido con su anuencia en un domicilio o en cualquier otro lugar fuera del alcance de la mirada de terceros, cuando la divulgación menoscabe gravemente la intimidad personal de esa persona.

Se impondrá la pena de multa de uno a tres meses a quien habiendo recibido las imágenes o grabaciones audiovisuales a las que se refiere el párrafo anterior las difunda, revele o ceda a terceros sin el consentimiento de la persona afectada.

En los supuestos de los párrafos anteriores, la pena se impondrá en su mitad superior cuando los hechos hubieran sido cometidos por el cónyuge o por persona que esté o haya estado unida a él por análoga relación de afectividad, aun sin convivencia, la víctima fuera menor de edad o una persona con discapacidad necesitada de especial protección, o los hechos se hubieran cometido con una finalidad lucrativa[427].

> *7. Será castigado con una pena de prisión de tres meses a un año o multa de seis a doce meses el que, sin autorización de la persona afectada, difunda, revele o ceda a terceros imágenes o grabaciones audiovisuales de aquélla que hubiera obtenido con su anuencia en un domicilio o en cualquier otro lugar fuera del alcance de la mirada de terceros, cuando la divulgación menoscabe gravemente la intimidad personal de esa persona.*
>
> *La pena se impondrá en su mitad superior cuando los hechos hubieran sido cometidos por el cónyuge o por persona que esté o haya estado unida a él por análoga relación de afectividad, aun sin convivencia, la víctima fuera menor de edad o una persona con discapacidad necesitada de especial protección, o los hechos se hubieran cometido con una finalidad lucrativa[428].*

---

[427] Apartado redactado conforme LO 10/2022, de 6 de septiembre, de garantía integral de la libertad sexual.

[428] Redactado conforme LO 1/2015, de 30 de marzo, por la que se modifica la Ley Orgánica 10/1995, de 23 de noviembre, del Código Penal.

8. Si los hechos descritos en los apartados anteriores se cometiesen en el seno de una organización o grupo criminales, se aplicarán respectivamente las penas superiores en grado[429].

Art. 197 bis[430].

1. El que por cualquier medio o procedimiento, vulnerando las medidas de seguridad establecidas para impedirlo, y sin estar debidamente autorizado, acceda o facilite a otro el acceso al conjunto o una parte de un sistema de información o se mantenga en él en contra de la voluntad de quien tenga el legítimo derecho a excluirlo, será castigado con pena de prisión de seis meses a dos años.

2. El que mediante la utilización de artificios o instrumentos técnicos, y sin estar debidamente autorizado, intercepte transmisiones no públicas de datos informáticos que se produzcan desde, hacia o dentro de un sistema de información, incluidas las emisiones electromagnéticas de los mismos, será castigado con una pena de prisión de tres meses a dos años o multa de tres a doce meses.

Art. 197 ter[431].

Será castigado con una pena de prisión de seis meses a dos años o multa de tres a dieciocho meses el que, sin estar debidamente autorizado, produzca, adquiera para su uso, importe o, de cualquier modo, facilite a terceros, con la intención de facilitar la comisión de alguno de los delitos a que se refieren los apartados 1 y 2 del artículo 197 o el artículo 197 bis:

a) un programa informático, concebido o adaptado principalmente para cometer dichos delitos; o

b) una contraseña de ordenador, un código de acceso o datos similares que permitan acceder a la totalidad o a una parte de un sistema de información.

Art. 197 quater[432].

Si los hechos descritos en este Capítulo se hubieran cometido en el seno de una organización o grupo criminal, se aplicarán respectivamente las penas superiores en grado.

Art. 197 quinquies[433].

Cuando de acuerdo con lo establecido en el artículo 31 bis una persona jurídica sea responsable de los delitos comprendidos en los artículos 197, 197 bis y 197 ter, se le impondrá la pena de multa de seis meses a dos años. Atendidas las

---

[429]　Apartado introducido por LO 5/2010, de 22 de junio, por la que se modifica la Ley Orgánica 10/1995, de 23 de noviembre, del Código Penal.

[430]　Artículo introducido por LO 1/2015, de 30 de marzo, por la que se modifica la Ley Orgánica 10/1995, de 23 de noviembre, del Código Penal.

[431]　Artículo introducido por LO 1/2015, de 30 de marzo, por la que se modifica la Ley Orgánica 10/1995, de 23 de noviembre, del Código Penal.

[432]　Artículo introducido por LO 1/2015, de 30 de marzo, por la que se modifica la Ley Orgánica 10/1995, de 23 de noviembre, del Código Penal.

[433]　Artículo introducido por LO 1/2015, de 30 de marzo, por la que se modifica la Ley Orgánica 10/1995, de 23 de noviembre, del Código Penal.

reglas establecidas en el artículo 66 bis, los jueces y tribunales podrán asimismo imponer las penas recogidas en las letras b) a g) del apartado 7 del artículo 33.

Art. 198.

La autoridad o funcionario público que, fuera de los casos permitidos por la Ley, sin mediar causa legal por delito, y prevaliéndose de su cargo, realizare cualquiera de las conductas descritas en el artículo anterior, será castigado con las penas respectivamente previstas en el mismo, en su mitad superior y, además, con la de inhabilitación absoluta por tiempo de seis a doce años.

Art. 199.

1. El que revelare secretos ajenos, de los que tenga conocimiento por razón de su oficio o sus relaciones laborales, será castigado con la pena de prisión de uno a tres años y multa de seis a doce meses.

2. El profesional que, con incumplimiento de su obligación de sigilo o reserva, divulgue los secretos de otra persona, será castigado con la pena de prisión de uno a cuatro años, multa de doce a veinticuatro meses e inhabilitación especial para dicha profesión por tiempo de dos a seis años.

Art. 200.

Lo dispuesto en este capítulo será aplicable al que descubriere, revelare o cediere datos reservados de personas jurídicas, sin el consentimiento de sus representantes, salvo lo dispuesto en otros preceptos de este Código.

Art. 201[434].

1. Para proceder por los delitos previstos en este Capítulo será necesaria denuncia de la persona agraviada o de su representante legal.

2. No será precisa la denuncia exigida en el apartado anterior para proceder por los hechos descritos en el artículo 198 de este Código, ni cuando la comisión del delito afecte a los intereses generales, a una pluralidad de personas o si la víctima es una persona menor de edad o una persona con discapacidad necesitada de especial protección.

3. El perdón del ofendido o de su representante legal, en su caso, extingue la acción penal sin perjuicio de lo dispuesto en el artículo 130.1.5.º, párrafo segundo.

> *1. Para proceder por los delitos previstos en este capítulo será necesaria denuncia de la persona agraviada o de su representante legal. Cuando aquélla sea menor de edad, persona con discapacidad necesitada de especial protección o una persona desvalida, también podrá denunciar el Ministerio Fiscal.*
> *2. No será precisa la denuncia exigida en el apartado anterior para proceder por los hechos descritos en el artículo 198 de este Código, ni cuando la comisión del delito afecte a los intereses generales o a una pluralidad de personas.*

---

[434] Redactado conforme LO 8/2021, de 4 de junio, de protección integral a la infancia y la adolescencia frente a la violencia.

3. El perdón del ofendido o de su representante legal, en su caso, extingue la acción penal sin perjuicio de lo dispuesto en el segundo párrafo del número 5.º del apartado 1 del artículo 130[435].

CAPÍTULO II
DEL ALLANAMIENTO DE MORADA, DOMICILIO DE PERSONAS JURÍDICAS Y ESTABLECIMIENTOS ABIERTOS AL PÚBLICO

Art. 202.

1. El particular que, sin habitar en ella, entrare en morada ajena o se mantuviere en la misma contra la voluntad de su morador, será castigado con la pena de prisión de seis meses a dos años.

2. Si el hecho se ejecutare con violencia o intimidación la pena será de prisión de uno a cuatro años y multa de seis a doce meses.

Art. 203.

1. Será castigado con las penas de prisión de seis meses a un año y multa de seis a diez meses el que entrare contra la voluntad de su titular en el domicilio de una persona jurídica pública o privada, despacho profesional u oficina, o en establecimiento mercantil o local abierto al público fuera de las horas de apertura.

2. Será castigado con la pena de multa de uno a tres meses el que se mantuviere contra la voluntad de su titular, fuera de las horas de apertura, en el domicilio de una persona jurídica pública o privada, despacho profesional u oficina, o en establecimiento mercantil o local abierto al público[436].

3[437]. Será castigado con la pena de prisión de seis meses a tres años, el que con violencia o intimidación entrare o se mantuviere contra la voluntad de su titular en el domicilio de una persona jurídica pública o privada, despacho profesional u oficina, o en establecimiento mercantil o local abierto al público.

Art. 204.

La autoridad o funcionario público que, fuera de los casos permitidos por la Ley y sin mediar causa legal por delito, cometiere cualquiera de los hechos descritos en los dos artículos anteriores, será castigado con la pena prevista respectivamente en los mismos, en su mitad superior, e inhabilitación absoluta de seis a doce años.

---

[435] Apartado redactado conforme LO 5/2010, de 22 de junio, por la que se modifica la Ley Orgánica 10/1995, de 23 de noviembre, del Código Penal.

[436] Apartado introducido por LO 1/2015, de 30 de marzo, por la que se modifica la Ley Orgánica 10/1995, de 23 de noviembre, del Código Penal.

[437] Apartado renumerado por LO 1/2015, de 30 de marzo, por la que se modifica la Ley Orgánica 10/1995, de 23 de noviembre, del Código Penal.

TÍTULO XI
DELITOS CONTRA EL HONOR

CAPÍTULO I
DE LA CALUMNIA

Art. 205.

Es calumnia la imputación de un delito hecha con conocimiento de su falsedad o temerario desprecio hacia la verdad.

Art. 206[438].

Las calumnias serán castigadas con las penas de prisión de seis meses a dos años o multa de doce a 24 meses, si se propagaran con publicidad y, en otro caso, con multa de seis a 12 meses.

Art. 207.

El acusado por delito de calumnia quedará exento de toda pena probando el hecho criminal que hubiere imputado.

CAPÍTULO II
DE LA INJURIA

Art. 208.

Es injuria la acción o expresión que lesionan la dignidad de otra persona, menoscabando su fama o atentando contra su propia estimación.

Solamente serán constitutivas de delito las injurias que, por su naturaleza, efectos y circunstancias, sean tenidas en el concepto público por graves, sin perjuicio de lo dispuesto en el apartado 4 del artículo 173[439].

> *Solamente serán constitutivas de delito las injurias que, por su naturaleza, efectos y circunstancias, sean tenidas en el concepto público por graves.*

Las injurias que consistan en la imputación de hechos no se considerarán graves, salvo cuando se hayan llevado a cabo con conocimiento de su falsedad o temerario desprecio hacia la verdad.

Art. 209.

Las injurias graves hechas con publicidad se castigarán con la pena de multa de seis a catorce meses y, en otro caso, con la de tres a siete meses.

---

[438] Redactado conforme LO 15/2003, de 25 de noviembre, por la que se modifica la Ley Orgánica 10/1995, de 23 de noviembre, del Código Penal.

[439] Párrafo redactado conforme LO 1/2015, de 30 de marzo, por la que se modifica la Ley Orgánica 10/1995, de 23 de noviembre, del Código Penal.

Art. 210[440].

El acusado de injuria quedará exento de responsabilidad probando la verdad de las imputaciones cuando estas se dirijan contra funcionarios públicos sobre hechos concernientes al ejercicio de sus cargos o referidos a la comisión de infracciones administrativas.

> *El acusado de injuria quedará exento de responsabilidad probando la verdad de las imputaciones cuando éstas se dirijan contra funcionarios públicos sobre hechos concernientes al ejercicio de sus cargos o referidos a la comisión de faltas penales o de infracciones administrativas.*

CAPÍTULO III
DISPOSICIONES GENERALES

Art. 211.

La calumnia y la injuria se reputarán hechas con publicidad cuando se propaguen por medio de la imprenta, la radiodifusión o por cualquier otro medio de eficacia semejante.

Art. 212.

En los casos a los que se refiere el artículo anterior, será responsable civil solidaria la persona física o jurídica propietaria del medio informativo a través del cual se haya propagado la calumnia o injuria.

Art. 213.

Si la calumnia o injuria fueren cometidas mediante precio, recompensa o promesa, los Tribunales impondrán, además de las penas señaladas para los delitos de que se trate, la de inhabilitación especial prevista en los artículos 42 ó 45 del presente Código, por tiempo de seis meses a dos años.

Art. 214.

Si el acusado de calumnia o injuria reconociere ante la autoridad judicial la falsedad o falta de certeza de las imputaciones y se retractare de ellas, el Juez o Tribunal impondrá la pena inmediatamente inferior en grado y podrá dejar de imponer la pena de inhabilitación que establece el artículo anterior.

El Juez o Tribunal ante quien se produjera el reconocimiento ordenará que se entregue testimonio de retractación al ofendido y, si éste lo solicita, ordenará su publicación en el mismo medio en que se vertió la calumnia o injuria, en espacio idéntico o similar a aquél en que se produjo su difusión y dentro del plazo que señale el Juez o Tribunal sentenciador.

Art. 215.

1. Nadie será penado por calumnia o injuria sino en virtud de querella de la persona ofendida por el delito o de su representante legal. Se procederá de

---

[440]   Redactado conforme LO 1/2015, de 30 de marzo, por la que se modifica la Ley Orgánica 10/1995, de 23 de noviembre, del Código Penal.

oficio cuando la ofensa se dirija contra funcionario público, autoridad o agente de la misma sobre hechos concernientes al ejercicio de sus cargos[441].

2. Nadie podrá deducir acción de calumnia o injuria vertidas en juicio sin previa licencia del Juez o Tribunal que de él conociere o hubiere conocido.

3. El perdón de la persona ofendida extingue la acción penal, sin perjuicio de lo dispuesto en el artículo 130.1.5.º, párrafo segundo de este Código[442].

> *3. El perdón del ofendido o de su representante legal, en su caso, extingue la acción penal sin perjuicio de lo dispuesto en el segundo párrafo del número 5.º del apartado 1 del artículo 130 de este Código[443].*

Art. 216.

En los delitos de calumnia o injuria se considera que la reparación del daño comprende también la publicación o divulgación de la sentencia condenatoria, a costa del condenado por tales delitos, en el tiempo y forma que el Juez o Tribunal consideren más adecuado a tal fin, oídas las dos partes.

TÍTULO XII
DELITOS CONTRA LAS RELACIONES FAMILIARES

CAPÍTULO I
DE LOS MATRIMONIOS ILEGALES

Art. 217.

El que contrajere segundo o ulterior matrimonio, a sabiendas de que subsiste legalmente el anterior, será castigado con la pena de prisión de seis meses a un año.

Art. 218.

1. El que, para perjudicar al otro contrayente, celebrare matrimonio inválido será castigado con la pena de prisión de seis meses a dos años.

2. El responsable quedará exento de pena si el matrimonio fuese posteriormente convalidado.

Art. 219.

1. El que autorizare matrimonio en el que concurra alguna causa de nulidad conocida o denunciada en el expediente, será castigado con la pena de prisión de seis meses a dos años e inhabilitación especial para empleo o cargo público de dos a seis años.

---

[441] Apartado redactado conforme LO 15/2003, de 25 de noviembre, por la que se modifica la Ley Orgánica 10/1995, de 23 de noviembre, del Código Penal.

[442] Apartado redactado conforme LO 8/2021, de 4 de junio, de protección integral a la infancia y la adolescencia frente a la violencia.

[443] Apartado redactado conforme LO 5/2010, de 22 de junio, por la que se modifica la Ley Orgánica 10/1995, de 23 de noviembre, del Código Penal.

2. Si la causa de nulidad fuere dispensable, la pena será de suspensión de empleo o cargo público de seis meses a dos años.

CAPÍTULO II
DE LA SUPOSICIÓN DE PARTO Y DE LA ALTERACIÓN DE LA PATERNIDAD, ESTADO O CONDICIÓN DEL MENOR

Art. 220.

1. La suposición de un parto será castigada con las penas de prisión de seis meses a dos años.

2. La misma pena se impondrá a quien ocultare o entregare a terceros una persona menor de dieciocho años para alterar o modificar su filiación[444].

> *2. La misma pena se impondrá al que ocultare o entregare a terceros un hijo para alterar o modificar su filiación.*

3. La sustitución de un niño por otro será castigada con las penas de prisión de uno a cinco años.

4. Los ascendientes, por naturaleza o por adopción, que cometieran los hechos descritos en los tres apartados anteriores podrán ser castigados además con la pena de inhabilitación especial para el ejercicio del derecho de patria potestad que tuvieren sobre el hijo o descendiente supuesto, ocultado, entregado o sustituido, y, en su caso, sobre el resto de hijos o descendientes por tiempo de cuatro a diez años.

5. Las sustituciones de un niño por otro que se produjeren en centros sanitarios o socio-sanitarios por imprudencia grave de los responsables de su identificación y custodia, serán castigadas con la pena de prisión de seis meses a un año.

Art. 221.

1. Los que, mediando compensación económica, entreguen a otra persona un hijo, descendiente o cualquier menor aunque no concurra relación de filiación o parentesco, eludiendo los procedimientos legales de la guarda, acogimiento o adopción, con la finalidad de establecer una relación análoga a la de filiación, serán castigados con las penas de prisión de uno a cinco años y de inhabilitación especial para el ejercicio del derecho de la patria potestad, tutela, curatela o guarda por tiempo de cuatro a 10 años[445].

2. Con la misma pena serán castigados la persona que lo reciba y el intermediario, aunque la entrega del menor se hubiese efectuado en país extranjero.

3. Si los hechos se cometieren utilizando guarderías, colegios u otros locales o establecimientos donde se recojan niños, se impondrá a los culpables la

---

[444]   Apartado redactado conforme LO 8/2021, de 4 de junio, de protección integral a la infancia y la adolescencia frente a la violencia.

[445]   Apartado redactado conforme LO 15/2003, de 25 de noviembre, por la que se modifica la Ley Orgánica 10/1995, de 23 de noviembre, del Código Penal.

pena de inhabilitación especial para el ejercicio de las referidas actividades por tiempo de dos a seis años y se podrá acordar la clausura temporal o definitiva de los establecimientos. En la clausura temporal, el plazo no podrá exceder de cinco años.

Art. 222.

El educador, facultativo, autoridad o funcionario público que, en el ejercicio de su profesión o cargo, realice las conductas descritas en los dos artículos anteriores, incurrirá en la pena en ellos señalada y, además, en la de inhabilitación especial para empleo o cargo público, profesión u oficio, de dos a seis años.

A los efectos de este artículo, el término facultativo comprende los médicos, matronas, personal de enfermería y cualquier otra persona que realice una actividad sanitaria o socio-sanitaria.

CAPÍTULO III
DE LOS DELITOS CONTRA LOS DERECHOS Y DEBERES FAMILIARES

SECCIÓN 1.ª
DEL QUEBRANTAMIENTO DE LOS DEBERES DE CUSTODIA Y DE LA INDUCCIÓN DE MENORES AL ABANDONO DE DOMICILIO

Art. 223.

El que, teniendo a su cargo la custodia de un menor de edad o un[446] persona con discapacidad necesitada de especial protección, no lo presentare a sus padres o guardadores sin justificación para ello, cuando fuere requerido por ellos, será castigado con la pena de prisión de seis meses a dos años, sin perjuicio de que los hechos constituyan otro delito más grave.

Art. 224.

El que indujere a un menor de edad o a una persona con discapacidad necesitada de especial protección a que abandone el domicilio familiar, o lugar donde resida con anuencia de sus padres, tutores o guardadores, será castigado con la pena de prisión de seis meses a dos años.

En la misma pena incurrirá el progenitor que induzca a su hijo menor a infringir el régimen de custodia establecido por la autoridad judicial o administrativa[447].

---

[446] En virtud de lo dispuesto en el art. 258 de la LO 1/2015, de 30 de marzo, por la que se modifica la Ley Orgánica 10/1995, de 23 de noviembre, del Código Penal, se ha procedido a sustituir el término «incapaz» originario por «persona con discapacidad necesitada de especial protección», sin que dicha Ley modificara el artículo indeterminado «un» por «una».

[447] Párrafo introducido por LO 9/2002, de 10 de diciembre, de modificación de la Ley Orgánica 10/1995, de 23 de noviembre, del Código Penal de 1995 y del Código Civil, sobre sustracción de menores.

Art. 225[448].

Cuando el responsable de los delitos previstos en los dos artículos anteriores restituya al menor de edad o a la persona con discapacidad necesitada de especial protección a su domicilio o residencia, o lo deposite en lugar conocido y seguro, sin haberle hecho objeto de vejaciones, sevicias o acto delictivo alguno, ni haber puesto en peligro su vida, salud, integridad física o libertad sexual, el hecho será castigado con la pena de prisión de tres meses a un año o multa de seis a 24 meses, siempre y cuando el lugar de estancia del menor de edad o la persona con discapacidad necesitada de especial protección haya sido comunicado a sus padres, tutores o guardadores, o la ausencia no hubiera sido superior a 24 horas.

SECCIÓN 2.ª
DE LA SUSTRACCIÓN DE MENORES[449]

Art. 225 bis.

1. El progenitor que sin causa justificada para ello sustrajere a su hijo menor será castigado con la pena de prisión de dos a cuatro años e inhabilitación especial para el ejercicio del derecho de patria potestad por tiempo de cuatro a diez años.

2[450]. A los efectos de este artículo, se considera sustracción:

1.º El traslado de una persona menor de edad de su lugar de residencia habitual sin consentimiento del otro progenitor o de las personas o instituciones a las cuales estuviese confiada su guarda o custodia.

2.º La retención de una persona menor de edad incumpliendo gravemente el deber establecido por resolución judicial o administrativa.

> *2. A los efectos de este artículo, se considera sustracción:*
> *1.º El traslado de un menor de su lugar de residencia sin consentimiento del progenitor con quien conviva habitualmente o de las personas o instituciones a las cuales estuviese confiada su guarda o custodia.*
> *2.º La retención de un menor incumpliendo gravemente el deber establecido por resolución judicial o administrativa.*

3. Cuando el menor sea trasladado fuera de España o fuese exigida alguna condición para su restitución la pena señalada en el apartado 1 se impondrá en su mitad superior.

4. Cuando el sustractor haya comunicado el lugar de estancia al otro progenitor o a quien corresponda legalmente su cuidado dentro de las veinticuatro horas siguientes a la sustracción con el compromiso de devolución inmediata

---

[448] Redactado conforme LO 15/2003, de 25 de noviembre, por la que se modifica la Ley Orgánica 10/1995, de 23 de noviembre, del Código Penal.

[449] Sección introducida por LO 9/2002, de 10 de diciembre, de modificación de la Ley Orgánica 10/1995, de 23 de noviembre, del Código Penal, y del Código Civil, sobre sustracción de menores.

[450] Apartado redactado conforme LO 8/2021, de 4 de junio, de protección integral a la infancia y la adolescencia frente a la violencia.

Art. 226

que efectivamente lleve a cabo, o la ausencia no hubiere sido superior a dicho plazo de veinticuatro horas, quedará exento de pena.

Si la restitución la hiciere, sin la comunicación a que se refiere el párrafo anterior, dentro de los quince días siguientes a la sustracción, le será impuesta la pena de prisión de seis meses a dos años.

Estos plazos se computarán desde la fecha de la denuncia de la sustracción.

5. Las penas señaladas en este artículo se impondrán igualmente a los ascendientes del menor y a los parientes del progenitor hasta el segundo grado de consanguinidad o afinidad que incurran en las conductas anteriormente descritas.

SECCIÓN 3.ª[451]
DEL ABANDONO DE FAMILIA, MENORES O PERSONAS CON DISCAPACIDAD NECESITADAS DE ESPECIAL PROTECCIÓN[452]

Art. 226.

1. El que dejare de cumplir los deberes legales de asistencia inherentes a la patria potestad, tutela, guarda o acogimiento familiar o de prestar la asistencia necesaria legalmente establecida para el sustento de sus descendientes, ascendientes o cónyuge, que se hallen necesitados, será castigado con la pena de prisión de tres a seis meses o multa de seis a 12 meses[453].

2. El Juez o Tribunal podrá imponer, motivadamente, al reo la pena de inhabilitación especial para el ejercicio del derecho de patria potestad, tutela, guarda o acogimiento familiar por tiempo de cuatro a diez años.

Art. 227.

1. El que dejare de pagar durante dos meses consecutivos o cuatro meses no consecutivos cualquier tipo de prestación económica en favor de su cónyuge o sus hijos, establecida en convenio judicialmente aprobado o resolución judicial en los supuestos de separación legal, divorcio, declaración de nulidad del matrimonio, proceso de filiación, o proceso de alimentos a favor de sus hijos, será castigado con la pena de prisión de tres meses a un año o multa de seis a 24 meses[454].

---

[451] El cambio en la numeración de la Sección ha sido introducido por LO 9/2002, de 10 de diciembre, de modificación de la Ley Orgánica 10/1995, de 23 de noviembre, del Código Penal, y del Código Civil, sobre sustracción de menores.

[452] Redactado conforme LO 1/2015, de 30 de marzo, por la que se modifica la Ley Orgánica 10/1995, de 23 de noviembre, del Código Penal.

[453] Redactado conforme LO 15/2003, de 25 de noviembre, por la que se modifica la Ley Orgánica 10/1995, de 23 de noviembre, del Código Penal.

[454] Redactado conforme LO 15/2003, de 25 de noviembre, por la que se modifica la Ley Orgánica 10/1995, de 23 de noviembre, del Código Penal.

2. Con la misma pena será castigado el que dejare de pagar cualquier otra prestación económica establecida de forma conjunta o única en los supuestos previstos en el apartado anterior.

3. La reparación del daño procedente del delito comportará siempre el pago de las cuantías adeudadas.

Art. 228.

Los delitos previstos en los dos artículos anteriores, sólo se perseguirán previa denuncia de la persona agraviada o de su representante legal. Cuando aquélla sea menor de edad, persona con discapacidad necesitada de especial protección o una persona desvalida, también podrá denunciar el Ministerio Fiscal.

Art. 229.

1. El abandono de un menor de edad o un[455] persona con discapacidad necesitada de especial protección por parte de la persona encargada de su guarda, será castigado con la pena de prisión de uno a dos años.

2. Si el abandono fuere realizado por los padres, tutores o guardadores legales, se impondrá la pena de prisión de dieciocho meses a tres años.

3. Se impondrá la pena de prisión de dos a cuatro años cuando por las circunstancias del abandono se haya puesto en concreto peligro la vida, salud, integridad física o libertad sexual del menor de edad o de la persona con discapacidad necesitada de especial protección, sin perjuicio de castigar el hecho como corresponda si constituyera otro delito más grave.

Art. 230.

El abandono temporal de un menor de edad o de un persona con discapacidad necesitada de especial protección será castigado, en sus respectivos casos, con las penas inferiores en grado a las previstas en el artículo anterior.

Art. 231.

1. El que, teniendo a su cargo la crianza o educación de un menor de edad o de una persona con discapacidad necesitada de especial protección, lo entregare a un tercero o a un establecimiento público sin la anuencia de quien se lo hubiere confiado, o de la autoridad, en su defecto, será castigado con la pena de multa de seis a doce meses.

2. Si con la entrega se hubiere puesto en concreto peligro la vida, salud, integridad física o libertad sexual del menor de edad o de la persona con discapacidad necesitada de especial protección se impondrá la pena de prisión de seis meses a dos años.

---

[455] En virtud de lo dispuesto en el art. 258 de la LO 1/2015, de 30 de marzo, por la que se modifica la Ley Orgánica 10/1995, de 23 de noviembre, del Código Penal, se ha procedido a sustituir el término «incapaz» originario por «persona con discapacidad necesitada de especial protección», sin que dicha Ley modificara el artículo indeterminado «un» por «una».

Art. 232.

1. Los que utilizaren o prestaren a menores de edad o personas con discapacidad necesitadas de especial protección para la práctica de la mendicidad, incluso si ésta es encubierta, serán castigados con la pena de prisión de seis meses a un año.

2. Si para los fines del apartado anterior se traficare con menores de edad o personas con discapacidad necesitadas de especial protección, se empleare con ellos violencia o intimidación, o se les suministrare sustancias perjudiciales para su salud, se impondrá la pena de prisión de uno a cuatro años.

Art. 233.

1. El Juez o Tribunal, si lo estima oportuno en atención a las circunstancias del menor, podrá imponer a los responsables de los delitos previstos en los artículos 229 al 232 la pena de inhabilitación especial para el ejercicio de la patria potestad o de los derechos de guarda, tutela, curatela o acogimiento familiar por tiempo de cuatro a diez años.

2. Si el culpable ostentare la guarda del menor por su condición de funcionario público, se le impondrá además la pena de inhabilitación especial para empleo o cargo público por tiempo de dos a seis años.

3. En todo caso, el Ministerio Fiscal instará de la autoridad competente las medidas pertinentes para la debida custodia y protección del menor.

TÍTULO XIII
DELITOS CONTRA EL PATRIMONIO Y CONTRA
EL ORDEN SOCIOECONÓMICO

CAPÍTULO I
DE LOS HURTOS

Art. 234.

1. El que, con ánimo de lucro, tomare las cosas muebles ajenas sin la voluntad de su dueño será castigado, como reo de hurto, con la pena de prisión de seis a dieciocho meses si la cuantía de lo sustraído excediese de 400 euros[456].

El que, con ánimo de lucro, tomare las cosas muebles ajenas sin la voluntad de su dueño será castigado, como reo de hurto, con la pena de prisión de seis a dieciocho meses si la cuantía de lo sustraído excede de 400 euros.

Con la misma pena se castigará al que en el plazo de un año realice tres veces la acción descrita en el apartado 1 del artículo 623 de este Código, siempre que el montante acumulado de las infracciones sea superior al mínimo de la referida figura del delito[457].

---

[456] Apartado redactado conforme LO 1/2015, de 30 de marzo, por la que se modifica la Ley Orgánica 10/1995, de 23 de noviembre, del Código Penal.

[457] Redactado conforme LO 5/2010, de 22 de junio, por la que se modifica la Ley Orgánica 10/1995, de 23 de noviembre, del Código Penal.

2. Se impondrá una pena de multa de uno a tres meses si la cuantía de lo sustraído no excediese de 400 euros, salvo si concurriese alguna de las circunstancias del artículo 235. No obstante, en el caso de que el culpable hubiera sido condenado ejecutoriamente al menos por tres delitos comprendidos en este Título, aunque sean de carácter leve, siempre que sean de la misma naturaleza y que el montante acumulado de las infracciones sea superior a 400 €, se impondrá la pena del apartado 1 de este artículo.

No se tendrán en cuenta antecedentes cancelados o que debieran serlo[458].

> *2. Se impondrá una pena de multa de uno a tres meses si la cuantía de lo sustraído no excediese de 400 euros, salvo si concurriese alguna de las circunstancias del artículo 235[459].*

3. Las penas establecidas en los apartados anteriores se impondrán en su mitad superior cuando en la comisión del hecho se hubieran neutralizado, eliminado o inutilizado, por cualquier medio, los dispositivos de alarma o seguridad instalados en las cosas sustraídas[460].

Art. 235[461].

1. El hurto será castigado con la pena de prisión de uno a tres años:

1.º Cuando se sustraigan cosas de valor artístico, histórico, cultural o científico.

2.º Cuando se trate de cosas de primera necesidad y se cause una situación de desabastecimiento.

3.º Cuando se trate de conducciones, cableado, equipos o componentes de infraestructuras de suministro eléctrico, de hidrocarburos o de los servicios de telecomunicaciones, o de otras cosas destinadas a la prestación de servicios de interés general, y se cause un quebranto grave a los mismos.

4.º Cuando se trate de productos agrarios o ganaderos, o de los instrumentos o medios que se utilizan para su obtención, siempre que el delito se cometa en explotaciones agrícolas o ganaderas y se cause un perjuicio grave a las mismas.

5.º Cuando revista especial gravedad, atendiendo al valor de los efectos sustraídos, o se produjeren perjuicios de especial consideración.

---

[458]   Apartado redactado conforme LO 9/2022, de 28 de julio, por la que se establecen normas que faciliten el uso de información financiera y de otro tipo para la prevención, detección, investigación o enjuiciamiento de infracciones penales, de modificación de la Ley Orgánica 9/1980, de 22 de septiembre, de Financiación de las Comunidades Autónomas y otras disposiciones conexas y de modificación de la Ley Orgánica 10/1995, de 23 de noviembre, del Código Penal.

[459]   Apartado redactado conforme LO 1/2015, de 30 de marzo, por la que se modifica la Ley Orgánica 10/1995, de 23 de noviembre, del Código Penal.

[460]   Apartado introducido por LO 1/2015, de 30 de marzo, por la que se modifica la Ley Orgánica 10/1995, de 23 de noviembre, del Código Penal.

[461]   Redactado conforme LO 1/2015, de 30 de marzo, por la que se modifica la Ley Orgánica 10/1995, de 23 de noviembre, del Código Penal.

Art. 236

6.º Cuando ponga a la víctima o a su familia en grave situación económica o se haya realizado abusando de sus circunstancias personales o de su situación de desamparo, o aprovechando la producción de un accidente o la existencia de un riesgo o peligro general para la comunidad que haya debilitado la defensa del ofendido o facilitado la comisión impune del delito.

7.º Cuando al delinquir el culpable hubiera sido condenado ejecutoriamente al menos por tres delitos comprendidos en este Título, siempre que sean de la misma naturaleza. No se tendrán en cuenta antecedentes cancelados o que debieran serlo.

8.º Cuando se utilice a menores de dieciséis años para la comisión del delito.

9.º Cuando el culpable o culpables participen en los hechos como miembros de una organización o grupo criminal que se dedicare a la comisión de delitos comprendidos en este Título, siempre que sean de la misma naturaleza.

2. La pena señalada en el apartado anterior se impondrá en su mitad superior cuando concurrieran dos o más de las circunstancias previstas en el mismo.

> *El hurto será castigado con la pena de prisión de uno a tres años:*
> *1.º Cuando se sustraigan cosas de valor artístico, histórico, cultural o científico.*
> *2.º Cuando se trate de cosas de primera necesidad o destinadas a un servicio público, siempre que la sustracción ocasionare un grave quebranto a éste o una situación de desabastecimiento.*
> *3.º Cuando revista especial gravedad, atendiendo al valor de los efectos sustraídos, o se produjeren perjuicios de especial consideración.*
> *4.º Cuando ponga a la víctima o a su familia en grave situación económica o se haya realizado abusando de las circunstancias personales de la víctima.*
> *5.º Cuando se utilice a menores de catorce años para la comisión del delito[462].*

Art. 236[463].

1. Será castigado con multa de tres a doce meses el que, siendo dueño de una cosa mueble o actuando con el consentimiento de éste, la sustrajere de quien la tenga legítimamente en su poder, con perjuicio del mismo o de un tercero.

2. Si el valor de la cosa sustraída no excediera de 400 euros, se impondrá la pena de multa de uno a tres meses.

> *Será castigado con multa de tres a 12 meses el que, siendo dueño de una cosa mueble o actuando con el consentimiento de éste, la sustrajere de quien la tenga legítimamente en su poder, con perjuicio del mismo o de un tercero, siempre que el valor de aquélla excediere de 400 euros[464].*

---

[462] Redactado conforme LO 5/2010, de 22 de junio, por la que se modifica la Ley Orgánica 10/1995, de 23 de noviembre, del Código Penal.

[463] Redactado conforme LO 1/2015, de 30 de marzo, por la que se modifica la Ley Orgánica 10/1995, de 23 de noviembre, del Código Penal.

[464] Redactado conforme LO 15/2003, de 25 de noviembre, por la que se modifica la Ley Orgánica 10/1995, de 23 de noviembre, del Código Penal.

CAPÍTULO II
DE LOS ROBOS

Art. 237[465].

Son reos del delito de robo los que, con ánimo de lucro, se apoderaren de las cosas muebles ajenas empleando fuerza en las cosas para acceder o abandonar el lugar donde éstas se encuentran o violencia o intimidación en las personas, sea al cometer el delito, para proteger la huida, o sobre los que acudiesen en auxilio de la víctima o que le persiguieren.

> *Son reos del delito de robo los que, con ánimo de lucro, se apoderaren de las cosas muebles ajenas empleando fuerza en las cosas para acceder al lugar donde éstas se encuentran o violencia o intimidación en las personas.*

Art. 238.

Son reos del delito de robo con fuerza en las cosas los que ejecuten el hecho cuando concurra alguna de las circunstancias siguientes:

1.º Escalamiento.

2.º Rompimiento de pared, techo o suelo, o fractura de puerta o ventana.

3.º Fractura de armarios, arcas u otra clase de muebles u objetos cerrados o sellados, o forzamiento de sus cerraduras o descubrimiento de sus claves para sustraer su contenido, sea en el lugar del robo o fuera del mismo.

4.º Uso de llaves falsas.

5.º Inutilización de sistemas específicos de alarma o guarda.

Art. 239[466].

Se considerarán llaves falsas:

1. Las ganzúas u otros instrumentos análogos.

2. Las llaves legítimas perdidas por el propietario u obtenidas por un medio que constituya infracción penal.

3. Cualesquiera otras que no sean las destinadas por el propietario para abrir la cerradura violentada por el reo.

A los efectos del presente artículo, se consideran llaves las tarjetas, magnéticas o perforadas, los mandos o instrumentos de apertura a distancia y cualquier otro instrumento tecnológico de eficacia similar.

> *Se consideran llaves falsas:*
> *1º Las ganzúas u otros instrumentos análogos.*
> *2º Las llaves legítimas perdidas por el propietario u obtenidas por un medio que constituya infracción penal.*
> *3º Cualesquiera otras que no sean las destinadas por el propietario para abrir la cerradura violentada por el reo. A los efectos del presente artículo, se consideran llaves las tarjetas, magnéticas o perforadas, y los mandos o instrumentos de apertura a distancia.*

---

[465] Redactado conforme LO 1/2015, de 30 de marzo, por la que se modifica la Ley Orgánica 10/1995, de 23 de noviembre, del Código Penal.

[466] Redactado conforme LO 5/2010, de 22 de junio, por la que se modifica la Ley Orgánica 10/1995, de 23 de noviembre, del Código Penal.

Art. 240[467].

1. El culpable de robo con fuerza en las cosas será castigado con la pena de prisión de uno a tres años.

2. Se impondrá la pena de prisión de dos a cinco años cuando concurra alguna de las circunstancias previstas en el artículo 235.

El culpable de robo con fuerza en las cosas será castigado con la pena de prisión de uno a tres años.

Art. 241[468].

1. El robo cometido en casa habitada, edificio o local abiertos al público, o en cualquiera de sus dependencias, se castigará con una pena de prisión de dos a cinco años.

Si los hechos se hubieran cometido en un establecimiento abierto al público, o en cualquiera de sus dependencias, fuera de las horas de apertura, se impondrá una pena de prisión de uno a cinco años.

2. Se considera casa habitada todo albergue que constituya morada de una o más personas, aunque accidentalmente se encuentren ausentes de ella cuando el robo tenga lugar.

3. Se consideran dependencias de casa habitada o de edificio o local abiertos al público, sus patios, garajes y demás departamentos o sitios cercados y contiguos al edificio y en comunicación interior con él, y con el cual formen una unidad física.

4. Se impondrá una pena de dos a seis años de prisión cuando los hechos a que se refieren los apartados anteriores revistan especial gravedad, atendiendo a la forma de comisión del delito o a los perjuicios ocasionados y, en todo caso, cuando concurra alguna de las circunstancias expresadas en el artículo 235.

1. Se impondrá la pena de prisión de dos a cinco años cuando concurra alguna de las circunstancias previstas en el artículo 235, o el robo se cometa en casa habitada, edificio o local abiertos al público o en cualquiera de sus dependencias.

2. Se considera casa habitada todo albergue que constituya morada de una o más personas, aunque accidentalmente se encuentren ausentes de ella cuando el robo tenga lugar.

3. Se consideran dependencias de casa habitada o de edificio o local abiertos al público, sus patios, garajes, y demás departamentos o sitios cercados y contiguos al edificio y en comunicación interior con él, y con el cual formen una unidad física.

Art. 242.

1. El culpable de robo con violencia o intimidación en las personas será castigado con la pena de prisión de dos a cinco años, sin perjuicio de la que pudiera corresponder a los actos de violencia física que realizase[469].

---

[467] Redactado conforme LO 1/2015, de 30 de marzo, por la que se modifica la Ley Orgánica 10/1995, de 23 de noviembre, del Código Penal.

[468] Redactado conforme LO 1/2015, de 30 de marzo, por la que se modifica la Ley Orgánica 10/1995, de 23 de noviembre, del Código Penal.

[469] Redactado conforme LO 5/2010, de 22 de junio, por la que se modifica la Ley Orgánica 10/1995, de 23 de noviembre, del Código Penal. El actual contenido de este apartado es idéntico al original del Código Penal de 1995.

2. Cuando el robo se cometa en casa habitada, edificio o local abiertos al público o en cualquiera de sus dependencias, se impondrá la pena de prisión de tres años y seis meses a cinco años[470].

> *2. Cuando el robo se cometa en casa habitada o en cualquiera de sus dependencias, se impondrá la pena de prisión de tres años y seis meses a cinco años[471].*

3. Las penas señaladas en los apartados anteriores se impondrán en su mitad superior cuando el delincuente hiciere uso de armas u otros medios igualmente peligrosos, sea al cometer el delito o para proteger la huida, y cuando atacare a los que acudiesen en auxilio de la víctima o a los que le persiguieren[472].

4. En atención a la menor entidad de la violencia o intimidación ejercidas y valorando además las restantes circunstancias del hecho, podrá imponerse la pena inferior en grado a la prevista en los apartados anteriores[473].

> *2. La pena se impondrá en su mitad superior cuando el delincuente hiciere uso de las armas u otros medios igualmente peligrosos que llevare, sea al cometer el delito o para proteger la huida y cuando el reo atacare a los que acudiesen en auxilio de la víctima o a los que le persiguieren.*
>
> *3. En atención a la menor entidad de la violencia o intimidación ejercidas y valorando además las restantes circunstancias del hecho, podrá imponerse la pena inferior en grado a la prevista en el apartado primero de este artículo.*

CAPÍTULO III
DE LA EXTORSIÓN

Art. 243.

El que, con ánimo de lucro, obligare a otro, con violencia o intimidación, a realizar u omitir un acto o negocio jurídico en perjuicio de su patrimonio o del de un tercero, será castigado con la pena de prisión de uno a cinco años, sin perjuicio de las que pudieran imponerse por los actos de violencia física realizados.

CAPÍTULO IV
DEL ROBO Y HURTO DE USO DE VEHÍCULOS

Art. 244.

1. El que sustrajere o utilizare sin la debida autorización un vehículo a motor o ciclomotor ajenos, sin ánimo de apropiárselo, será castigado con la pena de trabajos en beneficio de la comunidad de treinta y uno a noventa días o mul-

---

[470] Redactado conforme LO 1/2015, de 30 de marzo, por la que se modifica la Ley Orgánica 10/1995, de 23 de noviembre, del Código Penal.

[471] Redactado conforme LO 5/2010, de 22 de junio, por la que se modifica la Ley Orgánica 10/1995, de 23 de noviembre, del Código Penal.

[472] Redactado conforme LO 5/2010, de 22 de junio, por la que se modifica la Ley Orgánica 10/1995, de 23 de noviembre, del Código Penal.

[473] Redactado conforme LO 5/2010, de 22 de junio, por la que se modifica la Ley Orgánica 10/1995, de 23 de noviembre, del Código Penal.

Art. 245

ta de dos a doce meses, si lo restituyera, directa o indirectamente, en un plazo no superior a cuarenta y ocho horas, sin que, en ningún caso, la pena impuesta pueda ser igual o superior a la que correspondería si se apropiare definitivamente del vehículo[474].

> *1. El que sustrajere o utilizare sin la debida autorización un vehículo a motor o ciclomotor ajenos, cuyo valor excediere de 400 euros, sin ánimo de apropiárselo, será castigado con la pena de trabajos en beneficio de la comunidad de 31 a 90 días o multa de seis a 12 meses si lo restituyera, directa o indirectamente, en un plazo no superior a 48 horas, sin que, en ningún caso, la pena impuesta pueda ser igual o superior a la que correspondería si se apropiare definitivamente del vehículo[475].*
>
> *Con la misma pena se castigará al que en el plazo de un año realice cuatro veces la acción descrita en el artículo 623.3 de este Código, siempre que el montante acumulado de las infracciones sea superior al mínimo de la referida figura del delito[476].*

2. Si el hecho se ejecutare empleando fuerza en las cosas, la pena se aplicará en su mitad superior.

3. De no efectuarse la restitución en el plazo señalado, se castigará el hecho como hurto o robo en sus respectivos casos.

4. Si el hecho se cometiere con violencia o intimidación en las personas, se impondrán, en todo caso, las penas del artículo 242.

CAPÍTULO V
DE LA USURPACIÓN

Art. 245.

1. Al que con violencia o intimidación en las personas ocupare una cosa inmueble o usurpare un derecho real inmobiliario de pertenencia ajena, se le impondrá, además de las penas en que incurriere por las violencias ejercidas, la pena de prisión de uno a dos años, que se fijará teniendo en cuenta la utilidad obtenida y el daño causado[477].

2. El que ocupare, sin autorización debida, un inmueble, vivienda o edificio ajenos que no constituyan morada, o se mantuviere en ellos contra la voluntad de su titular, será castigado con la pena de multa de tres a seis meses.

---

[474] Redactado conforme LO 1/2015, de 30 de marzo, por la que se modifica la Ley Orgánica 10/1995, de 23 de noviembre, del Código Penal.

[475] Apartado redactado conforme LO 15/2003, de 25 de noviembre, por la que se modifica la Ley Orgánica 10/1995, de 23 de noviembre, del Código Penal.

[476] El texto de este párrafo fue incorporado por la LO 11/2003, de 29 de septiembre, de medidas concretas en materia de seguridad ciudadana, violencia doméstica e integración de los extranjeros; desapareció en el texto de la LO 15/2003, de 25 de noviembre, tal y como se publicó en el BOE núm. 283, de 26 de noviembre de 2003, pero fue reintroducido en el Código Penal por medio de una corrección de errores —sin sustento en el texto legislativo aprobado por Senado y Congreso de los Diputados— publicada en el BOE núm. 65, de 16 de marzo de 2004.

[477] Redactado conforme LO 5/2010, de 22 de junio, por la que se modifica la Ley Orgánica 10/1995, de 23 de noviembre, del Código Penal.

Art. 246[478].

1. El que alterare términos o lindes de pueblos o heredades o cualquier clase de señales o mojones destinados a fijar los límites de propiedades o demarcaciones de predios contiguos, tanto de dominio público como privado, será castigado con la pena de multa de tres a dieciocho meses.

2. Si la utilidad reportada no excediere de 400 euros, se impondrá la pena de multa de uno a tres meses.

El que alterare términos o lindes de pueblos o heredades o cualquier clase de señales o mojones destinados a fijar los límites de propiedades o demarcaciones de predios contiguos, tanto de dominio público como privado, será castigado con la pena de multa de tres a 18 meses, si la utilidad reportada o pretendida excede de 400 euros[479].

Art. 247[480].

1. El que, sin hallarse autorizado, distrajere las aguas de uso público o privativo de su curso, o de su embalse natural o artificial, será castigado con la pena de multa de tres a seis meses.

2. Si la utilidad reportada no excediere de 400 euros, se impondrá la pena de multa de uno a tres meses.

El que, sin hallarse autorizado, distrajere las aguas de uso público o privativo de su curso, o de su embalse natural o artificial, será castigado con la pena de multa de tres a seis meses si la utilidad reportada excediera de 400 euros[481].

CAPÍTULO VI
DE LAS DEFRAUDACIONES

SECCIÓN 1.ª
DE LAS ESTAFAS

Art. 248[482].

Cometen estafa los que, con ánimo de lucro, utilizaren engaño bastante para producir error en otro, induciéndolo a realizar un acto de disposición en perjuicio propio o ajeno.

---

[478] Redactado conforme LO 1/2015, de 30 de marzo, por la que se modifica la Ley Orgánica 10/1995, de 23 de noviembre, del Código Penal.

[479] Redactado conforme LO 15/2003, de 25 de noviembre, por la que se modifica la Ley Orgánica 10/1995, de 23 de noviembre, del Código Penal.

[480] Redactado conforme LO 1/2015, de 30 de marzo, por la que se modifica la Ley Orgánica 10/1995, de 23 de noviembre, del Código Penal.

[481] Redactado conforme LO 15/2003, de 25 de noviembre, por la que se modifica la Ley Orgánica 10/1995, de 23 de noviembre, del Código Penal.

[482] Artículo redactado conforme LO 14/2022, de 22 de diciembre, de transposición de directivas europeas y otras disposiciones para la adaptación de la legislación penal al ordenamiento de la Unión Europea, y reforma de los delitos contra la integridad moral, desórdenes públicos y contrabando de armas de doble uso.

Art. 249

Los reos de estafa serán castigados con la pena de prisión de seis meses a tres años. Para la fijación de la pena se tendrá en cuenta el importe de lo defraudado, el quebranto económico causado al perjudicado, las relaciones entre este y el defraudador, los medios empleados por este y cuantas otras circunstancias sirvan para valorar la gravedad de la infracción.

Si la cuantía de lo defraudado no excediere de 400 euros, se impondrá la pena de multa de uno a tres meses.

1. Cometen estafa los que, con ánimo de lucro, utilizaren engaño bastante para producir error en otro, induciéndolo a realizar un acto de disposición en perjuicio propio o ajeno.

2. También se consideran reos de estafa:

a) Los que, con ánimo de lucro y valiéndose de alguna manipulación informática o artificio semejante, consigan una transferencia no consentida de cualquier activo patrimonial en perjuicio de otro.

b) Los que fabricaren, introdujeren, poseyeren o facilitaren programas informáticos específicamente destinados a la comisión de las estafas previstas en este artículo.

c) Los que utilizando tarjetas de crédito o débito, o cheques de viaje, o los datos obrantes en cualquiera de ellos, realicen operaciones de cualquier clase en perjuicio de su titular o de un tercero[483].

Art. 249[484].

1. También se consideran reos de estafa y serán castigados con la pena de prisión de seis meses a tres años:

a) Los que, con ánimo de lucro, obstaculizando o interfiriendo indebidamente en el funcionamiento de un sistema de información o introduciendo, alterando, borrando, transmitiendo o suprimiendo indebidamente datos informáticos o valiéndose de cualquier otra manipulación informática o artificio semejante, consigan una transferencia no consentida de cualquier activo patrimonial en perjuicio de otro.

b) Los que, utilizando de forma fraudulenta tarjetas de crédito o débito, cheques de viaje o cualquier otro instrumento de pago material o inmaterial distinto del efectivo o los datos obrantes en cualquiera de ellos, realicen operaciones de cualquier clase en perjuicio de su titular o de un tercero.

2. Con la misma pena prevista en el apartado anterior serán castigados:

a) Los que fabricaren, importaren, obtuvieren, poseyeren, transportaren, comerciaren o de otro modo facilitaren a terceros dispositivos, instrumentos o datos o programas informáticos, o cualquier otro medio diseñado o adaptado específicamente para la comisión de las estafas previstas en este artículo.

b) Los que, para su utilización fraudulenta, sustraigan, se apropiaren o adquieran de forma ilícita tarjetas de crédito o débito, cheques de viaje o cualquier otro instrumento de pago material o inmaterial distinto del efectivo.

3. Se impondrá la pena en su mitad inferior a los que, para su utilización fraudulenta y sabiendo que fueron obtenidos ilícitamente, posean, adquieran,

---

[483]   Artículo redactado conforme LO 5/2010, de 22 de junio, por la que se modifica la Ley Orgánica 10/1995, de 23 de noviembre, del Código Penal.

[484]   Artículo redactado conforme LO 14/2022, de 22 de diciembre, de transposición de directivas europeas y otras disposiciones para la adaptación de la legislación penal al ordenamiento de la Unión Europea, y reforma de los delitos contra la integridad moral, desórdenes públicos y contrabando de armas de doble uso.

transfieran, distribuyan o pongan a disposición de terceros tarjetas de crédito o débito, cheques de viaje o cualesquiera otros instrumentos de pago materiales o inmateriales distintos del efectivo.

Los reos de estafa serán castigados con la pena de prisión de seis meses a tres años. Para la fijación de la pena se tendrá en cuenta el importe de lo defraudado, el quebranto económico causado al perjudicado, las relaciones entre éste y el defraudador, los medios empleados por éste y cuantas otras circunstancias sirvan para valorar la gravedad de la infracción.

Si la cuantía de lo defraudado no excediere de 400 euros, se impondrá la pena de multa de uno a tres meses[485].

Art. 250[486].

1. El delito de estafa será castigado con las penas de prisión de uno a seis años y multa de seis a doce meses, cuando:

1.º Recaiga sobre cosas de primera necesidad, viviendas u otros bienes de reconocida utilidad social.

2.º Se perpetre abusando de firma de otro, o sustrayendo, ocultando o inutilizando, en todo o en parte, algún proceso, expediente, protocolo o documento público u oficial de cualquier clase.

3.º Recaiga sobre bienes que integren el patrimonio artístico, histórico, cultural o científico.

4.º Revista especial gravedad, atendiendo a la entidad del perjuicio y a la situación económica en que deje a la víctima o a su familia.

5.º El valor de la defraudación supere los 50.000 euros, o afecte a un elevado número de personas.

6.º Se cometa con abuso de las relaciones personales existentes entre víctima y defraudador, o aproveche éste su credibilidad empresarial o profesional.

7.º Se cometa estafa procesal. Incurren en la misma los que, en un procedimiento judicial de cualquier clase, manipularen las pruebas en que pretendieran fundar sus alegaciones o emplearen otro fraude procesal análogo, provocando error en el juez o tribunal y llevándole a dictar una resolución que perjudique los intereses económicos de la otra parte o de un tercero.

8.º Al delinquir el culpable hubiera sido condenado ejecutoriamente al menos por tres delitos comprendidos en este Capítulo. No se tendrán en cuenta antecedentes cancelados o que debieran serlo.

2. Si concurrieran las circunstancias incluidas en los numerales 4.º, 5.º, 6.º o 7.º con la del numeral 1.º del apartado anterior, se impondrán las penas de prisión de cuatro a ocho años y multa de doce a veinticuatro meses. La misma pena se impondrá cuando el valor de la defraudación supere los 250.000 euros.

---

[485]   Redactado conforme LO 1/2015, de 30 de marzo, por la que se modifica la Ley Orgánica 10/1995, de 23 de noviembre, del Código Penal.

[486]   Redactado conforme LO 1/2015, de 30 de marzo, por la que se modifica la Ley Orgánica 10/1995, de 23 de noviembre, del Código Penal.

1. El delito de estafa será castigado con las penas de prisión de un año a seis años y multa de seis a doce meses, cuando[487]:

1.° Recaiga sobre cosas de primera necesidad, viviendas u otros bienes de reconocida utilidad social.

2.° Se perpetre abusando de firma de otro, o sustrayendo, ocultando o inutilizando, en todo o en parte, algún proceso, expediente, protocolo o documento público u oficial de cualquier clase.

3.° Recaiga sobre bienes que integren el patrimonio artístico, histórico, cultural o científico.

4.° Revista especial gravedad, atendiendo a la entidad del perjuicio y a la situación económica en que deje a la víctima o a su familia.

5.° Cuando el valor de la defraudación supere los 50.000 euros.

6.° Se cometa abuso de las relaciones personales existentes entre víctima y defraudador, o aproveche éste su credibilidad empresarial o profesional.

7.° Se cometa estafa procesal. Incurren en la misma los que, en un procedimiento judicial de cualquier clase, manipularen las pruebas en que pretendieran fundar sus alegaciones o emplearen otro fraude procesal análogo, provocando error en el Juez o Tribunal y llevándole a dictar una resolución que perjudique los intereses económicos de la otra parte o de un tercero.

2. Si concurrieran las circunstancias 4.ª, 5.ª o 6.ª con la 1.ª del número anterior, se impondrán las penas de prisión de cuatro a ocho años y multa de doce a veinticuatro meses.

Art. 251.

Será castigado con la pena de prisión de uno a cuatro años:

1.° Quien, atribuyéndose falsamente sobre una cosa mueble o inmueble facultad de disposición de la que carece, bien por no haberla tenido nunca, bien por haberla ya ejercitado, la enajenare, gravare o arrendare a otro, en perjuicio de éste o de tercero.

2.° El que dispusiere de una cosa mueble o inmueble ocultando la existencia de cualquier carga sobre la misma, o el que, habiéndola enajenado como libre, la gravare o enajenare nuevamente antes de la definitiva transmisión al adquirente, en perjuicio de éste, o de un tercero.

3.° El que otorgare en perjuicio de otro un contrato simulado.

Art. 251 bis[488].

Cuando de acuerdo con lo establecido en el artículo 31 bis una persona jurídica sea responsable de los delitos comprendidos en esta Sección, se le impondrán las siguientes penas:

a) Multa del triple al quíntuple de la cantidad defraudada, si el delito cometido por la persona física tiene prevista una pena de prisión de más de cinco años.

b) Multa del doble al cuádruple de la cantidad defraudada, en el resto de los casos.

Atendidas las reglas establecidas en el artículo 66 bis, los jueces y tribunales podrán asimismo imponer las penas recogidas en las letras b) a g) del apartado 7 del artículo 33.

---

[487] Artículo redactado conforme LO 5/2010, de 22 de junio, por la que se modifica la Ley Orgánica 10/1995, de 23 de noviembre, del Código Penal.

[488] Introducido por LO 5/2010, de 22 de junio, por la que se modifica la Ley Orgánica 10/1995, de 23 de noviembre, del Código Penal.

SECCIÓN 2.ª[489]
DE LA ADMINISTRACIÓN DESLEAL

Art. 252.

1. Serán castigados con las penas del artículo 248 o, en su caso, con las del artículo 250, los que teniendo facultades para administrar un patrimonio ajeno, emanadas de la ley, encomendadas por la autoridad o asumidas mediante un negocio jurídico, las infrinjan excediéndose en el ejercicio de las mismas y, de esa manera, causen un perjuicio al patrimonio administrado[490].

2. Si la cuantía del perjuicio patrimonial no excediere de 400 euros, se impondrá una pena de multa de uno a tres meses.

> *1. Serán punibles con las penas del artículo 249 o, en su caso, con las del artículo 250, los que teniendo facultades para administrar un patrimonio ajeno, emanadas de la ley, encomendadas por la autoridad o asumidas mediante un negocio jurídico, las infrinjan excediéndose en el ejercicio de las mismas y, de esa manera, causen un perjuicio al patrimonio administrado.*
>
> *2. Si la cuantía del perjuicio patrimonial no excediere de 400 euros, se impondrá una pena de multa de uno a tres meses[491].*

SECCIÓN 2.ª BIS
DE LA APROPIACIÓN INDEBIDA[492]

Art. 253.

1. Serán castigados con las penas del artículo 248 o, en su caso, del artículo 250, salvo que ya estuvieran castigados con una pena más grave en otro precepto de este Código, los que, en perjuicio de otro, se apropiaren para sí o para un tercero, de dinero, efectos, valores o cualquier otra cosa mueble, que hubieran recibido en depósito, comisión, o custodia, o que les hubieran sido confiados en virtud de cualquier otro título que produzca la obligación de entregarlos o devolverlos, o negaren haberlos recibido[493].

> *1. Serán castigados con las penas del artículo 249 o, en su caso, del artículo 250, salvo que ya estuvieran castigados con una pena más grave en otro precepto de este Código, los que, en perjuicio de otro, se*

---

[489]   Sección introducida por LO 1/2015, de 30 de marzo, por la que se modifica la Ley Orgánica 10/1995, de 23 de noviembre, del Código Penal.

[490]   Apartado redactado conforme LO 14/2022, de 22 de diciembre, de transposición de directivas europeas y otras disposiciones para la adaptación de la legislación penal al ordenamiento de la Unión Europea, y reforma de los delitos contra la integridad moral, desórdenes públicos y contrabando de armas de doble uso.

[491]   Artículo redactado conforme e introducido en esta Sección por LO 1/2015, de 30 de marzo, por la que se modifica la Ley Orgánica 10/1995, de 23 de noviembre, del Código Penal.

[492]   Sección introducida por LO 1/2015, de 30 de marzo, por la que se modifica la Ley Orgánica 10/1995, de 23 de noviembre, del Código Penal.

[493]   Apartado redactado conforme LO 14/2022, de 22 de diciembre, de transposición de directivas europeas y otras disposiciones para la adaptación de la legislación penal al ordenamiento de la Unión Europea, y reforma de los delitos contra la integridad moral, desórdenes públicos y contrabando de armas de doble uso.

Art. 254

apropiaren para sí o para un tercero, de dinero, efectos, valores o cualquier otra cosa mueble, que hubieran recibido en depósito, comisión, o custodia, o que les hubieran sido confiados en virtud de cualquier otro título que produzca la obligación de entregarlos o devolverlos, o negaren haberlos recibido[494].

2. Si la cuantía de lo apropiado no excediere de 400 euros, se impondrá una pena de multa de uno a tres meses[495].

Art. 254[496].

1. Quien, fuera de los supuestos del artículo anterior, se apropiare de una cosa mueble ajena, será castigado con una pena de multa de tres a seis meses. Si se tratara de cosas de valor artístico, histórico, cultural o científico, la pena será de prisión de seis meses a dos años.

2. Si la cuantía de lo apropiado no excediere de 400 euros, se impondrá una pena de multa de uno a dos meses.

Será castigado con la pena de multa de tres a seis meses el que, habiendo recibido indebidamente, por error del transmitente, dinero o alguna otra cosa mueble, niegue haberla recibido o, comprobado el error, no proceda a su devolución, siempre que la cuantía de lo recibido exceda de 400 euros[497].

SECCIÓN 3.ª
DE LAS DEFRAUDACIONES DE FLUIDO ELÉCTRICO Y ANÁLOGAS

Art. 255[498].

1. Será castigado con la pena de multa de tres a doce meses el que cometiere defraudación utilizando energía eléctrica, gas, agua, telecomunicaciones u otro elemento, energía o fluido ajenos, por alguno de los medios siguientes:

1.º Valiéndose de mecanismos instalados para realizar la defraudación.

2.º Alterando maliciosamente las indicaciones o aparatos contadores.

3.º Empleando cualesquiera otros medios clandestinos.

2. Si la cuantía de lo defraudado no excediere de 400 euros, se impondrá una pena de multa de uno a tres meses.

Será castigado con la pena de multa de tres a 12 meses el que cometiere defraudación por valor superior a 400 euros, utilizando energía eléctrica, gas, agua, telecomunicaciones u otro elemento, energía o fluido ajenos, por alguno de los medios siguientes[499]:

---

[494] Apartado redactado conforme LO 1/2015, de 30 de marzo, por la que se modifica la Ley Orgánica 10/1995, de 23 de noviembre, del Código Penal.

[495] Apartado redactado conforme LO 1/2015, de 30 de marzo, por la que se modifica la Ley Orgánica 10/1995, de 23 de noviembre, del Código Penal.

[496] Redactado conforme LO 1/2015, de 30 de marzo, por la que se modifica la Ley Orgánica 10/1995, de 23 de noviembre, del Código Penal.

[497] Redactado conforme LO 15/2003, de 25 de noviembre, por la que se modifica la Ley Orgánica 10/1995, de 23 de noviembre, del Código Penal.

[498] Redactado conforme LO 1/2015, de 30 de marzo, por la que se modifica la Ley Orgánica 10/1995, de 23 de noviembre, del Código Penal.

[499] Redactado conforme LO 15/2003, de 25 de noviembre, por la que se modifica la Ley Orgánica 10/1995, de 23 de noviembre, del Código Penal.

1.° Valiéndose de mecanismos instalados para realizar la defraudación.
2.° Alterando maliciosamente las indicaciones o aparatos contadores.
3.° Empleando cualesquiera otros medios clandestinos.

Art. 256[500].

1. El que hiciere uso de cualquier equipo terminal de telecomunicación, sin consentimiento de su titular, y causando a éste un perjuicio económico, será castigado con la pena de multa de tres a doce meses.

2. Si la cuantía del perjuicio causado no excediere de 400 euros, se impondrá una pena de multa de uno a tres meses.

El que hiciere uso de cualquier equipo terminal de telecomunicación, sin consentimiento de su titular, ocasionando a éste un perjuicio superior a 400 euros, será castigado con la pena de multa de tres a 12 meses[501].

CAPÍTULO VII
FRUSTRACIÓN DE LA EJECUCIÓN[502]

Art. 257[503].

1. Será castigado con las penas de prisión de uno a cuatro años y multa de doce a veinticuatro meses:

1.° El que se alce con sus bienes en perjuicio de sus acreedores.

2.° Quien con el mismo fin realice cualquier acto de disposición patrimonial o generador de obligaciones que dilate, dificulte o impida la eficacia de un embargo o de un procedimiento ejecutivo o de apremio, judicial, extrajudicial o administrativo, iniciado o de previsible iniciación.

2. Con la misma pena será castigado quien realizare actos de disposición, contrajere obligaciones que disminuyan su patrimonio u oculte por cualquier medio elementos de su patrimonio sobre los que la ejecución podría hacerse efectiva, con la finalidad de eludir el pago de responsabilidades civiles derivadas de un delito que hubiere cometido o del que debiera responder.

3. Lo dispuesto en el presente artículo será de aplicación cualquiera que sea la naturaleza u origen de la obligación o deuda cuya satisfacción o pago se intente eludir, incluidos los derechos económicos de los trabajadores, y con independencia de que el acreedor sea un particular o cualquier persona jurídica, pública o privada.

---

[500]   Redactado conforme LO 1/2015, de 30 de marzo, por la que se modifica la Ley Orgánica 10/1995, de 23 de noviembre, del Código Penal.

[501]   Redactado conforme LO 15/2003, de 25 de noviembre, por la que se modifica la Ley Orgánica 10/1995, de 23 de noviembre, del Código Penal.

[502]   Rúbrica redactada conforme LO 1/2015, de 30 de marzo, por la que se modifica la Ley Orgánica 10/1995, de 23 de noviembre, del Código Penal.

[503]   Redactado conforme LO 1/2015, de 30 de marzo, por la que se modifica la Ley Orgánica 10/1995, de 23 de noviembre, del Código Penal.

No obstante lo anterior, en el caso de que la deuda u obligación que se trate de eludir sea de Derecho público y la acreedora sea una persona jurídico pública, o se trate de obligaciones pecuniarias derivadas de la comisión de un delito contra la Hacienda Pública o la Seguridad Social, la pena a imponer será de prisión de uno a seis años y multa de doce a veinticuatro meses.

4. Las penas previstas en el presente artículo se impondrán en su mitad superior en los supuestos previstos en los numerales 5.º o 6.º del apartado 1 del artículo 250.

5. Este delito será perseguido aun cuando tras su comisión se iniciara un procedimiento concursal.

1. Será castigado con las penas de prisión de uno a cuatro años y multa de doce a veinticuatro meses:

1.º El que se alce con sus bienes en perjuicio de sus acreedores.

2.º Quien con el mismo fin, realice cualquier acto de disposición patrimonial o generador de obligaciones que dilate, dificulte o impida la eficacia de un embargo o de un procedimiento ejecutivo o de apremio, judicial, extrajudicial o administrativo, iniciado o de previsible iniciación.

2. Lo dispuesto en el presente artículo será de aplicación cualquiera que sea la naturaleza u origen de la obligación o deuda cuya satisfacción o pago se intente eludir, incluidos los derechos económicos de los trabajadores, y con independencia de que el acreedor sea un particular o cualquier persona jurídica, pública o privada.

3. En el caso de que la deuda u obligación que se trate de eludir sea de Derecho público y la acreedora sea una persona jurídico pública, la pena a imponer será de uno a seis años y multa de doce a veinticuatro meses[504].

4. Las penas previstas en el presente artículo se impondrán en su mitad superior en los supuestos previstos en los ordinales 1.º, 4.º y 5.º del apartado primero del artículo 250[505].

5[506]. Este delito será perseguido aun cuando tras su comisión se iniciara una ejecución concursal.

Art. 258[507].

1. Será castigado con una pena de prisión de tres meses a un año o multa de seis a dieciocho meses quien, en un procedimiento de ejecución judicial o administrativo, presente a la autoridad o funcionario encargados de la ejecución una relación de bienes o patrimonio incompleta o mendaz, y con ello dilate, dificulte o impida la satisfacción del acreedor.

La relación de bienes o patrimonio se considerará incompleta cuando el deudor ejecutado utilice o disfrute de bienes de titularidad de terceros y no aporte justificación suficiente del derecho que ampara dicho disfrute y de las condiciones a que está sujeto.

2. La misma pena se impondrá cuando el deudor, requerido para ello, deje de facilitar la relación de bienes o patrimonio a que se refiere el apartado anterior.

---

[504]   Apartado introducido por LO 5/2010, de 22 de junio, por la que se modifica la Ley Orgánica 10/1995, de 23 de noviembre, del Código Penal.

[505]   Apartado introducido por LO 5/2010, de 22 de junio, por la que se modifica la Ley Orgánica 10/1995, de 23 de noviembre, del Código Penal.

[506]   Renumeración debida a LO 5/2010, de 22 de junio, por la que se modifica la Ley Orgánica 10/1995, de 23 de noviembre, del Código Penal.

[507]   Redactado conforme LO 1/2015, de 30 de marzo, por la que se modifica la Ley Orgánica 10/1995, de 23 de noviembre, del Código Penal.

3. Los delitos a que se refiere este artículo no serán perseguibles si el autor, antes de que la autoridad o funcionario hubieran descubierto el carácter mendaz o incompleto de la declaración presentada, compareciera ante ellos y presentara una declaración de bienes o patrimonio veraz y completa.

El responsable de cualquier hecho delictivo que, con posterioridad a su comisión, y con la finalidad de eludir el cumplimiento de las responsabilidades civiles dimanantes del mismo, realizare actos de disposición o contrajere obligaciones que disminuyan su patrimonio, haciéndose total o parcialmente insolvente, será castigado con la pena de prisión de uno a cuatro años y multa de doce a veinticuatro meses.

Art. 258 bis[508].

Serán castigados con una pena de prisión de tres a seis meses o multa de seis a veinticuatro meses, salvo que ya estuvieran castigados con una pena más grave en otro precepto de este Código, quienes hagan uso de bienes embargados por autoridad pública que hubieran sido constituidos en depósito sin estar autorizados para ello.

Art. 258 ter[509].

Cuando de acuerdo con lo establecido en el artículo 31 bis una persona jurídica sea responsable de los delitos comprendidos en este Capítulo, se le impondrán las siguientes penas:

a) Multa de dos a cinco años, si el delito cometido por la persona física tiene prevista una pena de prisión de más de cinco años.

b) Multa de uno a tres años, si el delito cometido por la persona física tiene prevista una pena de prisión de más de dos años no incluida en el inciso anterior.

c) Multa de seis meses a dos años, en el resto de los casos.

Atendidas las reglas establecidas en el artículo 66 bis, los jueces y tribunales podrán asimismo imponer las penas recogidas en las letras b a g del apartado 7 del artículo 33.

CAPÍTULO VII BIS[510]
DE LAS INSOLVENCIAS PUNIBLES

Art. 259[511].

1. Será castigado con una pena de prisión de uno a cuatro años y multa de ocho a veinticuatro meses quien, encontrándose en una situación de insolvencia actual o inminente, realice alguna de las siguientes conductas:

---

508   Artículo introducido por LO 1/2015, de 30 de marzo, por la que se modifica la Ley Orgánica 10/1995, de 23 de noviembre, del Código Penal.

509   Artículo introducido por LO 1/2015, de 30 de marzo, por la que se modifica la Ley Orgánica 10/1995, de 23 de noviembre, del Código Penal.

510   Capítulo introducido por LO 1/2015, de 30 de marzo, por la que se modifica la Ley Orgánica 10/1995, de 23 de noviembre, del Código Penal.

511   Redactado conforme LO 1/2015, de 30 de marzo, por la que se modifica la Ley Orgánica 10/1995, de 23 de noviembre, del Código Penal.

1.ª Oculte, cause daños o destruya los bienes o elementos patrimoniales que estén incluidos, o que habrían estado incluidos, en la masa del concurso en el momento de su apertura.

2.ª Realice actos de disposición mediante la entrega o transferencia de dinero u otros activos patrimoniales, o mediante la asunción de deudas, que no guarden proporción con la situación patrimonial del deudor, ni con sus ingresos, y que carezcan de justificación económica o empresarial.

3.ª Realice operaciones de venta o prestaciones de servicio por precio inferior a su coste de adquisición o producción, y que en las circunstancias del caso carezcan de justificación económica.

4.ª Simule créditos de terceros o proceda al reconocimiento de créditos ficticios.

5.ª Participe en negocios especulativos, cuando ello carezca de justificación económica y resulte, en las circunstancias del caso y a la vista de la actividad económica desarrollada, contrario al deber de diligencia en la gestión de asuntos económicos.

6.ª Incumpla el deber legal de llevar contabilidad, lleve doble contabilidad, o cometa en su llevanza irregularidades que sean relevantes para la comprensión de su situación patrimonial o financiera. También será punible la destrucción o alteración de los libros contables, cuando de este modo se dificulte o impida de forma relevante la comprensión de su situación patrimonial o financiera.

7.ª Oculte, destruya o altere la documentación que el empresario está obligado a conservar antes del transcurso del plazo al que se extiende este deber legal, cuando de este modo se dificulte o imposibilite el examen o valoración de la situación económica real del deudor.

8.ª Formule las cuentas anuales o los libros contables de un modo contrario a la normativa reguladora de la contabilidad mercantil, de forma que se dificulte o imposibilite el examen o valoración de la situación económica real del deudor, o incumpla el deber de formular el balance o el inventario dentro de plazo.

9.ª Realice cualquier otra conducta activa u omisiva que constituya una infracción grave del deber de diligencia en la gestión de asuntos económicos y a la que sea imputable una disminución del patrimonio del deudor o por medio de la cual se oculte la situación económica real del deudor o su actividad empresarial.

2. La misma pena se impondrá a quien, mediante alguna de las conductas a que se refiere el apartado anterior, cause su situación de insolvencia.

3. Cuando los hechos se hubieran cometido por imprudencia, se impondrá una pena de prisión de seis meses a dos años o multa de doce a veinticuatro meses.

4. Este delito solamente será perseguible cuando el deudor haya dejado de cumplir regularmente sus obligaciones exigibles o haya sido declarado su concurso.

5. Este delito y los delitos singulares relacionados con él, cometidos por el deudor o persona que haya actuado en su nombre, podrán perseguirse sin esperar a la conclusión del concurso y sin perjuicio de la continuación de este.

El importe de la responsabilidad civil derivada de dichos delitos deberá incorporarse, en su caso, a la masa.

6. En ningún caso, la calificación de la insolvencia en el proceso concursal vinculará a la jurisdicción penal.

Será castigado con la pena de uno a cuatro años de prisión y multa de 12 a 24 meses, el deudor que, una vez admitida a trámite la solicitud de concurso, sin estar autorizado para ello ni judicialmente ni por los administradores concursales, y fuera de los casos permitidos por la ley, realice cualquier acto de disposición patrimonial o generador de obligaciones, destinado a pagar a uno o varios acreedores, privilegiados o no, con posposición del resto[512].

Art. 259 bis[513].

Los hechos a que se refiere el artículo anterior serán castigados con una pena de prisión de dos a seis años y multa de ocho a veinticuatro meses, cuando concurra alguna de las siguientes circunstancias:

1.ª Cuando se produzca o pueda producirse perjuicio patrimonial en una generalidad de personas o pueda ponerlas en una grave situación económica.

2.ª Cuando se causare a alguno de los acreedores un perjuicio económico superior a 600.000 euros.

3.ª Cuando al menos la mitad del importe de los créditos concursales tenga como titulares a la Hacienda Pública, sea esta estatal, autonómica, local o foral y a la Seguridad Social.

Art. 260[514].

1. Será castigado con la pena de seis meses a tres años de prisión o multa de ocho a veinticuatro meses, el deudor que, encontrándose en una situación de insolvencia actual o inminente, favorezca a alguno de los acreedores realizando un acto de disposición patrimonial o generador de obligaciones destinado a pagar un crédito no exigible o a facilitarle una garantía a la que no tenía derecho, cuando se trate de una operación que carezca de justificación económica o empresarial.

2. Será castigado con la pena de uno a cuatro años de prisión y multa de doce a veinticuatro meses el deudor que, una vez admitida a trámite la solicitud de concurso, sin estar autorizado para ello ni judicialmente ni por los administradores concursales, y fuera de los casos permitidos por la ley, realice cualquier acto de disposición patrimonial o generador de obligaciones, destinado a pagar a uno o varios acreedores, privilegiados o no, con posposición del resto.

---

[512]   Redactado conforme LO 15/2003, de 25 de noviembre, por la que se modifica la Ley Orgánica 10/1995, de 23 de noviembre, del Código Penal.

[513]   Artículo introducido por LO 1/2015, de 30 de marzo, por la que se modifica la Ley Orgánica 10/1995, de 23 de noviembre, del Código Penal.

[514]   Redactado conforme LO 1/2015, de 30 de marzo, por la que se modifica la Ley Orgánica 10/1995, de 23 de noviembre, del Código Penal.

Art. 261

1. El que fuere declarado en concurso será castigado con la pena de prisión de dos a seis años y multa de ocho a 24 meses, cuando la situación de crisis económica o la insolvencia sea causada o agravada dolosamente por el deudor o persona que actúe en su nombre[515].

2. Se tendrá en cuenta para graduar la pena la cuantía del perjuicio inferido a los acreedores, su número y condición económica.

3. Este delito y los delitos singulares relacionados con él, cometidos por el deudor o persona que haya actuado en su nombre, podrán perseguirse sin esperar a la conclusión del proceso civil y sin perjuicio de la continuación de este. El importe de la responsabilidad civil derivada de dichos delitos deberá incorporarse, en su caso, a la masa.

4. En ningún caso, la calificación de la insolvencia en el proceso civil vincula a la jurisdicción penal.

Art. 261[516].

El que en procedimiento concursal presentare, a sabiendas, datos falsos relativos al estado contable, con el fin de lograr indebidamente la declaración de aquel, será castigado con la pena de prisión de uno a dos años y multa de seis a 12 meses.

Art. 261 bis[517].

Cuando de acuerdo con lo establecido en el artículo 31 bis una persona jurídica sea responsable de los delitos comprendidos en este Capítulo, se le impondrán las siguientes penas:

a) Multa de dos a cinco años, si el delito cometido por la persona física tiene prevista una pena de prisión de más de cinco años.

b) Multa de uno a tres años, si el delito cometido por la persona física tiene prevista una pena de prisión de más de dos años no incluida en el inciso anterior.

c) Multa de seis meses a dos años, en el resto de los casos.

Atendidas las reglas establecidas en el artículo 66 bis, los jueces y tribunales podrán asimismo imponer las penas recogidas en las letras b) a g) del apartado 7 del artículo 33.

CAPÍTULO VIII
DE LA ALTERACIÓN DE PRECIOS EN
CONCURSOS Y SUBASTAS PÚBLICAS

Art. 262[518].

1. Los que solicitaren dádivas o promesas para no tomar parte en un concurso o subasta pública; los que intentaren alejar de ella a los postores por

---

[515] Redactado conforme LO 15/2003, de 25 de noviembre, por la que se modifica la Ley Orgánica 10/1995, de 23 de noviembre, del Código Penal.

[516] Redactado conforme LO 15/2003, de 25 de noviembre, por la que se modifica la Ley Orgánica 10/1995, de 23 de noviembre, del Código Penal.

[517] Introducido por LO 5/2010, de 22 de junio, por la que se modifica la Ley Orgánica 10/1995, de 23 de noviembre, del Código Penal.

[518] Redactado —excepto el apartado 3— conforme LO 15/2003, de 25 de noviembre, por la que se modifica la Ley Orgánica 10/1995, de 23 de noviembre, del Código Penal.

medio de amenazas, dádivas, promesas o cualquier otro artificio; los que se concertaren entre sí con el fin de alterar el precio del remate, o los que fraudulentamente quebraren o abandonaren la subasta habiendo obtenido la adjudicación, serán castigados con la pena de prisión de uno a tres años y multa de 12 a 24 meses, así como inhabilitación especial para licitar en subastas judiciales entre tres y cinco años. Si se tratare de un concurso o subasta convocados por las Administraciones o entes públicos, se impondrá además al agente y a la persona o empresa por él representada la pena de inhabilitación especial que comprenderá, en todo caso, el derecho a contratar con las Administraciones públicas por un período de tres a cinco años.

2. El juez o tribunal podrá imponer alguna o algunas de las consecuencias previstas en el artículo 129 si el culpable perteneciere a alguna sociedad, organización o asociación, incluso de carácter transitorio, que se dedicare a la realización de tales actividades.

3[519]. Quedarán exentos de responsabilidad criminal los directores, administradores de hecho o de Derecho, gerentes y otros miembros del personal actuales y anteriores de cualquier sociedad, constituida o en formación, que en esa condición hayan cometido alguno de los hechos previstos en este artículo, cuando pongan fin a su participación en los mismos y cooperen con las autoridades competentes de manera plena, continua y diligente, aportando informaciones y elementos de prueba de los que estas carecieran, que sean útiles para la investigación, detección y sanción de las demás personas implicadas, siempre que se cumplan las siguientes condiciones:

a) Cooperen activamente en este sentido con la autoridad de la competencia que lleva el caso,

b) estas sociedades o personas físicas hayan presentado una solicitud de exención del pago de la multa de conformidad con lo establecido en la Ley de Defensa de la Competencia,

c) dicha solicitud se haya presentado en un momento anterior a aquel en que los directores, administradores de hecho o de Derecho, gerentes y otros miembros del personal actuales o anteriores de la sociedad, constituida o en formación, hayan sido informados de que están siendo investigados en relación con estos hechos,

d) se trate de una colaboración activa también con la autoridad judicial o el Ministerio Fiscal, proporcionando indicios útiles y concretos para asegurar la prueba del delito e identificar a otros autores.

---

[519] Apartado introducido por LO 14/2022, de 22 de diciembre, de transposición de directivas europeas y otras disposiciones para la adaptación de la legislación penal al ordenamiento de la Unión Europea, y reforma de los delitos contra la integridad moral, desórdenes públicos y contrabando de armas de doble uso.

Art. 263

CAPÍTULO IX
DE LOS DAÑOS

Art. 263.

1. El que causare daños en propiedad ajena no comprendidos en otros títulos de este Código, será castigado con multa de seis a veinticuatro meses, atendidas la condición económica de la víctima y la cuantía del daño.

Si la cuantía del daño causado no excediere de 400 euros, se impondrá una pena de multa de uno a tres meses[520].

> *1. El que causare daños en propiedad ajena no comprendidos en otros títulos de este Código, será castigado con la pena de multa de seis a 24 meses, atendidas la condición económica de la víctima y la cuantía del daño, si éste excediera de 400 euros[521].*

2. Será castigado con la pena de prisión de uno a tres años y multa de doce a veinticuatro meses el que causare daños expresados en el apartado anterior, si concurriere alguno de los supuestos siguientes[522]:

1.° Que se realicen para impedir el libre ejercicio de la autoridad o como consecuencia de acciones ejecutadas en el ejercicio de sus funciones, bien se cometiere el delito contra funcionarios públicos, bien contra particulares que, como testigos o de cualquier otra manera, hayan contribuido o puedan contribuir a la ejecución o aplicación de las Leyes o disposiciones generales.

2.° Que se cause por cualquier medio, infección o contagio de ganado.

3.° Que se empleen sustancias venenosas o corrosivas.

4.° Que afecten a bienes de dominio o uso público o comunal.

5.° Que arruinen al perjudicado o se le coloque en grave situación económica.

6.° Se hayan ocasionado daños de especial gravedad o afectado a los intereses generales[523].

Art. 264[524].

1. El que por cualquier medio, sin autorización y de manera grave borrase, dañase, deteriorase, alterase, suprimiese o hiciese inaccesibles datos informá-

---

[520] Apartado redactado conforme LO 1/2015, de 30 de marzo, por la que se modifica la Ley Orgánica 10/1995, de 23 de noviembre, del Código Penal.

[521] Este apartado pasa a reflejar lo que en la redacción anterior a la LO 5/2010, de 22 de junio, por la que se modifica la Ley Orgánica 10/1995, de 23 de noviembre, del Código Penal —que era debida a la LO 15/2003, de 25 de noviembre, por la que se modifica la Ley Orgánica 10/1995, de 23 de noviembre, del Código Penal— constituía todo el contenido de este artículo.

[522] Apartado introducido por LO 5/2010, de 22 de junio, por la que se modifica la Ley Orgánica 10/1995, de 23 de noviembre, del Código Penal.

[523] Numeral introducido por LO 1/2015, de 30 de marzo, por la que se modifica la Ley Orgánica 10/1995, de 23 de noviembre, del Código Penal.

[524] Redactado conforme LO 1/2015, de 30 de marzo, por la que se modifica la Ley Orgánica 10/1995, de 23 de noviembre, del Código Penal.

ticos, programas informáticos o documentos electrónicos ajenos, cuando el resultado producido fuera grave, será castigado con la pena de prisión de seis meses a tres años.

2. Se impondrá una pena de prisión de dos a cinco años y multa del tanto al décuplo del perjuicio ocasionado, cuando en las conductas descritas concurra alguna de las siguientes circunstancias:

1.ª Se hubiese cometido en el marco de una organización criminal.

2.ª Haya ocasionado daños de especial gravedad o afectado a un número elevado de sistemas informáticos.

3.ª El hecho hubiera perjudicado gravemente el funcionamiento de servicios públicos esenciales o la provisión de bienes de primera necesidad.

4.ª Los hechos hayan afectado al sistema informático de una infraestructura crítica o se hubiera creado una situación de peligro grave para la seguridad del Estado, de la Unión Europea o de un Estado Miembro de la Unión Europea. A estos efectos se considerará infraestructura crítica un elemento, sistema o parte de este que sea esencial para el mantenimiento de funciones vitales de la sociedad, la salud, la seguridad, la protección y el bienestar económico y social de la población cuya perturbación o destrucción tendría un impacto significativo al no poder mantener sus funciones.

5.ª El delito se haya cometido utilizando alguno de los medios a que se refiere el artículo 264 ter.

Si los hechos hubieran resultado de extrema gravedad, podrá imponerse la pena superior en grado.

3. Las penas previstas en los apartados anteriores se impondrán, en sus respectivos casos, en su mitad superior, cuando los hechos se hubieran cometido mediante la utilización ilícita de datos personales de otra persona para facilitarse el acceso al sistema informático o para ganarse la confianza de un tercero.

1. El que por cualquier medio, sin autorización y de manera grave borrase, dañase, deteriorase, alterase, suprimiese, o hiciese inaccesibles datos, programas informáticos o documentos electrónicos ajenos, cuando el resultado producido fuera grave, será castigado con la pena de prisión de seis meses a dos años.

2. El que por cualquier medio, sin estar autorizado y de manera grave obstaculizara o interrumpiera el funcionamiento de un sistema informático ajeno, introduciendo, transmitiendo, dañando, borrando, deteriorando, alterando, suprimiendo o haciendo inaccesibles datos informáticos, cuando el resultado producido fuera grave, será castigado, con la pena de prisión de seis meses a tres años.

3. Se impondrán las penas superiores en grado a las respectivamente señaladas en los dos apartados anteriores y, en todo caso, la pena de multa del tanto al décuplo del perjuicio ocasionado, cuando en las conductas descritas concurra alguna de las siguientes circunstancias:

1.° Se hubiese cometido en el marco de una organización criminal.

2.° Haya ocasionado daños de especial gravedad o afectado a los intereses generales.

4. Cuando de acuerdo con lo establecido en el artículo 31 bis una persona jurídica sea responsable de los delitos comprendidos en este artículo, se le impondrán las siguientes penas:

a) Multa del doble al cuádruple del perjuicio causado, si el delito cometido por la persona física tiene prevista una pena de prisión de más de dos años.

b) Multa del doble al triple del perjuicio causado, en el resto de los casos.

Atendidas las reglas establecidas en el artículo 66 bis, los jueces y tribunales podrán asimismo imponer las penas recogidas en las letras b) a g) del apartado 7 del artículo 33[525].

Art. 264 bis[526].

1. Será castigado con la pena de prisión de seis meses a tres años el que, sin estar autorizado y de manera grave, obstaculizara o interrumpiera el funcionamiento de un sistema informático ajeno:

a) realizando alguna de las conductas a que se refiere el artículo anterior;

b) introduciendo o transmitiendo datos; o

c) destruyendo, dañando, inutilizando, eliminando o sustituyendo un sistema informático, telemático o de almacenamiento de información electrónica.

Si los hechos hubieran perjudicado de forma relevante la actividad normal de una empresa, negocio o de una Administración pública, se impondrá la pena en su mitad superior, pudiéndose alcanzar la pena superior en grado.

2. Se impondrá una pena de prisión de tres a ocho años y multa del triplo al décuplo del perjuicio ocasionado, cuando en los hechos a que se refiere el apartado anterior hubiera concurrido alguna de las circunstancias del apartado 2 del artículo anterior.

3. Las penas previstas en los apartados anteriores se impondrán, en sus respectivos casos, en su mitad superior, cuando los hechos se hubieran cometido mediante la utilización ilícita de datos personales de otra persona para facilitarse el acceso al sistema informático o para ganarse la confianza de un tercero.

Art. 264 ter[527].

Será castigado con una pena de prisión de seis meses a dos años o multa de tres a dieciocho meses el que, sin estar debidamente autorizado, produzca, adquiera para su uso, importe o, de cualquier modo, facilite a terceros, con la intención de facilitar la comisión de alguno de los delitos a que se refieren los dos artículos anteriores:

a) un programa informático, concebido o adaptado principalmente para cometer alguno de los delitos a que se refieren los dos artículos anteriores; o

b) una contraseña de ordenador, un código de acceso o datos similares que permitan acceder a la totalidad o a una parte de un sistema de información.

---

[525] Redactado conforme LO 5/2010, de 22 de junio, por la que se modifica la Ley Orgánica 10/1995, de 23 de noviembre, del Código Penal.

[526] Artículo introducido por LO 1/2015, de 30 de marzo, por la que se modifica la Ley Orgánica 10/1995, de 23 de noviembre, del Código Penal.

[527] Artículo introducido por LO 1/2015, de 30 de marzo, por la que se modifica la Ley Orgánica 10/1995, de 23 de noviembre, del Código Penal.

Art. 264 quater[528].

Cuando de acuerdo con lo establecido en el artículo 31 bis una persona jurídica sea responsable de los delitos comprendidos en los tres artículos anteriores, se le impondrán las siguientes penas:

a) Multa de dos a cinco años o del quíntuplo a doce veces el valor del perjuicio causado, si resulta una cantidad superior, cuando se trate de delitos castigados con una pena de prisión de más de tres años.

b) Multa de uno a tres años o del triple a ocho veces el valor del perjuicio causado, si resulta una cantidad superior, en el resto de los casos.

Atendidas las reglas establecidas en el artículo 66 bis, los jueces y tribunales podrán asimismo imponer las penas recogidas en las letras b) a g) del apartado 7 del artículo 33.

Art. 265[529].

El que destruyere, dañare de modo grave, o inutilizare para el servicio, aun de forma temporal, obras, establecimientos o instalaciones militares, buques de guerra, aeronaves militares, medios de transporte o transmisión militar, material de guerra, aprovisionamiento u otros medios o recursos afectados al servicio de las Fuerzas Armadas o de las Fuerzas y Cuerpos de Seguridad, será castigado con la pena de prisión de dos a cuatro años si el daño causado excediere de mil euros.

El que destruyere, dañare de modo grave, o inutilizare para el servicio, aun de forma temporal, obras, establecimientos o instalaciones militares, buques de guerra, aeronaves militares, medios de transporte o transmisión militar, material de guerra, aprovisionamiento u otros medios o recursos afectados al servicio de las Fuerzas Armadas o de las Fuerzas y Cuerpos de Seguridad, será castigado con la pena de prisión de dos a cuatro años si el daño causado excediere de cincuenta mil pesetas.

Art. 266.

1. Será castigado con la pena de prisión de uno a tres años el que cometiere los daños previstos en el apartado 1 del artículo 263 mediante incendio, o provocando explosiones, o utilizando cualquier otro medio de similar potencia destructiva o que genere un riesgo relevante de explosión o de causación de otros daños de especial gravedad, o poniendo en peligro la vida o la integridad de las personas[530].

1. Será castigado con la pena de prisión de uno a tres años el que cometiere los daños previstos en el artículo 263 mediante incendio, o provocando explosiones o utilizando cualquier otro medio de similar potencia destructiva, o poniendo en peligro la vida o la integridad de las personas[531].

---

[528]   Artículo introducido por LO 1/2015, de 30 de marzo, por la que se modifica la Ley Orgánica 10/1995, de 23 de noviembre, del Código Penal.

[529]   Redactado conforme LO 1/2015, de 30 de marzo, por la que se modifica la Ley Orgánica 10/1995, de 23 de noviembre, del Código Penal.

[530]   Apartado redactado conforme LO 1/2015, de 30 de marzo, por la que se modifica la Ley Orgánica 10/1995, de 23 de noviembre, del Código Penal.

[531]   Apartado redactado conforme LO 7/2000, de 22 de diciembre, de modificación de la Ley Orgánica 10/1995, de 23 de noviembre, del Código Penal, y de la Ley Orgánica 5/2000, de 12

2. Será castigado con la pena de prisión de tres a cinco años y multa de doce a veinticuatro meses el que cometiere los daños previstos en el apartado 2 del artículo 263, en cualquiera de las circunstancias mencionadas en el apartado anterior[532].

> *2. Será castigado con la pena de prisión de tres a cinco años y multa de doce a veinticuatro meses el que cometiere los daños previstos en el artículo 264, en cualquiera de las circunstancias mencionadas en el apartado anterior[533].*

3. Será castigado con la pena de prisión de cuatro a ocho años el que cometiere los daños previstos en los artículos 265, 323 y 560, en cualquiera de las circunstancias mencionadas en el apartado 1 del presente artículo[534].

4. En cualquiera de los supuestos previstos en los apartados anteriores, cuando se cometieren los daños concurriendo la provocación de explosiones o la utilización de otros medios de similar potencia destructiva y, además, se pusiera en peligro la vida o integridad de las personas, la pena se impondrá en su mitad superior.

En caso de incendio será de aplicación lo dispuesto en el artículo 351[535].

Art. 267.

Los daños causados por imprudencia grave en cuantía superior a 80.000 euros, serán castigados con la pena de multa de tres a nueve meses, atendiendo a la importancia de los mismos[536].

Las infracciones a que se refiere este artículo sólo serán perseguibles previa denuncia de la persona agraviada o de su representante legal. El Ministerio Fiscal también podrá denunciar cuando aquélla sea menor de edad, persona con discapacidad necesitada de especial protección o una persona desvalida.

---

de enero, reguladora de la Responsabilidad Penal de los Menores, en relación con los delitos de terrorismo.

[532] Apartado redactado conforme LO 1/2015, de 30 de marzo, por la que se modifica la Ley Orgánica 10/1995, de 23 de noviembre, del Código Penal.

[533] Apartado redactado conforme LO 7/2000, de 22 de diciembre, de modificación de la Ley Orgánica 10/1995, de 23 de noviembre, del Código Penal, y de la Ley Orgánica 5/2000, de 12 de enero, reguladora de la Responsabilidad Penal de los Menores, en relación con los delitos de terrorismo.

[534] Apartado redactado conforme LO 7/2000, de 22 de diciembre, de modificación de la Ley Orgánica 10/1995, de 23 de noviembre, del Código Penal, y de la Ley Orgánica 5/2000, de 12 de enero, reguladora de la Responsabilidad Penal de los Menores, en relación con los delitos de terrorismo.

[535] Apartado redactado conforme LO 7/2000, de 22 de diciembre, de modificación de la Ley Orgánica 10/1995, de 23 de noviembre, del Código Penal, y de la Ley Orgánica 5/2000, de 12 de enero, reguladora de la Responsabilidad Penal de los Menores, en relación con los delitos de terrorismo.

[536] Párrafo redactado conforme LO 15/2003, de 25 de noviembre, por la que se modifica la Ley Orgánica 10/1995, de 23 de noviembre, del Código Penal.

En estos casos, el perdón de la persona ofendida extingue la acción penal[537].

En estos casos, el perdón del ofendido o de su representante legal, en su caso, extingue la acción penal sin perjuicio de lo dispuesto en el segundo párrafo del número 5.º del apartado 1 del artículo 130 de este Código[538].

CAPÍTULO X
DISPOSICIONES COMUNES A LOS CAPÍTULOS ANTERIORES

Art. 268[539].

1. Están exentos de responsabilidad criminal y sujetos únicamente a la civil los cónyuges que no estuvieren separados legalmente o de hecho o en proceso judicial de separación, divorcio o nulidad de su matrimonio y los ascendientes, descendientes y hermanos por naturaleza o por adopción, así como los afines en primer grado si viviesen juntos, por los delitos patrimoniales que se causaren entre sí, siempre que no concurra violencia o intimidación, o abuso de la vulnerabilidad de la víctima, ya sea por razón de edad, o por tratarse de una persona con discapacidad.

2. Esta disposición no es aplicable a los extraños que participaren en el delito.

1. Están exentos de responsabilidad criminal y sujetos únicamente a la civil los cónyuges que no estuvieren separados legalmente o de hecho o en proceso judicial de separación, divorcio o nulidad de su matrimonio y los ascendientes, descendientes y hermanos por naturaleza o por adopción, así como los afines en primer grado si viviesen juntos, por los delitos patrimoniales que se causaren entre sí, siempre que no concurra violencia o intimidación.

2. Esta disposición no es aplicable a los extraños que participaren en el delito.

Art. 269.

La provocación, la conspiración y la proposición para cometer los delitos de robo, extorsión, estafa o apropiación indebida, serán castigadas con la pena inferior en uno o dos grados a la del delito correspondiente.

---

[537]   Párrafo redactado conforme LO 8/2021, de 4 de junio, de protección integral a la infancia y la adolescencia frente a la violencia.

[538]   Redactado conforme LO 5/2010, de 22 de junio, por la que se modifica la Ley Orgánica 10/1995, de 23 de noviembre, del Código Penal.

[539]   Redactado conforme LO 1/2015, de 30 de marzo, por la que se modifica la Ley Orgánica 10/1995, de 23 de noviembre, del Código Penal.

CAPÍTULO XI
DE LOS DELITOS RELATIVOS A LA PROPIEDAD INTELECTUAL E INDUSTRIAL, AL MERCADO Y A LOS CONSUMIDORES

SECCIÓN 1.ª
DE LOS DELITOS RELATIVOS A LA PROPIEDAD INTELECTUAL

Art. 270[540]**.**

1. Será castigado con la pena de prisión de seis meses a cuatro años y multa de doce a veinticuatro meses el que, con ánimo de obtener un beneficio económico directo o indirecto y en perjuicio de tercero, reproduzca, plagie, distribuya, comunique públicamente o de cualquier otro modo explote económicamente, en todo o en parte, una obra o prestación literaria, artística o científica, o su transformación, interpretación o ejecución artística fijada en cualquier tipo de soporte o comunicada a través de cualquier medio, sin la autorización de los titulares de los correspondientes derechos de propiedad intelectual o de sus cesionarios.

2. La misma pena se impondrá a quien, en la prestación de servicios de la sociedad de la información, con ánimo de obtener un beneficio económico directo o indirecto, y en perjuicio de tercero, facilite de modo activo y no neutral y sin limitarse a un tratamiento meramente técnico, el acceso o la localización en internet de obras o prestaciones objeto de propiedad intelectual sin la autorización de los titulares de los correspondientes derechos o de sus cesionarios, en particular ofreciendo listados ordenados y clasificados de enlaces a las obras y contenidos referidos anteriormente, aunque dichos enlaces hubieran sido facilitados inicialmente por los destinatarios de sus servicios.

3. En estos casos, el juez o tribunal ordenará la retirada de las obras o prestaciones objeto de la infracción. Cuando a través de un portal de acceso a internet o servicio de la sociedad de la información, se difundan exclusiva o preponderantemente los contenidos objeto de la propiedad intelectual a que se refieren los apartados anteriores, se ordenará la interrupción de la prestación del mismo, y el juez podrá acordar cualquier medida cautelar que tenga por objeto la protección de los derechos de propiedad intelectual.

Excepcionalmente, cuando exista reiteración de las conductas y cuando resulte una medida proporcionada, eficiente y eficaz, se podrá ordenar el bloqueo del acceso correspondiente.

4. En los supuestos a que se refiere el apartado 1, la distribución o comercialización ambulante o meramente ocasional se castigará con una pena de prisión de seis meses a dos años.

---

[540] Redactado conforme LO 1/2015, de 30 de marzo, por la que se modifica la Ley Orgánica 10/1995, de 23 de noviembre, del Código Penal.

No obstante, atendidas las características del culpable y la reducida cuantía del beneficio económico obtenido o que se hubiera podido obtener, siempre que no concurra ninguna de las circunstancias del artículo 271, el Juez podrá imponer la pena de multa de uno a seis meses o trabajos en beneficio de la comunidad de treinta y uno a sesenta días.

5. Serán castigados con las penas previstas en los apartados anteriores, en sus respectivos casos, quienes:

a) Exporten o almacenen intencionadamente ejemplares de las obras, producciones o ejecuciones a que se refieren los dos primeros apartados de este artículo, incluyendo copias digitales de las mismas, sin la referida autorización, cuando estuvieran destinadas a ser reproducidas, distribuidas o comunicadas públicamente.

b) Importen intencionadamente estos productos sin dicha autorización, cuando estuvieran destinados a ser reproducidos, distribuidos o comunicados públicamente, tanto si éstos tienen un origen lícito como ilícito en su país de procedencia; no obstante, la importación de los referidos productos de un Estado perteneciente a la Unión Europea no será punible cuando aquellos se hayan adquirido directamente del titular de los derechos en dicho Estado, o con su consentimiento.

c) Favorezcan o faciliten la realización de las conductas a que se refieren los apartados 1 y 2 de este artículo eliminando o modificando, sin autorización de los titulares de los derechos de propiedad intelectual o de sus cesionarios, las medidas tecnológicas eficaces incorporadas por éstos con la finalidad de impedir o restringir su realización.

d) Con ánimo de obtener un beneficio económico directo o indirecto, con la finalidad de facilitar a terceros el acceso a un ejemplar de una obra literaria, artística o científica, o a su transformación, interpretación o ejecución artística, fijada en cualquier tipo de soporte o comunicado a través de cualquier medio, y sin autorización de los titulares de los derechos de propiedad intelectual o de sus cesionarios, eluda o facilite la elusión de las medidas tecnológicas eficaces dispuestas para evitarlo.

6. Será castigado también con una pena de prisión de seis meses a tres años quien fabrique, importe, ponga en circulación o posea con una finalidad comercial cualquier medio principalmente concebido, producido, adaptado o realizado para facilitar la supresión no autorizada o la neutralización de cualquier dispositivo técnico que se haya utilizado para proteger programas de ordenador o cualquiera de las otras obras, interpretaciones o ejecuciones en los términos previstos en los dos primeros apartados de este artículo.

1. Será castigado con la pena de prisión de seis meses a dos años y multa de 12 a 24 meses quien, con ánimo de lucro y en perjuicio de tercero, reproduzca, plagie, distribuya o comunique públicamente, en todo o en parte, una obra literaria, artística o científica, o su transformación, interpretación o ejecución artística fijada en cualquier tipo de soporte o comunicada a través de cualquier medio, sin la autorización de los titulares de los correspondientes derechos de propiedad intelectual o de sus cesionarios.

No obstante, en los casos de distribución al por menor, atendidas las características del culpable y la reducida cuantía del beneficio económico, siempre que no concurra ninguna de las circunstancias del artículo siguiente, el Juez podrá imponer la pena de multa de tres a seis meses o trabajos en beneficio de

Art. 271

la comunidad de treinta y uno a sesenta días. En los mismos supuestos, cuando el beneficio no exceda de 400 euros, se castigará el hecho como falta del artículo 623.5[541].

2. Será castigado con la pena de prisión de seis meses a dos años y multa de 12 a 24 meses quien intencionadamente exporte o almacene ejemplares de las obras, producciones o ejecuciones a que se refiere el apartado anterior sin la referida autorización. Igualmente incurrirán en la misma pena los que importen intencionadamente estos productos sin dicha autorización, tanto si éstos tienen un origen lícito como ilícito en su país de procedencia; no obstante, la importación de los referidos productos de un Estado perteneciente a la Unión Europea no será punible cuando aquellos se hayan adquirido directamente del titular de los derechos en dicho Estado, o con su consentimiento.

3. Será castigado también con la misma pena quien fabrique, importe, ponga en circulación o tenga cualquier medio específicamente destinado a facilitar la supresión no autorizada o la neutralización de cualquier dispositivo técnico que se haya utilizado para proteger programas de ordenador o cualquiera de las otras obras, interpretaciones o ejecuciones en los términos previstos en el apartado 1 de este artículo[542].

Art. 271[543].

Se impondrá la pena de prisión de dos a seis años, multa de dieciocho a treinta y seis meses e inhabilitación especial para el ejercicio de la profesión relacionada con el delito cometido, por un período de dos a cinco años, cuando se cometa el delito del artículo anterior concurriendo alguna de las siguientes circunstancias:

a) Que el beneficio obtenido o que se hubiera podido obtener posea especial trascendencia económica.

b) Que los hechos revistan especial gravedad, atendiendo el valor de los objetos producidos ilícitamente, el número de obras, o de la transformación, ejecución o interpretación de las mismas, ilícitamente reproducidas, distribuidas, comunicadas al público o puestas a su disposición, o a la especial importancia de los perjuicios ocasionados.

c) Que el culpable perteneciere a una organización o asociación, incluso de carácter transitorio, que tuviese como finalidad la realización de actividades infractoras de derechos de propiedad intelectual.

d) Que se utilice a menores de 18 años para cometer estos delitos.

Se impondrá la pena de prisión de uno a cuatro años, multa de 12 a 24 meses e inhabilitación especial para el ejercicio de la profesión relacionada con el delito cometido, por un período de dos a cinco años, cuando concurra alguna de las siguientes circunstancias:

a) Que el beneficio obtenido posea especial trascendencia económica.

b) Que los hechos revistan especial gravedad, atendiendo el valor de los objetos producidos ilícitamente o a la especial importancia de los perjuicios ocasionados.

c) Que el culpable perteneciere a una organización o asociación, incluso de carácter transitorio, que tuviese como finalidad la realización de actividades infractoras de derechos de propiedad intelectual.

d) Que se utilice a menores de 18 años para cometer estos delitos[544].

---

[541] Párrafo introducido por LO 5/2010, de 22 de junio, por la que se modifica la Ley Orgánica 10/1995, de 23 de noviembre, del Código Penal.

[542] Redactado conforme LO 15/2003, de 25 de noviembre, por la que se modifica la Ley Orgánica 10/1995, de 23 de noviembre, del Código Penal.

[543] Redactado conforme LO 1/2015, de 30 de marzo, por la que se modifica la Ley Orgánica 10/1995, de 23 de noviembre, del Código Penal.

[544] Redactado conforme LO 15/2003, de 25 de noviembre, por la que se modifica la Ley Orgánica 10/1995, de 23 de noviembre, del Código Penal.

Art. 272.

1. La extensión de la responsabilidad civil derivada de los delitos tipificados en los dos artículos anteriores se regirá por las disposiciones de la Ley de Propiedad Intelectual relativas al cese de la actividad ilícita y a la indemnización de daños y perjuicios.

2. En el supuesto de sentencia condenatoria, el Juez o Tribunal podrá decretar la publicación de ésta, a costa del infractor, en un periódico oficial.

SECCIÓN 2.ª
DE LOS DELITOS RELATIVOS A LA PROPIEDAD INDUSTRIAL

Art. 273.

1. Será castigado con la pena de prisión de seis meses a dos años y multa de 12 a 24 meses el que, con fines industriales o comerciales, sin consentimiento del titular de una patente o modelo de utilidad y con conocimiento de su registro, fabrique, importe, posea, utilice, ofrezca o introduzca en el comercio objetos amparados por tales derechos[545].

2. Las mismas penas se impondrán al que, de igual manera, y para los citados fines, utilice u ofrezca la utilización de un procedimiento objeto de una patente, o posea, ofrezca, introduzca en el comercio, o utilice el producto directamente obtenido por el procedimiento patentado.

3. Será castigado con las mismas penas el que realice cualquiera de los actos tipificados en el párrafo primero de este artículo concurriendo iguales circunstancias en relación con objetos amparados en favor de tercero por un modelo o dibujo industrial o artístico o topografía de un producto semiconductor.

Art. 274[546].

1. Será castigado con las penas de uno a cuatro años de prisión y multa de doce a veinticuatro meses el que, con fines industriales o comerciales, sin consentimiento del titular de un derecho de propiedad industrial registrado conforme a la legislación de marcas y con conocimiento del registro,

a) fabrique, produzca o importe productos que incorporen un signo distintivo idéntico o confundible con aquel, u

b) ofrezca, distribuya, o comercialice al por mayor productos que incorporen un signo distintivo idéntico o confundible con aquel, o los almacene con esa finalidad, cuando se trate de los mismos o similares productos, servicios o actividades para los que el derecho de propiedad industrial se encuentre registrado.

2. Será castigado con las penas de seis meses a tres años de prisión el que, con fines industriales o comerciales, sin consentimiento del titular de un de-

---

[545] Redactado conforme LO 15/2003, de 25 de noviembre, por la que se modifica la Ley Orgánica 10/1995, de 23 de noviembre, del Código Penal.

[546] Redactado conforme LO 1/2015, de 30 de marzo, por la que se modifica la Ley Orgánica 10/1995, de 23 de noviembre, del Código Penal.

recho de propiedad industrial registrado conforme a la legislación de marcas y con conocimiento del registro, ofrezca, distribuya o comercialice al por menor, o preste servicios o desarrolle actividades, que incorporen un signo distintivo idéntico o confundible con aquél, cuando se trate de los mismos o similares productos, servicios o actividades para los que el derecho de propiedad industrial se encuentre registrado.

La misma pena se impondrá a quien reproduzca o imite un signo distintivo idéntico o confundible con aquél para su utilización para la comisión de las conductas sancionadas en este artículo.

3. La venta ambulante u ocasional de los productos a que se refieren los apartados anteriores será castigada con la pena de prisión de seis meses a dos años.

No obstante, atendidas las características del culpable y la reducida cuantía del beneficio económico obtenido o que se hubiera podido obtener, siempre que no concurra ninguna de las circunstancias del artículo 276, el Juez podrá imponer la pena de multa de uno a seis meses o trabajos en beneficio de la comunidad de treinta y uno a sesenta días.

4. Será castigado con las penas de uno a tres años de prisión el que, con fines agrarios o comerciales, sin consentimiento del titular de un título de obtención vegetal y con conocimiento de su registro, produzca o reproduzca, acondicione con vistas a la producción o reproducción, ofrezca en venta, venda o comercialice de otra forma, exporte o importe, o posea para cualquiera de los fines mencionados, material vegetal de reproducción o multiplicación de una variedad vegetal protegida conforme a la legislación nacional o de la Unión Europea sobre protección de obtenciones vegetales.

Será castigado con la misma pena quien realice cualesquiera de los actos descritos en el párrafo anterior utilizando, bajo la denominación de una variedad vegetal protegida, material vegetal de reproducción o multiplicación que no pertenezca a tal variedad.

1. Será castigado con las penas de seis meses a dos años de prisión y multa de doce a veinticuatro meses el que, con fines industriales o comerciales, sin consentimiento del titular de un derecho de propiedad industrial registrado conforme a la legislación de marcas y con conocimiento del registro, reproduzca, imite, modifique o de cualquier otro modo usurpe un signo distintivo idéntico o confundible con aquel, para distinguir los mismos o similares productos, servicios, actividades o establecimientos para los que el derecho de propiedad industrial se encuentre registrado. Igualmente, incurrirán en la misma pena los que importen estos productos[547].

2. Las mismas penas se impondrán al que, a sabiendas, posea para su comercialización o ponga en el comercio, productos o servicios con signos distintivos que, de acuerdo con el apartado 1 de este artículo, suponen una infracción de los derechos exclusivos del titular de los mismos, aun cuando se trate de productos importados.

No obstante, en los casos de distribución al por menor, atendidas las características del culpable y la reducida cuantía del beneficio económico, siempre que no concurra ninguna de las circunstancias del artículo 276, el Juez podrá imponer la pena de multa de tres a seis meses o trabajos en beneficio de la comunidad

---

[547]   Redactado conforme LO 5/2010, de 22 de junio, por la que se modifica la Ley Orgánica 10/1995, de 23 de noviembre, del Código Penal.

de treinta y uno a sesenta días. En los mismos supuestos, cuando el beneficio no exceda de 400 euros, se castigará el hecho como falta del artículo 623.5[548].

3. Será castigado con la misma pena quien, con fines agrarios o comerciales, sin consentimiento del titular de un título de obtención vegetal y con conocimiento de su registro, produzca o reproduzca, acondicione con vistas a la producción o reproducción, ofrezca en venta, venda o comercialice de otra forma, exporte o importe, o posea para cualquiera de los fines mencionados, material vegetal de reproducción o multiplicación de una variedad vegetal protegida conforme a la legislación sobre protección de obtenciones vegetales.

4. Será castigado con la misma pena quien realice cualesquiera de los actos descritos en el apartado anterior utilizando, bajo la denominación de una variedad vegetal protegida, material vegetal de reproducción o multiplicación que no pertenezca a tal variedad[549].

Art. 275.

Las mismas penas previstas en el artículo anterior se impondrán a quien intencionadamente y sin estar autorizado para ello, utilice en el tráfico económico una denominación de origen o una indicación geográfica representativa de una calidad determinada legalmente protegidas para distinguir los productos amparados por ellas, con conocimiento de esta protección.

Art. 276[550].

Se impondrá la pena de prisión de dos a seis años, multa de dieciocho a treinta y seis meses e inhabilitación especial para el ejercicio de la profesión relacionada con el delito cometido, por un período de dos a cinco años, cuando concurra alguna de las siguientes circunstancias:

a) Que el beneficio obtenido o que se hubiera podido obtener posea especial trascendencia económica.

b) Que los hechos revistan especial gravedad, atendiendo al valor de los objetos producidos ilícitamente, distribuidos, comercializados u ofrecidos, o a la especial importancia de los perjuicios ocasionados.

c) Que el culpable perteneciere a una organización o asociación, incluso de carácter transitorio, que tuviese como finalidad la realización de actividades infractoras de derechos de propiedad industrial.

d) Que se utilice a menores de 18 años para cometer estos delitos.

Se impondrá la pena de prisión de uno a cuatro años, multa de 12 a 24 meses e inhabilitación especial para el ejercicio de la profesión relacionada con el delito cometido, por un período de dos a cinco años, cuando concurra alguna de las siguientes circunstancias:

a) Que el beneficio obtenido posea especial trascendencia económica.

b) Que los hechos revistan especial gravedad, atendiendo al valor de los objetos producidos ilícitamente o a la especial importancia de los perjuicios ocasionados.

c) Que el culpable perteneciere a una organización o asociación, incluso de carácter transitorio, que tuviese como finalidad la realización de actividades infractoras de derechos de propiedad industrial.

---

[548] Redactado conforme LO 5/2010, de 22 de junio, por la que se modifica la Ley Orgánica 10/1995, de 23 de noviembre, del Código Penal.

[549] Apartados 3 y 4 introducidos por LO 15/2003, de 25 de noviembre, por la que se modifica la Ley Orgánica 10/1995, de 23 de noviembre, del Código Penal.

[550] Redactado conforme LO 1/2015, de 30 de marzo, por la que se modifica la Ley Orgánica 10/1995, de 23 de noviembre, del Código Penal.

d) Que se utilice a menores de 18 años para cometer estos delitos[551].

Art. 277.

Será castigado con las penas de prisión de seis meses a dos años y multa de seis a veinticuatro meses, el que intencionadamente haya divulgado la invención objeto de una solicitud de patente secreta, en contravención con lo dispuesto en la legislación de patentes, siempre que ello sea en perjuicio de la defensa nacional.

SECCIÓN 3.ª
DE LOS DELITOS RELATIVOS AL MERCADO Y A LOS CONSUMIDORES

Art. 278.

1. El que, para descubrir un secreto de empresa se apoderare por cualquier medio de datos, documentos escritos o electrónicos, soportes informáticos u otros objetos que se refieran al mismo, o empleare alguno de los medios o instrumentos señalados en el apartado 1 del artículo 197, será castigado con la pena de prisión de dos a cuatro años y multa de doce a veinticuatro meses.

2. Se impondrá la pena de prisión de tres a cinco años y multa de doce a veinticuatro meses si se difundieren, revelaren o cedieren a terceros los secretos descubiertos.

3. Lo dispuesto en el presente artículo se entenderá sin perjuicio de las penas que pudieran corresponder por el apoderamiento o destrucción de los soportes informáticos.

Art. 279.

La difusión, revelación o cesión de un secreto de empresa llevada a cabo por quien tuviere legal o contractualmente obligación de guardar reserva, se castigará con la pena de prisión de dos a cuatro años y multa de doce a veinticuatro meses.

Si el secreto se utilizara en provecho propio, las penas se impondrán en su mitad inferior.

Art. 280.

El que, con conocimiento de su origen ilícito, y sin haber tomado parte en su descubrimiento, realizare alguna de las conductas descritas en los dos artículos anteriores, será castigado con la pena de prisión de uno a tres años y multa de doce a veinticuatro meses.

Art. 281.

1. El que detrajere del mercado materias primas o productos de primera necesidad con la intención de desabastecer un sector del mismo, de forzar una

---

[551] Redactado conforme LO 15/2003, de 25 de noviembre, por la que se modifica la Ley Orgánica 10/1995, de 23 de noviembre, del Código Penal.

alteración de precios, o de perjudicar gravemente a los consumidores, será castigado con la pena de prisión de uno a cinco años y multa de doce a veinticuatro meses.

2. Se impondrá la pena superior en grado si el hecho se realiza en situaciones de grave necesidad o catastróficas.

Art. 282[552].

Serán castigados con la pena de prisión de seis meses a un año o multa de 12 a 24 meses los fabricantes o comerciantes que, en sus ofertas o publicidad de productos o servicios, hagan alegaciones falsas o manifiesten características inciertas sobre los mismos, de modo que puedan causar un perjuicio grave y manifiesto a los consumidores, sin perjuicio de la pena que corresponda aplicar por la comisión de otros delitos.

Art. 282 bis[553].

Los que, como administradores de hecho o de derecho de una sociedad emisora de valores negociados en los mercados de valores, falsearan la información económico-financiera contenida en los folletos de emisión de cualesquiera instrumentos financieros o las informaciones que la sociedad debe publicar y difundir conforme a la legislación del mercado de valores sobre sus recursos, actividades y negocios presentes y futuros, con el propósito de captar inversores o depositantes, colocar cualquier tipo de activo financiero, u obtener financiación por cualquier medio, serán castigados con la pena de prisión de uno a cuatro años, sin perjuicio de lo dispuesto en el artículo 308 de este Código.

En el supuesto de que se llegue a obtener la inversión, el depósito, la colocación del activo o la financiación, con perjuicio para el inversor, depositante, adquiriente de los activos financieros o acreedor, se impondrá la pena en la mitad superior. Si el perjuicio causado fuera de notoria gravedad, la pena a imponer será de uno a seis años de prisión y multa de seis a doce meses.

Art. 283.

Se impondrán las penas de prisión de seis meses a un año y multa de seis a dieciocho meses a los que, en perjuicio del consumidor, facturen cantidades superiores por productos o servicios cuyo costo o precio se mida por aparatos automáticos, mediante la alteración o manipulación de éstos.

Art. 284[554].

1. Se impondrá la pena de prisión de seis meses a seis años, multa de dos a cinco años, o del tanto al triplo del beneficio obtenido o favorecido, o de los

---

[552] Redactado conforme LO 15/2003, de 25 de noviembre, por la que se modifica la Ley Orgánica 10/1995, de 23 de noviembre, del Código Penal.

[553] Introducido por LO 5/2010, de 22 de junio, por la que se modifica la Ley Orgánica 10/1995, de 23 de noviembre, del Código Penal.

[554] Redactado conforme LO 1/2019, de 20 de febrero, por la que se modifica la Ley Orgánica 10/1995, de 23 de noviembre, del Código Penal, para transponer Directivas de la Unión

perjuicios evitados, si la cantidad resultante fuese más elevada, e inhabilitación especial para intervenir en el mercado financiero como actor, agente o mediador o informador por tiempo de dos a cinco años, a los que:

1.º Empleando violencia, amenaza, engaño o cualquier otro artificio, alterasen los precios que hubieren de resultar de la libre concurrencia de productos, mercancías, instrumentos financieros, contratos de contado sobre materias primas relacionadas con ellos, índices de referencia, servicios o cualesquiera otras cosas muebles o inmuebles que sean objeto de contratación, sin perjuicio de la pena que pudiere corresponderles por otros delitos cometidos.

2.º Por sí, de manera directa o indirecta o a través de un medio de comunicación, por medio de internet o mediante el uso de tecnologías de la información y la comunicación, o por cualquier otro medio, difundieren noticias o rumores o transmitieren señales falsas o engañosas sobre personas o empresas, ofreciendo a sabiendas datos económicos total o parcialmente falsos con el fin de alterar o preservar el precio de cotización de un instrumento financiero o un contrato de contado sobre materias primas relacionado o de manipular el cálculo de un índice de referencia, cuando obtuvieran, para sí o para tercero, un beneficio, siempre que concurra alguna de las siguientes circunstancias:

a) que dicho beneficio fuera superior a doscientos cincuenta mil euros o se causara un perjuicio de idéntica cantidad;

b) que el importe de los fondos empleados fuera superior a dos millones de euros;

c) que se causara un grave impacto en la integridad del mercado.

3.º Realizaren transacciones, transmitieren señales falsas o engañosas, o dieren órdenes de operación susceptibles de proporcionar indicios falsos o engañosos sobre la oferta, la demanda o el precio de un instrumento financiero, un contrato de contado sobre materias primas relacionado o índices de referencia, o se aseguraren, utilizando la misma información, por sí o en concierto con otros, una posición dominante en el mercado de dichos instrumentos o contratos con la finalidad de fijar sus precios en niveles anormales o artificiales, siempre que concurra alguna de las siguientes circunstancias:

a) que como consecuencia de su conducta obtuvieran, para sí o para tercero, un beneficio superior a doscientos cincuenta mil euros o causara un perjuicio de idéntica cantidad;

b) que el importe de los fondos empleados fuera superior a dos millones de euros;

c) que se causara un grave impacto en la integridad del mercado.

2. Se impondrá la pena en su mitad superior si concurriera alguna de las siguientes circunstancias:

1.ª Que el sujeto se dedique de forma habitual a las anteriores prácticas abusivas.

Europea en los ámbitos financiero y de terrorismo, y abordar cuestiones de índole internacional.

2.ª Que el beneficio obtenido, la pérdida evitada o el perjuicio causado sea de notoria importancia.

3. Si el responsable del hecho fuera trabajador o empleado de una empresa de servicios de inversión, entidad de crédito, autoridad supervisora o reguladora, o entidad rectora de mercados regulados o centros de negociación, las penas se impondrán en su mitad superior.

Se impondrá la pena de prisión de seis meses a dos años o multa de doce a veinticuatro meses a los que:
1.º Empleando violencia, amenaza o engaño, intentaren alterar los precios que hubieren de resultar de la libre concurrencia de productos, mercancías, títulos valores o instrumentos financieros, servicios o cualesquiera otras cosas muebles o inmuebles que sean objeto de contratación, sin perjuicio de la pena que pudiere corresponderles por otros delitos cometidos.
2.º Difundieren noticias o rumores, por sí o a través de un medio de comunicación, sobre personas o empresas en que a sabiendas se ofrecieren datos económicos total o parcialmente falsos con el fin de alterar o preservar el precio de cotización de un valor o instrumento financiero, obteniendo para sí o para tercero un beneficio económico superior a los 300.000 euros o causando un perjuicio de idéntica cantidad.
3.º Utilizando información privilegiada, realizaren transacciones o dieren órdenes de operación susceptibles de proporcionar indicios engañosos sobre la oferta, la demanda o el precio de valores o instrumentos financieros, o se aseguraren utilizando la misma información, por sí o en concierto con otros, una posición dominante en el mercado de dichos valores o instrumentos con la finalidad de fijar sus precios en niveles anormales o artificiales.
En todo caso se impondrá la pena de inhabilitación de uno a dos años para intervenir en el mercado financiero como actor, agente o mediador o informador[555].

Art. 285[556].

1. Quien de forma directa o indirecta o por persona interpuesta realizare actos de adquisición, transmisión o cesión de un instrumento financiero, o de cancelación o modificación de una orden relativa a un instrumento financiero, utilizando información privilegiada a la que hubiera tenido acceso reservado en los términos del apartado 4, o recomendare a un tercero el uso de dicha información privilegiada para alguno de esos actos, será castigado con la pena de prisión de seis meses a seis años, multa de dos a cinco años, o del tanto al triplo del beneficio obtenido o favorecido o de los perjuicios evitados si la cantidad resultante fuese más elevada, e inhabilitación especial para el ejercicio de la profesión o actividad de dos a cinco años, siempre que concurra alguna de las siguientes circunstancias:

a) que, como consecuencia de su conducta obtuviera, para sí o para tercero, un beneficio superior a quinientos mil euros o causara un perjuicio de idéntica cantidad;

b) que el valor de los instrumentos financieros empleados fuera superior a dos millones de euros;

c) que se causara un grave impacto en la integridad del mercado.

---

[555]   Redactado conforme LO 5/2010, de 22 de junio, por la que se modifica la Ley Orgánica 10/1995, de 23 de noviembre, del Código Penal.

[556]   Redactado —excepto el apartado 5— conforme LO 1/2019, de 20 de febrero, por la que se modifica la Ley Orgánica 10/1995, de 23 de noviembre, del Código Penal, para transponer Directivas de la Unión Europea en los ámbitos financiero y de terrorismo, y abordar cuestiones de índole internacional.

Art. 285

1. Quien de forma directa o por persona interpuesta usare de alguna información relevante para la cotización de cualquier clase de valores o instrumentos negociados en algún mercado organizado, oficial o reconocido, a la que haya tenido acceso reservado con ocasión del ejercicio de su actividad profesional o empresarial, o la suministrare obteniendo para sí o para un tercero un beneficio económico superior a 600.000 euros o causando un perjuicio de idéntica cantidad, será castigado con la pena de prisión de uno a cuatro años, multa del tanto al triplo del beneficio obtenido o favorecido e inhabilitación especial para el ejercicio de la profesión o actividad de dos a cinco años[557].

2. Se impondrá la pena en su mitad superior si concurriera alguna de las siguientes circunstancias:

1.ª Que el sujeto se dedique de forma habitual a las anteriores prácticas de operaciones con información privilegiada.

2.ª Que el beneficio obtenido, la pérdida evitada o el perjuicio causado sea de notoria importancia.

2. Se aplicará la pena de prisión de cuatro a seis años, la multa del tanto al triplo del beneficio obtenido o favorecido e inhabilitación especial para el ejercicio de la profesión o actividad de dos a cinco años, cuando en las conductas descritas en el apartado anterior concurra alguna de las siguientes circunstancias:
1.ª Que los sujetos se dediquen de forma habitual a tales prácticas abusivas.
2.ª Que el beneficio obtenido sea de notoria importancia.
3.ª Que se cause grave daño a los intereses generales[558].

3. Las penas previstas en este artículo se impondrán, en sus respectivos casos, en su mitad superior si el responsable del hecho fuera trabajador o empleado de una empresa de servicios de inversión, entidad de crédito, autoridad supervisora o reguladora, o entidades rectoras de mercados regulados o centros de negociación.

4. A los efectos de este artículo, se entiende que tiene acceso reservado a la información privilegiada quien sea miembro de los órganos de administración, gestión o supervisión del emisor o del participante del mercado de derechos de emisión, quien participe en el capital del emisor o del participante del mercado de derechos de emisión, quien la conozca con ocasión del ejercicio de su actividad profesional o empresarial, o en el desempeño de sus funciones, y quien la obtenga a través de una actividad delictiva.

5. Las mismas penas previstas en este artículo se impondrán cuando el responsable del hecho, sin tener acceso reservado a la información privilegiada, la obtenga de cualquier modo distinto de los previstos en el apartado anterior y la utilice conociendo que se trata de información privilegiada[559].

---

[557] Redactado conforme LO 15/2003, de 25 de noviembre, por la que se modifica la Ley Orgánica 10/1995, de 23 de noviembre, del Código Penal.

[558] Redactado conforme LO 15/2003, de 25 de noviembre, por la que se modifica la Ley Orgánica 10/1995, de 23 de noviembre, del Código Penal.

[559] Apartado redactado conforme LO 14/2022, de 22 de diciembre, de transposición de directivas europeas y otras disposiciones para la adaptación de la legislación penal al ordenamiento de la Unión Europea, y reforma de los delitos contra la integridad moral, desórdenes públicos y contrabando de armas de doble uso.

5. Las penas previstas en este artículo se rebajarán en un grado cuando el responsable del hecho, sin tener acceso reservado a la información privilegiada, la obtenga de cualquier modo distinto de los previstos en el apartado anterior y la utilice conociendo que se trata de información privilegiada[560].

Art. 285 bis[561].

Fuera de los casos previstos en el artículo anterior, quien poseyera información privilegiada y la revelare fuera del normal ejercicio de su trabajo, profesión o funciones, poniendo en peligro la integridad del mercado o la confianza de los inversores, será sancionado con pena de prisión de seis meses a cuatro años, multa de doce a veinticuatro meses e inhabilitación especial para el ejercicio de la profesión o actividad de uno a tres años.

A los efectos de lo dispuesto en este artículo, se incluirá la revelación de información privilegiada en una prospección de mercado cuando se haya realizado sin observar los requisitos previstos en la normativa europea en materia de mercados e instrumentos financieros.

Art. 285 ter[562].

Las previsiones de los tres artículos precedentes se extenderán a los instrumentos financieros, contratos, conductas, operaciones y órdenes previstos en la normativa europea y española en materia de mercado e instrumentos financieros.

Art. 285 quater[563].

La provocación, la conspiración y la proposición para cometer los delitos previstos en los artículos 284 a 285 bis se castigará, respectivamente, con la pena inferior en uno o dos grados.

---

[560] Apartado redactado conforme LO 1/2019, de 20 de febrero, por la que se modifica la Ley Orgánica 10/1995, de 23 de noviembre, del Código Penal, para transponer Directivas de la Unión Europea en los ámbitos financiero y de terrorismo, y abordar cuestiones de índole internacional.

[561] Artículo introducido por LO 1/2019, de 20 de febrero, por la que se modifica la Ley Orgánica 10/1995, de 23 de noviembre, del Código Penal, para transponer Directivas de la Unión Europea en los ámbitos financiero y de terrorismo, y abordar cuestiones de índole internacional.

[562] Artículo introducido por LO 1/2019, de 20 de febrero, por la que se modifica la Ley Orgánica 10/1995, de 23 de noviembre, del Código Penal, para transponer Directivas de la Unión Europea en los ámbitos financiero y de terrorismo, y abordar cuestiones de índole internacional.

[563] Artículo introducido por LO 1/2019, de 20 de febrero, por la que se modifica la Ley Orgánica 10/1995, de 23 de noviembre, del Código Penal, para transponer Directivas de la Unión Europea en los ámbitos financiero y de terrorismo, y abordar cuestiones de índole internacional.

Art. 286

Art. 286[564].

1. Será castigado con las penas de prisión de seis meses a dos años y multa de seis a 24 meses el que, sin consentimiento del prestador de servicios y con fines comerciales, facilite el acceso inteligible a un servicio de radiodifusión sonora o televisiva, a servicios interactivos prestados a distancia por vía electrónica, o suministre el acceso condicional a los mismos, considerado como servicio independiente, mediante:

1.º La fabricación, importación, distribución, puesta a disposición por vía electrónica, venta, alquiler, o posesión de cualquier equipo o programa informático, no autorizado en otro Estado miembro de la Unión Europea, diseñado o adaptado para hacer posible dicho acceso.

2.º La instalación, mantenimiento o sustitución de los equipos o programas informáticos mencionados en el párrafo 1.º

2. Con idéntica pena será castigado quien, con ánimo de lucro, altere o duplique el número identificativo de equipos de telecomunicaciones, o comercialice equipos que hayan sufrido alteración fraudulenta.

3. A quien, sin ánimo de lucro, facilite a terceros el acceso descrito en el apartado 1, o por medio de una comunicación pública, comercial o no, suministre información a una pluralidad de personas sobre el modo de conseguir el acceso no autorizado a un servicio o el uso de un dispositivo o programa, de los expresados en ese mismo apartado 1, incitando a lograrlos, se le impondrá la pena de multa en él prevista.

4. A quien utilice los equipos o programas que permitan el acceso no autorizado a servicios de acceso condicional o equipos de telecomunicación, se le impondrá la pena prevista en el artículo 255 de este Código con independencia de la cuantía de la defraudación.

SECCIÓN 4.ª
DELITOS DE CORRUPCIÓN EN LOS NEGOCIOS[565]

Art. 286 bis[566].

1. El directivo, administrador, empleado o colaborador de una empresa mercantil o de una sociedad que, por sí o por persona interpuesta, reciba, solicite o acepte un beneficio o ventaja no justificados de cualquier naturaleza, u ofrecimiento o promesa de obtenerlo, para sí o para un tercero, como contraprestación para favorecer indebidamente a otro en la adquisición o venta de mercancías, o en la contratación de servicios o en las relaciones comerciales, será castigado con la pena de prisión de seis meses a cuatro años, inhabilitación

---

[564] Redactado conforme LO 15/2003, de 25 de noviembre, por la que se modifica la Ley Orgánica 10/1995, de 23 de noviembre, del Código Penal.

[565] Redactado conforme LO 1/2015, de 30 de marzo, por la que se modifica la Ley Orgánica 10/1995, de 23 de noviembre, del Código Penal.

[566] Artículo introducido por LO 5/2010, de 22 de junio, por la que se modifica la Ley Orgánica 10/1995, de 23 de noviembre, del Código Penal.

especial para el ejercicio de industria o comercio por tiempo de uno a seis años y multa del tanto al triplo del valor del beneficio o ventaja[567].

1. El directivo, administrador, empleado o colaborador de una empresa mercantil o de una sociedad que, por sí o por persona interpuesta, reciba, solicite o acepte un beneficio o ventaja no justificados de cualquier naturaleza, para sí o para un tercero, como contraprestación para favorecer indebidamente a otro en la adquisición o venta de mercancías, o en la contratación de servicios o en las relaciones comerciales, será castigado con la pena de prisión de seis meses a cuatro años, inhabilitación especial para el ejercicio de industria o comercio por tiempo de uno a seis años y multa del tanto al triplo del valor del beneficio o ventaja[568].

2[569]. Con las mismas penas será castigado quien, por sí o por persona interpuesta, prometa, ofrezca o conceda a directivos, administradores, empleados o colaboradores de una empresa mercantil o de una sociedad, un beneficio o ventaja no justificados, de cualquier naturaleza, para ellos o para terceros, como contraprestación para que le favorezca indebidamente a él o a un tercero frente a otros en la adquisición o venta de mercancías, contratación de servicios o en las relaciones comerciales.

3. Los jueces y tribunales, en atención a la cuantía del beneficio o al valor de la ventaja, y a la trascendencia de las funciones del culpable, podrán imponer la pena inferior en grado y reducir la de multa a su prudente arbitrio.

4. Lo dispuesto en este artículo será aplicable, en sus respectivos casos, a los directivos, administradores, empleados o colaboradores de una entidad deportiva, cualquiera que sea la forma jurídica de ésta, así como a los deportistas, árbitros o jueces, respecto de aquellas conductas que tengan por finalidad predeterminar o alterar de manera deliberada y fraudulenta el resultado de una prueba, encuentro o competición deportiva de especial relevancia económica o deportiva.

A estos efectos, se considerará competición deportiva de especial relevancia económica, aquélla en la que la mayor parte de los participantes en la misma perciban cualquier tipo de retribución, compensación o ingreso económico por su participación en la actividad; y competición deportiva de especial relevancia deportiva, la que sea calificada en el calendario deportivo anual aprobado por la federación deportiva correspondiente como competición oficial de la máxima categoría de la modalidad, especialidad, o disciplina de que se trate.

5. A los efectos de este artículo resulta aplicable lo dispuesto en el artículo 297.

---

567   Apartado redactado conforme LO 1/2019, de 20 de febrero, por la que se modifica la Ley Orgánica 10/1995, de 23 de noviembre, del Código Penal, para transponer Directivas de la Unión Europea en los ámbitos financiero y de terrorismo, y abordar cuestiones de índole internacional.

568   Apartado redactado conforme LO 1/2015, de 30 de marzo, por la que se modifica la Ley Orgánica 10/1995, de 23 de noviembre, del Código Penal.

569   Los apartados 2,3,4 y 5 están redactados conforme a LO 1/2015, de 30 de marzo, por la que se modifica la Ley Orgánica 10/1995, de 23 de noviembre, del Código Penal.

Art. 286 ter[570].

1. Los que mediante el ofrecimiento, promesa o concesión de cualquier beneficio o ventaja indebidos, pecuniarios o de otra clase, corrompieren o intentaren corromper, por sí o por persona interpuesta, a una autoridad o funcionario público en beneficio de estos o de un tercero, o atendieran sus solicitudes al respecto, con el fin de que actúen o se abstengan de actuar en relación con el ejercicio de funciones públicas para conseguir o conservar un contrato, negocio o cualquier otra ventaja competitiva en la realización de actividades económicas internacionales, serán castigados, salvo que ya lo estuvieran con una pena más grave en otro precepto de este Código, con las penas de prisión de prisión de tres a seis años, multa de doce a veinticuatro meses, salvo que el beneficio obtenido fuese superior a la cantidad resultante, en cuyo caso la multa será del tanto al triplo del montante de dicho beneficio.

Además de las penas señaladas, se impondrá en todo caso al responsable la pena de prohibición de contratar con el sector público, así como la pérdida de la posibilidad de obtener subvenciones o ayudas públicas y del derecho a gozar de beneficios o incentivos fiscales y de la Seguridad Social, y la prohibición de intervenir en transacciones comerciales de trascendencia pública por un periodo de siete a doce años.

2. A los efectos de este artículo se entenderá por funcionario público los determinados por los artículos 24 y 427.

Art. 286 quater[571].

Si los hechos a que se refieren los artículos de esta Sección resultaran de especial gravedad, se impondrá la pena en su mitad superior, pudiéndose llegar hasta la superior en grado.

Los hechos se considerarán, en todo caso, de especial gravedad cuando:

a) el beneficio o ventaja tenga un valor especialmente elevado,

b) la acción del autor no sea meramente ocasional,

c) se trate de hechos cometidos en el seno de una organización o grupo criminal, o

d) el objeto del negocio versara sobre bienes o servicios humanitarios o cualesquiera otros de primera necesidad.

En el caso del apartado 4 del artículo 286 bis, los hechos se considerarán también de especial gravedad cuando:

a) tengan como finalidad influir en el desarrollo de juegos de azar o apuestas; o

b) sean cometidos en una competición deportiva oficial de ámbito estatal calificada como profesional o en una competición deportiva internacional.

---

[570] Artículo introducido por LO 1/2015, de 30 de marzo, por la que se modifica la Ley Orgánica 10/1995, de 23 de noviembre, del Código Penal.

[571] Redactado conforme LO 1/2015, de 30 de marzo, por la que se modifica la Ley Orgánica 10/1995, de 23 de noviembre, del Código Penal.

SECCIÓN 5.ª
DISPOSICIONES COMUNES A LAS SECCIONES ANTERIORES[572]

Art. 287[573].

1. Para proceder por los delitos previstos en la Sección 3.ª de este Capítulo, excepto los previstos en los artículos 284 y 285, será necesaria denuncia de la persona agraviada o de sus representantes legales. Cuando aquella sea menor de edad, persona con discapacidad necesitada de especial protección o una persona desvalida, también podrá denunciar el Ministerio Fiscal.

2. No será precisa la denuncia exigida en el apartado anterior cuando la comisión del delito afecte a los intereses generales o a una pluralidad de personas.

> *1. Para proceder por los delitos previstos en la sección 3.ª de este capítulo será necesaria denuncia de la persona agraviada o de sus representantes legales. Cuando aquella sea menor de edad, incapaz o una persona desvalida, también podrá denunciar el ministerio fiscal[574].*
>
> *2. No será precisa la denuncia exigida en el apartado anterior cuando la comisión del delito afecte a los intereses generales o a una pluralidad de personas.*

Art. 288[575].

En los supuestos previstos en los artículos anteriores se dispondrá la publicación de la sentencia en los periódicos oficiales y, si lo solicitara el perjudicado, el juez o tribunal podrá ordenar su reproducción total o parcial en cualquier otro medio informativo, a costa del condenado.

Cuando de acuerdo con lo establecido en el artículo 31 bis una persona jurídica sea responsable de los delitos recogidos en este Capítulo, se le impondrán las siguientes penas:

1.º En el caso de los delitos previstos en los artículos 270, 271, 273, 274, 275, 276, 283 y 286:

a) Multa del doble al cuádruple del beneficio obtenido, o que se hubiera podido obtener, si el delito cometido por la persona física tiene prevista una pena de prisión de más de dos años.

b) Multa del doble al triple del beneficio obtenido, favorecido o que se hubiera podido obtener, en el resto de los casos.

2.º En el caso de los delitos previstos en los artículos 277, 278, 279, 280, 281, 282, 282 bis, 284, 285, 285 bis, 285 quater y 286 bis al 286 quater:

---

[572]   Esta Sección constituía, antes de la reforma operada por la LO 5/2010, de 22 de junio, por la que se modifica la Ley Orgánica 10/1995, de 23 de noviembre, del Código Penal, la Sección 4.ª del mismo Capítulo, Título y Libro.

[573]   Redactado conforme LO 5/2010, de 22 de junio, por la que se modifica la Ley Orgánica 10/1995, de 23 de noviembre, del Código Penal.

[574]   Redactado conforme LO 15/2003, de 25 de noviembre, por la que se modifica la Ley Orgánica 10/1995, de 23 de noviembre, del Código Penal.

[575]   Redactado conforme LO 1/2019, de 20 de febrero, por la que se modifica la Ley Orgánica 10/1995, de 23 de noviembre, del Código Penal, para transponer Directivas de la Unión Europea en los ámbitos financiero y de terrorismo, y abordar cuestiones de índole internacional.

a) Multa de dos a cinco años, o del triple al quíntuple del beneficio obtenido o que se hubiere podido obtener si la cantidad resultante fuese más elevada, cuando el delito cometido por la persona física tiene prevista una pena de más de dos años de privación de libertad.

b) Multa de seis meses a dos años, o del tanto al duplo del beneficio obtenido o que se hubiere podido obtener si la cantidad resultante fuese más elevada, en el resto de los casos.

3.º Atendidas las reglas establecidas en el artículo 66 bis, los jueces y tribunales podrán asimismo imponer las penas recogidas en las letras b) a g) del apartado 7 del artículo 33.

> *En los supuestos previstos en los artículos anteriores se dispondrá la publicación de la sentencia en los periódicos oficiales y, si lo solicitara el perjudicado, el Juez o Tribunal podrá ordenar su reproducción total o parcial en cualquier otro medio informativo, a costa del condenado.*
>
> *Cuando de acuerdo con lo establecido en el artículo 31 bis una persona jurídica sea responsable de los delitos recogidos en este Capítulo, se le impondrán las siguientes penas:*
>
> *1.º En el caso de los delitos previstos en los artículos 270, 271, 273, 274, 275, 276, 283, 285 y 286:*
>
> *a) Multa del doble al cuádruple del beneficio obtenido, o que se hubiera podido obtener, si el delito cometido por la persona física tiene prevista una pena de prisión de más de dos años.*
>
> *b) Multa del doble al triple del beneficio obtenido, favorecido, o que se hubiera podido obtener, en el resto de los casos.*
>
> *En el caso de los delitos previstos en los artículos 277, 278, 279, 280, 281, 282, 282 bis, 284 y 286 bis al 286 quater[576]:*
>
> *a) Multa de dos a cinco años, o del triple al quíntuple del beneficio obtenido o que se hubiere podido obtener si la cantidad resultante fuese más elevada, cuando el delito cometido por la persona física tiene prevista una pena de más de dos años de privación de libertad.*
>
> *b) Multa de seis meses a dos años, o del tanto al duplo del beneficio obtenido o que se hubiere podido obtener si la cantidad resultante fuese más elevada, en el resto de los casos.*
>
> *2.º Atendidas las reglas establecidas en el artículo 66 bis, los jueces y tribunales podrán asimismo imponer las penas recogidas en las letras b) a g) del apartado 7 del artículo 33[577].*

Art. 288 bis[578].

En los supuestos previstos en los artículos 281 y 284 de este Código, quedarán exentos de responsabilidad criminal los directores, administradores de hecho o de Derecho, gerentes y otros miembros del personal actuales y anteriores de cualquier sociedad, constituida o en formación, que en esa condición hayan cometido alguno de los hechos previstos en ellos, cuando pongan fin a su participación en los mismos y cooperen con las autoridades competentes de manera plena, continua y diligente, aportando informaciones y elementos de prueba de los que estas carecieran, que sean útiles para la investigación,

---

[576] Véase Corrección de errores de la Ley Orgánica 1/2015, de 30 de marzo, por la que se modifica la Ley Orgánica 10/1995, de 23 de noviembre, del Código Penal (BOE núm. 139, de 11 de junio de 2015).

[577] Redactado conforme LO 1/2015, de 30 de marzo, por la que se modifica la Ley Orgánica 10/1995, de 23 de noviembre, del Código Penal.

[578] Artículo introducido por LO 14/2022, de 22 de diciembre, de transposición de directivas europeas y otras disposiciones para la adaptación de la legislación penal al ordenamiento de la Unión Europea, y reforma de los delitos contra la integridad moral, desórdenes públicos y contrabando de armas de doble uso.

detección y sanción de las demás personas implicadas, siempre que se cumplan las siguientes condiciones:

a) Cooperen activamente en este sentido con la autoridad de la competencia que lleva el caso,

b) estas sociedades o personas físicas hayan presentado una solicitud de exención del pago de la multa de conformidad con lo establecido en la Ley de Defensa de la Competencia,

c) dicha solicitud se haya presentado en un momento anterior a aquel en que los directores, administradores de hecho o de Derecho, gerentes y otros miembros del personal actuales y anteriores de cualquier sociedad, constituida o en formación, que en esa condición hayan sido informados de que están siendo investigados en relación con estos hechos,

d) se trate de una colaboración activa también con la autoridad judicial o el Ministerio Fiscal proporcionando indicios útiles y concretos para asegurar la prueba del delito e identificar a otros autores.

CAPÍTULO XII
DE LA SUSTRACCIÓN DE COSA PROPIA A SU UTILIDAD SOCIAL O CULTURAL

Art. 289[579].

El que por cualquier medio destruyera, inutilizara o dañara una cosa propia de utilidad social o cultural, o de cualquier modo la sustrajera al cumplimiento de los deberes legales impuestos en interés de la comunidad, será castigado con la pena de prisión de tres a cinco meses o multa de seis a 10 meses.

CAPÍTULO XIII
DE LOS DELITOS SOCIETARIOS

Art. 290.

Los administradores, de hecho o de derecho, de una sociedad constituida o en formación, que falsearen las cuentas anuales u otros documentos que deban reflejar la situación jurídica o económica de la entidad, de forma idónea para causar un perjuicio económico a la misma, a alguno de sus socios, o a un tercero, serán castigados con la pena de prisión de uno a tres años y multa de seis a doce meses.

Si se llegare a causar el perjuicio económico se impondrán las penas en su mitad superior.

---

[579] Redactado conforme LO 15/2003, de 25 de noviembre, por la que se modifica la Ley Orgánica 10/1995, de 23 de noviembre, del Código Penal.

Art. 291.

Los que, prevaliéndose de su situación mayoritaria en la Junta de accionistas o el órgano de administración de cualquier sociedad constituida o en formación, impusieren acuerdos abusivos, con ánimo de lucro propio o ajeno, en perjuicio de los demás socios, y sin que reporten beneficios a la misma, serán castigados con la pena de prisión de seis meses a tres años o multa del tanto al triplo del beneficio obtenido.

Art. 292.

La misma pena del artículo anterior se impondrá a los que impusieren o se aprovecharen para sí o para un tercero, en perjuicio de la sociedad o de alguno de sus socios, de un acuerdo lesivo adoptado por una mayoría ficticia, obtenida por abuso de firma en blanco, por atribución indebida del derecho de voto a quienes legalmente carezcan del mismo, por negación ilícita del ejercicio de este derecho a quienes lo tengan reconocido por la Ley, o por cualquier otro medio o procedimiento semejante, y sin perjuicio de castigar el hecho como corresponde si constituyese otro delito.

Art. 293.

Los administradores de hecho o de derecho de cualquier sociedad constituida o en formación, que sin causa legal negaren o impidieren a un socio el ejercicio de los derechos de información, participación en la gestión o control de la actividad social, o suscripción preferente de acciones reconocidos por las Leyes, serán castigados con la pena de multa de seis a doce meses.

Art. 294.

Los que, como administradores de hecho o de derecho de cualquier sociedad constituida o en formación, sometida o que actúe en mercados sujetos a supervisión administrativa, negaren o impidieren la actuación de las personas, órganos o entidades inspectoras o supervisoras, serán castigados con la pena de prisión de seis meses a tres años o multa de doce a veinticuatro meses.

Además de las penas previstas en el párrafo anterior, la autoridad judicial podrá decretar algunas de las medidas previstas en el artículo 129 de este Código.

Art. 295[580].

Los administradores de hecho o de derecho o los socios de cualquier sociedad constituida o en formación, que en beneficio propio o de un tercero, con abuso de las funciones propias de su cargo, dispongan fraudulentamente de los bienes de la sociedad o contraigan obligaciones a cargo de ésta causando directamente un perjuicio económicamente evaluable a sus socios, depositarios, cuentapartícipes o titulares de los bienes, valores o capital que administren, serán castigados con la pena de prisión de seis meses a cuatro años, o multa del tanto al triplo del beneficio obtenido.

---

[580] Dejado sin contenido por LO 1/2015, de 30 de marzo, por la que se modifica la Ley Orgánica 10/1995, de 23 de noviembre, del Código Penal.

Art. 296.

1. Los hechos descritos en el presente capítulo, sólo serán perseguibles mediante denuncia de la persona agraviada o de su representante legal. Cuando aquélla sea menor de edad, persona con discapacidad necesitada de especial protección o una persona desvalida, también podrá denunciar el Ministerio Fiscal.

2. No será precisa la denuncia exigida en el apartado anterior cuando la comisión del delito afecte a los intereses generales o a una pluralidad de personas.

Art. 297.

A los efectos de este capítulo se entiende por sociedad toda cooperativa, Caja de Ahorros, mutua, entidad financiera o de crédito, fundación, sociedad mercantil o cualquier otra entidad de análoga naturaleza que para el cumplimiento de sus fines participe de modo permanente en el mercado.

CAPÍTULO XIV
DE LA RECEPTACIÓN Y EL BLANQUEO DE CAPITALES[581]

Art. 298.

1. El que, con ánimo de lucro y con conocimiento de la comisión de un delito contra el patrimonio o el orden socioeconómico, en el que no haya intervenido ni como autor ni como cómplice, ayude a los responsables a aprovecharse de los efectos del mismo, o reciba, adquiera u oculte tales efectos, será castigado con la pena de prisión de seis meses a dos años.

Se impondrá una pena de uno a tres años de prisión en los siguientes supuestos:

a) Cuando se trate de cosas de valor artístico, histórico, cultural o científico.

b) Cuando se trate de cosas de primera necesidad, conducciones, cableado, equipos o componentes de infraestructuras de suministro eléctrico o de servicios de telecomunicaciones, o de otras cosas destinadas a la prestación de servicios de interés general, productos agrarios o ganaderos o de los instrumentos o medios que se utilizan para su obtención.

c) Cuando los hechos revistan especial gravedad, atendiendo al valor de los efectos receptados o a los perjuicios que previsiblemente hubiera causado su sustracción[582].

> *1. El que, con ánimo de lucro y con conocimiento de la comisión de un delito contra el patrimonio o el orden socioeconómico, en el que no haya intervenido ni como autor ni como cómplice, ayude a los responsables a aprovecharse de los efectos del mismo, o reciba, adquiera u oculte tales efectos, será castigado con la pena de prisión de seis meses a dos años.*

---

[581]   Redactado conforme LO 5/2010, de 22 de junio, por la que se modifica la Ley Orgánica 10/1995, de 23 de noviembre, del Código Penal.

[582]   Redactado conforme LO 1/2015, de 30 de marzo, por la que se modifica la Ley Orgánica 10/1995, de 23 de noviembre, del Código Penal.

Art. 299

2. Estas penas se impondrán en su mitad superior a quien reciba, adquiera u oculte los efectos del delito para traficar con ellos. Si el tráfico se realizase utilizando un establecimiento o local comercial o industrial, se impondrá, además, la pena de multa de doce a veinticuatro meses. En estos casos los jueces o tribunales, atendiendo a la gravedad del hecho y a las circunstancias personales del delincuente, podrán imponer también a éste la pena de inhabilitación especial para el ejercicio de su profesión o industria, por tiempo de dos a cinco años y acordar la medida de clausura temporal o definitiva del establecimiento o local. Si la clausura fuese temporal, su duración no podrá exceder de cinco años[583].

> *2. Esta pena se impondrá en su mitad superior a quien reciba, adquiera u oculte los efectos del delito para traficar con ellos. Si el tráfico se realizase utilizando un establecimiento o local comercial o industrial, se impondrá, además, la pena de multa de doce a veinticuatro meses. En estos casos los Jueces o Tribunales, atendiendo a la gravedad del hecho y a las circunstancias personales del delincuente, podrán imponer también a éste la pena de inhabilitación especial para al ejercicio de su profesión o industria, por tiempo de dos a cinco años, y acordar la medida de clausura temporal o definitiva del establecimiento o local. Si la clausura fuese temporal, su duración no podrá exceder de cinco años.*

3. En ningún caso podrá imponerse pena privativa de libertad que exceda de la señalada al delito encubierto. Si éste estuviese castigado con pena de otra naturaleza, la pena privativa de libertad será sustituida por la de multa de 12 a 24 meses, salvo que el delito encubierto tenga asignada pena igual o inferior a ésta; en tal caso, se impondrá al culpable la pena de aquel delito en su mitad inferior[584].

Art. 299[585].

> *1. El que con ánimo de lucro y con conocimiento de la comisión de hechos constitutivos de falta contra la propiedad, habitualmente se aprovechara o auxiliara a los culpables para que se beneficien de los efectos de las mismas, será castigado con la pena de prisión de seis meses a un año.*
> *2. Si los efectos los recibiere o adquiriere para traficar con ellos, se impondrá la pena en su mitad superior y, si se realizaran los hechos en local abierto al público, se impondrá, además, la multa de 12 a 24 meses. En estos casos los jueces o tribunales, atendiendo a la gravedad del hecho y a las circunstancias personales del delincuente, podrán imponer también a éste la pena de inhabilitación especial para el ejercicio de su profesión o industria por tiempo de uno a tres años, y acordar la medida de clausura temporal o definitiva del establecimiento o local. Si la clausura fuese temporal, su duración no podrá exceder de cinco años[586].*

---

[583] Redactado conforme LO 1/2015, de 30 de marzo, por la que se modifica la Ley Orgánica 10/1995, de 23 de noviembre, del Código Penal.

[584] Redactado conforme LO 15/2003, de 25 de noviembre, por la que se modifica la Ley Orgánica 10/1995, de 23 de noviembre, del Código Penal.

[585] Dejado sin contenido por LO 1/2015, de 30 de marzo, por la que se modifica la Ley Orgánica 10/1995, de 23 de noviembre, del Código Penal.

[586] Redactado conforme LO 15/2003, de 25 de noviembre, por la que se modifica la Ley Orgánica 10/1995, de 23 de noviembre, del Código Penal.

Art. 300.

Las disposiciones de este capítulo se aplicarán aun cuando el autor o el cómplice del hecho de que provengan los efectos aprovechados fuera irresponsable o estuviera personalmente exento de pena.

Art. 301.

1. El que adquiera, posea, utilice, convierta, o transmita bienes, sabiendo que éstos tienen su origen en una actividad delictiva, cometida por él o por cualquiera tercera persona, o realice cualquier otro acto para ocultar o encubrir su origen ilícito, o para ayudar a la persona que haya participado en la infracción o infracciones a eludir las consecuencias legales de sus actos, será castigado con la pena de prisión de seis meses a seis años y multa del tanto al triplo del valor de los bienes. En estos casos, los jueces o tribunales, atendiendo a la gravedad del hecho y a las circunstancias personales del delincuente, podrán imponer también a éste la pena de inhabilitación especial para el ejercicio de su profesión o industria por tiempo de uno a tres años, y acordar la medida de clausura temporal o definitiva del establecimiento o local. Si la clausura fuese temporal, su duración no podrá exceder de cinco años[587].

La pena se impondrá en su mitad superior cuando los bienes tengan su origen en alguno de los delitos relacionados con el tráfico de drogas tóxicas, estupefacientes o sustancias psicotrópicas descritos en los artículos 368 a 372 de este Código. En estos supuestos se aplicarán las disposiciones contenidas en el artículo 374 de este Código[588].

También se impondrá la pena en su mitad superior cuando los bienes tengan su origen en alguno de los delitos comprendidos en el título VII bis, el capítulo V del título VIII, la sección 4.ª del capítulo XI del título XIII, el título XV bis, el capítulo I del título XVI o los capítulos V, VI, VII, VIII, IX y X del título XIX[589].

> *También se impondrá la pena en su mitad superior cuando los bienes tengan su origen en alguno de los delitos comprendidos en los Capítulos V, VI, VII, VIII, IX y X del Título XIX o en alguno de los delitos del Capítulo I del Título XVI[590].*

2. Con las mismas penas se sancionará, según los casos, la ocultación o encubrimiento de la verdadera naturaleza, origen, ubicación, destino, movimiento o derechos sobre los bienes o propiedad de los mismos, a sabiendas de que

---

[587]   Redactado conforme LO 15/2003, de 25 de noviembre, por la que se modifica la Ley Orgánica 10/1995, de 23 de noviembre, del Código Penal.

[588]   Redactado conforme LO 15/2003, de 25 de noviembre, por la que se modifica la Ley Orgánica 10/1995, de 23 de noviembre, del Código Penal.

[589]   Párrafo redactado conforme LO 6/2021, de 28 de abril, complementaria de la Ley 6/2021, de 28 de abril, por la que se modifica la Ley 20/2011, de 21 de julio, del Registro Civil, de modificación de la Ley Orgánica 6/1985, de 1 de julio, del Poder Judicial y de modificación de la Ley Orgánica 10/1995, de 23 de noviembre, del Código Penal.

[590]   Redactado conforme LO 5/2010, de 22 de junio, por la que se modifica la Ley Orgánica 10/1995, de 23 de noviembre, del Código Penal.

proceden de alguno de los delitos expresados en el apartado anterior o de un acto de participación en ellos.

3. Si los hechos se realizasen por imprudencia grave, la pena será de prisión de seis meses a dos años y multa del tanto al triplo.

4. El culpable será igualmente castigado aunque el delito del que provinieren los bienes, o los actos penados en los apartados anteriores hubiesen sido cometidos, total o parcialmente, en el extranjero.

5. Si el culpable hubiera obtenido ganancias, serán decomisadas conforme a las reglas del artículo 127 de este Código[591].

Art. 302.

1. En los supuestos previstos en el artículo anterior se impondrán las penas privativas de libertad en su mitad superior a las personas que pertenezca a una organización dedicada a los fines señalados en los mismos, y la pena superior en grado a los jefes, administradores o encargados de las referidas organizaciones[592].

También se impondrá la pena en su mitad superior a quienes, siendo sujetos obligados conforme a la normativa de prevención del blanqueo de capitales y de la financiación del terrorismo, cometan cualquiera de las conductas descritas en el artículo 301 en el ejercicio de su actividad profesional[593].

2[594]. En tales casos, cuando de acuerdo con lo establecido en el artículo 31 bis sea responsable una persona jurídica, se le impondrán las siguientes penas:

a) Multa de dos a cinco años, si el delito cometido por la persona física tiene prevista una pena de prisión de más de cinco años.

b) Multa de seis meses a dos años, en el resto de los casos.

Atendidas las reglas establecidas en el artículo 66 bis, los jueces y tribunales podrán asimismo imponer las penas recogidas en las letras b) a g) del apartado 7 del artículo 33.

> *2. En tales casos, los jueces o tribunales impondrán, además de las penas correspondientes, la de inhabilitación especial del reo para el ejercicio de su profesión o industria por tiempo de tres a seis años, el comiso de los bienes objeto del delito y de los productos y beneficios obtenidos directa o indirectamente del acto delictivo, y podrán decretar, así mismo, alguna de las medidas siguientes: a) La aplicación de cualquiera de las medidas previstas en el artículo 129 de este Código. b) La pérdida de la posibilidad de obtener subvenciones o ayudas públicas y del derecho a gozar de beneficios o incentivos fiscales o de la Seguridad Social, durante el tiempo que dure la mayor de las penas privativas de libertad impuesta.*

---

[591]   Apartado introducido por LO 15/2003, de 25 de noviembre, por la que se modifica la Ley Orgánica 10/1995, de 23 de noviembre, del Código Penal.

[592]   Redactado conforme LO 15/2003, de 25 de noviembre, por la que se modifica la Ley Orgánica 10/1995, de 23 de noviembre, del Código Penal.

[593]   Párrafo introducido por LO 6/2021, de 28 de abril, complementaria de la Ley 6/2021, de 28 de abril, por la que se modifica la Ley 20/2011, de 21 de julio, del Registro Civil, de modificación de la Ley Orgánica 6/1985, de 1 de julio, del Poder Judicial y de modificación de la Ley Orgánica 10/1995, de 23 de noviembre, del Código Penal.

[594]   Apartado redactado conforme LO 5/2010, de 22 de junio, por la que se modifica la Ley Orgánica 10/1995, de 23 de noviembre, del Código Penal.

Art. 303.

Si los hechos previstos en los artículos anteriores fueran realizados por empresario, intermediario en el sector financiero, facultativo, funcionario público, trabajador social, docente o educador, en el ejercicio de su cargo, profesión u oficio, se le impondrá, además de la pena correspondiente, la de inhabilitación especial para empleo o cargo público, profesión u oficio, industria o comercio, de tres a diez años. Se impondrá la pena de inhabilitación absoluta de diez a veinte años cuando los referidos hechos fueren realizados por autoridad o agente de la misma.

A tal efecto, se entiende que son facultativos los médicos, psicólogos, las personas en posesión de títulos sanitarios, los veterinarios, los farmacéuticos y sus dependientes.

Art. 304.

La provocación, la conspiración y la proposición para cometer los delitos previstos en los artículos 301 a 303 se castigará, respectivamente, con la pena inferior en uno o dos grados.

TÍTULO XIII BIS[595]
DE LOS DELITOS DE FINANCIACIÓN ILEGAL DE LOS PARTIDOS POLÍTICOS

Art. 304 bis[596].

1. Será castigado con una pena de multa del triplo al quíntuplo de su valor, el que reciba donaciones o aportaciones destinadas a un partido político, federación, coalición o agrupación de electores con infracción de lo dispuesto en el artículo 5.Uno de la Ley Orgánica 8/2007, de 4 de julio, sobre financiación de los partidos políticos.

2. Los hechos anteriores serán castigados con una pena de prisión de seis meses a cuatro años y multa del triplo al quíntuplo de su valor o del exceso cuando:

a) Se trate de donaciones recogidas en el artículo 5.Uno, letras a) o c) de la Ley Orgánica 8/2007, de 4 de julio, sobre financiación de los partidos políticos, de importe superior a 500.000 euros, o que superen en esta cifra el límite fijado en la letra b) del aquel precepto, cuando sea ésta el infringido.

b) Se trate de donaciones recogidas en el artículo 7.Dos de la Ley Orgánica 8/2007, de 4 de julio, sobre financiación de los partidos políticos, que superen el importe de 100.000 euros.

---

[595] Título introducido por LO 1/2015, de 30 de marzo, por la que se modifica la Ley Orgánica 10/1995, de 23 de noviembre, del Código Penal.

[596] Artículo introducido por LO 1/2015, de 30 de marzo, por la que se modifica la Ley Orgánica 10/1995, de 23 de noviembre, del Código Penal.

Art. 304 ter

3. Si los hechos a que se refiere el apartado anterior resultaran de especial gravedad, se impondrá la pena en su mitad superior, pudiéndose llegar hasta la superior en grado.

4. Las mismas penas se impondrán, en sus respectivos casos, a quien entregare donaciones o aportaciones destinadas a un partido político, federación, coalición o agrupación de electores, por sí o por persona interpuesta, en alguno de los supuestos de los números anteriores.

5. Las mismas penas se impondrán cuando, de acuerdo con lo establecido en el artículo 31 bis de este Código, una persona jurídica sea responsable de los hechos. Atendidas las reglas establecidas en el artículo 66 bis, los jueces y tribunales podrán asimismo imponer las penas recogidas en las letras b) a g) del apartado 7 del artículo 33.

Art. 304 ter[597].

1. Será castigado con la pena de prisión de uno a cinco años, el que participe en estructuras u organizaciones, cualquiera que sea su naturaleza, cuya finalidad sea la financiación de partidos políticos, federaciones, coaliciones o agrupaciones de electores, al margen de lo establecido en la ley.

2. Se impondrá la pena en su mitad superior a las personas que dirijan dichas estructuras u organizaciones.

3. Si los hechos a que se refieren los apartados anteriores resultaran de especial gravedad, se impondrá la pena en su mitad superior, pudiéndose llegar hasta la superior en grado.

TÍTULO XIV
DE LOS DELITOS CONTRA LA HACIENDA PÚBLICA Y CONTRA LA SEGURIDAD SOCIAL

Art. 305[598].

1. El que, por acción u omisión, defraude a la Hacienda Pública estatal, autonómica, foral o local, eludiendo el pago de tributos, cantidades retenidas o que se hubieran debido retener o ingresos a cuenta, obteniendo indebidamente devoluciones o disfrutando beneficios fiscales de la misma forma, siempre que la cuantía de la cuota defraudada, el importe no ingresado de las retenciones o ingresos a cuenta o de las devoluciones o beneficios fiscales indebidamente obtenidos o disfrutados exceda de ciento veinte mil euros será castigado con la pena de prisión de uno a cinco años y multa del tanto al séxtuplo de la citada cuantía, salvo que hubiere regularizado su situación tributaria en los términos del apartado 4 del presente artículo.

---

[597] Artículo introducido por LO 1/2015, de 30 de marzo, por la que se modifica la Ley Orgánica 10/1995, de 23 de noviembre, del Código Penal.

[598] Redactado conforme LO 7/2012, de 27 de diciembre, por la que se modifica la Ley Orgánica 10/1995, de 23 de noviembre, del Código Penal en materia de transparencia y lucha contra el fraude fiscal y en la Seguridad Social.

La mera presentación de declaraciones o autoliquidaciones no excluye la defraudación, cuando ésta se acredite por otros hechos.

Además de las penas señaladas, se impondrá al responsable la pérdida de la posibilidad de obtener subvenciones o ayudas públicas y del derecho a gozar de los beneficios o incentivos fiscales o de la Seguridad Social durante el período de tres a seis años.

2. A los efectos de determinar la cuantía mencionada en el apartado anterior:

a) Si se trata de tributos, retenciones, ingresos a cuenta o devoluciones, periódicos o de declaración periódica, se estará a lo defraudado en cada período impositivo o de declaración, y si éstos son inferiores a doce meses, el importe de lo defraudado se referirá al año natural. No obstante lo anterior, en los casos en los que la defraudación se lleve a cabo en el seno de una organización o grupo criminal, o por personas o entidades que actúen bajo la apariencia de una actividad económica real sin desarrollarla de forma efectiva, el delito será perseguible desde el mismo momento en que se alcance la cantidad fijada en el apartado 1.

b) En los demás supuestos, la cuantía se entenderá referida a cada uno de los distintos conceptos por los que un hecho imponible sea susceptible de liquidación.

3. Las mismas penas se impondrán a quien cometa las conductas descritas en el apartado 1 y a quien eluda el pago de cualquier cantidad que deba ingresar o disfrute de manera indebida de un beneficio obtenido legalmente, cuando los hechos se cometan contra la Hacienda de la Unión Europea, siempre que la cuantía defraudada excediera de cien mil euros en el plazo de un año natural. No obstante lo anterior, en los casos en los que la defraudación se lleve a cabo en el seno de una organización o grupo criminal, o por personas o entidades que actúen bajo la apariencia de una actividad económica real sin desarrollarla de forma efectiva, el delito será perseguible desde el mismo momento en que se alcance la cantidad fijada en este apartado.

Si la cuantía defraudada no superase los cien mil euros pero excediere de diez mil, se impondrá una pena de prisión de tres meses a un año o multa del tanto al triplo de la citada cuantía y la pérdida de la posibilidad de obtener subvenciones o ayudas públicas y del derecho a gozar de los beneficios o incentivos fiscales o de la Seguridad Social durante el período de seis meses a dos años[599].

3. Las mismas penas se impondrán cuando las conductas descritas en el apartado 1 de este artículo se cometan contra la Hacienda de la Unión Europea, siempre que la cuantía defraudada excediera de cincuenta mil euros en el plazo de un año natural. No obstante lo anterior, en los casos en los que la defraudación se lleve a cabo en el seno de una organización o grupo criminal, o por personas o entidades que actúen bajo la apariencia de una actividad económica real sin desarrollarla de forma efectiva, el delito será perseguible desde el mismo momento en que se alcance la cantidad fijada en este apartado.

---

[599] Apartado redactado conforme LO 1/2019, de 20 de febrero, por la que se modifica la Ley Orgánica 10/1995, de 23 de noviembre, del Código Penal, para transponer Directivas de la Unión Europea en los ámbitos financiero y de terrorismo, y abordar cuestiones de índole internacional.

Art. 305

Si la cuantía defraudada no superase los cincuenta mil euros, pero excediere de cuatro mil, se impondrá una pena de prisión de tres meses a un año o multa del tanto al triplo de la citada cuantía y la pérdida de la posibilidad de obtener subvenciones o ayudas públicas y del derecho a gozar de los beneficios o incentivos fiscales o de la Seguridad Social durante el período de seis meses a dos años[600].

4. Se considerará regularizada la situación tributaria cuando se haya procedido por el obligado tributario al completo reconocimiento y pago de la deuda tributaria, antes de que por la Administración Tributaria se le haya notificado el inicio de actuaciones de comprobación o investigación tendentes a la determinación de las deudas tributarias objeto de la regularización o, en el caso de que tales actuaciones no se hubieran producido, antes de que el Ministerio Fiscal, el Abogado del Estado o el representante procesal de la Administración autonómica, foral o local de que se trate, interponga querella o denuncia contra aquél dirigida, o antes de que el Ministerio Fiscal o el Juez de Instrucción realicen actuaciones que le permitan tener conocimiento formal de la iniciación de diligencias.

Asimismo, los efectos de la regularización prevista en el párrafo anterior resultarán aplicables cuando se satisfagan deudas tributarias una vez prescrito el derecho de la Administración a su determinación en vía administrativa.

La regularización por el obligado tributario de su situación tributaria impedirá que se le persiga por las posibles irregularidades contables u otras falsedades instrumentales que, exclusivamente en relación a la deuda tributaria objeto de regularización, el mismo pudiera haber cometido con carácter previo a la regularización de su situación tributaria.

5. Cuando la Administración Tributaria apreciare indicios de haberse cometido un delito contra la Hacienda Pública, podrá liquidar de forma separada, por una parte los conceptos y cuantías que no se encuentren vinculados con el posible delito contra la Hacienda Pública, y por otra, los que se encuentren vinculados con el posible delito contra la Hacienda Pública.

La liquidación indicada en primer lugar en el párrafo anterior seguirá la tramitación ordinaria y se sujetará al régimen de recursos propios de toda liquidación tributaria. Y la liquidación que en su caso derive de aquellos conceptos y cuantías que se encuentren vinculados con el posible delito contra la Hacienda Pública seguirá la tramitación que al efecto establezca la normativa tributaria, sin perjuicio de que finalmente se ajuste a lo que se decida en el proceso penal.

La existencia del procedimiento penal por delito contra la Hacienda Pública no paralizará la acción de cobro de la deuda tributaria. Por parte de la Administración Tributaria podrán iniciarse las actuaciones dirigidas al cobro, salvo que el Juez, de oficio o a instancia de parte, hubiere acordado la suspensión de las actuaciones de ejecución, previa prestación de garantía. Si no se pudiese prestar garantía en todo o en parte, excepcionalmente el Juez podrá acordar la

---

[600]   Apartado redactado conforme LO 7/2012, de 27 de diciembre, por la que se modifica la Ley Orgánica 10/1995, de 23 de noviembre, del Código Penal en materia de transparencia y lucha contra el fraude fiscal y en la Seguridad Social.

suspensión con dispensa total o parcial de garantías si apreciare que la ejecución pudiese ocasionar daños irreparables o de muy difícil reparación.

6. Los Jueces y Tribunales podrán imponer al obligado tributario o al autor del delito la pena inferior en uno o dos grados, siempre que, antes de que transcurran dos meses desde la citación judicial como imputado satisfaga la deuda tributaria y reconozca judicialmente los hechos. Lo anterior será igualmente aplicable respecto de otros partícipes en el delito distintos del obligado tributario o del autor del delito, cuando colaboren activamente para la obtención de pruebas decisivas para la identificación o captura de otros responsables, para el completo esclarecimiento de los hechos delictivos o para la averiguación del patrimonio del obligado tributario o de otros responsables del delito.

7. En los procedimientos por el delito contemplado en este artículo, para la ejecución de la pena de multa y la responsabilidad civil, que comprenderá el importe de la deuda tributaria que la Administración Tributaria no haya liquidado por prescripción u otra causa legal en los términos previstos en la Ley 58/2003, General Tributaria, de 17 de diciembre, incluidos sus intereses de demora, los Jueces y Tribunales recabarán el auxilio de los servicios de la Administración Tributaria que las exigirá por el procedimiento administrativo de apremio en los términos establecidos en la citada Ley.

1. El que, por acción u omisión, defraude a la Hacienda Pública estatal, autonómica, foral o local, eludiendo el pago de tributos, cantidades retenidas o que se hubieran debido retener o ingresos a cuenta de retribuciones en especie obteniendo indebidamente devoluciones o disfrutando beneficios fiscales de la misma forma, siempre que la cuantía de la cuota defraudada, el importe no ingresado de las retenciones o ingresos a cuenta o de las devoluciones o beneficios fiscales indebidamente obtenidos o disfrutados exceda de ciento veinte mil euros, será castigado con la pena de prisión de uno a cinco años y multa del tanto al séxtuplo de la citada cuantía[601]. Las penas señaladas en el párrafo anterior se aplicarán en su mitad superior cuando la defraudación se cometiere concurriendo alguna de las circunstancias siguientes: a) La utilización de persona o personas interpuestas de manera que quede oculta la identidad del verdadero obligado tributario. b) La especial trascendencia y gravedad de la defraudación atendiendo al importe de lo defraudado o a la existencia de una estructura organizativa que afecte o pueda afectar a una pluralidad de obligados tributarios. Además de las penas señaladas, se impondrá al responsable la pérdida de la posibilidad de obtener subvenciones o ayudas públicas y del derecho a gozar de los beneficios o incentivos fiscales o de la Seguridad Social durante el período de tres a seis años[602].

2. A los efectos de determinar la cuantía mencionada en el apartado anterior, si se trata de tributos, retenciones, ingresos a cuenta o devoluciones, periódicos o de declaración periódica, se estará a lo defraudado en cada período impositivo o de declaración, y si éstos son inferiores a doce meses, el importe de lo defraudado se referirá al año natural. En los demás supuestos, la cuantía se entenderá referida a cada uno de los distintos conceptos por los que un hecho imponible sea susceptible de liquidación.

3. Las mismas penas se impondrán cuando las conductas descritas en el apartado 1 de este artículo se cometan contra la Hacienda de la Comunidad Europea, siempre que la cuantía defraudada excediera de 50.000 euros[603].

---

[601] Apartado redactado conforme LO 5/2010, de 22 de junio, por la que se modifica la Ley Orgánica 10/1995, de 23 de noviembre, del Código Penal.

[602] Apartado redactado conforme LO 15/2003, de 25 de noviembre, por la que se modifica la Ley Orgánica 10/1995, de 23 de noviembre, del Código Penal.

[603] Apartado redactado conforme LO 15/2003, de 25 de noviembre, por la que se modifica la Ley Orgánica 10/1995, de 23 de noviembre, del Código Penal.

4. Quedará exento de responsabilidad penal el que regularice su situación tributaria, en relación con las deudas a que se refiere el apartado primero de este artículo, antes de que se le haya notificado por la Administración tributaria la iniciación de actuaciones de comprobación tendentes a la determinación de las deudas tributarias objeto de regularización, o en el caso de que tales actuaciones no se hubieran producido, antes de que el Ministerio Fiscal, el Abogado del Estado o el representante procesal de la Administración autonómica, foral o local de que se trate, interponga querella o denuncia contra aquél dirigida, o cuando el Ministerio Fiscal o el Juez de Instrucción realicen actuaciones que le permitan tener conocimiento formal de la iniciación de diligencias. La exención de responsabilidad penal contemplada en el párrafo anterior alcanzará igualmente a dicho sujeto por las posibles irregularidades contables u otras falsedades instrumentales que, exclusivamente en relación a la deuda tributaria objeto de regularización, el mismo pudiera haber cometido con carácter previo a la regularización de su situación tributaria.

5. En los procedimientos por el delito contemplado en este artículo, para la ejecución de la pena de multa y la responsabilidad civil, que comprenderá el importe de la deuda tributaria que la Administración Tributaria no haya podido liquidar por prescripción u otra causa legal en los términos previstos en la Ley General Tributaria, incluidos sus intereses de demora, los jueces y tribunales recabarán el auxilio de los servicios de la Administración Tributaria que las exigirá por el procedimiento administrativo de apremio en los términos establecidos en la citada ley[604].

Art. 305 bis[605].

1. El delito contra la Hacienda Pública será castigado con la pena de prisión de dos a seis años y multa del doble al séxtuplo de la cuota defraudada cuando la defraudación se cometiere concurriendo alguna de las circunstancias siguientes:

a) Que la cuantía de la cuota defraudada exceda de seiscientos mil euros.

b) Que la defraudación se haya cometido en el seno de una organización o de un grupo criminal.

c) Que la utilización de personas físicas o jurídicas o entes sin personalidad jurídica interpuestos, negocios o instrumentos fiduciarios o paraísos fiscales o territorios de nula tributación oculte o dificulte la determinación de la identidad del obligado tributario o del responsable del delito, la determinación de la cuantía defraudada o del patrimonio del obligado tributario o del responsable del delito.

2. A los supuestos descritos en el presente artículo les serán de aplicación todas las restantes previsiones contenidas en el artículo 305.

En estos casos, además de las penas señaladas, se impondrá al responsable la pérdida de la posibilidad de obtener subvenciones o ayudas públicas y del derecho a gozar de los beneficios o incentivos fiscales o de la Seguridad Social durante el período de cuatro a ocho años.

Art. 306.

El que por acción u omisión defraude a los presupuestos generales de la Unión Europea u otros administrados por esta, en cuantía superior a cincuenta

---

[604] Apartado introducido por LO 5/2010, de 22 de junio, por la que se modifica la Ley Orgánica 10/1995, de 23 de noviembre, del Código Penal.

[605] Introducido por LO 7/2012, de 27 de diciembre, por la que se modifica la Ley Orgánica 10/1995, de 23 de noviembre, del Código Penal en materia de transparencia y lucha contra el fraude fiscal y en la Seguridad Social.

mil euros, eludiendo, fuera de los casos contemplados en el apartado 3 del artículo 305, el pago de cantidades que se deban ingresar o, dando, fuera de los casos contemplados en el artículo 308, a los fondos obtenidos una aplicación distinta de aquella a que estuvieren destinados u obteniendo indebidamente fondos falseando las condiciones requeridas para su concesión u ocultando las que la hubieran impedido, será castigado con la pena de prisión de uno a cinco años y multa del tanto al séxtuplo de la citada cuantía y la pérdida de la posibilidad de obtener subvenciones o ayudas públicas y del derecho a gozar de los beneficios o incentivos fiscales o de la Seguridad Social durante el período de tres a seis años[606].

> *El que por acción u omisión defraude a los presupuestos generales de la Unión Europea u otros administrados por ésta, en cuantía superior a cincuenta mil euros, eludiendo, fuera de los casos contemplados en el apartado 3 del artículo 305, el pago de cantidades que se deban ingresar, dando a los fondos obtenidos una aplicación distinta de aquella a que estuvieren destinados u obteniendo indebidamente fondos falseando las condiciones requeridas para su concesión u ocultando las que la hubieran impedido, será castigado con la pena de prisión de uno a cinco años y multa del tanto al séxtuplo de la citada cuantía y la pérdida de la posibilidad de obtener subvenciones o ayudas públicas y del derecho a gozar de los beneficios o incentivos fiscales o de la Seguridad Social durante el período de tres a seis años[607].*

Si la cuantía defraudada o aplicada indebidamente no superase los cincuenta mil euros, pero excediere de cuatro mil, se impondrá una pena de prisión de tres meses a un año o multa del tanto al triplo de la citada cuantía y la pérdida de la posibilidad de obtener subvenciones o ayudas públicas y del derecho a gozar de los beneficios o incentivos fiscales o de la Seguridad Social durante el período de seis meses a dos años[608].

Art. 307[609].

1. El que, por acción u omisión, defraude a la Seguridad Social eludiendo el pago de las cuotas de ésta y conceptos de recaudación conjunta, obteniendo indebidamente devoluciones de las mismas o disfrutando de deducciones por cualquier concepto asimismo de forma indebida, siempre que la cuantía de las cuotas defraudadas o de las devoluciones o deducciones indebidas exceda de cincuenta mil euros será castigado con la pena de prisión de uno a cinco años y multa del tanto al séxtuplo de la citada cuantía salvo que hubiere regularizado

---

[606]   Redactado conforme LO 9/2021, de 1 de julio, de aplicación del Reglamento (UE) 2017/1939 del Consejo, de 12 de octubre de 2017, por el que se establece una cooperación reforzada para la creación de la Fiscalía Europea.

[607]   Redactado conforme LO 1/2015, de 30 de marzo, por la que se modifica la Ley Orgánica 10/1995, de 23 de noviembre, del Código Penal.

[608]   Redactado conforme LO 7/2012, de 27 de diciembre, por la que se modifica la Ley Orgánica 10/1995, de 23 de noviembre, del Código Penal en materia de transparencia y lucha contra el fraude fiscal y en la Seguridad Social.

[609]   Redactado conforme LO 7/2012, de 27 de diciembre, por la que se modifica la Ley Orgánica 10/1995, de 23 de noviembre, del Código Penal en materia de transparencia y lucha contra el fraude fiscal y en la Seguridad Social.

Art. 307

su situación ante la Seguridad Social en los términos del apartado 3 del presente artículo.

La mera presentación de los documentos de cotización no excluye la defraudación, cuando ésta se acredite por otros hechos.

Además de las penas señaladas, se impondrá al responsable la pérdida de la posibilidad de obtener subvenciones o ayudas públicas y del derecho a gozar de los beneficios o incentivos fiscales o de la Seguridad Social durante el período de tres a seis años.

2. A los efectos de determinar la cuantía mencionada en el apartado anterior se estará al importe total defraudado durante cuatro años naturales.

3. Se considerará regularizada la situación ante la Seguridad Social cuando se haya procedido por el obligado frente a la Seguridad Social al completo reconocimiento y pago de la deuda antes de que se le haya notificado la iniciación de actuaciones inspectoras dirigidas a la determinación de dichas deudas o, en caso de que tales actuaciones no se hubieran producido, antes de que el Ministerio Fiscal o el Letrado de la Seguridad Social interponga querella o denuncia contra aquél dirigida o antes de que el Ministerio Fiscal o el Juez de Instrucción realicen actuaciones que le permitan tener conocimiento formal de la iniciación de diligencias.

Asimismo, los efectos de la regularización prevista en el párrafo anterior, resultarán aplicables cuando se satisfagan deudas ante la Seguridad Social una vez prescrito el derecho de la Administración a su determinación en vía administrativa.

La regularización de la situación ante la Seguridad Social impedirá que a dicho sujeto se le persiga por las posibles irregularidades contables u otras falsedades instrumentales que, exclusivamente en relación a la deuda objeto de regularización, el mismo pudiera haber cometido con carácter previo a la regularización de su situación.

4. La existencia de un procedimiento penal por delito contra la Seguridad Social no paralizará el procedimiento administrativo para la liquidación y cobro de la deuda contraída con la Seguridad Social, salvo que el Juez lo acuerde previa prestación de garantía. En el caso de que no se pudiese prestar garantía en todo o en parte, el Juez, con carácter excepcional, podrá acordar la suspensión con dispensa total o parcial de las garantías, en el caso de que apreciara que la ejecución pudiera ocasionar daños irreparables o de muy difícil reparación. La liquidación administrativa se ajustará finalmente a lo que se decida en el proceso penal.

5. Los Jueces y Tribunales podrán imponer al obligado frente a la Seguridad Social o al autor del delito la pena inferior en uno o dos grados, siempre que, antes de que transcurran dos meses desde la citación judicial como imputado, satisfaga la deuda con la Seguridad Social y reconozca judicialmente los hechos. Lo anterior será igualmente aplicable respecto de otros partícipes en el delito distintos del deudor a la Seguridad Social o del autor del delito, cuando colaboren activamente para la obtención de pruebas decisivas para la identificación o captura de otros responsables, para el completo esclarecimiento de los

hechos delictivos o para la averiguación del patrimonio del obligado frente a la Seguridad Social o de otros responsables del delito.

6. En los procedimientos por el delito contemplado en este artículo, para la ejecución de la pena de multa y la responsabilidad civil, que comprenderá el importe de la deuda frente a la Seguridad Social que la Administración no haya liquidado por prescripción u otra causa legal, incluidos sus intereses de demora, los Jueces y Tribunales recabarán el auxilio de los servicios de la Administración de la Seguridad Social que las exigirá por el procedimiento administrativo de apremio.

> *1. El que, por acción u omisión, defraude a la Seguridad Social eludiendo el pago de las cuotas de ésta y conceptos de recaudación conjunta, obteniendo indebidamente devoluciones de las mismas o disfrutando de deducciones por cualquier concepto asimismo de forma indebida, siempre que la cuantía de las cuotas defraudadas o de las devoluciones o deducciones indebidas exceda de ciento veinte mil euros será castigado con la pena de prisión de uno a cinco años y multa del tanto al séxtuplo de la citada cuantía[610]. Las penas señaladas en el párrafo anterior se aplicarán en su mitad superior cuando la defraudación se cometa concurriendo alguna de las circunstancias siguientes: a) La utilización de persona o personas interpuestas de manera que quede oculta la identidad de verdadero obligado frente a la Seguridad Social. b) La especial trascendencia y gravedad de la defraudación atendiendo al importe de lo defraudado o a la existencia de una estructura organizativa que afecte a pueda afectar a una pluralidad de obligados frente a la Seguridad Social.*
>
> *2. A los efectos de determinar la cuantía mencionada en el apartado anterior, se estará a lo defraudado en cada liquidación, devolución o deducción, refiriéndose al año natural el importe de lo defraudado cuando aquéllas correspondan a un período inferior a doce meses.*
>
> *3. Quedará exento de responsabilidad penal el que regularice su situación ante la Seguridad Social, en relación con las deudas a que se refiere el apartado primero de este artículo, antes de que se le haya notificado la iniciación de actuaciones inspectoras dirigidas a la determinación de dichas deudas o, en caso de que tales actuaciones no se hubieran producido, antes de que el Ministerio Fiscal o el Letrado de la Seguridad Social interponga querella o denuncia contra aquél dirigida. La exención de responsabilidad penal contemplada en el párrafo anterior alcanzará igualmente a dicho sujeto por las posibles falsedades instrumentales que, exclusivamente en relación a la deuda objeto de regularización, el mismo pudiera haber cometido con carácter previo a la regularización de su situación.*

Art. 307 bis[611].

1. El delito contra la Seguridad Social será castigado con la pena de prisión de dos a seis años y multa del doble al séxtuplo de la cuantía cuando en la comisión del delito concurriera alguna de las siguientes circunstancias:

a) Que la cuantía de las cuotas defraudadas o de las devoluciones o deducciones indebidas exceda de ciento veinte mil euros.

b) Que la defraudación se haya cometido en el seno de una organización o de un grupo criminal.

c) Que la utilización de personas físicas o jurídicas o entes sin personalidad jurídica interpuestos, negocios o instrumentos fiduciarios o paraísos fiscales o territorios de nula tributación oculte o dificulte la determinación de la iden-

---

[610]   Párrafo redactado conforme LO 5/2010, de 22 de junio, por la que se modifica la Ley Orgánica 10/1995, de 23 de noviembre, del Código Penal.

[611]   Introducido por LO 7/2012, de 27 de diciembre, por la que se modifica la Ley Orgánica 10/1995, de 23 de noviembre, del Código Penal en materia de transparencia y lucha contra el fraude fiscal y en la Seguridad Social.

tidad del obligado frente a la Seguridad Social o del responsable del delito, la determinación de la cuantía defraudada o del patrimonio del obligado frente a la Seguridad Social o del responsable del delito.

2. A los supuestos descritos en el presente artículo le serán de aplicación todas las restantes previsiones contenidas en el artículo 307.

3. En estos casos, además de las penas señaladas, se impondrá al responsable la pérdida de la posibilidad de obtener subvenciones o ayudas públicas y del derecho a gozar de los beneficios o incentivos fiscales o de la Seguridad Social durante el período de cuatro a ocho años.

Art. 307 ter[612].

1. Quien obtenga, para sí o para otro, el disfrute de prestaciones del Sistema de la Seguridad Social, la prolongación indebida del mismo, o facilite a otros su obtención, por medio del error provocado mediante la simulación o tergiversación de hechos, o la ocultación consciente de hechos de los que tenía el deber de informar, causando con ello un perjuicio a la Administración Pública, será castigado con la pena de seis meses a tres años de prisión.

Cuando los hechos, a la vista del importe defraudado, de los medios empleados y de las circunstancias personales del autor, no revistan especial gravedad, serán castigados con una pena de multa del tanto al séxtuplo.

Además de las penas señaladas, se impondrá al responsable la pérdida de la posibilidad de obtener subvenciones y del derecho a gozar de los beneficios o incentivos fiscales o de la Seguridad Social durante el período de tres a seis años.

2. Cuando el valor de las prestaciones fuera superior a cincuenta mil euros o hubiera concurrido cualquiera de las circunstancias a que se refieren las letras b) o c) del apartado 1 del artículo 307 bis, se impondrá una pena de prisión de dos a seis años y multa del tanto al séxtuplo.

En estos casos, además de las penas señaladas, se impondrá al responsable la pérdida de la posibilidad de obtener subvenciones y del derecho a gozar de los beneficios o incentivos fiscales o de la Seguridad Social durante el período de cuatro a ocho años.

3. Quedará exento de responsabilidad criminal en relación con las conductas descritas en los apartados anteriores el que reintegre una cantidad equivalente al valor de la prestación recibida incrementada en un interés anual equivalente al interés legal del dinero aumentado en dos puntos porcentuales, desde el momento en que las percibió, antes de que se le haya notificado la iniciación de actuaciones de inspección y control en relación con las mismas o, en el caso de que tales actuaciones no se hubieran producido, antes de que el Ministerio Fiscal, el Abogado del Estado, el Letrado de la Seguridad Social, o el representante de la Administración autonómica o local de que se trate,

---

[612] Introducido por LO 7/2012, de 27 de diciembre, por la que se modifica la Ley Orgánica 10/1995, de 23 de noviembre, del Código Penal en materia de transparencia y lucha contra el fraude fiscal y en la Seguridad Social.

interponga querella o denuncia contra aquél dirigida o antes de que el Ministerio Fiscal o el Juez de Instrucción realicen actuaciones que le permitan tener conocimiento formal de la iniciación de diligencias.

La exención de responsabilidad penal contemplada en el párrafo anterior alcanzará igualmente a dicho sujeto por las posibles falsedades instrumentales que, exclusivamente en relación a las prestaciones defraudadas objeto de reintegro, el mismo pudiera haber cometido con carácter previo a la regularización de su situación.

4. La existencia de un procedimiento penal por alguno de los delitos de los apartados 1 y 2 de este artículo, no impedirá que la Administración competente exija el reintegro por vía administrativa de las prestaciones indebidamente obtenidas. El importe que deba ser reintegrado se entenderá fijado provisionalmente por la Administración, y se ajustará después a lo que finalmente se resuelva en el proceso penal.

El procedimiento penal tampoco paralizará la acción de cobro de la Administración competente, que podrá iniciar las actuaciones dirigidas al cobro salvo que el Juez, de oficio o a instancia de parte, hubiere acordado la suspensión de las actuaciones de ejecución previa prestación de garantía. Si no se pudiere prestar garantía en todo o en parte, excepcionalmente el Juez podrá acordar la suspensión con dispensa total o parcial de garantías si apreciare que la ejecución pudiese ocasionar daños irreparables o de muy difícil reparación.

5. En los procedimientos por el delito contemplado en este artículo, para la ejecución de la pena de multa y de la responsabilidad civil, los Jueces y Tribunales recabarán el auxilio de los servicios de la Administración de la Seguridad Social que las exigirá por el procedimiento administrativo de apremio.

6. Resultará aplicable a los supuestos regulados en este artículo lo dispuesto en el apartado 5 del artículo 307 del Código Penal.

Art. 308[613].

1. El que obtenga subvenciones o ayudas de las Administraciones Públicas, incluida la Unión Europea, en una cantidad o por un valor superior a cien mil euros falseando las condiciones requeridas para su concesión u ocultando las que la hubiesen impedido será castigado con la pena de prisión de uno a cinco años y multa del tanto al séxtuplo de su importe, salvo que lleve a cabo el reintegro a que se refiere el apartado 6.

2. Las mismas penas se impondrán al que, en el desarrollo de una actividad sufragada total o parcialmente con fondos de las Administraciones públicas, incluida la Unión Europea, los aplique en una cantidad superior a cien mil euros a fines distintos de aquéllos para los que la subvención o ayuda fue concedida, salvo que lleve a cabo el reintegro a que se refiere el apartado 6.

---

[613]　Redactado conforme LO 1/2019, de 20 de febrero, por la que se modifica la Ley Orgánica 10/1995, de 23 de noviembre, del Código Penal, para transponer Directivas de la Unión Europea en los ámbitos financiero y de terrorismo, y abordar cuestiones de índole internacional.

Art. 308

3. Además de las penas señaladas, se impondrá al responsable la pérdida de la posibilidad de obtener subvenciones o ayudas públicas y del derecho a gozar de beneficios o incentivos fiscales o de la Seguridad Social durante un período de tres a seis años.

4. Si la cuantía obtenida, defraudada o aplicada indebidamente no superase los cien mil euros pero excediere de diez mil, se impondrá una pena de prisión de tres meses a un año o multa del tanto al triplo de la citada cuantía y la pérdida de la posibilidad de obtener subvenciones o ayudas públicas y del derecho a gozar de los beneficios o incentivos fiscales o de la Seguridad Social durante el período de seis meses a dos años, salvo que lleve a cabo el reintegro a que se refiere el apartado 6.

5. A los efectos de determinar la cuantía a que se refiere este artículo, se atenderá al total de lo obtenido, defraudado o indebidamente aplicado, con independencia de si procede de una o de varias Administraciones Públicas conjuntamente.

6. Se entenderá realizado el reintegro al que se refieren los apartados 1, 2 y 4 cuando por el perceptor de la subvención o ayuda se proceda a devolver las subvenciones o ayudas indebidamente percibidas o aplicadas, incrementadas en el interés de demora aplicable en materia de subvenciones desde el momento en que las percibió, y se lleve a cabo antes de que se haya notificado la iniciación de actuaciones de comprobación o control en relación con dichas subvenciones o ayudas o, en el caso de que tales actuaciones no se hubieran producido, antes de que el Ministerio Fiscal, el Abogado del Estado o el representante de la Administración autonómica o local de que se trate, interponga querella o denuncia contra aquél dirigida o antes de que el Ministerio Fiscal o el juez de instrucción realicen actuaciones que le permitan tener conocimiento formal de la iniciación de diligencias. El reintegro impedirá que a dicho sujeto se le persiga por las posibles falsedades instrumentales que, exclusivamente en relación a la deuda objeto de regularización, el mismo pudiera haber cometido con carácter previo a la regularización de su situación.

7. La existencia de un procedimiento penal por alguno de los delitos de los apartados 1, 2 y 4 de este artículo, no impedirá que la Administración competente exija el reintegro por vía administrativa de las subvenciones o ayudas indebidamente aplicadas. El importe que deba ser reintegrado se entenderá fijado provisionalmente por la Administración, y se ajustará después a lo que finalmente se resuelva en el proceso penal.

El procedimiento penal tampoco paralizará la acción de cobro de la Administración, que podrá iniciar las actuaciones dirigidas al cobro salvo que el juez, de oficio o a instancia de parte, hubiere acordado la suspensión de las actuaciones de ejecución previa prestación de garantía. Si no se pudiere prestar garantía en todo o en parte, excepcionalmente el juez podrá acordar la suspensión con dispensa total o parcial de garantías si apreciare que la ejecución pudiese ocasionar daños irreparables o de muy difícil reparación.

8. Los jueces y tribunales podrán imponer al responsable de este delito la pena inferior en uno o dos grados, siempre que, antes de que transcurran dos meses desde la citación judicial como investigado, lleve a cabo el reintegro a que se refiere el apartado 6 y reconozca judicialmente los hechos. Lo anterior será igualmente aplicable respecto de otros partícipes en el delito distintos del obligado al reintegro o del autor del delito, cuando colaboren activamente para la obtención de pruebas decisivas para la identificación o captura de otros responsables, para el completo esclarecimiento de los hechos delictivos o para la averiguación del patrimonio del obligado o del responsable del delito.

1. El que obtenga subvenciones o ayudas de las Administraciones Públicas en una cantidad o por un valor superior a ciento veinte mil euros falseando las condiciones requeridas para su concesión u ocultando las que la hubiesen impedido será castigado con la pena de prisión de uno a cinco años y multa del tanto al séxtuplo de su importe salvo que lleve a cabo el reintegro a que se refiere el apartado 5 de este artículo.
2. Las mismas penas se impondrán al que, en el desarrollo de una actividad sufragada total o parcialmente con fondos de las Administraciones públicas los aplique en una cantidad superior a ciento veinte mil euros a fines distintos de aquéllos para los que la subvención o ayuda fue concedida salvo que lleve a cabo el reintegro a que se refiere el apartado 5 de este artículo.
3. Además de las penas señaladas, se impondrá al responsable la pérdida de la posibilidad de obtener subvenciones o ayudas públicas y del derecho a gozar de beneficios o incentivos fiscales o de la Seguridad Social durante un período de tres a seis años.
4. Para la determinación de la cantidad defraudada se estará al año natural y deberá tratarse de subvenciones o ayudas obtenidas para el fomento de la misma actividad privada subvencionable, aunque procedan de distintas administraciones o entidades públicas.
5. Se entenderá realizado el reintegro al que se refieren los apartados 1 y 2 cuando por el perceptor de la subvención o ayuda se proceda a devolver las subvenciones o ayudas indebidamente percibidas o aplicadas, incrementadas en el interés de demora aplicable en materia de subvenciones desde el momento en que las percibió, y se lleve a cabo antes de que se haya notificado la iniciación de actuaciones de comprobación o control en relación con dichas subvenciones o ayudas o, en el caso de que tales actuaciones no se hubieran producido, antes de que el Ministerio Fiscal, el Abogado del Estado o el representante de la Administración autonómica o local de que se trate, interponga querella o denuncia contra aquél dirigida o antes de que el Ministerio Fiscal o el Juez de Instrucción realicen actuaciones que le permitan tener conocimiento formal de la iniciación de diligencias. El reintegro impedirá que a dicho sujeto se le persiga por las posibles falsedades instrumentales que, exclusivamente en relación a la deuda objeto de regularización, el mismo pudiera haber cometido con carácter previo a la regularización de su situación.
6. La existencia de un procedimiento penal por alguno de los delitos de los apartados 1 y 2 de este artículo, no impedirá que la Administración competente exija el reintegro por vía administrativa de las subvenciones o ayudas indebidamente aplicadas. El importe que deba ser reintegrado se entenderá fijado provisionalmente por la Administración, y se ajustará después a lo que finalmente se resuelva en el proceso penal.
El procedimiento penal tampoco paralizará la acción de cobro de la Administración, que podrá iniciar las actuaciones dirigidas al cobro salvo que el Juez, de oficio o a instancia de parte, hubiere acordado la suspensión de las actuaciones de ejecución previa prestación de garantía. Si no se pudiere prestar garantía en todo o en parte, excepcionalmente el Juez podrá acordar la suspensión con dispensa total o parcial de garantías si apreciare que la ejecución pudiese ocasionar daños irreparables o de muy difícil reparación.
7. Los Jueces y Tribunales podrán imponer al responsable de este delito la pena inferior en uno o dos grados, siempre que, antes de que transcurran dos meses desde la citación judicial como imputado, lleve a cabo el reintegro a que se refiere el apartado 5 y reconozca judicialmente los hechos. Lo anterior será igualmente aplicable respecto de otros partícipes en el delito distintos del obligado al reintegro o del autor del delito, cuando colaboren activamente para la obtención de pruebas decisivas para la identifica-

ción o captura de otros responsables, para el completo esclarecimiento de los hechos delictivos o para la averiguación del patrimonio del obligado o del responsable del delito[614].

Art. 308 bis[615].

1. La suspensión de la ejecución de las penas impuestas por alguno de los delitos regulados en este Título se regirá por las disposiciones contenidas en el Capítulo III del Título III del Libro I de este Código, completadas por las siguientes reglas:

1.ª La suspensión de la ejecución de la pena de prisión impuesta requerirá, además del cumplimiento de los requisitos regulados en el artículo 80, que el penado haya abonado la deuda tributaria o con la Seguridad Social, o que haya procedido al reintegro de las subvenciones o ayudas indebidamente recibidas o utilizadas.

Este requisito se entenderá cumplido cuando el penado asuma el compromiso de satisfacer la deuda tributaria, la deuda frente a la Seguridad Social o de proceder al reintegro de las subvenciones o ayudas indebidamente recibidas o utilizadas y las responsabilidades civiles de acuerdo a su capacidad económica y de facilitar el decomiso acordado, y sea razonable esperar que el mismo será cumplido. La suspensión no se concederá cuando conste que el penado ha facilitado información inexacta o insuficiente sobre su patrimonio.

La resolución por la que el juez o tribunal concedan la suspensión de la ejecución de la pena será comunicada a la representación procesal de la Hacienda Pública estatal, autonómica, local o foral, de la Seguridad Social o de la Administración que hubiera concedido la subvención o ayuda.

2.ª El juez o tribunal revocarán la suspensión y ordenarán la ejecución de la pena, además de en los supuestos del artículo 86, cuando el penado no dé cumplimiento al compromiso de pago de la deuda tributaria o con la Seguridad Social, al de reintegro de las subvenciones y ayudas indebidamente recibidas o utilizadas, o al de pago de las responsabilidades civiles, siempre que tuviera capacidad económica para ello, o facilite información inexacta o insuficiente sobre su patrimonio. En estos casos, el juez de vigilancia penitenciaria podrá denegar la concesión de la libertad condicional.

2. En el supuesto del artículo 125, el juez o tribunal oirán previamente a la representación procesal de la Hacienda Pública estatal, autonómica, local o foral, de la Seguridad Social o de la Administración que hubiera concedido la subvención o ayuda, al objeto de que aporte informe patrimonial de los responsables del delito en el que se analizará la capacidad económica y patrimonial real de los responsables y se podrá incluir una propuesta de fraccionamiento acorde con dicha capacidad y con la normativa tributaria, de la Seguridad Social o de subvenciones.

---

[614] Articulo redactado conforme LO 7/2012, de 27 de diciembre, por la que se modifica la Ley Orgánica 10/1995, de 23 de noviembre, del Código Penal en materia de transparencia y lucha contra el fraude fiscal y en la Seguridad Social.

[615] Artículo introducido por LO 1/2015, de 30 de marzo, por la que se modifica la Ley Orgánica 10/1995, de 23 de noviembre, del Código Penal.

Art. 309[616].

El que obtenga indebidamente fondos de los presupuestos generales de la Unión Europea u otros administrados por ésta, en cuantía superior a cincuenta mil euros, falseando las condiciones requeridas para su concesión u ocultando las que la hubieran impedido, será castigado con la pena de prisión de uno a cinco años y multa del tanto al séxtuplo de la citada cuantía[617].

Art. 310[618].

Será castigado con la pena de prisión de cinco a siete meses el que estando obligado por ley tributaria a llevar contabilidad mercantil, libros o registros fiscales:

a) Incumpla absolutamente dicha obligación en régimen de estimación directa de bases tributarias.

b) Lleve contabilidades distintas que, referidas a una misma actividad y ejercicio económico, oculten o simulen la verdadera situación de la empresa.

c) No hubiere anotado en los libros obligatorios negocios, actos, operaciones o, en general, transacciones económicas, o los hubiese anotado con cifras distintas a las verdaderas.

d) Hubiere practicado en los libros obligatorios anotaciones contables ficticias.

La consideración como delito de los supuestos de hecho, a que se refieren los párrafos c) y d) anteriores, requerirá que se hayan omitido las declaraciones tributarias o que las presentadas fueren reflejo de su falsa contabilidad y que la cuantía, en más o menos, de los cargos o abonos omitidos o falseados exceda, sin compensación aritmética entre ellos, de 240.000 euros por cada ejercicio económico.

Art. 310 bis[619].

Cuando de acuerdo con lo establecido en el artículo 31 bis una persona jurídica sea responsable de los delitos recogidos en este Título, se le impondrán las siguientes penas:

a) Multa del tanto al doble de la cantidad defraudada o indebidamente obtenida, si el delito cometido por la persona física tiene prevista una pena de prisión de más de dos años.

---

[616]   Derogado por LO 7/2012, de 27 de diciembre, por la que se modifica la Ley Orgánica 10/1995, de 23 de noviembre, del Código Penal en materia de transparencia y lucha contra el fraude fiscal y en la Seguridad Social.

[617]   Redactado conforme LO 5/2010, de 22 de junio, por la que se modifica la Ley Orgánica 10/1995, de 23 de noviembre, del Código Penal.

[618]   Redactado conforme LO 15/2003, de 25 de noviembre, por la que se modifica la Ley Orgánica 10/1995, de 23 de noviembre, del Código Penal.

[619]   Redactado conforme LO 7/2012, de 27 de diciembre, por la que se modifica la Ley Orgánica 10/1995, de 23 de noviembre, del Código Penal en materia de transparencia y lucha contra el fraude fiscal y en la Seguridad Social.

b) Multa del doble al cuádruple de la cantidad defraudada o indebidamente obtenida, si el delito cometido por la persona física tiene prevista una pena de prisión de más de cinco años.

c) Multa de seis meses a un año, en los supuestos recogidos en el artículo 310.

Además de las señaladas, se impondrá a la persona jurídica responsable la pérdida de la posibilidad de obtener subvenciones o ayudas públicas y del derecho a gozar de los beneficios o incentivos fiscales o de la Seguridad Social durante el período de tres a seis años. Podrá imponerse la prohibición para contratar con las Administraciones Públicas.

Atendidas las reglas establecidas en el artículo 66 bis, los Jueces y Tribunales podrán asimismo imponer las penas recogidas en las letras b), c), d), e) y g) del apartado 7 del artículo 33.

> *Cuando de acuerdo con lo establecido en el artículo 31 bis una persona jurídica sea responsable de los delitos recogidos en este Título, se le impondrán las siguientes penas:*
> *a) Multa del doble al cuádruple de la cantidad defraudada o indebidamente obtenida, si el delito cometido por la persona física tiene prevista una pena de prisión de más de dos años.*
> *b) Multa de seis meses a un año, en los supuestos recogidos en el artículo 310. Atendidas las reglas establecidas en el artículo 66 bis, los jueces y tribunales podrán asimismo imponer las penas recogidas en las letras b) a g) del apartado 7 del artículo 33[620].*

TÍTULO XV
DE LOS DELITOS CONTRA LOS DERECHOS DE LOS TRABAJADORES

Art. 311[621].

Serán castigados con las penas de prisión de seis meses a seis años y multa de seis a doce meses:

1.º Los que, mediante engaño o abuso de situación de necesidad, impongan a los trabajadores a su servicio condiciones laborales o de Seguridad Social que perjudiquen, supriman o restrinjan los derechos que tengan reconocidos por disposiciones legales, convenios colectivos o contrato individual.

2.º Los que impongan condiciones ilegales a sus trabajadores mediante su contratación bajo fórmulas ajenas al contrato de trabajo, o las mantengan en contra de requerimiento o sanción administrativa[622].

---

[620] Introducido por LO 5/2010, de 22 de junio, por la que se modifica la Ley Orgánica 10/1995, de 23 de noviembre, del Código Penal.

[621] Redactado —excepto el numeral 2º— conforme LO 7/2012, de 27 de diciembre, por la que se modifica la Ley Orgánica 10/1995, de 23 de noviembre, del Código Penal en materia de transparencia y lucha contra el fraude fiscal y en la Seguridad Social.

[622] Numeral introducido por LO 14/2022, de 22 de diciembre, de transposición de directivas europeas y otras disposiciones para la adaptación de la legislación penal al ordenamiento de la Unión Europea, y reforma de los delitos contra la integridad moral, desórdenes públicos y contrabando de armas de doble uso.

Art. 311 bis

3.º[623] Los que den ocupación simultáneamente a una pluralidad de trabajadores sin comunicar su alta en el régimen de la Seguridad Social que corresponda o, en su caso, sin haber obtenido la correspondiente autorización de trabajo, siempre que el número de trabajadores afectados sea al menos de:

a) el veinticinco por ciento, en las empresas o centros de trabajo que ocupen a más de cien trabajadores,

b) el cincuenta por ciento, en las empresas o centros de trabajo que ocupen a más de diez trabajadores y no más de cien, o

c) la totalidad de los mismos, en las empresas o centros de trabajo que ocupen a más de cinco y no más de diez trabajadores.

4.º Los que en el supuesto de transmisión de empresas, con conocimiento de los procedimientos descritos en los apartados anteriores, mantengan las referidas condiciones impuestas por otro.

5.º Si las conductas reseñadas en los apartados anteriores se llevaren a cabo con violencia o intimidación se impondrán las penas superiores en grado.

> *Serán castigados con las penas de prisión de seis meses a seis años y multa de seis a doce meses:*
>
> *1.º Los que, mediante engaño o abuso de situación de necesidad, impongan a los trabajadores a su servicio condiciones laborales o de Seguridad Social que perjudiquen, supriman o restrinjan los derechos que tengan reconocidos por disposiciones legales, convenios colectivos o contrato individual.*
>
> *2.º Los que den ocupación simultáneamente a una pluralidad de trabajadores sin comunicar su alta en el régimen de la Seguridad Social que corresponda o, en su caso, sin haber obtenido la correspondiente autorización de trabajo, siempre que el número de trabajadores afectados sea al menos de:*
>
> *a) el veinticinco por ciento, en las empresas o centros de trabajo que ocupen a más de cien trabajadores,*
>
> *b) el cincuenta por ciento, en las empresas o centros de trabajo que ocupen a más de diez trabajadores y no más de cien, o*
>
> *c) la totalidad de los mismos, en las empresas o centros de trabajo que ocupen a más de cinco y no más de diez trabajadores.*
>
> *3.º Los que en el supuesto de transmisión de empresas, con conocimiento de los procedimientos descritos en los apartados anteriores, mantengan las referidas condiciones impuestas por otro.*
>
> *4.º Si las conductas reseñadas en los apartados anteriores se llevaren a cabo con violencia o intimidación se impondrán las penas superiores en grado[624].*

Art. 311 bis[625].

Será castigado con la pena de prisión de tres a dieciocho meses o multa de doce a treinta meses, salvo que los hechos estén castigados con una pena más grave en otro precepto de este Código, quien:

a) De forma reiterada, emplee o dé ocupación a ciudadanos extranjeros que carezcan de permiso de trabajo, o

---

[623]   La actual numeración de los apartados 3º, 4º y 5º ha sido introducida por LO 14/2022, de 22 de diciembre, de transposición de directivas europeas y otras disposiciones para la adaptación de la legislación penal al ordenamiento de la Unión Europea, y reforma de los delitos contra la integridad moral, desórdenes públicos y contrabando de armas de doble uso.

[624]   Artículo redactado conforme LO 7/2012, de 27 de diciembre, por la que se modifica la Ley Orgánica 10/1995, de 23 de noviembre, del Código Penal en materia de transparencia y lucha contra el fraude fiscal y en la Seguridad Social.

[625]   Artículo introducido por LO 1/2015, de 30 de marzo, por la que se modifica la Ley Orgánica 10/1995, de 23 de noviembre, del Código Penal.

Art. 312

b) emplee o dé ocupación a un menor de edad que carezca de permiso de trabajo.

Art. 312.

1. Serán castigados con las penas de prisión de dos a cinco años y multa de seis a doce meses, los que trafiquen de manera ilegal con mano de obra[626].

2. En la misma pena incurrirán quienes recluten personas o las determinen a abandonar su puesto de trabajo ofreciendo empleo o condiciones de trabajo engañosas o falsas, y quienes empleen a súbditos extranjeros sin permiso de trabajo en condiciones que perjudiquen, supriman o restrinjan los derechos que tuviesen reconocidos por disposiciones legales, convenios colectivos o contrato individual.

Art. 313[627].

El que determinare o favoreciere la emigración de alguna persona a otro país simulando contrato o colocación, o usando de otro engaño semejante, será castigado con la pena prevista en el artículo anterior.

1. El que promoviere o favoreciere por cualquier medio la inmigración clandestina de trabajadores a España, o por otro país de la Unión Europea, será castigado con la pena prevista en el artículo anterior[628].
2. Con la misma pena será castigado el que, simulando contrato o colocación, o usando de otro engaño semejante, determinare o favoreciere la emigración de alguna persona a otro país.

Art. 314[629].

Quienes produzcan una grave discriminación en el empleo, público o privado, contra alguna persona por razón de su ideología, religión o creencias, su situación familiar, su pertenencia a una etnia, raza o nación, su origen nacional, su sexo, edad, orientación o identidad sexual o de género, razones de género, de aporofobia o de exclusión social, la enfermedad que padezca o su discapacidad, por ostentar la representación legal o sindical de los trabajadores, por el parentesco con otros trabajadores de la empresa o por el uso de alguna de las lenguas oficiales dentro del Estado español, y no restablezcan la situación de igualdad ante la ley tras requerimiento o sanción administrativa, reparando los daños económicos que se hayan derivado, serán castigados con la pena de prisión de seis meses a dos años o multa de doce a veinticuatro meses.

Los que produzcan una grave discriminación en el empleo, público o privado, contra alguna persona por razón de su ideología, religión o creencias, su pertenencia a una etnia, raza o nación, su sexo, orientación sexual, situación familiar, enfermedad o discapacidad, por ostentar la representación legal o sindical de

---

626 Apartado redactado conforme LO 4/2000, de 11 de enero, sobre derechos y libertades de los extranjeros en España y su integración social.

627 Redactado conforme LO 5/2010, de 22 de junio, por la que se modifica la Ley Orgánica 10/1995, de 23 de noviembre, del Código Penal.

628 Redactado conforme LO 13/2007, de 19 de noviembre, para la persecución extraterritorial del tráfico ilegal o la inmigración clandestina de personas.

629 Redactado conforme LO 8/2021, de 4 de junio, de protección integral a la infancia y la adolescencia frente a la violencia.

Art. 315.

1. Serán castigados con las penas de prisión de seis meses a dos años o multa de seis a doce meses los que, mediante engaño o abuso de situación de necesidad, impidieren o limitaren el ejercicio de la libertad sindical o el derecho de huelga[631].

2. Si las conductas reseñadas en el apartado anterior se llevaren a cabo con coacciones serán castigadas con la pena de prisión de un año y nueve meses hasta tres años o con la pena de multa de dieciocho meses a veinticuatro meses[632].

3[633].

Quienes actuando en grupo o individualmente, pero de acuerdo con otros, coaccionen a otras personas a iniciar o continuar una huelga, serán castigados con la pena de prisión de un año y nueve meses hasta tres años o con la pena de multa de dieciocho meses a veinticuatro meses[634].

Art. 316.

Los que con infracción de las normas de prevención de riesgos laborales y estando legalmente obligados, no faciliten los medios necesarios para que los trabajadores desempeñen su actividad con las medidas de seguridad e higiene adecuadas, de forma que pongan así en peligro grave su vida, salud o integridad física, serán castigados con las penas de prisión de seis meses a tres años y multa de seis a doce meses.

Art. 317.

Cuando el delito a que se refiere el artículo anterior se cometa por imprudencia grave, será castigado con la pena inferior en grado.

Art. 318.

Cuando los hechos previstos en los artículos de este título se atribuyeran a personas jurídicas, se impondrá la pena señalada a los administradores o encargados del servicio que hayan sido responsables de los mismos y a quienes, conociéndolos y pudiendo remediarlo, no hubieran adoptado medidas para

---

[630] Redactado conforme LO 1/2015, de 30 de marzo, por la que se modifica la Ley Orgánica 10/1995, de 23 de noviembre, del Código Penal.

[631] Apartado redactado conforme LO 1/2015, de 30 de marzo, por la que se modifica la Ley Orgánica 10/1995, de 23 de noviembre, del Código Penal.

[632] Apartado redactado conforme LO 1/2015, de 30 de marzo, por la que se modifica la Ley Orgánica 10/1995, de 23 de noviembre, del Código Penal.

[633] Apartado suprimido por LO 5/2021, de 22 de abril, de derogación del artículo 315 apartado 3 del Código Penal.

[634] Redactado conforme LO 1/2015, de 30 de marzo, por la que se modifica la Ley Orgánica 10/1995, de 23 de noviembre, del Código Penal.

ello. En estos supuestos la autoridad judicial podrá decretar, además, alguna o algunas de las medidas previstas en el artículo 129 de este Código[635].

TÍTULO XV BIS
DELITOS CONTRA LOS DERECHOS DE LOS CIUDADANOS EXTRANJEROS

Art. 318 bis[636].

1. El que intencionadamente ayude a una persona que no sea nacional de un Estado miembro de la Unión Europea a entrar en territorio español o a transitar a través del mismo de un modo que vulnere la legislación sobre entrada o tránsito de extranjeros, será castigado con una pena de multa de tres a doce meses o prisión de tres meses a un año.

Los hechos no serán punibles cuando el objetivo perseguido por el autor fuere únicamente prestar ayuda humanitaria a la persona de que se trate.

Si los hechos se hubieran cometido con ánimo de lucro se impondrá la pena en su mitad superior.

2. El que intencionadamente ayude, con ánimo de lucro, a una persona que no sea nacional de un Estado miembro de la Unión Europea a permanecer en España, vulnerando la legislación sobre estancia de extranjeros será castigado con una pena de multa de tres a doce meses o prisión de tres meses a un año.

3. Los hechos a que se refiere el apartado 1 de este artículo serán castigados con la pena de prisión de cuatro a ocho años cuando concurra alguna de las circunstancias siguientes:

a) Cuando los hechos se hubieran cometido en el seno de una organización que se dedicare a la realización de tales actividades. Cuando se trate de los jefes, administradores o encargados de dichas organizaciones o asociaciones, se les aplicará la pena en su mitad superior, que podrá elevarse a la inmediatamente superior en grado.

b) Cuando se hubiera puesto en peligro la vida de las personas objeto de la infracción, o se hubiera creado el peligro de causación de lesiones graves.

4. En las mismas penas del párrafo anterior y además en la de inhabilitación absoluta de seis a doce años, incurrirán los que realicen los hechos prevaliéndose de su condición de autoridad, agente de ésta o funcionario público.

5. Cuando de acuerdo con lo establecido en el artículo 31 bis una persona jurídica sea responsable de los delitos recogidos en este Título, se le impondrá la pena de multa de dos a cinco años, o la del triple al quíntuple del beneficio obtenido si la cantidad resultante fuese más elevada.

---

[635] Redactado conforme LO 11/2003, de 29 de septiembre, de medidas concretas en materia de seguridad ciudadana, violencia doméstica e integración de extranjeros.

[636] Redactado conforme LO 1/2015, de 30 de marzo, por la que se modifica la Ley Orgánica 10/1995, de 23 de noviembre, del Código Penal.

Atendidas las reglas establecidas en el artículo 66 bis, los jueces y tribunales podrán asimismo imponer las penas recogidas en las letras b) a g) del apartado 7 del artículo 33.

6. Los tribunales, teniendo en cuenta la gravedad del hecho y sus circunstancias, las condiciones del culpable y la finalidad perseguida por éste, podrán imponer la pena inferior en un grado a la respectivamente señalada.

1. El que, directa o indirectamente, promueva, favorezca o facilite el tráfico ilegal o la inmigración clandestina de personas desde, en tránsito o con destino a España, o con destino a otro país de la Unión Europea, será castigado con la pena de cuatro a ocho años de prisión[637].

2. Los que realicen las conductas descritas en el apartado anterior con ánimo de lucro o empleando violencia, intimidación, engaño, o abusando de una situación de superioridad o de especial vulnerabilidad de la víctima, o poniendo en peligro la vida, la salud o la integridad de las personas, serán castigados con las penas en su mitad superior. Si la víctima fuera menor de edad o incapaz, serán castigados con las penas superiores en grado a las previstas en el apartado anterior[638].

3. En las mismas penas del apartado anterior y además en la de inhabilitación absoluta de seis a 12 años, incurrirán los que realicen los hechos prevaliéndose de su condición de autoridad, agente de ésta o funcionario público.

4. Se impondrán las penas superiores en grado a las previstas en los apartados 1 a 3 de este artículo, en sus respectivos casos, e inhabilitación especial para profesión, oficio, industria o comercio por el tiempo de la condena, cuando el culpable perteneciera a una organización o asociación, incluso de carácter transitorio, que se dedicase a la realización de tales actividades.

Cuando se trate de los jefes, administradores o encargados de dichas organizaciones o asociaciones, se les aplicará la pena en su mitad superior, que podrá elevarse a la inmediatamente superior en grado.

Cuando de acuerdo con lo establecido en el artículo 31 bis una persona jurídica sea responsable de los delitos recogidos en este Título, se le impondrá la pena de multa de dos a cinco años, o la del triple al quíntuple del beneficio obtenido si la cantidad resultante fuese más elevada.

Atendidas las reglas establecidas en el artículo 66 bis, los jueces y tribunales podrán asimismo imponer las penas recogidas en las letras b) a g) del apartado 7 del artículo 33[639].

5. Los tribunales, teniendo en cuenta la gravedad del hecho y sus circunstancias, las condiciones del culpable y la finalidad perseguida por éste, podrán imponer la pena inferior en un grado a la respectivamente señalada.

---

[637] Redactado conforme LO 13/2007, de 19 de noviembre, para la persecución extraterritorial del tráfico ilegal o la inmigración clandestina de personas.

[638] Redactado conforme LO 5/2010, de 22 de junio, por la que se modifica la Ley Orgánica 10/1995, de 23 de noviembre, del Código Penal.

[639] Apartado redactado conforme LO 5/2010, de 22 de junio, por la que se modifica la Ley Orgánica 10/1995, de 23 de noviembre, del Código Penal.

TÍTULO XVI
DE LOS DELITOS RELATIVOS A LA ORDENACIÓN DEL TERRITORIO Y EL URBANISMO, LA PROTECCIÓN DEL PATRIMONIO HISTÓRICO Y EL MEDIO AMBIENTE

CAPÍTULO I
DE LOS DELITOS SOBRE LA ORDENACIÓN DEL TERRITORIO Y EL URBANISMO

Art. 319[640].

1. Se impondrán las penas de prisión de un año y seis meses a cuatro años, multa de doce a veinticuatro meses, salvo que el beneficio obtenido por el delito fuese superior a la cantidad resultante en cuyo caso la multa será del tanto al triplo del montante de dicho beneficio, e inhabilitación especial para profesión u oficio por tiempo de uno a cuatro años, a los promotores, constructores o técnicos directores que lleven a cabo obras de urbanización, construcción o edificación no autorizables en suelos destinados a viales, zonas verdes, bienes de dominio público o lugares que tengan legal o administrativamente reconocido su valor paisajístico, ecológico, artístico, histórico o cultural, o por los mismos motivos hayan sido considerados de especial protección.

2. Se impondrá la pena de prisión de uno a tres años, multa de doce a veinticuatro meses, salvo que el beneficio obtenido por el delito fuese superior a la cantidad resultante en cuyo caso la multa será del tanto al triplo del montante de dicho beneficio, e inhabilitación especial para profesión u oficio por tiempo de uno a cuatro años, a los promotores, constructores o técnicos directores que lleven a cabo obras de urbanización, construcción o edificación no autorizables en el suelo no urbanizable.

3[641]. En cualquier caso, los jueces o tribunales, motivadamente, podrán ordenar, a cargo del autor del hecho, la demolición de la obra y la reposición a su estado originario de la realidad física alterada, sin perjuicio de las indemnizaciones debidas a terceros de buena fe, y valorando las circunstancias, y oída la Administración competente, condicionarán temporalmente la demolición a la constitución de garantías que aseguren el pago de aquéllas. En todo caso se dispondrá el decomiso de las ganancias provenientes del delito cualesquiera que sean las transformaciones que hubieren podido experimentar.

4. En los supuestos previstos en este artículo, cuando fuere responsable una persona jurídica de acuerdo con lo establecido en el artículo 31 bis de este Código se le impondrá la pena de multa de uno a tres años, salvo que el beneficio

---

640 Redactado conforme LO 5/2010, de 22 de junio, por la que se modifica la Ley Orgánica 10/1995, de 23 de noviembre, del Código Penal.

641 Redactado conforme LO 1/2015, de 30 de marzo, por la que se modifica la Ley Orgánica 10/1995, de 23 de noviembre, del Código Penal.

obtenido por el delito fuese superior a la cantidad resultante en cuyo caso la multa será del doble al cuádruple del montante de dicho beneficio.

Atendidas las reglas establecidas en el artículo 66 bis, los jueces y tribunales podrán asimismo imponer las penas recogidas en las letras b) a g) del apartado 7 del artículo 33.

> *1. Se impondrán las penas de prisión de seis meses a tres años, multa de doce a veinticuatro meses e inhabilitación especial para profesión u oficio por tiempo de seis meses a tres años, a los promotores, constructores o técnicos directores que lleven a cabo una construcción no autorizada en suelos destinados a viales, zonas verdes, bienes de dominio público o lugares que tengan legal o administrativamente reconocido su valor paisajístico, ecológico, artístico, histórico o cultural, o por los mismos motivos hayan sido considerados de especial protección.*
>
> *2. Se impondrá la pena de prisión de seis meses a dos años, multa de doce a veinticuatro meses e inhabilitación especial para profesión u oficio por tiempo de seis meses a tres años, a los promotores, constructores o técnicos directores que lleven a cabo una edificación no autorizable en el suelo no urbanizable.*
>
> *3. En cualquier caso, los Jueces o Tribunales, motivadamente, podrán ordenar, a cargo del autor del hecho, la demolición de la obra, sin perjuicio de las indemnizaciones debidas a terceros de buena fe.*

Art. 320[642].

1. La autoridad o funcionario público que, a sabiendas de su injusticia, haya informado favorablemente instrumentos de planeamiento, proyectos de urbanización, parcelación, reparcelación, construcción o edificación o la concesión de licencias contrarias a las normas de ordenación territorial o urbanística vigentes, o que con motivo de inspecciones haya silenciado la infracción de dichas normas o que haya omitido la realización de inspecciones de carácter obligatorio será castigado con la pena establecida en el artículo 404 de este Código y, además, con la de prisión de un año y seis meses a cuatro años y la de multa de doce a veinticuatro meses.

2. Con las mismas penas se castigará a la autoridad o funcionario público que por sí mismo o como miembro de un organismo colegiado haya resuelto o votado a favor de la aprobación de los instrumentos de planeamiento, los proyectos de urbanización, parcelación, reparcelación, construcción o edificación o la concesión de las licencias a que se refiere el apartado anterior, a sabiendas de su injusticia.

> *1. La autoridad o funcionario público que, a sabiendas de su injusticia, haya informado favorablemente proyectos de edificación o la concesión de licencias contrarias a las normas urbanísticas vigentes será castigado con la pena establecida en el artículo 404 de este Código y, además, con la de prisión de seis meses a dos años o la de multa de doce a veinticuatro meses.*
>
> *2. Con las mismas penas se castigará a la autoridad o funcionario público que por sí mismo o como miembro de un organismo colegiado haya resuelto o votado a favor de su concesión a sabiendas de su injusticia.*

---

[642] Redactado conforme LO 5/2010, de 22 de junio, por la que se modifica la Ley Orgánica 10/1995, de 23 de noviembre, del Código Penal.

CAPÍTULO II
DE LOS DELITOS SOBRE EL PATRIMONIO HISTÓRICO

Art. 321.

Los que derriben o alteren gravemente edificios singularmente protegidos por su interés histórico, artístico, cultural o monumental serán castigados con las penas de prisión de seis meses a tres años, multa de doce a veinticuatro meses y, en todo caso, inhabilitación especial para profesión u oficio por tiempo de uno a cinco años.

En cualquier caso, los Jueces o Tribunales, motivadamente, podrán ordenar, a cargo del autor del hecho, la reconstrucción o restauración de la obra, sin perjuicio de las indemnizaciones debidas a terceros de buena fe.

Art. 322.

1. La autoridad o funcionario público que, a sabiendas de su injusticia, haya informado favorablemente proyectos de derribo o alteración de edificios singularmente protegidos será castigado además de con la pena establecida en el artículo 404 de este Código con la de prisión de seis meses a dos años o la de multa de doce a veinticuatro meses.

2. Con las mismas penas se castigará a la autoridad o funcionario público que por sí mismo o como miembro de un organismo colegiado haya resuelto o votado a favor de su concesión a sabiendas de su injusticia.

Art. 323[643].

1. Será castigado con la pena de prisión de seis meses a tres años o multa de doce a veinticuatro meses el que cause daños en bienes de valor histórico, artístico, científico, cultural o monumental, o en yacimientos arqueológicos, terrestres o subacuáticos. Con la misma pena se castigarán los actos de expolio en estos últimos.

2. Si se hubieran causado daños de especial gravedad o que hubieran afectado a bienes cuyo valor histórico, artístico, científico, cultural o monumental fuera especialmente relevante, podrá imponerse la pena superior en grado a la señalada en el apartado anterior.

3. En todos estos casos, los jueces o tribunales podrán ordenar, a cargo del autor del daño, la adopción de medidas encaminadas a restaurar, en lo posible, el bien dañado.

> *Será castigado con la pena de prisión de uno a tres años y multa de doce a veinticuatro meses el que cause daños en un archivo, registro, museo, biblioteca, centro docente, gabinete científico, institución análoga o en bienes de valor histórico, artístico, científico, cultural o monumental, así como en yacimientos arqueológicos.*
>
> *En este caso, los Jueces o Tribunales podrán ordenar, a cargo del autor del daño, la adopción de medidas encaminadas a restaurar, en lo posible, el bien dañado.*

---

[643] Redactado conforme LO 1/2015, de 30 de marzo, por la que se modifica la Ley Orgánica 10/1995, de 23 de noviembre, del Código Penal.

Art. 324[644].

El que por imprudencia grave cause daños, en cuantía superior a 400 euros, en un archivo, registro, museo, biblioteca, centro docente, gabinete científico, institución análoga o en bienes de valor artístico, histórico, cultural, científico o monumental, así como en yacimientos arqueológicos, será castigado con la pena de multa de tres a 18 meses, atendiendo a la importancia de los mismos.

CAPÍTULO III
DE LOS DELITOS CONTRA LOS RECURSOS NATURALES Y EL MEDIO AMBIENTE

Art. 325[645].

1. Será castigado con las penas de prisión de seis meses a dos años, multa de diez a catorce meses e inhabilitación especial para profesión u oficio por tiempo de uno a dos años el que, contraviniendo las leyes u otras disposiciones de carácter general protectoras del medio ambiente, provoque o realice directa o indirectamente emisiones, vertidos, radiaciones, extracciones o excavaciones, aterramientos, ruidos, vibraciones, inyecciones o depósitos, en la atmósfera, el suelo, el subsuelo o las aguas terrestres, subterráneas o marítimas, incluido el alta mar, con incidencia incluso en los espacios transfronterizos, así como las captaciones de aguas que, por sí mismos o conjuntamente con otros, cause o pueda causar daños sustanciales a la calidad del aire, del suelo o de las aguas, o a animales o plantas.

2. Si las anteriores conductas, por sí mismas o conjuntamente con otras, pudieran perjudicar gravemente el equilibrio de los sistemas naturales, se impondrá una pena de prisión de dos a cinco años, multa de ocho a veinticuatro meses e inhabilitación especial para profesión u oficio por tiempo de uno a tres años.

Si se hubiera creado un riesgo de grave perjuicio para la salud de las personas, se impondrá la pena de prisión en su mitad superior, pudiéndose llegar hasta la superior en grado.

Será castigado con las penas de prisión de dos a cinco años, multa de ocho a veinticuatro meses e inhabilitación especial para profesión u oficio por tiempo de uno a tres años el que, contraviniendo las leyes u otras disposiciones de carácter general protectoras del medio ambiente, provoque o realice directa o indirectamente emisiones, vertidos, radiaciones, extracciones o excavaciones, aterramientos, ruidos, vibraciones, inyecciones o depósitos, en la atmósfera, el suelo, el subsuelo o las aguas terrestres, subterráneas o marítimas, incluido el alta mar, con incidencia incluso en los espacios transfronterizos, así como las captaciones de aguas que puedan perjudicar gravemente el equilibrio de los sistemas naturales.
Si el riesgo de grave perjuicio fuese para la salud de las personas, la pena de prisión se impondrá en su mitad superior[646].

---

[644] Redactado conforme LO 15/2003, de 25 de noviembre, por la que se modifica la Ley Orgánica 10/1995, de 23 de noviembre, del Código Penal.

[645] Redactado conforme LO 1/2015, de 30 de marzo, por la que se modifica la Ley Orgánica 10/1995, de 23 de noviembre, del Código Penal.

[646] Redactado conforme LO 5/2010, de 22 de junio, por la que se modifica la Ley Orgánica 10/1995, de 23 de noviembre, del Código Penal.

Art. 326[647].

1. Serán castigados con las penas previstas en el artículo anterior, en sus respectivos supuestos, quienes, contraviniendo las leyes u otras disposiciones de carácter general, recojan, transporten, valoricen, transformen, eliminen o aprovechen residuos, o no controlen o vigilen adecuadamente tales actividades, de modo que causen o puedan causar daños sustanciales a la calidad del aire, del suelo o de las aguas, o a animales o plantas, muerte o lesiones graves a personas, o puedan perjudicar gravemente el equilibrio de los sistemas naturales.

2. Quien, fuera del supuesto a que se refiere el apartado anterior, traslade una cantidad no desdeñable de residuos, tanto en el caso de uno como en el de varios traslados que aparezcan vinculados, en alguno de los supuestos a que se refiere el Derecho de la Unión Europea relativo a los traslados de residuos, será castigado con una pena de tres meses a un año de prisión, o multa de seis a dieciocho meses e inhabilitación especial para profesión u oficio por tiempo de tres meses a un año.

Se impondrá la pena superior en grado, sin perjuicio de las que puedan corresponder con arreglo a otros preceptos de este Código, cuando en la comisión de cualquiera de los hechos descritos en el artículo anterior concurra alguna de las circunstancias siguientes:

a) Que la industria o actividad funcione clandestinamente, sin haber obtenido la preceptiva autorización o aprobación administrativa de sus instalaciones.

b) Que se hayan desobedecido las órdenes expresas de la autoridad administrativa de corrección o suspensión de las actividades tipificadas en el artículo anterior.

c) Que se haya falseado u ocultado información sobre los aspectos ambientales de la misma.

d) Que se haya obstaculizado la actividad inspectora de la Administración.

e) Que se haya producido un riesgo de deterioro irreversible o catastrófico.

f) Que se produzca una extracción ilegal de aguas en período de restricciones.

Art. 326 bis[648].

Serán castigados con las penas previstas en el artículo 325, en sus respectivos supuestos, quienes, contraviniendo las leyes u otras disposiciones de carácter general, lleven a cabo la explotación de instalaciones en las que se realice una actividad peligrosa o en las que se almacenen o utilicen sustancias o preparados peligrosos de modo que causen o puedan causar daños sustanciales a la calidad del aire, del suelo o de las aguas, a animales o plantas, muerte o lesiones graves a las personas, o puedan perjudicar gravemente el equilibrio de los sistemas naturales.

---

[647] Redactado conforme LO 1/2015, de 30 de marzo, por la que se modifica la Ley Orgánica 10/1995, de 23 de noviembre, del Código Penal.

[648] Redactado conforme LO 1/2015, de 30 de marzo, por la que se modifica la Ley Orgánica 10/1995, de 23 de noviembre, del Código Penal.

Art. 327[649].

Los hechos a los que se refieren los tres artículos anteriores serán castigados con la pena superior en grado, sin perjuicio de las que puedan corresponder con arreglo a otros preceptos de este Código, cuando en la comisión de cualquiera de los hechos descritos en el artículo anterior concurra alguna de las circunstancias siguientes:

a) Que la industria o actividad funcione clandestinamente, sin haber obtenido la preceptiva autorización o aprobación administrativa de sus instalaciones.

b) Que se hayan desobedecido las órdenes expresas de la autoridad administrativa de corrección o suspensión de las actividades tipificadas en el artículo anterior.

c) Que se haya falseado u ocultado información sobre los aspectos ambientales de la misma.

d) Que se haya obstaculizado la actividad inspectora de la Administración.

e) Que se haya producido un riesgo de deterioro irreversible o catastrófico.

f) Que se produzca una extracción ilegal de aguas en período de restricciones.

Cuando de acuerdo con lo establecido en el artículo 31 bis una persona jurídica sea responsable de los delitos recogidos en los dos artículos anteriores, se le impondrán las siguientes penas:
a) Multa de dos a cinco años, si el delito cometido por la persona física tiene prevista una pena de prisión superior a cinco años.
b) Multa de uno a tres años, en el resto de los casos.
Atendidas las reglas establecidas en el artículo 66 bis, los jueces y tribunales podrán asimismo imponer las penas recogidas en las letras b) a g) del apartado 7 del artículo 33[650].

Art. 328[651].

Cuando de acuerdo con lo establecido en el artículo 31 bis una persona jurídica sea responsable de los delitos recogidos en este Capítulo, se le impondrán las siguientes penas:

a) Multa de uno a tres años, o del doble al cuádruple del perjuicio causado cuando la cantidad resultante fuese más elevada, si el delito cometido por la persona física tiene prevista una pena de más de dos años de privación de libertad.

b) Multa de seis meses a dos años, o del doble al triple del perjuicio causado si la cantidad resultante fuese más elevada, en el resto de los casos.

Atendidas las reglas establecidas en el artículo 66 bis, los jueces y tribunales podrán asimismo imponer las penas recogidas en las letras b) a g) del apartado 7 del artículo 33.

---

[649]   Redactado conforme LO 1/2015, de 30 de marzo, por la que se modifica la Ley Orgánica 10/1995, de 23 de noviembre, del Código Penal.

[650]   Artículo redactado conforme LO 5/2010, de 22 de junio, por la que se modifica la Ley Orgánica 10/1995, de 23 de noviembre, del Código Penal.

[651]   Redactado conforme LO 1/2015, de 30 de marzo, por la que se modifica la Ley Orgánica 10/1995, de 23 de noviembre, del Código Penal.

1. Serán castigados con la pena de prisión de seis meses a dos años, multa de diez a catorce meses e inhabilitación especial para profesión u oficio por tiempo de uno a dos años quienes establezcan depósitos o vertederos de desechos o residuos sólidos o líquidos que sean tóxicos o peligrosos y puedan perjudicar gravemente el equilibrio de los sistemas naturales o la salud de las personas.

2. Con las mismas penas previstas en el apartado anterior serán castigados quienes, contraviniendo las leyes u otras disposiciones de carácter general, lleven a cabo la explotación de instalaciones en las que se realice una actividad peligrosa o en las que se almacenen o utilicen sustancias o preparados peligrosos y que causen o puedan causar la muerte o lesiones graves a personas, o daños sustanciales a la calidad del aire, la calidad del suelo o la calidad de las aguas, o a animales o plantas.

3. Serán castigados con la pena de prisión de uno a dos años los que en la recogida, el transporte, la valorización, la eliminación o el aprovechamiento de residuos, incluida la omisión de los deberes de vigilancia sobre tales procedimientos, pongan en grave peligro la vida, integridad o la salud de las personas, o la calidad del aire, del suelo o de las aguas, o a animales o plantas.

4. El que contraviniendo las leyes u otras disposiciones de carácter general traslade una cantidad importante de residuos, tanto en el caso de uno como en el de varios traslados que aparezcan vinculados, será castigado con la pena de prisión de uno a dos años.

5. Cuando con ocasión de las conductas previstas en los apartados anteriores se produjera, además del riesgo prevenido, un resultado lesivo constitutivo de delito, cualquiera que sea su gravedad, los jueces o tribunales apreciarán tan solo la infracción más gravemente penada, aplicando la pena en su mitad superior.

6. Cuando de acuerdo con lo establecido en el artículo 31 bis una persona jurídica sea responsable de los delitos recogidos en este artículo, se le impondrán las siguientes penas:

a) Multa de uno a tres años, o del doble al cuádruple del perjuicio causado cuando la cantidad resultante fuese más elevada, si el delito cometido por la persona física tiene prevista una pena de más de dos años de privación de libertad.

b) Multa de seis meses a dos años, o del doble al triple del perjuicio causado si la cantidad resultante fuese más elevada, en el resto de los casos.

Atendidas las reglas establecidas en el artículo 66 bis, los jueces y tribunales podrán asimismo imponer las penas recogidas en las letras b) a g) del apartado 7 del artículo 33.

7. Cuando en la comisión de cualquiera de los hechos previstos en los apartados anteriores de este artículo concurra alguna de las circunstancias recogidas en los apartados a), b), c) o d) del artículo 326 se impondrán las penas superiores en grado a las respectivamente previstas, sin perjuicio de las que puedan corresponder con arreglo a otros preceptos de este Código[652].

Art. 329.

1. La autoridad o funcionario público que, a sabiendas, hubiere informado favorablemente la concesión de licencias manifiestamente ilegales que autoricen el funcionamiento de las industrias o actividades contaminantes a que se refieren los artículos anteriores, o que con motivo de sus inspecciones hubiere silenciado la infracción de leyes o disposiciones normativas de carácter general que las regulen, o que hubiere omitido la realización de inspecciones de carácter obligatorio, será castigado con la pena establecida en el artículo 404 de este Código y, además, con la de prisión de seis meses a tres años y la de multa de ocho a veinticuatro meses[653].

1. La autoridad o funcionario público que, a sabiendas, hubiere informado favorablemente la concesión de licencias manifiestamente ilegales que autoricen el funcionamiento de las industrias o actividades

---

[652]   Artículo redactado conforme LO 5/2010, de 22 de junio, por la que se modifica la Ley Orgánica 10/1995, de 23 de noviembre, del Código Penal.

[653]   Redactado conforme LO 5/2010, de 22 de junio, por la que se modifica la Ley Orgánica 10/1995, de 23 de noviembre, del Código Penal.

contaminantes a que se refieren los artículos anteriores, o que con motivo de sus inspecciones hubieren silenciado la infracción de Leyes o disposiciones normativas de carácter general que las regulen será castigado con la pena establecida en el artículo 404 de este Código y, además, con la de prisión de seis meses a tres años o la de multa de ocho a veinticuatro meses.

2. Con las mismas penas se castigará a la autoridad o funcionario público que por sí mismo o como miembro de un organismo colegiado hubiese resuelto o votado a favor de su concesión a sabiendas de su injusticia.

Art. 330.

Quien, en un espacio natural protegido, dañare gravemente alguno de los elementos que hayan servido para calificarlo, incurrirá en la pena de prisión de uno a cuatro años y multa de doce a veinticuatro meses.

Art. 331.

Los hechos previstos en este capítulo serán sancionados, en su caso, con la pena inferior en grado, en sus respectivos supuestos, cuando se hayan cometido por imprudencia grave.

CAPÍTULO IV
DE LOS DELITOS CONTRA LA FLORA Y LA FAUNA[654]

Art. 332[655].

1. El que, contraviniendo las leyes u otras disposiciones de carácter general, corte, tale, arranque, recolecte, adquiera, posea o destruya especies protegidas de flora silvestre, o trafique con ellas, sus partes, derivados de las mismas o con sus propágulos, salvo que la conducta afecte a una cantidad insignificante de ejemplares y no tenga consecuencias relevantes para el estado de conservación de la especie, será castigado con la pena de prisión de seis meses a dos años o multa de ocho a veinticuatro meses, e inhabilitación especial para profesión u oficio por tiempo de seis meses a dos años.

La misma pena se impondrá a quien, contraviniendo las leyes u otras disposiciones de carácter general, destruya o altere gravemente su hábitat.

2. La pena se impondrá en su mitad superior si se trata de especies o subespecies catalogadas en peligro de extinción.

3. Si los hechos se hubieran cometido por imprudencia grave, se impondrá una pena de prisión de tres meses a un año o multa de cuatro a ocho meses, e inhabilitación especial para profesión u oficio por tiempo de tres meses a dos años.

El que con grave perjuicio para el medio ambiente corte, tale, queme, arranque, recolecte o efectúe tráfico ilegal de alguna especie o subespecie de flora amenazada o de sus propágulos, o destruya o altere gra-

---

[654]   Rúbrica redactada conforme LO 3/2023, de 28 de marzo, de modificación de la Ley Orgánica 10/1995, de 23 de noviembre, del Código Penal, en materia de maltrato animal.

[655]   Redactado conforme LO 1/2015, de 30 de marzo, por la que se modifica la Ley Orgánica 10/1995, de 23 de noviembre, del Código Penal.

Art. 333

vemente su hábitat, será castigado con la pena de prisión de cuatro meses a dos años o multa de ocho a 24 meses[656].

Art. 333[657].

El que introdujera o liberara especies de flora o fauna no autóctona, de modo que perjudique el equilibrio biológico, contraviniendo las leyes o disposiciones de carácter general protectoras de las especies de flora o fauna, será castigado con la pena de prisión de cuatro meses a dos años o multa de ocho a veinticuatro meses y, en todo caso, inhabilitación especial para profesión u oficio por tiempo de uno a tres años.

El que introdujera o liberara especies de flora o fauna no autóctona, de modo que perjudique el equilibrio biológico, contraviniendo las leyes o disposiciones de carácter general protectoras de las especies de flora o fauna, será castigado con la pena de prisión de cuatro meses a dos años o multa de ocho a 24 meses[658].

Art. 334[659].

1. Será castigado con la pena de prisión de seis meses a dos años o multa de ocho a veinticuatro meses y, en todo caso, inhabilitación especial para profesión u oficio e inhabilitación especial para el ejercicio del derecho de cazar o pescar por tiempo de dos a cuatro años quien, contraviniendo las leyes u otras disposiciones de carácter general:

a) cace, pesque, adquiera, posea o destruya especies protegidas de fauna silvestre;

b) trafique con ellas, sus partes o derivados de las mismas; o,

c) realice actividades que impidan o dificulten su reproducción o migración.

La misma pena se impondrá a quien, contraviniendo las leyes u otras disposiciones de carácter general, destruya o altere gravemente su hábitat.

2. La pena se impondrá en su mitad superior si se trata de especies o subespecies catalogadas en peligro de extinción.

3. Si los hechos se hubieran cometido por imprudencia grave, se impondrá una pena de prisión de tres meses a un año o multa de cuatro a ocho meses y, en todo caso, inhabilitación especial para profesión u oficio e inhabilitación especial para el ejercicio del derecho de cazar o pescar por tiempo de tres meses a dos años.

1. El que cace o pesque especies amenazadas, realice actividades que impidan o dificulten su reproducción o migración, o destruya o altere gravemente su hábitat, contraviniendo las leyes o disposiciones de carácter general protectoras de las especies de fauna silvestre, o comercie o trafique con ellas o con sus restos, será castigado con la pena de prisión de cuatro meses a dos años o multa de ocho a veinticuatro meses

---

[656]   Redactado conforme LO 15/2003, de 25 de noviembre, por la que se modifica la Ley Orgánica 10/1995, de 23 de noviembre, del Código Penal.

[657]   Redactado conforme a la LO 5/2010, de 22 de junio, por la que se modifica la Ley Orgánica 10/1995, de 23 de noviembre del Código Penal.

[658]   Redactado conforme LO 15/2003, de 25 de noviembre, por la que se modifica la Ley Orgánica 10/1995, de 23 de noviembre, del Código Penal.

[659]   Redactado conforme LO 1/2015, de 30 de marzo, por la que se modifica la Ley Orgánica 10/1995, de 23 de noviembre, del Código Penal.

y, en cualquier caso, la de inhabilitación especial para profesión u oficio e inhabilitación especial para el ejercicio del derecho de cazar o pescar por tiempo de dos a cuatro años.
2. La pena se impondrá en su mitad superior si se trata de especies o subespecies catalogadas en peligro de extinción[660].

4. Se impondrá la pena de privación del derecho a la tenencia y porte de armas por un periodo de entre dos a cuatro años, cuando los hechos relativos a los apartados a) y c) del apartado 1 se hubieran cometido utilizando armas, en actividades relacionadas o no con la caza[661].

Art. 335[662].

1. El que cace o pesque especies distintas de las indicadas en el artículo anterior, cuando esté expresamente prohibido por las normas específicas sobre su caza o pesca, será castigado con la pena de multa de ocho a doce meses, inhabilitación especial para el ejercicio del derecho de cazar o pescar por tiempo de dos a cinco años y privación del derecho para la tenencia y porte de armas por el mismo periodo.

2. El que cace o pesque o realice actividades de marisqueo relevantes sobre especies distintas de las indicadas en el artículo anterior en terrenos públicos o privados ajenos, sometidos a régimen cinegético especial, sin el debido permiso de su titular o sometidos a concesión o autorización marisquera o acuícola sin el debido título administrativo habilitante, será castigado con la pena de multa de cuatro a ocho meses e inhabilitación especial para el ejercicio del derecho de cazar, pescar o realizar actividades de marisqueo por tiempo de uno a tres años y privación del derecho para la tenencia y porte de armas por el mismo periodo, además de las penas que pudieran corresponderle, en su caso, por la comisión del delito previsto en el apartado 1 de este artículo.

3. Si las conductas anteriores produjeran graves daños al patrimonio cinegético de un terreno sometido a régimen cinegético especial o a la sostenibilidad de los recursos en zonas de concesión o autorización marisquera o acuícola, se impondrá la pena de prisión de seis meses a dos años e inhabilitación especial para el ejercicio de los derechos de cazar, pescar, y realizar actividades de marisqueo por tiempo de dos a cinco años y privación del derecho para la tenencia y porte de armas por el mismo periodo.

1. El que cace o pesque especies distintas de las indicadas en el artículo anterior, cuando esté expresamente prohibido por las normas específicas sobre su caza o pesca, será castigado con la pena de multa de ocho a doce meses e inhabilitación especial para el ejercicio del derecho de cazar o pescar por tiempo de dos a cinco años.
2. El que cace o pesque o realice actividades de marisqueo relevantes sobre especies distintas de las indicadas en el artículo anterior en terrenos públicos o privados ajenos, sometidos a régimen cinegético

---

[660] Redactado conforme LO 5/2010, de 22 de junio, por la que se modifica la Ley Orgánica 10/1995, de 23 de noviembre, del Código Penal.

[661] Apartado introducido por LO 3/2023, de 28 de marzo, de modificación de la Ley Orgánica 10/1995, de 23 de noviembre, del Código Penal, en materia de maltrato animal.

[662] Redactado conforme LO 3/2023, de 28 de marzo, de modificación de la Ley Orgánica 10/1995, de 23 de noviembre, del Código Penal, en materia de maltrato animal.

especial, sin el debido permiso de su titular o sometidos a concesión o autorización marisquera o acuícola sin el debido título administrativo habilitante, será castigado con la pena de multa de cuatro a ocho meses e inhabilitación especial para el ejercicio del derecho de cazar, pescar o realizar actividades de marisqueo por tiempo de uno a tres años, además de las penas que pudieran corresponderle, en su caso, por la comisión del delito previsto en el apartado 1 de este artículo.

3. Si las conductas anteriores produjeran graves daños al patrimonio cinegético de un terreno sometido a régimen cinegético especial o a la sostenibilidad de los recursos en zonas de concesión o autorización marisquera o acuícola, se impondrá la pena de prisión de seis meses a dos años e inhabilitación especial para el ejercicio de los derechos de cazar, pescar, y realizar actividades de marisqueo por tiempo de dos a cinco años.

4. Se impondrá la pena en su mitad superior cuando las conductas tipificadas en este artículo se realicen en grupo de tres o más personas o utilizando artes o medios prohibidos legal o reglamentariamente[663].

Art. 336[664].

El que, sin estar legalmente autorizado, emplee para la caza o pesca veneno, medios explosivos u otros instrumentos o artes de similar eficacia destructiva o no selectiva para la fauna, será castigado con la pena de prisión de cuatro meses a dos años o multa de ocho a veinticuatro meses y, en cualquier caso, la de inhabilitación especial para profesión u oficio e inhabilitación especial para el ejercicio del derecho a cazar o pescar por tiempo de uno a tres años, con la privación del derecho para la tenencia y porte de armas por el mismo periodo. Si el daño causado fuera de notoria importancia, se impondrá la pena de prisión antes mencionada en su mitad superior.

El que, sin estar legalmente autorizado, emplee para la caza o pesca veneno, medios explosivos u otros instrumentos o artes de similar eficacia destructiva o no selectiva para la fauna, será castigado con la pena de prisión de cuatro meses a dos años o multa de ocho a veinticuatro meses y, en cualquier caso, la de inhabilitación especial para profesión u oficio e inhabilitación especial para el ejercicio del derecho a cazar o pescar por tiempo de uno a tres años. Si el daño causado fuera de notoria importancia, se impondrá la pena de prisión antes mencionada en su mitad superior[665].

Art. 337[666].

1. Será castigado con la pena de tres meses y un día a un año de prisión e inhabilitación especial de un año y un día a tres años para el ejercicio de profesión, oficio o comercio que tenga relación con los animales y para la tenencia de animales, el que por cualquier medio o procedimiento maltrate injustificadamente, causándole lesiones que menoscaben gravemente su salud o sometiéndole a explotación sexual, a

a) un animal doméstico o amansado,

b) un animal de los que habitualmente están domesticados,

c) un animal que temporal o permanentemente vive bajo control humano, o

d) cualquier animal que no viva en estado salvaje.

---

[663] Artículo redactado conforme LO 1/2015, de 30 de marzo, por la que se modifica la Ley Orgánica 10/1995, de 23 de noviembre, del Código Penal.

[664] Redactado conforme LO 3/2023, de 28 de marzo, de modificación de la Ley Orgánica 10/1995, de 23 de noviembre, del Código Penal, en materia de maltrato animal.

[665] Redactado conforme LO 5/2010, de 22 de junio, por la que se modifica la Ley Orgánica 10/1995, de 23 de noviembre, del Código Penal.

[666] Dejado sin contenido por la LO 3/2023, de 28 de marzo, de modificación de la Ley Orgánica 10/1995, de 23 de noviembre, del Código Penal, en materia de maltrato animal.

2. Las penas previstas en el apartado anterior se impondrán en su mitad superior cuando concurra alguna de las circunstancias siguientes:
a) Se hubieran utilizado armas, instrumentos, objetos, medios, métodos o formas concretamente peligrosas para la vida del animal.
b) Hubiera mediado ensañamiento.
c) Se hubiera causado al animal la pérdida o la inutilidad de un sentido, órgano o miembro principal.
d) Los hechos se hubieran ejecutado en presencia de un menor de edad.
3. Si se hubiera causado la muerte del animal se impondrá una pena de seis a dieciocho meses de prisión e inhabilitación especial de dos a cuatro años para el ejercicio de profesión, oficio o comercio que tenga relación con los animales y para la tenencia de animales.
4. Los que, fuera de los supuestos a que se refieren los apartados anteriores de este artículo, maltrataren cruelmente a los animales domésticos o a cualesquiera otros en espectáculos no autorizados legalmente, serán castigados con una pena de multa de uno a seis meses. Asimismo, el juez podrá imponer la pena de inhabilitación especial de tres meses a un año para el ejercicio de profesión, oficio o comercio que tenga relación con los animales y para la tenencia de animales[667].

Art. 337 bis[668].

El que abandone a un animal de los mencionados en el apartado 1 del artículo anterior en condiciones en que pueda peligrar su vida o integridad será castigado con una pena de multa de uno a seis meses. Asimismo, el juez podrá imponer la pena de inhabilitación especial de tres meses a un año para el ejercicio de profesión, oficio o comercio que tenga relación con los animales y para la tenencia de animales[669].

CAPÍTULO V
DISPOSICIONES COMUNES

Art. 338.

Cuando las conductas definidas en este Título afecten a algún espacio natural protegido, se impondrán las penas superiores en grado a las respectivamente previstas.

Art. 339[670].

Los jueces o tribunales ordenarán la adopción, a cargo del autor del hecho, de las medidas necesarias encaminadas a restaurar el equilibrio ecológico perturbado, así como de cualquier otra medida cautelar necesaria para la protección de los bienes tutelados en este Título.

Los Jueces o Tribunales, motivadamente, podrán ordenar la adopción, a cargo del autor del hecho, de medidas encaminadas a restaurar el equilibrio ecológico perturbado, así como adoptar cualquier otra medida cautelar necesaria para la protección de los bienes tutelados en este Título.

---

[667] Redactado conforme LO 1/2015, de 30 de marzo, por la que se modifica la Ley Orgánica 10/1995, de 23 de noviembre, del Código Penal.

[668] Dejado sin contenido por la LO 3/2023, de 28 de marzo, de modificación de la Ley Orgánica 10/1995, de 23 de noviembre, del Código Penal, en materia de maltrato animal.

[669] Artículo introducido por LO 1/2015, de 30 de marzo, por la que se modifica la Ley Orgánica 10/1995, de 23 de noviembre, del Código Penal.

[670] Redactado conforme LO 5/2010, de 22 de junio, por la que se modifica la Ley Orgánica 10/1995, de 23 de noviembre, del Código Penal.

Art. 340.

Si el culpable de cualquiera de los hechos tipificados en este Título hubiera procedido voluntariamente a reparar el daño causado, los Jueces y Tribunales le impondrán la pena inferior en grado a las respectivamente previstas.

TÍTULO XVI BIS
DE LOS DELITOS CONTRA LOS ANIMALES[671]

Art. 340 bis[672].

1. Será castigado con la pena de prisión de tres a dieciocho meses o multa de seis a doce meses y con la pena de inhabilitación especial de uno a tres años para el ejercicio de profesión, oficio o comercio que tenga relación con los animales y para la tenencia de animales el que fuera de las actividades legalmente reguladas y por cualquier medio o procedimiento, incluyendo los actos de carácter sexual, cause a un animal doméstico, amansado, domesticado o que viva temporal o permanentemente bajo el control humano lesión que requiera tratamiento veterinario para el restablecimiento de su salud.

Si las lesiones del apartado anterior se causaren a un animal vertebrado no incluido en el apartado anterior, se impondrá la pena de prisión de tres a doce meses o multa de tres a seis meses, además de la pena de inhabilitación especial de uno a tres años para el ejercicio de la profesión, oficio o comercio que tenga relación con los animales y para la tenencia de animales.

Si el delito se hubiera cometido utilizando armas de fuego, el juez o tribunal podrá imponer motivadamente la pena de privación del derecho a tenencia y porte de armas por un tiempo de uno a cuatro años.

2. Las penas previstas en el apartado anterior se impondrán en su mitad superior cuando concurra alguna de las siguientes circunstancias agravantes:

a) Utilizar armas, instrumentos, objetos, medios, métodos o formas que pudieran resultar peligrosas para la vida o salud del animal.

b) Ejecutar el hecho con ensañamiento.

c) Causar al animal la pérdida o la inutilidad de un sentido, órgano o miembro principal.

d) Realizar el hecho por su propietario o quien tenga confiado el cuidado del animal.

e) Ejecutar el hecho en presencia de un menor de edad o de una persona especialmente vulnerable.

f) Ejecutar el hecho con ánimo de lucro.

---

[671] Título introducido por LO 3/2023, de 28 de marzo, de modificación de la Ley Orgánica 10/1995, de 23 de noviembre, del Código Penal, en materia de maltrato animal.

[672] Artículo introducido por LO 3/2023, de 28 de marzo, de modificación de la Ley Orgánica 10/1995, de 23 de noviembre, del Código Penal, en materia de maltrato animal.

g) Cometer el hecho para coaccionar, intimidar, acosar o producir menoscabo psíquico a quien sea o haya sido cónyuge o a persona que esté o haya estado ligada al autor por una análoga relación de afectividad, aun sin convivencia.

h) Ejecutar el hecho en un evento público o difundirlo a través de tecnologías de la información o la comunicación.

i) Utilizar veneno, medios explosivos u otros instrumentos o artes de similar eficacia destructiva o no selectiva.

3. Cuando, con ocasión de los hechos previstos en el apartado primero de este artículo, se cause la muerte de un animal doméstico, amansado, domesticado o que viva temporal o permanentemente bajo el control humano, se impondrá la pena de prisión de doce a veinticuatro meses, además de la pena de inhabilitación especial de dos a cuatro años para el ejercicio de profesión, oficio o comercio que tenga relación con los animales y para la tenencia de animales.

Cuando, con ocasión de los hechos previstos en el apartado primero de este artículo, se cause muerte de un animal vertebrado no incluido en el apartado anterior, se impondrá la pena de prisión de seis a dieciocho meses o multa de dieciocho a veinticuatro meses, además de la pena de inhabilitación especial de dos a cuatro años para el ejercicio de la profesión, oficio o comercio que tenga relación con los animales y para la tenencia de animales.

Si el delito se hubiera cometido utilizando armas de fuego, el juez o tribunal podrá imponer motivadamente la pena de privación del derecho a tenencia y porte de armas por un tiempo de dos a cinco años.

Cuando concurra alguna de las circunstancias previstas en el apartado anterior, el juez o tribunal impondrá las penas en su mitad superior.

4. Si las lesiones producidas no requiriesen tratamiento veterinario o se hubiere maltratado gravemente al animal sin causarle lesiones, se impondrá una pena de multa de uno a dos meses o trabajos en beneficio de la comunidad de uno a treinta días. Asimismo, se impondrá la pena de inhabilitación especial de tres meses a un año para el ejercicio de profesión, oficio o comercio que tenga relación con los animales y para la tenencia de animales.

Art. 340 ter[673].

Quien abandone a un animal vertebrado que se encuentre bajo su responsabilidad en condiciones en que pueda peligrar su vida o integridad será castigado con una pena de multa de uno a seis meses o de trabajos en beneficio de la comunidad de treinta y uno a noventa días. Asimismo, se impondrá la pena de inhabilitación especial de uno a tres años para el ejercicio de profesión, oficio o comercio que tenga relación con los animales y para la tenencia de animales.

---

[673]   Artículo introducido por LO 3/2023, de 28 de marzo, de modificación de la Ley Orgánica 10/1995, de 23 de noviembre, del Código Penal, en materia de maltrato animal.

Art. 340 quater[674].

1. Cuando de acuerdo con lo establecido en el artículo 31 bis una persona jurídica sea responsable de los delitos recogidos en este título, se le impondrán las siguientes penas:

a) Multa de uno a tres años, si el delito cometido por la persona física tiene prevista en la ley una pena de prisión superior a dos años.

b) Multa de seis meses a dos años, en el resto de los casos.

2. Atendidas las reglas establecidas en el artículo 66 bis, en los supuestos de responsabilidad de personas jurídicas los jueces y tribunales podrán asimismo imponer las penas recogidas en el artículo 33.7, párrafos b) a g).

Art. 340 quinquies[675].

Los jueces o tribunales podrán adoptar motivadamente cualquier medida cautelar necesaria para la protección de los bienes tutelados en este Título, incluyendo cambios provisionales sobre la titularidad y cuidado del animal.

Cuando la pena de inhabilitación especial para el ejercicio de profesión, oficio o comercio que tenga relación con los animales y para la tenencia de animales recaiga sobre la persona que tuviera a asignada la titularidad o cuidado del animal maltratado, el juez o tribunal, de oficio o a instancia de parte, adoptará las medidas pertinentes respecto a la titularidad y el cuidado del animal.

TÍTULO XVII
DE LOS DELITOS CONTRA LA SEGURIDAD COLECTIVA

CAPÍTULO I
DE LOS DELITOS DE RIESGO CATASTRÓFICO

SECCIÓN 1.ª
DE LOS DELITOS RELATIVOS A LA ENERGÍA NUCLEAR Y A LAS RADIACIONES IONIZANTES

Art. 341.

El que libere energía nuclear o elementos radiactivos que pongan en peligro la vida o la salud de las personas o sus bienes, aunque no se produzca explosión, será sancionado con la pena de prisión de quince a veinte años, e inhabilitación especial para empleo o cargo público, profesión u oficio por tiempo de diez a veinte años.

---

[674] Artículo introducido por LO 3/2023, de 28 de marzo, de modificación de la Ley Orgánica 10/1995, de 23 de noviembre, del Código Penal, en materia de maltrato animal.

[675] Artículo introducido por LO 3/2023, de 28 de marzo, de modificación de la Ley Orgánica 10/1995, de 23 de noviembre, del Código Penal, en materia de maltrato animal.

Art. 342.

El que, sin estar comprendido en el artículo anterior, perturbe el funcionamiento de una instalación nuclear o radiactiva, o altere el desarrollo de actividades en las que intervengan materiales o equipos productores de radiaciones ionizantes, creando una situación de grave peligro para la vida o la salud de las personas, será sancionado con la pena de prisión de cuatro a diez años, e inhabilitación especial para empleo o cargo público, profesión u oficio por tiempo de seis a diez años.

Art. 343[676].

1. El que mediante el vertido, la emisión o la introducción en el aire, el suelo o las aguas de una cantidad de materiales o de radiaciones ionizantes, o la exposición por cualquier otro medio a dichas radiaciones ponga en peligro la vida, integridad, salud o bienes de una o varias personas, será sancionado con la pena de prisión de seis a doce años e inhabilitación especial para empleo o cargo público, profesión u oficio por tiempo de seis a diez años. La misma pena se impondrá cuando mediante esta conducta se ponga en peligro la calidad del aire, del suelo o de las aguas o a animales o plantas.

2. Cuando con ocasión de la conducta descrita en el apartado anterior se produjere, además del riesgo prevenido, un resultado lesivo constitutivo de delito, cualquiera que sea su gravedad, los jueces o tribunales apreciarán tan sólo la infracción más gravemente penada, aplicando la pena en su mitad superior.

3. Cuando de acuerdo con lo establecido en el artículo 31 bis una persona jurídica sea responsable de los delitos recogidos en este artículo, se le impondrá la pena de multa de dos a cinco años.

Atendidas las reglas establecidas en el artículo 66 bis, los jueces y tribunales podrán asimismo imponer las penas recogidas en las letras b) a g) del apartado 7 del artículo 33.

> *El que exponga a una o varias personas a radiaciones ionizantes que pongan en peligro su vida, integridad, salud o bienes, será sancionado con la pena de prisión de seis a doce años, e inhabilitación especial para empleo o cargo público, profesión u oficio por tiempo de seis a diez años.*

Art. 344.

Los hechos previstos en los artículos anteriores serán sancionados con la pena inferior en grado, en sus respectivos supuestos, cuando se hayan cometido por imprudencia grave.

Art. 345[677].

1. El que, contraviniendo las leyes u otras disposiciones de carácter general, adquiera, posea, trafique, facilite, trate, transforme, utilice, almacene, transporte o elimine materiales nucleares u otras sustancias radiactivas peligrosas

---

[676] Redactado conforme LO 5/2010, de 22 de junio, por la que se modifica la Ley Orgánica 10/1995, de 23 de noviembre, del Código Penal.

[677] Artículo modificado por LO 1/2015, de 30 de marzo, por la que se modifica la Ley Orgánica 10/1995, de 23 de noviembre, del Código Penal. Véase Corrección de errores de la Ley

que causen o puedan causar la muerte o lesiones graves a personas, o daños sustanciales a la calidad del aire, la calidad del suelo o la calidad de las aguas o a animales o plantas, será castigado con la pena de prisión de uno a cinco años, multa de seis a dieciocho meses, e inhabilitación especial para profesión u oficio por tiempo de uno a tres años.

2. El que sin la debida autorización produjere tales materiales o sustancias será castigado con la pena superior en grado.

3. Si los hechos a que se refieren los apartados anteriores se hubieran cometido por imprudencia grave, se impondrá la pena inferior en grado a la señalada en los mismos.

> *1. El que se apodere de materiales nucleares o elementos radiactivos, aun sin ánimo de lucro, será sancionado con la pena de prisión de uno a cinco años. La misma pena se impondrá al que sin la debida autorización posea, trafique, facilite, trate, transforme, utilice, almacene, transporte o elimine materiales nucleares u otras sustancias radiactivas peligrosas que causen o puedan causar la muerte o lesiones graves a personas, o daños sustanciales a la calidad del aire, la calidad del suelo o la calidad de las aguas o a animales o plantas.*
>
> *2. Si el hecho se ejecutara empleando fuerza en las cosas, se impondrá la pena en su mitad superior.*
>
> *3. Si el hecho se cometiera con violencia o intimidación en las personas, el culpable será castigado con la pena superior en grado.*
>
> *4. El que sin la debida autorización produjere tales materiales o sustancias será castigado con la pena superior en grado[678].*

SECCIÓN 2.ª
DE LOS ESTRAGOS

Art. 346.

1. Los que provocando explosiones o utilizando cualquier otro medio de similar potencia destructiva, causaren la destrucción de aeropuertos, puertos, estaciones, edificios, locales públicos, depósitos que contengan materiales inflamables o explosivos, vías de comunicación, medios de transporte colectivos, o la inmersión o varamiento de nave, inundación, explosión de una mina o instalación industrial, levantamiento de los carriles de una vía férrea, cambio malicioso de las señales empleadas en el servicio de ésta para la seguridad de los medios de transporte, voladura de puente, destrozo de calzada pública, daño a oleoductos, perturbación grave de cualquier clase o medio de comunicación, perturbación o interrupción del suministro de agua, electricidad, hidrocarburos u otro recurso natural fundamental incurrirán en la pena de prisión de diez a veinte años, cuando los estragos comportaran necesariamente un peligro para la vida o integridad de las personas[679].

Orgánica 1/2015, de 30 de marzo, por la que se modifica la Ley Orgánica 10/1995, de 23 de noviembre, del Código Penal (BOE núm. 139, de 11 de junio de 2015).

[678] Redactado conforme LO 5/2010, de 22 de junio, por la que se modifica la Ley Orgánica 10/1995, de 23 de noviembre, del Código Penal.

[679] Redactado conforme LO 1/2015, de 30 de marzo, por la que se modifica la Ley Orgánica 10/1995, de 23 de noviembre, del Código Penal.

1. Los que, provocando explosiones o utilizando cualquier otro medio de similar potencia destructiva, causaren la destrucción de aeropuertos, puertos, estaciones, edificios, locales públicos, depósitos que contengan materiales inflamables o explosivos, vías de comunicación, medios de transporte colectivos, o la inmersión o varamiento de nave, inundación, explosión de una mina o instalación industrial, levantamiento de los carriles de una vía férrea, cambio malicioso de las señales empleadas en el servicio de ésta para la seguridad de los medios de transporte, voladura de puente, destrozo de calzada pública, perturbación grave de cualquier clase o medio de comunicación, perturbación o interrupción del suministro de agua, electricidad u otro recurso natural fundamental incurrirán en la pena de prisión de 10 a 20 años, cuando los estragos comportaran necesariamente un peligro para la vida o integridad de las personas[680].

2. Cuando no concurriere tal peligro, se castigarán con una pena de cuatro a ocho años de prisión[681].

2. Cuando no concurriere tal peligro, se castigarán como daños previstos en el artículo 266 de este Código[682].

3. Si, además del peligro, se hubiere producido lesión para la vida, integridad física o salud de las personas, los hechos se castigarán separadamente con la pena correspondiente al delito cometido.

Art. 347.

El que por imprudencia grave provocare un delito de estragos será castigado con la pena de prisión de uno a cuatro años.

SECCIÓN 3.ª
DE OTROS DELITOS DE RIESGO PROVOCADOS POR EXPLOSIVOS Y OTROS AGENTES[683]

Art. 348.

1. Los que en la fabricación, manipulación, transporte, tenencia o comercialización de explosivos, sustancias inflamables o corrosivas, tóxicas y asfixiantes, o cualesquiera otras materias, aparatos o artificios que puedan causar estragos, contravinieran las normas de seguridad establecidas, poniendo en concreto peligro la vida, la integridad física o la salud de las personas, o el medio ambiente, serán castigados con la pena de prisión de seis meses a tres años, multa de doce a veinticuatro meses e inhabilitación especial para empleo o cargo público, profesión u oficio por tiempo de seis a doce años. Las mismas

---

[680]   Redactado conforme LO 15/2003, de 25 de noviembre, por la que se modifica la Ley Orgánica 10/1995, de 23 de noviembre, del Código Penal.

[681]   Redactado conforme LO 1/2015, de 30 de marzo, por la que se modifica la Ley Orgánica 10/1995, de 23 de noviembre, del Código Penal.

[682]   Redactado conforme LO 15/2003, de 25 de noviembre, por la que se modifica la Ley Orgánica 10/1995, de 23 de noviembre, del Código Penal.

[683]   Rúbrica redactada conforme LO 4/2005, de 10 de octubre, por la que se modifica la Ley Orgánica 10/1995, de 23 de noviembre, del Código Penal, en materia de delitos de riesgo provocados por explosivos.

Art. 348

penas se impondrán a quien, de forma ilegal, produzca, importe, exporte, comercialice o utilice sustancias destructoras del ozono[684].

> *1. Los que en la fabricación, manipulación, transporte, tenencia o comercialización de explosivos, sustancias inflamables o corrosivas, tóxicas y asfixiantes, o cualesquiera otras materias, aparatos o artificios que puedan causar estragos, contravinieran las normas de seguridad establecidas, poniendo en peligro concreto la vida, la integridad física o la salud de las personas, o el medio ambiente, serán castigados con la pena de prisión de seis meses a tres años, multa de doce a veinticuatro meses e inhabilitación especial para empleo o cargo público, profesión u oficio por tiempo de seis a doce años[685].*

2. Los responsables de la vigilancia, control y utilización de explosivos que puedan causar estragos que, contraviniendo la normativa en materia de explosivos, hayan facilitado su efectiva pérdida o sustracción serán castigados con las penas de prisión de seis meses a tres años, multa de doce a veinticuatro meses e inhabilitación especial para empleo o cargo público, profesión u oficio de seis a doce años[686].

3. En los supuestos recogidos en los apartados anteriores, cuando de los hechos fuera responsable una persona jurídica de acuerdo con lo establecido en el artículo 31 bis de este Código, se le impondrá la pena de multa de uno a tres años, salvo que, acreditado el perjuicio producido, su importe fuera mayor, en cuyo caso la multa será del doble al cuádruple del montante de dicho perjuicio.

Atendidas las reglas establecidas en el artículo 66 bis, los jueces y tribunales podrán asimismo imponer las penas recogidas en las letras b) a g) del apartado 7 del artículo 33.

Las penas establecidas en los apartados anteriores se impondrán en su mitad superior cuando se trate de los directores, administradores o encargados de la sociedad, empresa, organización o explotación[687].

> *3. Las penas establecidas en los apartados anteriores se impondrán en su mitad superior cuando se trate de los directores, administradores o encargados de la sociedad, empresa, organización o explotación. En estos supuestos la autoridad judicial podrá decretar, además, alguna o algunas de las medidas previstas en el artículo 129 de este Código[688].*

4. Serán castigados con las penas de prisión de seis meses a un año, multa de seis a doce meses e inhabilitación especial para empleo o cargo público, profesión u oficio por tiempo de tres a seis años los responsables de las fábricas,

---

[684] Redactado conforme LO 5/2010, de 22 de junio, por la que se modifica la Ley Orgánica 10/1995, de 23 de noviembre, del Código Penal.

[685] Redactado conforme LO 4/2005, de 10 de octubre, por la que se modifica la Ley Orgánica 10/1995, de 23 de noviembre, del Código Penal, en materia de delitos de riesgo provocados por explosivos.

[686] Redactado conforme LO 4/2005, de 10 de octubre, por la que se modifica la Ley Orgánica 10/1995, de 23 de noviembre, del Código Penal, en materia de delitos de riesgo provocados por explosivos.

[687] Apartado redactado conforme LO 5/2010, de 22 de junio, por la que se modifica la Ley Orgánica 10/1995, de 23 de noviembre, del Código Penal.

[688] Redactado conforme LO 4/2005, de 10 de octubre, por la que se modifica la Ley Orgánica 10/1995, de 23 de noviembre, del Código Penal, en materia de delitos de riesgo provocados por explosivos.

talleres, medios de transporte, depósitos y demás establecimientos relativos a explosivos que puedan causar estragos, cuando incurran en alguna o algunas de las siguientes conductas:

a) Obstaculizar la actividad inspectora de la Administración en materia de seguridad de explosivos.

b) Falsear u ocultar a la Administración información relevante sobre el cumplimiento de las medidas de seguridad obligatorias relativas a explosivos.

c) Desobedecer las órdenes expresas de la Administración encaminadas a subsanar las anomalías graves detectadas en materia de seguridad de explosivos[689].

Art. 349.

Los que en la manipulación, transporte o tenencia de organismos contravinieren las normas o medidas de seguridad establecidas, poniendo en concreto peligro la vida, la integridad física o la salud de las personas, o el medio ambiente, serán castigados con las penas de prisión de seis meses a dos años, multa de seis a doce meses, e inhabilitación especial para el empleo o cargo público, profesión u oficio por tiempo de tres a seis años.

Art. 350.

Sin perjuicio de lo dispuesto en el artículo 316, incurrirán en las penas previstas en el artículo anterior los que en la apertura de pozos o excavaciones, en la construcción o demolición de edificios, presas, canalizaciones u obras análogas o, en su conservación, acondicionamiento o mantenimiento infrinjan las normas de seguridad establecidas cuya inobservancia pueda ocasionar resultados catastróficos, y pongan en concreto peligro la vida, la integridad física de las personas o el medio ambiente.

CAPÍTULO II
DE LOS INCENDIOS

SECCIÓN 1.ª
DE LOS DELITOS DE INCENDIO

Art. 351.

Los que provocaren un incendio que comporte un peligro para la vida o integridad física de las personas, serán castigados con la pena de prisión de diez a veinte años. Los Jueces o Tribunales podrán imponer la pena inferior en grado atendidas la menor entidad del peligro causado y las demás circunstancias del hecho.

---

[689] Apartado redactado conforme LO 4/2005, de 10 de octubre, por la que se modifica la Ley Orgánica 10/1995, de 23 de noviembre, del Código Penal, en materia de delitos de riesgo provocados por explosivos.

Art. 352

Cuando no concurra tal peligro para la vida o integridad física de las personas, los hechos se castigarán como daños previstos en el artículo 266 de este Código[690].

SECCIÓN 2.ª
DE LOS INCENDIOS FORESTALES

Art. 352.

Los que incendiaren montes o masas forestales, serán castigados con las penas de prisión de uno a cinco años y multa de doce a dieciocho meses.

Si ha existido peligro para la vida o integridad física de las personas, se castigará el hecho conforme a lo dispuesto en el artículo 351, imponiéndose, en todo caso, la pena de multa de doce a veinticuatro meses.

Art. 353[691].

1. Los hechos a que se refiere el artículo anterior serán castigados con una pena de prisión de tres a seis años y multa de dieciocho a veinticuatro meses cuando el incendio alcance especial gravedad, atendida la concurrencia de alguna de las circunstancias siguientes:

1.ª Que afecte a una superficie de considerable importancia.

2.ª Que se deriven grandes o graves efectos erosivos en los suelos.

3.ª Que altere significativamente las condiciones de vida animal o vegetal, o afecte a algún espacio natural protegido.

4.ª Que el incendio afecte a zonas próximas a núcleos de población o a lugares habitados.

5.ª Que el incendio sea provocado en un momento en el que las condiciones climatológicas o del terreno incrementen de forma relevante el riesgo de propagación del mismo.

6.ª En todo caso, cuando se ocasione grave deterioro o destrucción de los recursos afectados.

2. Se impondrá la misma pena cuando el autor actúe para obtener un beneficio económico con los efectos derivados del incendio.

> *1. Las penas señaladas en el artículo anterior se impondrán en su mitad superior cuando el incendio alcance especial gravedad, atendida la concurrencia de alguna de las circunstancias siguientes:*
>
> *1.º Que afecte a una superficie de considerable importancia.*
>
> *2.º Que se deriven grandes o graves defectos erosivos en los suelos.*
>
> *3.º Que altere significativamente las condiciones de vida animal o vegetal o afecte a algún espacio natural protegido.*
>
> *4.º En todo caso, cuando se ocasione grave deterioro o destrucción de los recursos afectados.*

---

[690] Redactado conforme LO 7/2000, de 22 de diciembre, de modificación de la Ley Orgánica 10/1995, de 23 de noviembre, del Código Penal, y de la Ley Orgánica 5/2000, de 12 de enero, reguladora de la Responsabilidad Penal de los Menores, en relación con los delitos de terrorismo.

[691] Redactado conforme LO 1/2015, de 30 de marzo, por la que se modifica la Ley Orgánica 10/1995, de 23 de noviembre, del Código Penal.

2. También se impondrán dichas penas en su mitad superior cuando el autor actúe para obtener un beneficio económico con los efectos derivados del incendio.

Art. 354.

1. El que prendiere fuego a montes o masas forestales sin que llegue a propagarse el incendio de los mismos, será castigado con la pena de prisión de seis meses a un año y multa de seis a doce meses.

2. La conducta prevista en el apartado anterior quedará exenta de pena si el incendio no se propaga por la acción voluntaria y positiva de su autor.

Art. 355.

En todos los casos previstos en esta sección, los Jueces o Tribunales podrán acordar que la calificación del suelo en las zonas afectadas por un incendio forestal no pueda modificarse en un plazo de hasta treinta años. Igualmente podrán acordar que se limiten o supriman los usos que se vinieran llevando a cabo en las zonas afectadas por el incendio, así como la intervención administrativa de la madera quemada procedente del incendio.

SECCIÓN 3.ª
DE LOS INCENDIOS EN ZONAS NO FORESTALES

Art. 356.

El que incendiare zonas de vegetación no forestales perjudicando gravemente el medio natural, será castigado con la pena de prisión de seis meses a dos años y multa de seis a veinticuatro meses.

SECCIÓN 4.ª
DE LOS INCENDIOS EN BIENES PROPIOS

Art. 357.

El incendiario de bienes propios será castigado con la pena de prisión de uno a cuatro años si tuviere propósito de defraudar o perjudicar a terceros, hubiere causado defraudación o perjuicio, existiere peligro de propagación a edificio, arbolado o plantío ajeno o hubiere perjudicado gravemente las condiciones de la vida silvestre, los bosques o los espacios naturales.

SECCIÓN 5.ª
DISPOSICIONES COMUNES[692]

Art. 358.

El que por imprudencia grave provocare alguno de los delitos de incendio penados en las secciones anteriores, será castigado con la pena inferior en grado, a las respectivamente previstas para cada supuesto.

---

[692] Redactado conforme LO 1/2015, de 30 de marzo, por la que se modifica la Ley Orgánica 10/1995, de 23 de noviembre, del Código Penal.

Art. 358 bis[693].

Lo dispuesto en los artículos 338 a 340 será también aplicable a los delitos regulados en este Capítulo.

CAPÍTULO III
DE LOS DELITOS CONTRA LA SALUD PÚBLICA

Art. 359.

El que, sin hallarse debidamente autorizado, elabore sustancias nocivas para la salud o productos químicos que puedan causar estragos, o los despache o suministre, o comercie con ellos, será castigado con la pena de prisión de seis meses a tres años y multa de seis a doce meses, e inhabilitación especial para profesión o industria por tiempo de seis meses a dos años.

Art. 360.

El que, hallándose autorizado para el tráfico de las sustancias o productos a que se refiere el artículo anterior, los despache o suministre sin cumplir con las formalidades previstas en las Leyes y Reglamentos respectivos, será castigado con la pena de multa de seis a doce meses e inhabilitación para la profesión u oficio de seis meses a dos años.

Art. 361[694].

El que fabrique, importe, exporte, suministre, intermedie, comercialice, ofrezca o ponga en el mercado, o almacene con estas finalidades, medicamentos, incluidos los de uso humano y veterinario, así como los medicamentos en investigación, que carezcan de la necesaria autorización exigida por la ley, o productos sanitarios que no dispongan de los documentos de conformidad exigidos por las disposiciones de carácter general, o que estuvieran deteriorados, caducados o incumplieran las exigencias técnicas relativas a su composición, estabilidad y eficacia, y con ello se genere un riesgo para la vida o la salud de las personas, será castigado con una pena de prisión de seis meses a tres años, multa de seis a doce meses e inhabilitación especial para profesión u oficio de seis meses a tres años.

Los que expendan o despachen medicamentos deteriorados o caducados, o que incumplan las exigencias técnicas relativas a su composición, estabilidad y eficacia, o sustituyan unos por otros, y con ello pongan en peligro la vida o la salud de las personas serán castigados con las penas de prisión de seis meses a dos años, multa de seis a dieciocho meses e inhabilitación especial para profesión u oficio de seis meses a dos años.

---

[693] Artículo introducido por LO 1/2015, de 30 de marzo, por la que se modifica la Ley Orgánica 10/1995, de 23 de noviembre, del Código Penal.

[694] Redactado conforme LO 1/2015, de 30 de marzo, por la que se modifica la Ley Orgánica 10/1995, de 23 de noviembre, del Código Penal.

Art. 361 bis[695].

La distribución o difusión pública a través de Internet, del teléfono o de cualquier otra tecnología de la información o de la comunicación de contenidos específicamente destinados a promover o facilitar, entre personas menores de edad o personas con discapacidad necesitadas de especial protección, el consumo de productos, preparados o sustancias o la utilización de técnicas de ingestión o eliminación de productos alimenticios cuyo uso sea susceptible de generar riesgo para la salud de las personas será castigado con la pena de multa de seis a doce meses o pena de prisión de uno a tres años.

Las autoridades judiciales ordenarán la adopción de las medidas necesarias para la retirada de los contenidos a los que se refiere el párrafo anterior, para la interrupción de los servicios que ofrezcan predominantemente dichos contenidos o para el bloqueo de unos y otros cuando radiquen en el extranjero.

1[696]. Los que, sin justificación terapéutica, prescriban, proporcionen, dispensen, suministren, administren, ofrezcan o faciliten a deportistas federados no competitivos, deportistas no federados que practiquen el deporte por recreo, o deportistas que participen en competiciones organizadas en España por entidades deportivas, sustancias o grupos farmacológicos prohibidos, así como métodos no reglamentarios, destinados a aumentar sus capacidades físicas o a modificar los resultados de las competiciones, que por su contenido, reiteración de la ingesta u otras circunstancias concurrentes, pongan en peligro la vida o la salud de los mismos, serán castigados con las penas de prisión de seis meses a dos años, multa de seis a dieciocho meses, e inhabilitación especial para empleo o cargo público, profesión u oficio, de dos a cinco años.
2. Se impondrán las penas previstas en el apartado anterior en su mitad superior cuando el delito se perpetre concurriendo alguna de las circunstancias siguientes:
1.ª Que la víctima sea menor de edad.
2.ª Que se haya empleado engaño o intimidación.
3.ª Que el responsable se haya prevalido de una relación de superioridad laboral o profesional[697].

Art. 362[698].

1. Será castigado con una pena de prisión de seis meses a cuatro años, multa de seis a dieciocho meses e inhabilitación especial para profesión u oficio de uno a tres años, el que elabore o produzca,

---

[695] Artículo introducido por LO 8/2021, de 4 de julio, de protección integral a la infancia y la adolescencia frente a la violencia.

[696] Artículo introducido por LO 7/2006, de 21 de noviembre, de protección de la salud y de la lucha contra el dopaje en el deporte y dejado sin contenido por LO 1/2015, de 30 de marzo, por la que se modifica la Ley Orgánica 10/1995, de 23 de noviembre, del Código Penal.

[697] Este artículo, que fue introducido por la Ley Orgánica 7/2006, de 21 de noviembre, de protección de la salud y de la lucha contra el dopaje en el deporte, fue dejado sin contenido por la LO 1/2015, de 30 de marzo, por la que se modifica la Ley Orgánica 10/1995, de 23 de noviembre, del Código Penal.

[698] Redactado conforme LO 1/2015, de 30 de marzo, por la que se modifica la Ley Orgánica 10/1995, de 23 de noviembre, del Código Penal. Véase Corrección de errores de la Ley Orgánica 1/2015, de 30 de marzo, por la que se modifica la Ley Orgánica 10/1995, de 23 de noviembre, del Código Penal (BOE núm. 139, de 11 de junio de 2015).

a) un medicamento, incluidos los de uso humano y veterinario, así como los medicamentos en investigación; o una sustancia activa o un excipiente de dicho medicamento;

b) un producto sanitario, así como los accesorios, elementos o materiales que sean esenciales para su integridad;

de modo que se presente engañosamente: su identidad, incluidos, en su caso, el envase y etiquetado, la fecha de caducidad, el nombre o composición de cualquiera de sus componentes, o, en su caso, la dosificación de los mismos; su origen, incluidos el fabricante, el país de fabricación, el país de origen y el titular de la autorización de comercialización o de los documentos de conformidad; datos relativos al cumplimiento de requisitos o exigencias legales, licencias, documentos de conformidad o autorizaciones; o su historial, incluidos los registros y documentos relativos a los canales de distribución empleados, siempre que estuvieran destinados al consumo público o al uso por terceras personas, y generen un riesgo para la vida o la salud de las personas.

2. Las mismas penas se impondrán a quien altere, al fabricarlo o elaborarlo o en un momento posterior, la cantidad, la dosis, la caducidad o la composición genuina, según lo autorizado o declarado, de cualquiera de los medicamentos, sustancias, excipientes, productos sanitarios, accesorios, elementos o materiales mencionados en el apartado anterior, de un modo que reduzca su seguridad, eficacia o calidad, generando un riesgo para la vida o la salud de las personas.

1. Serán castigados con las penas de prisión de seis meses a tres años, multa de seis a dieciocho meses e inhabilitación especial para profesión u oficio de uno a tres años:

1.° El que altere, al fabricarlo o elaborarlo o en un momento posterior, la cantidad, la dosis o la composición genuina, según lo autorizado o declarado, de un medicamento, privándole total o parcialmente de su eficacia terapéutica, y con ello ponga en peligro la vida o la salud de las personas.

2.° El que, con ánimo de expenderlos o utilizarlos de cualquier manera, imite o simule medicamentos o sustancias productoras de efectos beneficiosos para la salud, dándoles apariencia de verdaderos, y con ello ponga en peligro la vida o la salud de las personas.

3.° El que, conociendo su alteración y con propósito de expenderlos o destinarlos al uso por otras personas, tenga en depósito, anuncie o haga publicidad, ofrezca, exhiba, venda, facilite o utilice en cualquier forma los medicamentos referidos y con ello ponga en peligro la vida o la salud de las personas.

2. Las penas de inhabilitación previstas en este artículo y en los anteriores serán de tres a seis años cuando los hechos sean cometidos por farmacéuticos, o por los directores técnicos de laboratorios legalmente autorizados, en cuyo nombre o representación actúen.

3. En casos de suma gravedad, los Jueces o Tribunales, teniendo en cuenta las circunstancias personales del autor y las del hecho, podrán imponer las penas superiores en grado a las antes señaladas.

Art. 362 bis[699].

Será castigado con una pena de prisión de seis meses a cuatro años, multa de seis a dieciocho meses e inhabilitación especial para profesión u oficio de uno a tres años, el que, con conocimiento de su falsificación o alteración, importe, exporte, anuncie o haga publicidad, ofrezca, exhiba, venda, facilite,

---

[699] Artículo introducido por LO 1/2015, de 30 de marzo, por la que se modifica la Ley Orgánica 10/1995, de 23 de noviembre, del Código Penal. Véase Corrección de errores de la Ley Orgánica 1/2015, de 30 de marzo, por la que se modifica la Ley Orgánica 10/1995, de 23 de noviembre, del Código Penal (BOE núm. 139, de 11 de junio de 2015).

expenda, despache, envase, suministre, incluyendo la intermediación, trafique, distribuya o ponga en el mercado, cualquiera de los medicamentos, sustancias activas, excipientes, productos sanitarios, accesorios, elementos o materiales a que se refiere el artículo anterior, y con ello genere un riesgo para la vida o la salud de las personas.

Las mismas penas se impondrán a quien los adquiera o tenga en depósito con la finalidad de destinarlos al consumo público, al uso por terceras personas o a cualquier otro uso que pueda afectar a la salud pública.

Art. 362 ter[700].

El que elabore cualquier documento falso o de contenido mendaz referido a cualquiera de los medicamentos, sustancias activas, excipientes, productos sanitarios, accesorios, elementos o materiales a que se refiere el apartado 1 del artículo 362, incluidos su envase, etiquetado y modo de empleo, para cometer o facilitar la comisión de uno de los delitos del artículo 362, será castigado con la pena de seis meses a dos años de prisión, multa de seis a doce meses e inhabilitación especial para profesión u oficio de seis meses a dos años.

Art. 362 quater[701].

Se impondrán las penas superiores en grado a las señaladas en los artículos 361, 362, 362 bis o 362 ter, cuando el delito se perpetre concurriendo alguna de las circunstancias siguientes:

1.ª Que el culpable fuere autoridad, funcionario público, facultativo, profesional sanitario, docente, educador, entrenador físico o deportivo, y obrase en el ejercicio de su cargo, profesión u oficio.

2.ª Que los medicamentos, sustancias activas, excipientes, productos sanitarios, accesorios, elementos o materiales referidos en el artículo 362:

a) se hubieran ofrecido a través de medios de difusión a gran escala; o

b) se hubieran ofrecido o facilitado a menores de edad, personas con discapacidad necesitadas de especial protección, o personas especialmente vulnerables en relación con el producto facilitado.

3.ª Que el culpable perteneciera a una organización o grupo criminal que tuviera como finalidad la comisión de este tipo de delitos.

4.ª Que los hechos fuesen realizados en establecimientos abiertos al público por los responsables o empleados de los mismos.

Art. 362 quinquies[702].

1. Los que, sin justificación terapéutica, prescriban, proporcionen, dispensen, suministren, administren, ofrezcan o faciliten a deportistas federados no

---

700 Artículo introducido por LO 1/2015, de 30 de marzo, por la que se modifica la Ley Orgánica 10/1995, de 23 de noviembre, del Código Penal.

701 Artículo introducido por LO 1/2015, de 30 de marzo, por la que se modifica la Ley Orgánica 10/1995, de 23 de noviembre, del Código Penal.

702 Artículo introducido por LO 1/2015, de 30 de marzo, por la que se modifica la Ley Orgánica 10/1995, de 23 de noviembre, del Código Penal.

competitivos, deportistas no federados que practiquen el deporte por recreo, o deportistas que participen en competiciones organizadas en España por entidades deportivas, sustancias o grupos farmacológicos prohibidos, así como métodos no reglamentarios, destinados a aumentar sus capacidades físicas o a modificar los resultados de las competiciones, que por su contenido, reiteración de la ingesta u otras circunstancias concurrentes, pongan en peligro la vida o la salud de los mismos, serán castigados con las penas de prisión de seis meses a dos años, multa de seis a dieciocho meses e inhabilitación especial para empleo o cargo público, profesión u oficio, de dos a cinco años.

2. Se impondrán las penas previstas en el apartado anterior en su mitad superior cuando el delito se perpetre concurriendo alguna de las circunstancias siguientes:

1.ª Que la víctima sea menor de edad.

2.ª Que se haya empleado engaño o intimidación.

3.ª Que el responsable se haya prevalido de una relación de superioridad laboral o profesional.

Art. 362 sexies[703].

En los delitos previstos en los artículos anteriores de este Capítulo serán objeto de decomiso las sustancias y productos a que se refieren los artículos 359 y siguientes, así como los bienes, medios, instrumentos y ganancias con sujeción a lo dispuesto en los artículos 127 a 128.

Art. 363.

Serán castigados con la pena de prisión de uno a cuatro años, multa de seis a doce meses e inhabilitación especial para profesión, oficio, industria o comercio por tiempo de tres a seis años los productores, distribuidores o comerciantes que pongan en peligro la salud de los consumidores:

1. Ofreciendo en el mercado productos alimentarios con omisión o alteración de los requisitos establecidos en las leyes o reglamentos sobre caducidad o composición.

2. Fabricando o vendiendo bebidas o comestibles destinados al consumo público y nocivos para la salud.

3. Traficando con géneros corrompidos.

4. Elaborando productos cuyo uso no se halle autorizado y sea perjudicial para la salud, o comerciando con ellos.

5. Ocultando o sustrayendo efectos destinados a ser inutilizados o desinfectados, para comerciar con ellos.

Art. 364.

1. El que adulterare con aditivos u otros agentes no autorizados susceptibles de causar daños a la salud de las personas los alimentos, sustancias o bebidas destinadas al comercio alimentario, será castigado con las penas del

---

[703] Artículo introducido por LO 1/2015, de 30 de marzo, por la que se modifica la Ley Orgánica 10/1995, de 23 de noviembre, del Código Penal.

artículo anterior. Si el reo fuera el propietario o el responsable de producción de una fábrica de productos alimenticios, se le impondrá, además, la pena de inhabilitación especial para profesión, oficio, industria o comercio de seis a diez años.

2. Se impondrá la misma pena al que realice cualquiera de las siguientes conductas:

1.º Administrar a los animales cuyas carnes o productos se destinen al consumo humano sustancias no permitidas que generen riesgo para la salud de las personas, o en dosis superiores o para fines distintos a los autorizados.

2.º Sacrificar animales de abasto o destinar sus productos al consumo humano, sabiendo que se les ha administrado las sustancias mencionadas en el número anterior.

3.º Sacrificar animales de abasto a los que se hayan aplicado tratamientos terapéuticos mediante sustancias de las referidas en el apartado 1.º

4.º Despachar al consumo público las carnes o productos de los animales de abasto sin respetar los períodos de espera en su caso reglamentariamente previstos.

Art. 365.

Será castigado con la pena de prisión de dos a seis años el que envenenare o adulterare con sustancias infecciosas, u otras que puedan ser gravemente nocivas para la salud, las aguas potables o las sustancias alimenticias destinadas al uso público o al consumo de una colectividad de personas.

Art. 366[704].

Cuando de acuerdo con lo establecido en el artículo 31 bis una persona jurídica sea responsable de los delitos recogidos en los artículos anteriores de este Capítulo, se le impondrá una pena de multa de uno a tres años, o del doble al quíntuplo del valor de las sustancias y productos a que se refieren los artículos 359 y siguientes, o del beneficio que se hubiera obtenido o podido obtener, aplicándose la cantidad que resulte más elevada.

Atendidas las reglas establecidas en el artículo 66 bis, los jueces y tribunales podrán asimismo imponer las penas recogidas en las letras b) a g) del apartado 7 del artículo 33.

> En el caso de los artículos anteriores, se podrá imponer la medida de clausura del establecimiento, fábrica, laboratorio o local por tiempo de hasta cinco años, y en los supuestos de extrema gravedad podrá decretarse el cierre definitivo conforme a lo previsto en el artículo 129.

Art. 367.

Si los hechos previstos en todos los artículos anteriores fueran realizados por imprudencia grave, se impondrán, respectivamente, las penas inferiores en grado.

---

[704] Redactado conforme LO 1/2015, de 30 de marzo, por la que se modifica la Ley Orgánica 10/1995, de 23 de noviembre, del Código Penal.

Art. 368[705].

Los que ejecuten actos de cultivo, elaboración o tráfico, o de otro modo promuevan, favorezcan o faciliten el consumo ilegal de drogas tóxicas, estupefacientes o sustancias psicotrópicas, o las posean con aquellos fines, serán castigados con las penas de prisión de tres a seis años y multa del tanto al triplo del valor de la droga objeto del delito si se tratare de sustancias o productos que causen grave daño a la salud, y de prisión de uno a tres años y multa del tanto al duplo en los demás casos.

No obstante lo dispuesto en el párrafo anterior, los tribunales podrán imponer la pena inferior en grado a las señaladas en atención a la escasa entidad del hecho y a las circunstancias personales del culpable. No se podrá hacer uso de esta facultad si concurriere alguna de las circunstancias a que se hace referencia en los artículos 369 bis y 370.

> *Los que ejecuten actos de cultivo, elaboración o tráfico, o de otro modo promuevan, favorezcan o faciliten el consumo ilegal de drogas tóxicas, estupefacientes o sustancias psicotrópicas, o las posean con aquellos fines, serán castigados con las penas de prisión de tres a nueve años y multa del tanto al triplo del valor de la droga objeto del delito si se tratare de sustancias o productos que causen grave daño a la salud, y de prisión de uno a tres años y multa del tanto al duplo en los demás casos.*

Art. 369.

1. Se impondrán las penas superiores en grado a las señaladas en el artículo anterior y multa del tanto al cuádruplo cuando concurran alguna de las siguientes circunstancias[706]:

1.ª El culpable fuere autoridad, funcionario público, facultativo, trabajador social, docente o educador y obrase en el ejercicio de su cargo, profesión u oficio[707].

2.ª[708] El culpable participare en otras actividades organizadas o cuya ejecución se vea facilitada por la comisión del delito.

3.ª Los hechos fueren realizados en establecimientos abiertos al público por los responsables o empleados de los mismos.

4.ª Las sustancias a que se refiere el artículo anterior se faciliten a menores de 18 años, a disminuidos psíquicos o a personas sometidas a tratamiento de deshabituación o rehabilitación.

5.ª Fuere de notoria importancia la cantidad de las citadas sustancias objeto de las conductas a que se refiere el artículo anterior.

---

[705] Redactado conforme LO 5/2010, de 22 de junio, por la que se modifica la Ley Orgánica 10/1995, de 23 de noviembre, del Código Penal.

[706] Redactado conforme LO 15/2003, de 25 de noviembre, por la que se modifica la Ley Orgánica 10/1995, de 23 de noviembre, del Código Penal.

[707] Redactado conforme LO 15/2003, de 25 de noviembre, por la que se modifica la Ley Orgánica 10/1995, de 23 de noviembre, del Código Penal.

[708] Tras la reforma operada por la LO 5/2010, de 22 de junio, por la que se modifica la Ley Orgánica 10/1995, de 23 de noviembre, del Código Penal, se suprimen las circunstancias 2.ª y 10.ª del apartado 1 y las circunstancias 3.ª, 4.ª, 5.ª, 6.ª, 7.ª, 8.ª y 9.ª son renumeradas como 2.ª, 3.ª, 4.ª, 5.ª, 6.ª, 7.ª y 8.ª.

6.ª Las referidas sustancias se adulteren, manipulen o mezclen entre sí o con otras, incrementando el posible daño a la salud.

7.ª Las conductas descritas en el artículo anterior tengan lugar en centros docentes, en centros, establecimientos o unidades militares, en establecimientos penitenciarios o en centros de deshabituación o rehabilitación, o en sus proximidades.

8.ª El culpable empleare violencia o exhibiere o hiciese uso de armas para cometer el hecho.

2[709].

1. Se impondrán las penas superiores en grado a las señaladas en el artículo anterior y multa del tanto al cuádruplo cuando concurra alguna de las siguientes circunstancias:

1.ª El culpable fuere autoridad, funcionario público, facultativo, trabajador social, docente o educador y obrase en el ejercicio de su cargo, profesión u oficio.

2.ª El culpable perteneciere a una organización o asociación, incluso de carácter transitorio, que tuviese como finalidad difundir tales sustancias o productos aun de modo ocasional.

3.ª El culpable participare en otras actividades organizadas o cuya ejecución se vea facilitada por la comisión del delito.

4.ª Los hechos fueren realizados en establecimientos abiertos al público por los responsables o empleados de los mismos.

5.ª Las sustancias a que se refiere el artículo anterior se faciliten a menores de 18 años, a disminuidos psíquicos o a personas sometidas a tratamiento de deshabituación o rehabilitación.

6.ª Fuere de notoria importancia la cantidad de las citadas sustancias objeto de las conductas a que se refiere el artículo anterior.

7.ª Las referidas sustancias se adulteren, manipulen o mezclen entre sí o con otras, incrementando el posible daño a la salud.

8.ª Las conductas descritas en el artículo anterior tengan lugar en centros docentes, en centros, establecimientos o unidades militares, en establecimientos penitenciarios o en centros de deshabituación o rehabilitación, o en sus proximidades.

9.ª El culpable empleare violencia o exhibiere o hiciese uso de armas para cometer el hecho.

10.ª El culpable introdujera o sacare ilegalmente las referidas sustancias o productos del territorio nacional, o favoreciese la realización de tales conductas.

2. En los supuestos previstos en las circunstancias 2.ª, 3.ª y 4.ª del apartado anterior de este artículo, se impondrá a la organización, asociación o persona titular del establecimiento una multa del tanto al triplo del valor de la droga objeto del delito, el comiso de los bienes objeto del delito y de los productos y beneficios obtenidos directa o indirectamente del acto delictivo y, además, la autoridad judicial podrá decretar alguna de las siguientes medidas:

1.ª La pérdida de la posibilidad de obtener subvenciones o ayudas públicas y del derecho a gozar de beneficios o incentivos fiscales o de la Seguridad Social, durante el tiempo que dure la mayor de las penas privativas de libertad impuesta.

2.ª La aplicación de las medidas previstas en el artículo 129 de este Código[710].

---

[709] Apartado suprimido por LO 5/2010, de 22 de junio, por la que se modifica la Ley Orgánica 10/1995, de 23 de noviembre, del Código Penal.

[710] Artículo redactado conforme LO 15/2003, de 25 de noviembre, por la que se modifica la Ley Orgánica 10/1995, de 23 de noviembre, del Código Penal.

Art. 369 bis[711].

Cuando los hechos descritos en el artículo 368 se hayan realizado por quienes pertenecieren a una organización delictiva, se impondrán las penas de prisión de nueve a doce años y multa del tanto al cuádruplo del valor de la droga si se tratara de sustancias y productos que causen grave daño a la salud y de prisión de cuatro años y seis meses a diez años y la misma multa en los demás casos.

A los jefes, encargados o administradores de la organización se les impondrán las penas superiores en grado a las señaladas en el párrafo primero.

Cuando de acuerdo con lo establecido en el artículo 31 bis una persona jurídica sea responsable de los delitos recogidos en los dos artículos anteriores, se le impondrán las siguientes penas:

a) Multa de dos a cinco años, o del triple al quíntuple del valor de la droga cuando la cantidad resultante fuese más elevada, si el delito cometido por la persona física tiene prevista una pena de prisión de más de cinco años.

b) Multa de uno a tres años, o del doble al cuádruple del valor de la droga cuando la cantidad resultante fuese más elevada, si el delito cometido por la persona física tiene prevista una pena de prisión de más de dos años no incluida en el anterior inciso.

Atendidas las reglas establecidas en el artículo 66 bis, los jueces y tribunales podrán asimismo imponer las penas recogidas en las letras b) a g) del apartado 7 del artículo 33.

Art. 370[712].

Se impondrá la pena superior en uno o dos grados a la señalada en el artículo 368 cuando:

1.° Se utilice a menores de 18 años o a disminuidos psíquicos para cometer estos delitos.

2.° Se trate de los jefes, administradores o encargados de las organizaciones a que se refiere la circunstancia 2.ª del apartado 1 del artículo 369[713].

2.° Se trate de los jefes, administradores o encargados de las organizaciones a que se refieren las circunstancias 2.ª y 3.ª del apartado 1 del artículo anterior[714].

3.° Las conductas descritas en el artículo 368 fuesen de extrema gravedad.

Se consideran de extrema gravedad los casos en que la cantidad de las sustancias a que se refiere el artículo 368 excediere notablemente de la considera-

---

[711] Introducido por LO 5/2010, de 22 de junio, por la que se modifica la Ley Orgánica 10/1995, de 23 de noviembre, del Código Penal.

[712] Redactado —excepto el ordinal 2.° y el párrafo segundo del ordinal 3.°— conforme LO 15/2003, de 25 de noviembre, por la que se modifica la Ley Orgánica 10/1995, de 23 de noviembre, del Código Penal.

[713] Redactado conforme LO 5/2010, de 22 de junio, por la que se modifica la Ley Orgánica 10/1995, de 23 de noviembre, del Código Penal.

[714] Redactado conforme LO 15/2003, de 25 de noviembre, por la que se modifica la Ley Orgánica 10/1995, de 23 de noviembre, del Código Penal.

da como de notoria importancia, o se hayan utilizado buques, embarcaciones o aeronaves como medio de transporte específico, o se hayan llevado a cabo las conductas indicadas simulando operaciones de comercio internacional entre empresas, o se trate de redes internacionales dedicadas a este tipo de actividades, o cuando concurrieren tres o más de las circunstancias previstas en el artículo 369.1[715].

> *Se consideran de extrema gravedad los casos en que la cantidad de las sustancias a que se refiere el artículo 368 excediere notablemente de la considerada como de notoria importancia, o se hayan utilizado buques o aeronaves como medio de transporte específico, o se hayan llevado a cabo las conductas indicadas simulando operaciones de comercio internacional entre empresas, o se trate de redes internacionales dedicadas a este tipo de actividades, o cuando concurrieren tres o más de las circunstancias previstas en el artículo 369.1[716].*

En los supuestos de los anteriores números 2.° y 3.° se impondrá a los culpables, además, una multa del tanto al triplo del valor de la droga objeto del delito.

Art. 371.

1. El que fabrique, transporte, distribuya, comercie o tenga en su poder equipos, materiales o sustancias enumeradas en el cuadro I y cuadro II de la Convención de Naciones Unidas, hecha en Viena el 20 de diciembre de 1988, sobre el tráfico ilícito de estupefacientes y sustancias psicotrópicas, y cualesquiera otros productos adicionados al mismo Convenio o que se incluyan en otros futuros Convenios de la misma naturaleza, ratificados por España, a sabiendas de que van a utilizarse en el cultivo, la producción o la fabricación ilícitas de drogas tóxicas, estupefacientes o sustancias psicotrópicas, o para estos fines, será castigado con la pena de prisión de tres a seis años y multa del tanto al triplo del valor de los géneros o efectos.

2. Se impondrá la pena señalada en su mitad superior cuando las personas que realicen los hechos descritos en el apartado anterior pertenezcan a una organización dedicada a los fines en él señalados, y la pena superior en grado cuando se trate de los jefes, administradores o encargados de las referidas organizaciones o asociaciones.

En tales casos, los jueces o tribunales impondrán, además de las penas correspondientes, la de inhabilitación especial del reo para el ejercicio de su profesión o industria por tiempo de tres a seis años, y las demás medidas previstas en el artículo 369.2[717].

---

[715] Párrafo redactado conforme LO 5/2010, de 22 de junio, por la que se modifica la Ley Orgánica 10/1995, de 23 de noviembre, del Código Penal.

[716] Redactado conforme LO 15/2003, de 25 de noviembre, por la que se modifica la Ley Orgánica 10/1995, de 23 de noviembre, del Código Penal.

[717] Redactado conforme LO 15/2003, de 25 de noviembre, por la que se modifica la Ley Orgánica 10/1995, de 23 de noviembre, del Código Penal.

Art. 372.

Si los hechos previstos en este capítulo fueran realizados por empresario, intermediario en el sector financiero, facultativo, funcionario público, trabajador social, docente o educador, en el ejercicio de su cargo, profesión u oficio, se le impondrá, además de la pena correspondiente, la de inhabilitación especial para empleo o cargo público, profesión u oficio, industria o comercio, de tres a diez años. Se impondrá la pena de inhabilitación absoluta de diez a veinte años cuando los referidos hechos fueren realizados por autoridad o agente de la misma, en el ejercicio de su cargo.

A tal efecto, se entiende que son facultativos los médicos, psicólogos, las personas en posesión de título sanitario, los veterinarios, los farmacéuticos y sus dependientes.

Art. 373.

La provocación, la conspiración y la proposición para cometer los delitos previstos en los artículos 368 al 372, se castigarán con la pena inferior en uno a dos grados a la que corresponde, respectivamente, a los hechos previstos en los preceptos anteriores.

Art. 374[718].

En los delitos previstos en el párrafo segundo del apartado 1 del artículo 301 y en los artículos 368 a 372, además de las penas que corresponda imponer por el delito cometido, serán objeto de decomiso las drogas tóxicas, estupefacientes o sustancias psicotrópicas, los equipos, materiales y sustancias a que se refiere el artículo 371, así como los bienes, medios, instrumentos y ganancias con sujeción a lo dispuesto en los artículos 127 a 128 y a las siguientes normas especiales:

1.ª Una vez firme la sentencia, se procederá a la destrucción de las muestras que se hubieran apartado, o a la destrucción de la totalidad de lo incautado, en el caso de que el órgano judicial competente hubiera ordenado su conservación.

2.ª Los bienes, medios, instrumentos y ganancias definitivamente decomisados por sentencia, que no podrán ser aplicados a la satisfacción de las responsabilidades civiles derivadas del delito ni de las costas procesales, serán adjudicados íntegramente al Estado.

1. En los delitos previstos en los artículos 301.1, párrafo segundo, y 368 a 372, además de las penas que corresponda imponer por el delito cometido, serán objeto de decomiso las drogas tóxicas, estupefacientes o sustancias psicotrópicas, los equipos, materiales y sustancias a que se refiere el artículo 371, así como los bienes, medios, instrumentos y ganancias con sujeción a lo dispuesto en el artículo 127 de este Código y a las siguientes normas especiales:

1.ª Las drogas, estupefacientes y sustancias psicotrópicas serán destruidas por la autoridad administrativa bajo cuya custodia se encuentren, una vez realizados los informes analíticos pertinentes y guardadas muestras bastantes de las mismas, salvo que la autoridad judicial competente haya ordenado su conservación íntegra. Una vez que la sentencia sea firme, se procederá a la destrucción de las muestras que se

---

[718]   Redactado conforme LO 1/2015, de 30 de marzo, por la que se modifica la Ley Orgánica 10/1995, de 23 de noviembre, del Código Penal.

hubieran apartado, o a la destrucción de la totalidad de lo incautado, en el caso de que el órgano judicial competente hubiera ordenado su conservación.

2.ª A fin de garantizar la efectividad del decomiso, los bienes, medios, instrumentos y ganancias podrán ser aprehendidos o embargados y puestos en depósito por la autoridad judicial desde el momento de las primeras diligencias.

3.ª La autoridad judicial podrá acordar que, con las debidas garantías para su conservación y mientras se sustancia el procedimiento, el objeto del decomiso, si fuese de lícito comercio, pueda ser utilizado provisionalmente por la policía judicial encargada de la represión del tráfico ilegal de drogas.

4.ª Si, por cualquier circunstancia, no fuera posible el decomiso de los bienes y efectos señalados en el párrafo anterior, podrá acordarse el de otros por un valor equivalente.

5.ª Cuando los bienes, medios, instrumentos y ganancias del delito hayan desaparecido del patrimonio de los presuntos responsables, podrá acordarse el decomiso de su valor sobre otros bienes distintos incluso de origen lícito, que pertenezcan a los responsables

2. Los bienes decomisados podrán ser enajenados, sin esperar el pronunciamiento de firmeza de la sentencia, en los siguientes casos:

a) Cuando el propietario haga expreso abandono de ellos.

b) Cuando su conservación pueda resultar peligrosa para la salud o seguridad públicas, o dar lugar a una disminución importante de su valor, o afectar gravemente a su uso y funcionamiento habituales. Se entenderán incluidos los que sin sufrir deterioro material se deprecien por el transcurso del tiempo.

Cuando concurran estos supuestos, la autoridad judicial ordenará la enajenación, bien de oficio o a instancia del Ministerio Fiscal, el Abogado del Estado o la representación procesal de las comunidades autónomas, entidades locales u otras entidades públicas, y previa audiencia del interesado.

El importe de la enajenación, que se realizará por cualquiera de las formas legalmente previstas, quedará depositado a resultas del correspondiente proceso legal, una vez deducidos los gastos de cualquier naturaleza que se hayan producido.

3. En los delitos a que se refieren los apartados precedentes, los jueces y tribunales que conozcan de la causa podrán declarar la nulidad de los actos o negocios jurídicos en virtud de los cuales se hayan transmitido, gravado o modificado la titularidad real o derechos relativos a los bienes y efectos señalados en los apartados anteriores.

4. Los bienes, medios, instrumentos y ganancias definitivamente decomisados por sentencia, que no podrán ser aplicados a la satisfacción de las responsabilidades civiles derivadas del delito ni de las costas procesales, serán adjudicados íntegramente al Estado[719].

Art. 375[720].

Las condenas de jueces o tribunales extranjeros por delitos de la misma naturaleza que los previstos en los artículos 361 al 372 de este Capítulo producirán los efectos de reincidencia, salvo que el antecedente penal haya sido cancelado o pueda serlo con arreglo al Derecho español.

Las condenas de Jueces o Tribunales extranjeros por delitos de la misma naturaleza que los previstos en los artículos 368 al 372 de este capítulo producirán los efectos de reincidencia, salvo que el antecedente penal haya sido cancelado o pueda serlo con arreglo al Derecho español.

---

[719] Redactado conforme LO 15/2003, de 25 de noviembre, por la que se modifica la Ley Orgánica 10/1995, de 23 de noviembre, del Código Penal.

[720] Redactado conforme LO 1/2015, de 30 de marzo, por la que se modifica la Ley Orgánica 10/1995, de 23 de noviembre, del Código Penal.

Art. 376

Art. 376[721].

En los casos previstos en los artículos 361 a 372, los jueces o tribunales, razonándolo en la sentencia, podrán imponer la pena inferior en uno o dos grados a la señalada por la ley para el delito de que se trate, siempre que el sujeto haya abandonado voluntariamente sus actividades delictivas y haya colaborado activamente con las autoridades o sus agentes bien para impedir la producción del delito, bien para obtener pruebas decisivas para la identificación o captura de otros responsables o para impedir la actuación o el desarrollo de las organizaciones o asociaciones a las que haya pertenecido o con las que haya colaborado.

Igualmente, en los casos previstos en los artículos 368 a 372, los jueces o tribunales podrán imponer la pena inferior en uno o dos grados al reo que, siendo drogodependiente en el momento de comisión de los hechos, acredite suficientemente que ha finalizado con éxito un tratamiento de deshabituación, siempre que la cantidad de drogas tóxicas, estupefacientes o sustancias psicotrópicas no fuese de notoria importancia o de extrema gravedad.

En los casos previstos en los artículos 368 a 372, los jueces o tribunales, razonándolo en la sentencia, podrán imponer la pena inferior en uno o dos grados a la señalada por la ley para el delito de que se trate, siempre que el sujeto haya abandonado voluntariamente sus actividades delictivas y haya colaborado activamente con las autoridades o sus agentes bien para impedir la producción del delito, bien para obtener pruebas decisivas para la identificación o captura de otros responsables o para impedir la actuación o el desarrollo de las organizaciones o asociaciones a las que haya pertenecido o con las que haya colaborado. Igualmente, en los casos previstos en los artículos 368 a 372, los jueces o tribunales podrán imponer la pena inferior en uno o dos grados al reo que, siendo drogodependiente en el momento de comisión de los hechos, acredite suficientemente que ha finalizado con éxito un tratamiento de deshabituación, siempre que la cantidad de drogas tóxicas, estupefacientes o sustancias psicotrópicas no fuese de notoria importancia o de extrema gravedad[722].

Art. 377.

Para la determinación de la cuantía de las multas que se impongan en aplicación de los artículos 368 a 372, el valor de la droga objeto del delito o de los géneros o efectos intervenidos será el precio final del producto o, en su caso, la recompensa o ganancia obtenida por el reo, o que hubiera podido obtener.

Art. 378[723].

Los pagos que se efectúen por el penado por uno o varios de los delitos a que se refieren los artículos 361 al 372 se imputarán por el orden siguiente:

1.º A la reparación del daño causado e indemnización de perjuicios.

2.º A la indemnización del Estado por el importe de los gastos que se hayan hecho por su cuenta en la causa.

3.º A la multa.

---

[721] Redactado conforme LO 1/2015, de 30 de marzo, por la que se modifica la Ley Orgánica 10/1995, de 23 de noviembre, del Código Penal.

[722] Redactado conforme LO 15/2003, de 25 de noviembre, por la que se modifica la Ley Orgánica 10/1995, de 23 de noviembre, del Código Penal.

[723] Redactado conforme LO 1/2015, de 30 de marzo, por la que se modifica la Ley Orgánica 10/1995, de 23 de noviembre, del Código Penal.

4.º A las costas del acusador particular o privado cuando se imponga en la sentencia su pago.

5.º A las demás costas procesales, incluso las de la defensa del procesado, sin preferencia entre los interesados.

> *Los pagos que se efectúen por el penado por uno o varios de los delitos a que se refieren los artículos 368 a 372 se imputarán por el orden siguiente:*
>
> *1.º A la reparación del daño causado e indemnización de perjuicios.*
>
> *2.º A la indemnización del Estado por el importe de los gastos que se hayan hecho por su cuenta en la causa.*
>
> *3.º A la multa.*
>
> *4.º A las costas del acusador particular o privado cuando se imponga en la sentencia su pago.*
>
> *5.º A las demás costas procesales, incluso las de la defensa del procesado, sin preferencia entre los interesados.*

CAPÍTULO IV
DE LOS DELITOS CONTRA LA SEGURIDAD VIAL[724]

Art. 379[725].

1. El que condujere un vehículo de motor o un ciclomotor a velocidad superior en sesenta kilómetros por hora en vía urbana o en ochenta kilómetros por hora en vía interurbana a la permitida reglamentariamente, será castigado con la pena de prisión de tres a seis meses o con la de multa de seis a doce meses o con la de trabajos en beneficio de la comunidad de treinta y uno a noventa días, y, en cualquier caso, con la de privación del derecho a conducir vehículos a motor y ciclomotores por tiempo superior a uno y hasta cuatro años.

2. Con las mismas penas será castigado el que condujere un vehículo de motor o ciclomotor bajo la influencia de drogas tóxicas, estupefacientes, sustancias psicotrópicas o de bebidas alcohólicas. En todo caso será condenado con dichas penas el que condujere con una tasa de alcohol en aire espirado superior a 0,60 miligramos por litro o con una tasa de alcohol en sangre superior a 1,2 gramos por litro.

> *1. El que condujere un vehículo de motor o un ciclomotor a velocidad superior en sesenta kilómetros por hora en vía urbana o en ochenta kilómetros por hora en vía interurbana a la permitida reglamentariamente, será castigado con la pena de prisión de tres a seis meses o a la de multa de seis a doce meses y trabajos en beneficio de la comunidad de treinta y uno a noventa días, y, en cualquier caso, a la de privación del derecho a conducir vehículos a motor y ciclomotores por tiempo superior a uno y hasta cuatro años.*
>
> *2. Con las mismas penas será castigado el que condujere un vehículo de motor o ciclomotor bajo la influencia de drogas tóxicas, estupefacientes, sustancias psicotrópicas o de bebidas alcohólicas. En todo*

---

[724]   Rúbrica redactada conforme a lo indicado en la LO 15/2007, de 30 de noviembre, por la que se modifica la Ley Orgánica 10/1995, de 23 de noviembre, del Código Penal en materia de seguridad vial.

[725]   Redactado conforme LO 5/2010, de 22 de junio, por la que se modifica la Ley Orgánica 10/1995, de 23 de noviembre, del Código Penal.

caso será condenado con dichas penas el que condujere con una tasa de alcohol en aire espirado superior a 0,60 miligramos por litro o con una tasa de alcohol en sangre superior a 1,2 gramos por litro[726].

Art. 380[727].

1. El que condujere un vehículo a motor o un ciclomotor con temeridad manifiesta y pusiere en concreto peligro la vida o la integridad de las personas será castigado con las penas de prisión de seis meses a dos años y privación del derecho a conducir vehículos a motor y ciclomotores por tiempo superior a uno y hasta seis años.

2. A los efectos del presente precepto se reputará manifiestamente temeraria la conducción en la que concurrieren las circunstancias previstas en el apartado primero y en el inciso segundo del apartado segundo del artículo anterior.

Art. 381[728].

1. Será castigado con las penas de prisión de dos a cinco años, multa de doce a veinticuatro meses y privación del derecho a conducir vehículos a motor y ciclomotores durante un período de seis a diez años el que, con manifiesto desprecio por la vida de los demás, realizare la conducta descrita en el artículo anterior.

2. Cuando no se hubiere puesto en concreto peligro la vida o la integridad de las personas, las penas serán de prisión de uno a dos años, multa de seis a doce meses y privación del derecho a conducir vehículos a motor y ciclomotores por el tiempo previsto en el párrafo anterior.

Art. 382[729].

Cuando con los actos sancionados en los artículos 379, 380 y 381 se ocasionare, además del riesgo prevenido, un resultado lesivo constitutivo de delito, cualquiera que sea su gravedad, los Jueces o Tribunales apreciarán tan sólo la infracción más gravemente penada, aplicando la pena en su mitad superior y condenando, en todo caso, al resarcimiento de la responsabilidad civil que se hubiera originado.

Cuando el resultado lesivo concurra con un delito del artículo 381, se impondrá en todo caso la pena de privación del derecho a conducir vehículos a motor y ciclomotores prevista en este precepto en su mitad superior.

Cuando con los actos sancionados en los artículos 379, 380 y 381 se ocasionare, además del riesgo prevenido, un resultado lesivo constitutivo de delito, cualquiera que sea su gravedad, los Jueces o Tribunales

---

[726] Artículo redactado conforme LO 15/2007, de 30 de noviembre, por la que se modifica la Ley Orgánica 10/1995, de 23 de noviembre, del Código Penal en materia de seguridad vial.

[727] Redactado conforme LO 15/2007, de 30 de noviembre, por la que se modifica la Ley Orgánica 10/1995, de 23 de noviembre, del Código Penal en materia de seguridad vial.

[728] Redactado conforme LO 15/2007, de 30 de noviembre, por la que se modifica la Ley Orgánica 10/1995, de 23 de noviembre, del Código Penal en materia de seguridad vial.

[729] Redactado conforme LO 2/2019, de 1 de marzo, de modificación de la Ley Orgánica 10/1995, de 23 de noviembre, del Código Penal, en materia de imprudencia en la conducción de vehículos a motor o ciclomotor y sanción del abandono del lugar del accidente.

apreciarán tan sólo la infracción más gravemente penada, aplicando la pena en su mitad superior y condenando, en todo caso, al resarcimiento de la responsabilidad civil que se hubiera originado[730].

Art. 382 bis[731].

1. El conductor de un vehículo a motor o de un ciclomotor que, fuera de los casos contemplados en el artículo 195, voluntariamente y sin que concurra riesgo propio o de terceros, abandone el lugar de los hechos tras causar un accidente en el que fallecieren una o varias personas o en el que se les causare alguna de las lesiones a que se refieren los artículos 147.1, 149 y 150, será castigado como autor de un delito de abandono del lugar del accidente[732].

> *1. El conductor de un vehículo a motor o de un ciclomotor que, fuera de los casos contemplados en el artículo 195, voluntariamente y sin que concurra riesgo propio o de terceros, abandone el lugar de los hechos tras causar un accidente en el que fallecieran una o varias personas o en el que se le causare lesión constitutiva de un delito del artículo 152.2, será castigado como autor de un delito de abandono del lugar del accidente .*

2. Los hechos contemplados en este artículo que tuvieran su origen en una acción imprudente del conductor, serán castigados con la pena de prisión de seis meses a cuatro años y privación del derecho a conducir vehículos a motor y ciclomotores de uno a cuatro años.

3. Si el origen de los hechos que dan lugar al abandono fuera fortuito le corresponderá una pena de tres a seis meses de prisión y privación del derecho a conducir vehículos a motor y ciclomotores de seis meses a dos años.

Art. 383[733].

El conductor que, requerido por un agente de la autoridad, se negare a someterse a las pruebas legalmente establecidas para la comprobación de las tasas de alcoholemia y la presencia de las drogas tóxicas, estupefacientes y sustancias psicotrópicas a que se refieren los artículos anteriores, será castigado con la penas de prisión de seis meses a un año y privación del derecho a conducir vehículos a motor y ciclomotores por tiempo superior a uno y hasta cuatro años.

---

[730] Redactado conforme LO 15/2007, de 30 de noviembre, por la que se modifica la Ley Orgánica 10/1995, de 23 de noviembre, del Código Penal en materia de seguridad vial.

[731] Artículo introducido por LO 2/2019, de 1 de marzo, de modificación de la Ley Orgánica 10/1995, de 23 de noviembre, del Código Penal, en materia de imprudencia en la conducción de vehículos a motor o ciclomotor y sanción del abandono del lugar del accidente.

[732] Apartado redactado conforme LO 11/2022, de 13 de septiembre, de modificación del Código Penal en materia de imprudencia en la conducción de vehículos a motor o ciclomotor.

[733] Redactado conforme LO 15/2007, de 30 de noviembre, por la que se modifica la Ley Orgánica 10/1995, de 23 de noviembre, del Código Penal en materia de seguridad vial.

Art. 384[734].

El que condujere un vehículo de motor o ciclomotor en los casos de pérdida de vigencia del permiso o licencia por pérdida total de los puntos asignados legalmente, será castigado con la pena de prisión de tres a seis meses o con la de multa de doce a veinticuatro meses o con la de trabajos en beneficio de la comunidad de treinta y uno a noventa días.

La misma pena se impondrá al que realizare la conducción tras haber sido privado cautelar o definitivamente del permiso o licencia por decisión judicial y al que condujere un vehículo de motor o ciclomotor sin haber obtenido nunca permiso o licencia de conducción.

> *El que condujere un vehículo de motor o ciclomotor en los casos de pérdida de vigencia del permiso o licencia por pérdida total de los puntos asignados legalmente, será castigado con la pena de prisión de tres a seis meses o con la de multa de doce a veinticuatro meses y trabajos en beneficio de la comunidad de treinta y uno a noventa días. Las mismas penas se impondrán al que realizare la conducción tras haber sido privado cautelar o definitivamente del permiso o licencia por decisión judicial y al que condujere un vehículo de motor o ciclomotor sin haber obtenido nunca permiso o licencia de conducción[735].*

Art. 385[736].

Será castigado con la pena de prisión de seis meses a dos años o a las de multa de doce a veinticuatro meses y trabajos en beneficio de la comunidad de diez a cuarenta días, el que originare un grave riesgo para la circulación de alguna de las siguientes formas:

1.ª Colocando en la vía obstáculos imprevisibles, derramando sustancias deslizantes o inflamables o mutando, sustrayendo o anulando la señalización o por cualquier otro medio.

2.ª No restableciendo la seguridad de la vía, cuando haya obligación de hacerlo.

Art. 385 bis[737].

El vehículo a motor o ciclomotor utilizado en los hechos previstos en este Capítulo se considerará instrumento del delito a los efectos de los artículos 127 y 128.

---

[734] Redactado conforme LO 5/2010, de 22 de junio, por la que se modifica la Ley Orgánica 10/1995, de 23 de noviembre, del Código Penal.

[735] Redactado conforme LO 15/2007, de 30 de noviembre, por la que se modifica la Ley Orgánica 10/1995, de 23 de noviembre, del Código Penal en materia de seguridad vial.

[736] Redactado conforme LO 15/2007, de 30 de noviembre, por la que se modifica la Ley Orgánica 10/1995, de 23 de noviembre, del Código Penal en materia de seguridad vial.

[737] Introducido por LO 5/2010, de 22 de junio, por la que se modifica la Ley Orgánica 10/1995, de 23 de noviembre, del Código Penal.

Art. 385 ter[738].

En los delitos previstos en los artículos 379, 383, 384 y 385, el Juez o Tribunal, razonándolo en sentencia, podrá rebajar en un grado la pena de prisión en atención a la menor entidad del riesgo causado y a las demás circunstancias del hecho.

TÍTULO XVIII
DE LAS FALSEDADES

CAPÍTULO I
DE LA FALSIFICACIÓN DE MONEDA Y EFECTOS TIMBRADOS

Art. 386[739].

1[740]. Será castigado con la pena de prisión de ocho a doce años y multa del tanto al décuplo del valor aparente de la moneda:

1.º El que altere la moneda o fabrique moneda falsa.

2.º El que exporte moneda falsa o alterada o la importe a España o a cualquier otro Estado miembro de la Unión Europea.

3.º El que transporte, expenda o distribuya moneda falsa o alterada con conocimiento de su falsedad.

> *1. Será castigado con la pena de prisión de ocho a doce años y multa del tanto al décuplo del valor aparente de la moneda:*
> *1.º El que altere la moneda o fabrique moneda falsa.*
> *2.º El que introduzca en el país o exporte moneda falsa o alterada.*
> *3.º El que transporte, expenda o distribuya moneda falsa o alterada con conocimiento de su falsedad[741].*

2. Si la moneda falsa fuera puesta en circulación se impondrá la pena en su mitad superior.

La tenencia, recepción u obtención de moneda falsa para su expedición o distribución o puesta en circulación será castigada con la pena inferior en uno o dos grados, atendiendo al valor de aquélla y al grado de connivencia con el falsificador, alterador, introductor o exportador.

3. El que habiendo recibido de buena fe moneda falsa la expenda o distribuya después de constarle su falsedad será castigado con la pena de prisión de

---

[738] Introducido por LO 5/2010, de 22 de junio, por la que se modifica la Ley Orgánica 10/1995, de 23 de noviembre, del Código Penal.

[739] Redactado conforme LO 1/2015, de 30 de marzo, por la que se modifica la Ley Orgánica 10/1995, de 23 de noviembre, del Código Penal, excepto los apartados 1 y 5.

[740] Redactado conforme LO 1/2019, de 20 de febrero, por la que se modifica la Ley Orgánica 10/1995, de 23 de noviembre, del Código Penal, para transponer Directivas de la Unión Europea en los ámbitos financiero y de terrorismo, y abordar cuestiones de índole internacional.

[741] Redactado conforme LO 1/2015, de 30 de marzo, por la que se modifica la Ley Orgánica 10/1995, de 23 de noviembre, del Código Penal.

tres a seis meses o multa de seis a veinticuatro meses. No obstante, si el valor aparente de la moneda no excediera de 400 euros, se impondrá la pena de multa de uno a tres meses.

4. Si el culpable perteneciere a una sociedad, organización o asociación, incluso de carácter transitorio, que se dedicare a la realización de estas actividades, el juez o tribunal podrá imponer alguna o algunas de las consecuencias previstas en el artículo 129 de este Código.

> *2.° El que introduzca en el país o exporte moneda falsa o alterada.*
>
> *3.° El que transporte, expenda o distribuya, en connivencia con el falsificador, alterador, introductor o exportador, moneda falsa o alterada.*
>
> *La tenencia de moneda falsa para su expendición o distribución será castigada con la pena inferior en uno o dos grados, atendiendo al valor de aquélla y al grado de connivencia con los autores mencionados en los números anteriores. La misma pena se impondrá al que, sabiéndola falsa, adquiera moneda con el fin de ponerla en circulación.*
>
> *El que habiendo recibido de buena fe moneda falsa la expenda o distribuya después de constarle su falsedad será castigado con la pena de prisión de tres a seis meses o multa de seis a 24 meses, si el valor aparente de la moneda fuera superior a 400 euros.*
>
> *Si el culpable perteneciere a una sociedad, organización o asociación, incluso de carácter transitorio, que se dedicare a la realización de estas actividades, el juez o tribunal podrá imponer alguna o algunas de las consecuencias previstas en el artículo 129 de este Código[742].*

5. Cuando, de acuerdo con lo establecido en el artículo 31 bis, una persona jurídica sea responsable de los anteriores delitos, se le impondrá la pena de multa del triple al décuplo del valor aparente de la moneda. Atendidas las reglas establecidas en el artículo 66 bis, los jueces y tribunales podrán asimismo imponer las penas recogidas en las letras b) a g) del apartado 7 del artículo 33[743].

> *5. Cuando, de acuerdo con lo establecido en el artículo 31 bis, una persona jurídica sea responsable de los anteriores delitos, se le impondrá la pena de multa del triple al décuplo del valor aparente de la moneda[744].*

Art. 387.

A los efectos del artículo anterior, se entiende por moneda la metálica y el papel moneda de curso legal y aquella que no ha sido todavía emitida o puesta en circulación oficialmente pero que está destinada a su circulación como moneda de curso legal. Se equipararán a la moneda nacional las de otros países de la Unión Europea y las extranjeras[745].

---

[742] Redactado conforme LO 15/2003, de 25 de noviembre, por la que se modifica la Ley Orgánica 10/1995, de 23 de noviembre, del Código Penal.

[743] Redactado conforme LO 1/2019, de 20 de febrero, por la que se modifica la Ley Orgánica 10/1995, de 23 de noviembre, del Código Penal, para transponer Directivas de la Unión Europea en los ámbitos financiero y de terrorismo, y abordar cuestiones de índole internacional.

[744] Redactado conforme LO 1/2015, de 30 de marzo, por la que se modifica la Ley Orgánica 10/1995, de 23 de noviembre, del Código Penal.

[745] Redactado conforme LO 1/2019, de 20 de febrero, por la que se modifica la Ley Orgánica 10/1995, de 23 de noviembre, del Código Penal, para transponer Directivas de la Unión

A los efectos del artículo anterior, se entiende por moneda la metálica y el papel moneda de curso legal y aquella que previsiblemente será puesta en curso legal. Se equipararán a la moneda nacional las de otros países de la Unión Europea y las extranjeras[746].

Se tendrá igualmente por moneda falsa aquella que, pese a ser realizada en las instalaciones y con los materiales legales, se realiza incumpliendo, a sabiendas, las condiciones de emisión que hubiere puesto la autoridad competente o cuando se emita no existiendo orden de emisión alguna[747].

A los efectos del artículo anterior, se entiende por moneda la metálica y el papel moneda de curso legal. Se equipararán a la moneda nacional las de otros países de la Unión Europea y las extranjeras[748].

Art. 388.

La condena de un Tribunal extranjero, impuesta por delito de la misma naturaleza de los comprendidos en este capítulo, será equiparada a las sentencias de los Jueces o Tribunales españoles a los efectos de reincidencia, salvo que el antecedente penal haya sido cancelado o pudiese serlo con arreglo al Derecho español.

Art. 389[749].

El que falsificare o expendiere, en connivencia con el falsificador, sellos de correo o efectos timbrados, o los introdujera en España conociendo su falsedad, será castigado con la pena de prisión de seis meses a tres años.

El adquirente de buena fe de sellos de correos o efectos timbrados que, conociendo su falsedad, los distribuyera o utilizara será castigado con la pena de prisión de tres a seis meses o multa de seis a veinticuatro meses. No obstante, si el valor aparente de los sellos o efectos timbrados no excediera de 400 euros, se impondrá la pena de multa de uno a tres meses[750].

El adquirente de buena fe de sellos de correos o efectos timbrados que, conociendo su falsedad, los distribuyera o utilizara en cantidad superior a 400 euros será castigado con la pena de prisión de tres a seis meses o multa de seis a 24 meses[751].

Europea en los ámbitos financiero y de terrorismo, y abordar cuestiones de índole internacional.

[746] Redactado conforme LO 1/2015, de 30 de marzo, por la que se modifica la Ley Orgánica 10/1995, de 23 de noviembre, del Código Penal.

[747] Redactado conforme LO 1/2015, de 30 de marzo, por la que se modifica la Ley Orgánica 10/1995, de 23 de noviembre, del Código Penal.

[748] Redactado conforme LO 5/2010, de 22 de junio, por la que se modifica la Ley Orgánica 10/1995, de 23 de noviembre, del Código Penal.

[749] Redactado conforme LO 15/2003, de 25 de noviembre, por la que se modifica la Ley Orgánica 10/1995, de 23 de noviembre, del Código Penal.

[750] Párrafo redactado conforme LO 1/2015, de 30 de marzo, por la que se modifica la Ley Orgánica 10/1995, de 23 de noviembre, del Código Penal.

[751] Redactado conforme LO 15/2003, de 25 de noviembre, por la que se modifica la Ley Orgánica 10/1995, de 23 de noviembre, del Código Penal.

CAPÍTULO II
DE LAS FALSEDADES DOCUMENTALES

SECCIÓN 1.ª
DE LA FALSIFICACIÓN DE DOCUMENTOS PÚBLICOS, OFICIALES Y MERCANTILES Y DE LOS DESPACHOS TRANSMITIDOS POR SERVICIOS DE TELECOMUNICACIÓN

Art. 390.

1. Será castigado con las penas de prisión de tres a seis años, multa de seis a veinticuatro meses e inhabilitación especial por tiempo de dos a seis años, la autoridad o funcionario público que, en el ejercicio de sus funciones, cometa falsedad:

1.º Alterando un documento en alguno de sus elementos o requisitos de carácter esencial.

2.º Simulando un documento en todo o en parte, de manera que induzca a error sobre su autenticidad.

3.º Suponiendo en un acto la intervención de personas que no la han tenido, o atribuyendo a las que han intervenido en él declaraciones o manifestaciones diferentes de las que hubieran hecho.

4.º Faltando a la verdad en la narración de los hechos.

2. Será castigado con las mismas penas a las señaladas en el apartado anterior el responsable de cualquier confesión religiosa que incurra en alguna de las conductas descritas en los números anteriores, respecto de actos y documentos que puedan producir efecto en el estado de las personas o en el orden civil.

Art. 391.

La autoridad o funcionario público que por imprudencia grave incurriere en alguna de las falsedades previstas en el artículo anterior o diere lugar a que otro las cometa, será castigado con la pena de multa de seis a doce meses y suspensión de empleo o cargo público por tiempo de seis meses a un año.

Art. 392[752].

1. El particular que cometiere en documento público, oficial o mercantil, alguna de las falsedades descritas en los tres primeros números del apartado 1 del artículo 390, será castigado con las penas de prisión de seis meses a tres años y multa de seis a doce meses.

2. Las mismas penas se impondrán al que, sin haber intervenido en la falsificación, traficare de cualquier modo con un documento de identidad falso. Se impondrá la pena de prisión de seis meses a un año y multa de tres a seis meses al que hiciere uso, a sabiendas, de un documento de identidad falso.

---

[752] Redactado conforme LO 5/2010, de 22 de junio, por la que se modifica la Ley Orgánica 10/1995, de 23 de noviembre, del Código Penal.

Esta disposición es aplicable aun cuando el documento de identidad falso aparezca como perteneciente a otro Estado de la Unión Europea o a un tercer Estado o haya sido falsificado o adquirido en otro Estado de la Unión Europea o en un tercer Estado si es utilizado o se trafica con él en España.

El particular que cometiere en documento público, oficial o mercantil, alguna de las falsedades descritas en los tres primeros números del apartado 1 del artículo 390, será castigado con las penas de prisión de seis meses a tres años y multa de seis a doce meses.

Art. 393.

El que, a sabiendas de su falsedad, presentare en juicio o, para perjudicar a otro, hiciere uso de un documento falso de los comprendidos en los artículos precedentes, será castigado con la pena inferior en grado a la señalada a los falsificadores.

Art. 394.

1. La autoridad o funcionario público encargado de los servicios de telecomunicación que supusiere o falsificare un despacho telegráfico u otro propio de dichos servicios, incurrirá en la pena de prisión de seis meses a tres años e inhabilitación especial por tiempo de dos a seis años.

2. El que, a sabiendas de su falsedad, hiciere uso del despacho falso para perjudicar a otro, será castigado con la pena inferior en grado a la señalada a los falsificadores.

SECCIÓN 2.ª
DE LA FALSIFICACIÓN DE DOCUMENTOS PRIVADOS

Art. 395.

El que, para perjudicar a otro, cometiere en documento privado alguna de las falsedades previstas en los tres primeros números del apartado 1 del artículo 390, será castigado con la pena de prisión de seis meses a dos años.

Art. 396.

El que, a sabiendas de su falsedad, presentare en juicio o, para perjudicar a otro, hiciere uso de un documento falso de los comprendidos en el artículo anterior, incurrirá en la pena inferior en grado a la señalada a los falsificadores.

SECCIÓN 3.ª
DE LA FALSIFICACIÓN DE CERTIFICADOS

Art. 397.

El facultativo que librare certificado falso será castigado con la pena de multa de tres a doce meses.

Art. 398

Art. 398[753].

La autoridad o funcionario público que librare certificación falsa con escasa trascendencia en el tráfico jurídico será castigado con la pena de suspensión de seis meses a dos años.

Este precepto no será aplicable a los certificados relativos a la Seguridad Social y a la Hacienda Pública.

> *La autoridad o funcionario público que librare certificación falsa será castigado con la pena de suspensión de seis meses a dos años.*

Art. 399[754].

1. El particular que falsificare una certificación de las designadas en los artículos anteriores será castigado con la pena de multa de tres a seis meses.

2. La misma pena se impondrá al que hiciere uso, a sabiendas, de la certificación, así como al que, sin haber intervenido en su falsificación, traficare con ella de cualquier modo.

3. Esta disposición es aplicable aun cuando el certificado aparezca como perteneciente a otro Estado de la Unión Europea o a un tercer Estado o haya sido falsificado o adquirido en otro Estado de la Unión Europea o en un tercer Estado si es utilizado en España.

> *1. El particular que falsificare una certificación de las designadas en los artículos anteriores será castigado con la pena de multa de tres a seis meses.*
> *2. La misma pena se aplicará al que hiciere uso, a sabiendas, de la certificación falsa.*

SECCIÓN 4.ª
DE LA FALSIFICACIÓN DE TARJETAS DE CRÉDITO Y DÉBITO, CHEQUES DE VIAJE Y DEMÁS INSTRUMENTOS DE PAGO DISTINTOS DEL EFECTIVO[755]

De la falsificación de tarjetas de crédito y débito y cheques de viaje[756]

---

[753] Redactado conforme LO 7/2012, de 27 de diciembre, por la que se modifica la Ley Orgánica 10/1995, de 23 de noviembre, del Código Penal en materia de transparencia y lucha contra el fraude fiscal y en la Seguridad Social.

[754] Redactado conforme LO 5/2010, de 22 de junio, por la que se modifica la Ley Orgánica 10/1995, de 23 de noviembre, del Código Penal.

[755] Rúbrica redactada conforme LO 14/2022, de 22 de diciembre, de transposición de directivas europeas y otras disposiciones para la adaptación de la legislación penal al ordenamiento de la Unión Europea, y reforma de los delitos contra la integridad moral, desórdenes públicos y contrabando de armas de doble uso.

[756] Sección introducida por LO 5/2010, de 22 de junio, por la que se modifica la Ley Orgánica 10/1995, de 23 de noviembre, del Código Penal.

Art. 399 bis[757].

1. El que altere, copie, reproduzca o de cualquier otro modo falsifique tarjetas de crédito o débito, cheques de viaje o cualquier otro instrumento de pago distinto del efectivo, será castigado con la pena de prisión de cuatro a ocho años.

Se impondrá la pena en su mitad superior cuando los efectos falsificados afecten a una generalidad de personas o cuando los hechos se cometan en el marco de una organización criminal dedicada a estas actividades.

Cuando de acuerdo con lo establecido en el artículo 31 bis una persona jurídica sea responsable de los anteriores delitos, se le impondrá la pena de multa de dos a cinco años. Atendidas las reglas establecidas en el artículo 66 bis, los jueces y tribunales podrán asimismo imponer las penas recogidas en las letras b) a g) del apartado 7 del artículo 33.

2. La tenencia de tarjetas de crédito o débito, cheques de viaje o cualesquiera otros instrumentos de pago distintos del efectivo falsificados, destinados a la distribución o tráfico será castigada con la pena señalada a la falsificación.

3. El que sin haber intervenido en la falsificación usare, en perjuicio de otro y a sabiendas de la falsedad, tarjetas de crédito o débito, cheques de viaje o cualesquiera otros instrumentos de pago distintos del efectivo falsificados, será castigado con la pena de prisión de dos a cinco años.

4. El que, para su utilización fraudulenta y a sabiendas de su falsedad, posea u obtenga, para sí o para un tercero, tarjetas de crédito o débito, cheques de viaje o cualquier otro instrumento de pago distinto del efectivo será castigado con pena de prisión de uno a dos años.

> *1. El que altere, copie, reproduzca o de cualquier otro modo falsifique tarjetas de crédito o débito o cheques de viaje, será castigado con la pena de prisión de cuatro a ocho años. Se impondrá la pena en su mitad superior cuando los efectos falsificados afecten a una generalidad de personas o cuando los hechos se cometan en el marco de una organización criminal dedicada a estas actividades.*
>
> *Cuando de acuerdo con lo establecido en el artículo 31 bis una persona jurídica sea responsable de los anteriores delitos, se le impondrá la pena de multa de dos a cinco años.*
>
> *Atendidas las reglas establecidas en el artículo 66 bis, los jueces y tribunales podrán asimismo imponer las penas recogidas en las letras b) a g) del apartado 7 del artículo 33.*
>
> *2. La tenencia de tarjetas de crédito o débito o cheques de viaje falsificados destinados a la distribución o tráfico será castigada con la pena señalada a la falsificación.*
>
> *3. El que sin haber intervenido en la falsificación usare, en perjuicio de otro y a sabiendas de la falsedad, tarjetas de crédito o débito o cheques de viaje falsificados será castigado con la pena de prisión de dos a cinco años[758].*

---

[757] Artículo redactado conforme LO 14/2022, de 22 de diciembre, de transposición de directivas europeas y otras disposiciones para la adaptación de la legislación penal al ordenamiento de la Unión Europea, y reforma de los delitos contra la integridad moral, desórdenes públicos y contrabando de armas de doble uso.

[758] Artículo introducido por LO 5/2010, de 22 de junio, por la que se modifica la Ley Orgánica 10/1995, de 23 de noviembre, del Código Penal.

Art. 399 ter[759].

A los efectos de este Código, se entiende por instrumento de pago distinto del efectivo cualquier dispositivo, objeto o registro protegido, material o inmaterial, o una combinación de estos, exceptuada la moneda de curso legal, que, por sí solo o en combinación con un procedimiento o conjunto de procedimientos, permite al titular o usuario transferir dinero o valor monetario incluso a través de medios digitales de intercambio.

CAPÍTULO III
DISPOSICIONES GENERALES

Art. 400[760].

La fabricación, recepción, obtención, tenencia, distribución, puesta a disposición o comercialización de útiles, materiales, instrumentos, sustancias, datos y programas informáticos, aparatos, elementos de seguridad o cualquier otro medio diseñado o adaptado específicamente para la comisión de los delitos descritos en los capítulos anteriores, se castigarán con la pena señalada en cada caso para los autores.

> *La fabricación, recepción, obtención o tenencia de útiles, materiales, instrumentos, sustancias, datos y programas informáticos, aparatos, elementos de seguridad, u otros medios específicamente destinados a la comisión de los delitos descritos en los Capítulos anteriores, se castigarán con la pena señalada en cada caso para los autores[761].*

Art. 400 bis[762].

En los supuestos descritos en los artículos 392, 393, 394, 396 y 399 de este Código también se entenderá por uso de documento, despacho, certificación o documento de identidad falsos el uso de los correspondientes documentos, despachos, certificaciones o documentos de identidad auténticos realizado por quien no esté legitimado para ello.

---

[759] Artículo introducido por LO 14/2022, de 22 de diciembre, de transposición de directivas europeas y otras disposiciones para la adaptación de la legislación penal al ordenamiento de la Unión Europea, y reforma de los delitos contra la integridad moral, desórdenes públicos y contrabando de armas de doble uso.

[760] Artículo redactado conforme LO 14/2022, de 22 de diciembre, de transposición de directivas europeas y otras disposiciones para la adaptación de la legislación penal al ordenamiento de la Unión Europea, y reforma de los delitos contra la integridad moral, desórdenes públicos y contrabando de armas de doble uso.

[761] Artículo redactado conforme LO 1/2015, de 30 de marzo, por la que se modifica la Ley Orgánica 10/1995, de 23 de noviembre, del Código Penal.

[762] Precepto introducido por LO 5/2010, de 22 de junio, por la que se modifica la Ley Orgánica 10/1995, de 23 de noviembre, del Código Penal.

CAPÍTULO IV
DE LA USURPACIÓN DEL ESTADO CIVIL

Art. 401.

El que usurpare el estado civil de otro será castigado con la pena de prisión de seis meses a tres años.

CAPÍTULO V
DE LA USURPACIÓN DE FUNCIONES PÚBLICAS Y DEL INTRUSISMO

Art. 402.

El que ilegítimamente ejerciere actos propios de una autoridad o funcionario público atribuyéndose carácter oficial, será castigado con la pena de prisión de uno a tres años.

Art. 402 bis[763].

El que sin estar autorizado usare pública e indebidamente uniforme, traje o insignia que le atribuyan carácter oficial será castigado con la pena de multa de uno a tres meses.

Art. 403[764].

1. El que ejerciere actos propios de una profesión sin poseer el correspondiente título académico expedido o reconocido en España de acuerdo con la legislación vigente, incurrirá en la pena de multa de doce a veinticuatro meses. Si la actividad profesional desarrollada exigiere un título oficial que acredite la capacitación necesaria y habilite legalmente para su ejercicio, y no se estuviere en posesión de dicho título, se impondrá la pena de multa de seis a doce meses.

2. Se impondrá una pena de prisión de seis meses a dos años si concurriese alguna de las siguientes circunstancias:

a) Si el culpable, además, se atribuyese públicamente la cualidad de profesional amparada por el título referido.

b) Si el culpable ejerciere los actos a los que se refiere el apartado anterior en un local o establecimiento abierto al público en el que se anunciare la prestación de servicios propios de aquella profesión.

> *El que ejerciere actos propios de una profesión sin poseer el correspondiente título académico expedido o reconocido en España de acuerdo con la legislación vigente, incurrirá en la pena de multa de seis a doce meses. Si la actividad profesional desarrollada exigiere un título oficial que acredite la capacitación necesaria y habilite legalmente para su ejercicio, y no se estuviere en posesión de dicho título, se impondrá la pena de multa de tres a cinco meses.*

---

[763]   Artículo introducido por LO 1/2015, de 30 de marzo, por la que se modifica la Ley Orgánica 10/1995, de 23 de noviembre, del Código Penal.

[764]   Redactado conforme LO 1/2015, de 30 de marzo, por la que se modifica la Ley Orgánica 10/1995, de 23 de noviembre, del Código Penal.

Si el culpable, además, se atribuyese públicamente la cualidad de profesional amparada por el título referido, se le impondrá la pena de prisión de seis meses a dos años.

TÍTULO XIX
DELITOS CONTRA LA ADMINISTRACIÓN PÚBLICA

CAPÍTULO I
DE LA PREVARICACIÓN DE LOS FUNCIONARIOS PÚBLICOS Y OTROS COMPORTAMIENTOS INJUSTOS

Art. 404[765].

A la autoridad o funcionario público que, a sabiendas de su injusticia, dictare una resolución arbitraria en un asunto administrativo se le castigará con la pena de inhabilitación especial para empleo o cargo público y para el ejercicio del derecho de sufragio pasivo por tiempo de nueve a quince años.

> *A la autoridad o funcionario público que, a sabiendas de su injusticia, dictare una resolución arbitraria en un asunto administrativo se le castigará con la pena de inhabilitación especial para empleo o cargo público por tiempo de siete a diez años.*

Art. 405[766].

A la autoridad o funcionario público que, en el ejercicio de su competencia y a sabiendas de su ilegalidad, propusiere, nombrare o diere posesión para el ejercicio de un determinado cargo público a cualquier persona sin que concurran los requisitos legalmente establecidos para ello, se le castigará con las penas de multa de tres a ocho meses y suspensión de empleo o cargo público por tiempo de uno a tres años.

> *A la autoridad o funcionario público que, en el ejercicio de su competencia y a sabiendas de su ilegalidad, propusiere, nombrare o diere posesión para el ejercicio de un determinado cargo público a cualquier persona sin que concurran los requisitos legalmente establecidos para ello, se le castigará con las penas de multa de tres a ocho meses y suspensión de empleo o cargo público por tiempo de seis meses a dos años.*

Art. 406.

La misma pena de multa se impondrá a la persona que acepte la propuesta, nombramiento o toma de posesión mencionada en el artículo anterior, sabiendo que carece de los requisitos legalmente exigibles.

---

[765] Redactado conforme LO 1/2015, de 30 de marzo, por la que se modifica la Ley Orgánica 10/1995, de 23 de noviembre, del Código Penal.

[766] Redactado conforme LO 1/2015, de 30 de marzo, por la que se modifica la Ley Orgánica 10/1995, de 23 de noviembre, del Código Penal.

CAPÍTULO II
DEL ABANDONO DE DESTINO Y DE LA OMISIÓN DEL DEBER DE PERSEGUIR DELITOS

Art. 407.

1. A la autoridad o funcionario público que abandonare su destino con el propósito de no impedir o no perseguir cualquiera de los delitos comprendidos en los Títulos XXI, XXII, XXIII y XXIV se le castigará con la pena de prisión de uno a cuatro años e inhabilitación absoluta para empleo o cargo público por tiempo de seis a diez años. Si hubiera realizado el abandono para no impedir o no perseguir cualquier otro delito, se le impondrá la pena de inhabilitación especial para empleo o cargo público por tiempo de uno a tres años.

2. Las mismas penas se impondrán, respectivamente, cuando el abandono tenga por objeto no ejecutar las penas correspondientes a estos delitos impuestas por la autoridad judicial competente.

Art. 408.

La autoridad o funcionario que, faltando a la obligación de su cargo, dejare intencionadamente de promover la persecución de los delitos de que tenga noticia o de sus responsables, incurrirá en la pena de inhabilitación especial para empleo o cargo público por tiempo de seis meses a dos años.

Art. 409.

A las autoridades o funcionarios públicos que promovieren, dirigieren u organizaren el abandono colectivo y manifiestamente ilegal de un servicio público, se les castigará con la pena de multa de ocho a doce meses y suspensión de empleo o cargo público por tiempo de seis meses a dos años.

Las autoridades o funcionarios públicos que meramente tomaren parte en el abandono colectivo o manifiestamente ilegal de un servicio público esencial y con grave perjuicio de éste o de la comunidad, serán castigados con la pena de multa de ocho a doce meses.

CAPÍTULO III
DE LA DESOBEDIENCIA Y DENEGACIÓN DE AUXILIO

Art. 410.

1. Las autoridades o funcionarios públicos que se negaren abiertamente a dar el debido cumplimiento a resoluciones judiciales, decisiones u órdenes de la autoridad superior, dictadas dentro del ámbito de su respectiva competencia y revestidas de las formalidades legales, incurrirán en la pena de multa de tres a doce meses e inhabilitación especial para empleo o cargo público por tiempo de seis meses a dos años.

2. No obstante lo dispuesto en el apartado anterior, no incurrirán en responsabilidad criminal las autoridades o funcionarios por no dar cumplimiento

a un mandato que constituya una infracción manifiesta, clara y terminante de un precepto de Ley o de cualquier otra disposición general.

Art. 411.

La autoridad o funcionario público que, habiendo suspendido, por cualquier motivo que no sea el expresado en el apartado segundo del artículo anterior, la ejecución de las órdenes de sus superiores, las desobedeciere después de que aquéllos hubieren desaprobado la suspensión, incurrirá en las penas de multa de doce a veinticuatro meses, e inhabilitación especial para empleo o cargo público por tiempo de uno a tres años.

Art. 412.

1. El funcionario público que, requerido por autoridad competente, no prestare el auxilio debido para la Administración de Justicia u otro servicio público, incurrirá en las penas de multa de tres a doce meses, y suspensión de empleo o cargo público por tiempo de seis meses a dos años.

2. Si el requerido fuera autoridad, jefe o responsable de una fuerza pública o un agente de la autoridad, se impondrán las penas de multa de doce a dieciocho meses y suspensión de empleo o cargo público por tiempo de dos a tres años.

3. La autoridad o funcionario público que, requerido por un particular a prestar algún auxilio a que venga obligado por razón de su cargo para evitar un delito contra la vida de las personas, se abstuviera de prestarlo, será castigado con la pena de multa de dieciocho a veinticuatro meses e inhabilitación especial para empleo o cargo público por tiempo de tres a seis años.

Si se tratase de un delito contra la integridad, libertad sexual, salud o libertad de las personas, será castigado con la pena de multa de doce a dieciocho meses y suspensión de empleo o cargo público de uno a tres años.

En el caso de que tal requerimiento lo fuera para evitar cualquier otro delito u otro mal, se castigará con la pena de multa de tres a doce meses y suspensión de empleo o cargo público por tiempo de seis meses a dos años.

CAPÍTULO IV
DE LA INFIDELIDAD EN LA CUSTODIA DE DOCUMENTOS Y DE LA VIOLACIÓN DE SECRETOS

Art. 413.

La autoridad o funcionario público que, a sabiendas, sustrajere, destruyere, inutilizare u ocultare, total o parcialmente, documentos cuya custodia le esté encomendada por razón de su cargo, incurrirá en las penas de prisión de uno a cuatro años, multa de siete a veinticuatro meses, e inhabilitación especial para empleo o cargo público por tiempo de tres a seis años.

Art. 414.

1. A la autoridad o funcionario público que, por razón de su cargo, tenga encomendada la custodia de documentos respecto de los que la autoridad

competente haya restringido el acceso, y que a sabiendas destruya o inutilice los medios puestos para impedir ese acceso o consienta su destrucción o inutilización, incurrirá en la pena de prisión de seis meses a un año o multa de seis a veinticuatro meses y, en cualquier caso, inhabilitación especial para empleo o cargo público por tiempo de uno a tres años.

2. El particular que destruyere o inutilizare los medios a que se refiere el apartado anterior, será castigado con la pena de multa de seis a dieciocho meses.

Art. 415.

La autoridad o funcionario público no comprendido en el artículo anterior que, a sabiendas y sin la debida autorización, accediere o permitiere acceder a documentos secretos cuya custodia le esté confiada por razón de su cargo, incurrirá en la pena de multa de seis a doce meses, e inhabilitación especial para empleo o cargo público por tiempo de uno a tres años.

Art. 416.

Serán castigados con las penas de prisión o multa inmediatamente inferiores a las respectivamente señaladas en los tres artículos anteriores los particulares encargados accidentalmente del despacho o custodia de documentos, por comisión del Gobierno o de las autoridades o funcionarios públicos a quienes hayan sido confiados por razón de su cargo, que incurran en las conductas descritas en los mismos.

Art. 417.

1. La autoridad o funcionario público que revelare secretos o informaciones de los que tenga conocimiento por razón de su oficio o cargo y que no deban ser divulgados, incurrirá en la pena de multa de doce a dieciocho meses e inhabilitación especial para empleo o cargo público por tiempo de uno a tres años.

Si de la revelación a que se refiere el párrafo anterior resultara grave daño para la causa pública o para tercero, la pena será de prisión de uno a tres años, e inhabilitación especial para empleo o cargo público por tiempo de tres a cinco años.

2. Si se tratara de secretos de un particular, las penas serán las de prisión de dos a cuatro años, multa de doce a dieciocho meses, y suspensión de empleo o cargo público por tiempo de uno a tres años.

Art. 418[767].

El particular que aprovechare para sí o para un tercero el secreto o la información privilegiada que obtuviere de un funcionario público o autoridad, será castigado con multa del tanto al triplo del beneficio obtenido o facilitado y la pérdida de la posibilidad de obtener subvenciones o ayudas públicas y del derecho a gozar de los beneficios o incentivos fiscales o de la Seguridad Social

---

[767] Redactado conforme LO 1/2015, de 30 de marzo, por la que se modifica la Ley Orgánica 10/1995, de 23 de noviembre, del Código Penal.

durante el período de uno a tres años. Si resultara grave daño para la causa pública o para tercero, la pena será de prisión de uno a seis años y la pérdida de la posibilidad de obtener subvenciones o ayudas públicas y del derecho a gozar de los beneficios o incentivos fiscales o de la Seguridad Social durante el periodo de seis a diez años.

El particular que aprovechare para sí o para un tercero el secreto o la información privilegiada que obtuviere de un funcionario público o autoridad, será castigado con multa del tanto al triplo del beneficio obtenido o facilitado. Si resultara grave daño para la causa pública o para tercero, la pena será de prisión de uno a seis años.

CAPÍTULO V
DEL COHECHO

Art. 419[768].

La autoridad o funcionario público que, en provecho propio o de un tercero, recibiere o solicitare, por sí o por persona interpuesta, dádiva, favor o retribución de cualquier clase o aceptare ofrecimiento o promesa para realizar en el ejercicio de su cargo un acto contrario a los deberes inherentes al mismo o para no realizar o retrasar injustificadamente el que debiera practicar, incurrirá en la pena de prisión de tres a seis años, multa de doce a veinticuatro meses, e inhabilitación especial para empleo o cargo público y para el ejercicio del derecho de sufragio pasivo por tiempo de nueve a doce años, sin perjuicio de la pena correspondiente al acto realizado, omitido o retrasado en razón de la retribución o promesa, si fuera constitutivo de delito.

La autoridad o funcionario público que, en provecho propio o de un tercero, recibiere o solicitare, por sí o por persona interpuesta, dádiva, favor o retribución de cualquier clase o aceptare ofrecimiento o promesa para realizar en el ejercicio de su cargo un acto contrario a los deberes inherentes al mismo o para no realizar o retrasar injustificadamente el que debiera practicar, incurrirá en la pena de prisión de tres a seis años, multa de doce a veinticuatro meses e inhabilitación especial para empleo o cargo público por tiempo de siete a doce años, sin perjuicio de la pena correspondiente al acto realizado, omitido o retrasado en razón de la retribución o promesa, si fuera constitutivo de delito[769].

Art. 420[770].

La autoridad o funcionario público que, en provecho propio o de un tercero, recibiere o solicitare, por sí o por persona interpuesta, dádiva, favor o retribución de cualquier clase o aceptare ofrecimiento o promesa para realizar un acto propio de su cargo, incurrirá en la pena de prisión de dos a cuatro años, multa de doce a veinticuatro meses e inhabilitación especial para empleo o cargo pú-

---

[768] Redactado conforme LO 1/2015, de 30 de marzo, por la que se modifica la Ley Orgánica 10/1995, de 23 de noviembre, del Código Penal.

[769] Redactado conforme LO 5/2010, de 22 de junio, por la que se modifica la Ley Orgánica 10/1995, de 23 de noviembre, del Código Penal.

[770] Redactado conforme LO 1/2015, de 30 de marzo, por la que se modifica la Ley Orgánica 10/1995, de 23 de noviembre, del Código Penal.

blico y para el ejercicio del derecho de sufragio pasivo por tiempo de cinco a nueve años.

La autoridad o funcionario público que, en provecho propio o de un tercero, recibiere o solicitare, por sí o por persona interpuesta, dádiva, favor o retribución de cualquier clase o aceptare ofrecimiento o promesa para realizar un acto propio de su cargo, incurrirá en la pena de prisión de dos a cuatro años, multa de doce a veinticuatro meses e inhabilitación especial para empleo o cargo público por tiempo de tres a siete años[771].

Art. 421[772].

Las penas señaladas en los artículos precedentes se impondrán también cuando la dádiva, favor o retribución se recibiere o solicitare por la autoridad o funcionario público, en sus respectivos casos, como recompensa por la conducta descrita en dichos artículos.

Cuando la dádiva solicitada, recibida o prometida tenga por objeto que la autoridad o funcionario público se abstenga de un acto que debiera practicar en el ejercicio de su cargo, las penas serán de multa del tanto al duplo del valor de la dádiva e inhabilitación especial para empleo o cargo público por tiempo de uno a tres años.

Art. 422[773].

La autoridad o funcionario público que, en provecho propio o de un tercero, admitiera, por sí o por persona interpuesta, dádiva o regalo que le fueren ofrecidos en consideración a su cargo o función, incurrirá en la pena de prisión de seis meses a un año y suspensión de empleo y cargo público de uno a tres años.

Lo dispuesto en los artículos precedentes será también aplicable a los jurados, árbitros, peritos, o cualesquiera personas que participen en el ejercicio de la función pública.

Art. 423[774].

Lo dispuesto en los artículos precedentes será igualmente aplicable a los jurados y árbitros, nacionales o internacionales, así como a mediadores, peritos, administradores o interventores designados judicialmente, administradores concursales o a cualesquiera personas que participen en el ejercicio de la función pública.

---

[771] Redactado conforme LO 5/2010, de 22 de junio, por la que se modifica la Ley Orgánica 10/1995, de 23 de noviembre, del Código Penal.

[772] Redactado conforme LO 5/2010, de 22 de junio, por la que se modifica la Ley Orgánica 10/1995, de 23 de noviembre, del Código Penal.

[773] Redactado conforme LO 5/2010, de 22 de junio, por la que se modifica la Ley Orgánica 10/1995, de 23 de noviembre, del Código Penal.

[774] Redactado conforme LO 1/2019, de 20 de febrero, por la que se modifica la Ley Orgánica 10/1995, de 23 de noviembre, del Código Penal, para transponer Directivas de la Unión Europea en los ámbitos financiero y de terrorismo, y abordar cuestiones de índole internacional.

Art. 424

Lo dispuesto en los artículos precedentes será igualmente aplicable a los jurados, árbitros, mediadores, peritos, administradores o interventores designados judicialmente, administradores concursales o a cualesquiera personas que participen en el ejercicio de la función pública[775].

Art. 424[776].

1. El particular que ofreciere o entregare dádiva o retribución de cualquier otra clase a una autoridad, funcionario público o persona que participe en el ejercicio de la función pública para que realice un acto contrario a los deberes inherentes a su cargo o un acto propio de su cargo, para que no realice o retrase el que debiera practicar, o en consideración a su cargo o función, será castigado en sus respectivos casos, con las mismas penas de prisión y multa que la autoridad, funcionario o persona corrompida.

2. Cuando un particular entregare la dádiva o retribución atendiendo la solicitud de la autoridad, funcionario público o persona que participe en el ejercicio de la función pública, se le impondrán las mismas penas de prisión y multa que a ellos les correspondan.

3. Si la actuación conseguida o pretendida de la autoridad o funcionario tuviere relación con un procedimiento de contratación, de subvenciones o de subastas convocados por las Administraciones o entes públicos, se impondrá al particular y, en su caso, a la sociedad, asociación u organización a que representare la pena de inhabilitación para obtener subvenciones y ayudas públicas, para contratar con entes, organismos o entidades que formen parte del sector público y para gozar de beneficios o incentivos fiscales y de la Seguridad Social por un tiempo de cinco a diez años.

1. El particular que ofreciere o entregare dádiva o retribución de cualquier otra clase a una autoridad, funcionario público o persona que participe en el ejercicio de la función pública para que realice un acto contrario a los deberes inherentes a su cargo o un acto propio de su cargo, para que no realice o retrase el que debiera practicar, o en consideración a su cargo o función, será castigado en sus respectivos casos, con las mismas penas de prisión y multa que la autoridad, funcionario o persona corrompida.

2. Cuando un particular entregare la dádiva o retribución atendiendo la solicitud de la autoridad, funcionario público o persona que participe en el ejercicio de la función pública, se le impondrán las mismas penas de prisión y multa que a ellos les correspondan.

3. Si la actuación conseguida o pretendida de la autoridad o funcionario tuviere relación con un procedimiento de contratación, de subvenciones o de subastas convocados por las Administraciones o entes públicos, se impondrá al particular y, en su caso, a la sociedad, asociación u organización a que representare la pena de inhabilitación para obtener subvenciones y ayudas públicas, para contratar con entes, organismos o entidades que formen parte del sector público y para gozar de beneficios o incentivos fiscales y de la Seguridad Social por un tiempo de tres a siete años[777].

---

[775] Redactado conforme LO 1/2015, de 30 de marzo, por la que se modifica la Ley Orgánica 10/1995, de 23 de noviembre, del Código Penal.

[776] Redactado conforme LO 1/2015, de 30 de marzo, por la que se modifica la Ley Orgánica 10/1995, de 23 de noviembre, del Código Penal.

[777] Redactado conforme LO 5/2010, de 22 de junio, por la que se modifica la Ley Orgánica 10/1995, de 23 de noviembre, del Código Penal.

Art. 425[778].

Cuando el soborno mediare en causa criminal a favor del reo por parte de su cónyuge u otra persona a la que se halle ligado de forma estable por análoga relación de afectividad, o de algún ascendiente, descendiente o hermano por naturaleza, por adopción o afines en los mismos grados, se impondrá al sobornador la pena de prisión de seis meses a un año.

> 1. La autoridad o funcionario público que solicitare dádiva o presente o admitiere ofrecimiento o promesa para realizar un acto propio de su cargo o como recompensa del ya realizado, incurrirá en la pena de multa del tanto al triplo del valor de la dádiva y suspensión de empleo o cargo público por tiempo de seis meses a tres años.
>
> 2. En el caso de recompensa por el acto ya realizado, si éste fuera constitutivo de delito se impondrá, además, la pena de prisión de uno a tres años, multa de seis a diez meses e inhabilitación especial para empleo o cargo público por tiempo de diez a quince años.

Art. 426[779].

Quedará exento de pena por el delito de cohecho el particular que, habiendo accedido ocasionalmente a la solicitud de dádiva u otra retribución realizada por autoridad o funcionario público, denunciare el hecho a la autoridad que tenga el deber de proceder a su averiguación antes de la apertura del procedimiento, siempre que no haya transcurrido más de dos meses desde la fecha de los hechos.

> La autoridad o funcionario público que admitiere dádiva o regalo que le fueren ofrecidos en consideración a su función o para la consecución de un acto no prohibido legalmente, incurrirá en la pena de multa de tres a seis meses.

Art. 427[780].

Lo dispuesto en los artículos precedentes será también aplicable cuando las conductas descritas sean realizadas por o afecten a:

a) Cualquier persona que ostente un cargo o empleo legislativo, administrativo o judicial de un país de la Unión Europea o de cualquier otro país extranjero, tanto por nombramiento como por elección.

b) Cualquier persona que ejerza una función pública para un país de la Unión Europea o cualquier otro país extranjero, incluido un organismo público o una empresa pública, para la Unión Europea o para otra organización internacional pública.

c) Cualquier funcionario o agente de la Unión Europea o de una organización internacional pública.

---

[778]   Redactado conforme LO 5/2010, de 22 de junio, por la que se modifica la Ley Orgánica 10/1995, de 23 de noviembre, del Código Penal.

[779]   Redactado conforme LO 5/2010, de 22 de junio, por la que se modifica la Ley Orgánica 10/1995, de 23 de noviembre, del Código Penal.

[780]   Redactado conforme LO 1/2019, de 20 de febrero, por la que se modifica la Ley Orgánica 10/1995, de 23 de noviembre, del Código Penal, para transponer Directivas de la Unión Europea en los ámbitos financiero y de terrorismo, y abordar cuestiones de índole internacional.

d) Cualquier persona a la que se haya asignado y que esté ejerciendo una función de servicio público que consista en la gestión, en los Estados miembros o en terceros países, de intereses financieros de la Unión Europea o en tomar decisiones sobre esos intereses.

> *Lo dispuesto en los artículos precedentes será también aplicable cuando los hechos sean imputados o afecten a:*
> *a) Cualquier persona que ostente un cargo o empleo legislativo, administrativo o judicial de un país de la Unión Europea o de cualquier otro país extranjero, tanto por nombramiento como por elección.*
> *b) Cualquier persona que ejerza una función pública para un país de la Unión Europea o cualquier otro país extranjero, incluido un organismo público o una empresa pública, para la Unión Europea o para otra organización internacional pública.*
> *c) Cualquier funcionario o agente de la Unión Europea o de una organización internacional pública[781].*

Art. 427 bis[782].

Cuando de acuerdo con lo establecido en el artículo 31 bis una persona jurídica sea responsable de los delitos recogidos en este Capítulo, se le impondrán las siguientes penas:

a) Multa de dos a cinco años, o del triple al quíntuple del beneficio obtenido cuando la cantidad resultante fuese más elevada, si el delito cometido por la persona física tiene prevista una pena de prisión de más de cinco años.

b) Multa de uno a tres años, o del doble al cuádruple del beneficio obtenido cuando la cantidad resultante fuese más elevada, si el delito cometido por la persona física tiene prevista una pena de más de dos años de privación de libertad no incluida en el anterior inciso.

c) Multa de seis meses a dos años, o del doble al triple del beneficio obtenido si la cantidad resultante fuese más elevada, en el resto de los casos.

Atendidas las reglas establecidas en el artículo 66 bis, los jueces y tribunales podrán asimismo imponer las penas recogidas en las letras b) a g) del apartado 7 del artículo 33.

CAPÍTULO VI
DEL TRÁFICO DE INFLUENCIAS

Art. 428[783].

El funcionario público o autoridad que influyere en otro funcionario público o autoridad prevaliéndose del ejercicio de las facultades de su cargo o de cualquier otra situación derivada de su relación personal o jerárquica con éste o con otro funcionario o autoridad para conseguir una resolución que le pueda generar directa o indirectamente un beneficio económico para sí o para

---

[781] Artículo redactado conforme LO 1/2015, de 30 de marzo, por la que se modifica la Ley Orgánica 10/1995, de 23 de noviembre, del Código Penal.

[782] Artículo introducido por LO 1/2015, de 30 de marzo, por la que se modifica la Ley Orgánica 10/1995, de 23 de noviembre, del Código Penal.

[783] Redactado conforme LO 1/2015, de 30 de marzo, por la que se modifica la Ley Orgánica 10/1995, de 23 de noviembre, del Código Penal.

un tercero, incurrirá en las penas de prisión de seis meses a dos años, multa del tanto al duplo del beneficio perseguido u obtenido e inhabilitación especial para empleo o cargo público y para el ejercicio del derecho de sufragio pasivo por tiempo de cinco a nueve años. Si obtuviere el beneficio perseguido, estas penas se impondrán en su mitad superior.

> *El funcionario público o autoridad que influyere en otro funcionario público o autoridad prevaliéndose del ejercicio de las facultades de su cargo o de cualquier otra situación derivada de su relación personal o jerárquica con éste o con otro funcionario o autoridad para conseguir una resolución que le pueda generar directa o indirectamente un beneficio económico para sí o para un tercero, incurrirá en las penas de prisión de seis meses a dos años, multa del tanto al duplo del beneficio perseguido u obtenido e inhabilitación especial para empleo o cargo público por tiempo de tres a seis años. Si obtuviere el beneficio perseguido, estas penas se impondrán en su mitad superior[784].*

Art. 429[785].

El particular que influyere en un funcionario público o autoridad prevaliéndose de cualquier situación derivada de su relación personal con éste o con otro funcionario público o autoridad para conseguir una resolución que le pueda generar directa o indirectamente un beneficio económico para sí o para un tercero, será castigado con las penas de prisión de seis meses a dos años, multa del tanto al duplo del beneficio perseguido u obtenido, y prohibición de contratar con el sector público, así como la pérdida de la posibilidad de obtener subvenciones o ayudas públicas y del derecho a gozar de beneficios o incentivos fiscales y de la Seguridad Social por tiempo de seis a diez años. Si obtuviere el beneficio perseguido, estas penas se impondrán en su mitad superior.

> *El particular que influyere en un funcionario público o autoridad prevaliéndose de cualquier situación derivada de su relación personal con éste o con otro funcionario público o autoridad para conseguir una resolución que le pueda generar directa o indirectamente un beneficio económico para sí o para un tercero, será castigado con las penas de prisión de seis meses a dos años y multa del tanto al duplo del beneficio perseguido u obtenido. Si obtuviere el beneficio perseguido, estas penas se impondrán en su mitad superior[786].*

Art. 430[787].

Los que, ofreciéndose a realizar las conductas descritas en los dos artículos anteriores, solicitaren de terceros dádivas, presentes o cualquier otra remuneración, o aceptaren ofrecimiento o promesa, serán castigados con la pena de prisión de seis meses a un año. Si el delito fuere cometido por autoridad o funcionario público se le impondrá, además, la pena de inhabilitación especial

---

[784] Redactado conforme LO 5/2010, de 22 de junio, por la que se modifica la Ley Orgánica 10/1995, de 23 de noviembre, del Código Penal.

[785] Redactado conforme LO 1/2015, de 30 de marzo, por la que se modifica la Ley Orgánica 10/1995, de 23 de noviembre, del Código Penal.

[786] Redactado conforme LO 5/2010, de 22 de junio, por la que se modifica la Ley Orgánica 10/1995, de 23 de noviembre, del Código Penal.

[787] Redactado conforme LO 1/2015, de 30 de marzo, por la que se modifica la Ley Orgánica 10/1995, de 23 de noviembre, del Código Penal.

Art. 431

para cargo o empleo público y para el ejercicio del derecho de sufragio pasivo por tiempo de uno a cuatro años.

Cuando de acuerdo con lo establecido en el artículo 31 bis una persona jurídica sea responsable de los delitos recogidos en este Capítulo, se le impondrá la pena de multa de seis meses a dos años.

Atendidas las reglas establecidas en el artículo 66 bis, los jueces y tribunales podrán asimismo imponer las penas recogidas en las letras b) a g) del apartado 7 del artículo 33.

> *Los que, ofreciéndose a realizar las conductas descritas en los artículos anteriores, solicitaren de terceros dádivas, presentes o cualquier otra remuneración, o aceptaren ofrecimiento o promesa, serán castigados con la pena de prisión de seis meses a un año.*
>
> *Cuando de acuerdo con lo establecido en el artículo 31 bis de este Código una persona jurídica sea responsable de los delitos recogidos en este Capítulo, se le impondrá la pena de multa de seis meses a dos años[788].*
>
> *Atendidas las reglas establecidas en el artículo 66 bis, los jueces y tribunales podrán asimismo imponer las penas recogidas en las letras b) a g) del apartado 7 del artículo 33[789].*

Art. 431[790].

A los efectos de este capítulo se entenderán funcionarios públicos los determinados por los artículos 24 y 427.

CAPÍTULO VII
DE LA MALVERSACIÓN

Art. 432[791].

1. La autoridad o funcionario público que, con ánimo de lucro, se apropiare o consintiere que un tercero, con igual ánimo, se apropie del patrimonio público que tenga a su cargo por razón de sus funciones o con ocasión de las mismas, será castigado con una pena de prisión de dos a seis años, inhabilitación especial para cargo o empleo público y para el ejercicio del derecho de sufragio pasivo por tiempo de seis a diez años.

---

[788] Párrafo redactado conforme LO 5/2010, de 22 de junio, por la que se modifica la Ley Orgánica 10/1995, de 23 de noviembre, del Código Penal.

[789] Párrafo introducido por LO 5/2010, de 22 de junio, por la que se modifica la Ley Orgánica 10/1995, de 23 de noviembre, del Código Penal.

[790] Dotado de contenido por LO 1/2019, de 20 de febrero, por la que se modifica la Ley Orgánica 10/1995, de 23 de noviembre, del Código Penal, para transponer Directivas de la Unión Europea en los ámbitos financiero y de terrorismo, y abordar cuestiones de índole internacional, tras haber sido dejado sin contenido por LO 1/2015, de 30 de marzo, por la que se modifica la Ley Orgánica 10/1995, de 23 de noviembre, del Código Penal.

[791] Artículo redactado conforme LO 14/2022, de 22 de diciembre, de transposición de directivas europeas y otras disposiciones para la adaptación de la legislación penal al ordenamiento de la Unión Europea, y reforma de los delitos contra la integridad moral, desórdenes públicos y contrabando de armas de doble uso.

2. Se impondrán las penas de prisión de cuatro a ocho años e inhabilitación absoluta por tiempo de diez a veinte años si en los hechos que se refieren en el apartado anterior hubiere concurrido alguna de las circunstancias siguientes:

a) se hubiera causado un daño o entorpecimiento graves al servicio público,

b) el valor del perjuicio causado o del patrimonio público apropiado excediere de 50.000 euros,

c) las cosas malversadas fueran de valor artístico, histórico, cultural o científico; o si se tratare de efectos destinados a aliviar alguna calamidad pública.

Si el valor del perjuicio causado o del patrimonio público apropiado excediere de 250.000 euros, se impondrá la pena de prisión en su mitad superior, pudiéndose llegar hasta la superior en grado.

3. Los hechos a que se refiere el presente artículo serán castigados con una pena de prisión de uno a dos años y multa de tres meses y un día a doce meses, y en todo caso inhabilitación especial para cargo o empleo público y derecho de sufragio pasivo por tiempo de uno a cinco años, cuando el perjuicio causado o el valor del patrimonio público sea inferior a 4.000 euros.

> *1. La autoridad o funcionario público que cometiere el delito del artículo 252 sobre el patrimonio público, será castigado con una pena de prisión de dos a seis años, inhabilitación especial para cargo o empleo público y para el ejercicio del derecho de sufragio pasivo por tiempo de seis a diez años.*
>
> *2. Se impondrá la misma pena a la autoridad o funcionario público que cometiere el delito del artículo 253 sobre el patrimonio público.*
>
> *3. Se impondrán las penas de prisión de cuatro a ocho años e inhabilitación absoluta por tiempo de diez a veinte años si en los hechos a que se refieren los dos números anteriores hubiere concurrido alguna de las circunstancias siguientes:*
>
> *a) se hubiera causado un grave daño o entorpecimiento al servicio público, o*
>
> *b) el valor del perjuicio causado o de los bienes o efectos apropiados excediere de 50.000 euros.*
>
> *Si el valor del perjuicio causado o de los bienes o efectos apropiados excediere de 250.000 euros, se impondrá la pena en su mitad superior, pudiéndose llegar hasta la superior en grado[792].*

Art. 432 bis[793].

La autoridad o funcionario público que, sin ánimo de apropiárselo, destinare a usos privados el patrimonio público puesto a su cargo por razón de sus funciones o con ocasión de las mismas, incurrirá en la pena de prisión de seis meses a tres años, y suspensión de empleo o cargo público de uno a cuatro años.

Si el culpable no reintegrara los mismos elementos del patrimonio público distraídos dentro de los diez días siguientes al de la incoación del proceso, se le impondrán las penas del artículo anterior.

---

[792] Artículo redactado conforme LO 1/2015, de 30 de marzo, por la que se modifica la Ley Orgánica 10/1995, de 23 de noviembre, del Código Penal.

[793] Artículo introducido por LO 14/2022, de 22 de diciembre, de transposición de directivas europeas y otras disposiciones para la adaptación de la legislación penal al ordenamiento de la Unión Europea, y reforma de los delitos contra la integridad moral, desórdenes públicos y contrabando de armas de doble uso.

Art. 433[794].

La autoridad o funcionario público que, sin estar comprendido en los artículos anteriores, diere al patrimonio público que administrare una aplicación pública diferente de aquélla a la que estuviere destinado, incurrirá en las penas de prisión de uno a cuatro años e inhabilitación especial de empleo o cargo público de dos a seis años, si resultare daño o entorpecimiento graves del servicio al que estuviere consignado, y de inhabilitación de empleo o cargo público de uno a tres años y multa de tres a doce meses, si no resultare.

Los hechos a que se refiere el artículo anterior serán castigados con una pena de prisión de uno a dos años y multa de tres meses y un día a doce meses, y en todo caso inhabilitación especial para cargo o empleo público y derecho de sufragio pasivo por tiempo de uno a cinco años, cuando el perjuicio causado o el valor de los bienes o valores apropiados sea inferior a 4.000 euros[795].

Art. 433 bis[796].

1. La autoridad o funcionario público que, de forma idónea para causar un perjuicio económico a la entidad pública de la que dependa, y fuera de los supuestos previstos en el artículo 390, falseare su contabilidad, los documentos que deban reflejar su situación económica o la información contenida en los mismos, será castigado con la pena de inhabilitación especial para empleo o cargo público por tiempo de uno a diez años y multa de doce a veinticuatro meses.

2. Con las mismas penas se castigará a la autoridad o funcionario público, que de forma idónea para causar un perjuicio económico a la entidad pública de la que dependa, facilite a terceros información mendaz relativa a la situación económica de la misma o alguno de los documentos o informaciones a que se refiere el apartado anterior.

3. Si se llegare a causar el perjuicio económico a la entidad, se impondrán las penas de prisión de uno a cuatro años, inhabilitación especial para empleo o cargo público por tiempo de tres a diez años y multa de doce a veinticuatro meses.

---

[794] Redactado conforme LO 14/2022, de 22 de diciembre, de transposición de directivas europeas y otras disposiciones para la adaptación de la legislación penal al ordenamiento de la Unión Europea, y reforma de los delitos contra la integridad moral, desórdenes públicos y contrabando de armas de doble uso.

[795] Redactado conforme LO 1/2015, de 30 de marzo, por la que se modifica la Ley Orgánica 10/1995, de 23 de noviembre, del Código Penal.

[796] Introducido por LO 7/2012, de 27 de diciembre, por la que se modifica la Ley Orgánica 10/1995, de 23 de noviembre, del Código Penal en materia de transparencia y lucha contra el fraude fiscal y en la Seguridad Social.

Art. 433 ter[797].

A los efectos del presente Código, se entenderá por patrimonio público todo el conjunto de bienes y derechos, de contenido económico-patrimonial, pertenecientes a las Administraciones públicas.

Art. 434[798].

Si el culpable de cualquiera de los hechos tipificados en este capítulo hubiere reparado de modo efectivo e íntegro el perjuicio causado al patrimonio público antes del inicio del juicio oral, o hubiera colaborado activa y eficazmente con las autoridades o sus agentes para obtener pruebas decisivas para la identificación o captura de otros responsables o para el completo esclarecimiento de los hechos delictivos, los jueces y tribunales impondrán al responsable de este delito la pena inferior en uno o dos grados.

> *Si el culpable de cualquiera de los hechos tipificados en este Capítulo hubiere reparado de modo efectivo e íntegro el perjuicio causado al patrimonio público, o hubiera colaborado activamente con las autoridades o sus agentes para obtener pruebas decisivas para la identificación o captura de otros responsables o para el completo esclarecimiento de los hechos delictivos, los jueces y tribunales impondrán al responsable de este delito la pena inferior en uno o dos grados[799].*

Art. 435.

Las disposiciones de este capítulo son extensivas:

1.° A los que se hallen encargados por cualquier concepto de fondos, rentas o efectos de las Administraciones públicas.

2.° A los particulares legalmente designados como depositarios de caudales o efectos públicos.

3.° A los administradores o depositarios de dinero o bienes embargados, secuestrados o depositados por autoridad pública, aunque pertenezcan a particulares.

4.° A los administradores concursales, con relación a la masa concursal o los intereses económicos de los acreedores. En particular, se considerarán afectados los intereses de los acreedores cuando de manera dolosa se alterara el orden de pagos de los créditos establecido en la ley[800].

---

[797] Artículo introducido por LO 14/2022, de 22 de diciembre, de transposición de directivas europeas y otras disposiciones para la adaptación de la legislación penal al ordenamiento de la Unión Europea, y reforma de los delitos contra la integridad moral, desórdenes públicos y contrabando de armas de doble uso.

[798] Artículo redactado conforme LO 14/2022, de 22 de diciembre, de transposición de directivas europeas y otras disposiciones para la adaptación de la legislación penal al ordenamiento de la Unión Europea, y reforma de los delitos contra la integridad moral, desórdenes públicos y contrabando de armas de doble uso.

[799] Artículo redactado conforme LO 1/2015, de 30 de marzo, por la que se modifica la Ley Orgánica 10/1995, de 23 de noviembre, del Código Penal.

[800] Numeral introducido por LO 1/2015, de 30 de marzo, por la que se modifica la Ley Orgánica 10/1995, de 23 de noviembre, del Código Penal.

Art. 435 bis

5.º A las personas jurídicas que de acuerdo con lo establecido en el artículo 31 bis sean responsables de los delitos recogidos en este Capítulo. En estos casos se impondrán las siguientes penas:

a) Multa de dos a cinco años, o del triple al quíntuple del valor del perjuicio causado o de los bienes o efectos apropiados cuando la cantidad resultante fuese más elevada, si el delito cometido por la persona física tiene prevista una pena de prisión de más de cinco años.

b) Multa de uno a tres años, o del doble al cuádruple del valor del perjuicio causado o de los bienes o efectos apropiados cuando la cantidad resultante fuese más elevada, si el delito cometido por la persona física tiene prevista una pena de más de dos años de privación de libertad no incluida en el anterior inciso.

c) Multa de seis meses a dos años, o del doble al triple del valor del perjuicio causado o de los bienes o efectos apropiados si la cantidad resultante fuese más elevada, en el resto de los casos.

Atendidas las reglas establecidas en el artículo 66 bis, los jueces y tribunales podrán asimismo imponer las penas recogidas en las letras b) a g) del apartado 7 del artículo 33[801].

Art. 435 bis[802].

A los efectos de este capítulo se entenderá por funcionario público los determinados por los artículos 24 y 427.

CAPÍTULO VIII
DE LOS FRAUDES Y EXACCIONES ILEGALES

Art. 436[803].

La autoridad o funcionario público que, interviniendo por razón de su cargo en cualesquiera de los actos de las modalidades de contratación pública o en liquidaciones de efectos o haberes públicos, se concertara con los interesados o usase de cualquier otro artificio para defraudar a cualquier ente público, incurrirá en las penas de prisión de dos a seis años e inhabilitación especial para empleo o cargo público y para el ejercicio del derecho de sufragio pasivo por tiempo de seis a diez años. Al particular que se haya concertado con la autori-

---

[801] Ordinal introducido por LO 1/2019, de 20 de febrero, por la que se modifica la Ley Orgánica 10/1995, de 23 de noviembre, del Código Penal, para transponer Directivas de la Unión Europea en los ámbitos financiero y de terrorismo, y abordar cuestiones de índole internacional.

[802] Artículo introducido por LO 1/2019, de 20 de febrero, por la que se modifica la Ley Orgánica 10/1995, de 23 de noviembre, del Código Penal, para transponer Directivas de la Unión Europea en los ámbitos financiero y de terrorismo, y abordar cuestiones de índole internacional.

[803] Redactado conforme LO 1/2015, de 30 de marzo, por la que se modifica la Ley Orgánica 10/1995, de 23 de noviembre, del Código Penal.

dad o funcionario público se le impondrá la misma pena de prisión que a éstos, así como la de inhabilitación para obtener subvenciones y ayudas públicas, para contratar con entes, organismos o entidades que formen parte del sector público y para gozar de beneficios o incentivos fiscales y de la Seguridad Social por un tiempo de dos a siete años.

La autoridad o funcionario público que, interviniendo por razón de su cargo en cualesquiera de los actos de las modalidades de contratación pública o en liquidaciones de efectos o haberes públicos, se concertara con los interesados o usase de cualquier otro artificio para defraudar a cualquier ente público, incurrirá en las penas de prisión de uno a tres años e inhabilitación especial para empleo o cargo público por tiempo de seis a diez años. Al particular que se haya concertado con la autoridad o funcionario público se le impondrá la misma pena de prisión que a éstos, así como la de inhabilitación para obtener subvenciones y ayudas públicas, para contratar con entes, organismos o entidades que formen parte del sector público y para gozar de beneficios o incentivos fiscales y de la Seguridad Social por un tiempo de dos a cinco años[804].

Art. 437.

La autoridad o funcionario público que exigiere, directa o indirectamente, derechos, tarifas por aranceles o minutas que no sean debidos o en cuantía mayor a la legalmente señalada, será castigado, sin perjuicio de los reintegros a que viniere obligado, con las penas de multa de seis a veinticuatro meses y de suspensión de empleo o cargo público por tiempo de seis meses a cuatro años.

Art. 438[805].

La autoridad o funcionario público que, abusando de su cargo, cometiere algún delito de estafa o de fraude de prestaciones del Sistema de Seguridad Social del artículo 307 ter, incurrirá en las penas respectivamente señaladas a éstos, en su mitad superior, pudiéndose llegar hasta la superior en grado, e inhabilitación especial para empleo o cargo público y para el ejercicio del derecho de sufragio pasivo por tiempo de tres a nueve años, salvo que los hechos estén castigados con una pena más grave en algún otro precepto de este Código.

La autoridad o funcionario público que, abusando de su cargo, cometiere algún delito de estafa o apropiación indebida, incurrirá en las penas respectivamente señaladas a éstos, en su mitad superior, e inhabilitación especial para empleo o cargo público por tiempo de dos a seis años.

Art. 438 bis[806].

La autoridad que, durante el desempeño de su función o cargo y hasta cinco años después de haber cesado en ellos, hubiera obtenido un incremento patrimonial o una cancelación de obligaciones o deudas por un valor superior a

---

[804]   Redactado conforme LO 5/2010, de 22 de junio, por la que se modifica la Ley Orgánica 10/1995, de 23 de noviembre, del Código Penal.

[805]   Redactado conforme LO 1/2015, de 30 de marzo, por la que se modifica la Ley Orgánica 10/1995, de 23 de noviembre, del Código Penal.

[806]   Artículo introducido por LO 14/2022, de 22 de diciembre, de transposición de directivas europeas y otras disposiciones para la adaptación de la legislación penal al ordenamiento de la Unión Europea, y reforma de los delitos contra la integridad moral, desórdenes públicos y contrabando de armas de doble uso.

Art. 439

250.000 euros respecto a sus ingresos acreditados, y se negara abiertamente a dar el debido cumplimiento a los requerimientos de los órganos competentes destinados a comprobar su justificación, será castigada con las penas de prisión de seis meses a tres años, multa del tanto al triplo del beneficio obtenido, e inhabilitación especial para empleo o cargo público y para el ejercicio del derecho de sufragio pasivo por tiempo de dos a siete años.

CAPÍTULO IX
DE LAS NEGOCIACIONES Y ACTIVIDADES PROHIBIDAS A LOS FUNCIONARIOS PÚBLICOS Y DE LOS ABUSOS EN EL EJERCICIO DE SU FUNCIÓN

Art. 439[807].

La autoridad o funcionario público que, debiendo intervenir por razón de su cargo en cualquier clase de contrato, asunto, operación o actividad, se aproveche de tal circunstancia para forzar o facilitarse cualquier forma de participación, directa o por persona interpuesta, en tales negocios o actuaciones, incurrirá en la pena de prisión de seis meses a dos años, multa de doce a veinticuatro meses e inhabilitación especial para empleo o cargo público y para el ejercicio del derecho de sufragio pasivo por tiempo de dos a siete años.

> *La autoridad o funcionario público que, debiendo intervenir por razón de su cargo en cualquier clase de contrato, asunto, operación o actividad, se aproveche de tal circunstancia para forzar o facilitarse cualquier forma de participación, directa o por persona interpuesta, en tales negocios o actuaciones, incurrirá en la pena de prisión de seis meses a dos años, multa de doce a veinticuatro meses e inhabilitación especial para empleo o cargo público por tiempo de uno a cuatro años[808].*

Art. 440[809].

Los peritos, árbitros y contadores partidores que se condujeren del modo previsto en el artículo anterior, respecto de los bienes o cosas en cuya tasación, partición o adjudicación hubieran intervenido, y los tutores, curadores o albaceas respecto de los pertenecientes a sus pupilos o testamentarías, y los administradores concursales respecto de los bienes y derechos integrados en la masa del concurso, serán castigados con la pena de multa de doce a veinticuatro meses e inhabilitación especial para empleo o cargo público, profesión u oficio, guarda, tutela o curatela, según los casos, por tiempo de tres a seis años, salvo que esta conducta esté sancionada con mayor pena en otro precepto de este Código.

---

[807] Redactado conforme LO 1/2015, de 30 de marzo, por la que se modifica la Ley Orgánica 10/1995, de 23 de noviembre, del Código Penal.

[808] Redactado conforme LO 5/2010, de 22 de junio, por la que se modifica la Ley Orgánica 10/1995, de 23 de noviembre, del Código Penal.

[809] Redactado conforme LO 1/2015, de 30 de marzo, por la que se modifica la Ley Orgánica 10/1995, de 23 de noviembre, del Código Penal.

Los peritos, árbitros y contadores partidores que se condujeren del modo previsto en el artículo anterior, respecto de los bienes o cosas en cuya tasación, partición o adjudicación hubieran intervenido, y los tutores, curadores o albaceas respecto de los pertenecientes a sus pupilos o testamentarías, serán castigados con la pena de multa de doce a veinticuatro meses e inhabilitación especial para empleo o cargo público, profesión u oficio, guarda, tutela o curatela, según los casos, por tiempo de tres a seis años.

Art. 441[810].

La autoridad o funcionario público que, fuera de los casos admitidos en las leyes o reglamentos, realizare, por sí o por persona interpuesta, una actividad profesional o de asesoramiento permanente o accidental, bajo la dependencia o al servicio de entidades privadas o de particulares, en asunto en que deba intervenir o haya intervenido por razón de su cargo, o en los que se tramiten, informen o resuelvan en la oficina o centro directivo en que estuviere destinado o del que dependa, incurrirá en las penas de multa de seis a doce meses y suspensión de empleo o cargo público por tiempo de dos a cinco años.

La autoridad o funcionario público que, fuera de los casos admitidos en las Leyes o Reglamentos, realizare, por sí o por persona interpuesta, una actividad profesional o de asesoramiento permanente o accidental, bajo la dependencia o al servicio de entidades privadas o de particulares, en asunto en que deba intervenir o haya intervenido por razón de su cargo, o en los que se tramiten, informen o resuelvan en la oficina o centro directivo en que estuviere destinado o del que dependa, incurrirá en las penas de multa de seis a doce meses, y suspensión de empleo o cargo público por tiempo de uno a tres años.

Art. 442[811].

La autoridad o funcionario público que haga uso de un secreto del que tenga conocimiento por razón de su oficio o cargo, o de una información privilegiada, con ánimo de obtener un beneficio económico para sí o para un tercero, incurrirá en las penas de multa del tanto al triplo del beneficio perseguido, obtenido o facilitado e inhabilitación especial para empleo o cargo público y para el ejercicio del derecho de sufragio pasivo por tiempo de dos a cuatro años. Si obtuviere el beneficio perseguido se impondrán las penas de prisión de uno a tres años, multa del tanto al séxtuplo del beneficio perseguido, obtenido o facilitado e inhabilitación especial para empleo o cargo público y para el ejercicio del derecho de sufragio pasivo por tiempo de cuatro a seis años.

Si resultara grave daño para la causa pública o para tercero, la pena será de prisión de uno a seis años, e inhabilitación especial para empleo o cargo público y para el ejercicio del derecho de sufragio pasivo por tiempo de nueve a doce años. A los efectos de este artículo se entiende por información privilegiada toda información de carácter concreto que se tenga exclusivamente por razón del oficio o cargo público y que no haya sido notificada, publicada o divulgada.

La autoridad o funcionario público que haga uso de un secreto del que tenga conocimiento por razón de su oficio o cargo, o de una información privilegiada, con ánimo de obtener un beneficio económico para sí o para un tercero, incurrirá en las penas de multa del tanto al triplo del beneficio perseguido, obtenido

---

[810]   Redactado conforme LO 1/2015, de 30 de marzo, por la que se modifica la Ley Orgánica 10/1995, de 23 de noviembre, del Código Penal.

[811]   Redactado conforme LO 1/2015, de 30 de marzo, por la que se modifica la Ley Orgánica 10/1995, de 23 de noviembre, del Código Penal.

o facilitado e inhabilitación especial para empleo o cargo público por tiempo de dos a cuatro años. Si obtuviere el beneficio perseguido se impondrán las penas en su mitad superior.
Si resultara grave daño para la causa pública o para tercero, la pena será de prisión de uno a seis años, e inhabilitación especial para empleo o cargo público por tiempo de siete a diez años. A los efectos de este artículo, se entiende por información privilegiada toda información de carácter concreto que se tenga exclusivamente por razón del oficio o cargo público y que no haya sido notificada, publicada o divulgada.

Art. 443[812].

1. Será castigado con la pena de prisión de uno a dos años e inhabilitación absoluta por tiempo de seis a 12 años, la autoridad o funcionario público que solicitare sexualmente a una persona que, para sí misma o para su cónyuge u otra persona con la que se halle ligado de forma estable por análoga relación de afectividad, ascendiente, descendiente, hermano, por naturaleza, por adopción, o afín en los mismos grados, tenga pretensiones pendientes de la resolución de aquel o acerca de las cuales deba evacuar informe o elevar consulta a su superior.

2. El funcionario de Instituciones Penitenciarias, de centros de protección o reforma de menores, centro de internamiento de personas extranjeras, o cualquier otro centro de detención, o custodia, incluso de estancia temporal, que solicitara sexualmente a una persona sujeta a su guarda, será castigado con la pena de prisión de uno a cuatro años e inhabilitación absoluta por tiempo de seis a doce años[813].

2. El funcionario de Instituciones Penitenciarias o de centros de protección o de corrección de menores que solicitara sexualmente a una persona sujeta a su guarda será castigado con la pena de prisión de uno a cuatro años e inhabilitación absoluta por tiempo de seis a 12 años[814].

3. En las mismas penas incurrirán cuando la persona solicitada fuera ascendiente, descendiente, hermano, por naturaleza, por adopción, o afines en los mismos grados de persona que tuviere bajo su guarda. Incurrirá, asimismo, en estas penas cuando la persona solicitada sea cónyuge de persona que tenga bajo su guarda o se halle ligada a ésta de forma estable por análoga relación de afectividad.

Art. 444[815].

Las penas previstas en el artículo anterior se impondrán sin perjuicio de las que correspondan por los delitos contra la libertad sexual efectivamente cometidos.

---

[812] Redactado —excepto el apartado 2— conforme LO 15/2003, de 25 de noviembre, por la que se modifica la Ley Orgánica 10/1995, de 23 de noviembre, del Código Penal.

[813] Apartado redactado conforme LO 10/2022, de 6 de septiembre, de garantía integral de la libertad sexual.

[814] Redactado conforme LO 15/2003, de 25 de noviembre, por la que se modifica la Ley Orgánica 10/1995, de 23 de noviembre, del Código Penal.

[815] Redactado conforme LO 15/2003, de 25 de noviembre, por la que se modifica la Ley Orgánica 10/1995, de 23 de noviembre, del Código Penal.

CAPÍTULO X
DISPOSICIÓN COMÚN A LOS CAPÍTULOS ANTERIORES[816]

Art. 445[817].

La provocación, la conspiración y la proposición para cometer los delitos previstos en este Título se castigará, respectivamente, con la pena inferior en uno o dos grados.

1. Los que mediante el ofrecimiento, promesa o concesión de cualquier beneficio indebido, pecuniario o de otra clase, corrompieren o intentaren corromper, por sí o por persona interpuesta, a los funcionarios públicos extranjeros o de organizaciones internacionales, en beneficio de estos o de un tercero, o atendieran sus solicitudes al respecto, con el fin de que actúen o se abstengan de actuar en relación con el ejercicio de funciones públicas para conseguir o conservar un contrato u otro beneficio irregular en la realización de actividades económicas internacionales, serán castigados con las penas de prisión de dos a seis años y multa de doce a veinticuatro meses, salvo que el beneficio obtenido fuese superior a la cantidad resultante, en cuyo caso la multa será del tanto al duplo del montante de dicho beneficio.

Además de las penas señaladas, se impondrá al responsable la pena de prohibición de contratar con el sector público, así como la pérdida de la posibilidad de obtener subvenciones o ayudas públicas y del derecho a gozar de beneficios o incentivos fiscales y de la Seguridad Social, y la prohibición de intervenir en transacciones comerciales de trascendencia pública por un periodo de siete a doce años.

Las penas previstas en los párrafos anteriores se impondrán en su mitad superior si el objeto del negocio versara sobre bienes o servicios humanitarios o cualesquiera otros de primera necesidad.

2. Cuando de acuerdo con lo establecido en el artículo 31 bis de este Código una persona jurídica sea responsable de este delito, se le impondrá la pena de multa de dos a cinco años, o la del triple al quíntuple del beneficio obtenido si la cantidad resultante fuese más elevada.

Atendidas las reglas establecidas en el artículo 66 bis, los jueces y tribunales podrán asimismo imponer las penas recogidas en las letras b) a g) del apartado 7 del artículo 33.

3. A los efectos de este artículo se entiende por funcionario público extranjero:

a) Cualquier persona que ostente un cargo legislativo, administrativo o judicial de un país extranjero, tanto por nombramiento como por elección.

b) Cualquier persona que ejerza una función pública para un país extranjero, incluido un organismo público o una empresa pública.

c) Cualquier funcionario o agente de una organización internacional pública[818].

---

[816] Redactado conforme LO 1/2015, de 30 de marzo, por la que se modifica la Ley Orgánica 10/1995, de 23 de noviembre, del Código Penal.

[817] Redactado conforme LO 1/2015, de 30 de marzo, por la que se modifica la Ley Orgánica 10/1995, de 23 de noviembre, del Código Penal.

[818] Redactado conforme LO 5/2010, de 22 de junio, por la que se modifica la Ley Orgánica 10/1995, de 23 de noviembre, del Código Penal.

TÍTULO XX
DELITOS CONTRA LA ADMINISTRACIÓN DE JUSTICIA

CAPÍTULO I
DE LA PREVARICACIÓN

Art. 446[819].

El juez o magistrado que, a sabiendas, dictare sentencia o resolución injusta será castigado:

1.º Con la pena de prisión de uno a cuatro años si se trata de sentencia injusta contra el reo en causa criminal por delito grave o menos grave y la sentencia no hubiera llegado a ejecutarse, y con la misma pena en su mitad superior y multa de doce a veinticuatro meses si se ha ejecutado. En ambos casos se impondrá, además, la pena de inhabilitación absoluta por tiempo de diez a veinte años.

2.º Con la pena de multa de seis a doce meses e inhabilitación especial para empleo o cargo público por tiempo de seis a diez años, si se tratara de una sentencia injusta contra el reo dictada en proceso por delito leve.

3.º Con la pena de multa de doce a veinticuatro meses e inhabilitación especial para empleo o cargo público por tiempo de diez a veinte años, cuando dictara cualquier otra sentencia o resolución injustas.

El Juez o Magistrado que, a sabiendas, dictare sentencia o resolución injusta será castigado:

1.º Con la pena de prisión de uno a cuatro años si se trata de sentencia injusta contra el reo en causa criminal por delito y la sentencia no hubiera llegado a ejecutarse, y con la misma pena en su mitad superior y multa de doce a veinticuatro meses si se ha ejecutado. En ambos casos se impondrá, además, la pena de inhabilitación absoluta por tiempo de diez a veinte años.

2.º Con la pena de multa de seis a doce meses e inhabilitación especial para empleo o cargo público por tiempo de seis a diez años, si se tratara de una sentencia injusta contra el reo dictada en proceso por falta.

3.º Con la pena de multa de doce a veinticuatro meses e inhabilitación especial para empleo o cargo público por tiempo de diez a veinte años, cuando dictara cualquier otra sentencia o resolución injustas.

Art. 447.

El Juez o Magistrado que por imprudencia grave o ignorancia inexcusable dictara sentencia o resolución manifiestamente injusta incurrirá en la pena de inhabilitación especial para empleo o cargo público por tiempo de dos a seis años.

Art. 448.

El Juez o Magistrado que se negase a juzgar, sin alegar causa legal, o so pretexto de oscuridad, insuficiencia o silencio de la Ley, será castigado con la pena de inhabilitación especial para empleo o cargo público por tiempo de seis meses a cuatro años.

---

[819]   Redactado conforme LO 1/2015, de 30 de marzo, por la que se modifica la Ley Orgánica 10/1995, de 23 de noviembre, del Código Penal.

Art. 449.

1. En la misma pena señalada en el artículo anterior incurrirá el Juez, Magistrado o Secretario Judicial culpable de retardo malicioso en la Administración de Justicia. Se entenderá por malicioso el retardo provocado para conseguir cualquier finalidad ilegítima.

2. Cuando el retardo sea imputable a funcionario distinto de los mencionados en el apartado anterior, se le impondrá la pena indicada, en su mitad inferior.

CAPÍTULO II
DE LA OMISIÓN DE LOS DEBERES DE IMPEDIR DELITOS O DE PROMOVER SU PERSECUCIÓN

Art. 450.

1. El que, pudiendo hacerlo con su intervención inmediata y sin riesgo propio o ajeno, no impidiere la comisión de un delito que afecte a las personas en su vida, integridad o salud, libertad o libertad sexual, será castigado con la pena de prisión de seis meses a dos años si el delito fuera contra la vida, y la de multa de seis a veinticuatro meses en los demás casos, salvo que al delito no impedido le correspondiera igual o menor pena, en cuyo caso se impondrá la pena inferior en grado a la de aquél.

2. En las mismas penas incurrirá quien, pudiendo hacerlo, no acuda a la autoridad o a sus agentes para que impidan un delito de los previstos en el apartado anterior y de cuya próxima o actual comisión tenga noticia.

CAPÍTULO III
DEL ENCUBRIMIENTO

Art. 451.

Será castigado con la pena de prisión de seis meses a tres años el que, con conocimiento de la comisión de un delito y sin haber intervenido en el mismo como autor o cómplice, interviniere con posterioridad a su ejecución, de alguno de los modos siguientes:

1.° Auxiliando a los autores o cómplices para que se beneficien del provecho, producto o precio del delito, sin ánimo de lucro propio.

2.° Ocultando, alterando o inutilizando el cuerpo, los efectos o los instrumentos de un delito, para impedir su descubrimiento.

3.° Ayudando a los presuntos responsables de un delito a eludir la investigación de la autoridad o de sus agentes, o a sustraerse a su busca o captura, siempre que concurra alguna de las circunstancias siguientes:

a) Que el hecho encubierto sea constitutivo de traición, homicidio del Rey o Reina, de cualquiera de sus ascendientes o descendientes, de la Reina consorte o del consorte de la Reina, del Regente o de algún miembro de la Regencia, o del Príncipe o Princesa de Asturias, genocidio, delito de lesa humanidad, delito contra las personas y bienes protegidos en caso de conflicto armado, rebelión, terrorismo, homicidio, piratería, trata de seres humanos o tráfico ilegal de órganos[820].

> *a) Que el hecho encubierto sea constitutivo de traición, homicidio del Rey, de cualquiera de sus ascendientes o descendientes, de la Reina consorte o del consorte de la Reina, del Regente o de algún miembro de la Regencia, o del Príncipe heredero de la Corona, genocidio, delito de lesa humanidad, delito contra las personas y bienes protegidos en caso de conflicto armado, rebelión, terrorismo u homicidio[821].*

b) Que el favorecedor haya obrado con abuso de funciones públicas. En este caso se impondrá, además de la pena de privación de libertad, la de inhabilitación especial para empleo o cargo público por tiempo de dos a cuatro años si el delito encubierto fuere menos grave, y la de inhabilitación absoluta por tiempo de seis a doce años si aquél fuera grave.

Art. 452.

En ningún caso podrá imponerse pena privativa de libertad que exceda de la señalada al delito encubierto. Si éste estuviera castigado con pena de otra naturaleza, la pena privativa de libertad será sustituida por la de multa de seis a veinticuatro meses, salvo que el delito encubierto tenga asignada pena igual o inferior a ésta, en cuyo caso se impondrá al culpable la pena de aquel delito en su mitad inferior.

Art. 453.

Las disposiciones de este capítulo se aplicarán aun cuando el autor del hecho encubierto sea irresponsable o esté personalmente exento de pena.

Art. 454.

Están exentos de las penas impuestas a los encubridores los que lo sean de su cónyuge o de persona a quien se hallen ligados de forma estable por análoga relación de afectividad, de sus ascendientes, descendientes, hermanos, por naturaleza, por adopción, o afines en los mismos grados, con la sola excepción de los encubridores que se hallen comprendidos en el supuesto del número 1.° del artículo 451.

---

[820] Redactado conforme LO 5/2010, de 22 de noviembre, por la que se modifica la Ley Orgánica 10/1995, de 23 de noviembre, del Código Penal. La versión consolidada del Código Penal, publicada por el BOE, en aplicación del art. 259 de la LO 1/2015, de 30 de marzo, por la que se modifica la Ley Orgánica 10/1995, de 23 de noviembre, del Código Penal, sustituye las referencias al «Rey» y al «Príncipe de Asturias» por las expresiones «Rey o de la Reina» y «Príncipe o de la Princesa», apartándose del texto legal.

[821] Redactado conforme LO 15/2003, de 25 de noviembre, por la que se modifica la Ley Orgánica 10/1995, de 23 de noviembre, del Código Penal.

CAPÍTULO IV
DE LA REALIZACIÓN ARBITRARIA DEL PROPIO DERECHO

Art. 455.

1. El que, para realizar un derecho propio, actuando fuera de las vías legales, empleare violencia, intimidación o fuerza en las cosas, será castigado con la pena de multa de seis a doce meses.

2. Se impondrá la pena superior en grado si para la intimidación o violencia se hiciera uso de armas u objetos peligrosos.

CAPÍTULO V
DE LA ACUSACIÓN Y DENUNCIA FALSAS Y
DE LA SIMULACIÓN DE DELITOS

Art. 456.

1[822]. Los que, con conocimiento de su falsedad o temerario desprecio hacia la verdad, imputaren a alguna persona hechos que, de ser ciertos, constituirían infracción penal, si esta imputación se hiciera ante funcionario judicial o administrativo que tenga el deber de proceder a su averiguación, serán sancionados:

1.º Con la pena de prisión de seis meses a dos años y multa de doce a veinticuatro meses, si se imputara un delito grave.

2.º Con la pena de multa de doce a veinticuatro meses, si se imputara un delito menos grave.

3.º Con la pena de multa de tres a seis meses, si se imputara un delito leve.

> *1. Los que, con conocimiento de su falsedad o temerario desprecio hacia la verdad, imputaren a alguna persona hechos que, de ser ciertos, constituirían infracción penal, si esta imputación se hiciera ante funcionario judicial o administrativo que tenga el deber de proceder a su averiguación, serán sancionados:*
>
> *1.º Con la pena de prisión de seis meses a dos años y multa de doce a veinticuatro meses, si se imputara un delito grave.*
>
> *2.º Con la pena de multa de doce a veinticuatro meses, si se imputara un delito menos grave.*
>
> *3.º Con la pena de multa de tres a seis meses, si se imputara una falta.*

2. No podrá procederse contra el denunciante o acusador sino tras sentencia firme o auto también firme, de sobreseimiento o archivo del Juez o Tribunal que haya conocido de la infracción imputada. Estos mandarán proceder de oficio contra el denunciante o acusador siempre que de la causa principal resulten indicios bastantes de la falsedad de la imputación, sin perjuicio de que el hecho pueda también perseguirse previa denuncia del ofendido.

Art. 457.

El que, ante alguno de los funcionarios señalados en el artículo anterior, simulare ser responsable o víctima de una infracción penal o denunciare una inexistente, provocando actuaciones procesales, será castigado con la multa de seis a doce meses.

---

[822] Apartado redactado conforme LO 1/2015, de 30 de marzo, por la que se modifica la Ley Orgánica 10/1995, de 23 de noviembre, del Código Penal.

CAPÍTULO VI
DEL FALSO TESTIMONIO

Art. 458.

1. El testigo que faltare a la verdad en su testimonio en causa judicial, será castigado con las penas de prisión de seis meses a dos años y multa de tres a seis meses.

2. Si el falso testimonio se diera en contra del reo en causa criminal por delito, las penas serán de prisión de uno a tres años y multa de seis a doce meses. Si a consecuencia del testimonio hubiera recaído sentencia condenatoria, se impondrán las penas superiores en grado.

3. Las mismas penas se impondrán si el falso testimonio tuviera lugar ante Tribunales Internacionales que, en virtud de Tratados debidamente ratificados conforme a la Constitución Española, ejerzan competencias derivadas de ella, o se realizara en España al declarar en virtud de comisión rogatoria remitida por un Tribunal extranjero.

Art. 459.

Las penas de los artículos precedentes se impondrán en su mitad superior a los peritos o intérpretes que faltaren a la verdad maliciosamente en su dictamen o traducción, los cuales serán, además, castigados con la pena de inhabilitación especial para profesión u oficio, empleo o cargo público, por tiempo de seis a doce años.

Art. 460.

Cuando el testigo, perito o intérprete, sin faltar sustancialmente a la verdad, la alterare con reticencias, inexactitudes o silenciando hechos o datos relevantes que le fueran conocidos, será castigado con la pena de multa de seis a doce meses y, en su caso, de suspensión de empleo o cargo público, profesión u oficio, de seis meses a tres años.

Art. 461.

1. El que presentare a sabiendas testigos falsos o peritos o intérpretes mendaces, será castigado con las mismas penas que para ellos se establecen en los artículos anteriores.

2. Si el responsable de este delito fuese abogado, procurador, graduado social o representante del Ministerio Fiscal, en actuación profesional o ejercicio de su función, se impondrá en cada caso la pena en su mitad superior y la de inhabilitación especial para empleo o cargo público, profesión u oficio, por tiempo de dos a cuatro años[823].

---

[823] Se suprime el contenido del apartado 2 pasando el contenido de su apartado 3 a integrar el apartado 2, por LO 15/2003, de 25 de noviembre, por la que se modifica la Ley Orgánica 10/1995, de 23 de noviembre, del Código Penal.

Art. 462.

Quedará exento de pena el que, habiendo prestado un falso testimonio en causa criminal, se retracte en tiempo y forma, manifestando la verdad para que surta efecto antes de que se dicte sentencia en el proceso de que se trate. Si a consecuencia del falso testimonio, se hubiese producido la privación de libertad, se impondrán las penas correspondientes inferiores en grado.

CAPÍTULO VII
DE LA OBSTRUCCIÓN A LA JUSTICIA Y LA DESLEALTAD PROFESIONAL

Art. 463.

1. El que, citado en legal forma, dejare voluntariamente de comparecer, sin justa causa, ante un juzgado o tribunal en proceso criminal con reo en prisión provisional, provocando la suspensión del juicio oral, será castigado con la pena de prisión de tres a seis meses o multa de seis a 24 meses. En la pena de multa de seis a 10 meses incurrirá el que, habiendo sido advertido, lo hiciera por segunda vez en causa criminal sin reo en prisión, haya provocado o no la suspensión[824].

2. Si el responsable de este delito fuese abogado, procurador o representante del Ministerio Fiscal, en actuación profesional o ejercicio de su función, se le impondrá la pena en su mitad superior y la de inhabilitación especial para empleo o cargo público, profesión u oficio, por tiempo de dos a cuatro años.

3. Si la suspensión tuviera lugar, en el caso del apartado 1 de este artículo, como consecuencia de la incomparecencia del juez o miembro del tribunal o de quien ejerza las funciones de secretario judicial, se impondrá la pena de prisión de tres a seis meses o multa de seis a 24 meses y, en cualquier caso, inhabilitación especial por tiempo de dos a cuatro años[825].

Art. 464.

1. El que con violencia o intimidación intentare influir directa o indirectamente en quien sea denunciante, parte o imputado, abogado, procurador, perito, intérprete o testigo en un procedimiento para que modifique su actuación procesal, será castigado con la pena de prisión de uno a cuatro años y multa de seis a veinticuatro meses.

Si el autor del hecho alcanzara su objetivo se impondrá la pena en su mitad superior.

2. Iguales penas se impondrán a quien realizare cualquier acto atentatorio contra la vida, integridad, libertad, libertad sexual o bienes, como represalia contra las personas citadas en el apartado anterior, por su actuación en pro-

---

[824] Redactado conforme LO 15/2003, de 25 de noviembre, por la que se modifica la Ley Orgánica 10/1995, de 23 de noviembre, del Código Penal.

[825] Redactado conforme LO 15/2003, de 25 de noviembre, por la que se modifica la Ley Orgánica 10/1995, de 23 de noviembre, del Código Penal.

cedimiento judicial, sin perjuicio de la pena correspondiente a la infracción de que tales hechos sean constitutivos.

Art. 465.

1. El que, interviniendo en un proceso como abogado o procurador, con abuso de su función, destruyere, inutilizare u ocultare documentos o actuaciones de los que haya recibido traslado en aquella calidad, será castigado con la pena de prisión de seis meses a dos años, multa de siete a doce meses e inhabilitación especial para su profesión, empleo o cargo público de tres a seis años.

2. Si los hechos descritos en el apartado primero de este artículo fueran realizados por un particular, la pena será de multa de tres a seis meses.

Art. 466.

1. El abogado o procurador que revelare actuaciones procesales declaradas secretas por la autoridad judicial, será castigado con las penas de multa de doce a veinticuatro meses e inhabilitación especial para empleo, cargo público, profesión u oficio de uno a cuatro años.

2. Si la revelación de las actuaciones declaradas secretas fuese realizada por el Juez o miembro del Tribunal, representante del Ministerio Fiscal, Secretario Judicial o cualquier funcionario al servicio de la Administración de Justicia, se le impondrán las penas previstas en el artículo 417 en su mitad superior.

3. Si la conducta descrita en el apartado primero fuere realizada por cualquier otro particular que intervenga en el proceso, la pena se impondrá en su mitad inferior.

Art. 467.

1. El abogado o procurador que, habiendo asesorado o tomado la defensa o representación de alguna persona, sin el consentimiento de ésta defienda o represente en el mismo asunto a quien tenga intereses contrarios, será castigado con la pena de multa de seis a doce meses e inhabilitación especial para su profesión de dos a cuatro años.

2. El abogado o procurador que, por acción u omisión, perjudique de forma manifiesta los intereses que le fueren encomendados será castigado con las penas de multa de doce a veinticuatro meses e inhabilitación especial para empleo, cargo público, profesión u oficio de uno a cuatro años.

Si los hechos fueran realizados por imprudencia grave, se impondrán las penas de multa de seis a doce meses e inhabilitación especial para su profesión de seis meses a dos años.

CAPÍTULO VIII
DEL QUEBRANTAMIENTO DE CONDENA

Art. 468.

1. Los que quebrantaren su condena, medida de seguridad, prisión, medida cautelar, conducción o custodia serán castigados con la pena de prisión de seis

meses a un año si estuvieran privados de libertad, y con la pena de multa de doce a veinticuatro meses en los demás casos[826].

2. Se impondrá en todo caso la pena de prisión de seis meses a un año a los que quebrantaren una pena de las contempladas en el artículo 48 de este Código o una medida cautelar o de seguridad de la misma naturaleza impuesta en procesos criminales en los que el ofendido sea alguna de las personas a las que se refiere el artículo 173.2, así como a aquellos que quebrantaren la medida de libertad vigilada[827].

> 2. Se impondrá en todo caso la pena de prisión de seis meses a un año a los que quebrantaren una pena de las contempladas en el artículo 48 de este Código o una medida cautelar o de seguridad de la misma naturaleza impuestas en procesos criminales en los que el ofendido sea alguna de las personas a las que se refiere el artículo 173.2[828].

3. Los que inutilicen o perturben el funcionamiento normal de los dispositivos técnicos que hubieran sido dispuestos para controlar el cumplimiento de penas, medidas de seguridad o medidas cautelares, no los lleven consigo u omitan las medidas exigibles para mantener su correcto estado de funcionamiento, serán castigados con una pena de multa de seis a doce meses[829].

Art. 469.

Los sentenciados o presos que se fugaren del lugar en que estén recluidos, haciendo uso de violencia o intimidación en las personas o fuerza en las cosas o tomando parte en motín, serán castigados con la pena de prisión de seis meses a cuatro años.

Art. 470.

1. El particular que proporcionare la evasión a un condenado, preso o detenido, bien del lugar en que esté recluido, bien durante su conducción, será castigado con la pena de prisión de seis meses a un año y multa de doce a veinticuatro meses.

2. Si se empleara al efecto violencia o intimidación en las personas, fuerza en las cosas o soborno, la pena será de prisión de seis meses a cuatro años.

3. Si se tratara de alguna de las personas citadas en el artículo 454, se les castigará con la pena de multa de tres a seis meses, pudiendo en este caso el Juez o Tribunal imponer tan sólo las penas correspondientes a los daños causados o a las amenazas o violencias ejercidas.

---

[826]   Redactado conforme LO 1/2004, de 28 de diciembre, de Medidas de Protección Integral contra la Violencia de Género.

[827]   Redactado conforme LO 5/2010, de 22 de noviembre, por la que se modifica la Ley Orgánica 10/1995, de 23 de noviembre, del Código Penal.

[828]   Redactado conforme LO 1/2004, de 28 de diciembre, de Medidas de Protección Integral contra la Violencia de Género, que entró en vigor el 29 de junio de 2005.

[829]   Apartado introducido por LO 1/2015, de 30 de marzo, por la que se modifica la Ley Orgánica 10/1995, de 23 de noviembre, del Código Penal.

Art. 471.

Se impondrá la pena superior en grado, en sus respectivos casos, si el culpable fuera un funcionario público encargado de la conducción o custodia de un condenado, preso o detenido. El funcionario será castigado, además, con la pena de inhabilitación especial para empleo o cargo público de seis a diez años si el fugitivo estuviera condenado por sentencia ejecutoria, y con la inhabilitación especial para empleo o cargo público de tres a seis años en los demás casos.

CAPÍTULO IX
DE LOS DELITOS CONTRA LA ADMINISTRACIÓN DE JUSTICIA DE LA CORTE PENAL INTERNACIONAL[830]

Art. 471 bis

1. El testigo que, intencionadamente, faltare a la verdad en su testimonio ante la Corte Penal Internacional, estando obligado a decir verdad conforme a las normas estatutarias y reglas de procedimiento y prueba de dicha Corte, será castigado con prisión de seis meses a dos años. Si el falso testimonio se diera en contra del acusado, la pena será de prisión de dos a cuatro años. Si a consecuencia del testimonio se dictara un fallo condenatorio, se impondrá pena de prisión de cuatro a cinco años.

2. El que presentare pruebas ante la Corte Penal Internacional a sabiendas de que son falsas o han sido falsificadas será castigado con las penas señaladas en el apartado anterior de este artículo.

3. El que intencionadamente destruya o altere pruebas, o interfiera en las diligencias de prueba ante la Corte Penal Internacional será castigado con la pena de prisión de seis meses a dos años y multa de siete a 12 meses.

4. El que corrompiera a un testigo, obstruyera su comparecencia o testimonio ante la Corte Penal Internacional o interfiriera en ellos será castigado con la pena de prisión de uno a cuatro años y multa de seis a 24 meses.

5. Será castigado con prisión de uno a cuatro años y multa de seis a 24 meses quien pusiera trabas a un funcionario de la Corte, lo corrompiera o intimidara, para obligarlo o inducirlo a que no cumpla sus funciones o a que lo haga de manera indebida.

6. El que tomara represalias contra un funcionario de la Corte Penal Internacional en razón de funciones que haya desempeñado él u otro funcionario será castigado con la pena de prisión de uno a cuatro años y multa de seis a 24 meses.

En la misma pena incurrirá quien tome represalias contra un testigo por su declaración ante la Corte.

---

[830] Capítulo introducido por LO 15/2003, de 25 de noviembre, por la que se modifica la Ley Orgánica 10/1995, de 23 de noviembre, del Código Penal.

7. El que solicitara o aceptara un soborno en calidad de funcionario de la Corte y en relación con sus funciones oficiales incurrirá en la pena de prisión de dos a cinco años y multa del tanto al triplo del valor de la dádiva solicitada o aceptada.

TÍTULO XXI
DELITOS CONTRA LA CONSTITUCIÓN

CAPÍTULO I
REBELIÓN

Art. 472[831].

Son reos del delito de rebelión los que se alzaren violenta y públicamente para cualquiera de los fines siguientes:

1.° Derogar, suspender o modificar total o parcialmente la Constitución.

2.° Destituir o despojar en todo o en parte de sus prerrogativas y facultades al Rey o a la Reina, al Regente o miembros de la Regencia, u obligarles a ejecutar un acto contrario a su voluntad.

3.° Impedir la libre celebración de elecciones para cargos públicos.

4.° Disolver las Cortes Generales, el Congreso de los Diputados, el Senado o cualquier Asamblea Legislativa de una Comunidad Autónoma, impedir que se reúnan, deliberen o resuelvan, arrancarles alguna resolución o sustraerles alguna de sus atribuciones o competencias.

5.° Declarar la independencia de una parte del territorio nacional.

6.° Sustituir por otro el Gobierno de la Nación o el Consejo de Gobierno de una Comunidad Autónoma, o usar o ejercer por sí o despojar al Gobierno o Consejo de Gobierno de una Comunidad Autónoma, o a cualquiera de sus miembros de sus facultades, o impedirles o coartarles su libre ejercicio, u obligar a cualquiera de ellos a ejecutar actos contrarios a su voluntad.

7.° Sustraer cualquier clase de fuerza armada a la obediencia del Gobierno.

Art. 473.

1. Los que, induciendo a los rebeldes, hayan promovido o sostengan la rebelión, y los jefes principales de ésta, serán castigados con la pena de prisión de quince a veinticinco años e inhabilitación absoluta por el mismo tiempo; los que ejerzan un mando subalterno, con la de prisión de diez a quince años e inhabilitación absoluta de diez a quince años, y los meros participantes, con

---

[831] La versión consolidada del Código Penal, publicada por el BOE, en aplicación del art. 259 de la LO 1/2015, de 30 de marzo, por la que se modifica la Ley Orgánica 10/1995, de 23 de noviembre, del Código Penal, sustituye las referencias al «Rey» y al «Príncipe de Asturias» por las expresiones «Rey o de la Reina» y «Príncipe o de la Princesa», apartándose del texto legal.

la de prisión de cinco a diez años e inhabilitación especial para empleo o cargo público por tiempo de seis a diez años.

2. Si se han esgrimido armas, o si ha habido combate entre la fuerza de su mando y los sectores leales a la autoridad legítima, o la rebelión hubiese causado estragos en propiedades de titularidad pública o privada, cortado las comunicaciones telegráficas, telefónicas, por ondas, ferroviarias o de otra clase, ejercido violencias graves contra las personas, exigido contribuciones o distraído los caudales públicos de su legítima inversión, las penas de prisión serán, respectivamente, de veinticinco a treinta años para los primeros, de quince a veinticinco años para los segundos y de diez a quince años para los últimos.

Art. 474.

Cuando la rebelión no haya llegado a organizarse con jefes conocidos, se reputarán como tales los que de hecho dirijan a los demás, o lleven la voz por ellos, o firmen escritos expedidos a su nombre, o ejerzan otros actos semejantes de dirección o representación.

Art. 475.

Serán castigados como rebeldes con la pena de prisión de cinco a diez años e inhabilitación absoluta por tiempo de seis a doce años los que sedujeren o allegaren tropas o cualquier otra clase de fuerza armada para cometer el delito de rebelión.

Si llegara a tener efecto la rebelión, se reputarán promotores y sufrirán la pena señalada en el artículo 473.

Art. 476.

1. El militar que no empleare los medios a su alcance para contener la rebelión en las fuerzas de su mando, será castigado con las penas de prisión de dos a cinco años e inhabilitación absoluta de seis a diez años.

2. Será castigado con las mismas penas previstas en el apartado anterior en su mitad inferior el militar que, teniendo conocimiento de que se trata de cometer un delito de rebelión, no lo denuncie inmediatamente a sus superiores o a las autoridades o funcionarios que, por razón de su cargo, tengan la obligación de perseguir el delito.

Art. 477.

La provocación, la conspiración y la proposición para cometer rebelión serán castigadas, además de con la inhabilitación prevista en los artículos anteriores, con la pena de prisión inferior en uno o dos grados a la del delito correspondiente.

Art. 478.

En el caso de hallarse constituido en autoridad el que cometa cualquiera de los delitos previstos en este capítulo, la pena de inhabilitación que estuviese prevista en cada caso se sustituirá por la inhabilitación absoluta por tiempo de quince a veinte años, salvo que tal circunstancia se halle específicamente contemplada en el tipo penal de que se trate.

Art. 479.

Luego que se manifieste la rebelión, la autoridad gubernativa intimará a los sublevados a que inmediatamente se disuelvan y retiren.

Si los sublevados no depusieran su actitud inmediatamente después de la intimación, la autoridad hará uso de la fuerza de que disponga para disolverlos.

No será necesaria la intimación desde el momento en que los rebeldes rompan el fuego.

Art. 480.

1. Quedará exento de pena el que, implicado en un delito de rebelión, lo revelare a tiempo de poder evitar sus consecuencias.

2. A los meros ejecutores que depongan las armas antes de haber hecho uso de ellas, sometiéndose a las autoridades legítimas, se les aplicará la pena de prisión inferior en grado. La misma pena se impondrá si los rebeldes se disolvieran o sometieran a la autoridad legítima antes de la intimación o a consecuencia de ella.

Art. 481.

Los delitos particulares cometidos en una rebelión o con motivo de ella serán castigados, respectivamente, según las disposiciones de este Código.

Art. 482.

Las autoridades que no hayan resistido la rebelión, serán castigadas con la pena de inhabilitación absoluta de doce a veinte años.

Art. 483.

Los funcionarios que continúen desempeñando sus cargos bajo el mando de los alzados o que, sin habérseles admitido la renuncia de su empleo, lo abandonen cuando haya peligro de rebelión, incurrirán en la pena de inhabilitación especial para empleo o cargo público de seis a doce años.

Art. 484.

Los que aceptaren empleo de los rebeldes, serán castigados con la pena de inhabilitación absoluta de seis a doce años.

CAPÍTULO II
DELITOS CONTRA LA CORONA

Art. 485[832].

1. El que matare al Rey o a la Reina o al Príncipe o a la Princesa de Asturias será castigado con la pena de prisión permanente revisable.

2. El que matare a cualquiera de los ascendientes o descendientes del Rey o de la Reina, a la Reina consorte o al consorte de la Reina, al Regente o a al-

---

[832] Redactado conforme LO 1/2015, de 30 de marzo, por la que se modifica la Ley Orgánica 10/1995, de 23 de noviembre, del Código Penal.

gún miembro de la Regencia, será castigado con la pena de prisión de veinte a veinticinco años, salvo que los hechos estuvieran castigados con una pena más grave en algún otro precepto de este Código.

Si concurrieran en el delito dos o más circunstancias agravantes, se impondrá la pena de prisión de veinticinco a treinta años.

3. En el caso de tentativa de estos delitos podrá imponerse la pena inferior en un grado.

> *1. El que matare al Rey, o a cualquiera de sus ascendientes o descendientes, a la Reina consorte o al consorte de la Reina, al Regente o a algún miembro de la Regencia, o al Príncipe heredero de la Corona, será castigado con la pena de prisión de veinte a veinticinco años.*
> *2. La tentativa del mismo delito se castigará con la pena inferior en un grado.*
> *3. Si concurrieran en el delito dos o más circunstancias agravantes, se impondrá la pena de prisión de veinticinco a treinta años.*

Art. 486[833].

1. El que causare al Rey o Reina, o a cualquiera de sus ascendientes o descendientes, a la Reina consorte o al consorte de la Reina, al Regente o a algún miembro de la Regencia, o al Príncipe o Princesa de Asturias, lesiones de las previstas en el artículo 149, será castigado con la pena de prisión de quince a veinte años.

Si se tratara de alguna de las lesiones previstas en el artículo 150, se castigará con la pena de prisión de ocho a quince años.

2. El que les causare cualquier otra lesión, será castigado con la pena de prisión de cuatro a ocho años.

Art. 487[834].

Será castigado con la pena de prisión de quince a veinte años el que privare al Rey o Reina, o a cualquiera de sus ascendientes o descendientes, a la Reina consorte o al consorte de la Reina, al Regente o a algún miembro de la Regencia, o al Príncipe o Princesa de Asturias, de su libertad personal, salvo que los hechos estén castigados con mayor pena en otros preceptos de este Código.

---

[833] La versión consolidada del Código Penal, publicada por el BOE, en aplicación del art. 259 de la LO 1/2015, de 30 de marzo, por la que se modifica la Ley Orgánica 10/1995, de 23 de noviembre, del Código Penal, sustituye la referencia al «Rey» y al «Príncipe de Asturias» de la siguiente forma, apartándose del texto legal: «El que causare al Rey, a la Reina o a cualquiera de sus ascendientes o descendientes, a la Reina consorte o al consorte de la Reina, al Regente o a algún miembro de la Regencia, o al Príncipe o a la Princesa de Asturias, lesiones de las previstas en el artículo 149, será castigado con la pena de prisión de quince a veinte años».

[834] La versión consolidada del Código Penal, publicada por el BOE, en aplicación del art. 259 de la LO 1/2015, de 30 de marzo, por la que se modifica la Ley Orgánica 10/1995, de 23 de noviembre, del Código Penal, sustituye la referencia al «Rey» y al «Príncipe de Asturias» de la siguiente forma, apartándose del texto legal: «Será castigado con la pena de prisión de quince a veinte años el que privare al Rey, a la Reina o a cualquiera de sus ascendientes o descendientes, a la Reina consorte o al consorte de la Reina, al Regente o a algún miembro de la Regencia, o al Príncipe o a la Princesa de Asturias, de su libertad personal, salvo que los hechos estén castigados con mayor pena en otros preceptos de este Código».

Art. 488.

La provocación, la conspiración y la proposición para los delitos previstos en los artículos anteriores se castigará con la pena inferior en uno o dos grados a las respectivamente previstas.

Art. 489.

El que con violencia o intimidación grave obligare a las personas referidas en los artículos anteriores a ejecutar un acto contra su voluntad, será castigado con la pena de prisión de ocho a doce años.

En el caso previsto en el párrafo anterior, si la violencia o la intimidación no fueran graves, se impondrá la pena inferior en grado.

Art. 490.

1. El que allanare con violencia o intimidación la morada de cualquiera de las personas mencionadas en los artículos anteriores será castigado con la pena de prisión de tres a seis años. Si no hubiere violencia o intimidación la pena será de dos a cuatro años.

2. Con la pena de prisión de tres a seis años será castigado el que amenazare gravemente a cualquiera de las personas mencionadas en el apartado anterior, y con la pena de prisión de uno a tres años si la amenaza fuera leve.

3. El que calumniare o injuriare al Rey o Reina o a cualquiera de sus ascendientes o descendientes, a la Reina consorte o al consorte de la Reina, al Regente o a algún miembro de la Regencia, o al Príncipe o Princesa de Asturias, en el ejercicio de sus funciones o con motivo u ocasión de éstas, será castigado con la pena de prisión de seis meses a dos años si la calumnia o injuria fueran graves, y con la de multa de seis a doce meses si no lo son[835].

Art. 491.

1. Las calumnias e injurias contra cualquiera de las personas mencionadas en el artículo anterior, y fuera de los supuestos previstos en el mismo, serán castigadas con la pena de multa de cuatro a veinte meses.

2. Se impondrá la pena de multa de seis a veinticuatro meses al que utilizare la imagen del Rey o Reina o de cualquiera de sus ascendientes o descendientes, o de la Reina consorte o del consorte de la Reina, o del Regente o de algún

---

[835] La versión consolidada del Código Penal, publicada por el BOE, en aplicación del art. 259 de la LO 1/2015, de 30 de marzo, por la que se modifica la Ley Orgánica 10/1995, de 23 de noviembre, del Código Penal, sustituye la referencia al «Rey» y al «Príncipe de Asturias» de la siguiente forma, apartándose del texto legal: «3. El que calumniare o injuriare al Rey, a la Reina o a cualquiera de sus ascendientes o descendientes, a la Reina consorte o al consorte de la Reina, al Regente o a algún miembro de la Regencia, o al Príncipe o a la Princesa de Asturias, en el ejercicio de sus funciones o con motivo u ocasión de éstas, será castigado con la pena de prisión de seis meses a dos años si la calumnia o injuria fueran graves, y con la de multa de seis a doce meses si no lo son».

miembro de la Regencia, o del Príncipe o Princesa de Asturias, de cualquier forma que pueda dañar el prestigio de la Corona[836].

CAPÍTULO III
DE LOS DELITOS CONTRA LAS INSTITUCIONES DEL ESTADO Y LA DIVISIÓN DE PODERES

SECCIÓN 1.ª
DELITOS CONTRA LAS INSTITUCIONES DEL ESTADO

Art. 492.

Los que, al vacar la Corona o quedar inhabilitado su Titular para el ejercicio de su autoridad, impidieren a las Cortes Generales reunirse para nombrar la Regencia o el tutor del Titular menor de edad, serán sancionados con la pena de prisión de diez a quince años e inhabilitación absoluta por tiempo de diez a quince años, sin perjuicio de la pena que pudiere corresponderles por la comisión de otras infracciones más graves.

Art. 493.

Los que, sin alzarse públicamente, invadieren con fuerza, violencia o intimidación las sedes del Congreso de los Diputados, del Senado o de una Asamblea Legislativa de Comunidad Autónoma, si están reunidos, serán castigados con la pena de prisión de tres a cinco años.

Art. 494.

Incurrirán en la pena de prisión de seis meses a un año o multa de doce a veinticuatro meses los que promuevan, dirijan o presidan manifestaciones u otra clase de reuniones ante las sedes del Congreso de los Diputados, del Senado o de una Asamblea Legislativa de Comunidad Autónoma, cuando estén reunidos, alterando su normal funcionamiento.

Art. 495.

1. Los que, sin alzarse públicamente, portando armas u otros instrumentos peligrosos, intentaren penetrar en las sedes del Congreso de los Diputados, del Senado o de la Asamblea Legislativa de una Comunidad Autónoma, para presentar en persona o colectivamente peticiones a los mismos, incurrirán en la pena de prisión de tres a cinco años.

---

[836] La versión consolidada del Código Penal, publicada por el BOE, en aplicación del art. 259 de la LO 1/2015, de 30 de marzo, por la que se modifica la Ley Orgánica 10/1995, de 23 de noviembre, del Código Penal, sustituye la referencia al «Rey» y al «Príncipe de Asturias» de la siguiente forma, apartándose del texto legal: «2. Se impondrá la pena de multa de seis a veinticuatro meses al que utilizare la imagen del Rey o de la Reina o de cualquiera de sus ascendientes o descendientes, o de la Reina consorte o del consorte de la Reina, o del Regente o de algún miembro de la Regencia, o del Príncipe o de la Princesa de Asturias, de cualquier forma que pueda dañar el prestigio de la Corona».

2. La pena prevista en el apartado anterior se aplicará en su mitad superior a quienes promuevan, dirijan o presidan el grupo.

Art. 496.

El que injuriare gravemente a las Cortes Generales o a una Asamblea Legislativa de Comunidad Autónoma, hallándose en sesión, o a alguna de sus Comisiones en los actos públicos en que las representen, será castigado con la pena de multa de doce a dieciocho meses.

El imputado de las injurias descritas en el párrafo anterior quedará exento de pena si se dan las circunstancias previstas en el artículo 210.

Art. 497.

1. Incurrirán en la pena de prisión de seis meses a un año quienes, sin ser miembros del Congreso de los Diputados, del Senado o de una Asamblea Legislativa de Comunidad Autónoma, perturben gravemente el orden de sus sesiones.

2. Cuando la perturbación del orden de las sesiones a que se refiere el apartado anterior no sea grave, se impondrá la pena de multa de seis a doce meses.

Art. 498.

Los que emplearen fuerza, violencia, intimidación o amenaza grave para impedir a un miembro del Congreso de los Diputados, del Senado o de una Asamblea Legislativa de Comunidad Autónoma asistir a sus reuniones, o, por los mismos medios, coartaren la libre manifestación de sus opiniones o la emisión de su voto, serán castigados con la pena de prisión de tres a cinco años.

Art. 499.

La autoridad o funcionario público que quebrantare la inviolabilidad de las Cortes Generales o de una Asamblea Legislativa de Comunidad Autónoma, será castigado con las penas de inhabilitación especial para empleo o cargo público por tiempo de diez a veinte años, sin perjuicio de las que pudieran corresponderle si el hecho constituyera otro delito más grave.

Art. 500.

La autoridad o funcionario público que detuviere a un miembro de las Cortes Generales o de una Asamblea Legislativa de Comunidad Autónoma fuera de los supuestos o sin los requisitos establecidos por la legislación vigente incurrirá, según los casos, en las penas previstas en este Código, impuestas en su mitad superior, y además en la de inhabilitación especial para empleo o cargo público de seis a doce años.

Art. 501.

La autoridad judicial que inculpare o procesare a un miembro de las Cortes Generales o de una Asamblea Legislativa de Comunidad Autónoma sin los requisitos establecidos por la legislación vigente, será castigada con la pena de inhabilitación especial para empleo o cargo público de diez a veinte años.

Art. 502.

1. Los que, habiendo sido requeridos en forma legal y bajo apercibimiento, dejaren de comparecer ante una Comisión de investigación de las Cortes Generales o de una Asamblea Legislativa de Comunidad Autónoma, serán castigados como reos del delito de desobediencia. Si el reo fuera autoridad o funcionario público, se le impondrá además la pena de suspensión de empleo o cargo público por tiempo de seis meses a dos años.

2. En las mismas penas incurrirá la autoridad o funcionario que obstaculizare la investigación del Defensor del Pueblo, Tribunal de Cuentas u órganos equivalentes de las Comunidades Autónomas, negándose o dilatando indebidamente el envío de los informes que éstos solicitaren o dificultando su acceso a los expedientes o documentación administrativa necesaria para tal investigación.

3. El que convocado ante una comisión parlamentaria de investigación faltare a la verdad en su testimonio será castigado con la pena de prisión de seis meses a un año o multa de 12 a 24 meses[837].

Art. 503.

Incurrirán en la pena de prisión de dos a cuatro años:

1.º Los que invadan violentamente o con intimidación el local donde esté constituido el Consejo de Ministros o un Consejo de Gobierno de Comunidad Autónoma.

2.º Los que coarten o por cualquier medio pongan obstáculos a la libertad del Gobierno reunido en Consejo o de los miembros de un Gobierno de Comunidad Autónoma, reunido en Consejo, salvo que los hechos sean constitutivos de otro delito más grave.

Art. 504.

1. Incurrirán en la pena de multa de doce a dieciocho meses los que calumnien, injurien o amenacen gravemente al Gobierno de la Nación, al Consejo General del Poder Judicial, al Tribunal Constitucional, al Tribunal Supremo, o al Consejo de Gobierno o al Tribunal Superior de Justicia de una Comunidad Autónoma.

El culpable de calumnias o injurias conforme a lo dispuesto en el párrafo anterior quedará exento de pena si se dan las circunstancias previstas, respectivamente, en los artículos 207 y 210 de este Código.

Se impondrá la pena de prisión de tres a cinco años a los que empleen fuerza, violencia o intimidación para impedir a los miembros de dichos Organismos asistir a sus respectivas reuniones.

2. Los que injuriaren o amenazaren gravemente a los Ejércitos, Clases o Cuerpos y Fuerzas de Seguridad, serán castigados con la pena de multa de doce a dieciocho meses.

---

[837] Redactado conforme LO 15/2003, de 25 de noviembre, por la que se modifica la Ley Orgánica 10/1995, de 23 de noviembre, del Código Penal.

El culpable de las injurias previstas en el párrafo anterior quedará exento de pena si se dan las circunstancias descritas en el artículo 210 de este Código[838].

Art. 505[839].

1. Incurrirán en la pena de prisión de seis meses a un año quienes, sin ser miembros de la corporación local, perturben de forma grave el orden de sus plenos impidiendo el acceso a los mismos, el desarrollo del orden del día previsto, la adopción de acuerdos o causen desórdenes que tengan por objeto manifestar el apoyo a organizaciones o grupos terroristas.

2. Quienes, amparándose en la existencia de organizaciones o grupos terroristas, calumnien, injurien, coaccionen o amenacen a los miembros de corporaciones locales, serán castigados con la pena superior en grado a la que corresponda por el delito cometido.

SECCIÓN 2.ª
DE LA USURPACIÓN DE ATRIBUCIONES

Art. 506.

La autoridad o funcionario público que, careciendo de atribuciones para ello, dictare una disposición general o suspendiere su ejecución, será castigado con la pena de prisión de uno a tres años, multa de seis a doce meses e inhabilitación especial para empleo o cargo público por tiempo de seis a doce años.

Art. 506 bis[840].

1. La autoridad o funcionario público que, careciendo manifiestamente de competencias o atribuciones para ello, convocare o autorizare la convocatoria de elecciones generales, autonómicas o locales o consultas populares por vía de referéndum en cualquiera de las modalidades previstas en la Constitución, será castigado con la pena de prisión de tres a cinco años e inhabilitación absoluta por un tiempo superior entre tres y cinco años al de la duración de la pena de privación de libertad impuesta.

2. La autoridad o funcionario público que, sin realizar la convocatoria o autorización a que se refiere el apartado anterior, facilite, promueva o asegure el proceso de elecciones generales, autonómicas o locales o consultas populares por vía de referéndum en cualquiera de las modalidades previstas en la Constitución convocadas por quien carece manifiestamente de competencia o atribuciones para ello, una vez acordada la ilegalidad del proceso será castigado con la pena de prisión de uno a tres años e inhabilitación absoluta por un tiempo superior entre uno y tres años al de la duración de la pena de privación de libertad impuesta[841].

---

[838]   Redactado conforme LO 7/2000, de 22 de diciembre, de modificación de la Ley Orgánica 10/1995, de 23 de noviembre, del Código Penal, y de la Ley Orgánica 5/2000, de 12 de enero, reguladora de la Responsabilidad Penal de los Menores, en relación con los delitos de terrorismo.

[839]   Redactado conforme a las LLOO 1/2003, de 10 de marzo, de modificación del Código Penal de 1995, y 5/2010, de 22 de junio, de modificación del Código Penal de 1995.

[840]   Dejado sin contenido por la LO 2/2005, de 22 de junio, de modificación del Código Penal.

[841]   Este precepto —introducido por LO 20/2003, de 23 de diciembre— fue el de aplicación hasta la entrada en vigor de la LO 2/2005, de 22 de junio, de modificación del Código Penal.

Art. 507.

El Juez o Magistrado que se arrogare atribuciones administrativas de las que careciere, o impidiere su legítimo ejercicio por quien las ostentare, será castigado con la pena de prisión de seis meses a un año, multa de tres a seis meses y suspensión de empleo o cargo público por tiempo de uno a tres años.

Art. 508.

1. La autoridad o funcionario público que se arrogare atribuciones judiciales o impidiere ejecutar una resolución dictada por la autoridad judicial competente, será castigado con las penas de prisión de seis meses a un año, multa de tres a ocho meses y suspensión de empleo o cargo público por tiempo de uno a tres años.

2. La autoridad o funcionario administrativo o militar que atentare contra la independencia de los Jueces o Magistrados, garantizada por la Constitución, dirigiéndoles instrucción, orden o intimación relativas a causas o actuaciones que estén conociendo, será castigado con la pena de prisión de uno a dos años, multa de cuatro a diez meses e inhabilitación especial para empleo o cargo público por tiempo de dos a seis años.

Art. 509.

El Juez o Magistrado, la autoridad o el funcionario público que, legalmente requerido de inhibición, continuare procediendo sin esperar a que se decida el correspondiente conflicto jurisdiccional, salvo en los casos permitidos por la Ley, será castigado con la pena de multa de tres a diez meses e inhabilitación especial para empleo o cargo público por tiempo de seis meses a un año.

CAPÍTULO IV
DE LOS DELITOS RELATIVOS AL EJERCICIO DE LOS DERECHOS FUNDAMENTALES Y LIBERTADES PÚBLICAS[842]

SECCIÓN 1.ª
DE LOS DELITOS COMETIDOS CON OCASIÓN DEL EJERCICIO DE LOS DERECHOS FUNDAMENTALES Y DE LAS LIBERTADES PÚBLICAS GARANTIZADOS POR LA CONSTITUCIÓN

Art. 510[843].

1. Serán castigados con una pena de prisión de uno a cuatro años y multa de seis a doce meses:

---

[842] Rúbrica redactada conforme a lo indicado en el Artículo Primero de la LO 3/2002, de 22 de mayo, por la que se modifica la Ley Orgánica 10/1995, de 23 de noviembre, del Código Penal, y la Ley Orgánica 13/1985, de 9 de noviembre, del Código Penal Militar, en materia de delitos relativos al servicio militar y a la prestación social sustitutoria.

[843] Redactado —excepto los apartados 1 y 2— conforme LO 1/2015, de 30 de marzo, por la que se modifica la Ley Orgánica 10/1995, de 23 de noviembre, del Código Penal.

a) Quienes públicamente fomenten, promuevan o inciten directa o indirectamente al odio, hostilidad, discriminación o violencia contra un grupo, una parte del mismo o contra una persona determinada por razón de su pertenencia a aquel, por motivos racistas, antisemitas, antigitanos u otros referentes a la ideología, religión o creencias, situación familiar, la pertenencia de sus miembros a una etnia, raza o nación, su origen nacional, su sexo, orientación o identidad sexual, por razones de género, aporofobia, enfermedad o discapacidad.

b) Quienes produzcan, elaboren, posean con la finalidad de distribuir, faciliten a terceras personas el acceso, distribuyan, difundan o vendan escritos o cualquier otra clase de material o soportes que por su contenido sean idóneos para fomentar, promover, o incitar directa o indirectamente al odio, hostilidad, discriminación o violencia contra un grupo, una parte del mismo, o contra una persona determinada por razón de su pertenencia a aquel, por motivos racistas, antisemitas, antigitanos u otros referentes a la ideología, religión o creencias, situación familiar, la pertenencia de sus miembros a una etnia, raza o nación, su origen nacional, su sexo, orientación o identidad sexual, por razones de género, aporofobia, enfermedad o discapacidad.

c) Quienes públicamente nieguen, trivialicen gravemente o enaltezcan los delitos de genocidio, de lesa humanidad o contra las personas y bienes protegidos en caso de conflicto armado, o enaltezcan a sus autores, cuando se hubieran cometido contra un grupo o una parte del mismo, o contra una persona determinada por razón de su pertenencia al mismo, por motivos racistas, antisemitas, antigitanos, u otros referentes a la ideología, religión o creencias, la situación familiar o la pertenencia de sus miembros a una etnia, raza o nación, su origen nacional, su sexo, orientación o identidad sexual, por razones de género, aporofobia, enfermedad o discapacidad, cuando de este modo se promueva o favorezca un clima de violencia, hostilidad, odio o discriminación contra los mismos[844].

1. Serán castigados con una pena de prisión de uno a cuatro años y multa de seis a doce meses:

a) Quienes públicamente fomenten, promuevan o inciten directa o indirectamente al odio, hostilidad, discriminación o violencia contra un grupo, una parte del mismo o contra una persona determinada por razón de su pertenencia a aquél, por motivos racistas, antisemitas u otros referentes a la ideología, religión o creencias, situación familiar, la pertenencia de sus miembros a una etnia, raza o nación, su origen nacional, su sexo, orientación o identidad sexual, por razones de género, enfermedad o discapacidad.

b) Quienes produzcan, elaboren, posean con la finalidad de distribuir, faciliten a terceras personas el acceso, distribuyan, difundan o vendan escritos o cualquier otra clase de material o soportes que por su contenido sean idóneos para fomentar, promover, o incitar directa o indirectamente al odio, hostilidad, discriminación o violencia contra un grupo, una parte del mismo, o contra una persona determinada por razón de su pertenencia a aquél, por motivos racistas, antisemitas u otros referentes a la ideología, religión o creencias, situación familiar, la pertenencia de sus miembros a una etnia, raza o nación, su origen nacional, su sexo, orientación o identidad sexual, por razones de género, enfermedad o discapacidad.

c) Públicamente nieguen, trivialicen gravemente o enaltezcan los delitos de genocidio, de lesa humanidad o contra las personas y bienes protegidos en caso de conflicto armado, o enaltezcan a sus autores, cuando

---

[844] Apartado redactado conforme LO 6/2022, de 12 de julio, complementaria de la Ley 15/2022, de 12 de julio, integral para la igualdad de trato y la no discriminación, de modificación de la Ley Orgánica 10/1995, de 23 de noviembre, del Código Penal.

se hubieran cometido contra un grupo o una parte del mismo, o contra una persona determinada por razón de su pertenencia al mismo, por motivos racistas, antisemitas u otros referentes a la ideología, religión o creencias, la situación familiar o la pertenencia de sus miembros a una etnia, raza o nación, su origen nacional, su sexo, orientación o identidad sexual, por razones de género, enfermedad o discapacidad, cuando de este modo se promueva o favorezca un clima de violencia, hostilidad, odio o discriminación contra los mismos[845].

2. Serán castigados con la pena de prisión de seis meses a dos años y multa de seis a doce meses:

a) Quienes lesionen la dignidad de las personas mediante acciones que entrañen humillación, menosprecio o descrédito de alguno de los grupos a que se refiere el apartado anterior, o de una parte de los mismos, o de cualquier persona determinada por razón de su pertenencia a ellos por motivos racistas, antisemitas, antigitanos u otros referentes a la ideología, religión o creencias, situación familiar, la pertenencia de sus miembros a una etnia, raza o nación, su origen nacional, su sexo, orientación o identidad sexual, por razones de género, aporofobia, enfermedad o discapacidad, o produzcan, elaboren, posean con la finalidad de distribuir, faciliten a terceras personas el acceso, distribuyan, difundan o vendan escritos o cualquier otra clase de material o soportes que por su contenido sean idóneos para lesionar la dignidad de las personas por representar una grave humillación, menosprecio o descrédito de alguno de los grupos mencionados, de una parte de ellos, o de cualquier persona determinada por razón de su pertenencia a los mismos.

b) Quienes enaltezcan o justifiquen por cualquier medio de expresión pública o de difusión los delitos que hubieran sido cometidos contra un grupo, una parte del mismo, o contra una persona determinada por razón de su pertenencia a aquel por motivos racistas, antisemitas, antigitanos u otros referentes a la ideología, religión o creencias, situación familiar, la pertenencia de sus miembros a una etnia, raza o nación, su origen nacional, su sexo, orientación o identidad sexual, por razones de género, aporofobia, enfermedad o discapacidad, o a quienes hayan participado en su ejecución.

Los hechos serán castigados con una pena de uno a cuatro años de prisión y multa de seis a doce meses cuando de ese modo se promueva o favorezca un clima de violencia, hostilidad, odio o discriminación contra los mencionados grupos[846].

2. Serán castigados con la pena de prisión de seis meses a dos años y multa de seis a doce meses:
a) Quienes lesionen la dignidad de las personas mediante acciones que entrañen humillación, menosprecio o descrédito de alguno de los grupos a que se refiere el apartado anterior, o de una parte de los mismos, o de cualquier persona determinada por razón de su pertenencia a ellos por motivos racistas, antisemitas u otros referentes a la ideología, religión o creencias, situación familiar, la pertenencia de sus miembros a una etnia, raza o nación, su origen nacional, su sexo, orientación o identidad sexual,

---

[845] Apartado redactado conforme LO 1/2015, de 30 de marzo, por la que se modifica la Ley Orgánica 10/1995, de 23 de noviembre, del Código Penal.

[846] Apartado redactado conforme LO 6/2022, de 12 de julio, complementaria de la Ley 15/2022, de 12 de julio, integral para la igualdad de trato y la no discriminación, de modificación de la Ley Orgánica 10/1995, de 23 de noviembre, del Código Penal.

por razones de género, enfermedad o discapacidad, o produzcan, elaboren, posean con la finalidad de distribuir, faciliten a terceras personas el acceso, distribuyan, difundan o vendan escritos o cualquier otra clase de material o soportes que por su contenido sean idóneos para lesionar la dignidad de las personas por representar una grave humillación, menosprecio o descrédito de alguno de los grupos mencionados, de una parte de ellos, o de cualquier persona determinada por razón de su pertenencia a los mismos.
b) Quienes enaltezcan o justifiquen por cualquier medio de expresión pública o de difusión los delitos que hubieran sido cometidos contra un grupo, una parte del mismo, o contra una persona determinada por razón de su pertenencia a aquél por motivos racistas, antisemitas u otros referentes a la ideología, religión o creencias, situación familiar, la pertenencia de sus miembros a una etnia, raza o nación, su origen nacional, su sexo, orientación o identidad sexual, por razones de género, enfermedad o discapacidad, o a quienes hayan participado en su ejecución.
Los hechos serán castigados con una pena de uno a cuatro años de prisión y multa de seis a doce meses cuando de ese modo se promueva o favorezca un clima de violencia, hostilidad, odio o discriminación contra los mencionados grupos[847].

3. Las penas previstas en los apartados anteriores se impondrán en su mitad superior cuando los hechos se hubieran llevado a cabo a través de un medio de comunicación social, por medio de internet o mediante el uso de tecnologías de la información, de modo que, aquel se hiciera accesible a un elevado número de personas.

4. Cuando los hechos, a la vista de sus circunstancias, resulten idóneos para alterar la paz pública o crear un grave sentimiento de inseguridad o temor entre los integrantes del grupo, se impondrá la pena en su mitad superior, que podrá elevarse hasta la superior en grado.

5. En todos los casos, se impondrá además la pena de inhabilitación especial para profesión u oficio educativos, en el ámbito docente, deportivo y de tiempo libre, por un tiempo superior entre tres y diez años al de la duración de la pena de privación de libertad impuesta en su caso en la sentencia, atendiendo proporcionalmente a la gravedad del delito, el número de los cometidos y a las circunstancias que concurran en el delincuente.

6. El juez o tribunal acordará la destrucción, borrado o inutilización de los libros, archivos, documentos, artículos y cualquier clase de soporte objeto del delito a que se refieren los apartados anteriores o por medio de los cuales se hubiera cometido. Cuando el delito se hubiera cometido a través de tecnologías de la información y la comunicación, se acordará la retirada de los contenidos.

En los casos en los que, a través de un portal de acceso a internet o servicio de la sociedad de la información, se difundan exclusiva o preponderantemente los contenidos a que se refiere el apartado anterior, se ordenará el bloqueo del acceso o la interrupción de la prestación del mismo.

Art. 510 bis[848].

Cuando de acuerdo con lo establecido en el artículo 31 bis una persona jurídica sea responsable de los delitos comprendidos en los dos artículos anterio-

---

[847] Apartado redactado conforme LO 1/2015, de 30 de marzo, por la que se modifica la Ley Orgánica 10/1995, de 23 de noviembre, del Código Penal.

[848] Artículo introducido por LO 1/2015, de 30 de marzo, por la que se modifica la Ley Orgánica 10/1995, de 23 de noviembre, del Código Penal.

res, se le impondrá la pena de multa de dos a cinco años. Atendidas las reglas establecidas en el artículo 66 bis, los jueces y tribunales podrán asimismo imponer las penas recogidas en las letras b) a g) del apartado 7 del artículo 33.

En este caso será igualmente aplicable lo dispuesto en el número 3 del artículo 510 del Código Penal.

Art. 511[849].

1. Incurrirá en la pena de prisión de seis meses a dos años, multa de doce a veinticuatro meses e inhabilitación especial para empleo o cargo público por tiempo de uno a tres años el particular encargado de un servicio público que deniegue a una persona una prestación a la que tenga derecho por razón de su ideología, religión o creencias, su situación familiar, pertenencia a una etnia, raza o nación, su origen nacional, su sexo, edad, orientación o identidad sexual o de género, razones de género, de aporofobia o de exclusión social, la enfermedad que padezca o su discapacidad.

2. Las mismas penas serán aplicables cuando los hechos se cometan contra una asociación, fundación, sociedad o corporación o contra sus miembros por razón de su ideología, religión o creencias, su situación familiar, la pertenencia de sus miembros o de alguno de ellos a una etnia, raza o nación, su origen nacional, su sexo, edad, orientación o identidad sexual o de género, razones de género, de aporofobia o de exclusión social, la enfermedad que padezca o su discapacidad.

3. Los funcionarios públicos que cometan alguno de los hechos previstos en este artículo, incurrirán en las mismas penas en su mitad superior y en la de inhabilitación especial para empleo o cargo público por tiempo de dos a cuatro años.

4. En todos los casos se impondrá además la pena de inhabilitación especial para profesión u oficio educativos, en el ámbito docente, deportivo y de tiempo libre, por un tiempo superior entre uno y tres años al de la duración de la pena impuesta si esta fuera de privación de libertad, cuando la pena impuesta fuera de multa, la pena de inhabilitación especial tendrá una duración de uno a tres años. En todo caso se atenderá proporcionalmente a la gravedad del delito y a las circunstancias que concurran en el delincuente.

1. Incurrirá en la pena de prisión de seis meses a dos años y multa de doce a veinticuatro meses e inhabilitación especial para empleo o cargo público por tiempo de uno a tres años el particular encargado de un servicio público que deniegue a una persona una prestación a la que tenga derecho por razón de su ideología, religión o creencias, su pertenencia a una etnia o raza, su origen nacional, su sexo, orientación sexual, situación familiar, por razones de género, enfermedad o discapacidad.

2. Las mismas penas serán aplicables cuando los hechos se cometan contra una asociación, fundación, sociedad o corporación o contra sus miembros por razón de su ideología, religión o creencias, la pertenencia de sus miembros o de alguno de ellos a una etnia o raza, su origen nacional, su sexo, orientación sexual, situación familiar, por razones de género, enfermedad o discapacidad.

---

[849]   Artículo redactado conforme LO 8/2021, de 4 de junio, de protección integral a la infancia y la adolescencia frente a la violencia.

3. Los funcionarios públicos que cometan alguno de los hechos previstos en este artículo, incurrirán en las mismas penas en su mitad superior y en la de inhabilitación especial para empleo o cargo público por tiempo de dos a cuatro años.

4. En todos los casos se impondrá además la pena de inhabilitación especial para profesión u oficio educativos, en el ámbito docente, deportivo y de tiempo libre, por un tiempo superior entre uno y tres años al de la duración de la pena de privación de libertad impuesta en su caso en la sentencia, atendiendo proporcionalmente a la gravedad del delito y a las circunstancias que concurran en el delincuente[850].

Art. 512[851].

Quienes en el ejercicio de sus actividades profesionales o empresariales denegaren a una persona una prestación a la que tenga derecho por razón de su ideología, religión o creencias, su situación familiar, su pertenencia a una etnia, raza o nación, su origen nacional, su sexo, edad, orientación o identidad sexual o de género, razones de género, de aporofobia o de exclusión social, la enfermedad que padezca o su discapacidad, incurrirán en la pena de inhabilitación especial para el ejercicio de profesión, oficio, industria o comercio e inhabilitación especial para profesión u oficio educativos, en el ámbito docente, deportivo y de tiempo libre por un periodo de uno a cuatro años.

Los que en el ejercicio de sus actividades profesionales o empresariales denegaren a una persona una prestación a la que tenga derecho por razón de su ideología, religión o creencias, su pertenencia a una etnia, raza o nación, su sexo, orientación sexual, situación familiar, por razones de género, enfermedad o discapacidad, incurrirán en la pena de inhabilitación especial para el ejercicio de profesión, oficio, industria o comercio e inhabilitación especial para profesión u oficio educativos, en el ámbito docente, deportivo y de tiempo libre por un periodo de uno a cuatro años[852].

Art. 513.

Son punibles las reuniones o manifestaciones ilícitas, y tienen tal consideración:

1.º Las que se celebren con el fin de cometer algún delito.

2.º Aquéllas a las que concurran personas con armas, artefactos explosivos u objetos contundentes o de cualquier otro modo peligroso.

Art. 514.

1. Los promotores o directores de cualquier reunión o manifestación comprendida en el número 1.º del artículo anterior y los que, en relación con el número 2.º del mismo, no hayan tratado de impedir por todos los medios a su alcance las circunstancias en ellos mencionadas, incurrirán en las penas de prisión de uno a tres años y multa de doce a veinticuatro meses. A estos efectos,

---

850 Artículo redactado conforme LO 1/2015, de 30 de marzo, por la que se modifica la Ley Orgánica 10/1995, de 23 de noviembre, del Código Penal.

851 Redactado conforme LO 8/2021, de 4 de junio, de protección integral a la infancia y la adolescencia frente a la violencia.

852 Redactado conforme LO 1/2015, de 30 de marzo, por la que se modifica la Ley Orgánica 10/1995, de 23 de noviembre, del Código Penal.

Art. 515

se reputarán directores o promotores de la reunión o manifestación los que las convoquen o presidan.

2. Los asistentes a una reunión o manifestación que porten armas u otros medios igualmente peligrosos serán castigados con la pena de prisión de uno a dos años y multa de seis a doce meses. Los Jueces o Tribunales, atendiendo a los antecedentes del sujeto, circunstancias del caso y características del arma o instrumento portado, podrán rebajar en un grado la pena señalada.

3. Las personas que, con ocasión de la celebración de una reunión o manifestación, realicen actos de violencia contra la autoridad, sus agentes, personas o propiedades públicas o privadas, serán castigadas con la pena que a su delito corresponda, en su mitad superior.

4. Los que impidieren el legítimo ejercicio de las libertades de reunión o manifestación, o perturbaren gravemente el desarrollo de una reunión o manifestación lícita serán castigados con la pena de prisión de dos a tres años si los hechos se realizaran con violencia, y con la pena de prisión de tres a seis meses o multa de seis a 12 meses si se cometieren mediante vías de hecho o cualquier otro procedimiento ilegítimo[853].

5. Los promotores o directores de cualquier reunión o manifestación que convocaren, celebraren o intentaren celebrar de nuevo una reunión o manifestación que hubiese sido previamente suspendida o prohibida, y siempre que con ello pretendieran subvertir el orden constitucional o alterar gravemente la paz pública, serán castigados con las penas de prisión de seis meses a un año y multa de seis a doce meses, sin perjuicio de la pena que pudiera corresponder, en su caso, conforme a los apartados precedentes[854].

Art. 515[855].

Son punibles las asociaciones ilícitas, teniendo tal consideración:

1.º Las que tengan por objeto cometer algún delito o, después de constituidas, promuevan su comisión.

2.º Las que, aun teniendo por objeto un fin lícito, empleen medios violentos o de alteración o control de la personalidad para su consecución.

3.º Las organizaciones de carácter paramilitar.

Son punibles las asociaciones ilícitas, teniendo tal consideración:

---

[853] Redactado conforme LO 15/2003, de 25 de noviembre, por la que se modifica la Ley Orgánica 10/1995, de 23 de noviembre, del Código Penal.

[854] Apartado introducido por LO 2/1998, de 15 de junio, por la que se modifican el Código Penal y la Ley de Enjuiciamiento Criminal.

[855] Redactado —excepto el apartado 4.º— conforme LO 1/2015, de 30 de marzo, por la que se modifica la Ley Orgánica 10/1995, de 23 de noviembre, del Código Penal. Apartado 4.ª redactado conforme LO 8/2021, de 4 de junio, de protección integral a la infancia y la adolescencia frente a la violencia.

1.º Las que tengan por objeto cometer algún delito o, después de constituidas, promuevan su comisión, así como las que tengan por objeto cometer o promover la comisión de faltas de forma organizada, coordinada y reiterada[856].
2.º[857].
3.º Las que, aun teniendo por objeto un fin lícito, empleen medios violentos o de alteración o control de la personalidad para su consecución.

4.º Las que fomenten, promuevan o inciten directa o indirectamente al odio, hostilidad, discriminación o violencia contra personas, grupos o asociaciones por razón de su ideología, religión o creencias, la pertenencia de sus miembros o de alguno de ellos a una etnia, raza o nación, su origen nacional, su sexo, edad, orientación o identidad sexual o de género, razones de género, de aporofobia o de exclusión social, situación familiar, enfermedad o discapacidad[858].

4.º Las que fomenten, promuevan o inciten directa o indirectamente al odio, hostilidad, discriminación o violencia contra personas, grupos o asociaciones por razón de su ideología, religión o creencias, la pertenencia de sus miembros o de alguno de ellos a una etnia, raza o nación, su sexo, orientación sexual, situación familiar, enfermedad o discapacidad[859].
5.º Las que promuevan la discriminación, el odio o la violencia contra personas, grupos o asociaciones por razón de su ideología, religión o creencias, la pertenencia de sus miembros o de alguno de ellos a una etnia, raza o nación, su sexo, orientación sexual, situación familiar, enfermedad o minusvalía, o inciten a ello[860].
6.º[861].

Art. 516[862].

En los casos previstos en el número 2.º del artículo anterior, se impondrán las siguientes penas:
1.º A los promotores y directores de las bandas armadas y organizaciones terroristas, y a quienes dirijan cualquiera de sus grupos, las de prisión de ocho a catorce años y de inhabilitación especial para empleo o cargo público por tiempo de ocho a quince años.
2.º A los integrantes de las citadas organizaciones, la de prisión de seis a doce años, e inhabilitación especial para empleo o cargo público por tiempo de seis a catorce años.

---

[856] Redactado conforme LO 11/2003, de 29 de septiembre, de medidas concretas en materia de seguridad ciudadana, violencia doméstica e integración social de los extranjeros.

[857] Dejado sin contenido por la LO 5/2010, de 22 de junio, por la que se modifica la Ley Orgánica 10/1995, de 23 de noviembre, del Código Penal.

[858] Apartado 4.ª redactado conforme LO 8/2021, de 4 de junio, de protección integral a la infancia y la adolescencia frente a la violencia.

[859] Párrafo redactado conforme LO 1/2015, de 30 de marzo, por la que se modifica la Ley Orgánica 10/1995, de 23 de noviembre, del Código Penal.

[860] Párrafo 5.º derogado por LO 1/2015, de 30 de marzo, por la que se modifica la Ley Orgánica 10/1995, de 23 de noviembre, del Código Penal.

[861] Dejado sin contenido por la LO 15/2003, de 25 de noviembre, por la que se modifica la Ley Orgánica 10/1995, de 23 de noviembre, del Código Penal.

[862] Dejado sin contenido por la LO 5/2010, de 22 de junio, por la que se modifica la Ley Orgánica 10/1995, de 23 de noviembre, del Código Penal.

Art. 517.

En los casos previstos en los números 1.° y 3.° al 6.° del artículo 515 se impondrán las siguientes penas[863]:

1.° A los fundadores, directores y presidentes de las asociaciones, las de prisión de dos a cuatro años, multa de doce a veinticuatro meses e inhabilitación especial para empleo o cargo público por tiempo de seis a doce años.

2.° A los miembros activos, las de prisión de uno a tres años y multa de doce a veinticuatro meses.

Art. 518[864].

Los que con su cooperación económica o de cualquier otra clase, en todo caso relevante, favorezcan la fundación, organización o actividad de las asociaciones comprendidas en los números 1.° y 3.° al 6.° del artículo 515, incurrirán en la pena de prisión de uno a tres años, multa de doce a veinticuatro meses, e inhabilitación para empleo o cargo público por tiempo de uno a cuatro años.

Art. 519.

La provocación, la conspiración y la proposición para cometer el delito de asociación ilícita se castigarán con la pena inferior en uno o dos grados a la que corresponda, respectivamente, a los hechos previstos en los artículos anteriores.

Art. 520.

Los Jueces o Tribunales, en los supuestos previstos en el artículo 515, acordarán la disolución de la asociación ilícita y, en su caso, cualquier otra de las consecuencias accesorias del artículo 129 de este Código.

---

[863] Redactado conforme Disposición Final 3.ª de la LO 4/2000, de 11 de enero, sobre derechos y libertades de los extranjeros en España y su integración social. La reforma introducida por la LO 1/2015, de 30 de marzo, por la que se modifica la Ley Orgánica 10/1995, de 23 de noviembre, del Código Penal, ha suprimido los numerales 5.° y 6.° del art. 515; ha renumerado sus numerales 3.° y 4.° como 2.° y 3.° y ha dado nueva redacción al numeral 4.° del mismo precepto. La versión consolidada del Código Penal publicada por el BOE afirma que la remisión que efectúa el art. 517 a los numerales 1.° y 3.° al 6.° ha de entenderse hecha a los actuales numerales 1.° a 4.° del art. 515 —es decir, incluyendo el numeral 2.°—, lo que, en nuestra opinión, es una mera interpretación, y, además, es *contra legem*.

[864] La reforma introducida por la LO 1/2015, de 30 de marzo, por la que se modifica la Ley Orgánica 10/1995, de 23 de noviembre, del Código Penal, ha suprimido los numerales 5.° y 6.° del art. 515; ha renumerado sus numerales 3.° y 4.° como 2.° y 3.° y ha dado nueva redacción al numeral 4.° del mismo precepto. La versión consolidada del Código Penal publicada por el BOE afirma que la remisión que efectúa el art. 518 a los numerales 1.° y 3.° al 6.° ha de entenderse hecha a los actuales numerales 1.° a 4.° del art. 515 —es decir, incluyendo el numeral 2.°—, lo que, en nuestra opinión, es una mera interpretación, y, además, es *contra legem*.

Art. 521.

En el delito de asociación ilícita, si el reo fuera autoridad, agente de ésta o funcionario público, se le impondrá, además de las penas señaladas, la de inhabilitación absoluta de diez a quince años.

Art. 521 bis[865].

Los que, con ocasión de un proceso de elecciones generales, autonómicas o locales o consultas populares por vía de referéndum en cualquiera de las modalidades previstas en la Constitución convocadas por quien carece manifiestamente de competencias o atribuciones para ello, participen como interventores o faciliten, promuevan o aseguren su realización una vez acordada la ilegalidad del proceso serán castigados con la pena de prisión de seis meses a un año o multa de 12 a 24 meses[866].

SECCIÓN 2.ª
DE LOS DELITOS CONTRA LA LIBERTAD DE CONCIENCIA, LOS SENTIMIENTOS RELIGIOSOS Y EL RESPETO A LOS DIFUNTOS

Art. 522.

Incurrirán en la pena de multa de cuatro a diez meses:

1.° Los que por medio de violencia, intimidación, fuerza o cualquier otro apremio ilegítimo impidan a un miembro o miembros de una confesión religiosa practicar los actos propios de las creencias que profesen, o asistir a los mismos.

2.° Los que por iguales medios fuercen a otro u otros a practicar o concurrir a actos de culto o ritos, o a realizar actos reveladores de profesar o no profesar una religión, o a mudar la que profesen.

Art. 523.

El que con violencia, amenaza, tumulto o vías de hecho, impidiere, interrumpiere o perturbare los actos, funciones, ceremonias o manifestaciones de las confesiones religiosas inscritas en el correspondiente registro público del Ministerio de Justicia e Interior, será castigado con la pena de prisión de seis meses a seis años, si el hecho se ha cometido en lugar destinado al culto, y con la de multa de cuatro a diez meses si se realiza en cualquier otro lugar.

Art. 524[867].

El que en templo, lugar destinado al culto o en ceremonias religiosas ejecutare actos de profanación en ofensa de los sentimientos religiosos legalmente tutelados será castigado con la pena de prisión de seis meses a un año o multa de 12 a 24 meses.

---

[865] Dejado sin contenido por LO 2/2005, de 22 de junio, de modificación del Código Penal.

[866] Este precepto —introducido por LO 20/2003, de 23 de diciembre— fue el de aplicación hasta la entrada en vigor de la LO 2/2005, de 22 de junio, de modificación del Código Penal.

[867] Redactado conforme LO 15/2003, de 25 de noviembre, por la que se modifica la Ley Orgánica 10/1995, de 23 de noviembre, del Código Penal.

Art. 525.

1. Incurrirán en la pena de multa de ocho a doce meses los que, para ofender los sentimientos de los miembros de una confesión religiosa, hagan públicamente, de palabra, por escrito o mediante cualquier tipo de documento, escarnio de sus dogmas, creencias, ritos o ceremonias, o vejen, también públicamente, a quienes los profesan o practican.

2. En las mismas penas incurrirán los que hagan públicamente escarnio, de palabra o por escrito, de quienes no profesan religión o creencia alguna.

Art. 526[868].

El que, faltando al respeto debido a la memoria de los muertos, violare los sepulcros o sepulturas, profanare un cadáver o sus cenizas o, con ánimo de ultraje, destruyere, alterare o dañare las urnas funerarias, panteones, lápidas o nichos será castigado con la pena de prisión de tres a cinco meses o multa de seis a 10 meses.

Art. 527[869].

Art. 528[870].

CAPÍTULO V
DE LOS DELITOS COMETIDOS POR LOS FUNCIONARIOS PÚBLICOS CONTRA LAS GARANTÍAS CONSTITUCIONALES

SECCIÓN 1.ª
DE LOS DELITOS COMETIDOS POR LOS FUNCIONARIOS PÚBLICOS CONTRA LA LIBERTAD INDIVIDUAL

Art. 529.

1. El Juez o Magistrado que entregare una causa criminal a otra autoridad o funcionario, militar o administrativo, que ilegalmente se la reclame, será cas-

---

[868] Redactado conforme LO 15/2003, de 25 de noviembre, por la que se modifica la Ley Orgánica 10/1995, de 23 de noviembre, del Código Penal.

[869] Dejado sin contenido por la LO 3/2002, de 22 de mayo, por la que se modifican la Ley Orgánica 10/1995, de 23 de noviembre, del Código Penal, y la Ley Orgánica 13/1985, de 9 de diciembre, del Código Penal Militar, en materia de delitos relativos al servicio militar y a la prestación social sustitutoria. Los artículos 527 y 528 se integraban en la Sección 3.ª De los delitos contra el deber de cumplimiento de la prestación social sustitutoria, suprimida por la LO 3/2002, de 22 de mayo, por la que se modifican la Ley Orgánica 10/1995, de 23 de noviembre, del Código Penal, y la Ley Orgánica 13/1985, de 9 de diciembre, del Código Penal Militar, en materia de delitos relativos al servicio militar y a la prestación social sustitutoria.

[870] Dejado sin contenido por la Disposición Derogatoria Única de la LO 7/1998, de 5 de octubre, de modificación de la LO 10/1995, de 23 de noviembre, del Código Penal, por la que se suprimen las penas de prisión y multa para los supuestos de no cumplimiento del servicio militar obligatorio y prestación social sustitutoria y se rebajan las penas de inhabilitación para dichos supuestos.

tigado con la pena de inhabilitación especial para empleo o cargo público por tiempo de seis meses a dos años.

2. Si además entregara la persona de un detenido, se le impondrá la pena superior en grado.

Art. 530.

La autoridad o funcionario público que, mediando causa por delito, acordare, practicare o prolongare cualquier privación de libertad de un detenido, preso o sentenciado, con violación de los plazos o demás garantías constitucionales o legales, será castigado con la pena de inhabilitación especial para empleo o cargo público por tiempo de cuatro a ocho años.

Art. 531.

La autoridad o funcionario público que, mediando causa por delito, decretare, practicare o prolongare la incomunicación de un detenido, preso o sentenciado, con violación de los plazos o demás garantías constitucionales o legales, será castigado con la pena de inhabilitación especial para empleo o cargo público por tiempo de dos a seis años.

Art. 532.

Si los hechos descritos en los dos artículos anteriores fueran cometidos por imprudencia grave, se castigarán con la pena de suspensión de empleo o cargo público por tiempo de seis meses a dos años.

Art. 533.

El funcionario penitenciario o de centros de protección o corrección de menores que impusiere a los reclusos o internos sanciones o privaciones indebidas, o usare con ellos de un rigor innecesario, será castigado con la pena de inhabilitación especial para empleo o cargo público por tiempo de dos a seis años.

SECCIÓN 2.ª
DE LOS DELITOS COMETIDOS POR LOS FUNCIONARIOS PÚBLICOS CONTRA LA INVIOLABILIDAD DOMICILIARIA Y DEMÁS GARANTÍAS DE LA INTIMIDAD

Art. 534.

1. Será castigado con las penas de multa de seis a doce meses e inhabilitación especial para empleo o cargo público de dos a seis años la autoridad o funcionario público que, mediando causa por delito, y sin respetar las garantías constitucionales o legales:

1.º Entre en un domicilio sin el consentimiento del morador.

2.º Registre los papeles o documentos de una persona o los efectos que se hallen en su domicilio, a no ser que el dueño haya prestado libremente su consentimiento.

Art. 535

Si no devolviera al dueño, inmediatamente después del registro, los papeles, documentos y efectos registrados, las penas serán las de inhabilitación especial para empleo o cargo público de seis a doce años y multa de doce a veinticuatro meses, sin perjuicio de la pena que pudiera corresponderle por la apropiación.

2. La autoridad o funcionario público que, con ocasión de lícito registro de papeles, documentos o efectos de una persona, cometa cualquier vejación injusta o daño innecesario en sus bienes, será castigado con las penas previstas para estos hechos, impuestas en su mitad superior, y, además, con la pena de inhabilitación especial para empleo o cargo público por tiempo de dos a seis años.

Art. 535.

La autoridad o funcionario público que, mediando causa por delito, interceptare cualquier clase de correspondencia privada, postal o telegráfica, con violación de las garantías constitucionales o legales, incurrirá en la pena de inhabilitación especial para empleo o cargo público de dos a seis años.

Si divulgara o revelara la información obtenida, se impondrá la pena de inhabilitación especial, en su mitad superior, y, además, la de multa de seis a dieciocho meses.

Art. 536.

La autoridad, funcionario público o agente de éstos que, mediando causa por delito, interceptare las telecomunicaciones o utilizare artificios técnicos de escuchas, transmisión, grabación o reproducción del sonido, de la imagen o de cualquier otra señal de comunicación, con violación de las garantías constitucionales o legales, incurrirá en la pena de inhabilitación especial para empleo o cargo público de dos a seis años.

Si divulgare o revelare la información obtenida, se impondrán las penas de inhabilitación especial, en su mitad superior y, además, la de multa de seis a dieciocho meses.

SECCIÓN 3.ª
DE LOS DELITOS COMETIDOS POR LOS FUNCIONARIOS PÚBLICOS CONTRA OTROS DERECHOS INDIVIDUALES

Art. 537.

La autoridad o funcionario público que impida u obstaculice el derecho a la asistencia de abogado al detenido o preso, procure o favorezca la renuncia del mismo a dicha asistencia o no le informe de forma inmediata y de modo que le sea comprensible de sus derechos y de las razones de su detención, será castigado con la pena de multa de cuatro a diez meses e inhabilitación especial para empleo o cargo público de dos a cuatro años.

Art. 538.

La autoridad o funcionario público que establezca la censura previa o, fuera de los casos permitidos por la Constitución y las Leyes, recoja ediciones de libros o periódicos o suspenda su publicación o la difusión de cualquier emisión radiotelevisiva, incurrirá en la pena de inhabilitación absoluta de seis a diez años.

Art. 539.

La autoridad o funcionario público que disuelva o suspenda en sus actividades a una asociación legalmente constituida, sin previa resolución judicial, o sin causa legítima le impida la celebración de sus sesiones, será castigado con la pena de inhabilitación especial para empleo o cargo público de ocho a doce años y multa de seis a doce meses.

Art. 540.

La autoridad o funcionario público que prohíba una reunión pacífica o la disuelva fuera de los casos expresamente permitidos por las Leyes, será castigado con la pena de inhabilitación especial para empleo o cargo público de cuatro a ocho años y multa de seis a nueve meses.

Art. 541.

La autoridad o funcionario público que expropie a una persona de sus bienes fuera de los casos permitidos y sin cumplir los requisitos legales, incurrirá en las penas de inhabilitación especial para empleo o cargo público de uno a cuatro años y multa de seis a doce meses.

Art. 542.

Incurrirá en la pena de inhabilitación especial para empleo o cargo público por tiempo de uno a cuatro años la autoridad o el funcionario público que, a sabiendas, impida a una persona el ejercicio de otros derechos cívicos reconocidos por la Constitución y las Leyes.

CAPÍTULO VI
DE LOS ULTRAJES A ESPAÑA

Art. 543.

Las ofensas o ultrajes de palabra, por escrito o de hecho a España, a sus Comunidades Autónomas o a sus símbolos o emblemas, efectuados con publicidad, se castigarán con la pena de multa de siete a doce meses.

TÍTULO XXII
DELITOS CONTRA EL ORDEN PÚBLICO

CAPÍTULO I
SEDICIÓN[871]

---

[871] Capítulo suprimido por LO 14/2022, de 22 de diciembre, de transposición de directivas europeas y otras disposiciones para la adaptación de la legislación penal al ordenamiento de

Art. 544.

Son reos de sedición los que, sin estar comprendidos en el delito de rebelión, se alcen pública y tumultua-riamente para impedir, por la fuerza o fuera de las vías legales, la aplicación de las Leyes o a cualquier au-toridad, corporación oficial o funcionario público, el legítimo ejercicio de sus funciones o el cumplimiento de sus acuerdos, o de las resoluciones administrativas o judiciales.

Art. 545.

1. Los que hubieren inducido, sostenido o dirigido la sedición o aparecieren en ella como sus principales autores, serán castigados con la pena de prisión de ocho a diez años, y con la de diez a quince años, si fueran personas constituidas en autoridad. En ambos casos se impondrá, además, la inhabilitación abso-luta por el mismo tiempo.

2. Fuera de estos casos, se impondrá la pena de cuatro a ocho años de prisión, y la de inhabilitación especial para empleo o cargo público por tiempo de cuatro a ocho años.

Art. 546.

Lo dispuesto en el artículo 474 es aplicable al caso de sedición cuando ésta no haya llegado a organizarse con jefes conocidos.

Art. 547.

En el caso de que la sedición no haya llegado a entorpecer de un modo grave el ejercicio de la autoridad pública y no haya tampoco ocasionado la perpetración de otro delito al que la Ley señale penas graves, los Jueces o Tribunales rebajarán en uno o dos grados las penas señaladas en este capítulo.

Art. 548.

La provocación, la conspiración y la proposición para la sedición serán castigadas con las penas inferiores en uno o dos grados a las respectivamente previstas, salvo que llegue a tener efecto la sedición, en cuyo caso se castigará con la pena señalada en el primer apartado del artículo 545, y a sus autores se los considerará promotores.

Art. 549.

Lo dispuesto en los artículos 479 a 484 es también aplicable al delito de sedición.

CAPÍTULO II
DE LOS ATENTADOS CONTRA LA AUTORIDAD, SUS AGENTES Y LOS FUNCIONARIOS PÚBLICOS, Y DE LA RESISTENCIA Y DESOBEDIENCIA

Art. 550[872].

1. Son reos de atentado los que agredieren o, con intimidación grave o violencia, opusieren resistencia grave a la autoridad, a sus agentes o funcionarios públicos, o los acometieren, cuando se hallen en el ejercicio de las funciones de sus cargos o con ocasión de ellas.

En todo caso, se considerarán actos de atentado los cometidos contra los funcionarios docentes o sanitarios que se hallen en el ejercicio de las funciones propias de su cargo, o con ocasión de ellas.

---

la Unión Europea, y reforma de los delitos contra la integridad moral, desórdenes públicos y contrabando de armas de doble uso.

[872] Redactado conforme LO 1/2015, de 30 de marzo, por la que se modifica la Ley Orgánica 10/1995, de 23 de noviembre, del Código Penal.

2. Los atentados serán castigados con las penas de prisión de uno a cuatro años y multa de tres a seis meses si el atentado fuera contra autoridad y de prisión de seis meses a tres años en los demás casos.

3. No obstante lo previsto en el apartado anterior, si la autoridad contra la que se atentare fuera miembro del Gobierno, de los Consejos de Gobierno de las Comunidades Autónomas, del Congreso de los Diputados, del Senado o de las Asambleas Legislativas de las Comunidades Autónomas, de las Corporaciones locales, del Consejo General del Poder Judicial, Magistrado del Tribunal Constitucional, juez, magistrado o miembro del Ministerio Fiscal, se impondrá la pena de prisión de uno a seis años y multa de seis a doce meses.

Son reos de atentado los que acometan a la autoridad, a sus agentes o funcionarios públicos, o empleen fuerza contra ellos, los intimiden gravemente o les hagan resistencia activa también grave, cuando se hallen ejecutando las funciones de sus cargos o con ocasión de ellas.

Art. 551[873].

Se impondrán las penas superiores en grado a las respectivamente previstas en el artículo anterior siempre que el atentado se cometa:

1.º Haciendo uso de armas u otros objetos peligrosos.

2.º Cuando el acto de violencia ejecutado resulte potencialmente peligroso para la vida de las personas o pueda causar lesiones graves. En particular, están incluidos los supuestos de lanzamiento de objetos contundentes o líquidos inflamables, el incendio y la utilización de explosivos.

3.º Acometiendo a la autoridad, a su agente o al funcionario público haciendo uso de un vehículo de motor.

4.º Cuando los hechos se lleven a cabo con ocasión de un motín, plante o incidente colectivo en el interior de un centro penitenciario.

1. Los atentados comprendidos en el artículo anterior serán castigados con las penas de prisión de dos a cuatro años y multa de tres a seis meses si el atentado fuera contra autoridad y de prisión de uno a tres años en los demás casos.

2. No obstante lo previsto en el apartado anterior, si la autoridad contra la que se atentare fuera miembro del Gobierno, de los Consejos de Gobierno de las Comunidades Autónomas, del Congreso de los Diputados, del Senado o de las Asambleas Legislativas de las Comunidades Autónomas, de las Corporaciones locales, del Consejo General del Poder Judicial o Magistrado del Tribunal Constitucional, se impondrá la pena de prisión de cuatro a seis años y multa de seis a doce meses.

Art. 552[874].

Se impondrán las penas superiores en grado a las respectivamente previstas en el artículo anterior siempre que en el atentado concurra alguna de las circunstancias siguientes:

1.ª Si la agresión se verificara con armas u otro medio peligroso.

2.ª Si el autor del hecho se prevaliera de su condición de autoridad, agente de ésta o funcionario público.

---

[873]   Redactado conforme LO 1/2015, de 30 de marzo, por la que se modifica la Ley Orgánica 10/1995, de 23 de noviembre, del Código Penal.

[874]   Dejado sin contenido por LO 1/2015, de 30 de marzo, por la que se modifica la Ley Orgánica 10/1995, de 23 de noviembre, del Código Penal.

Art. 553.

La provocación, la conspiración y la proposición para cualquiera de los delitos previstos en los artículos anteriores, será castigada con la pena inferior en uno o dos grados a la del delito correspondiente.

Art. 554[875].

1. Los hechos descritos en los artículos 550 y 551 serán también castigados con las penas expresadas en ellos cuando se cometieren contra un miembro de las Fuerzas Armadas que, vistiendo uniforme, estuviera prestando un servicio que le hubiera sido legalmente encomendado.

2. Las mismas penas se impondrán a quienes acometan, empleen violencia o intimiden a las personas que acudan en auxilio de la autoridad, sus agentes o funcionarios.

3. También se impondrán las penas de los artículos 550 y 551 a quienes acometan, empleen violencia o intimiden gravemente:

a) A los bomberos o miembros del personal sanitario o equipos de socorro que estuvieran interviniendo con ocasión de un siniestro, calamidad pública o situación de emergencia, con la finalidad de impedirles el ejercicio de sus funciones.

b) Al personal de seguridad privada, debidamente identificado, que desarrolle actividades de seguridad privada en cooperación y bajo el mando de las Fuerzas y Cuerpos de Seguridad.

> *1. El que maltratare de obra o hiciere resistencia activa grave a fuerza armada en el ejercicio de sus funciones o con ocasión de ellas, será castigado con las penas establecidas en los artículos 551 y 552, en sus respectivos casos.*
>
> *2. A estos efectos, se entenderán por fuerza armada los militares que, vistiendo uniforme, presten un servicio que legalmente esté encomendado a las Fuerzas Armadas y les haya sido reglamentariamente ordenado.*

Art. 555[876].

> *Las penas previstas en los artículos 551 y 552 se impondrán en un grado inferior, en sus respectivos casos, a los que acometan o intimiden a las personas que acudan en auxilio de la autoridad, sus agentes o funcionarios.*

Art. 556[877].

1. Serán castigados con la pena de prisión de tres meses a un año o multa de seis a dieciocho meses, los que, sin estar comprendidos en el artículo 550, resistieren o desobedecieren gravemente a la autoridad o sus agentes en el ejercicio de sus funciones, o al personal de seguridad privada, debidamente identificado,

---

[875] Redactado conforme LO 1/2015, de 30 de marzo, por la que se modifica la Ley Orgánica 10/1995, de 23 de noviembre, del Código Penal.

[876] Dejado sin contenido por LO 1/2015, de 30 de marzo, por la que se modifica la Ley Orgánica 10/1995, de 23 de noviembre, del Código Penal.

[877] Redactado conforme LO 1/2015, de 30 de marzo, por la que se modifica la Ley Orgánica 10/1995, de 23 de noviembre, del Código Penal.

que desarrolle actividades de seguridad privada en cooperación y bajo el mando de las Fuerzas y Cuerpos de Seguridad.

2. Los que faltaren al respeto y consideración debida a la autoridad, en el ejercicio de sus funciones, serán castigados con la pena de multa de uno a tres meses.

Los que, sin estar comprendidos en el artículo 550 resistieren a la autoridad o sus agentes, o los desobedecieren gravemente, en el ejercicio de sus funciones, serán castigados con la pena de prisión de seis meses a un año.

CAPÍTULO III
DE LOS DESÓRDENES PÚBLICOS

Art. 557[878].

1. Serán castigados con la pena de prisión de seis meses a tres años los que, actuando en grupo y con el fin de atentar contra la paz pública, ejecuten actos de violencia o intimidación:

a) Sobre las personas o las cosas; u

b) obstaculizando las vías públicas ocasionando un peligro para la vida o salud de las personas; o

c) invadiendo instalaciones o edificios alterando gravemente el funcionamiento efectivo de servicios esenciales en esos lugares.

2. Los hechos descritos en el apartado anterior serán castigados con la pena de prisión de tres a cinco años e inhabilitación especial para empleo o cargo público por el mismo tiempo cuando se cometan por una multitud cuyo número, organización y propósito sean idóneos para afectar gravemente el orden público. En caso de hallarse los autores constituidos en autoridad, la pena de inhabilitación será absoluta por tiempo de seis a ocho años.

3. Las penas de los apartados anteriores se impondrán en su mitad superior a los intervinientes que portaran instrumentos peligrosos o a los que llevaran a cabo actos de pillaje.

Estas penas se aplicarán en un grado superior cuando se portaran armas de fuego.

4. La provocación, la conspiración y la proposición para las conductas previstas en los apartados 2 y 3 del presente artículo serán castigadas con las penas inferiores en uno o dos grados a las respectivamente previstas.

5. Será castigado con pena de prisión de seis meses a dos años quien en lugar concurrido provocara avalancha, estampida u otra reacción análoga en el público que pongan en situación de peligro la vida o la salud de las personas.

---

[878] Artículo redactado conforme LO 14/2022, de 22 de diciembre, de transposición de directivas europeas y otras disposiciones para la adaptación de la legislación penal al ordenamiento de la Unión Europea, y reforma de los delitos contra la integridad moral, desórdenes públicos y contrabando de armas de doble uso.

6. Las penas señaladas en este artículo se impondrán sin perjuicio de las que les puedan corresponder a los actos concretos de lesiones, amenazas, coacciones o daños que se hubieran llevado a cabo.

> *1. Quienes actuando en grupo o individualmente pero amparados en él, alteraren la paz pública ejecutando actos de violencia sobre las personas o sobre las cosas, o amenazando a otros con llevarlos a cabo, serán castigados con una pena de seis meses a tres años de prisión.*
>
> *Estas penas serán impuestas sin perjuicio de las que pudieran corresponder a los actos concretos de violencia o de amenazas que se hubieran llevado a cabo.*
>
> *2. Con las mismas penas se castigará a quienes actuaren sobre el grupo o sus individuos incitándoles a realizar las acciones descritas en el apartado anterior o reforzando su disposición a llevarlas a cabo[879].*

Art. 557 bis[880].

Los que, actuando en grupo, invadan u ocupen, contra la voluntad de su titular, el domicilio de una persona jurídica pública o privada, un despacho, oficina, establecimiento o local, aunque se encuentre abierto al público, y causen con ello una perturbación relevante de la paz pública y de su actividad normal, serán castigados con una pena de prisión de tres a seis meses o multa de seis a doce meses, salvo que los hechos ya estuvieran castigados con una pena más grave en otro precepto de este Código.

> *Los hechos descritos en el artículo anterior serán castigados con una pena de uno a seis años de prisión cuando concurra alguna de las circunstancias siguientes:*
>
> *1.ª Cuando alguno de los partícipes en el delito portare un arma u otro instrumento peligroso, o exhibiere un arma de fuego simulada.*
>
> *2.ª Cuando el acto de violencia ejecutado resulte potencialmente peligroso para la vida de las personas o pueda causar lesiones graves. En particular, están incluidos los supuestos de lanzamiento de objetos contundentes o líquidos inflamables, el incendio y la utilización de explosivos.*
>
> *3.ª Cuando los hechos se lleven a cabo en una manifestación o reunión numerosa, o con ocasión de alguna de ellas.*
>
> *4.ª Cuando se llevaren a cabo actos de pillaje.*
>
> *5.ª Cuando el autor del hecho se prevaliera de su condición de autoridad, agente de ésta o funcionario público.*
>
> *6.ª Cuando se lleven a cabo con ocultación del rostro y así se dificulte la identificación de sus autores.*
>
> *Estas penas serán impuestas sin perjuicio de las que pudieran corresponder a los actos concretos de violencia, amenazas o pillaje que se hubieran llevado a cabo[881].*

Art. 557 ter[882].

> *1. Los que, actuando en grupo o individualmente pero amparados en él, invadan u ocupen, contra la voluntad de su titular, el domicilio de una persona jurídica pública o privada, un despacho, oficina, esta-*

---

[879] Artículo redactado conforme LO 1/2015, de 30 de marzo, por la que se modifica la Ley Orgánica 10/1995, de 23 de noviembre, del Código Penal.

[880] Artículo redactado conforme LO 14/2022, de 22 de diciembre, de transposición de directivas europeas y otras disposiciones para la adaptación de la legislación penal al ordenamiento de la Unión Europea, y reforma de los delitos contra la integridad moral, desórdenes públicos y contrabando de armas de doble uso.

[881] Artículo introducido por LO 1/2015, de 30 de marzo, por la que se modifica la Ley Orgánica 10/1995, de 23 de noviembre, del Código Penal.

[882] Dejado sin contenido por LO 14/2022, de 22 de diciembre, de transposición de directivas europeas y otras disposiciones para la adaptación de la legislación penal al ordenamiento

blecimiento o local, aunque se encuentre abierto al público, y causen con ello una perturbación relevante de la paz pública y de su actividad normal, serán castigados con una pena de prisión de tres a seis meses o multa de seis a doce meses, salvo que los hechos ya estuvieran castigados con una pena más grave en otro precepto de este Código.
2. Los hechos serán castigados con la pena superior en grado cuando concurran las circunstancias 1.ª, 3.ª, 4.ª ó 5.ª del artículo 557 bis[883].

Art. 558[884].

Serán castigados con la pena de prisión de tres a seis meses o multa de seis a 12 meses, los que perturben gravemente el orden en la audiencia de un tribunal o juzgado, en los actos públicos propios de cualquier autoridad o corporación, en colegio electoral, oficina o establecimiento público, centro docente o con motivo de la celebración de espectáculos deportivos o culturales. En estos casos se podrá imponer también la pena de privación de acudir a los lugares, eventos o espectáculos de la misma naturaleza por un tiempo superior hasta tres años a la pena de prisión impuesta.

Art. 559[885].

La distribución o difusión pública, a través de cualquier medio, de mensajes o consignas que inciten a la comisión de alguno de los delitos de alteración del orden público del artículo 557 bis del Código Penal, o que sirvan para reforzar la decisión de llevarlos a cabo, será castigado con una pena de multa de tres a doce meses o prisión de tres meses a un año[886].

Art. 560.

1. Los que causaren daños que interrumpan, obstaculicen o destruyan líneas o instalaciones de telecomunicaciones o la correspondencia postal, serán castigados con la pena de prisión de uno a cinco años.

2. En la misma pena incurrirán los que causen daños en vías férreas u originen un grave daño para la circulación ferroviaria de alguna de las formas previstas en el artículo 382.

3. Igual pena se impondrá a los que dañen las conducciones o transmisiones de agua, gas o electricidad para las poblaciones, interrumpiendo o alterando gravemente el suministro o servicio.

---

de la Unión Europea, y reforma de los delitos contra la integridad moral, desórdenes públicos y contrabando de armas de doble uso.

[883] Artículo introducido por LO 1/2015, de 30 de marzo, por la que se modifica la Ley Orgánica 10/1995, de 23 de noviembre, del Código Penal.

[884] Redactado conforme LO 15/2003, de 25 de noviembre, por la que se modifica la Ley Orgánica 10/1995, de 23 de noviembre, del Código Penal.

[885] Dejado sin contenido por LO 14/2022, de 22 de diciembre, de transposición de directivas europeas y otras disposiciones para la adaptación de la legislación penal al ordenamiento de la Unión Europea, y reforma de los delitos contra la integridad moral, desórdenes públicos y contrabando de armas de doble uso.

[886] Redactado conforme LO 1/2015, de 30 de marzo, por la que se modifica la Ley Orgánica 10/1995, de 23 de noviembre, del Código Penal.

Art. 561[887].

Quien afirme falsamente o simule una situación de peligro para la comunidad o la producción de un siniestro a consecuencia del cual es necesario prestar auxilio a otro, y con ello provoque la movilización de los servicios de policía, asistencia o salvamento, será castigado con la pena de prisión de tres meses y un día a un año o multa de tres a dieciocho meses.

El que, con ánimo de atentar contra la paz pública, afirme falsamente la existencia de aparatos explosivos u otros que puedan causar el mismo efecto, o de sustancias químicas, biológicas o tóxicas que puedan causar daño a la salud, será castigado con la pena de prisión de seis meses a un año o multa de 12 a 24 meses, atendida la alarma o alteración del orden efectivamente producida[888].

CAPÍTULO IV
DISPOSICIÓN COMÚN A LOS CAPÍTULOS ANTERIORES

Art. 562.

En el caso de hallarse constituido en autoridad el que cometa cualquiera de los delitos expresados en los capítulos anteriores de este Título, la pena de inhabilitación que estuviese prevista en cada caso se sustituirá por la inhabilitación absoluta por tiempo de diez a quince años, salvo que dicha circunstancia esté específicamente contemplada en el tipo penal de que se trate.

CAPÍTULO V
DE LA TENENCIA, TRÁFICO Y DEPÓSITO DE
ARMAS, MUNICIONES O EXPLOSIVOS[889]

Art. 563.

La tenencia de armas prohibidas y la de aquellas que sean resultado de la modificación sustancial de las características de fabricación de armas reglamentadas, será castigada con la pena de prisión de uno a tres años.

Art. 564.

1. La tenencia de armas de fuego reglamentadas, careciendo de las licencias o permisos necesarios, será castigada:

1.° Con la pena de prisión de uno a dos años, si se trata de armas cortas.

2.° Con la pena de prisión de seis meses a un año, si se trata de armas largas.

---

[887] Redactado conforme LO 1/2015, de 30 de marzo, por la que se modifica la Ley Orgánica 10/1995, de 23 de noviembre, del Código Penal.

[888] Redactado conforme LO 15/2003, de 25 de noviembre, por la que se modifica la Ley Orgánica 10/1995, de 23 de noviembre, del Código Penal.

[889] Rúbrica redactada conforme LO 5/2010, de 22 de junio, por la que se modifica la Ley Orgánica 10/1995, de 23 de noviembre, del Código Penal. Esta Ley suprime las rúbricas de las Secciones Primera y Segunda del Capítulo V del Título XXII del Libro II, manteniéndose en dicho Capítulo los artículos 563 a 570 y pasando los restantes a integrar el nuevo Capítulo VII.

2. Los delitos previstos en el número anterior se castigarán, respectivamente, con las penas de prisión de dos a tres años y de uno a dos años, cuando concurra alguna de las circunstancias siguientes:

1.ª Que las armas carezcan de marcas de fábrica o de número, o los tengan alterados o borrados.

2.ª Que hayan sido introducidas ilegalmente en territorio español.

3.ª Que hayan sido transformadas, modificando sus características originales.

Art. 565.

Los Jueces o Tribunales podrán rebajar en un grado las penas señaladas en los artículos anteriores, siempre que por las circunstancias del hecho y del culpable se evidencie la falta de intención de usar las armas con fines ilícitos.

Art. 566[890].

1. Los que fabriquen, comercialicen o establezcan depósitos de armas o municiones no autorizados por las leyes o la autoridad competente serán castigados:

1.º Si se trata de armas o municiones de guerra o de armas químicas, biológicas, nucleares o radiológicas o de minas antipersonas o municiones en racimo, con la pena de prisión de cinco a diez años los promotores y organizadores, y con la de prisión de tres a cinco años los que hayan cooperado a su formación.

2.º Si se trata de armas de fuego reglamentadas o municiones para las mismas, con la pena de prisión de dos a cuatro años los promotores y organizadores, y con la de prisión de seis meses a dos años los que hayan cooperado a su formación.

3.º Con las mismas penas será castigado, en sus respectivos casos, el tráfico de armas o municiones de guerra o de defensa, o de armas químicas, biológicas, nucleares o radiológicas o de minas antipersonas o municiones en racimo.

2. Las penas contempladas en el punto 1.º del apartado anterior se impondrán a los que desarrollen o empleen armas químicas, biológicas, nucleares o radiológicas o minas antipersonas o municiones en racimo, o inicien preparativos militares para su empleo o no las destruyan con infracción de los tratados o convenios internacionales en los que España sea parte.

> *1. Los que fabriquen, comercialicen o establezcan depósitos de armas o municiones no autorizados por las leyes o la autoridad competente serán castigados[891]:*
>
> *1.º Si se trata de armas o municiones de guerra o de armas químicas o biológicas o de minas antipersonas o municiones en racimo, con la pena de prisión de cinco a diez años los promotores y organizadores, y con la de prisión de tres a cinco años los que hayan cooperado a su formación[892].*

---

[890] Redactado conforme LO 1/2015, de 30 de marzo, por la que se modifica la Ley Orgánica 10/1995, de 23 de noviembre, del Código Penal.

[891] Redactado conforme LO 15/2003, de 25 de noviembre, por la que se modifica la Ley Orgánica 10/1995, de 23 de noviembre, del Código Penal.

[892] Redactado conforme LO 5/2010, de 22 de junio, por la que se modifica la Ley Orgánica 10/1995, de 23 de noviembre, del Código Penal.

Art. 567

2.° Si se trata de armas de fuego reglamentadas o municiones para las mismas, con la pena de prisión de dos a cuatro años los promotores y organizadores, y con la de prisión de seis meses a dos años los que hayan cooperado a su formación[893].
3.° Con las mismas penas será castigado, en sus respectivos casos, el tráfico de armas o municiones de guerra o de defensa, o de armas químicas o biológicas o de minas antipersonas o municiones en racimo[894].
2. Las penas contempladas en el punto 1.° del apartado anterior se impondrán a los que desarrollen o empleen armas químicas o biológicas o minas antipersonas o municiones en racimo, o inicien preparativos militares para su empleo o no las destruyan con infracción de los tratados o convenios internacionales en los que España sea parte[895].

Art. 567.

1[896]. Se considera depósito de armas de guerra la fabricación, la comercialización o la tenencia de cualquiera de dichas armas, con independencia de su modelo o clase, aun cuando se hallen en piezas desmontadas. Se considera depósito de armas químicas, biológicas, nucleares o radiológicas o de minas antipersonas o de municiones en racimo la fabricación, la comercialización o la tenencia de las mismas.

El depósito de armas, en su vertiente de comercialización, comprende tanto la adquisición como la enajenación.

1[897]. Se considera depósito de armas de guerra la fabricación, la comercialización o la tenencia de cualquiera de dichas armas, con independencia de su modelo o clase, aun cuando se hallen en piezas desmontadas. Se considera depósito de armas químicas o biológicas o de minas antipersonas o de municiones en racimo la fabricación, la comercialización o la tenencia de las mismas.
El depósito de armas, en su vertiente de comercialización, comprende tanto la adquisición como la enajenación.

2[898]. Se consideran armas de guerra las determinadas como tales en las disposiciones reguladoras de la defensa nacional. Se consideran armas químicas, biológicas, nucleares o radiológicas, minas antipersonas o municiones en racimo las determinadas como tales en los tratados o convenios internacionales en los que España sea parte.

Se entiende por desarrollo de armas químicas, biológicas, nucleares o radiológicas, minas antipersonas o municiones en racimo cualquier actividad consistente en la investigación o estudio de carácter científico o técnico encamina-

---

[893] Redactado conforme LO 15/2003, de 25 de noviembre, por la que se modifica la Ley Orgánica 10/1995, de 23 de noviembre, del Código Penal.

[894] Redactado conforme LO 5/2010, de 22 de junio, por la que se modifica la Ley Orgánica 10/1995, de 23 de noviembre, del Código Penal.

[895] Redactado conforme LO 5/2010, de 22 de junio, por la que se modifica la Ley Orgánica 10/1995, de 23 de noviembre, del Código Penal.

[896] Apartado redactado conforme LO 1/2015, de 30 de marzo, por la que se modifica la Ley Orgánica 10/1995, de 23 de noviembre, del Código Penal.

[897] Redactado conforme LO 5/2010, de 22 de junio, por la que se modifica la Ley Orgánica 10/1995, de 23 de noviembre, del Código Penal.

[898] Apartado redactado conforme LO 1/2015, de 30 de marzo, por la que se modifica la Ley Orgánica 10/1995, de 23 de noviembre, del Código Penal.

da a la creación de una nueva arma química, biológica, nuclear o radiológica, o mina antipersona o munición en racimo o la modificación de una preexistente.

> 2[899]. Se consideran armas de guerra las determinadas como tales en las disposiciones reguladoras de la defensa nacional. Se consideran armas químicas o biológicas, minas antipersonas o municiones en racimo las determinadas como tales en los tratados o convenios internacionales en los que España sea parte.
> Se entiende por desarrollo de armas químicas o biológicas, minas antipersonas o municiones en racimo cualquier actividad consistente en la investigación o estudio de carácter científico o técnico encaminada a la creación de una nueva arma química o biológica, mina antipersona o munición en racimo o la modificación de una preexistente.

3. Se considera depósito de armas de fuego reglamentadas la fabricación, comercialización o reunión de cinco o más de dichas armas, aun cuando se hallen en piezas desmontadas.

4. Respecto de las municiones, los Jueces y Tribunales, teniendo en cuenta la cantidad y clase de las mismas, declararán si constituyen depósito a los efectos de este capítulo.

Art. 568.

La tenencia o el depósito de sustancias o aparatos explosivos, inflamables, incendiarios o asfixiantes, o sus componentes, así como su fabricación, tráfico o transporte, o suministro de cualquier forma, no autorizado por las Leyes o la autoridad competente, serán castigados con la pena de prisión de cuatro a ocho años, si se trata de sus promotores y organizadores, y con la pena de prisión de tres a cinco años para los que hayan cooperado a su formación.

Art. 569.

Los depósitos de armas, municiones o explosivos establecidos en nombre o por cuenta de una asociación con propósito delictivo, determinarán la declaración judicial de ilicitud y su consiguiente disolución.

Art. 570[900].

1. En los casos previstos en este capítulo se podrá imponer la pena de privación del derecho a la tenencia y porte de armas por tiempo superior en tres años a la pena de prisión impuesta.

2. Igualmente, si el delincuente estuviera autorizado para fabricar o traficar con alguna o algunas de las sustancias, armas y municiones mencionadas en el mismo, sufrirá, además de las penas señaladas, la de inhabilitación especial para el ejercicio de su industria o comercio por tiempo de 12 a 20 años.

---

[899]   Redactado conforme LO 5/2010, de 22 de junio, por la que se modifica la Ley Orgánica 10/1995, de 23 de noviembre, del Código Penal.

[900]   Redactado conforme LO 15/2003, de 25 de noviembre, por la que se modifica la Ley Orgánica 10/1995, de 23 de noviembre, del Código Penal.

CAPÍTULO VI
DE LAS ORGANIZACIONES Y GRUPOS CRIMINALES[901]

Art. 570 bis.

1[902]. Quienes promovieren, constituyeren, organizaren, coordinaren o dirigieren una organización criminal serán castigados con la pena de prisión de cuatro a ocho años si aquélla tuviere por finalidad u objeto la comisión de delitos graves, y con la pena de prisión de tres a seis años en los demás casos; y quienes participaren activamente en la organización, formaren parte de ella o cooperaren económicamente o de cualquier otro modo con la misma serán castigados con las penas de prisión de dos a cinco años si tuviere como fin la comisión de delitos graves, y con la pena de prisión de uno a tres años en los demás casos.

A los efectos de este Código se entiende por organización criminal la agrupación formada por más de dos personas con carácter estable o por tiempo indefinido, que de manera concertada y coordinada se repartan diversas tareas o funciones con el fin de cometer delitos.

> *1. Quienes promovieren, constituyeren, organizaren, coordinaren o dirigieren una organización criminal serán castigados con la pena de prisión de cuatro a ocho años si aquélla tuviere por finalidad u objeto la comisión de delitos graves, y con la pena de prisión de tres a seis años en los demás casos; y quienes participaren activamente en la organización, formaren parte de ella o cooperaren económicamente o de cualquier otro modo con la misma serán castigados con las penas de prisión de dos a cinco años si tuviere como fin la comisión de delitos graves, y con la pena de prisión de uno a tres años en los demás casos.*
>
> *A los efectos de este Código se entiende por organización criminal la agrupación formada por más de dos personas con carácter estable o por tiempo indefinido, que de manera concertada y coordinada se repartan diversas tareas o funciones con el fin de cometer delitos, así como de llevar a cabo la perpetración reiterada de faltas[903].*

2. Las penas previstas en el número anterior se impondrán en su mitad superior cuando la organización:

a) esté formada por un elevado número de personas.

b) disponga de armas o instrumentos peligrosos.

c) disponga de medios tecnológicos avanzados de comunicación o transporte que por sus características resulten especialmente aptos para facilitar la ejecución de los delitos o la impunidad de los culpables.

Si concurrieran dos o más de dichas circunstancias se impondrán las penas superiores en grado.

---

[901]   Capítulo introducido por LO 5/2010, de 22 de junio, por la que se modifica la Ley Orgánica 10/1995, de 23 de noviembre, del Código Penal.

[902]   Redactado conforme LO 1/2015, de 30 de marzo, por la que se modifica la Ley Orgánica 10/1995, de 23 de noviembre, del Código Penal.

[903]   Artículo introducido por LO 5/2010, de 22 de junio, por la que se modifica la Ley Orgánica 10/1995, de 23 de noviembre, del Código Penal.

3. Se impondrán en su mitad superior las penas respectivamente previstas en este artículo si los delitos fueren contra la vida o la integridad de las personas, la libertad, la libertad e indemnidad sexuales o la trata de seres humanos.

Art. 570 ter[904].

1. Quienes constituyeren, financiaren o integraren un grupo criminal serán castigados:

a) Si la finalidad del grupo es cometer delitos de los mencionados en el apartado 3 del artículo anterior, con la pena de dos a cuatro años de prisión si se trata de uno o más delitos graves y con la de uno a tres años de prisión si se trata de delitos menos graves.

b) Con la pena de seis meses a dos años de prisión si la finalidad del grupo es cometer cualquier otro delito grave.

c) Con la pena de tres meses a un año de prisión cuando se trate de cometer uno o varios delitos menos graves no incluidos en el apartado a) o de la perpetración reiterada de delitos leves.

A los efectos de este Código se entiende por grupo criminal la unión de más de dos personas que, sin reunir alguna o algunas de las características de la organización criminal definida en el artículo anterior, tenga por finalidad o por objeto la perpetración concertada de delitos[905].

> *1. Quienes constituyeren, financiaren o integraren un grupo criminal serán castigados:*
> *a) Si la finalidad del grupo es cometer delitos de los mencionados en el apartado 3 del artículo anterior, con la pena de dos a cuatro años de prisión si se trata de uno o más delitos graves y con la de uno a tres años de prisión si se trata de delitos menos graves.*
> *b) Con la pena de seis meses a dos años de prisión si la finalidad del grupo es cometer cualquier otro delito grave.*
> *c) Con la pena de tres meses a un año de prisión cuando se trate de cometer uno o varios delitos menos graves no incluidos en el apartado a) o de la perpetración reiterada de faltas, debiéndose imponer en este último caso la pena en su mitad inferior, salvo que la finalidad del grupo fuera la perpetración reiterada de la falta prevista en el número 1 del artículo 623, en cuyo caso podrá imponerse la pena en toda su extensión.*
> *A los efectos de este Código se entiende por grupo criminal la unión de más de dos personas que, sin reunir alguna o algunas de las características de la organización criminal definida en el artículo anterior, tenga por finalidad o por objeto la perpetración concertada de delitos o la comisión concertada y reiterada de faltas[906].*

2. Las penas previstas en el número anterior se impondrán en su mitad superior cuando el grupo:

---

[904] Artículo introducido por LO 5/2010, de 22 de junio, por la que se modifica la Ley Orgánica 10/1995, de 23 de noviembre, del Código Penal.

[905] Apartado redactado conforme LO 1/2015, de 30 de marzo, por la que se modifica la Ley Orgánica 10/1995, de 23 de noviembre, del Código Penal.

[906] Redactado conforme LO 5/2010, de 22 de junio, por la que se modifica la Ley Orgánica 10/1995, de 23 de noviembre, del Código Penal.

a) esté formado por un elevado número de personas.

b) disponga de armas o instrumentos peligrosos.

c) disponga de medios tecnológicos avanzados de comunicación o transporte que por sus características resulten especialmente aptos para facilitar la ejecución de los delitos o la impunidad de los culpables.

Si concurrieran dos o más de dichas circunstancias se impondrán las penas superiores en grado.

Art. 570 quater[907].

1. Los jueces o tribunales, en los supuestos previstos en este Capítulo y el siguiente, acordarán la disolución de la organización o grupo y, en su caso, cualquier otra de las consecuencias de los artículos 33.7 y 129 de este Código[908].

2. Asimismo se impondrá a los responsables de las conductas descritas en los dos artículos anteriores, además de las penas en ellos previstas, la de inhabilitación especial para todas aquellas actividades económicas o negocios jurídicos relacionados con la actividad de la organización o grupo criminal o con su actuación en el seno de los mismos, por un tiempo superior entre seis y veinte años al de la duración de la pena de privación de libertad impuesta en su caso, atendiendo proporcionalmente a la gravedad del delito, al número de los cometidos y a las circunstancias que concurran en el delincuente.

En todo caso, cuando las conductas previstas en dichos artículos estuvieren comprendidas en otro precepto de este Código, será de aplicación lo dispuesto en la regla 4.ª del artículo 8.

3. Las disposiciones de este Capítulo serán aplicables a toda organización o grupo criminal que lleve a cabo cualquier acto penalmente relevante en España, aunque se hayan constituido, estén asentados o desarrollen su actividad en el extranjero.

4. Los jueces o tribunales, razonándolo en la sentencia, podrán imponer al responsable de cualquiera de los delitos previstos en este Capítulo la pena inferior en uno o dos grados, siempre que el sujeto haya abandonado de forma voluntaria sus actividades delictivas y haya colaborado activamente con las autoridades o sus agentes, bien para obtener pruebas decisivas para la identificación o captura de otros responsables o para impedir la actuación o el desarrollo de las organizaciones o grupos a que haya pertenecido, bien para evitar la perpetración de un delito que se tratara de cometer en el seno o a través de dichas organizaciones o grupos.

---

[907]   Artículo introducido por LO 5/2010, de 22 de junio, por la que se modifica la Ley Orgánica 10/1995, de 23 de noviembre, del Código Penal.

[908]   Redactado conforme LO 3/2011, de 28 de enero, por la que se modifica la Ley Orgánica 5/1985, de 19 de junio, del Régimen Electoral General.

CAPÍTULO VII[909]
DE LAS ORGANIZACIONES Y GRUPOS TERRORISTAS Y DE LOS DELITOS DE TERRORISMO

SECCIÓN 1.ª
DE LAS ORGANIZACIONES Y GRUPOS TERRORISTAS

Art. 571[910].

A los efectos de este Código se considerarán organizaciones o grupos terroristas aquellas agrupaciones que, reuniendo las características respectivamente establecidas en el párrafo segundo del apartado 1 del artículo 570 bis y en el párrafo segundo del apartado 1 del artículo 570 ter, tengan por finalidad o por objeto la comisión de alguno de los delitos tipificados en la sección siguiente.

Art. 572[911].

1. Quienes promovieran, constituyeran, organizaran o dirigieran una organización o grupo terrorista serán castigados con las penas de prisión de ocho a quince años e inhabilitación absoluta durante el tiempo de la condena.

2. Quienes participaran activamente en la organización o grupo, o formaran parte de ellos, serán castigados con las penas de prisión de seis a doce años e inhabilitación absoluta durante el tiempo de la condena.

> *1. Quienes promovieran, constituyeran, organizaran o dirigieran una organización o grupo terrorista serán castigados con las penas de prisión de ocho a catorce años e inhabilitación especial para empleo o cargo público por tiempo de ocho a quince años.*
>
> *2. Quienes participaran activamente en la organización o grupo, o formaran parte de ellos, serán castigados con las penas de prisión de seis a doce años e inhabilitación especial para empleo o cargo público por tiempo de seis a catorce años[912].*

---

[909] La redacción previa a la LO 2/2015, de 30 de marzo, se encuentra íntegramente transcrita y anotada en el ANEXO VI.

[910] Redactado conforme LO 2/2015, de 30 de marzo, por la que se modifica la Ley Orgánica 10/1995, de 23 de noviembre, del Código Penal, en materia de delitos de terrorismo.

[911] Redactado conforme LO 1/2019, de 20 de febrero, por la que se modifica la Ley Orgánica 10/1995, de 23 de noviembre, del Código Penal, para transponer Directivas de la Unión Europea en los ámbitos financiero y de terrorismo, y abordar cuestiones de índole internacional.

[912] Redactado conforme LO 2/2015, de 30 de marzo, por la que se modifica la Ley Orgánica 10/1995, de 23 de noviembre, del Código Penal, en materia de delitos de terrorismo, que sustituye por el transcrito la redacción previa en su totalidad.

SECCIÓN 2.ª
DE LOS DELITOS DE TERRORISMO

Art. 573[913].

1. Se considerará delito de terrorismo la comisión de cualquier delito grave contra la vida o la integridad física, la libertad, la integridad moral, la libertad e indemnidad sexuales, el patrimonio, los recursos naturales o el medio ambiente, la salud pública, de riesgo catastrófico, incendio, de falsedad documental, contra la Corona, de atentado y tenencia, tráfico y depósito de armas, municiones o explosivos, previstos en el presente Código, y el apoderamiento de aeronaves, buques u otros medios de transporte colectivo o de mercancías, cuando se llevaran a cabo con cualquiera de las siguientes finalidades[914]:

> *1. Se considerarán delito de terrorismo la comisión de cualquier delito grave contra la vida o la integridad física, la libertad, la integridad moral, la libertad e indemnidad sexuales, el patrimonio, los recursos naturales o el medio ambiente, la salud pública, de riesgo catastrófico, incendio, contra la Corona, de atentado y tenencia, tráfico y depósito de armas, municiones o explosivos, previstos en el presente Código, y el apoderamiento de aeronaves, buques u otros medios de transporte colectivo o de mercancías, cuando se llevaran a cabo con cualquiera de las siguientes finalidades[915]:*

1.ª Subvertir el orden constitucional, o suprimir o desestabilizar gravemente el funcionamiento de las instituciones políticas o de las estructuras económicas o sociales del Estado, u obligar a los poderes públicos a realizar un acto o a abstenerse de hacerlo.

2.ª Alterar gravemente la paz pública.

3.ª Desestabilizar gravemente el funcionamiento de una organización internacional.

4.ª Provocar un estado de terror en la población o en una parte de ella.

2. Se considerarán igualmente delitos de terrorismo los delitos informáticos tipificados en los artículos 197 bis y 197 ter y 264 a 264 quater cuando los hechos se cometan con alguna de las finalidades a las que se refiere el apartado anterior.

3. Asimismo, tendrán la consideración de delitos de terrorismo el resto de los delitos tipificados en este Capítulo.

---

[913] Redactado conforme LO 2/2015, de 30 de marzo, por la que se modifica la Ley Orgánica 10/1995, de 23 de noviembre, del Código Penal, en materia de delitos de terrorismo, salvo el apartado 1.

[914] Redactado conforme LO 1/2019, de 20 de febrero, por la que se modifica la Ley Orgánica 10/1995, de 23 de noviembre, del Código Penal, para transponer Directivas de la Unión Europea en los ámbitos financiero y de terrorismo, y abordar cuestiones de índole internacional.

[915] Redactado conforme LO 2/2015, de 30 de marzo, por la que se modifica la Ley Orgánica 10/1995, de 23 de noviembre, del Código Penal, en materia de delitos de terrorismo, que sustituye por el transcrito la redacción previa en su totalidad.

Art. 573 bis[916].

1. Los delitos de terrorismo a los que se refiere el apartado 1 del artículo anterior serán castigados con las siguientes penas:

1.ª Con la de prisión por el tiempo máximo previsto en este Código si se causara la muerte de una persona.

2.ª Con la de prisión de veinte a veinticinco años cuando, en los casos de secuestro o detención ilegal, no se dé razón del paradero de la persona.

3.ª Con la de prisión de quince a veinte años si se causara un aborto del artículo 144, se produjeran lesiones de las tipificadas en los artículos 149, 150, 157 o 158, el secuestro de una persona, o estragos o incendio de los previstos respectivamente en los artículos 346 y 351.

4.ª Con la de prisión de diez a quince años si se causara cualquier otra lesión, o se detuviera ilegalmente, amenazara o coaccionara a una persona.

5.ª Y con la pena prevista para el delito cometido en su mitad superior, pudiéndose llegar a la superior en grado, cuando se tratase de cualquier otro de los delitos a que se refiere el apartado 1 del artículo anterior.

2. Las penas se impondrán en su mitad superior si los hechos se cometieran contra las personas mencionadas en el apartado 3 del artículo 550 o contra miembros de las Fuerzas y Cuerpos de Seguridad o de las Fuerzas Armadas o contra empleados públicos que presten servicio en instituciones penitenciarias.

3. Los delitos de terrorismo a los que se refiere el apartado 2 del artículo anterior se castigarán con la pena superior en grado a la respectivamente prevista en los correspondientes artículos.

4. El delito de desórdenes públicos previsto en los apartados 2 y 3 del artículo 557, así como el delito de rebelión, cuando se cometan por una organización o grupo terrorista o individualmente pero amparados en ellos, se castigarán con la pena superior en grado a las previstas para tales delitos[917].

> 4. El delito de desórdenes públicos previsto en el artículo 557 bis, así como los delitos de rebelión y sedición, cuando se cometan por una organización o grupo terrorista o individualmente pero amparados en ellos, se castigarán con la pena superior en grado a las previstas para tales delitos[918].

Art. 574[919].

1. El depósito de armas o municiones, la tenencia o depósito de sustancias o aparatos explosivos, inflamables, incendiarios o asfixiantes, o de sus compo-

---

[916] Redactado —excepto el apartado 4— conforme LO 2/2015, de 30 de marzo, por la que se modifica la Ley Orgánica 10/1995, de 23 de noviembre, del Código Penal, en materia de delitos de terrorismo.

[917] Apartado redactado conforme LO 14/2022, de 22 de diciembre, de transposición de directivas europeas y otras disposiciones para la adaptación de la legislación penal al ordenamiento de la Unión Europea, y reforma de los delitos contra la integridad moral, desórdenes públicos y contrabando de armas de doble uso.

[918] Apartado redactado conforme LO 2/2015, de 30 de marzo, por la que se modifica la Ley Orgánica 10/1995, de 23 de noviembre, del Código Penal, en materia de delitos de terrorismo.

[919] Redactado conforme LO 2/2015, de 30 de marzo, por la que se modifica la Ley Orgánica 10/1995, de 23 de noviembre, del Código Penal.

nentes, así como su fabricación, tráfico, transporte o suministro de cualquier forma, y la mera colocación o empleo de tales sustancias o de los medios o artificios adecuados, serán castigados con la pena de prisión de ocho a quince años cuando los hechos se cometan con cualquiera de las finalidades expresadas en el apartado 1 del artículo 573.

2. Se impondrá la pena de diez a veinte años de prisión cuando se trate de armas, sustancias o aparatos nucleares, radiológicos, químicos o biológicos, o cualesquiera otros de similar potencia destructiva.

3. Serán también castigados con la pena de diez a veinte años de prisión quienes, con las mismas finalidades indicadas en el apartado 1, desarrollen armas químicas o biológicas, o se apoderen, posean, transporten, faciliten a otros o manipulen materiales nucleares, elementos radioactivos o materiales o equipos productores de radiaciones ionizantes.

Art. 575[920].

1. Será castigado con la pena de prisión de dos a cinco años quien, con la finalidad de capacitarse para llevar a cabo cualquiera de los delitos tipificados en este Capítulo, reciba adoctrinamiento o adiestramiento militar o de combate, o en técnicas de desarrollo de armas químicas o biológicas, de elaboración o preparación de sustancias o aparatos explosivos, inflamables, incendiarios o asfixiantes, o específicamente destinados a facilitar la comisión de alguna de tales infracciones.

2. Con la misma pena se castigará a quien, con la misma finalidad de capacitarse para cometer alguno de los delitos tipificados en este Capítulo, lleve a cabo por sí mismo cualquiera de las actividades previstas en el apartado anterior.

Se entenderá que comete este delito quien, con tal finalidad, acceda de manera habitual a uno o varios servicios de comunicación accesibles al público en línea o contenidos accesibles a través de internet o de un servicio de comunicaciones electrónicas cuyos contenidos estén dirigidos o resulten idóneos para incitar a la incorporación a una organización o grupo terrorista, o a colaborar con cualquiera de ellos o en sus fines. Los hechos se entenderán cometidos en España cuando se acceda a los contenidos desde el territorio español.

Asimismo se entenderá que comete este delito quien, con la misma finalidad, adquiera o tenga en su poder documentos que estén dirigidos o, por su contenido, resulten idóneos para incitar a la incorporación a una organización o grupo terrorista o a colaborar con cualquiera de ellos o en sus fines.

3. La misma pena se impondrá a quien, para ese mismo fin, o para colaborar con una organización o grupo terrorista, o para cometer cualquiera de los

---

[920] Redactado conforme LO 2/2015, de 30 de marzo, por la que se modifica la Ley Orgánica 10/1995, de 23 de noviembre, del Código Penal, en materia de delitos de terrorismo, salvo el apartado 3.

delitos comprendidos en este Capítulo, se traslade o establezca en un territorio extranjero[921].

> *3. La misma pena se impondrá a quien, para ese mismo fin, o para colaborar con una organización o grupo terrorista, o para cometer cualquiera de los delitos comprendidos en este Capítulo, se traslade o establezca en un territorio extranjero controlado por un grupo u organización terrorista[922].*

Art. 576[923].

1. Será castigado con la pena de prisión de cinco a diez años y multa del triple al quíntuplo de su valor el que, por cualquier medio, directa o indirectamente, recabe, adquiera, posea, utilice, convierta, transmita o realice cualquier otra actividad con bienes o valores de cualquier clase con la intención de que se utilicen, o a sabiendas de que serán utilizados, en todo o en parte, para cometer cualquiera de los delitos comprendidos en este Capítulo.

2. Si los bienes o valores se pusieran efectivamente a disposición del responsable del delito de terrorismo, se podrá imponer la pena superior en grado. Si llegaran a ser empleados para la ejecución de actos terroristas concretos, el hecho se castigará como coautoría o complicidad, según los casos.

3. En el caso de que la conducta a que se refiere el apartado 1 se hubiera llevado a cabo atentando contra el patrimonio, cometiendo extorsión, falsedad documental o mediante la comisión de cualquier otro delito, éstos se castigarán con la pena superior en grado a la que les corresponda, sin perjuicio de imponer además la que proceda conforme a los apartados anteriores.

4. El que estando específicamente sujeto por la ley a colaborar con la autoridad en la prevención de las actividades de financiación del terrorismo dé lugar, por imprudencia grave en el cumplimiento de dichas obligaciones, a que no sea detectada o impedida cualquiera de las conductas descritas en el apartado 1 será castigado con la pena inferior en uno o dos grados a la prevista en él.

5[924].

> *5. Cuando, de acuerdo con lo establecido en el artículo 31 bis, una persona jurídica sea responsable de los delitos tipificados en este artículo se le impondrán las siguientes penas:*
> *a) Multa de dos a cinco años si el delito cometido por la persona física tiene prevista una pena de prisión de más de cinco años.*

---

[921] Redactado conforme LO 1/2019, de 20 de febrero, por la que se modifica la Ley Orgánica 10/1995, de 23 de noviembre, del Código Penal, para transponer Directivas de la Unión Europea en los ámbitos financiero y de terrorismo, y abordar cuestiones de índole internacional.

[922] Redactado conforme LO 2/2015, de 30 de marzo, por la que se modifica la Ley Orgánica 10/1995, de 23 de noviembre, del Código Penal, en materia de delitos de terrorismo, que sustituye por el transcrito la redacción previa en su totalidad.

[923] Redactado conforme LO 2/2015, de 30 de marzo, por la que se modifica la Ley Orgánica 10/1995, de 23 de noviembre, del Código Penal, en materia de delitos de terrorismo.

[924] Dejado sin contenido por LO 1/2019, de 20 de febrero, por la que se modifica la Ley Orgánica 10/1995, de 23 de noviembre, del Código Penal, para transponer Directivas de la Unión Europea en los ámbitos financiero y de terrorismo, y abordar cuestiones de índole internacional.

b) Multa de uno a tres años si el delito cometido por la persona física tiene prevista una pena de más de dos años de privación de libertad no incluida en la letra anterior.

Atendidas las reglas establecidas en el artículo 66 bis, los jueces y tribunales podrán asimismo imponer las penas previstas en las letras b) a g) del apartado 7 del artículo 33[925].

Art. 577.

1. Será castigado con las penas de prisión de cinco a diez años y multa de dieciocho a veinticuatro meses el que lleve a cabo, recabe o facilite cualquier acto de colaboración con las actividades o las finalidades de una organización, grupo o elemento terrorista, o para cometer cualquiera de los delitos comprendidos en este Capítulo.

En particular son actos de colaboración la información o vigilancia de personas, bienes o instalaciones, la construcción, acondicionamiento, cesión o utilización de alojamientos o depósitos, la ocultación, acogimiento o traslado de personas, la organización de prácticas de entrenamiento o la asistencia a ellas, la prestación de servicios tecnológicos, y cualquier otra forma equivalente de cooperación o ayuda a las actividades de las organizaciones o grupos terroristas, grupos o personas a que se refiere el párrafo anterior.

Cuando la información o vigilancia de personas mencionada en el párrafo anterior ponga en peligro la vida, la integridad física, la libertad o el patrimonio de las mismas se impondrá la pena prevista en este apartado en su mitad superior. Si se produjera la lesión de cualquiera de estos bienes jurídicos se castigará el hecho como coautoría o complicidad, según los casos.

2. Las penas previstas en el apartado anterior se impondrán a quienes lleven a cabo cualquier actividad de captación, adoctrinamiento o adiestramiento, que esté dirigida o que, por su contenido, resulte idónea para incitar a incorporarse a una organización o grupo terrorista, o para cometer cualquiera de los delitos comprendidos en este Capítulo.

Asimismo se impondrán estas penas a los que faciliten adiestramiento o instrucción sobre la fabricación o uso de explosivos, armas de fuego u otras armas o sustancias nocivas o peligrosas, o sobre métodos o técnicas especialmente adecuados para la comisión de alguno de los delitos del artículo 573, con la intención o conocimiento de que van a ser utilizados para ello.

Las penas se impondrán en su mitad superior, pudiéndose llegar a la superior en grado, cuando los actos previstos en este apartado se hubieran dirigido a menores de edad o personas con discapacidad necesitadas de especial protección o a mujeres víctimas de trata con el fin de convertirlas en cónyuges, compañeras o esclavas sexuales de los autores del delito, sin perjuicio de imponer las que además procedan por los delitos contra la libertad sexual cometidos.

3. Si la colaboración con las actividades o las finalidades de una organización o grupo terrorista, o en la comisión de cualquiera de los delitos compren-

---

[925] Redactado conforme LO 2/2015, de 30 de marzo, por la que se modifica la Ley Orgánica 10/1995, de 23 de noviembre, del Código Penal, en materia de delitos de terrorismo, que sustituye por el transcrito la redacción previa en su totalidad.

didos en este Capítulo, se hubiera producido por imprudencia grave se impondrá la pena de prisión de seis a dieciocho meses y multa de seis a doce meses.

Art. 578[926].

1. El enaltecimiento o la justificación públicos de los delitos comprendidos en los artículos 572 a 577 o de quienes hayan participado en su ejecución, o la realización de actos que entrañen descrédito, menosprecio o humillación de las víctimas de los delitos terroristas o de sus familiares, se castigará con la pena de prisión de uno a tres años y multa de doce a dieciocho meses. El juez también podrá acordar en la sentencia, durante el período de tiempo que él mismo señale, alguna o algunas de las prohibiciones previstas en el artículo 57.

2. Las penas previstas en el apartado anterior se impondrán en su mitad superior cuando los hechos se hubieran llevado a cabo mediante la difusión de servicios o contenidos accesibles al público a través de medios de comunicación, internet, o por medio de servicios de comunicaciones electrónicas o mediante el uso de tecnologías de la información.

3. Cuando los hechos, a la vista de sus circunstancias, resulten idóneos para alterar gravemente la paz pública o crear un grave sentimiento de inseguridad o temor a la sociedad o parte de ella se impondrá la pena en su mitad superior, que podrá elevarse hasta la superior en grado.

4. El juez o tribunal acordará la destrucción, borrado o inutilización de los libros, archivos, documentos, artículos o cualquier otro soporte por medio del que se hubiera cometido el delito. Cuando el delito se hubiera cometido a través de tecnologías de la información y la comunicación se acordará la retirada de los contenidos.

Si los hechos se hubieran cometido a través de servicios o contenidos accesibles a través de internet o de servicios de comunicaciones electrónicas, el juez o tribunal podrá ordenar la retirada de los contenidos o servicios ilícitos. Subsidiariamente, podrá ordenar a los prestadores de servicios de alojamiento que retiren los contenidos ilícitos, a los motores de búsqueda que supriman los enlaces que apunten a ellos y a los proveedores de servicios de comunicaciones electrónicas que impidan el acceso a los contenidos o servicios ilícitos siempre que concurra alguno de los siguientes supuestos:

a) Cuando la medida resulte proporcionada a la gravedad de los hechos y a la relevancia de la información y necesaria para evitar su difusión.

b) Cuando se difundan exclusiva o preponderantemente los contenidos a los que se refieren los apartados anteriores.

5. Las medidas previstas en el apartado anterior podrán también ser acordadas por el juez instructor con carácter cautelar durante la instrucción de la causa.

---

[926] Redactado conforme LO 2/2015, de 30 de marzo, por la que se modifica la Ley Orgánica 10/1995, de 23 de noviembre, del Código Penal en materia de delitos de terrorismo.

Art. 579[927].

1. Será castigado con la pena inferior en uno o dos grados a la prevista para el delito de que se trate el que, por cualquier medio, difunda públicamente mensajes o consignas que tengan como finalidad o que, por su contenido, sean idóneos para incitar a otros a la comisión de alguno de los delitos de este Capítulo.

2. La misma pena se impondrá al que, públicamente o ante una concurrencia de personas, incite a otros a la comisión de alguno de los delitos de este Capítulo, así como a quien solicite a otra persona que los cometa.

3. Los demás actos de provocación, conspiración y proposición para cometer alguno de los delitos regulados en este Capítulo se castigarán también con la pena inferior en uno o dos grados a la que corresponda respectivamente a los hechos previstos en este Capítulo.

4. En los casos previstos en este precepto, los jueces o tribunales podrán adoptar las medidas establecidas en los apartados 4 y 5 del artículo anterior.

Art. 579 bis[928].

1. El responsable de los delitos previstos en este Capítulo, sin perjuicio de las penas que correspondan con arreglo a los artículos precedentes, será también castigado, atendiendo proporcionalmente a la gravedad del delito, el número de los cometidos y a las circunstancias que concurran en el delincuente, con las penas de inhabilitación absoluta, inhabilitación especial para profesión u oficio educativos, en los ámbitos docente, deportivo y de tiempo libre, por un tiempo superior entre seis y veinte años al de la duración de la pena de privación de libertad impuesta en su caso en la sentencia.

2. Al condenado a pena grave privativa de libertad por uno o más delitos comprendidos en este Capítulo se le impondrá además la medida de libertad vigilada de cinco a diez años, y de uno a cinco años si la pena privativa de libertad fuera menos grave. No obstante lo anterior, cuando se trate de un solo delito que no sea grave, y su autor hubiere delinquido por primera vez, el tribunal podrá imponer o no la medida de libertad vigilada, en atención a su menor peligrosidad.

3. En los delitos previstos en este Capítulo, los jueces y tribunales, razonándolo en sentencia, podrán imponer la pena inferior en uno o dos grados a la señalada para el delito de que se trate, cuando el sujeto haya abandonado voluntariamente sus actividades delictivas, se presente a las autoridades confesando los hechos en que haya participado y colabore activamente con éstas para impedir la producción del delito, o coadyuve eficazmente a la obtención de pruebas decisivas para la identificación o captura de otros responsables o para impedir la actuación o el desarrollo de organizaciones, grupos u otros elementos terroristas a los que haya pertenecido o con los que haya colaborado.

---

[927] Redactado conforme LO 2/2015, de 30 de marzo, por la que se modifica la Ley Orgánica 10/1995, de 23 de noviembre, del Código Penal en materia de delitos de terrorismo.

[928] Redactado conforme LO 2/2015, de 30 de marzo, por la que se modifica la Ley Orgánica 10/1995, de 23 de noviembre, del Código Penal en materia de delitos de terrorismo.

4. Los jueces y tribunales, motivadamente, atendiendo a las circunstancias concretas, podrán imponer también la pena inferior en uno o dos grados a la señalada en este Capítulo para el delito de que se trate, cuando el hecho sea objetivamente de menor gravedad, atendidos el medio empleado o el resultado producido.

Art. 580[929].

En todos los delitos de terrorismo, la condena de un juez o tribunal extranjero será equiparada a las sentencias de los jueces o tribunales españoles a los efectos de aplicación de la agravante de reincidencia.

Art. 580 bis[930].

Cuando de acuerdo con lo establecido en el artículo 31 bis una persona jurídica sea responsable de los delitos recogidos en este Capítulo, se le impondrán las siguientes penas:

a) Multa de dos a cinco años, o del doble al cuádruple del perjuicio causado cuando la cantidad resultante fuese más elevada, si el delito cometido por la persona física tiene prevista una pena de más de dos años de privación de libertad.

b) Multa de seis meses a dos años, o del doble al triple del perjuicio causado si la cantidad resultante fuese más elevada, en el resto de los casos.

Atendidas las reglas establecidas en el artículo 66 bis, los jueces y tribunales podrán asimismo imponer las penas recogidas en las letras b) a g) del apartado 7 del artículo 33.

TÍTULO XXIII
DE LOS DELITOS DE TRAICIÓN Y CONTRA LA PAZ O LA INDEPENDENCIA DEL ESTADO Y RELATIVOS A LA DEFENSA NACIONAL

CAPÍTULO I
DELITOS DE TRAICIÓN

Art. 581.

El español que indujere a una potencia extranjera a declarar la guerra a España o se concertare con ella para el mismo fin, será castigado con la pena de prisión de quince a veinte años.

---

[929] Redactado conforme LO 2/2015, de 30 de marzo, por la que se modifica la Ley Orgánica 10/1995, de 23 de noviembre, del Código Penal en materia de delitos de terrorismo.

[930] Artículo introducido por LO 1/2019, de 20 de febrero, por la que se modifica la Ley Orgánica 10/1995, de 23 de noviembre, del Código Penal, para transponer Directivas de la Unión Europea en los ámbitos financiero y de terrorismo, y abordar cuestiones de índole internacional.

Art. 582.

Será castigado con la pena de prisión de doce a veinte años:

1.° El español que facilite al enemigo la entrada en España, la toma de una plaza, puesto militar, buque o aeronave del Estado o almacenes de intendencia o armamento.

2.° El español que seduzca o allegue tropa española o que se halle al servicio de España, para que se pase a las filas enemigas o deserte de sus banderas estando en campaña.

3.° El español que reclute gente o suministre armas u otros medios eficaces para hacer la guerra a España, bajo banderas enemigas.

Art. 583.

Será castigado con la pena de prisión de doce a veinte años:

1.° El español que tome las armas contra la Patria bajo banderas enemigas.

Se impondrá la pena superior en grado al que obre como jefe o promotor, o tenga algún mando, o esté constituido en autoridad.

2.° El español que suministre a las tropas enemigas caudales, armas, embarcaciones, aeronaves, efectos o municiones de intendencia o armamento u otros medios directos y eficaces para hostilizar a España, o favorezca el progreso de las armas enemigas de un modo no comprendido en el artículo anterior.

3.° El español que suministre al enemigo planos de fortalezas, edificios o de terrenos, documentos o noticias que conduzcan directamente al mismo fin de hostilizar a España o de favorecer el progreso de las armas enemigas.

4.° El español que, en tiempo de guerra, impida que las tropas nacionales reciban los auxilios expresados en el número 2.° o los datos y noticias indicados en el número 3.° de este artículo.

Art. 584.

El español que, con el propósito de favorecer a una potencia extranjera, asociación u organización internacional, se procure, falsee, inutilice o revele información clasificada como reservada o secreta, susceptible de perjudicar la seguridad nacional o la defensa nacional, será castigado, como traidor, con la pena de prisión de seis a doce años.

Art. 585.

La provocación, la conspiración y la proposición para cualquiera de los delitos previstos en los artículos anteriores de este capítulo, serán castigadas con la pena de prisión inferior en uno o dos grados a la del delito correspondiente.

Art. 586.

El extranjero residente en España que cometiere alguno de los delitos comprendidos en este capítulo será castigado con la pena inferior en grado a la señalada para ellos, salvo lo establecido por Tratados o por el Derecho de gentes acerca de los funcionarios diplomáticos, consulares y de Organizaciones internacionales.

Art. 587.

Las penas señaladas en los artículos anteriores de este capítulo son aplicables a los que cometieren los delitos comprendidos en los mismos contra una potencia aliada de España, en caso de hallarse en campaña contra el enemigo común.

Art. 588.

Incurrirán en la pena de prisión de quince a veinte años los miembros del Gobierno que, sin cumplir con lo dispuesto en la Constitución, declararan la guerra o firmaran la paz.

CAPÍTULO II
DELITOS QUE COMPROMETEN LA PAZ O LA INDEPENDENCIA DEL ESTADO

Art. 589.

El que publicare o ejecutare en España cualquier orden, disposición o documento de un Gobierno extranjero que atente contra la independencia o seguridad del Estado, se oponga a la observancia de sus Leyes o provoque su incumplimiento, será castigado con la pena de prisión de uno a tres años.

Art. 590.

1. El que, con actos ilegales o que no estén debidamente autorizados, provocare o diere motivo a una declaración de guerra contra España por parte de otra potencia, o expusiere a los españoles a experimentar vejaciones o represalias en sus personas o en sus bienes, será castigado con la pena de prisión de ocho a quince años si es autoridad o funcionario, y de cuatro a ocho si no lo es.

2. Si la guerra no llegara a declararse ni a tener efecto las vejaciones o represalias, se impondrá, respectivamente, la pena inmediata inferior.

Art. 591.

Con las mismas penas señaladas en el artículo anterior será castigado, en sus respectivos casos, el que, durante una guerra en que no intervenga España, ejecutare cualquier acto que comprometa la neutralidad del Estado o infringiere las disposiciones publicadas por el Gobierno para mantenerla.

Art. 592.

1. Serán castigados con la pena de prisión de cuatro a ocho años los que, con el fin de perjudicar la autoridad del Estado o comprometer la dignidad o los intereses vitales de España, mantuvieran inteligencia o relación de cualquier género con Gobiernos extranjeros, con sus agentes o con grupos, Organismos o Asociaciones internacionales o extranjeras.

2. Quien realizara los actos referidos en el apartado anterior con la intención de provocar una guerra o rebelión será castigado con arreglo a los artículos 581, 473 ó 475 de este Código según los casos.

Art. 593.

Se impondrá la pena de prisión de ocho a quince años a quien violare tregua o armisticio acordado entre la Nación española y otra enemiga, o entre sus fuerzas beligerantes.

Art. 594.

1. El español que, en tiempo de guerra, comunicare o hiciere circular noticias o rumores falsos encaminados a perjudicar el crédito del Estado o los intereses de la Nación, será castigado con las penas de prisión de seis meses a dos años.

2. En las mismas penas incurrirá el extranjero que en el territorio español realizare cualquiera de los hechos comprendidos en el apartado anterior.

Art. 595.

El que, sin autorización legalmente concedida, levantare tropas en España para el servicio de una potencia extranjera, cualquiera que sea el objeto que se proponga o la Nación a la que intente hostilizar, será castigado con la pena de prisión de cuatro a ocho años.

Art. 596.

1. El que, en tiempo de guerra y con el fin de comprometer la paz, seguridad o independencia del Estado, tuviere correspondencia con un país enemigo u ocupado por sus tropas cuando el Gobierno lo hubiera prohibido, será castigado con la pena de prisión de uno a cinco años. Si en la correspondencia se dieran avisos o noticias de las que pudiera aprovecharse el enemigo se impondrá la pena de prisión de ocho a quince años.

2. En las mismas penas incurrirá el que ejecutare los delitos comprendidos en este artículo, aunque dirija la correspondencia por país amigo o neutral para eludir la Ley.

3. Si el reo se propusiera servir al enemigo con sus avisos o noticias, se estimará comprendido en el número 3.º o el número 4.º del artículo 583.

Art. 597.

El español o extranjero que, estando en el territorio nacional, pasare o intentare pasar a país enemigo cuando lo haya prohibido el Gobierno, será castigado con la pena de multa de seis a doce meses.

CAPÍTULO III
DEL DESCUBRIMIENTO Y REVELACIÓN DE SECRETOS E INFORMACIONES RELATIVAS A LA DEFENSA NACIONAL[931]

Art. 598.

El que, sin propósito de favorecer a una potencia extranjera, se procurare, revelare, falseare o inutilizare información legalmente calificada como reser-

---

[931] Redactado conforme LO 3/2002, de 22 de mayo, por la que se modifican la Ley Orgánica 10/1995, de 23 de noviembre, del Código Penal, y la Ley Orgánica 13/1985, de 9 de di-

vada o secreta, relacionada con la seguridad nacional o la defensa nacional o relativa a los medios técnicos o sistemas empleados por las Fuerzas Armadas o las industrias de interés militar, será castigado con la pena de prisión de uno a cuatro años.

Art. 599.

La pena establecida en el artículo anterior se aplicará en su mitad superior cuando concurra alguna de las circunstancias siguientes:

1.º Que el sujeto activo sea depositario o conocedor del secreto o información por razón de su cargo o destino.

2.º Que la revelación consistiera en dar publicidad al secreto o información en algún medio de comunicación social o de forma que asegure su difusión.

Art. 600.

1. El que sin autorización expresa reprodujere planos o documentación referentes a zonas, instalaciones o materiales militares que sean de acceso restringido y cuyo conocimiento esté protegido y reservado por una información legalmente calificada como reservada o secreta, será castigado con la pena de prisión de seis meses a tres años.

2. Con la misma pena será castigado el que tenga en su poder objetos o información legalmente calificada como reservada o secreta, relativos a la seguridad o a la defensa nacional, sin cumplir las disposiciones establecidas en la legislación vigente.

Art. 601.

El que, por razón de su cargo, comisión o servicio, tenga en su poder o conozca oficialmente objetos o información legalmente calificada como reservada o secreta o de interés militar, relativos a la seguridad nacional o la defensa nacional, y por imprudencia grave dé lugar a que sean conocidos por persona no autorizada o divulgados, publicados o inutilizados, será castigado con la pena de prisión de seis meses a un año.

Art. 602.

El que descubriere, violare, revelare, sustrajere o utilizare información legalmente calificada como reservada o secreta relacionada con la energía nuclear, será castigado con la pena de prisión de seis meses a tres años, salvo que el hecho tenga señalada pena más grave en otra Ley.

Art. 603.

El que destruyere, inutilizare, falseare o abriere sin autorización la correspondencia o documentación legalmente calificada como reservada o secreta, relacionadas con la defensa nacional y que tenga en su poder por razones de su

---

ciembre, del Código Penal Militar, en materia de delitos relativos al servicio militar y a la prestación social sustitutoria.

cargo o destino, será castigado con la pena de prisión de dos a cinco años e inhabilitación especial de empleo o cargo público por tiempo de tres a seis años.

Art. 604[932].

TÍTULO XXIV
DELITOS CONTRA LA COMUNIDAD INTERNACIONAL

CAPÍTULO I
DELITOS CONTRA EL DERECHO DE GENTES

Art. 605.

1. El que matare al Jefe de un Estado extranjero, o a otra persona internacionalmente protegida por un Tratado, que se halle en España, será castigado con la pena de prisión permanente revisable[933].

> *1. El que matare al Jefe de un Estado extranjero, o a otra persona internacionalmente protegida por un Tratado, que se halle en España, será castigado con la pena de prisión de veinte a veinticinco años. Si concurrieran en el hecho dos o más circunstancias agravantes se impondrá la pena de prisión de veinticinco a treinta años.*

2. El que causare lesiones de las previstas en el artículo 149 a las personas mencionadas en el apartado anterior, será castigado con la pena de prisión de quince a veinte años.

Si se tratara de alguna de las lesiones previstas en el artículo 150 se castigará con la pena de prisión de ocho a quince años, y de cuatro a ocho años si fuera cualquier otra lesión.

3. Cualquier otro delito cometido contra las personas mencionadas en los números precedentes, o contra los locales oficiales, la residencia particular o los medios de transporte de dichas personas, será castigado con las penas establecidas en este Código para los respectivos delitos, en su mitad superior.

Art. 606.

1. El que violare la inmunidad personal del Jefe de otro Estado o de otra persona internacionalmente protegida por un Tratado, será castigado con la pena de prisión de seis meses a tres años.

2. Cuando los delitos comprendidos en este artículo y en el anterior no tengan señalada una penalidad recíproca en las leyes del país a que correspondan

---

[932] Artículo dejado sin contenido por LO 3/2002, de 2 de mayo, por la que se modifican la Ley Orgánica 10/1995, de 23 de noviembre, del Código Penal, y la Ley Orgánica 13/1985, de 9 de diciembre, del Código Penal Militar en materia de delitos relativos al servicio militar y a la prestación social sustitutoria.

[933] Redactado conforme LO 1/2015, de 30 de marzo, por la que se modifica la Ley Orgánica 10/1995, de 23 de noviembre, del Código Penal.

las personas ofendidas, se impondrá al delincuente la pena que sería propia del delito, con arreglo a las disposiciones de este Código, si la persona ofendida no tuviese el carácter oficial mencionado en el apartado anterior.

CAPÍTULO II
DELITOS DE GENOCIDIO

Art. 607[934].

1. Los que, con propósito de destruir total o parcialmente un grupo nacional, étnico, racial, religioso o determinado por la discapacidad de sus integrantes, perpetraren alguno de los actos siguientes, serán castigados:

1.º Con la pena de prisión permanente revisable, si mataran a alguno de sus miembros.

2.º Con la pena de prisión permanente revisable, si agredieran sexualmente a alguno de sus miembros o produjeran alguna de las lesiones previstas en el artículo 149.

3.º Con la pena de prisión de ocho a quince años, si sometieran al grupo o a cualquiera de sus individuos a condiciones de existencia que pongan en peligro su vida o perturben gravemente su salud, o cuando les produjeran algunas de las lesiones previstas en el artículo 150.

4.º Con la misma pena, si llevaran a cabo desplazamientos forzosos del grupo o sus miembros, adoptaran cualquier medida que tienda a impedir su género de vida o reproducción, o bien trasladaran por la fuerza individuos de un grupo a otro.

5.º Con la de prisión de cuatro a ocho años, si produjeran cualquier otra lesión distinta de las señaladas en los numerales 2.º y 3.º de este apartado.

2. En todos los casos se impondrá además la pena de inhabilitación especial para profesión u oficio educativos, en el ámbito docente, deportivo y de tiempo libre, por un tiempo superior entre tres y cinco años al de la duración de la pena de privación de libertad impuesta en su caso en la sentencia, atendiendo proporcionalmente a la gravedad del delito y a las circunstancias que concurran en el delincuente.

1. Los que, con propósito de destruir total o parcialmente un grupo nacional, étnico, racial, religioso o determinado por la discapacidad de sus integrantes, perpetraren alguno de los actos siguientes, serán castigados[935]:

1.º Con la pena de prisión de quince a veinte años, si mataran a alguno de sus miembros.

Si concurrieran en el hecho dos o más circunstancias agravantes, se impondrá la pena superior en grado.

2.º Con la prisión de quince a veinte años, si agredieran sexualmente a alguno de sus miembros o produjeran alguna de las lesiones previstas en el artículo 149.

---

[934]   Redactado conforme LO 1/2015, de 30 de marzo, por la que se modifica la Ley Orgánica 10/1995, de 23 de noviembre, del Código Penal.

[935]   Redactado conforme LO 5/2010, de 22 de junio, por la que se modifica la Ley Orgánica 10/1995, de 23 de noviembre, del Código Penal.

3.º Con la prisión de ocho a quince años, si sometieran al grupo o a cualquiera de sus individuos a condiciones de existencia que pongan en peligro su vida o perturben gravemente su salud, o cuando les produjeran alguna de las lesiones previstas en el artículo 150.

4.º Con la misma pena, si llevaran a cabo desplazamientos forzosos del grupo o sus miembros, adoptaran cualquier medida que tienda a impedir su género de vida o reproducción, o bien trasladaran por la fuerza individuos de un grupo a otro.

5.º Con la de prisión de cuatro a ocho años, si produjeran cualquier otra lesión distinta de las señaladas en los números 2.º y 3.º de este apartado.

2. La difusión por cualquier medio de ideas o doctrinas que nieguen o justifiquen los delitos tipificados en el apartado anterior de este artículo, o pretendan la rehabilitación de regímenes o instituciones que amparen prácticas generadoras de los mismos, se castigará con la pena de prisión de uno a dos años.

CAPÍTULO II BIS
DE LOS DELITOS DE LESA HUMANIDAD[936]

Art. 607 bis.

1. Son reos de delitos de lesa humanidad quienes cometan los hechos previstos en el apartado siguiente como parte de un ataque generalizado o sistemático contra la población civil o contra una parte de ella.

En todo caso, se considerará delito de lesa humanidad la comisión de tales hechos:

1.º Por razón de pertenencia de la víctima a un grupo o colectivo perseguido por motivos políticos, raciales, nacionales, étnicos, culturales, religiosos, de género, discapacidad u otros motivos universalmente reconocidos como inaceptables con arreglo al derecho internacional[937].

> *1.º Por razón de la pertenencia de la víctima a un grupo o colectivo perseguido por motivos políticos, raciales, nacionales, étnicos, culturales, religiosos o de género u otros motivos universalmente reconocidos como inaceptables con arreglo al derecho internacional.*

2.º En el contexto de un régimen institucionalizado de opresión y dominación sistemáticas de un grupo racial sobre uno o más grupos raciales y con la intención de mantener ese régimen.

2. Los reos de delitos de lesa humanidad serán castigados:

1.º Con la pena de prisión permanente revisable si causaran la muerte de alguna persona[938].

> *1.º Con la pena de prisión de 15 a 20 años si causaran la muerte de alguna persona.*
> *Se aplicará la pena superior en grado si concurriera en el hecho alguna de las circunstancias previstas en el artículo 139.*

---

[936] Capítulo introducido por LO 15/2003, de 25 de noviembre, por la que se modifica la Ley Orgánica 10/1995, de 23 de noviembre, del Código Penal.

[937] Redactado conforme LO 5/2010, de 22 de junio, por la que se modifica la Ley Orgánica 10/1995, de 23 de noviembre, del Código Penal.

[938] Redactado conforme LO 1/2015, de 30 de marzo, por la que se modifica la Ley Orgánica 10/1995, de 23 de noviembre, del Código Penal.

2.º Con la pena de prisión de 12 a 15 años si cometieran una violación, y de cuatro a seis años de prisión si el hecho consistiera en cualquier otra agresión sexual.

3.º Con la pena de prisión de 12 a 15 años si produjeran alguna de las lesiones del artículo 149, y con la de ocho a 12 años de prisión si sometieran a las personas a condiciones de existencia que pongan en peligro su vida o perturben gravemente su salud o cuando les produjeran alguna de las lesiones previstas en el artículo 150. Se aplicará la pena de prisión de cuatro a ocho años si cometieran alguna de las lesiones del artículo 147.

4.º Con la pena de prisión de ocho a 12 años si deportaran o trasladaran por la fuerza, sin motivos autorizados por el derecho internacional, a una o más personas a otro Estado o lugar, mediante la expulsión u otros actos de coacción.

5.º Con la pena de prisión de seis a ocho años si forzaran el embarazo de alguna mujer con intención de modificar la composición étnica de la población, sin perjuicio de la pena que corresponda, en su caso, por otros delitos.

6.º Con la pena de prisión de doce a quince años la desaparición forzada de personas. Se entenderá por desaparición forzada la aprehensión, detención o el secuestro o cualquier otra forma de privación de libertad que sean obra de agentes del Estado o por personas o grupos de personas que actúan con la autorización, el apoyo o la aquiescencia del Estado, seguida de la negativa a reconocer dicha privación de libertad o del ocultamiento de la suerte o el paradero de la persona desaparecida, sustrayéndola de la protección de la ley[939].

> *6.º Con la pena de prisión de 12 a 15 años cuando detuvieran a alguna persona y se negaran a reconocer dicha privación de libertad o a dar razón de la suerte o paradero de la persona detenida.*

7º. Con la pena de prisión de ocho a 12 años si detuvieran a otro, privándolo de su libertad, con infracción de las normas internacionales sobre la detención.

Se impondrá la pena inferior en grado cuando la detención dure menos de quince días.

8.º Con la pena de cuatro a ocho años de prisión si cometieran tortura grave sobre personas que tuvieran bajo su custodia o control, y con la de prisión de dos a seis años si fuera menos grave.

A los efectos de este artículo, se entiende por tortura el sometimiento de la persona a sufrimientos físicos o psíquicos.

La pena prevista en este número se impondrá sin perjuicio de las penas que correspondieran, en su caso, por los atentados contra otros derechos de la víctima.

9.º Con la pena de prisión de cuatro a ocho años si cometieran alguna de las conductas relativas a la prostitución recogidas en el artículo 187.1, y con la de seis a ocho años en los casos previstos en el artículo 188.1.

Se impondrá la pena de seis a ocho años a quienes trasladen a personas de un lugar a otro, con el propósito de su explotación sexual, empleando violencia,

---

[939] Redactado conforme LO 1/2015, de 30 de marzo, por la que se modifica la Ley Orgánica 10/1995, de 23 de noviembre, del Código Penal.

Art. 608

intimidación o engaño, o abusando de una situación de superioridad o de necesidad o de vulnerabilidad de la víctima.

Cuando las conductas previstas en el párrafo anterior y en el artículo 188.1 se cometan sobre menores de edad o personas con discapacidad necesitadas de especial protección, se impondrán las penas superiores en grado.

10.° Con la pena de prisión de cuatro a ocho años si sometieran a alguna persona a esclavitud o la mantuvieran en ella. Esta pena se aplicará sin perjuicio de las que, en su caso, correspondan por los concretos atentados cometidos contra los derechos de las personas.

Por esclavitud se entenderá la situación de la persona sobre la que otro ejerce, incluso de hecho, todos o algunos de los atributos del derecho de propiedad, como comprarla, venderla, prestarla o darla en trueque.

3. En todos los casos previstos en el apartado anterior se impondrá además la pena de inhabilitación especial para profesión u oficio educativos, en el ámbito docente, deportivo y de tiempo libre, por un tiempo superior entre tres y cinco años al de la duración de la pena de privación de libertad impuesta en su caso en la sentencia, atendiendo proporcionalmente a la gravedad del delito y a las circunstancias que concurran en el delincuente[940].

CAPÍTULO III
DE LOS DELITOS CONTRA LAS PERSONAS Y BIENES PROTEGIDOS EN CASO DE CONFLICTO ARMADO

Art. 608.

A los efectos de este capítulo, se entenderá por personas protegidas:

1.° Los heridos, enfermos o náufragos y el personal sanitario o religioso, protegidos por el I y II Convenios de Ginebra de 12 de agosto de 1949 o por el Protocolo I Adicional de 8 de junio de 1977.

2.° Los prisioneros de guerra protegidos por el III Convenio de Ginebra de 12 de agosto de 1949 o por el Protocolo I Adicional de 8 de Junio de 1977.

3.° La población civil y las personas civiles protegidas por el IV Convenio de Ginebra de 12 de agosto de 1949 o por el Protocolo I Adicional de 8 de junio de 1977.

4.° Las personas fuera de combate y el personal de la Potencia Protectora y de su sustituto protegidos por los Convenios de Ginebra de 12 de agosto de 1949 o por el Protocolo I Adicional de 8 de junio de 1977.

5.° Los parlamentarios y las personas que los acompañen, protegidos por el Convenio II de La Haya de 29 de julio de 1899.

---

[940]   Apartado introducido por LO 1/2015, de 30 de marzo, por la que se modifica la Ley Orgánica 10/1995, de 23 de noviembre, del Código Penal.

6.° El personal de Naciones Unidas y personal asociado, protegidos por la Convención sobre la Seguridad del Personal de las Naciones Unidas y del Personal Asociado, de 9 de diciembre de 1994[941].

7.° Cualquier otra que tenga aquella condición en virtud del Protocolo II Adicional de 8 de junio de 1977 o de cualesquiera otros Tratados internacionales en los que España fuere parte[942].

Art. 609.

El que, con ocasión de un conflicto armado, maltrate de obra o ponga en grave peligro la vida, la salud o la integridad de cualquier persona protegida, la haga objeto de tortura o tratos inhumanos, incluidos los experimentos biológicos, le cause grandes sufrimientos o la someta a cualquier acto médico que no esté indicado por su estado de salud ni de acuerdo con las normas médicas generalmente reconocidas que la Parte responsable de la actuación aplicaría, en análogas circunstancias médicas, a sus propios nacionales no privados de libertad, será castigado con la pena de prisión de cuatro a ocho años, sin perjuicio de la pena que pueda corresponder por los resultados lesivos producidos.

Art. 610.

El que, con ocasión de un conflicto armado, emplee u ordene emplear métodos o medios de combate prohibidos o destinados a causar sufrimientos innecesarios o males superfluos, así como aquéllos concebidos para causar o de los que fundamentalmente quepa prever que causen daños extensos, duraderos y graves al medio ambiente natural, comprometiendo la salud o la supervivencia de la población, u ordene no dar cuartel, será castigado con la pena de prisión de 10 a 15 años, sin perjuicio de la pena que corresponda por los resultados producidos.

Art. 611.

Será castigado con la pena de prisión de diez a quince años, sin perjuicio de la pena que corresponda por los resultados producidos, el que, con ocasión de un conflicto armado:

1.° Realice u ordene realizar ataques indiscriminados o excesivos o haga objeto a la población civil de ataques, represalias o actos o amenazas de violencia cuya finalidad principal sea aterrorizarla.

2.° Destruya o dañe, violando las normas del Derecho Internacional aplicables en los conflictos armados, buque o aeronave no militares de una Parte adversa o neutral, innecesariamente y sin dar tiempo o sin adoptar las medidas necesarias para proveer a la seguridad de las personas y a la conservación de la documentación de a bordo.

---

[941] Apartado introducido por LO 15/2003, de 25 de noviembre, por la que se modifica la Ley Orgánica 10/1995, de 23 de noviembre, del Código Penal.

[942] Apartado renumerado por LO 15/2003, de 25 de noviembre, por la que se modifica la Ley Orgánica 10/1995, de 23 de noviembre, del Código Penal.

3.º Obligue a un prisionero de guerra o persona civil a servir, en cualquier forma, en las Fuerzas Armadas de la Parte adversa, o les prive de su derecho a ser juzgados regular e imparcialmente.

4.º Deporte, traslade de modo forzoso, tome como rehén o detenga o confine ilegalmente a cualquier persona protegida o la utilice para poner ciertos puntos, zonas o fuerzas militares a cubierto de los ataques de la parte adversa[943].

5.º Traslade y asiente, directa o indirectamente, en territorio ocupado a población de la parte ocupante, para que resida en él de modo permanente[944].

6.º Realice, ordene realizar o mantenga, respecto de cualquier persona protegida, prácticas de segregación racial y demás prácticas inhumanas y degradantes basadas en otras distinciones de carácter desfavorable, que entrañen un ultraje contra la dignidad personal.

7.º Impida o demore, injustificadamente, la liberación o la repatriación de prisioneros de guerra o de personas civiles.

8.º Declare abolidos, suspendidos o inadmisibles ante un Juez o Tribunal los derechos y acciones de los nacionales de la parte adversa[945].

9.º Atente contra la libertad sexual de una persona protegida cometiendo actos de violación, esclavitud sexual, prostitución inducida o forzada, embarazo forzado, esterilización forzada o cualquier otra forma de agresión sexual[946].

Art. 612.

Será castigado con la pena de prisión de tres a siete años, sin perjuicio de la pena que corresponda por los resultados producidos, el que, con ocasión de un conflicto armado:

1.º Viole a sabiendas la protección debida a hospitales, instalaciones, material, unidades y medios de transporte sanitario, campos de prisioneros, zonas y localidades sanitarias y de seguridad, zonas neutralizadas, lugares de internamiento de la población civil, localidades no defendidas y zonas desmilitarizadas, dadas a conocer por los signos o señales distintivos apropiados[947].

---

[943] Redactado conforme LO 15/2003, de 25 de noviembre, por la que se modifica la Ley Orgánica 10/1995, de 23 de noviembre, del Código Penal (Corrección de errores de la LO 15/2003, de 25 de noviembre, por la que se modifica la Ley Orgánica 10/1995, de 23 de noviembre, del Código Penal, BOE núm. 80 de 2 de abril de 2004).

[944] Redactado conforme LO 15/2003, de 25 de noviembre, por la que se modifica la Ley Orgánica 10/1995, de 23 de noviembre, del Código Penal (Corrección de errores de la LO 15/2003, de 25 de noviembre, por la que se modifica la Ley Orgánica 10/1995, de 23 de noviembre, del Código Penal, BOE núm. 80 de 2 de abril de 2004).

[945] Introducido por LO 5/2010, de 22 de junio, por la que se modifica la Ley Orgánica 10/1995, de 23 de noviembre, del Código Penal.

[946] Introducido por LO 5/2010, de 22 de junio, por la que se modifica la Ley Orgánica 10/1995, de 23 de noviembre, del Código Penal.

[947] Redactado conforme LO 15/2003, de 25 de noviembre, por la que se modifica la Ley Orgánica 10/1995, de 23 de noviembre, del Código Penal.

2.º Ejerza violencia sobre el personal sanitario o religioso o integrante de la misión médica, o de las sociedades de socorro o contra el personal habilitado para usar los signos o señales distintivos de los Convenios de Ginebra, de conformidad con el derecho internacional[948].

3.º Injurie gravemente, prive o no procure el alimento indispensable o la asistencia médica necesaria a cualquier persona protegida o la haga objeto de tratos humillantes o degradantes, omita informarle, sin demora justificada y de modo comprensible, de su situación, imponga castigos colectivos por actos individuales o viole las prescripciones sobre el alojamiento de mujeres y familias o sobre protección especial de mujeres y niños establecidas en los tratados internacionales en los que España fuera parte y, en particular, reclute o aliste a menores de dieciocho años o los utilice para participar directamente en las hostilidades[949].

> *3.º Injurie gravemente, prive o no procure el alimento indispensable o la asistencia médica necesaria a cualquier persona protegida o la haga objeto de tratos humillantes o degradantes, omita informarle, sin demora justificada y de modo comprensible, de su situación, imponga castigos colectivos por actos individuales o viole las prescripciones sobre alojamiento de mujeres y familias o sobre protección especial de mujeres y niños establecidas en los tratados internacionales en los que España fuera parte.*

4.º Use indebidamente los signos protectores o distintivos, emblemas o señales establecidos y reconocidos en los tratados internacionales en los que España fuere parte, especialmente los signos distintivos de la Cruz Roja, de la Media Luna Roja y del Cristal Rojo[950].

> *4.º Use indebidamente o de modo pérfido los signos protectores o distintivos, emblemas o señales establecidos y reconocidos en los Tratados internacionales en los que España fuere parte, especialmente los signos distintivos de la Cruz Roja y de la Media Luna Roja.*

5.º Utilice indebidamente o de modo pérfido bandera, uniforme, insignia o emblema distintivo de Estados neutrales, de las Naciones Unidas o de otros Estados que no sean partes en el conflicto o de Partes adversas, durante los ataques o para cubrir, favorecer, proteger u obstaculizar operaciones militares, salvo en los casos exceptuados expresamente previstos en los Tratados internacionales en los que España fuere parte.

6.º Utilice indebidamente o de modo pérfido bandera de parlamento o de rendición, atente contra la inviolabilidad o retenga indebidamente a parlamentario o a cualquiera de las personas que lo acompañen, a personal de la Potencia Protectora o su sustituto, o a miembro de la Comisión Internacional de Encuesta.

---

[948] Redactado conforme LO 15/2003, de 25 de noviembre, por la que se modifica la Ley Orgánica 10/1995, de 23 de noviembre, del Código Penal.

[949] Redactado conforme LO 5/2010, de 22 de junio, por la que se modifica la Ley Orgánica 10/1995, de 23 de noviembre, del Código Penal.

[950] Redactado conforme LO 5/2010, de 22 de junio, por la que se modifica la Ley Orgánica 10/1995, de 23 de noviembre, del Código Penal.

Art. 613

7.º Despoje de sus efectos a un cadáver, herido, enfermo, náufrago, prisionero de guerra o persona civil internada.

8.º Haga padecer intencionadamente hambre a la población civil como método de guerra, privándola de los bienes indispensables para su supervivencia, incluido el hecho de obstaculizar arbitrariamente los suministros de socorro, realizados de conformidad con los Convenios de Ginebra y sus Protocolos Adicionales[951].

9.º Viole suspensión de armas, armisticio, capitulación u otro convenio celebrado con la parte adversa[952].

10.º Dirija intencionadamente ataques contra cualquier miembro del personal de las Naciones Unidas, personal asociado o participante en una misión de paz o de asistencia humanitaria, de conformidad con la Carta de las Naciones Unidas, siempre que tengan derecho a la protección otorgada a personas o bienes civiles, con arreglo al derecho internacional de los conflictos armados, o les amenace con tal ataque para obligar a una persona natural o jurídica a realizar o abstenerse de realizar algún acto[953].

Art. 613[954].

1. Será castigado con la pena de prisión de cuatro a seis años el que, con ocasión de un conflicto armado, realice u ordene realizar alguna de las siguientes acciones:

a) Ataque o haga objeto de represalias o actos de hostilidad contra bienes culturales o lugares de culto que constituyen el patrimonio cultural o espiritual de los pueblos, siempre que tales bienes o lugares no estén situados en la inmediata proximidad de un objetivo militar o no sean utilizados en apoyo del esfuerzo militar del adversario y estén debidamente señalizados;

b) Use indebidamente los bienes culturales o lugares de culto referidos en la letra a) en apoyo de una acción militar;

c) Se apropie a gran escala, robe, saquee o realice actos de vandalismo contra los bienes culturales o lugares de culto referidos en la letra a);

d) Ataque o haga objeto de represalias o de actos de hostilidad a bienes de carácter civil de la parte adversa, causando su destrucción, siempre que ello no ofrezca, en las circunstancias del caso, una ventaja militar definida o que tales bienes no contribuyan eficazmente a la acción militar del adversario;

e) Ataque, destruya, sustraiga o inutilice los bienes indispensables para la supervivencia de la población civil, salvo que la parte adversa utilice tales bie-

---

[951] Introducido por LO 5/2010, de 22 de junio, por la que se modifica la Ley Orgánica 10/1995, de 23 de noviembre, del Código Penal.

[952] Introducido por LO 5/2010, de 22 de junio, por la que se modifica la Ley Orgánica 10/1995, de 23 de noviembre, del Código Penal.

[953] Introducido por LO 5/2010, de 22 de junio, por la que se modifica la Ley Orgánica 10/1995, de 23 de noviembre, del Código Penal.

[954] Redactado conforme LO 5/2010, de 22 de junio, por la que se modifica la Ley Orgánica 10/1995, de 23 de noviembre, del Código Penal.

nes en apoyo directo de una acción militar o exclusivamente como medio de subsistencia para los miembros de sus fuerzas armadas;

f) Ataque o haga objeto de represalias a las obras o instalaciones que contengan fuerzas peligrosas, cuando tales ataques puedan producir la liberación de aquellas fuerzas y causar, en consecuencia, pérdidas importantes en la población civil, salvo que tales obras o instalaciones se utilicen en apoyo regular, importante y directo de operaciones militares y que tales ataques sean el único medio factible de poner fin a tal apoyo;

g) Destruya, dañe o se apodere, sin necesidad militar, de cosas que no le pertenezcan, obligue a otro a entregarlas o realice cualesquiera otros actos de pillaje;

h) Requise, indebida o innecesariamente, bienes muebles o inmuebles en territorio ocupado o destruya buque o aeronave no militares, y su carga, de una parte adversa o neutral o los capture, con infracción de las normas internacionales aplicables a los conflictos armados en la mar;

i) Ataque o realice actos de hostilidad contra las instalaciones, material, unidades, residencia privada o vehículos de cualquier miembro del personal referido en el ordinal 10.º del artículo 612 o amenace con tales ataques o actos de hostilidad para obligar a una persona natural o jurídica a realizar o abstenerse de realizar algún acto.

2. Cuando el ataque, la represalia, el acto de hostilidad o la utilización indebida tengan por objeto bienes culturales o lugares de culto bajo protección especial o a los que se haya conferido protección en virtud de acuerdos especiales, o bienes culturales inmuebles o lugares de culto bajo protección reforzada o sus alrededores inmediatos, se podrá imponer la pena superior en grado.

En los demás supuestos previstos en el apartado anterior de este artículo, se podrá imponer la pena superior en grado cuando se causen destrucciones extensas e importantes en los bienes, obras o instalaciones sobre los que recaigan o en los supuestos de extrema gravedad.

1. Será castigado con la pena de prisión de cuatro a seis años el que, con ocasión de un conflicto armado, realice u ordene realizar alguna de las siguientes acciones:

a) Ataque o haga objeto de represalias o actos de hostilidad contra bienes culturales o lugares de culto, claramente reconocidos, que constituyen el patrimonio cultural o espiritual de los pueblos, y a los que se haya conferido protección en virtud de acuerdos especiales, o bienes culturales bajo protección reforzada, causando como consecuencia extensas destrucciones, siempre que tales bienes no estén situados en la inmediata proximidad de objetivos militares o no sean utilizados en apoyo del esfuerzo militar del adversario.

b) Ataque o haga objeto de represalias o de actos de hostilidad a bienes de carácter civil de la Parte adversa, causando se destrucción, siempre que ello no ofrezca, en las circunstancias del caso, una ventaja militar definida o que tales bienes no contribuyan eficazmente a la acción militar del adversario.

c) Ataque, destruya, sustraiga o inutilice los bienes indispensables para la supervivencia de la población civil, salvo que la Parte adversa utilice tales bienes en apoyo directo de una acción militar o exclusivamente como medio de subsistencia para los miembros de sus Fuerzas Armadas.

d) Ataque o haga objeto de represalias a las obras o instalaciones que contengan fuerzas peligrosas, cuando tales ataques puedan producir la liberación de aquellas fuerzas y causar, en consecuencia, pérdidas importantes en la población civil, salvo que tales obras o instalaciones se utilicen en apoyo regular, importante y directo de operaciones militares y que tales ataques sean el único medio factible de poner fin a tal apoyo.

Art. 614

e) Destruya, dañe o se apodere, sin necesidad militar, de cosas que no le pertenezcan, obligue a otro a entregarlas o realice cualesquiera otros actos de pillaje.
2. En el caso de que se trate de bienes culturales bajo protección especial, o en los supuestos de extrema gravedad, se podrá imponer la pena superior en grado.

Art. 614[955].

El que, con ocasión de un conflicto armado, realice u ordene realizar cualesquiera otras infracciones o actos contrarios a las prescripciones de los tratados internacionales en los que España fuere parte y relativos a la conducción de las hostilidades, regulación de los medios y métodos de combate, protección de los heridos, enfermos y náufragos, trato debido a los prisioneros de guerra, protección de las personas civiles y protección de los bienes culturales en caso de conflicto armado, será castigado con la pena de prisión de seis meses a dos años.

El que, con ocasión de un conflicto armado, realizare u ordenare realizar cualesquiera otras infracciones o actos contrarios a las prescripciones de los Tratados internacionales en los que España fuere parte y relativos a la conducción de las hostilidades, protección de los heridos, enfermos y náufragos, trato a los prisioneros de guerra, protección de las personas civiles y protección de los bienes culturales en caso de conflicto armado, será castigado con la pena de prisión de seis meses a dos años.

Art. 614 bis[956].

Cuando cualquiera de las conductas contenidas en este capítulo formen parte de un plan o política o se cometan a gran escala, se aplicarán las respectivas penas en su mitad superior.

CAPÍTULO IV
DISPOSICIONES COMUNES

Art. 615[957].

La provocación, la conspiración y la proposición para la ejecución de los delitos previstos en los capítulos anteriores de este Título se castigarán con la pena inferior en uno o dos grados a la que correspondería a los mismos.

La provocación, la conspiración y la proposición para la ejecución de los delitos previstos en este Título, se castigarán con la pena inferior en uno o dos grados a la que correspondería a los mismos.

Art. 615 bis[958].

1. La autoridad o jefe militar o quien actúe efectivamente como tal que no adoptara las medidas a su alcance para evitar la comisión, por las fuerzas so-

---

[955] Redactado conforme LO 5/2010, de 22 de junio, por la que se modifica la Ley Orgánica 10/1995, de 23 de noviembre, del Código Penal.

[956] Introducido por LO 15/2003, de 25 de noviembre, por la que se modifica la Ley Orgánica 10/1995, de 23 de noviembre, del Código Penal.

[957] Redactado conforme LO 5/2010, de 22 de junio, por la que se modifica la Ley Orgánica 10/1995, de 23 de noviembre, del Código Penal.

[958] Introducido por LO 15/2003, de 25 de noviembre, por la que se modifica la Ley Orgánica 10/1995, de 23 de noviembre, del Código Penal.

metidas a su mando o control efectivo, de alguno de los delitos comprendidos en los capítulos II, II bis y III de este título, será castigado con la misma pena que los autores.

2. Si la conducta anterior se realizara por imprudencia grave, la pena será la inferior en uno o dos grados.

3. La autoridad o jefe militar o quien actúe efectivamente como tal que no adoptara las medidas a su alcance para que sean perseguidos los delitos comprendidos en los capítulos II, II bis y III de este título cometidos por las personas sometidas a su mando o control efectivo será castigada con la pena inferior en dos grados a la de los autores.

4. El superior no comprendido en los apartados anteriores que, en el ámbito de su competencia, no adoptara las medidas a su alcance para evitar la comisión por sus subordinados de alguno de los delitos comprendidos en los capítulos II, II bis y III de este título será castigado con la misma pena que los autores.

5. El superior que no adoptara las medidas a su alcance para que sean perseguidos los delitos comprendidos en los capítulos II, II bis y III de este título cometidos por sus subordinados será castigado con la pena inferior en dos grados a la de los autores.

6. El funcionario o autoridad que, sin incurrir en las conductas previstas en los apartados anteriores, y faltando a la obligación de su cargo, dejara de promover la persecución de alguno de los delitos de los comprendidos en los capítulos II, II bis y III de este título de que tenga noticia será castigado con la pena de inhabilitación especial para empleo o cargo público por tiempo de dos a seis años.

Art. 616[959].

En el caso de cometerse cualquiera de los delitos comprendidos en los Capítulos anteriores de este Título, excepto los previstos en el artículo 614 y en los apartados 2 y 6 del 615 bis, y en el Título anterior por una autoridad o funcionario público, se le impondrá, además de las penas señaladas en ellos, la de inhabilitación absoluta por tiempo de diez a veinte años; si fuese un particular, los jueces y tribunales podrán imponerle la de inhabilitación especial para empleo o cargo público por tiempo de uno a diez años.

> *En el caso de cometerse cualquiera de los delitos comprendidos en este Título y en el anterior por una autoridad o funcionario público, se le impondrá, además de las penas señaladas en ellos, la de inhabilitación absoluta por tiempo de diez a veinte años; si fuese un particular, los Jueces o Tribunales podrán imponerle la de inhabilitación especial para empleo o cargo público por tiempo de uno a diez años.*

---

[959] Redactado conforme LO 5/2010, de 22 de junio, por la que se modifica la Ley Orgánica 10/1995, de 23 de noviembre, del Código Penal.

Art. 616 bis[960].

Lo dispuesto en el artículo 20.7.º de este Código en ningún caso resultará aplicable a quienes cumplan mandatos de cometer o participar en los hechos incluidos en los capítulos II y II bis de este título.

CAPÍTULO V
DELITO DE PIRATERÍA[961]

Art. 616 ter[962].

El que con violencia, intimidación o engaño, se apodere, dañe o destruya una aeronave, buque u otro tipo de embarcación o plataforma en el mar, o bien atente contra las personas, cargamento o bienes que se hallaren a bordo de las mismas, será castigado como reo del delito de piratería con la pena de prisión de diez a quince años.

En todo caso, la pena prevista en este artículo se impondrá sin perjuicio de las que correspondan por los delitos cometidos.

Art. 616 quater[963].

1. El que con ocasión de la prevención o persecución de los hechos previstos en el artículo anterior, se resistiere o desobedeciere a un buque de guerra o aeronave militar u otro buque o aeronave que lleve signos claros y sea identificable como buque o aeronave al servicio del Estado español y esté autorizado a tal fin, será castigado con la pena de prisión de uno a tres años.

2. Si en la conducta anterior se empleare fuerza o violencia se impondrá la pena de diez a quince años de prisión.

3. En todo caso, las penas previstas en este artículo se impondrán sin perjuicio de las que correspondan por los delitos cometidos.

---

[960]   Artículo introducido por LO 15/2003, de 25 de noviembre, por la que se modifica la Ley Orgánica 10/1995, de 23 de noviembre, del Código Penal.

[961]   Capítulo introducido por LO 5/2010, de 22 de junio, por la que se modifica la Ley Orgánica 10/1995, de 23 de noviembre, del Código Penal.

[962]   Artículo introducido por LO 5/2010, de 22 de junio, por la que se modifica la Ley Orgánica 10/1995, de 23 de noviembre, del Código Penal.

[963]   Artículo introducido por LO 5/2010, de 22 de junio, por la que se modifica la Ley Orgánica 10/1995, de 23 de noviembre, del Código Penal.

LO 1/2004, DE 28 DE DICIEMBRE, DE MEDIDAS DE PROTECCIÓN INTEGRAL CONTRA LA VIOLENCIA DE GÉNERO[964]

EXPOSICIÓN DE MOTIVOS

I

La violencia de género no es un problema que afecte al ámbito privado. Al contrario, se manifiesta como el símbolo más brutal de la desigualdad existente en nuestra sociedad. Se trata de una violencia que se dirige sobre las mujeres por el hecho mismo de serlo, por ser consideradas, por sus agresores, carentes de los derechos mínimos de libertad, respeto y capacidad de decisión.

Nuestra Constitución incorpora en su artículo 15 el derecho de todos a la vida y a la integridad física y moral, sin que en ningún caso puedan ser sometidos a torturas ni a penas o tratos inhumanos o degradantes. Además, continúa nuestra Carta Magna, estos derechos vinculan a todos los poderes públicos y sólo por ley puede regularse su ejercicio.

La Organización de Naciones Unidas en la IV Conferencia Mundial de 1995 reconoció ya que la violencia contra las mujeres es un obstáculo para lograr los objetivos de igualdad, desarrollo y paz y viola y menoscaba el disfrute de los derechos humanos y las libertades fundamentales. Además la define ampliamente como una manifestación de las relaciones de poder históricamente desiguales entre mujeres y hombres. Existe ya incluso una definición técnica del síndrome de la mujer maltratada que consiste en «las agresiones sufridas por la mujer como consecuencia de los condicionantes socioculturales que actúan sobre el género masculino y femenino, situándola en una posición de subordinación al hombre y manifestadas en los tres ámbitos básicos de relación de la persona: maltrato en el seno de las relaciones de pareja, agresión sexual en la vida social y acoso en el medio laboral».

En la realidad española, las agresiones sobre las mujeres tienen una especial incidencia, existiendo hoy una mayor conciencia que en épocas anteriores sobre ésta, gracias, en buena medida, al esfuerzo realizado por las organizaciones de mujeres en su lucha contra todas las formas de violencia de género. Ya no es un «delito invisible», sino que produce un rechazo colectivo y una evidente alarma social.

---

[964] Incluye corrección de errores publicado en BOE núm. 87, de 12 de abril de 2005.

II

Los poderes públicos no pueden ser ajenos a la violencia de género, que constituye uno de los ataques más flagrantes a derechos fundamentales como la libertad, la igualdad, la vida, la seguridad y la no discriminación proclamados en nuestra Constitución. Esos mismos poderes públicos tienen, conforme a lo dispuesto en el artículo 9.2 de la Constitución, la obligación de adoptar medidas de acción positiva para hacer reales y efectivos dichos derechos, removiendo los obstáculos que impiden o dificultan su plenitud.

En los últimos años se han producido en el derecho español avances legislativos en materia de lucha contra la violencia de género, tales como la Ley Orgánica 11/2003, de 29 de septiembre, de Medidas Concretas en Materia de Seguridad Ciudadana, Violencia Doméstica e Integración Social de los Extranjeros; la Ley Orgánica 15/2003, de 25 de noviembre, por la que se modifica la Ley Orgánica 10/1995, de 23 de noviembre, del Código Penal, o la Ley 27/2003, de 31 de julio, reguladora de la Orden de Protección de las Víctimas de la Violencia Doméstica; además de las leyes aprobadas por diversas Comunidades Autónomas, dentro de su ámbito competencial. Todas ellas han incidido en distintos ámbitos civiles, penales, sociales o educativos a través de sus respectivas normativas.

La Ley pretende atender a las recomendaciones de los organismos internacionales en el sentido de proporcionar una respuesta global a la violencia que se ejerce sobre las mujeres. Al respecto se puede citar la Convención sobre la eliminación de todas las formas de discriminación sobre la mujer de 1979; la Declaración de Naciones Unidas sobre la eliminación de la violencia sobre la mujer, proclamada en diciembre de 1993 por la Asamblea General; las Resoluciones de la última Cumbre Internacional sobre la Mujer celebrada en Pekín en septiembre de 1995; la Resolución WHA49.25 de la Asamblea Mundial de la Salud declarando la violencia como problema prioritario de salud pública proclamada en 1996 por la OMS; el informe del Parlamento Europeo de julio de 1997; la Resolución de la Comisión de Derechos Humanos de Naciones Unidas de 1997; y la Declaración de 1999 como Año Europeo de Lucha Contra la Violencia de Género, entre otros. Muy recientemente, la Decisión n.º 803/2004/CE del Parlamento Europeo, por la que se aprueba un programa de acción comunitario (2004-2008) para prevenir y combatir la violencia ejercida sobre la infancia, los jóvenes y las mujeres y proteger a las víctimas y grupos de riesgo (programa Daphne II), ha fijado la posición y estrategia de los representantes de la ciudadanía de la Unión al respecto.

El ámbito de la Ley abarca tanto los aspectos preventivos, educativos, sociales, asistenciales y de atención posterior a las víctimas, como la normativa civil que incide en el ámbito familiar o de convivencia donde principalmente se producen las agresiones, así como el principio de subsidiariedad en las Administraciones Públicas. Igualmente se aborda con decisión la respuesta punitiva que deben recibir todas las manifestaciones de violencia que esta Ley regula.

La violencia de género se enfoca por la Ley de un modo integral y multidisciplinar, empezando por el proceso de socialización y educación.

La conquista de la igualdad y el respeto a la dignidad humana y la libertad de las personas tienen que ser un objetivo prioritario en todos los niveles de socialización.

La Ley establece medidas de sensibilización e intervención en al ámbito educativo. Se refuerza, con referencia concreta al ámbito de la publicidad, una imagen que respete la igualdad y la dignidad de las mujeres. Se apoya a las víctimas a través del reconocimiento de derechos como el de la información, la asistencia jurídica gratuita y otros de protección social y apoyo económico. Proporciona por tanto una respuesta legal integral que abarca tanto las normas procesales, creando nuevas instancias, como normas sustantivas penales y civiles, incluyendo la debida formación de los operadores sanitarios, policiales y jurídicos responsables de la obtención de pruebas y de la aplicación de la ley.

Se establecen igualmente medidas de sensibilización e intervención en el ámbito sanitario para optimizar la detección precoz y la atención física y psicológica de las víctimas, en coordinación con otras medidas de apoyo.

Las situaciones de violencia sobre la mujer afectan también a los menores que se encuentran dentro de su entorno familiar, víctimas directas o indirectas de esta violencia. La Ley contempla también su protección no sólo para la tutela de los derechos de los menores, sino para garantizar de forma efectiva las medidas de protección adoptadas respecto de la mujer.

III

La Ley se estructura en un título preliminar, cinco títulos, veinte disposiciones adicionales, dos disposiciones transitorias, una disposición derogatoria y siete disposiciones finales.

En el título preliminar se recogen las disposiciones generales de la Ley que se refieren a su objeto y principios rectores.

En el título I se determinan las medidas de sensibilización, prevención y detección e intervención en diferentes ámbitos. En el educativo se especifican las obligaciones del sistema para la transmisión de valores de respeto a la dignidad de las mujeres y a la igualdad entre hombres y mujeres. El objetivo fundamental de la educación es el de proporcionar una formación integral que les permita conformar su propia identidad, así como construir una concepción de la realidad que integre a la vez el conocimiento y valoración ética de la misma.

En la Educación Secundaria se incorpora la educación sobre la igualdad entre hombres y mujeres y contra la violencia de género como contenido curricular, incorporando en todos los Consejos Escolares un nuevo miembro que impulse medidas educativas a favor de la igualdad y contra la violencia sobre la mujer.

En el campo de la publicidad, ésta habrá de respetar la dignidad de las mujeres y su derecho a una imagen no estereotipada, ni discriminatoria, tanto si se exhibe en los medios de comunicación públicos como en los privados. De otro lado, se modifica la acción de cesación o rectificación de la publicidad legitimando a las instituciones y asociaciones que trabajan a favor de la igualdad entre hombres y mujeres para su ejercicio.

En el ámbito sanitario se contemplan actuaciones de detección precoz y apoyo asistencial a las víctimas, así como la aplicación de protocolos sanitarios ante las agresiones derivadas de la violencia objeto de esta Ley, que se remitirán a los Tribunales correspondientes con objeto de agilizar el procedimiento judicial. Asimismo, se crea, en el seno del Consejo Interterritorial del Sistema Nacional de Salud, una Comisión encargada de apoyar técnicamente, coordinar y evaluar las medidas sanitarias establecidas en la Ley.

En el título II, relativo a los derechos de las mujeres víctimas de violencia, en su capítulo I, se garantiza el derecho de acceso a la información y a la asistencia social integrada, a través de servicios de atención permanente, urgente y con especialización de prestaciones y multidisciplinariedad profesional. Con el fin de coadyuvar a la puesta en marcha de estos servicios, se dotará un Fondo al que podrán acceder las Comunidades Autónomas, de acuerdo con los criterios objetivos que se determinen en la respectiva Conferencia Sectorial.

Asimismo, se reconoce el derecho a la asistencia jurídica gratuita, con el fin de garantizar a aquellas víctimas con recursos insuficientes para litigar una asistencia letrada en todos los procesos y procedimientos, relacionados con la violencia de género, en que sean parte, asumiendo una misma dirección letrada su asistencia en todos los procesos. Se extiende la medida a los perjudicados en caso de fallecimiento de la víctima.

Se establecen, asimismo, medidas de protección en el ámbito social, modificando el Real Decreto Legislativo 1/1995, de 24 de marzo, por el que se aprueba el texto refundido de la Ley del Estatuto de los Trabajadores, para justificar las ausencias del puesto de trabajo de las víctimas de la violencia de género, posibilitar su movilidad geográfica, la suspensión con reserva del puesto de trabajo y la extinción del contrato.

En idéntico sentido se prevén medidas de apoyo a las funcionarias públicas que sufran formas de violencia de las que combate esta Ley, modificando los preceptos correspondientes de la Ley 30/1984, de 2 de agosto, de Medidas para la Reforma de la Función Pública.

Se regulan, igualmente, medidas de apoyo económico, modificando el Real Decreto Legislativo 1/1994, de 20 de junio, por el que se aprueba el texto refundido de la Ley General de la Seguridad Social, para que las víctimas de la violencia de género generen derecho a la situación legal de desempleo cuando resuelvan o suspendan voluntariamente su contrato de trabajo.

Para garantizar a las víctimas de violencia de género que carezcan de recursos económicos unas ayudas sociales en aquellos supuestos en que se estime que la víctima debido a su edad, falta de preparación general especializada y circunstancias sociales no va a mejorar de forma sustancial su empleabilidad, se prevé su incorporación al programa de acción específico creado al efecto para su inserción profesional. Estas ayudas, que se modularán en relación a la edad y responsabilidades familiares de la víctima, tienen como objetivo fundamental facilitarle unos recursos mínimos de subsistencia que le permitan independizarse del agresor; dichas ayudas serán compatibles con las previstas en la Ley 35/1995, de 11 de diciembre, de Ayudas y Asistencia a las Víctimas de Delitos Violentos y Contra la Libertad Sexual.

En el título III, concerniente a la Tutela Institucional, se procede a la creación de dos órganos administrativos. En primer lugar, la Delegación Especial del Gobierno contra la Violencia sobre la Mujer, en el Ministerio de Trabajo y Asuntos Sociales, a la que corresponderá, entre otras funciones, proponer la política del Gobierno en relación con la violencia sobre la mujer y coordinar e impulsar todas las actuaciones que se realicen en dicha materia, que necesariamente habrán de comprender todas aquellas actuaciones que hagan efectiva la garantía de los derechos de las mujeres. También se crea el Observatorio Estatal de Violencia sobre la Mujer, como un órgano colegiado en el Ministerio de Trabajo y Asuntos Sociales, y que tendrá como principales funciones servir como centro de análisis de la situación y evolución de la violencia sobre la mujer, así como asesorar y colaborar con el Delegado en la elaboración de propuestas y medidas para erradicar este tipo de violencia.

En su título IV la Ley introduce normas de naturaleza penal, mediante las que se pretende incluir, dentro de los tipos agravados de lesiones, uno específico que incremente la sanción penal cuando la lesión se produzca contra quien sea o haya sido la esposa del autor, o mujer que esté o haya estado ligada a él por una análoga relación de afectividad, aun sin convivencia. También se castigarán como delito las coacciones leves y las amenazas leves de cualquier clase cometidas contra las mujeres mencionadas con anterioridad.

Para la ciudadanía, para los colectivos de mujeres y específicamente para aquellas que sufren este tipo de agresiones, la Ley quiere dar una respuesta firme y contundente y mostrar firmeza plasmándolas en tipos penales específicos.

En el título V se establece la llamada Tutela Judicial para garantizar un tratamiento adecuado y eficaz de la situación jurídica, familiar y social de las víctimas de violencia de género en las relaciones intrafamiliares.

Desde el punto de vista judicial nos encontramos ante un fenómeno complejo en el que es necesario intervenir desde distintas perspectivas jurídicas, que tienen que abarcar desde las normas procesales y sustantivas hasta las disposiciones relativas a la atención a las víctimas, intervención que sólo es posible a través de una legislación específica.

Una Ley para la prevención y erradicación de la violencia sobre la mujer ha de ser una Ley que recoja medidas procesales que permitan procedimientos ágiles y sumarios, como el establecido en la Ley 27/2003, de 31 de julio, pero, además, que compagine, en los ámbitos civil y penal, medidas de protección a las mujeres y a sus hijos e hijas, y medidas cautelares para ser ejecutadas con carácter de urgencia.

La normativa actual, civil, penal, publicitaria, social y administrativa presenta muchas deficiencias, debidas fundamentalmente a que hasta el momento no se ha dado a esta cuestión una respuesta global y multidisciplinar. Desde el punto de vista penal la respuesta nunca puede ser un nuevo agravio para la mujer.

En cuanto a las medidas jurídicas asumidas para garantizar un tratamiento adecuado y eficaz de la situación jurídica, familiar y social de las víctimas de violencia sobre la mujer en las relaciones intrafamiliares, se han adoptado las siguientes: conforme a la tradición jurídica española, se ha optado por una fórmula de especialización dentro del orden penal, de los Jueces de Instrucción, creando los Juzgados de Violencia sobre la Mujer y excluyendo la posibilidad de creación de un orden jurisdiccional nuevo o la asunción de competencias penales por parte de los Jueces Civiles. Estos Juzgados conocerán de la instrucción, y, en su caso, del fallo de las causas penales en materia de violencia sobre la mujer, así como de aquellas causas civiles relacionadas, de forma que unas y otras en la primera instancia sean objeto de tratamiento procesal ante la misma sede. Con ello se asegura la mediación garantista del debido proceso penal en la intervención de los derechos fundamentales del presunto agresor, sin que con ello se reduzcan lo más mínimo las posibilidades legales que esta Ley dispone para la mayor, más inmediata y eficaz protección de la víctima, así como los recursos para evitar reiteraciones en la agresión o la escalada en la violencia.

Respecto de la regulación expresa de las medidas de protección que podrá adoptar el Juez de Violencia sobre la Mujer, se ha optado por su inclusión expresa, ya que no están recogidas como medidas cautelares en la Ley de Enjuiciamiento Criminal, que sólo regula la prohibición de residencia y la de acudir a determinado lugar para los delitos recogidos en el artículo 57 del Código Penal (artículo 544 bis de la Ley de Enjuiciamiento Criminal, introducido por la Ley Orgánica 14/1999, de 9 de junio, de modificación del Código Penal de 1995, en materia de protección a las víctimas de malos tratos y de la Ley de Enjuiciamiento Criminal). Además se opta por la delimitación temporal de estas medidas (cuando son medidas cautelares) hasta la finalización del proceso. Sin embargo, se añade la posibilidad de que cualquiera de estas medidas de protección pueda ser utilizada como medida de seguridad, desde el principio o durante la ejecución de la sentencia, incrementando con ello la lista del artículo 105 del Código Penal (modificado por la Ley Orgánica 15/2003, de 25 de noviembre, por la que se modifica la Ley Orgánica 10/1995, de 23 de noviembre, del Código Penal), y posibilitando al Juez la garantía de protección de las víctimas más allá de la finalización del proceso.

Se contemplan normas que afectan a las funciones del Ministerio Fiscal, mediante la creación del Fiscal contra la Violencia sobre la Mujer, encargado de la supervisión y coordinación del Ministerio Fiscal en este aspecto, así como mediante la creación de una Sección equivalente en cada Fiscalía de los Tribunales Superiores de Justicia y de las Audiencias Provinciales a las que se adscribirán Fiscales con especialización en la materia. Los Fiscales intervendrán en los procedimientos penales por los hechos constitutivos de delitos o faltas cuya competencia esté atribuida a los Juzgados de Violencia sobre la Mujer, además de intervenir en los procesos civiles de nulidad, separación o divorcio, o que versen sobre guarda y custodia de los hijos menores en los que se aleguen malos tratos al cónyuge o a los hijos.

En sus disposiciones adicionales la Ley lleva a cabo una profunda reforma del ordenamiento jurídico para adaptar las normas vigentes al marco introducido por el presente texto. Con objeto de armonizar las normas anteriores y ofrecer un contexto coordinado entre los textos legales, parte de la reforma integral se ha llevado a cabo mediante la modificación de normas existentes. En este sentido, las disposiciones adicionales desarrollan las medidas previstas en el articulado, pero integrándolas directamente en la legislación educativa, publicitaria, laboral, de Seguridad Social y de Función Pública; asimismo, dichas disposiciones afectan, en especial, al reconocimiento de pensiones y a la dotación del Fondo previsto en esta Ley para favorecer la asistencia social integral a las víctimas de violencia de género.

En materia de régimen transitorio se extiende la aplicación de la presente Ley a los procedimientos en tramitación en el momento de su entrada en vigor, aunque respetando la competencia judicial de los órganos respectivos.

Por último, la presente Ley incluye en sus disposiciones finales las habilitaciones necesarias para el desarrollo normativo de sus preceptos.

Artículo 1. *Objeto de la Ley.*

1. La presente Ley tiene por objeto actuar contra la violencia que, como manifestación de la discriminación, la situación de desigualdad y las relaciones de poder de los hombres sobre las mujeres, se ejerce sobre éstas por parte de quienes sean o hayan sido sus cónyuges o de quienes estén o hayan estado ligados a ellas por relaciones similares de afectividad, aun sin convivencia.

2. Por esta ley se establecen medidas de protección integral cuya finalidad es prevenir, sancionar y erradicar esta violencia y prestar asistencia a las mujeres, a sus hijos menores y a los menores sujetos a su tutela, o guarda y custodia, víctimas de esta violencia[965].

3. La violencia de género a que se refiere la presente Ley comprende todo acto de violencia física y psicológica, incluidas las agresiones a la libertad sexual, las amenazas, las coacciones o la privación arbitraria de libertad.

4. La violencia de género a que se refiere esta Ley también comprende la violencia que con el objetivo de causar perjuicio o daño a las mujeres se ejerza sobre sus familiares o allegados menores de edad por parte de las personas indicadas en el apartado primero[966].

---

[965] Apartado redactado conforme LO 8/2015, de 22 de julio, de modificación del sistema de protección a la infancia y a la adolescencia.

[966] Apartado introducido por LO 8/2021, de 4 de junio, de protección integral a la infancia y la adolescencia frente a la violencia.

Art. 1

Disposición Adicional Primera. *Pensiones y ayudas.*

1[967]. Quien fuera condenado, por sentencia firme, por la comisión de un delito doloso de homicidio en cualquiera de sus formas o de lesiones, perderá la condición de beneficiario de la pensión de viudedad que le corresponda dentro del sistema público de pensiones cuando la víctima de dichos delitos fuera la causante de la pensión, salvo que, en su caso, medie reconciliación entre ellos.

En tales casos, la pensión de viudedad que hubiera debido reconocerse incrementará las pensiones de orfandad, si las hubiese, siempre que tal incremento esté establecido en la legislación reguladora del régimen de Seguridad Social de que se trate.

2. A quien fuera condenado, por sentencia firme, por la comisión de un delito doloso de homicidio en cualquiera de sus formas o de lesiones cuando la ofendida por el delito fuera su cónyuge o excónyuge, o estuviera o hubiera estado ligada a él por una análoga relación de afectividad, aun sin convivencia, no le será abonable, en ningún caso, la pensión por orfandad de la que pudieran ser beneficiarios sus hijos dentro del Sistema Público de Pensiones, salvo que, en su caso, hubiera mediado reconciliación entre aquellos.

3. No tendrá la consideración de beneficiario, a título de víctima indirecta, de las ayudas previstas en la Ley 35/1995, de 11 de diciembre, de Ayudas y Asistencia a las Víctimas de Delitos Violentos y contra la Libertad Sexual, quien fuera condenado por delito doloso de homicidio en cualquiera de sus formas, cuando la ofendida fuera su cónyuge o excónyuge o persona con la que estuviera o hubiera estado ligado de forma estable por análoga relación de afectividad, con independencia de su orientación sexual, durante, al menos, los dos años anteriores al momento del fallecimiento, salvo que hubieran tenido descendencia en común, en cuyo caso bastará la mera convivencia.

---

[967] Apartado redactado conforme Ley 40/2007, de 4 de diciembre, de medidas en materia de Seguridad Social.

ANEXO II
LEY ORGÁNICA 5/2000, DE 12 DE ENERO, REGULADORA DE LA RESPONSABILIDAD PENAL DE LOS MENORES

EXPOSICIÓN DE MOTIVOS

I

1. La promulgación de la presente Ley Orgánica reguladora de la responsabilidad penal de los menores era una necesidad impuesta por lo establecido en la Ley Orgánica 4/1992, de 5 de junio, sobre reforma de la Ley reguladora de la competencia y el procedimiento de los Juzgados de Menores; en la moción aprobada por el Congreso de los Diputados el 10 de mayo de 1994, y en el artículo 19 de la vigente Ley Orgánica 10/1995, de 23 de noviembre, del Código Penal.

2. La Ley Orgánica 4/1992, promulgada como consecuencia de la sentencia del Tribunal Constitucional 36/1991, de 14 de febrero, que declaró inconstitucional el artículo 15 de la Ley de Tribunales Tutelares de Menores, texto refundido de 11 de junio de 1948, establece un marco flexible para que los Juzgados de Menores puedan determinar las medidas aplicables a éstos en cuanto infractores penales, sobre la base de valorar especialmente el interés del menor, entendiendo por menores a tales efectos a las personas comprendidas entre los doce y los dieciséis años. Simultáneamente, encomienda al Ministerio Fiscal la iniciativa procesal, y le concede amplias facultades para acordar la terminación del proceso con la intención de evitar, dentro de lo posible, los efectos aflictivos que el mismo pudiera llegar a producir. Asimismo, configura el equipo técnico como instrumento imprescindible para alcanzar el objetivo que persiguen las medidas y termina estableciendo un procedimiento de naturaleza sancionadora-educativa, al que otorga todas las garantías derivadas de nuestro ordenamiento constitucional, en sintonía con lo establecido en la aludida sentencia del Tribunal Constitucional y lo dispuesto en el artículo 40 de la Convención de los Derechos del Niño de 20 de noviembre de 1989.

Dado que la expresada Ley Orgánica se reconocía a sí misma expresamente «el carácter de una reforma urgente, que adelanta parte de una renovada legislación sobre reforma de menores, que será objeto de medidas legislativas posteriores», es evidente la oportunidad de la presente Ley Orgánica, que constituye esa necesaria reforma legislativa, partiendo de los principios básicos que ya guiaron la redacción de aquélla (especialmente, el principio del superior interés del menor), de las garantías de nuestro ordenamiento constitucional, y de las normas de Derecho internacional, con particular atención a la citada Convención de los Derechos del Niño de 20 de noviembre de 1989, y esperando responder de este modo a las expectativas creadas en la sociedad española, por razones en parte coyunturales y en parte permanentes, sobre este tema concreto.

3. Los principios expuestos en la moción aprobada unánimemente por el Congreso de los Diputados el día 10 de mayo de 1994, sobre medidas para mejorar el marco jurídico vigente de protección del menor, se refieren esencialmente al establecimiento de la mayoría de edad penal en los dieciocho años y a la promulgación de «una ley penal del menor y juvenil que contemple la exigencia de responsabilidad para los jóvenes infractores que no hayan alcanzado la mayoría de edad penal, fundamentada en principios orientados hacia la reeducación de los menores de edad infractores, en base a las circunstancias personales, familiares y sociales, y que tenga especialmente en cuenta las competencias de las Comunidades Autónomas en esta materia...».

4. El artículo 19 del vigente Código Penal, aprobado por la Ley Orgánica 10/1995, de 23 de noviembre, fija efectivamente la mayoría de edad penal en los dieciocho años y exige la regulación expresa de la responsabilidad penal de los menores de dicha edad en una Ley independiente. También para responder a esta exigencia se aprueba la presente Ley Orgánica, si bien lo dispuesto en este punto en el Código Penal debe ser complementado en un doble sentido. En primer lugar, asentando firmemente el principio de que la responsabilidad penal de los menores presenta frente a la de los adultos un carácter primordial de intervención educativa que trasciende a todos los aspectos de su regulación jurídica y que determina considerables diferencias entre el sentido y el procedimiento de las sanciones en uno y otro sector, sin perjuicio de las garantías comunes a todo justiciable. En segundo término, la edad límite de dieciocho años establecida por el Código Penal para referirse a la responsabilidad penal de los menores precisa de otro límite mínimo a partir del cual comience la posibilidad de exigir esa responsabilidad y que se ha concretado en los catorce años, con base en la convicción de que las infracciones cometidas por los niños menores de esta edad son en general irrelevantes y que, en los escasos supuestos en que aquéllas pueden producir alarma social, son suficientes para darles una respuesta igualmente adecuada los ámbitos familiar y asistencial civil, sin necesidad de la intervención del aparato judicial sancionador del Estado.

5. Asimismo, han sido criterios orientadores de la redacción de la presente Ley Orgánica, como no podía ser de otra manera, los contenidos en la doctrina del Tribunal Constitucional, singularmente en los fundamentos jurídicos de las sentencias 36/1991, de 14 de febrero, y 60/1995, de 17 de marzo, sobre las garantías y el respeto a los derechos fundamentales que necesariamente han de imperar en el procedimiento seguido ante los Juzgados de Menores, sin perjuicio de las modulaciones que, respecto del procedimiento ordinario, permiten tener en cuenta la naturaleza y finalidad de aquel tipo de proceso, encaminado a la adopción de unas medidas que, como ya se ha dicho, fundamentalmente no pueden ser represivas, sino preventivo-especiales, orientadas hacia la efectiva reinserción y el superior interés del menor, valorados con criterios que han de buscarse primordialmente en el ámbito de las ciencias no jurídicas.

II

6. Como consecuencia de los principios, criterios y orientaciones a que se acaba de hacer referencia, puede decirse que la redacción de la presente Ley Orgánica ha sido conscientemente guiada por los siguientes principios generales: naturaleza formalmente penal pero materialmente sancionadora-educativa del procedimiento y de las medidas aplicables a los infractores menores de edad, reconocimiento expreso de todas las garantías que se derivan del respeto de los derechos constitucionales y de las especiales exigencias del interés del menor, diferenciación de diversos tramos a efectos procesales y sancionadores en la categoría de infractores menores de edad, flexibilidad en la adopción y ejecución de las medidas aconsejadas por las circunstancias del caso concreto, competencia de las entidades autonómicas relacionadas con la reforma y protección de menores para la ejecución de las medidas impuestas en la sentencia y control judicial de esta ejecución.

7. La presente Ley Orgánica tiene ciertamente la naturaleza de disposición sancionadora, pues desarrolla la exigencia de una verdadera responsabilidad jurídica a los menores infractores, aunque referida específicamente a la comisión de hechos tipificados como delitos o faltas por el Código Penal y las restantes leyes penales especiales. Al pretender ser la reacción jurídica dirigida al menor infractor una intervención de naturaleza educativa, aunque desde luego de especial intensidad, rechazando expresamente otras finalidades esenciales del Derecho penal de adultos, como la proporcionalidad entre el hecho y la sanción o la intimidación de los destinatarios de la norma, se pretende impedir todo aquello que pudiera tener un efecto contraproducente para el menor, como el ejercicio de la acción por la víctima o por otros particulares.

Y es que en el Derecho penal de menores ha de primar, como elemento determinante del procedimiento y de las medidas que se adopten, el superior interés del menor. Interés que ha de ser valorado con criterios técnicos y no formalistas por equipos de profesionales especializados en el ámbito de las ciencias no jurídicas, sin perjuicio desde luego de adecuar la aplicación de las medidas a principios garantistas generales tan indiscutibles como el principio acusatorio, el principio de defensa o el principio de presunción de inocencia.

8. Sin embargo, la Ley tampoco puede olvidar el interés propio del perjudicado o víctima del hecho cometido por el menor, estableciendo un procedimiento singular, rápido y poco formalista para el resarcimiento, en su caso, de daños y perjuicios, dotando de amplias facultades al Juez de Menores para la incorporación a los autos de documentos y testimonios relevantes de la causa principal. En este ámbito de atención a los intereses y necesidades de las víctimas, la Ley introduce el principio en cierto modo revolucionario de la responsabilidad solidaria con el menor responsable de los hechos de sus padres, tutores, acogedores o guardadores, si bien permitiendo la moderación judicial de la misma y recordando expresamente la aplicabilidad en su caso de la Ley 30/1992, de 26 de noviembre, de Régimen Jurídico de las Administraciones Públicas y del Procedimiento Administrativo Común, así como de la Ley 35/1995,

de 11 de diciembre, de ayudas y asistencia a las víctimas de delitos violentos y contra la libertad sexual.

Asimismo la Ley regula, para procedimientos por delitos graves cometidos por mayores de dieciséis años, un régimen de intervención del perjudicado en orden a salvaguardar el interés de la víctima en el esclarecimiento de los hechos y su enjuiciamiento por el orden jurisdiccional competente, sin contaminar el procedimiento propiamente educativo y sancionador del menor.

Esta Ley arbitra un amplio derecho de participación a las víctimas ofreciéndoles la oportunidad de intervenir en las actuaciones procesales proponiendo y practicando prueba, formulando conclusiones e interponiendo recursos. Sin embargo, esta participación se establece de un modo limitado ya que respecto de los menores no cabe reconocer a los particulares el derecho a constituirse propiamente en parte acusadora con plenitud de derechos y cargas procesales. No existe aquí ni la acción particular de los perjudicados por el hecho criminal, ni la acción popular de los ciudadanos, porque en estos casos el interés prioritario para la sociedad y para el Estado coincide con el interés del menor.

9. Conforme a las orientaciones declaradas por el Tribunal Constitucional, anteriormente aludidas, se instaura un sistema de garantías adecuado a la pretensión procesal, asegurando que la imposición de la sanción se efectuará tras vencer la presunción de inocencia, pero sin obstaculizar los criterios educativos y de valoración del interés del menor que presiden este proceso, haciendo al mismo tiempo un uso flexible del principio de intervención mínima, en el sentido de dotar de relevancia a las posibilidades de no apertura del procedimiento o renuncia al mismo, al resarcimiento anticipado o conciliación entre el infractor y la víctima, y a los supuestos de suspensión condicional de la medida impuesta o de sustitución de la misma durante su ejecución.

La competencia corresponde a un Juez ordinario, que, con categoría de Magistrado y preferentemente especialista, garantiza la tutela judicial efectiva de los derechos en conflicto. La posición del Ministerio Fiscal es relevante, en su doble condición de institución que constitucionalmente tiene encomendada la función de promover la acción de la Justicia y la defensa de la legalidad, así como de los derechos de los menores, velando por el interés de éstos. El letrado del menor tiene participación en todas y cada una de las fases del proceso, conociendo en todo momento el contenido del expediente, pudiendo proponer pruebas e interviniendo en todos los actos que se refieren a la valoración del interés del menor y a la ejecución de la medida, de la que puede solicitar la modificación.

La adopción de medidas cautelares sigue el modelo de solicitud de parte, en audiencia contradictoria, en la que debe valorarse especialmente, una vez más, el superior interés del menor.

En defensa de la unidad de doctrina, el sistema de recursos ordinario se confía a las Salas de Menores de los Tribunales Superiores de Justicia, que habrán de crearse, las cuales, con la inclusión de Magistrados especialistas, aseguran y refuerzan la efectividad de la tutela judicial en relación con las finalidades que se propone la Ley. En el mismo sentido, procede destacar la instauración del recurso de casación para unificación de doctrina, reservado a los casos de mayor gravedad, en paralelismo con el proceso penal de adultos, reforzando la garantía de la unidad de doctrina en el ámbito del derecho sancionador de menores a través de la jurisprudencia del Tribunal Supremo.

10. Conforme a los principios señalados, se establece, inequívocamente, el límite de los catorce años de edad para exigir este tipo de responsabilidad sancionadora a los menores de edad penal y se diferencian, en el ámbito de aplicación de la Ley y de la graduación de las consecuencias por los hechos cometidos, dos tramos, de catorce a dieciséis y de diecisiete a dieciocho años, por presentar uno y otro grupo diferencias características que requieren, desde un punto de vista científico y jurídico, un tratamiento diferenciado, constituyendo una agravación específica en el tramo de los mayores de dieciséis años la comisión de delitos que se caracterizan por la violencia, intimidación o peligro para las personas.

La aplicación de la presente Ley a los mayores de dieciocho años y menores de veintiuno, prevista en el artículo 69 del Código Penal vigente, podrá ser acordada por el Juez atendiendo a las circunstancias personales y al grado de madurez del autor, y a la naturaleza y gravedad de los hechos. Estas personas reciben, a los efectos de esta Ley, la denominación genérica de «jóvenes».

Se regulan expresamente, como situaciones que requieren una respuesta específica, los supuestos en los que el menor presente síntomas de enajenación mental o la concurrencia de otras circunstancias modificativas de su responsabilidad, debiendo promover el Ministerio Fiscal, tanto la adopción de las medidas más adecuadas al interés del menor que se encuentre en tales situaciones, como la constitución de los organismos tutelares previstos por las leyes. También se establece que las acciones u omisiones imprudentes no puedan ser sancionadas con medidas de internamiento en régimen cerrado.

11. Con arreglo a las orientaciones expuestas, la Ley establece un amplio catálogo de medidas aplicables, desde la referida perspectiva sancionadora-educativa, debiendo primar nuevamente el interés del menor en la flexible adopción judicial de la medida más idónea, dadas las características del caso concreto y de la evolución personal del sancionado durante la ejecución de la medida. La concreta finalidad que las ciencias de la conducta exigen que se persiga con cada una de las medidas relacionadas, se detalla con carácter orientador en el apartado III de esta exposición de motivos.

12. La ejecución de las medidas judicialmente impuestas corresponde a las entidades públicas de protección y reforma de menores de las Comunidades Autónomas, bajo el inexcusable control del Juez de Menores.

Se mantiene el criterio de que el interés del menor tiene que ser atendido por especialistas en las áreas de la educación y la formación, pertenecientes a esferas de mayor inmediación que el Estado. El Juez de Menores, a instancia de las partes y oídos los equipos técnicos del propio Juzgado y de la entidad pública de la correspondiente Comunidad Autónoma, dispone de amplias facultades para suspender o sustituir por otras las medidas impuestas, naturalmente sin mengua de las garantías procesales que constituyen otro de los objetivos primordiales de la nueva regulación, o permitir la participación de los padres del menor en la aplicación y consecuencias de aquéllas.

13. Un interés particular revisten en el contexto de la Ley los temas de la reparación del daño causado y la conciliación del delincuente con la víctima como situaciones que, en aras del principio de intervención mínima, y con el concurso mediador del equipo técnico, pueden dar lugar a la no incoación o sobreseimiento del expediente, o a la finalización del cumplimiento de la medida impuesta, en un claro predominio, una vez más, de los criterios educativos y resocializadores sobre los de una defensa social esencialmente basada en la prevención general y que pudiera resultar contraproducente para el futuro.

La reparación del daño causado y la conciliación con la víctima presentan el común denominador de que el ofensor y el perjudicado por la infracción llegan a un acuerdo, cuyo cumplimiento por parte del menor termina con el conflicto jurídico iniciado por su causa. La conciliación tiene por objeto que la víctima reciba una satisfacción psicológica a cargo del menor infractor, quien ha de arrepentirse del daño causado y estar dispuesto a disculparse. La medida se aplicará cuando el menor efectivamente se arrepienta y se disculpe, y la persona ofendida lo acepte y otorgue su perdón. En la reparación el acuerdo no se alcanza únicamente mediante la vía de la satisfacción psicológica, sino que requiere algo más: el menor ejecuta el compromiso contraído con la víctima o perjudicado de reparar el daño causado, bien mediante trabajos en beneficio de la comunidad, bien mediante acciones, adaptadas a las necesidades del sujeto, cuyo beneficiario sea la propia víctima o perjudicado.

III

14. En la medida de amonestación, el Juez, en un acto único que tiene lugar en la sede judicial, manifiesta al menor de modo concreto y claro las razones que hacen socialmente intolerables los hechos cometidos, le expone las consecuencias que para él y para la víctima han tenido o podían haber tenido tales hechos, y le formula recomendaciones para el futuro.

15. La medida de prestaciones en beneficio de la comunidad, que, en consonancia con el artículo 25.2 de nuestra Constitución, no podrá imponerse sin consentimiento del menor, consiste en realizar una actividad, durante un número de sesiones previamente fijado, bien sea en beneficio de la colectividad en su conjunto, o de personas que se encuentren en una situación de precariedad por cualquier motivo. Preferentemente, se buscará relacionar la naturaleza de la actividad en que consista esta medida con la de los bienes jurídicos afectados por los hechos cometidos por el menor.

Lo característico de esta medida es que el menor ha de comprender, durante su realización, que la colectividad o determinadas personas han sufrido de modo injustificado unas consecuencias negativas derivadas de su conducta. Se pretende que el sujeto comprenda que actuó de modo incorrecto, que merece el reproche formal de la sociedad, y que la prestación de los trabajos que se le exigen es un acto de reparación justo.

16. Las medidas de internamiento responden a una mayor peligrosidad, manifestada en la naturaleza peculiarmente grave de los hechos cometidos, caracterizados en los casos más destacados por la violencia, la intimidación o el peligro para las personas. El objetivo prioritario de la medida es disponer de un ambiente que provea de las condiciones educativas adecuadas para que el menor pueda reorientar aquellas disposiciones o deficiencias que han caracterizado su comportamiento antisocial, cuando para ello sea necesario, al menos de manera temporal, asegurar la estancia del infractor en un régimen físicamente restrictivo de su libertad. La mayor o menor intensidad de tal restricción da lugar a los diversos tipos de internamiento, a los que se va a aludir a continuación. El internamiento, en todo caso, ha de proporcionar un clima de seguridad personal para todos los implicados, profesionales y menores infractores, lo que hace imprescindible que las condiciones de estancia sean las correctas para el normal desarrollo psicológico de los menores.

El internamiento en régimen cerrado pretende la adquisición por parte del menor de los suficientes recursos de competencia social para permitir un comportamiento responsable en la comunidad, mediante una gestión de control en un ambiente restrictivo y progresivamente autónomo.

El internamiento en régimen semiabierto implica la existencia de un proyecto educativo en donde desde el principio los objetivos sustanciales se realizan en contacto con personas e instituciones de la comunidad, teniendo el menor su residencia en el centro, sujeto al programa y régimen interno del mismo.

El internamiento en régimen abierto implica que el menor llevará a cabo todas las actividades del proyecto educativo en los servicios normalizados del entorno, residiendo en el centro como domicilio habitual.

El internamiento terapéutico se prevé para aquellos casos en los que los menores, bien por razón de su adicción al alcohol o a otras drogas, bien por disfunciones significativas en su psiquismo, precisan de un contexto estructurado en el que poder realizar una programación terapéutica, no dándose, ni, de una parte, las condiciones idóneas en el menor o en su entorno para el tratamiento ambulatorio, ni, de otra parte, las condiciones de riesgo que exigirían la aplicación a aquél de un internamiento en régimen cerrado.

17. En la asistencia a un centro de día, el menor es derivado a un centro plenamente integrado en la comunidad, donde se realizan actividades educativas de apoyo a su competencia social. Esta medida sirve el propósito de proporcionar a un menor un ambiente estructurado durante buena parte del día, en el que se lleven a cabo actividades socio-educativas que puedan compensar las carencias del ambiente familiar de aquél. Lo característico del centro de día es que en ese lugar es donde toma cuerpo lo esencial del proyecto socio-educativo del menor, si bien éste puede asistir también a otros lugares para hacer uso de otros recursos de ocio o culturales. El sometido a esta medida puede, por lo tanto, continuar residiendo en su hogar, o en el de su familia, o en el establecimiento de acogida.

18. En la medida de libertad vigilada, el menor infractor está sometido, durante el tiempo establecido en la sentencia, a una vigilancia y supervisión

a cargo de personal especializado, con el fin de que adquiera las habilidades, capacidades y actitudes necesarias para un correcto desarrollo personal y social. Durante el tiempo que dure la libertad vigilada, el menor también deberá cumplir las obligaciones y prohibiciones que, de acuerdo con esta Ley, el Juez puede imponerle.

19. La realización de tareas socio-educativas consiste en que el menor lleve a cabo actividades específicas de contenido educativo que faciliten su reinserción social. Puede ser una medida de carácter autónomo o formar parte de otra más compleja. Empleada de modo autónomo, pretende satisfacer necesidades concretas del menor percibidas como limitadoras de su desarrollo integral. Puede suponer la asistencia y participación del menor a un programa ya existente en la comunidad, o bien a uno creado «ad hoc» por los profesionales encargados de ejecutar la medida. Como ejemplos de tareas socio-educativas, se pueden mencionar las siguientes: asistir a un taller ocupacional, a un aula de educación compensatoria o a un curso de preparación para el empleo; participar en actividades estructuradas de animación sociocultural, asistir a talleres de aprendizaje para la competencia social, etc.

20. El tratamiento ambulatorio es una medida destinada a los menores que disponen de las condiciones adecuadas en su vida para beneficiarse de un programa terapéutico que les ayude a superar procesos adictivos o disfunciones significativas de su psiquismo. Previsto para los menores que presenten una dependencia al alcohol o las drogas, y que en su mejor interés puedan ser tratados de la misma en la comunidad, en su realización pueden combinarse diferentes tipos de asistencia médica y psicológica. Resulta muy apropiado para casos de desequilibrio psicológico o perturbaciones del psiquismo que puedan ser atendidos sin necesidad de internamiento. La diferencia más clara con la tarea socio-educativa es que ésta pretende lograr una capacitación, un logro de aprendizaje, empleando una metodología, no tanto clínica, sino de orientación psicoeducativa. El tratamiento ambulatorio también puede entenderse como una tarea socio-educativa muy específica para un problema bien definido.

21. La permanencia de fin de semana es la expresión que define la medida por la que un menor se ve obligado a permanecer en su hogar desde la tarde o noche del viernes hasta la noche del domingo, a excepción del tiempo en que realice las tareas socio-educativas asignadas por el Juez. En la práctica, combina elementos del arresto de fin de semana y de la medida de tareas socio-educativas o prestaciones en beneficio de la comunidad. Es adecuada para menores que cometen actos de vandalismo o agresiones leves en los fines de semana.

22. La convivencia con una persona, familia o grupo educativo es una medida que intenta proporcionar al menor un ambiente de socialización positivo, mediante su convivencia, durante un período determinado por el Juez, con una persona, con una familia distinta a la suya o con un grupo educativo que se ofrezca a cumplir la función de la familia en lo que respecta al desarrollo de pautas socioafectivas prosociales en el menor.

23. La privación del permiso de conducir ciclomotores o vehículos a motor, o del derecho a obtenerlo, o de licencias administrativas para caza o para el uso

de cualquier tipo de armas, es una medida accesoria que se podrá imponer en aquellos casos en los que el hecho cometido tenga relación con la actividad que realiza el menor y que ésta necesite autorización administrativa.

24. Por último, procede poner de manifiesto que los principios científicos y los criterios educativos a que han de responder cada una de las medidas, aquí sucintamente expuestos, se habrán de regular más extensamente en el Reglamento que en su día se dicte en desarrollo de la presente Ley Orgánica.

TÍTULO PRELIMINAR

Art. 1[968]. *Declaración general.*

1. Esta Ley se aplicará para exigir la responsabilidad de las personas mayores de catorce años y menores de dieciocho por la comisión de hechos tipificados como delitos o faltas en el Código Penal o las leyes penales especiales.

2. Las personas a las que se aplique la presente Ley gozarán de todos los derechos reconocidos en la Constitución y en el ordenamiento jurídico, particularmente en la Ley Orgánica 1/1996, de 15 de enero, de Protección Jurídica del Menor, así como en la Convención sobre los Derechos del Niño de 20 de noviembre de 1989 y en todas aquellas normas sobre protección de menores contenidas en los Tratados válidamente celebrados por España.

TÍTULO I
DEL ÁMBITO DE APLICACIÓN DE LA LEY

Art. 2. *Competencia de los Jueces de Menores.*

1. Los Jueces de Menores serán competentes para conocer de los hechos cometidos por las personas mencionadas en el artículo 1 de esta Ley, así como para hacer ejecutar las sentencias, sin perjuicio de las facultades atribuidas por esta Ley a las Comunidades Autónomas respecto a la protección y reforma de menores[969].

2. Los Jueces de Menores serán asimismo competentes para resolver sobre las responsabilidades civiles derivadas de los hechos cometidos por las personas a las que resulta aplicable la presente Ley.

3. La competencia corresponde al Juez de Menores del lugar donde se haya cometido el hecho delictivo, sin perjuicio de lo establecido en el artículo 20.3 de esta Ley.

4. La competencia para conocer de los delitos previstos en los artículos 571 a 580 del Código Penal corresponderá al Juzgado Central de Menores de la Audiencia Nacional.

---

[968]   Redactado conforme LO 8/2006, de 4 de diciembre, por la que se modifica la Ley Orgánica 5/2006, de 12 de enero, reguladora de la responsabilidad penal de los menores.

[969]   Redactado conforme LO 8/2006, de 4 de diciembre, por la que se modifica la Ley Orgánica 5/2000, de 12 de enero, reguladora de la responsabilidad penal de los menores.

Corresponderá igualmente al Juzgado Central de Menores de la Audiencia Nacional la competencia para conocer de los delitos cometidos por menores en el extranjero cuando conforme al artículo 23 de la Ley Orgánica 6/1985, de 1 de julio, del Poder Judicial y a los Tratados Internacionales corresponda su conocimiento a la jurisdicción española.

La referencia del último inciso del apartado 4 del artículo 17 y cuantas otras se contienen en la presente Ley al Juez de Menores se entenderán hechas al Juez Central de Menores en lo que afecta a los menores imputados por cualquiera de los delitos a que se refieren los dos párrafos anteriores[970].

Art. 3. *Régimen de los menores de catorce años.*

Cuando el autor de los hechos mencionados en los artículos anteriores sea menor de catorce años, no se le exigirá responsabilidad con arreglo a la presente Ley, sino que se le aplicará lo dispuesto en las normas sobre protección de menores previstas en el Código Civil y demás disposiciones vigentes. El Ministerio Fiscal deberá remitir a la entidad pública de protección de menores testimonio de los particulares que considere precisos respecto al menor, a fin de valorar su situación, y dicha entidad habrá de promover las medidas de protección adecuadas a las circunstancias de aquél conforme a lo dispuesto en la Ley Orgánica 1/1996, de 15 de enero.

Art. 4[971]. *Derechos de las víctimas y de las personas perjudicadas.*

El Ministerio Fiscal y el Juez de Menores velarán en todo momento por la protección de los derechos de las víctimas y de las personas perjudicadas por las infracciones cometidas por las personas menores de edad.

De manera inmediata se les instruirá de las medidas de asistencia a las víctimas que prevé la legislación vigente, debiendo el Letrado de la Administración de Justicia derivar a la víctima de violencia a la Oficina de Atención a la Víctima competente.

Las víctimas y las personas perjudicadas tendrán derecho a personarse y ser parte en el expediente que se incoe al efecto, para lo cual el Letrado de la Administración de Justicia les informará en los términos previstos en los artículos 109 y 110 de la Ley de Enjuiciamiento Criminal, instruyéndoles de su derecho a nombrar dirección letrada o instar su nombramiento de oficio en caso de ser titulares del derecho a la asistencia jurídica gratuita. Asimismo, les informará de que, de no personarse en el expediente y no hacer renuncia ni reserva de acciones civiles, el Ministerio Fiscal las ejercitará si correspondiere.

Se garantizará especialmente que las declaraciones o interrogatorios de las partes acusadoras, testigos o peritos se realicen de forma telemática en los siguientes supuestos, salvo que el Juez, Tribunal o Ministerio Fiscal, mediante

---

[970] Redactado conforme a la Disposición adicional segunda de la LO 8/2012, de 27 de diciembre, de medidas de eficiencia presupuestaria en la Administración de Justicia, por la que se modifica la Ley Orgánica 6/1985, de 1 de julio, del Poder Judicial.

[971] Artículo redactado conforme LO 8/2021, de 4 de junio, de protección integral a la infancia y la adolescencia frente a la violencia.

resolución motivada, en atención a las circunstancias del caso concreto, estime necesaria su presencia física:

Cuando sean víctimas de violencia de género, de violencia sexual, de trata de seres humanos o cuando sean víctimas menores de edad o con discapacidad. Todas ellas podrán intervenir desde los lugares donde se encuentren recibiendo oficialmente asistencia, atención, asesoramiento o protección, o desde cualquier otro lugar, siempre que dispongan de medios suficientes para asegurar su identidad y las adecuadas condiciones de la intervención.

Art. 5. *Bases de la responsabilidad de los menores.*

1. Los menores serán responsables con arreglo a esta Ley cuando hayan cometido los hechos a los que se refiere el artículo 1 y no concurra en ellos ninguna de las causas de exención o extinción de la responsabilidad criminal previstas en el vigente Código Penal.

2. No obstante lo anterior, a los menores en quienes concurran las circunstancias previstas en los números 1.º, 2.º y 3.º del artículo 20 del vigente Código Penal les serán aplicables, en caso necesario, las medidas terapéuticas a las que se refiere el artículo 7.1, letras d) y e), de la presente Ley.

3. Las edades indicadas en el articulado de esta Ley se han de entender siempre referidas al momento de la comisión de los hechos, sin que el haberse rebasado las mismas antes del comienzo del procedimiento o durante la tramitación del mismo tenga incidencia alguna sobre la competencia atribuida por esta misma Ley a los Jueces y Fiscales de Menores.

Art. 6. *De la intervención del Ministerio Fiscal.*

Corresponde al Ministerio Fiscal la defensa de los derechos que a los menores reconocen las leyes, así como la vigilancia de las actuaciones que deban efectuarse en su interés y la observancia de las garantías del procedimiento, para lo cual dirigirá personalmente la investigación de los hechos y ordenará que la policía judicial practique las actuaciones necesarias para la comprobación de aquéllos y de la participación del menor en los mismos, impulsando el procedimiento.

TÍTULO II
DE LAS MEDIDAS

Art. 7[972]. *Definición de las medidas susceptibles de ser impuestas a los menores y reglas generales de determinación de las mismas.*

1. Las medidas que pueden imponer los Jueces de Menores, ordenadas según la restricción de derechos que suponen, son las siguientes:

---

[972] Redactado —excepto el apartado 5— conforme LO 8/2006, de 4 de diciembre, por la que se modifica la Ley Orgánica 5/2000, de 12 de enero, reguladora de la responsabilidad penal de los menores.

j) Convivencia con otra persona, familia o grupo educativo. La persona sometida a esta medida debe convivir, durante el período de tiempo establecido por el Juez, con otra persona, con una familia distinta a la suya o con un grupo educativo, adecuadamente seleccionados para orientar a aquélla en su proceso de socialización.

k) Prestaciones en beneficio de la comunidad. La persona sometida a esta medida, que no podrá imponerse sin su consentimiento, ha de realizar las actividades no retribuidas que se le indiquen, de interés social o en beneficio de personas en situación de precariedad.

l) Realización de tareas socio-educativas. La persona sometida a esta medida ha de realizar, sin internamiento ni libertad vigilada, actividades específicas de contenido educativo encaminadas a facilitarle el desarrollo de su competencia social.

m) Amonestación. Esta medida consiste en la reprensión de la persona llevada a cabo por el Juez de Menores y dirigida a hacerle comprender la gravedad de los hechos cometidos y las consecuencias que los mismos han tenido o podrían haber tenido, instándole a no volver a cometer tales hechos en el futuro.

n) Privación del permiso de conducir ciclomotores y vehículos a motor, o del derecho a obtenerlo, o de las licencias administrativas para caza o para uso de cualquier tipo de armas. Esta medida podrá imponerse como accesoria cuando el delito o falta se hubiere cometido utilizando un ciclomotor o un vehículo a motor, o un arma, respectivamente.

ñ) Inhabilitación absoluta. La medida de inhabilitación absoluta produce la privación definitiva de todos los honores, empleos y cargos públicos sobre el que recayere, aunque sean electivos; así como la incapacidad para obtener los mismos o cualesquiera otros honores, cargos o empleos públicos, y la de ser elegido para cargo público, durante el tiempo de la medida.

2. Las medidas de internamiento constarán de dos períodos: el primero se llevará a cabo en el centro correspondiente, conforme a la descripción efectuada en el apartado anterior de este artículo, el segundo se llevará a cabo en régimen de libertad vigilada, en la modalidad elegida por el Juez. La duración total no excederá del tiempo que se expresa en los artículos 9 y 10. El equipo técnico deberá informar respecto del contenido de ambos períodos, y el Juez expresará la duración de cada uno en la sentencia.

3. Para la elección de la medida o medidas adecuadas se deberá atender de modo flexible, no sólo a la prueba y valoración jurídica de los hechos, sino especialmente a la edad, las circunstancias familiares y sociales, la personalidad y el interés del menor, puestos de manifiesto los dos últimos en los informes de los equipos técnicos y de las entidades públicas de protección y reforma de menores cuando éstas hubieran tenido conocimiento del menor por haber ejecutado una medida cautelar o definitiva con anterioridad, conforme a lo dispuesto en el artículo 27 de la presente Ley. El Juez deberá motivar en la sentencia las razones por las que aplica una determinada medida, así como el plazo de duración de la misma, a los efectos de la valoración del mencionado interés del menor.

4. El Juez podrá imponer al menor una o varias medidas de las previstas en esta Ley con independencia de que se trate de uno o más hechos, sujetándose si procede a lo dispuesto en el artículo 11 para el enjuiciamiento conjunto de varias infracciones; pero, en ningún caso, se impondrá a un menor en una misma resolución más de una medida de la misma clase, entendiendo por tal cada una de las que se enumeran en el apartado 1 de este artículo.

5. Cuando la medida impuesta lo sea por la comisión de un delito de los previstos en los Capítulos I y II del Título VIII del Código Penal, el Juez impondrá de forma accesoria, en todo caso, la obligación de someterse a programas formativos de educación sexual y de educación en igualdad[973].

Art. 8. *Principio acusatorio.*

El Juez de Menores no podrá imponer una medida que suponga una mayor restricción de derechos ni por un tiempo superior a la medida solicitada por el Ministerio Fiscal o por el acusador particular[974].

Tampoco podrá exceder la duración de las medidas privativas de libertad contempladas en el artículo 7.1.a), b), c), d) y g), en ningún caso, del tiempo que hubiera durado la pena privativa de libertad que se le hubiere impuesto por el mismo hecho, si el sujeto, de haber sido mayor de edad, hubiera sido declarado responsable, de acuerdo con el Código Penal.

Art. 9[975]. *Régimen general de aplicación y duración de las medidas.*

No obstante lo establecido en los apartados 3 y 4 del artículo 7, la aplicación de las medidas se atendrá a las siguientes reglas:

1. Cuando los hechos cometidos sean calificados de falta, sólo se podrán imponer las medidas de libertad vigilada hasta un máximo de seis meses, amonestación, permanencia de fin de semana hasta un máximo de cuatro fines de semana, prestaciones en beneficio de la comunidad hasta cincuenta horas, privación del permiso de conducir o de otras licencias administrativas hasta un año, la prohibición de aproximarse o comunicarse con la víctima o con aquellos de sus familiares u otras personas que determine el Juez hasta seis meses, y la realización de tareas socio-educativas hasta seis meses.

2. La medida de internamiento en régimen cerrado sólo podrá ser aplicable cuando:

a) Los hechos estén tipificados como delito grave por el Código Penal o las leyes penales especiales.

b) Tratándose de hechos tipificados como delito menos grave, en su ejecución se haya empleado violencia o intimidación en las personas o se haya generado grave riesgo para la vida o la integridad física de las mismas.

---

[973]   Apartado introducido por LO 10/2022, de 6 de septiembre, de garantía integral de la libertad sexual.

[974]   Redactado conforme LO 15/2003, de 25 de noviembre, por la que se modifica la Ley Orgánica 10/1995, de 23 de noviembre, del Código Penal.

[975]   Redactado conforme LO 8/2006, de 4 de diciembre, por la que se modifica la Ley Orgánica 5/2000, de 12 de enero, reguladora de la responsabilidad penal de los menores.

c) Los hechos tipificados como delito se cometan en grupo o el menor perteneciere o actuare al servicio de una banda, organización o asociación, incluso de carácter transitorio, que se dedicare a la realización de tales actividades.

3. La duración de las medidas no podrá exceder de dos años, computándose, en su caso, a estos efectos el tiempo ya cumplido por el menor en medida cautelar, conforme a lo dispuesto en el artículo 28.5 de la presente Ley. La medida de prestaciones en beneficio de la comunidad no podrá superar las cien horas. La medida de permanencia de fin de semana no podrá superar los ocho fines de semana.

4. Las acciones u omisiones imprudentes no podrán ser sancionadas con medidas de internamiento en régimen cerrado.

5. Cuando en la postulación del Ministerio Fiscal o en la resolución dictada en el procedimiento se aprecien algunas de las circunstancias a las que se refiere el artículo 5.2 de esta Ley, sólo podrán aplicarse las medidas terapéuticas descritas en el artículo 7.1, letras d) y e) de la misma.

Art. 10[976]. *Reglas especiales de aplicación y duración de las medidas.*

1. Cuando se trate de los hechos previstos en el apartado 2 del artículo anterior, el Juez, oído el Ministerio Fiscal, las partes personadas y el equipo técnico, actuará conforme a las reglas siguientes:

a) si al tiempo de cometer los hechos el menor tuviere catorce o quince años de edad, la medida podrá alcanzar tres años de duración. Si se trata de prestaciones en beneficio de la comunidad, dicho máximo será de ciento cincuenta horas, y de doce fines de semana si la medida impuesta fuere la de permanencia de fin de semana.

b) si al tiempo de cometer los hechos el menor tuviere dieciséis o diecisiete años de edad, la duración máxima de la medida será de seis años; o, en sus respectivos casos, de doscientas horas de prestaciones en beneficio de la comunidad o permanencia de dieciséis fines de semana.

En este supuesto, cuando el hecho revista extrema gravedad, el Juez deberá imponer una medida de internamiento en régimen cerrado de uno a seis años, complementada sucesivamente con otra medida de libertad vigilada con asistencia educativa hasta un máximo de cinco años. Sólo podrá hacerse uso de lo dispuesto en los artículos 13 y 51.1 de esta Ley Orgánica una vez transcurrido el primer año de cumplimiento efectivo de la medida de internamiento.

A los efectos previstos en el párrafo anterior, se entenderán siempre supuestos de extrema gravedad aquellos en los que se apreciara reincidencia.

2[977]. Cuando el hecho sea constitutivo de alguno de los delitos tipificados en los artículos 138, 139, 178, apartados 2 y 3, 179, 180, 181, apartados 2, 4, 5 y 6,

---

[976] Redactado —excepto el apartado 2— conforme LO 8/2006, de 4 de diciembre, por la que se modifica la Ley Orgánica 5/2000, de 12 de enero, reguladora de la responsabilidad penal de los menores.

[977] Apartado redactado conforme LO 4/2023, de 27 de abril, para la modificación de la Ley Orgánica 10/1995, de 23 de noviembre, del Código Penal, en los delitos contra la libertad

y 571 a 580 del Código Penal, o de cualquier otro delito que tenga señalada en dicho Código o en las leyes penales especiales pena de prisión igual o superior a quince años, el Juez deberá imponer las medidas siguientes:

a) Si al tiempo de cometer los hechos el menor tuviere catorce o quince años de edad, una medida de internamiento en régimen cerrado de uno a cinco años de duración, complementada en su caso por otra medida de libertad vigilada de hasta tres años.

b) Si al tiempo de cometer los hechos el menor tuviere dieciséis o diecisiete años de edad, una medida de internamiento en régimen cerrado de uno a ocho años de duración, complementada en su caso por otra de libertad vigilada con asistencia educativa de hasta cinco años. En este supuesto solo podrá hacerse uso de las facultades de modificación, suspensión o sustitución de la medida impuesta a las que se refieren los artículos 13, 40 y 51.1 de esta ley orgánica, cuando haya trascurrido, al menos, la mitad de la duración de la medida de internamiento impuesta.

3. En el caso de que el delito cometido sea alguno de los comprendidos en los artículos 571 a 580 del Código Penal, el Juez, sin perjuicio de las demás medidas que correspondan con arreglo a esta Ley, también impondrá al menor una medida de inhabilitación absoluta por un tiempo superior entre cuatro y quince años al de la duración de la medida de internamiento en régimen cerrado impuesta, atendiendo proporcionalmente a la gravedad del delito, el número de los cometidos y a las circunstancias que concurran en el menor.

4. Las medidas de libertad vigilada previstas en este artículo deberán ser ratificadas mediante auto motivado, previa audiencia del Ministerio Fiscal, del letrado del menor y del representante de la entidad pública de protección o reforma de menores al finalizar el internamiento, y se llevará a cabo por las instituciones públicas encargadas del cumplimiento de las penas.

Art. 11[978]. *Pluralidad de infracciones.*

1. Los límites máximos establecidos en el artículo 9 y en el apartado 1 del artículo 10 serán aplicables, con arreglo a los criterios establecidos en el artículo 7, apartados 3 y 4, aunque el menor fuere responsable de dos o más infracciones, en el caso de que éstas sean conexas o se trate de una infracción continuada, así como cuando un sólo hecho constituya dos o más infracciones. No obstante, en estos casos, el Juez, para determinar la medida o medidas a imponer, así como su duración, deberá tener en cuenta, además del interés del menor, la naturaleza y el número de las infracciones, tomando como referencia la más grave de todas ellas.

Si pese a lo dispuesto en el artículo 20.1 de esta Ley dichas infracciones hubiesen sido objeto de diferentes procedimientos, el último Juez sentenciador

---

sexual, la Ley de Enjuiciamiento Criminal y la Ley Orgánica 5/2000, de 12 de enero, reguladora de la responsabilidad penal de los menores.

[978] Redactado conforme LO 8/2006, de 4 de diciembre, por la que se modifica la Ley Orgánica 5/2000, de 12 de enero, reguladora de la responsabilidad penal de los menores.

Art. 12

señalará la medida o medidas que debe cumplir el menor por el conjunto de los hechos, dentro de los límites y con arreglo a los criterios expresados en el párrafo anterior.

2. Cuando alguno o algunos de los hechos a los que se refiere el apartado anterior fueren de los mencionados en el artículo 10.2 de esta Ley, la medida de internamiento en régimen cerrado podrá alcanzar una duración máxima de diez años para los mayores de dieciséis años y de seis años para los menores de esa edad, sin perjuicio de la medida de libertad vigilada que, de forma complementaria, corresponda imponer con arreglo a dicho artículo.

3. Cuando el menor hubiere cometido dos o más infracciones no comprendidas en el apartado 1 de este artículo será de aplicación lo dispuesto en el artículo 47 de la presente Ley.

Art. 12[979]. *Procedimiento de aplicación de medidas en supuestos de pluralidad de infracciones.*

1. A los fines previstos en el artículo anterior, en cuanto el Juez sentenciador tenga conocimiento de la existencia de otras medidas firmes en ejecución, pendientes de ejecución o suspendidas condicionalmente, impuestas al mismo menor por otros jueces de menores en anteriores sentencias, y una vez que la medida o medidas por él impuestas sean firmes, ordenará al secretario judicial que dé traslado del testimonio de su sentencia, por el medio más rápido posible, al Juez que haya dictado la primera sentencia firme, el cual será el competente para la ejecución de todas, asumiendo las funciones previstas en el apartado 2 de este artículo.

2. El Juez competente para la ejecución procederá a la refundición y a ordenar la ejecución de todas las medidas impuestas conforme establece el artículo 47 de esta Ley. Desde ese momento, pasará a ser competente a todos los efectos con exclusión de los órganos judiciales que hubieran dictado las posteriores resoluciones.

Art. 13[980]. *Modificación de la medida impuesta.*

1. El Juez competente para la ejecución, de oficio o a instancia del Ministerio Fiscal o del letrado del menor, previa audiencia de estos e informe del equipo técnico y, en su caso, de la entidad pública de protección o reforma de menores, podrá en cualquier momento dejar sin efecto la medida impuesta, reducir su duración o sustituirla por otra, siempre que la modificación redunde en el interés del menor y se exprese suficientemente a este el reproche merecido por su conducta. Cuando el delito cometido esté tipificado en los Capítulos I y II del Título VIII del Código Penal, sólo podrá dejarse sin efecto la medida si se

---

[979]   Redactado conforme LO 8/2006, de 4 de diciembre, por la que se modifica la Ley Orgánica 5/2000, de 12 de enero, reguladora de la responsabilidad penal de los menores.

[980]   Redactado —excepto el apartado 1— conforme LO 8/2006, de 4 de diciembre, por la que se modifica la Ley Orgánica 5/2000, de 12 de enero, reguladora de la responsabilidad penal de los menores.

acredita que la persona sometida a la misma ha cumplido la obligación prevista en el apartado 5 del artículo 7[981].

2. En los casos anteriores, el Juez resolverá por auto motivado, contra el cual se podrán interponer los recursos previstos en la presente Ley.

Art. 14[982]. *Mayoría de edad del condenado.*

1. Cuando el menor a quien se le hubiere impuesto una medida de las establecidas en esta Ley alcanzase la mayoría de edad, continuará el cumplimiento de la medida hasta alcanzar los objetivos propuestos en la sentencia en que se le impuso conforme a los criterios expresados en los artículos anteriores.

2. Cuando se trate de la medida de internamiento en régimen cerrado y el menor alcance la edad de dieciocho años sin haber finalizado su cumplimiento, el Juez de Menores, oído el Ministerio Fiscal, el letrado del menor, el equipo técnico y la entidad pública de protección o reforma de menores, podrá ordenar en auto motivado que su cumplimiento se lleve a cabo en un centro penitenciario conforme al régimen general previsto en la Ley Orgánica General Penitenciaria si la conducta de la persona internada no responde a los objetivos propuestos en la sentencia.

3. No obstante lo señalado en los apartados anteriores, cuando las medidas de internamiento en régimen cerrado sean impuestas a quien haya cumplido veintiún años de edad o, habiendo sido impuestas con anterioridad, no hayan finalizado su cumplimiento al alcanzar la persona dicha edad, el Juez de Menores, oídos el Ministerio Fiscal, el letrado del menor, el equipo técnico y la entidad pública de protección o reforma de menores, ordenará su cumplimiento en centro penitenciario conforme al régimen general previsto en la Ley Orgánica General Penitenciaria, salvo que, excepcionalmente, entienda en consideración a las circunstancias concurrentes que procede la utilización de las medidas previstas en los artículos 13 y 51 de la presente Ley o su permanencia en el centro en cumplimiento de tal medida cuando el menor responda a los objetivos propuestos en la sentencia.

4. Cuando el menor pase a cumplir la medida de internamiento en un centro penitenciario, quedarán sin efecto el resto de medidas impuestas por el Juez de Menores que estuvieren pendientes de cumplimiento sucesivo o que estuviera cumpliendo simultáneamente con la de internamiento, si éstas no fueren compatible con el régimen penitenciario, todo ello sin perjuicio de que excepcionalmente proceda la aplicación de los artículos 13 y 51 de esta Ley.

5. La medida de internamiento en régimen cerrado que imponga el Juez de Menores con arreglo a la presente Ley se cumplirá en un centro penitenciario conforme al régimen general previsto en la Ley Orgánica General Penitenciaria siempre que, con anterioridad al inicio de la ejecución de dicha medida, el res-

---

[981] Apartado redactado conforme LO 10/2022, de 6 de septiembre, de garantía integral de la libertad sexual.

[982] Redactado conforme LO 8/2006, de 4 de diciembre, por la que se modifica la Ley Orgánica 5/2000, de 12 de enero, reguladora de la responsabilidad penal de los menores.

ponsable hubiera cumplido ya, total o parcialmente, bien una pena de prisión impuesta con arreglo al Código Penal, o bien una medida de internamiento ejecutada en un centro penitenciario conforme a los apartados 2 y 3 de este artículo.

Art. 15[983]. *De la prescripción.*

1. Los hechos delictivos cometidos por los menores prescriben:

1.º Con arreglo a las normas contenidas en el Código Penal, cuando se trate de los hechos delictivos tipificados en los artículos 138, 139, 179, 180 y 571 a 580 del Código Penal o cualquier otro sancionado en el Código Penal o en las leyes penales especiales con pena de prisión igual o superior a quince años.

2.º A los cinco años, cuando se trate de un delito grave sancionado en el Código Penal con pena superior a diez años.

3.º A los tres años, cuando se trate de cualquier otro delito grave.

4.º Al año, cuando se trate de un delito menos grave.

5.º A los tres meses, cuando se trate de una falta.

2. Las medidas que tengan una duración superior a los dos años prescribirán a los tres años. Las restantes medidas prescribirán a los dos años, excepto la amonestación, las prestaciones en beneficio de la comunidad y la permanencia de fin de semana, que prescribirán al año.

TÍTULO III
DE LA INSTRUCCIÓN DEL PROCEDIMIENTO

CAPÍTULO I
REGLAS GENERALES

Art. 16. *Incoación del expediente.*

1. Corresponde al Ministerio Fiscal la instrucción de los procedimientos por los hechos a los que se refiere el artículo 1 de esta Ley.

2. Quienes tuvieren noticia de algún hecho de los indicados en el apartado anterior, presuntamente cometido por un menor de dieciocho años, deberán ponerlo en conocimiento del Ministerio Fiscal, el cual admitirá o no a trámite la denuncia, según que los hechos sean o no indiciariamente constitutivos de delito; custodiará las piezas, documentos y efectos que le hayan sido remitidos, y practicará, en su caso, las diligencias que estime pertinentes para la comprobación del hecho y de la responsabilidad del menor en su comisión, pudiendo resolver el archivo de las actuaciones cuando los hechos no constituyan delito o no tengan autor conocido. La resolución recaída sobre la denuncia deberá notificarse a quienes hubieran formulado la misma.

---

[983] Redactado conforme LO 8/2006, de 4 de diciembre, por la que se modifica la Ley Orgánica 5/2000, de 12 de enero, reguladora de la responsabilidad penal de los menores.

3. Una vez efectuadas las actuaciones indicadas en el apartado anterior, el Ministerio Fiscal dará cuenta de la incoación del expediente al Juez de Menores, quien iniciará las diligencias de trámite correspondientes.

4. El Juez de Menores ordenará al propio tiempo la apertura de la pieza separada de responsabilidad civil, que se tramitará conforme a lo establecido en las reglas del artículo 64 de esta Ley[984].

5. Cuando los hechos mencionados en el artículo 1 hubiesen sido cometidos conjuntamente por mayores de edad penal y por personas de las edades indicadas en el mismo artículo 1, el Juez de Instrucción competente para el conocimiento de la causa, tan pronto como compruebe la edad de los imputados, adoptará las medidas necesarias para asegurar el éxito de la actividad investigadora respecto de los mayores de edad y ordenará remitir testimonio de los particulares precisos al Ministerio Fiscal, a los efectos prevenidos en el apartado 2 de este artículo[985].

Art. 17. *Detención de los menores.*

1. Las autoridades y funcionarios que intervengan en la detención de un menor deberán practicarla en la forma que menos perjudique a éste y estarán obligados a informarle, en un lenguaje claro y comprensible y de forma inmediata, de los hechos que se le imputan, de las razones de su detención y de los derechos que le asisten, especialmente los reconocidos en el artículo 520 de la Ley de Enjuiciamiento Criminal, así como a garantizar el respeto de los mismos. También deberán notificar inmediatamente el hecho de la detención y el lugar de la custodia a los representantes legales del menor y al Ministerio Fiscal. Si el menor detenido fuera extranjero, el hecho de la detención se notificará a las correspondientes autoridades consulares cuando el menor tuviera su residencia habitual fuera de España o cuando así lo solicitaran el propio menor o sus representantes legales.

2. Toda declaración del detenido, se llevará a cabo en presencia de su letrado y de aquéllos que ejerzan la patria potestad, tutela o guarda del menor —de hecho o de derecho—, salvo que, en este último caso, las circunstancias aconsejen lo contrario. En defecto de estos últimos la declaración se llevará a cabo en presencia del Ministerio Fiscal, representado por persona distinta del instructor del expediente.

El menor detenido tendrá derecho a la entrevista reservada con su abogado con anterioridad y al término de la práctica de la diligencia de toma de declaración[986].

---

[984] Redactado conforme LO 8/2006, de 4 de diciembre, por la que se modifica la Ley Orgánica 5/2000, de 12 de enero, reguladora de la responsabilidad penal de los menores.

[985] Redactado conforme LO 8/2006, de 4 de diciembre, por la que se modifica la Ley Orgánica 5/2000, de 12 de enero, reguladora de la responsabilidad penal de los menores.

[986] Párrafo introducido por LO 8/2006, de 4 de diciembre, por la que se modifica la Ley Orgánica 5/2000, de 12 de enero, reguladora de la responsabilidad penal de los menores.

3. Mientras dure la detención, los menores deberán hallarse custodiados en dependencias adecuadas y separadas de las que se utilicen para los mayores de edad, y recibirán los cuidados, protección y asistencia social, psicológica, médica y física que requieran, habida cuenta de su edad, sexo y características individuales.

4. La detención de un menor por funcionarios de policía no podrá durar más tiempo del estrictamente necesario para la realización de las averiguaciones tendentes al esclarecimiento de los hechos, y, en todo caso, dentro del plazo máximo de veinticuatro horas, el menor detenido deberá ser puesto en libertad o a disposición del Ministerio Fiscal. Se aplicará, en su caso, lo dispuesto en el artículo 520 bis de la Ley de Enjuiciamiento Criminal, atribuyendo la competencia para las resoluciones judiciales previstas en dicho precepto al Juez de Menores.

5. Cuando el detenido sea puesto a disposición del Ministerio Fiscal, éste habrá de resolver, dentro de las cuarenta y ocho horas a partir de la detención, sobre la puesta en libertad del menor, sobre el desistimiento al que se refiere el artículo siguiente, o sobre la incoación del expediente, poniendo a aquél a disposición del Juez de Menores competente e instando del mismo las oportunas medidas cautelares, con arreglo a lo establecido en el artículo 28.

6. El Juez competente para el procedimiento de habeas corpus en relación a un menor será el Juez de Instrucción del lugar en el que se encuentre el menor privado de libertad; si no constare, el del lugar donde se produjo la detención, y, en defecto de los anteriores, el del lugar donde se hayan tenido las últimas noticias sobre el paradero del menor detenido.

Cuando el procedimiento de habeas corpus sea instado por el propio menor, la fuerza pública responsable de la detención lo notificará inmediatamente al Ministerio Fiscal, además de dar curso al procedimiento conforme a la ley orgánica reguladora.

Art. 18. *Desistimiento de la incoación del expediente por corrección en el ámbito educativo y familiar.*

El Ministerio Fiscal podrá desistir de la incoación del expediente cuando los hechos denunciados constituyan delitos menos graves sin violencia o intimidación en las personas o faltas, tipificados en el Código Penal o en las leyes penales especiales. En tal caso, el Ministerio Fiscal dará traslado de lo actuado a la entidad pública de protección de menores para la aplicación de lo establecido en el artículo 3 de la presente Ley. Asimismo, el Ministerio Fiscal comunicará a los ofendidos o perjudicados conocidos el desistimiento acordado[987].

No obstante, cuando conste que el menor ha cometido con anterioridad otros hechos de la misma naturaleza, el Ministerio Fiscal deberá incoar el expediente y, en su caso, actuar conforme autoriza el artículo 27.4 de la presente Ley.

---

[987] Redactado conforme LO 8/2006, de 4 de diciembre, por la que se modifica la Ley Orgánica 5/2000, de 12 de enero, reguladora de la responsabilidad penal de los menores.

Art. 19. *Sobreseimiento del expediente por conciliación o reparación entre el menor y la víctima.*

1. También podrá el Ministerio Fiscal desistir de la continuación del expediente, atendiendo a la gravedad y circunstancias de los hechos y del menor, de modo particular a la falta de violencia o intimidación graves en la comisión de los hechos, y a la circunstancia de que además el menor se haya conciliado con la víctima o haya asumido el compromiso de reparar el daño causado a la víctima o al perjudicado por el delito, o se haya comprometido a cumplir la actividad educativa propuesta por el equipo técnico en su informe.

El desistimiento en la continuación del expediente sólo será posible cuando el hecho imputado al menor constituya delito menos grave o falta.

2. A efectos de lo dispuesto en el apartado anterior, se entenderá producida la conciliación cuando el menor reconozca el daño causado y se disculpe ante la víctima, y ésta acepte sus disculpas, y se entenderá por reparación el compromiso asumido por el menor con la víctima o perjudicado de realizar determinadas acciones en beneficio de aquellos o de la comunidad, seguido de su realización efectiva. Todo ello sin perjuicio del acuerdo al que hayan llegado las partes en relación con la responsabilidad civil.

Cuando la medida sea consecuencia de la comisión de alguno de los delitos tipificados en los Capítulos I y II del Título VIII del Código Penal, o estén relacionados con la violencia de género, no tendrá efecto de conciliación, a menos que la víctima lo solicite expresamente y que el menor, además, haya realizado la medida accesoria de educación sexual y de educación para la igualdad[988].

3. El correspondiente equipo técnico realizará las funciones de mediación entre el menor y la víctima o perjudicado, a los efectos indicados en los apartados anteriores, e informará al Ministerio Fiscal de los compromisos adquiridos y de su grado de cumplimiento.

4. Una vez producida la conciliación o cumplidos los compromisos de reparación asumidos con la víctima o perjudicado por el delito o falta cometido, o cuando una u otros no pudieran llevarse a efecto por causas ajenas a la voluntad del menor, el Ministerio Fiscal dará por concluida la instrucción y solicitará del Juez el sobreseimiento y archivo de las actuaciones, con remisión de lo actuado.

5. En el caso de que el menor no cumpliera la reparación o la actividad educativa acordada, el Ministerio Fiscal continuará la tramitación del expediente.

6. En los casos en los que la víctima del delito o falta fuere menor de edad o incapaz, el compromiso al que se refiere el presente artículo habrá de ser asumido por el representante legal de la misma, con la aprobación del Juez de Menores.

---

[988] Apartado redactado conforme LO 10/2022, de 6 de septiembre, de garantía integral de la libertad sexual.

Art. 20[989]. *Unidad de expediente.*

1. El Ministerio Fiscal incoará un procedimiento por cada hecho delictivo, salvo cuando se trate de hechos delictivos conexos.

2. Todos los procedimientos tramitados a un mismo menor se archivarán en el expediente personal que del mismo se haya abierto en la Fiscalía. De igual modo se archivarán las diligencias en el Juzgado de Menores respectivo.

3. En los casos en los que los delitos atribuidos al menor expedientado hubieran sido cometidos en diferentes territorios, la determinación del órgano judicial competente para el enjuiciamiento de todos ellos en unidad de expediente, así como de las entidades públicas competentes para la ejecución de las medidas que se apliquen, se hará teniendo en cuenta el lugar del domicilio del menor y, subsidiariamente, los criterios expresados en el artículo 18 de la Ley de Enjuiciamiento Criminal.

4. Los procedimientos de la competencia de la Audiencia Nacional no podrán ser objeto de acumulación con otros procedimientos instruidos en el ámbito de la jurisdicción de menores, sean o no los mismos los sujetos imputados.

Art. 21. *Remisión al órgano competente.*

Cuando el conocimiento de los hechos no corresponda a la competencia de los Juzgados de Menores, el Fiscal acordará la remisión de lo actuado al órgano legalmente competente.

Art. 22. *De la incoación del expediente.*

1. Desde el mismo momento de la incoación del expediente, el menor tendrá derecho a:

a) Ser informado por el Juez, el Ministerio Fiscal, o agente de policía de los derechos que le asisten.

b) Designar abogado que le defienda, o a que le sea designado de oficio y a entrevistarse reservadamente con él, incluso antes de prestar declaración.

c) Intervenir en las diligencias que se practiquen durante la investigación preliminar y en el proceso judicial, y a proponer y solicitar, respectivamente, la práctica de diligencias.

d) Ser oído por el Juez o Tribunal antes de adoptar cualquier resolución que le concierna personalmente.

e) La asistencia afectiva y psicológica en cualquier estado y grado del procedimiento, con la presencia de los padres o de otra persona que indique el menor, si el Juez de Menores autoriza su presencia.

f) La asistencia de los servicios del equipo técnico adscrito al Juzgado de Menores.

2. El expediente será notificado al menor desde el momento mismo de su incoación, a salvo lo dispuesto en el artículo 24. A tal fin, el Fiscal requerirá al menor y a sus representantes legales para que designen letrado en el plazo de

---

[989]   Redactado conforme LO 8/2006, de 4 de diciembre, por la que se modifica la Ley Orgánica 5/2000, de 12 de enero, reguladora de la responsabilidad penal de los menores.

tres días, advirtiéndoles que, de no hacerlo, se le nombrará de oficio de entre los integrantes del turno de especialistas del correspondiente Colegio de Abogados. Una vez producida dicha designación, el Fiscal la comunicará al Juez de Menores[990].

3. Igualmente, el Ministerio Fiscal notificará a quien aparezca como perjudicado, desde el momento en que así conste en la instrucción del expediente, la posibilidad de ejercer las acciones civiles que le puedan corresponder, personándose ante el Juez de Menores en la pieza de responsabilidad civil que se tramitará por el mismo.

Art. 23. *Actuación instructora del Ministerio Fiscal.*

1. La actuación instructora del Ministerio Fiscal tendrá como objeto, tanto valorar la participación del menor en los hechos para expresarle el reproche que merece su conducta, como proponer las concretas medidas de contenido educativo y sancionador adecuadas a las circunstancias del hecho y de su autor y, sobre todo, al interés del propio menor valorado en la causa.

2. El Ministerio Fiscal deberá dar vista del expediente al letrado del menor y, en su caso, a quien haya ejercitado la acción penal, en un plazo no superior a veinticuatro horas, tantas veces como aquel lo solicite[991].

3. El Ministerio Fiscal no podrá practicar por sí mismo diligencias restrictivas de derechos fundamentales, sino que habrá de solicitar del Juzgado la práctica de las que sean precisas para el buen fin de las investigaciones. El Juez de Menores resolverá sobre esta petición por auto motivado. La práctica de tales diligencias se documentará en pieza separada.

4. El Ministerio Fiscal, de oficio o a petición de cualquiera de las partes personadas, instará al Juzgado de menores, la práctica de la declaración de la víctima o de un cualquier otro testigo, con las garantías de la prueba preconstituida, de conformidad con lo dispuesto en la Ley de Enjuiciamiento Criminal, asegurando en todo caso el principio de contradicción cuando concurran alguno de los supuestos siguientes:

a) Cuando exista riesgo de imposibilidad de concurrir al juicio oral.

b) Cuando se trate de una persona especialmente vulnerable. En todo caso, tendrá esa consideración toda persona menor de catorce años o persona con discapacidad necesitada de especial protección[992].

Art. 24. *Secreto del expediente.*

El Juez de Menores, a solicitud del Ministerio Fiscal, del menor o de su familia, o de quien ejercite la acción penal, podrá decretar mediante auto motivado el secreto del expediente, en su totalidad o parcialmente, durante toda la

---

[990] Redactado conforme LO 8/2006, de 4 de diciembre, por la que se modifica la Ley Orgánica 5/2000, de 12 de enero, reguladora de la responsabilidad penal de los menores.

[991] Redactado conforme LO 8/2006, de 4 de diciembre, por la que se modifica la Ley Orgánica 5/2000, de 12 de enero, reguladora de la responsabilidad penal de los menores.

[992] Apartado introducido por el artículo 23.2 de la LO 1/2025, de 2 de enero, de medidas en materia de eficiencia del Servicio Público de Justicia.

Art. 25

instrucción o durante un período limitado de ésta. No obstante, el letrado del menor y quien ejercite la acción penal deberán, en todo caso, conocer en su integridad el expediente al evacuar el trámite de alegaciones. Este incidente se tramitará por el Juzgado en pieza separada[993].

Art. 25. *De la acusación particular*[994].

Podrán personarse en el procedimiento como acusadores particulares, a salvo de las acciones previstas por el artículo 61 de esta ley, las personas directamente ofendidas por el delito, sus padres, sus herederos o sus representantes legales si fueran menores de edad o incapaces, con las facultades y derechos que derivan de ser parte en el procedimiento, entre los que están, entre otros, los siguientes:

a) Ejercitar la acusación particular durante el procedimiento.

b) Instar la imposición de las medidas a las que se refiere esta ley.

c) Tener vista de lo actuado, siendo notificado de las diligencias que se soliciten y acuerden.

d) Proponer pruebas que versen sobre el hecho delictivo y las circunstancias de su comisión, salvo en lo referente a la situación psicológica, educativa, familiar y social del menor.

e) Participar en la práctica de las pruebas, ya sea en fase de instrucción ya sea en fase de audiencia; a estos efectos, el órgano actuante podrá denegar la práctica de la prueba de careo, si esta fuera solicitada, cuando no resulte fundamental para la averiguación de los hechos o la participación del menor en los mismos.

f) Ser oído en todos los incidentes que se tramiten durante el procedimiento.

g) Ser oído en caso de modificación o de sustitución de medidas impuestas al menor.

h) Participar en las vistas o audiencias que se celebren.

i) Formular los recursos procedentes de acuerdo con esta ley.

Una vez admitida por el Juez de Menores la personación del acusador particular, se le dará traslado de todas las actuaciones sustanciadas de conformidad con esta ley y se le permitirá intervenir en todos los trámites en defensa de sus intereses.

Art. 26[995]. *Diligencias propuestas por las partes.*

1. Las partes podrán solicitar del Ministerio Fiscal la práctica de cuantas diligencias consideren necesarias. El Ministerio Fiscal decidirá sobre su admisión, mediante resolución motivada que notificará al letrado del menor y

---

[993] Redactado conforme LO 8/2006, de 4 de diciembre, por la que se modifica la Ley Orgánica 5/2000, de 12 de enero, reguladora de la responsabilidad penal de los menores.

[994] Redactado conforme LO 15/2003, de 25 de noviembre, por la que se modifica la Ley Orgánica 10/1995, de 23 de noviembre, del Código Penal.

[995] Redactado conforme LO 8/2006, de 4 de diciembre, por la que se modifica la Ley Orgánica 5/2000, de 12 de enero, reguladora de la responsabilidad penal de los menores.

a quien en su caso ejercite la acción penal y que pondrá en conocimiento del Juez de Menores. Las partes podrán, en cualquier momento, reproducir ante el Juzgado de Menores la petición de las diligencias no practicadas.

2. No obstante lo dispuesto en el apartado anterior, cuando alguna de las partes proponga que se lleve a efecto la declaración del menor, el Ministerio Fiscal deberá recibirla en el expediente, salvo que ya hubiese concluido la instrucción y el expediente hubiese sido elevado al Juzgado de Menores.

3. Si las diligencias propuestas por alguna de las partes afectaren a derechos fundamentales del menor o de otras personas, el Ministerio Fiscal, de estimar pertinente la solicitud, se dirigirá al Juez de Menores conforme a lo dispuesto en el artículo 23.3, sin perjuicio de la facultad de quien haya propuesto la diligencia de reproducir su solicitud ante el Juez de Menores conforme a lo dispuesto en el apartado 1 de este artículo.

Art. 27. *Informe del equipo técnico.*

1. Durante la instrucción del expediente, el Ministerio Fiscal requerirá del equipo técnico, que a estos efectos dependerá funcionalmente de aquél sea cual fuere su dependencia orgánica, la elaboración de un informe o actualización de los anteriormente emitidos, que deberá serle entregado en el plazo máximo de diez días, prorrogable por un período no superior a un mes en casos de gran complejidad, sobre la situación psicológica, educativa y familiar del menor, así como sobre su entorno social, y en general sobre cualquier otra circunstancia relevante a los efectos de la adopción de alguna de las medidas previstas en la presente Ley.

2. El equipo técnico podrá proponer, asimismo, una intervención socioeducativa sobre el menor, poniendo de manifiesto en tal caso aquellos aspectos del mismo que considere relevantes en orden a dicha intervención.

3. De igual modo, el equipo técnico informará, si lo considera conveniente y en interés del menor, sobre la posibilidad de que éste efectúe una actividad reparadora o de conciliación con la víctima, de acuerdo con lo dispuesto en el artículo 19 de esta Ley, con indicación expresa del contenido y la finalidad de la mencionada actividad. En este caso, no será preciso elaborar un informe de las características y contenidos del apartado 1 de este artículo.

4. Asimismo podrá el equipo técnico proponer en su informe la conveniencia de no continuar la tramitación del expediente en interés del menor, por haber sido expresado suficientemente el reproche al mismo a través de los trámites ya practicados, o por considerar inadecuada para el interés del menor cualquier intervención, dado el tiempo transcurrido desde la comisión de los hechos. En estos casos, si se reunieran los requisitos previstos en el artículo 19.1 de esta Ley, el Ministerio Fiscal podrá remitir el expediente al Juez con propuesta de sobreseimiento, remitiendo además, en su caso, testimonio de lo actuado a la entidad pública de protección de menores que corresponda, a los efectos de que actúe en protección del menor.

Art. 28

5. En todo caso, una vez elaborado el informe del equipo técnico, el Ministerio Fiscal lo remitirá inmediatamente al Juez de Menores y dará copia del mismo al letrado del menor.

6. El informe al que se refiere el presente artículo podrá ser elaborado o complementado por aquellas entidades públicas o privadas que trabajen en el ámbito de la educación de menores y conozcan la situación del menor expedientado.

CAPÍTULO II
DE LAS MEDIDAS CAUTELARES

Art. 28. *Reglas generales.*

1. El Ministerio Fiscal, de oficio o a instancia de quien haya ejercitado la acción penal, cuando existan indicios racionales de la comisión de un delito y el riesgo de eludir u obstruir la acción de la justicia por parte del menor o de atentar contra los bienes jurídicos de la víctima, podrá solicitar del Juez de Menores, en cualquier momento, la adopción de medidas cautelares para la custodia y defensa del menor expedientado o para la debida protección de la víctima.

Dichas medidas podrán consistir en internamiento en centro en el régimen adecuado, libertad vigilada, prohibición de aproximarse o comunicarse con la víctima o con aquellos de sus familiares u otras personas que determine el Juez, o convivencia con otra persona, familia o grupo educativo.

El Juez, oído el letrado del menor, así como el equipo técnico y la representación de la entidad pública de protección o reforma de menores, que informarán especialmente sobre la naturaleza de la medida cautelar, resolverá sobre lo propuesto tomando en especial consideración el interés del menor. La medida cautelar adoptada podrá mantenerse hasta que recaiga sentencia firme[996].

2. Para la adopción de la medida cautelar de internamiento se atenderá a la gravedad de los hechos, valorando también las circunstancias personales y sociales del menor, la existencia de un peligro cierto de fuga, y, especialmente, el que el menor hubiera cometido o no con anterioridad otros hechos graves de la misma naturaleza.

El Juez de Menores resolverá, a instancia del Ministerio Fiscal o de la acusación particular, en una comparecencia a la que asistirán también el letrado del menor, las demás partes personadas, el representante del equipo técnico y el de la entidad pública de protección o reforma de menores, los cuales informarán al Juez sobre la conveniencia de la adopción de la medida solicitada en función de los criterios consignados en este artículo. En dicha comparecencia el Minis-

---

[996]   Apartado redactado conforme LO 8/2006, de 4 de diciembre, por la que se modifica la Ley Orgánica 5/2000, de 12 de enero, reguladora de la responsabilidad penal de los menores.

terio Fiscal y las partes personadas podrán proponer los medios de prueba que puedan practicarse en el acto o dentro de las veinticuatro horas siguientes[997].

3. El tiempo máximo de la medida cautelar de internamiento será de seis meses, y podrá prorrogarse, a instancia del Ministerio Fiscal, previa audiencia del letrado del menor y mediante auto motivado, por otros tres meses como máximo[998].

4. Las medidas cautelares se documentarán en el Juzgado de Menores en pieza separada del expediente.

5. El tiempo de cumplimiento de las medidas cautelares se abonará en su integridad para el cumplimiento de las medidas que se puedan imponer en la misma causa o, en su defecto, en otras causas que hayan tenido por objeto hechos anteriores a la adopción de aquéllas. El Juez, a propuesta del Ministerio Fiscal y oídos el letrado del menor y el equipo técnico que informó la medida cautelar, ordenará que se tenga por ejecutada la medida impuesta en aquella parte que estime razonablemente compensada por la medida cautelar.

Art. 29. *Medidas cautelares en los casos de exención de la responsabilidad.*

Si en el transcurso de la instrucción que realice el Ministerio Fiscal quedara suficientemente acreditado que el menor se encuentra en situación de enajenación mental o en cualquiera otra de las circunstancias previstas en los apartados 1.º, 2.º ó 3.º del artículo 20 del Código Penal vigente, se adoptarán las medidas cautelares precisas para la protección y custodia del menor conforme a los preceptos civiles aplicables, instando en su caso las actuaciones para la incapacitación del menor y la constitución de los organismos tutelares conforme al derecho, sin perjuicio todo ello de concluir la instrucción y de efectuar las alegaciones previstas en esta Ley conforme a lo que establecen sus artículos 5.2 y 9, y de solicitar, por los trámites de la misma, en su caso, alguna medida terapéutica adecuada al interés del menor de entre las previstas en esta Ley.

CAPÍTULO III
DE LA CONCLUSIÓN DE LA INSTRUCCIÓN

Art. 30. *Remisión del expediente al Juez de Menores.*

1. Acabada la instrucción, el Ministerio Fiscal resolverá la conclusión del expediente, notificándosela a las partes personadas, y remitirá al Juzgado de Menores el expediente, junto con las piezas de convicción y demás efectos que pudieran existir, con un escrito de alegaciones en el que constará la descripción de los hechos, la valoración jurídica de los mismos, el grado de participación del menor, una breve reseña de las circunstancias personales y sociales de éste, la proposición de alguna medida de las previstas en esta Ley con exposición

---

[997] Apartado redactado conforme LO 8/2006, de 4 de diciembre, por la que se modifica la Ley Orgánica 5/2000, de 12 de enero, reguladora de la responsabilidad penal de los menores.

[998] Redactado conforme LO 8/2006, de 4 de diciembre, por la que se modifica la Ley Orgánica 5/2000, de 12 de enero, reguladora de la responsabilidad penal de los menores.

Art. 31

razonada de los fundamentos jurídicos y educativos que la aconsejen, y, en su caso, la exigencia de responsabilidad civil[999].

2. En el mismo acto propondrá el Ministerio Fiscal la prueba de que intente valerse para la defensa de su pretensión procesal.

3. Asimismo, podrá proponer el Ministerio Fiscal la participación en el acto de la audiencia de aquellas personas o representantes de instituciones públicas y privadas que puedan aportar al proceso elementos valorativos del interés del menor y de la conveniencia o no de las medidas solicitadas. En todo caso serán llamadas al acto de audiencia las personas o instituciones perjudicadas civilmente por el delito, así como los responsables civiles[1000].

4. El Ministerio Fiscal podrá también solicitar del Juez de Menores el sobreseimiento de las actuaciones por alguno de los motivos previstos en la Ley de Enjuiciamiento Criminal, así como la remisión de los particulares necesarios a la entidad pública de protección de menores en su caso.

TÍTULO IV
DE LA FASE DE AUDIENCIA

Art. 31. *Apertura de la fase de audiencia.*

Recibido el escrito de alegaciones con el expediente, las piezas de convicción, los efectos y demás elementos relevantes para el proceso remitidos por el Ministerio Fiscal, el secretario del Juzgado de Menores los incorporará a las diligencias, y el Juez de Menores procederá a abrir el trámite de audiencia, para lo cual el secretario judicial dará traslado simultáneamente a quienes ejerciten la acción penal y la civil para que en un plazo común de cinco días hábiles formulen sus respectivos escritos de alegaciones y propongan las pruebas que consideren pertinentes. Evacuado este trámite, el secretario judicial dará traslado de todo lo actuado al letrado del menor y, en su caso, a los responsables civiles, para que en un plazo de cinco días hábiles formule a su vez escrito de alegaciones y proponga la prueba que considere pertinente[1001].

Art. 32[1002]. *Sentencia de conformidad.*

Si el escrito de alegaciones de la acusación solicitara la imposición de alguna o algunas de las medidas previstas en las letras e) a ñ) del apartado 1 del artículo 7, y hubiere conformidad del menor y de su letrado, así como de

---

[999] Redactado conforme LO 8/2006, de 4 de diciembre, por la que se modifica la Ley Orgánica 5/2000, de 12 de enero, reguladora de la responsabilidad penal de los menores.

[1000] Redactado conforme LO 8/2006, de 4 de diciembre, por la que se modifica la Ley Orgánica 5/2000, de 12 de enero, reguladora de la responsabilidad penal de los menores.

[1001] Redactado conforme LO 8/2006, de 4 de diciembre, por la que se modifica la Ley Orgánica 5/2000, de 12 de enero, reguladora de la responsabilidad penal de los menores.

[1002] Redactado conforme LO 8/2006, de 4 de diciembre, por la que se modifica la Ley Orgánica 5/2000, de 12 de enero, reguladora de la responsabilidad penal de los menores.

los responsables civiles, la cual se expresará en comparecencia ante el Juez de Menores en los términos del artículo 36, éste dictará sentencia sin más trámite.

Cuando el menor y su letrado disintiesen únicamente respecto de la responsabilidad civil, se limitará la audiencia a la prueba y discusión de los puntos relativos a dicha responsabilidad.

Cuando la persona o personas contra quienes se dirija la acción civil no estuvieren conformes con la responsabilidad civil solicitada, se sustanciará el trámite de la audiencia sólo en lo relativo a este último extremo, practicándose la prueba propuesta a fin de determinar el alcance de aquella.

Art. 33[1003]. *Otras decisiones del Juez de Menores.*

En los casos no previstos en el artículo anterior, a la vista de la petición del Ministerio Fiscal y de los escritos de alegaciones de las partes, el Juez adoptará alguna de las siguientes decisiones:

a) La celebración de la audiencia.

b) El sobreseimiento, mediante auto motivado, de las actuaciones.

c) El archivo por sobreseimiento de las actuaciones con remisión de particulares a la entidad pública de protección de menores correspondiente cuando así se haya solicitado por el Ministerio Fiscal,

d) La remisión de las actuaciones al Juez competente, cuando el Juez de Menores considere que no le corresponde el conocimiento del asunto.

e) Practicar por sí las pruebas propuestas por las partes y que hubieran sido denegadas por el Fiscal durante la instrucción, conforme a lo dispuesto en el artículo 26.1 de la presente Ley, y que no puedan celebrarse en el transcurso de la audiencia, siempre que considere que son relevantes a los efectos del proceso. Una vez practicadas, dará traslado de los resultados al Ministerio Fiscal y a las partes personadas, antes de iniciar las sesiones de la audiencia.

Contra las precedentes resoluciones cabrán los recursos previstos en esta Ley.

Art. 34. *Pertinencia de pruebas y señalamiento de la audiencia.*

El Juez de Menores, dentro del plazo de cinco días desde la presentación del escrito de alegaciones del letrado del menor y, en su caso, de los responsables civiles, o una vez transcurrido el plazo para la presentación sin que ésta se hubiere efectuado, acordará, en su caso, lo procedente sobre la pertinencia de las pruebas propuestas, mediante auto de apertura de la audiencia, y el secretario judicial señalará el día y hora en que deba comenzar ésta dentro de los diez días siguientes[1004].

[1003] Redactado conforme LO 8/2006, de 4 de diciembre, por la que se modifica la Ley Orgánica 5/2000, de 12 de enero, reguladora de la responsabilidad penal de los menores.

[1004] Redactado conforme LO 8/2006, de 4 de diciembre, por la que se modifica la Ley Orgánica 5/2000, de 12 de enero, reguladora de la responsabilidad penal de los menores.

Art. 35. *Asistentes y no publicidad de la audiencia.*

1. La audiencia se celebrará con asistencia del Ministerio Fiscal, de las partes personadas, del letrado del menor, de un representante del equipo técnico que haya evacuado el informe previsto en el artículo 27 de esta Ley, y del propio menor, el cual podrá estar acompañado de sus representantes legales, salvo que el Juez, oídos los citados Ministerio Fiscal, letrado del menor y representante del equipo técnico, acuerde lo contrario. También podrá asistir el representante de la entidad pública de protección o reforma de menores que haya intervenido en las actuaciones de la instrucción, cuando se hubiesen ejecutado medidas cautelares o definitivas impuestas al menor con anterioridad. Igualmente, deberán comparecer la persona o personas a quienes se exija responsabilidad civil; aunque su inasistencia injustificada no será por sí misma causa de suspensión de la audiencia[1005].

2. El Juez podrá acordar, en interés de la persona imputada o de la víctima, que las sesiones no sean públicas y en ningún caso se permitirá que los medios de comunicación social obtengan o difundan imágenes del menor ni datos que permitan su identificación.

3. Quienes ejerciten la acción penal en el procedimiento regulado en la presente Ley, habrán de respetar rigurosamente el derecho del menor a la confidencialidad y a la no difusión de sus datos personales o de los datos que obren en el expediente instruido, en los términos que establezca el Juez de Menores. Quien infrinja esta regla será acreedor de las responsabilidades civiles y penales a que haya lugar[1006].

Art. 36[1007]. *Conformidad del menor.*

1. El secretario judicial informará al menor expedientado, en un lenguaje comprensible y adaptado a su edad, de las medidas y responsabilidad civil solicitadas por el Ministerio Fiscal y, en su caso, la acusación particular y el actor civil, en sus escritos de alegaciones, así como de los hechos y de la causa en que se funden.

2. El Juez seguidamente preguntará al menor si se declara autor de los hechos y si está de acuerdo con las medidas solicitadas y con la responsabilidad civil. Si mostrase su conformidad con dichos extremos, oídos el letrado del menor y la persona o personas contra quienes se dirija la acción civil, el Juez podrá dictar resolución de conformidad. Si el letrado no estuviese de acuerdo con la conformidad prestada por el propio menor, el Juez resolverá sobre la continuación o no de la audiencia, razonando esta decisión en la sentencia.

[1005] Redactado conforme LO 8/2006, de 4 de diciembre, por la que se modifica la Ley Orgánica 5/2000, de 12 de enero, reguladora de la responsabilidad penal de los menores.

[1006] Redactado conforme LO 8/2006, de 4 de diciembre, por la que se modifica la Ley Orgánica 5/2000, de 12 de enero, reguladora de la responsabilidad penal de los menores.

[1007] Redactado conforme LO 8/2006, de 4 de diciembre, por la que se modifica la Ley Orgánica 5/2000, de 12 de enero, reguladora de la responsabilidad penal de los menores.

Art. 37

3. Si el menor estuviere conforme con los hechos pero no con la medida solicitada, se sustanciará el trámite de la audiencia sólo en lo relativo a este último extremo, practicándose la prueba propuesta a fin de determinar la aplicación de dicha medida o su sustitución por otra más adecuada al interés del menor y que haya sido propuesta por alguna de las partes.

4. Cuando el menor o la persona o personas contra quienes se dirija la acción civil no estuvieren conformes con la responsabilidad civil solicitada, se sustanciará el trámite de la audiencia sólo en lo relativo a este último extremo, practicándose la prueba propuesta a fin de determinar el alcance de aquélla.

Art. 37. *Celebración de la audiencia.*

1. Cuando proceda la celebración de la audiencia, el Juez invitará al Ministerio Fiscal, a quienes hayan ejercitado, en su caso, la acción penal, al letrado del menor, y eventualmente y respecto de las cuestiones que estrictamente tengan que ver con la responsabilidad civil al actor civil y terceros responsables civilmente, a que manifiesten lo que tengan por conveniente sobre la práctica de nuevas pruebas o sobre la vulneración de algún derecho fundamental en la tramitación del procedimiento, o, en su caso, les pondrá de manifiesto la posibilidad de aplicar una distinta calificación o una distinta medida de las que hubieran solicitado. Seguidamente, el Juez acordará la continuación de la audiencia o la subsanación del derecho vulnerado, si así procediere. Si acordara la continuación de la audiencia, el Juez resolverá en la sentencia sobre los extremos planteados[1008].

2. Seguidamente se iniciará la práctica de la prueba propuesta y admitida y la que, previa declaración de pertinencia, ofrezcan las partes para su práctica en el acto, oyéndose, asimismo, al equipo técnico sobre las circunstancias del menor. A continuación, el Juez oirá al Ministerio Fiscal, a quien haya ejercitado en su caso la acción penal, al letrado del menor y al actor civil y terceros responsables civilmente respecto de los derechos que le asisten, sobre la valoración de la prueba, su calificación jurídica y la procedencia de las medidas propuestas; sobre este último punto, se oirá también al equipo técnico y, en su caso, a la entidad pública de protección o reforma de menores. Por último, el Juez oirá al menor, dejando el expediente visto para sentencia[1009].

3. En su caso, en este procedimiento se aplicará lo dispuesto en la legislación relativa a la protección de testigos y peritos en causas penales.

4. Si en el transcurso de la audiencia el Juez considerara, de oficio o a solicitud de las partes, que el interés del menor aconseja que éste abandone la sala, podrá acordarlo así motivadamente, ordenando que continúen las actuaciones hasta que el menor pueda retornar a aquélla.

[1008] Redactado conforme LO 8/2006, de 4 de diciembre, por la que se modifica la Ley Orgánica 5/2000, de 12 de enero, reguladora de la responsabilidad penal de los menores.

[1009] Redactado conforme LO 8/2006, de 4 de diciembre, por la que se modifica la Ley Orgánica 5/2000, de 12 de enero, reguladora de la responsabilidad penal de los menores.

Art. 38

TÍTULO V
DE LA SENTENCIA

Art. 38. *Plazo para dictar sentencia.*

Finalizada la audiencia, el Juez de Menores dictará sentencia en un plazo máximo de cinco días[1010].

Art. 39. *Contenido y registro de la sentencia.*

1. La sentencia contendrá todos los requisitos previstos en la vigente Ley Orgánica del Poder Judicial y en ella, valorando las pruebas practicadas, las razones expuestas por el Ministerio Fiscal, por las partes personadas y por el letrado del menor, lo manifestado en su caso por éste, tomando en consideración las circunstancias y gravedad de los hechos, así como todos los datos debatidos sobre la personalidad, situación, necesidades y entorno familiar y social del menor, la edad de éste en el momento de dictar la sentencia, y la circunstancia de que el menor hubiera cometido o no con anterioridad otros hechos de la misma naturaleza, resolverá sobre la medida o medidas propuestas, con indicación expresa de su contenido, duración y objetivos a alcanzar con las mismas. La sentencia será motivada, consignando expresamente los hechos que se declaren probados y los medios probatorios de los que resulte la convicción judicial. En la misma sentencia se resolverá sobre la responsabilidad civil derivada del delito o falta, con el contenido indicado en el artículo 115 del Código Penal. También podrá ser anticipado oralmente el fallo al término de las sesiones de la audiencia, sin perjuicio de su documentación con arreglo al artículo 248.3 de la citada Ley Orgánica del Poder Judicial[1011].

2. El Juez, al redactar la sentencia, procurará expresar sus razonamientos en un lenguaje claro y comprensible para la edad del menor.

3. Cada Juzgado de Menores llevará un registro de sentencias en el que se incluirán firmadas todas las definitivas. La llevanza y custodia de dicho registro es responsabilidad del secretario judicial[1012].

Art. 40. *Suspensión de la ejecución del fallo.*

1. El Juez competente para la ejecución, de oficio o a instancia del Ministerio Fiscal o del letrado del menor, y oídos en todo caso éstos, así como el representante del equipo técnico y de la entidad pública de protección o reforma de menores, podrá acordar motivadamente la suspensión de la ejecución del fallo contenido en la sentencia, cuando la medida impuesta no sea superior a dos años de duración, durante un tiempo determinado y hasta un máximo de dos años. Dicha suspensión se acordará en la propia sentencia o por auto motivado

---

[1010] Redactado conforme LO 8/2006, de 4 de diciembre, por la que se modifica la Ley Orgánica 5/2000, de 12 de enero, reguladora de la responsabilidad penal de los menores.

[1011] Apartado redactado conforme LO 8/2006, de 4 de diciembre, por la que se modifica la Ley Orgánica 5/2000, de 12 de enero, reguladora de la responsabilidad penal de los menores.

[1012] Redactado conforme LO 8/2006, de 4 de diciembre, por la que se modifica la Ley Orgánica 5/2000, de 12 de enero, reguladora de la responsabilidad penal de los menores.

del Juez competente para la ejecución cuando aquélla sea firme, debiendo expresar, en todo caso, las condiciones de la misma. Se exceptúa de la suspensión el pronunciamiento sobre la responsabilidad civil derivada del delito o falta[1013].

2. Las condiciones a las que estará sometida la suspensión de la ejecución del fallo contenido en la sentencia dictada por el Juez de Menores serán las siguientes:

a) No ser condenado en sentencia firme por delito cometido durante el tiempo que dure la suspensión, si ha alcanzado la mayoría de edad, o no serle aplicada medida en sentencia firme en procedimiento regulado por esta Ley durante el tiempo que dure la suspensión.

b) Que el menor asuma el compromiso de mostrar una actitud y disposición de reintegrarse a la sociedad, no incurriendo en nuevas infracciones.

c) Además, el Juez puede establecer la aplicación de un régimen de libertad vigilada durante el plazo de suspensión o la obligación de realizar una actividad socio-educativa, recomendada por el equipo técnico o la entidad pública de protección o reforma de menores en el precedente trámite de audiencia, incluso con compromiso de participación de los padres, tutores o guardadores del menor, expresando la naturaleza y el plazo en que aquella actividad deberá llevarse a cabo.

3. Si las condiciones expresadas en el apartado anterior no se cumplieran, el Juez alzará la suspensión y se procederá a ejecutar la sentencia en todos sus extremos. Contra la resolución que así lo acuerde se podrán interponer los recursos previstos en esta Ley.

TÍTULO VI
DEL RÉGIMEN DE RECURSOS

Art. 41. *Recursos procedentes y tramitación*[1014].

1. Contra la sentencia dictada por el Juez de Menores en el procedimiento regulado en esta Ley cabe recurso de apelación ante la correspondiente Audiencia Provincial, que se interpondrá ante el Juez que dictó aquélla en el plazo de cinco días a contar desde su notificación, y se resolverá previa celebración de vista pública, salvo que en interés de la persona imputada o de la víctima, el Juez acuerde que se celebre a puerta cerrada. A la vista deberán asistir las partes y, si el Tribunal lo considera oportuno, el representante del equipo técnico y el representante de la entidad pública de protección o reforma de menores que hayan intervenido en el caso concreto. El recurrente podrá solicitar del Tribu-

---

[1013] Redactado conforme LO 8/2006, de 4 de diciembre, por la que se modifica la Ley Orgánica 5/2000, de 12 de enero, reguladora de la responsabilidad penal de los menores.

[1014] Redactado conforme LO 8/2006, de 4 de diciembre, por la que se modifica la Ley Orgánica 5/2000, de 12 de enero, reguladora de la responsabilidad penal de los menores.

Art. 42

nal la práctica de la prueba que, propuesta y admitida en la instancia, no se hubiera celebrado, conforme a las reglas de la Ley de Enjuiciamiento Criminal[1015].

2. Contra los autos y providencias de los Jueces de Menores cabe recurso de reforma ante el propio órgano, que se interpondrá en el plazo de tres días a partir de la notificación. El auto que resuelva la impugnación de la providencia será susceptible de recurso de apelación.

3. Contra los autos que pongan fin al procedimiento o resuelvan el incidente de los artículos 13, 28, 29 y 40 de esta Ley, cabe recurso de apelación ante la Audiencia Provincial por los trámites que regula la Ley de Enjuiciamiento Criminal para el procedimiento abreviado[1016].

4. Contra los autos y sentencias dictados por el Juzgado Central de Menores de la Audiencia Nacional cabe recurso de apelación ante la Sala de lo Penal de la Audiencia Nacional[1017].

5. Contra las resoluciones dictadas por los secretarios judiciales caben los mismos recursos que los expresados en la Ley de Enjuiciamiento Criminal, que se sustanciarán en la forma que en ella se determina[1018].

Art. 42[1019]. *Recurso de casación para unificación de doctrina.*

1. Son recurribles en casación, ante la Sala Segunda del Tribunal Supremo, las sentencias dictadas en apelación por la Audiencia Nacional y por las Audiencias Provinciales cuando se hubiere impuesto una de las medidas a las que se refiere el artículo 10.

2. El recurso tendrá por objeto la unificación de doctrina con ocasión de sentencias dictadas en apelación que fueran contradictorias entre sí, o con sentencias del Tribunal Supremo, respecto de hechos y valoraciones de las circunstancias del menor que, siendo sustancialmente iguales, hayan dado lugar, sin embargo, a pronunciamientos distintos.

3. El recurso podrá prepararlo el Ministerio Fiscal o cualquiera de las partes que pretenda la indicada unificación de doctrina dentro de los diez días siguientes a la notificación de la sentencia de la Audiencia Nacional o Provincial, en escrito dirigido a la misma. El escrito de preparación deberá contener una relación precisa y circunstanciada de la contradicción alegada, con designación

---

[1015] Redactado conforme LO 9/2000, de 22 de diciembre, sobre medidas urgentes para la agilización de la Administración de Justicia, por la que se modifica la Ley Orgánica 6/1985, de 1 de julio, del Poder Judicial.

[1016] Redactado conforme LO 9/2000, de 22 de diciembre, sobre medidas urgentes para la agilización de la Administración de Justicia, por la que se modifica la Ley Orgánica 6/1985, de 1 de julio, del Poder Judicial y LO 8/2006, de 4 de diciembre, por la que se modifica la Ley Orgánica 5/2000, de 12 de enero, reguladora de la responsabilidad penal de los menores.

[1017] Apartado introducido por LO 8/2006, de 4 de diciembre, por la que se modifica la Ley Orgánica 5/2000, de 12 de enero, reguladora de la responsabilidad penal de los menores.

[1018] Apartado introducido por LO 8/2006, de 4 de diciembre, por la que se modifica la Ley Orgánica 5/2000, de 12 de enero, reguladora de la responsabilidad penal de los menores.

[1019] Redactado conforme LO 8/2006, de 4 de diciembre, por la que se modifica la Ley Orgánica 5/2000, de 12 de enero, reguladora de la responsabilidad penal de los menores.

de las sentencias aludidas y de los informes en que se funde el interés del menor valorado en sentencia.

4. Si la Audiencia Nacional o Provincial ante quien se haya preparado el recurso estimara acreditados los requisitos a los que se refiere el apartado anterior, el secretario judicial requerirá testimonio de las sentencias citadas a los Tribunales que las dictaron, y en un plazo de diez días remitirá la documentación a la Sala Segunda del Tribunal Supremo, emplazando al recurrente y al Ministerio Fiscal, si no lo fuera, ante dicha Sala.

5. El recurso de casación se interpondrá ante la Sala Segunda del Tribunal Supremo, siendo de aplicación en la interposición, sustanciación y resolución del recurso lo dispuesto en la Ley de Enjuiciamiento Criminal, en cuanto resulte aplicable.

TÍTULO VII
DE LA EJECUCIÓN DE LAS MEDIDAS

CAPÍTULO I
DISPOSICIONES GENERALES

Art. 43. *Principio de legalidad.*

1. No podrá ejecutarse ninguna de las medidas establecidas en esta Ley sino en virtud de sentencia firme dictada de acuerdo con el procedimiento regulado en la misma.

2. Tampoco podrán ejecutarse dichas medidas en otra forma que la prescrita en esta Ley y en los reglamentos que la desarrollen.

Art. 44. *Competencia judicial.*

1. La ejecución de las medidas previstas en esta Ley se realizará bajo el control del Juez de Menores que haya dictado la sentencia correspondiente, salvo cuando por aplicación de lo dispuesto en los artículos 12 y 47 de esta Ley sea competente otro, el cual resolverá por auto motivado, oídos el Ministerio Fiscal, el letrado del menor y la representación de la entidad pública que ejecute aquélla, sobre las incidencias que se puedan producir durante su transcurso[1020].

2. Para ejercer el control de la ejecución, corresponden especialmente al Juez de Menores, de oficio o a instancia del Ministerio Fiscal o del letrado del menor, las funciones siguientes:

a) Adoptar todas las decisiones que sean necesarias para proceder a la ejecución efectiva de las medidas impuestas.

b) Resolver las propuestas de revisión de las medidas[1021].

[1020] Redactado conforme LO 8/2006, de 4 de diciembre, por la que se modifica la Ley Orgánica 5/2000, de 12 de enero, reguladora de la responsabilidad penal de los menores.

[1021] Redactado conforme LO 8/2006, de 4 de diciembre, por la que se modifica la Ley Orgánica 5/2000, de 12 de enero, reguladora de la responsabilidad penal de los menores.

c) Aprobar los programas de ejecución de las medidas.

d) Conocer de la evolución de los menores durante el cumplimiento de las medidas a través de los informes de seguimiento de las mismas.

e) Resolver los recursos que se interpongan contra las resoluciones dictadas para la ejecución de las medidas, conforme establece el artículo 52 de esta Ley.

f) Acordar lo que proceda en relación a las peticiones o quejas que puedan plantear los menores sancionados sobre el régimen, el tratamiento o cualquier otra circunstancia que pueda afectar a sus derechos fundamentales.

g) Realizar regularmente visitas a los centros y entrevistas con los menores.

h) Formular a la entidad pública de protección o reforma de menores correspondiente las propuestas y recomendaciones que considere oportunas en relación con la organización y el régimen de ejecución de las medidas.

i) Adoptar las resoluciones que, en relación con el régimen disciplinario, les atribuye el artículo 60 de esta Ley.

3. Cuando, por aplicación de lo dispuesto en el artículo 14 de esta Ley, la medida de internamiento se cumpla en un establecimiento penitenciario, el Juez de Menores competente para la ejecución conservará la competencia para decidir sobre la pervivencia, modificación o sustitución de la medida en los términos previstos en esta Ley, asumiendo el Juez de Vigilancia Penitenciaria el control de las incidencias de la ejecución de la misma en todas las cuestiones y materias a que se refiere la legislación penitenciaria[1022].

Art. 45. *Competencia administrativa.*

1. La ejecución de las medidas adoptadas por los Jueces de Menores en sus sentencias firmes es competencia de las Comunidades Autónomas y de las Ciudades de Ceuta y Melilla, con arreglo a la disposición final vigésima segunda de la Ley Orgánica 1/1996, de 15 de enero, de Protección Jurídica del Menor. Dichas entidades públicas llevarán a cabo, de acuerdo con sus respectivas normas de organización, la creación, dirección, organización y gestión de los servicios, instituciones y programas adecuados para garantizar la correcta ejecución de las medidas previstas en esta Ley.

2. La ejecución de las medidas corresponderá a las Comunidades Autónomas y Ciudades de Ceuta y Melilla, donde se ubique el Juzgado de Menores que haya dictado la sentencia, sin perjuicio de lo dispuesto en el apartado 3 del artículo siguiente.

3. Las Comunidades Autónomas y las Ciudades de Ceuta y Melilla podrán establecer los convenios o acuerdos de colaboración necesarios con otras entidades, bien sean públicas, de la Administración del Estado, Local o de otras Comunidades Autónomas, o privadas sin ánimo de lucro, para la ejecución de las medidas de su competencia, bajo su directa supervisión, sin que ello suponga en ningún caso la cesión de la titularidad y responsabilidad derivada de dicha ejecución.

[1022] Apartado introducido por LO 8/2006, de 4 de diciembre, por la que se modifica la Ley Orgánica 5/2000, de 12 de enero, reguladora de la responsabilidad penal de los menores.

CAPÍTULO II
REGLAS PARA LA EJECUCIÓN DE LAS MEDIDAS

Art. 46[1023]. *Liquidación de la medida y traslado del menor a un centro.*

1. Una vez firme la sentencia y aprobado el programa de ejecución de la medida impuesta, el secretario del Juzgado de Menores competente para la ejecución de la medida practicará la liquidación de dicha medida, indicando las fechas de inicio y de terminación de la misma, con abono en su caso del tiempo cumplido por las medidas cautelares impuestas al interesado, teniendo en cuenta lo dispuesto en el artículo 28.5. Al propio tiempo, abrirá un expediente de ejecución en el que se harán constar las incidencias que se produzcan en el desarrollo de aquélla conforme a lo establecido en la presente Ley.

2. De la liquidación mencionada en el apartado anterior y del testimonio de particulares que el Juez considere necesario y que deberá incluir los informes técnicos que obren en la causa, el secretario judicial dará traslado a la entidad pública de protección o reforma de menores competente para el cumplimiento de las medidas acordadas en la sentencia firme. También notificará al Ministerio Fiscal el inicio de la ejecución, y al letrado del menor si así lo solicitara del Juez de Menores.

3. Recibidos por la entidad pública el testimonio y la liquidación de la medida indicados en el apartado anterior, aquélla designará de forma inmediata un profesional que se responsabilizará de la ejecución de la medida impuesta, y, si ésta fuera de internamiento, designará el centro más adecuado para su ejecución de entre los más cercanos al domicilio del menor en los que existan plazas disponibles para la ejecución por la entidad pública competente en cada caso. El traslado a otro centro distinto de los anteriores sólo se podrá fundamentar en el interés del menor de ser alejado de su entorno familiar y social y requerirá en todo caso la aprobación del Juzgado de Menores competente para la ejecución de la medida. En todo caso los menores pertenecientes a una banda, organización o asociación no podrán cumplir la medida impuesta en el mismo centro, debiendo designárseles uno distinto aunque la elección del mismo suponga alejamiento del entorno familiar o social.

Art. 47[1024]. *Refundición de medidas impuestas.*

1. Si se hubieran impuesto al menor varias medidas en la misma resolución judicial, y no fuere posible su cumplimiento simultáneo, el Juez competente para la ejecución ordenará su cumplimiento sucesivo conforme a las reglas establecidas en el apartado 5 de este artículo.

La misma regla se aplicará a las medidas impuestas en distintas resoluciones judiciales, siempre y cuando dichas medidas sean de distinta naturaleza entre sí. En este caso será el Juez competente para la ejecución quien ordene el

---

[1023] Redactado conforme LO 8/2006, de 4 de diciembre, por la que se modifica la Ley Orgánica 5/2000, de 12 de enero, reguladora de la responsabilidad penal de los menores.

[1024] Redactado conforme LO 8/2006, de 4 de diciembre, por la que se modifica la Ley Orgánica 5/2000, de 12 de enero, reguladora de la responsabilidad penal de los menores.

Art. 47

cumplimiento simultáneo o sucesivo con arreglo al apartado 5 de este artículo, según corresponda.

2. Si se hubieren impuesto al menor en diferentes resoluciones judiciales dos o más medidas de la misma naturaleza, el Juez competente para la ejecución, previa audiencia del letrado del menor, refundirá dichas medidas en una sola, sumando la duración de las mismas, hasta el límite del doble de la más grave de las refundidas.

El Juez, previa audiencia del letrado del menor, deberá proceder de este modo respecto de cada grupo de medidas de la misma naturaleza que hayan sido impuestas al menor, de modo que una vez practicada la refundición no quedará por ejecutar más de una medida de cada clase de las enumeradas en el artículo 7 de esta Ley.

3. En caso de que, estando sujeto a la ejecución de una medida, el menor volviera a cometer un hecho delictivo, el Juez competente para la ejecución, previa audiencia del letrado del menor, dictará la resolución que proceda en relación a la nueva medida que, en su caso se haya impuesto, conforme a lo dispuesto en los dos apartados anteriores. En este caso podrá aplicar además las reglas establecidas en el artículo 50 para el supuesto de quebrantamiento de la ejecución.

4. A los fines previstos en este artículo, en cuanto el Juez sentenciador tenga conocimiento de la existencia de otras medidas firmes de ejecución, pendientes de ejecución o suspendidas condicionalmente, y una vez que la medida o medidas por él impuestas sean firmes, procederá conforme a lo dispuesto en el artículo 12 de esta Ley.

5. Cuando las medidas de distinta naturaleza, impuestas directamente o resultantes de la refundición prevista en los números anteriores, hubieren de ejecutarse de manera sucesiva, se atenderá a los siguientes criterios:

a) La medida de internamiento terapéutico se ejecutará con preferencia a cualquier otra.

b) La medida de internamiento en régimen cerrado se ejecutará con preferencia al resto de las medidas de internamiento.

c) La medida de internamiento se cumplirá antes que las no privativas de libertad, y en su caso interrumpirá la ejecución de éstas.

d) Las medidas de libertad vigilada contempladas en el artículo 10 se ejecutarán una vez finalizado el internamiento en régimen cerrado que se prevé en el mismo artículo.

e) En atención al interés del menor, el Juez podrá, previo informe del Ministerio Fiscal, de las demás partes y de la entidad pública de reforma o protección de menores, acordar motivadamente la alteración en el orden de cumplimiento previsto en las reglas anteriores.

6. Lo dispuesto en este artículo se entiende sin perjuicio de las previsiones del artículo 14 para el caso de que el menor pasare a cumplir una medida de internamiento en centro penitenciario al alcanzar la mayoría de edad.

7. Cuando una persona que se encuentre cumpliendo una o varias medidas impuestas con arreglo a esta Ley sea condenada a una pena o medida de segu-

ridad prevista en el Código Penal o en leyes penales especiales, se ejecutarán simultáneamente aquéllas y éstas si fuere materialmente posible, atendida la naturaleza de ambas, su forma de cumplimiento o la eventual suspensión de la pena impuesta, cuando proceda.

No siendo posible la ejecución simultánea, se cumplirá la sanción penal, quedando sin efecto la medida o medidas impuestas en aplicación de la presente Ley, salvo que se trate de una medida de internamiento y la pena impuesta sea de prisión y deba efectivamente ejecutarse. En este último caso, a no ser que el Juez de Menores adopte alguna de las resoluciones previstas en el artículo 13 de esta Ley, la medida de internamiento terminará de cumplirse en el centro penitenciario en los términos previstos en el artículo 14, y una vez cumplida se ejecutará la pena.

Art. 48. *Expediente personal de la persona sometida a la ejecución de una medida.*

1. La entidad pública abrirá un expediente personal único a cada menor respecto del cual tenga encomendada la ejecución de una medida, en el que se recogerán los informes relativos a aquél, las resoluciones judiciales que le afecten y el resto de la documentación generada durante la ejecución.

2. Dicho expediente tendrá carácter reservado y solamente tendrán acceso al mismo el Defensor del Pueblo o institución análoga de la correspondiente Comunidad Autónoma, los Jueces de Menores competentes, el Ministerio Fiscal y las personas que intervengan en la ejecución y estén autorizadas por la entidad pública de acuerdo con sus normas de organización. El menor, su letrado y, en su caso, su representante legal, también tendrán acceso al expediente.

3. La recogida, cesión y tratamiento automatizado de datos de carácter personal de las personas a las que se aplique la presente Ley, sólo podrá realizarse en ficheros informáticos de titularidad pública dependientes de las entidades públicas de protección de menores, Administraciones y Juzgados de Menores competentes o del Ministerio Fiscal, y se regirá por lo dispuesto en la Ley Orgánica 15/1999, de 13 de diciembre, de Protección de Datos de Carácter Personal, y sus normas de desarrollo.

Art. 49. *Informes sobre la ejecución.*

1. La entidad pública remitirá al Juez de Menores y al Ministerio Fiscal, con la periodicidad que se establezca reglamentariamente en cada caso y siempre que fuese requerida para ello o la misma entidad lo considerase necesario, informes sobre la ejecución de la medida y sus incidencias, y sobre la evolución personal de los menores sometidos a las mismas. Dichos informes se remitirán también al letrado del menor si así lo solicitare a la entidad pública competente.

2. En los indicados informes la entidad pública podrá solicitar del Ministerio Fiscal, cuando así lo estime procedente, la revisión judicial de las medidas en el sentido propugnado por el artículo 13.1 de la presente Ley[1025].

[1025] Redactado conforme LO 8/2006, de 4 de diciembre, por la que se modifica la Ley Orgánica 5/2000, de 12 de enero, reguladora de la responsabilidad penal de los menores.

Art. 50. *Quebrantamiento de la ejecución.*

1. Cuando el menor quebrantare una medida privativa de libertad, se procederá a su reingreso en el mismo centro del que se hubiera evadido o en otro adecuado a sus condiciones, o, en caso de permanencia de fin de semana, en su domicilio, a fin de cumplir de manera ininterrumpida el tiempo pendiente.

2. Si la medida quebrantada no fuere privativa de libertad, el Ministerio Fiscal podrá instar del Juez de Menores la sustitución de aquélla por otra de la misma naturaleza. Excepcionalmente, y a propuesta del Ministerio Fiscal, oídos el letrado y el representante legal del menor, así como el equipo técnico, el Juez de Menores podrá sustituir la medida por otra de internamiento en centro semiabierto, por el tiempo que reste para su cumplimiento.

3. Asimismo, el Juez de Menores acordará que el secretario judicial remita testimonio de los particulares relativos al quebrantamiento de la medida al Ministerio Fiscal, por si el hecho fuese constitutivo de alguna de las infracciones a que se refiere el artículo 1 de la presente Ley Orgánica y merecedora de reproche sancionador[1026].

Art. 51[1027]. *Sustitución de las medidas.*

1. Durante la ejecución de las medidas el Juez de Menores competente para la ejecución podrá, de oficio o a instancia del Ministerio Fiscal, del letrado del menor o de la Administración competente, y oídas las partes, así como el equipo técnico y la representación de la entidad pública de protección o reforma de menores, dejar sin efecto aquellas o sustituirlas por otras que se estimen más adecuadas de entre las previstas en esta Ley, por tiempo igual o inferior al que reste para su cumplimiento, siempre que la nueva medida pudiera haber sido impuesta inicialmente atendiendo a la infracción cometida. Todo ello sin perjuicio de lo dispuesto en el apartado 2 del artículo anterior y de acuerdo con el artículo 13 de la presente Ley.

2. Cuando el Juez de Menores haya sustituido la medida de internamiento en régimen cerrado por la de internamiento en régimen semiabierto o abierto, y el menor evolucione desfavorablemente, previa audiencia del letrado del menor, podrá dejar sin efecto la sustitución, volviéndose a aplicar la medida sustituida de internamiento en régimen cerrado. Igualmente, si la medida impuesta es la de internamiento en régimen semiabierto y el menor evoluciona desfavorablemente, el Juez de Menores podrá sustituirla por la de internamiento en régimen cerrado, cuando el hecho delictivo por la que se impuso sea alguno de los previstos en el artículo 9.2 de esta Ley.

3. La conciliación del menor con la víctima, en cualquier momento en que se produzca el acuerdo entre ambos a que se refiere el artículo 19 de la presente Ley, podrá dejar sin efecto la medida impuesta cuando el Juez, a propuesta del

---

[1026] Redactado conforme LO 8/2006, de 4 de diciembre, por la que se modifica la Ley Orgánica 5/2000, de 12 de enero, reguladora de la responsabilidad penal de los menores.

[1027] Redactado conforme LO 8/2006, de 4 de diciembre, por la que se modifica la Ley Orgánica 5/2000, de 12 de enero, reguladora de la responsabilidad penal de los menores.

Ministerio Fiscal o del letrado del menor y oídos el equipo técnico y la representación de la entidad pública de protección o reforma de menores, juzgue que dicho acto y el tiempo de duración de la medida ya cumplido expresan suficientemente el reproche que merecen los hechos cometidos por el menor.

4. En todos los casos anteriores, el Juez resolverá por auto motivado, contra el cual se podrán interponer los recursos previstos en la presente Ley.

Art. 52. *Presentación de recursos.*

1. Cuando el menor pretenda interponer ante el Juez de Menores recurso contra cualquier resolución adoptada durante la ejecución de las medidas que le hayan sido impuestas, lo presentará de forma escrita ante el Juez o Director del centro de internamiento, quien lo pondrá en conocimiento de aquél dentro del siguiente día hábil.

El menor también podrá presentar un recurso ante el Juez de forma verbal, o manifestar de forma verbal su intención de recurrir al Director del centro, quien dará traslado de esta manifestación al Juez de Menores en el plazo indicado. En este último caso, el Juez de Menores adoptará las medidas que resulten procedentes a fin de oír la alegación del menor.

El letrado del menor también podrá interponer los recursos, en forma escrita, ante las autoridades indicadas en el párrafo primero.

2. Si el Juez de Menores admitiese a trámite el recurso, el secretario judicial recabará informe del Ministerio Fiscal y, previa audiencia del letrado del menor, aquél resolverá el recurso en el plazo de dos días, mediante auto motivado. Contra este auto cabrá recurso de apelación ante la correspondiente Audiencia Provincial, conforme a lo dispuesto en el artículo 41 de la presente Ley[1028].

Art. 53. *Cumplimiento de la medida.*

1. Una vez cumplida la medida, la entidad pública remitirá a los destinatarios designados en el artículo 49.1 un informe final, y el Juez de Menores dictará auto acordando lo que proceda respecto al archivo de la causa. Dicho auto será notificado por el secretario judicial al Ministerio Fiscal, al letrado del menor, a la entidad pública y a la víctima[1029].

2. El Juez, de oficio o a instancia del Ministerio Fiscal o del letrado del menor, podrá instar de la correspondiente entidad pública de protección o reforma de menores, una vez cumplida la medida impuesta, que se arbitren los mecanismos de protección del menor conforme a las normas del Código Civil, cuando el interés de aquél así lo requiera.

[1028] Redactado conforme LO 8/2006, de 4 de diciembre, por la que se modifica la Ley Orgánica 5/2000, de 12 de enero, reguladora de la responsabilidad penal de los menores.

[1029] Redactado conforme LO 8/2006, de 4 de diciembre, por la que se modifica la Ley Orgánica 5/2000, de 12 de enero, reguladora de la responsabilidad penal de los menores.

CAPÍTULO III
REGLAS ESPECIALES PARA LA EJECUCIÓN DE LAS MEDIDAS PRIVATIVAS DE LIBERTAD

Art. 54. *Centros para la ejecución de las medidas privativas de libertad.*

1. Las medidas privativas de libertad, la detención y las medidas cautelares de internamiento que se impongan de conformidad con esta Ley se ejecutarán en centros específicos para menores infractores, diferentes de los previstos en la legislación penitenciaria para la ejecución de las condenas penales y medidas cautelares privativas de libertad impuestas a los mayores de edad penal.

La ejecución de la detención preventiva, de las medidas cautelares de internamiento o de las medidas impuestas en la sentencia, acordadas por el Juez Central de Menores o por la Sala correspondiente de la Audiencia Nacional, se llevará a cabo en los establecimientos y con el control del personal especializado que el Gobierno ponga a disposición de la Audiencia Nacional, en su caso, mediante convenio con las Comunidades Autónomas.

La ejecución de las medidas impuestas por el Juez Central de Menores o por la Sala correspondiente de la Audiencia Nacional será preferente sobre las impuestas, en su caso, por otros Jueces o Salas de Menores[1030].

2. No obstante lo dispuesto en el apartado anterior, las medidas de internamiento también podrán ejecutarse en centros socio-sanitarios cuando la medida impuesta así lo requiera. En todo caso se requerirá la previa autorización del Juez de Menores.

3. Los centros estarán divididos en módulos adecuados a la edad, madurez, necesidades y habilidades sociales de los menores internados y se regirán por una normativa de funcionamiento interno cuyo cumplimiento tendrá como finalidad la consecución de una convivencia ordenada, que permita la ejecución de los diferentes programas de intervención educativa y las funciones de custodia de los menores internados.

Art. 55. *Principio de resocialización.*

1. Toda la actividad de los centros en los que se ejecuten medidas de internamiento estará inspirada por el principio de que el menor internado es sujeto de derecho y continúa formando parte de la sociedad.

2. En consecuencia, la vida en el centro debe tomar como referencia la vida en libertad, reduciendo al máximo los efectos negativos que el internamiento pueda representar para el menor o para su familia, favoreciendo los vínculos sociales, el contacto con los familiares y allegados, y la colaboración y participación de las entidades públicas y privadas en el proceso de integración social, especialmente de las más próximas geográfica y culturalmente.

[1030] Apartado redactado conforme LO 8/2006, de 4 de diciembre, por la que se modifica la Ley Orgánica 5/2000, de 12 de enero, reguladora de la responsabilidad penal de los menores.

3. A tal fin se fijarán reglamentariamente los permisos ordinarios y extraordinarios de los que podrá disfrutar el menor internado, a fin de mantener contactos positivos con el exterior y preparar su futura vida en libertad.

Art. 56. *Derechos de los menores internados.*

1. Todos los menores internados tienen derecho a que se respete su propia personalidad, su libertad ideológica y religiosa y los derechos e intereses legítimos no afectados por el contenido de la condena, especialmente los inherentes a la minoría de edad civil cuando sea el caso.

2. En consecuencia, se reconocen a los menores internados los siguientes derechos:

a) Derecho a que la entidad pública de la que depende el centro vele por su vida, su integridad física y su salud, sin que puedan, en ningún caso, ser sometidos a tratos degradantes o a malos tratos de palabra o de obra, ni ser objeto de un rigor arbitrario o innecesario en la aplicación de las normas.

b) Derecho del menor de edad civil a recibir una educación y formación integral en todos los ámbitos y a la protección específica que por su condición le dispensan las leyes.

c) Derecho a que se preserve su dignidad y su intimidad, a ser designados por su propio nombre y a que su condición de internados sea estrictamente reservada frente a terceros.

d) Derecho al ejercicio de los derechos civiles, políticos, sociales, religiosos, económicos y culturales que les correspondan, salvo cuando sean incompatibles con el objeto de la detención o el cumplimiento de la condena.

e) Derecho a estar en el centro más cercano a su domicilio, de acuerdo a su régimen de internamiento, y a no ser trasladados fuera de su Comunidad Autónoma excepto en los casos y con los requisitos previstos en esta Ley y sus normas de desarrollo.

f) Derecho a la asistencia sanitaria gratuita, a recibir la enseñanza básica obligatoria que corresponda a su edad, cualquiera que sea su situación en el centro, y a recibir una formación educativa o profesional adecuada a sus circunstancias.

g) Derecho de los sentenciados a un programa de tratamiento individualizado y de todos los internados a participar en las actividades del centro.

h) Derecho a comunicarse libremente con sus padres, representantes legales, familiares u otras personas, y a disfrutar de salidas y permisos, con arreglo a lo dispuesto en esta Ley y sus normas de desarrollo.

i) Derecho a comunicarse reservadamente con sus letrados, con el Juez de Menores competente, con el Ministerio Fiscal y con los servicios de Inspección de centros de internamiento.

j) Derecho a una formación laboral adecuada, a un trabajo remunerado, dentro de las disponibilidades de la entidad pública, y a las prestaciones sociales que pudieran corresponderles, cuando alcancen la edad legalmente establecida.

k) Derecho a formular peticiones y quejas a la Dirección del centro, a la entidad pública, a las autoridades judiciales, al Ministerio Fiscal, al Defensor del Pueblo o institución análoga de su Comunidad Autónoma y a presentar todos los recursos legales que prevé esta Ley ante el Juez de Menores competente, en defensa de sus derechos e intereses legítimos.

l) Derecho a recibir información personal y actualizada de sus derechos y obligaciones, de su situación personal y judicial, de las normas de funcionamiento interno de los centros que los acojan, así como de los procedimientos concretos para hacer efectivos tales derechos, en especial para formular peticiones, quejas o recursos.

m) Derecho a que sus representantes legales sean informados sobre su situación y evolución y sobre los derechos que a ellos les corresponden, con los únicos límites previstos en esta Ley.

n) Derecho de las menores internadas a tener en su compañía a sus hijos menores de tres años, en las condiciones y con los requisitos que se establezcan reglamentariamente.

Art. 57. *Deberes de los menores internados.*

Los menores internados estarán obligados a:

a) Permanecer en el centro a disposición de la autoridad judicial competente hasta el momento de su puesta en libertad, sin perjuicio de las salidas y actividades autorizadas que puedan realizar en el exterior.

b) Recibir la enseñanza básica obligatoria que legalmente les corresponda.

c) Respetar y cumplir las normas de funcionamiento interno del centro y las directrices o instrucciones que reciban del personal de aquél en el ejercicio legítimo de sus funciones.

d) Colaborar en la consecución de una actividad ordenada en el interior del centro y mantener una actitud de respeto y consideración hacia todos, dentro y fuera del centro, en especial hacia las autoridades, los trabajadores del centro y los demás menores internados.

e) Utilizar adecuadamente las instalaciones del centro y los medios materiales que se pongan a su disposición.

f) Observar las normas higiénicas y sanitarias, y sobre vestuario y aseo personal establecidas en el centro.

g) Realizar las prestaciones personales obligatorias previstas en las normas de funcionamiento interno del centro para mantener el buen orden y la limpieza del mismo.

h) Participar en las actividades formativas, educativas y laborales establecidas en función de su situación personal a fin de preparar su vida en libertad.

Art. 58. *Información y reclamaciones.*

1. Los menores recibirán, a su ingreso en el centro, información escrita sobre sus derechos y obligaciones, el régimen de internamiento en el que se encuentran, las cuestiones de organización general, las normas de funcionamiento del centro, las normas disciplinarias y los medios para formular peticiones, quejas o recursos. La información se les facilitará en un idioma que entiendan.

A los que tengan cualquier género de dificultad para comprender el contenido de esta información se les explicará por otro medio adecuado.

2. Todos los internados podrán formular, verbalmente o por escrito, en sobre abierto o cerrado, peticiones y quejas a la entidad pública sobre cuestiones referentes a su situación de internamiento. Dichas peticiones o quejas también podrán ser presentadas al Director del centro, el cual las atenderá si son de su competencia o las pondrá en conocimiento de la entidad pública o autoridades competentes, en caso contrario.

Art. 59[1031]. *Medidas de vigilancia y seguridad.*

1. Las actuaciones de vigilancia y seguridad interior en los centros podrán suponer, en la forma y con la periodicidad que se establezca reglamentariamente, inspecciones de los locales y dependencias, así como registros de personas, ropas y enseres de los menores internados.

2. Se podrán utilizar exclusivamente los medios de contención que se establezcan reglamentariamente para evitar actos de violencia o lesiones de las personas que cumplen las medidas previstas en esta ley, a sí mismos o a otras personas, para impedir actos de fuga y daños en las instalaciones del centro o ante la resistencia activa a las instrucciones del personal del mismo en el ejercicio legítimo de su cargo.

Solo será admisible, con carácter excepcional, la sujeción de las muñecas de la persona que cumple medida de internamiento con equipos homologados, siempre y cuando se realice bajo un estricto protocolo y no sea posible aplicar medidas menos lesivas.

3. Se prohíbe la contención mecánica consistente en la sujeción de una persona a una cama articulada o a un objeto fijo o anclado a las instalaciones o a objetos muebles.

4. La aplicación de medidas de contención requerirá en todos los casos en que se hiciera uso de la fuerza, la exploración física del interno por facultativo médico en el plazo máximo de 48 horas, extendiéndose el correspondiente parte médico.

5. Las medidas de contención aplicadas en los centros deberán ser comunicadas con carácter inmediato al Juzgado de Menores y al Ministerio Fiscal. Asimismo, se anotarán en el Libro Registro de Incidencias, que será supervisado por parte de la dirección del centro y en el expediente individualizado del menor, que debe mantenerse actualizado.

Art. 60. *Régimen disciplinario.*

1. Los menores internados podrán ser corregidos disciplinariamente en los casos y de acuerdo con el procedimiento que se establezca reglamentariamente, de acuerdo con los principios de la Constitución, de esta Ley y del Título IX de la Ley 30/1992, de 26 de noviembre, de Régimen Jurídico de las Adminis-

---

[1031] Artículo redactado conforme LO 8/2021, de 4 de junio, de protección integral a la infancia y la adolescencia frente a la violencia.

traciones Públicas y del Procedimiento Administrativo Común, respetando en todo momento la dignidad de aquéllos y sin que en ningún caso se les pueda privar de sus derechos de alimentación, enseñanza obligatoria y comunicaciones y visitas, previstos en esta Ley y disposiciones que la desarrollen.

2. Las faltas disciplinarias se clasificarán en muy graves, graves y leves, atendiendo a la violencia desarrollada por el sujeto, su intencionalidad, la importancia del resultado y el número de personas ofendidas.

3. Las únicas sanciones que se podrán imponer por la comisión de faltas muy graves serán las siguientes:

a) La separación del grupo por un período de tres a siete días en casos de evidente agresividad, violencia y alteración grave de la convivencia.

b) La separación del grupo durante tres a cinco fines de semana.

c) La privación de salidas de fin de semana de quince días a un mes.

d) La privación de salidas de carácter recreativo por un período de uno a dos meses.

4. Las únicas sanciones que se podrán imponer por la comisión de faltas graves serán las siguientes:

a) Las mismas que en los cuatro supuestos del apartado anterior, con la siguiente duración: dos días, uno o dos fines de semana, uno a quince días, y un mes respectivamente.

b) La privación de participar en las actividades recreativas del centro durante un período de siete a quince días.

5. Las únicas sanciones que se podrán imponer por la comisión de faltas leves serán las siguientes:

a) La privación de participar en todas o algunas de las actividades recreativas del centro durante un período de uno a seis días.

b) La amonestación.

6. La sanción de separación supondrá que el menor permanecerá en su habitación o en otra de análogas características a la suya, durante el horario de actividades del centro, excepto para asistir, en su caso, a la enseñanza obligatoria, recibir visitas y disponer de dos horas de tiempo al día al aire libre.

7. Las resoluciones sancionadoras podrán ser recurridas, antes del inicio de su cumplimiento, ante el Juez de Menores. A tal fin, el menor sancionado podrá presentar el recurso por escrito o verbalmente ante el Director del establecimiento, quien, en el plazo de veinticuatro horas, remitirá dicho escrito o testimonio de la queja verbal, con sus propias alegaciones, al Juez de Menores y éste, en el término de una audiencia y oído el Ministerio Fiscal, dictará auto, confirmando, modificando o anulando la sanción impuesta, sin que contra dicho auto quepa recurso alguno. El auto, una vez notificado al establecimiento, será de ejecución inmediata. En tanto se sustancia el recurso, en el plazo de dos días, la entidad pública ejecutora de la medida podrá adoptar las decisiones precisas para restablecer el orden alterado, aplicando al sancionado lo dispuesto en el apartado 6 de este artículo.

El letrado del menor también podrá interponer los recursos a que se refiere el párrafo anterior.

TÍTULO VIII
DE LA RESPONSABILIDAD CIVIL

Art. 61. *Reglas generales.*

1. La acción para exigir la responsabilidad civil en el procedimiento regulado en esta Ley se ejercitará por el Ministerio Fiscal, salvo que el perjudicado renuncie a ella, la ejercite por sí mismo en el plazo de un mes desde que se le notifique la apertura de la pieza separada de responsabilidad civil o se la reserve para ejercitarla ante el orden jurisdiccional civil conforme a los preceptos del Código Civil y de la Ley de Enjuiciamiento Civil.

2. Se tramitará una pieza separada de responsabilidad civil por cada uno de los hechos imputados.

3. Cuando el responsable de los hechos cometidos sea un menor de dieciocho años, responderán solidariamente con él de los daños y perjuicios causados sus padres, tutores, acogedores y guardadores legales o de hecho, por este orden. Cuando éstos no hubieren favorecido la conducta del menor con dolo o negligencia grave, su responsabilidad podrá ser moderada por el Juez según los casos.

4. En su caso, se aplicará también lo dispuesto en el artículo 145 de la Ley 30/1992, de 26 de noviembre, de Régimen Jurídico de las Administraciones Públicas y del Procedimiento Administrativo Común, y en la Ley 35/1995, de 11 de diciembre, de ayudas y asistencia a las víctimas de delitos violentos y contra la libertad sexual, y sus disposiciones complementarias.

Art. 62. *Extensión de la responsabilidad civil.*

La responsabilidad civil a la que se refiere el artículo anterior se regulará, en cuanto a su extensión, por lo dispuesto en el capítulo I del Título V del Libro I del Código Penal vigente.

Art. 63. *Responsabilidad civil de los aseguradores.*

Los aseguradores que hubiesen asumido el riesgo de las responsabilidades pecuniarias derivadas de los actos de los menores a los que se refiere la presente Ley serán responsables civiles directos hasta el límite de la indemnización legalmente establecida o convencionalmente pactada, sin perjuicio de su derecho de repetición contra quien corresponda.

Art. 64[1032]. *Reglas de procedimiento.*

Los trámites para la exigencia de la responsabilidad civil aludida en los artículos anteriores se acomodarán a las siguientes reglas:

1.ª Tan pronto como el Juez de Menores reciba el parte de la incoación del expediente por el Ministerio Fiscal, ordenará abrir de forma simultánea con el proceso principal una pieza separada de responsabilidad civil, notificando

---

[1032] Redactado conforme LO 8/2006, de 4 de diciembre, por la que se modifica la Ley Orgánica 5/2000, de 12 de enero, reguladora de la responsabilidad penal de los menores.

el secretario judicial a quienes aparezcan como perjudicados su derecho a ser parte en la misma, y estableciendo el plazo límite para el ejercicio de la acción.

2.ª En la pieza de referencia, que se tramitará de forma simultánea con el proceso principal, podrán personarse los perjudicados que hayan recibido notificación al efecto del Juez de Menores o del Ministerio Fiscal, conforme establece el artículo 22 de la presente Ley, y también espontáneamente quienes se consideren como tales. Asimismo, podrán personarse las compañías aseguradoras que se tengan por partes interesadas, dentro del plazo para el ejercicio de la acción de responsabilidad civil. En el escrito de personación, indicarán las personas que consideren responsables de los hechos cometidos y contra las cuales pretendan reclamar, bastando con la indicación genérica de su identidad.

3.ª El secretario judicial notificará al menor y a sus representantes legales, en su caso, su condición de posibles responsables civiles.

4.ª Una vez personados los presuntos perjudicados y responsables civiles, el Juez de Menores resolverá sobre su condición de partes, continuándose el procedimiento por las reglas generales.

5.ª La intervención en el proceso a los efectos de exigencia de responsabilidad civil se realizará en las condiciones que el Juez de Menores señale con el fin de preservar la intimidad del menor y que el conocimiento de los documentos obrantes en los autos se refiera exclusivamente a aquellos que tengan una conexión directa con la acción ejercitada por los mismos.

DISPOSICIONES ADICIONALES

Primera[1033]. *Aplicación en la Jurisdicción Militar.*

Segunda. *Aplicación de medidas en casos de riesgo para la salud.*

Cuando los Jueces de Menores aplicaren alguna de las medidas terapéuticas a las que se refieren los artículos 5.2, 7.1 y 29 de esta Ley, en caso de enfermedades transmisibles u otros riesgos para la salud de los menores o de quienes con ellos convivan, podrán encomendar a las autoridades o Servicios de Salud correspondientes su control y seguimiento, de conformidad con lo dispuesto en la Ley Orgánica 3/1986, de 14 de abril, de medidas especiales en materia de salud pública.

Tercera. *Registro de sentencias firmes dictadas en aplicación de lo dispuesto en la presente Ley.*

En el Ministerio de Justicia se llevará un Registro de sentencias firmes dictadas en aplicación de lo dispuesto en la presente Ley, cuyos datos sólo podrán ser utilizados por los Jueces de Menores y por el Ministerio Fiscal a efectos de lo establecido en los artículos 6, 30 y 47 de esta Ley, teniendo en cuenta lo dis-

---

[1033] Disposición derogada por LO 8/2006, de 4 de diciembre, por la que se modifica la Ley Orgánica 5/2000, de 12 de enero, reguladora de la responsabilidad penal de los menores.

puesto en la Ley Orgánica 15/1999, de 13 de diciembre, de Protección de Datos de Carácter Personal, y sus disposiciones complementarias.

Cuarta[1034].

Quinta.

El Gobierno dentro del plazo de cinco años desde la entrada en vigor de esta Ley Orgánica remitirá al Congreso de los Diputados un informe, en el que se analizarán y evaluarán los efectos y las consecuencias de la aplicación de la disposición adicional cuarta[1035].

Sexta[1036].

Evaluada la aplicación de esta ley orgánica, oídos el Consejo General del Poder Judicial, el Ministerio Fiscal, las comunidades autónomas y los grupos parlamentarios, el Gobierno procederá a impulsar las medidas orientadas a sancionar con más firmeza y eficacia los hechos delictivos cometidos por personas que, aun siendo menores, revistan especial gravedad, tales como los previstos en los artículos 138, 139, 179 y 180 del Código Penal.

A tal fin, se establecerá la posibilidad de prolongar el tiempo de internamiento, su cumplimiento en centros en los que se refuercen las medidas de seguridad impuestas y la posibilidad de su cumplimiento a partir de la mayoría de edad en centros penitenciarios.

DISPOSICIÓN TRANSITORIA

Única. *Régimen transitorio.*

1. A los hechos cometidos con anterioridad a la entrada en vigor de la presente Ley por los menores sujetos a la Ley Orgánica 4/1992, de 5 de junio, sobre Reforma de la Ley Reguladora de la Competencia y el Procedimiento de los Juzgados de Menores, que se deroga, les será de aplicación la legislación vigente en el momento de su comisión. Quienes estuvieren cumpliendo una medida de las previstas en la citada Ley Orgánica 4/1992 continuarán dicho cumplimiento hasta la extinción de la responsabilidad en las condiciones previstas en dicha Ley.

2. A la entrada en vigor de la presente Ley, cesará inmediatamente el cumplimiento de todas las medidas previstas en la Ley Orgánica 4/1992 que es-

---

[1034] Disposición derogada por LO 8/2006, de 4 de diciembre, por la que se modifica la Ley Orgánica 5/2000, de 12 de enero, reguladora de la responsabilidad penal de los menores.

[1035] Disposición Adicional introducida por LO 7/2000, de 23 de diciembre, de modificación de la Ley Orgánica 10/1995, de 23 de noviembre, del Código Penal, y de la Ley Orgánica 5/2000, de 12 de enero, reguladora de la Responsabilidad Penal de los Menores, en relación con los delitos de terrorismo.

[1036] Introducida por LO 15/2003, de 25 de noviembre, por la que se modifica la Ley Orgánica 10/1995, de 23 de noviembre, del Código Penal.

tuvieren cumpliendo personas menores de catorce años, extinguiéndose las correspondientes responsabilidades.

3. A los menores de dieciocho años, juzgados con arreglo a lo dispuesto en el Código Penal de 1973, en las leyes penales especiales derogadas o en la disposición derogatoria del Código Penal vigente, a quienes se hubiere impuesto una pena de dos años de prisión menor o una pena de prisión superior a dos años, que estuvieren pendientes de cumplimiento a la entrada en vigor de la presente Ley, dichas penas les serán sustituidas por alguna de las medidas previstas en esta Ley, a instancia del Ministerio Fiscal, previo informe del equipo técnico o de la correspondiente entidad pública de protección o reforma de menores. A tal efecto, se habrá de dar traslado al Ministerio Fiscal de la ejecutoria y de la liquidación provisional de las penas impuestas a los menores comprendidos en los supuestos previstos en este apartado.

4. Si, en los supuestos a los que se refiere el apartado anterior, la pena impuesta o pendiente de cumplimiento fuera de prisión inferior a dos años o de cualquiera otra naturaleza, se podrá imponer al condenado una medida de libertad vigilada simple por el tiempo que restara de cumplimiento de la condena, si el Juez de Menores, a petición del Ministerio Fiscal y oídos el letrado del menor, su representante legal, la correspondiente entidad pública de protección o reforma de menores y el propio sentenciado, lo considerara acorde con la finalidad educativa que persigue la presente Ley. En otro caso, el Juez de Menores podrá tener por cumplida la pena y extinguida la responsabilidad del sentenciado.

5. Las decisiones del Juez de Menores a que se refieren los apartados anteriores se adoptarán mediante auto recurrible directamente en apelación, en el plazo de cinco días hábiles, ante la Audiencia Provincial. Los Jueces de Menores deberán adoptar estas decisiones en el plazo de dos meses desde la entrada en vigor de esta Ley. Durante este plazo la situación del menor no se verá afectada[1037].

6. En los procedimientos penales en curso a la entrada en vigor de la presente Ley, en los que haya imputadas personas por la comisión de hechos delictivos cuando aún no hayan cumplido los dieciocho años, el Juez o Tribunal competente remitirá las actuaciones practicadas al Ministerio Fiscal para que instruya el procedimiento regulado en la misma.

Los que se hallaren sujetos a prisión preventiva a la entrada en vigor de la Ley serán excarcelados y conducidos a un centro de reforma a disposición del Ministerio Fiscal. Si el Ministerio Fiscal estima procedente el mantenimiento del internamiento, deberá solicitarlo en el plazo de cuarenta y ocho horas

---

[1037] Redactado conforme LO 9/2000, de 22 de diciembre, sobre medidas urgentes para la agilización de la Administración de Justicia, por la que se modifica la Ley Orgánica 6/1985, de 1 de julio, del Poder Judicial.

del juez de Menores, quien convocará la comparecencia prevista en el artículo 28.2[1038].

Si el imputado lo fuere por hechos cometidos cuando era mayor de dieciocho años y menor de veintiuno, el Juez instructor acordará lo que proceda, según lo dispuesto en el artículo 4 de esta Ley.

DISPOSICIONES FINALES

Primera. *Derecho supletorio.*

Tendrán el carácter de normas supletorias, para lo no previsto expresamente en esta Ley Orgánica, en el ámbito sustantivo, el Código Penal y las leyes penales especiales, y, en el ámbito del procedimiento la Ley de Enjuiciamiento Criminal, en particular lo dispuesto para los trámites del procedimiento abreviado regulado en el Título III del Libro IV de la misma.

Segunda. *Modificación de la Ley Orgánica del Poder Judicial y del Estatuto Orgánico del Ministerio Fiscal.*

1. El Gobierno, en el plazo de seis meses a partir de la publicación de la presente Ley en el «Boletín Oficial del Estado», elevará al Parlamento un proyecto de Ley Orgánica de reforma de la Ley Orgánica 6/1985, de 1 de julio, del Poder Judicial, para la creación de las Salas de Menores de los Tribunales Superiores de Justicia y para la adecuación de la regulación y competencia de los Juzgados de Menores y de la composición de la Sala Segunda del Tribunal Supremo a lo establecido en la presente Ley.

2. El Gobierno, en el plazo de seis meses a partir de la publicación de la presente Ley en el «Boletín Oficial del Estado», elevará al Parlamento un proyecto de Ley de reforma de la Ley 50/1981, de 30 de diciembre, por la que se regula el Estatuto Orgánico del Ministerio Fiscal, a fin de adecuar la organización del Ministerio Fiscal a lo establecido en la presente Ley.

Tercera. *Reformas en materia de personal.*

1. El Gobierno, a través del Ministerio de Justicia, oído el Consejo General del Poder Judicial, la Fiscalía General del Estado y las Comunidades Autónomas afectadas, en el plazo de seis meses desde la publicación de la presente Ley en el «Boletín Oficial del Estado», adoptará las disposiciones oportunas para adecuar la planta de los Juzgados de Menores y las plantillas de las Carreras Judicial y Fiscal a las necesidades orgánicas que resulten de la aplicación de lo dispuesto en la presente Ley.

2. Las plazas de Jueces de Menores deberán ser servidas necesariamente por Magistrados pertenecientes a la Carrera Judicial. A la entrada en vigor de esta Ley los titulares de un Juzgado de Menores que ostenten la categoría de

---

[1038] Párrafo introducido por la Disposición Adicional tercera de la LO 9/2000, de 22 de diciembre, sobre medidas urgentes para la agilización de la Administración de Justicia, por la que se modifica la Ley Orgánica 6/1985, de 1 de julio, del Poder Judicial.

Juez deberán cesar en dicho cargo, quedando, en su caso, en la situación que prevé el artículo 118.2 y concordantes de la vigente Ley Orgánica del Poder Judicial, procediéndose a cubrir tales plazas por concurso ordinario entre Magistrados.

3. El Gobierno, a través del Ministerio de Justicia, y las Comunidades Autónomas con competencia en la materia, a través de las correspondientes Consejerías, adecuarán las plantillas de funcionarios de la Administración de Justicia a las necesidades que presenten los Juzgados y las Fiscalías de Menores para la aplicación de la presente Ley. Asimismo, determinarán el número y plantilla de los Equipos Técnicos compuestos por personal funcionario o laboral al servicio de las Administraciones Públicas, que actuarán bajo los principios de independencia, imparcialidad y profesionalidad[1039].

4. Así mismo, el Gobierno, a través del Ministerio del Interior, y sin perjuicio de las competencias de las Comunidades Autónomas, adecuará las plantillas de los Grupos de Menores de las Brigadas de Policía Judicial, con objeto de establecer la adscripción a las Secciones de Menores de las Fiscalías de los funcionarios necesarios a los fines propuestos por esta Ley[1040].

Cuarta. *Especialización de Jueces, Fiscales y abogados.*

1. El Consejo General del Poder Judicial y el Ministerio de Justicia, en el ámbito de sus competencias respectivas, procederán a la formación de miembros de la Carrera Judicial y Fiscal especialistas en materia de Menores con arreglo a lo que se establezca reglamentariamente. Dichos especialistas tendrán preferencia para desempeñar los correspondientes cargos en las Salas de Menores de los Tribunales Superiores de Justicia y en los Juzgados y Fiscalías de Menores, conforme a lo que establezcan las leyes y reglamentos.

2. En todas las Fiscalías existirá una Sección de Menores, compuesta por miembros de la Carrera Fiscal, especialistas, con las dotaciones de funcionarios administrativos que sean necesarios, según se determine reglamentariamente.

3. El Consejo General de la Abogacía deberá adoptar las disposiciones oportunas para que en los Colegios en los que resulte necesario se impartan cursos homologados para la formación de aquellos letrados que deseen adquirir la especialización en materia de menores a fin de intervenir ante los órganos de esta Jurisdicción.

Quinta. *Cláusula derogatoria.*

1. Se derogan: la Ley Orgánica reguladora de la competencia y el procedimiento de los Juzgados de Menores, texto refundido aprobado por Decreto de 11 de junio de 1948, modificada por la Ley Orgánica 4/1992, de 5 de junio; los

---

[1039] Redactado conforme LO 8/2006, de 4 de diciembre, por la que se modifica la Ley Orgánica 5/2000, de 12 de enero, reguladora de la responsabilidad penal de los menores.

[1040] El apartado 5 de esta Disposición, ha sido suprimido por la Disposición Adicional Cuarta de la LO 9/2000, de 22 de diciembre, sobre medidas urgentes para la agilización de la Administración de Justicia, por la que se modifica la Ley Orgánica 6/1985, de 1 de julio, del Poder Judicial.

preceptos subsistentes del Reglamento para la ejecución de la Ley Orgánica reguladora de la competencia y el procedimiento de los Juzgados de Menores, aprobado por Decreto de 11 de junio de 1948; la disposición transitoria duodécima de la Ley Orgánica 10/1995, de 23 de noviembre, del Código Penal; y los artículos 8.2, 9.3, la regla 1.ª del artículo 20, en lo que se refiere al número 2.º del artículo 8, el segundo párrafo del artículo 22 y el artículo 65 del texto refundido del Código Penal, publicado por el Decreto 3096/1973, de 14 de septiembre, conforme a la Ley 44/1971, de 15 de noviembre.

2. Quedan asimismo derogadas cuantas otras normas, de igual o inferior rango, se opongan a lo establecido en la presente Ley.

Sexta. *Naturaleza de la presente Ley.*

Los artículos 16, 20, 21, 23 a 27, 30 a 35, 37 a 39, 41, 42 y 61 a 64, la disposición adicional tercera y la disposición final tercera de la presente Ley Orgánica tienen naturaleza de Ley ordinaria.

Séptima. *Entrada en vigor y desarrollo reglamentario.*

1. La presente Ley Orgánica entrará en vigor al año de su publicación en el «Boletín Oficial del Estado». En dicha fecha entrarán también en vigor los artículos 19 y 69 de la Ley Orgánica 10/1995, de 23 de noviembre, del Código Penal.

2. Durante el plazo mencionado en el apartado anterior, las Comunidades Autónomas con competencia respecto a la protección y reforma de menores adaptarán su normativa para la adecuada ejecución de las funciones que les otorga la presente Ley.

LO 2/2010, DE 3 DE MARZO, DE SALUD SEXUAL Y REPRODUCTIVA Y DE LA INTERRUPCIÓN VOLUNTARIA DEL EMBARAZO

PREÁMBULO

I

El desarrollo de la sexualidad y la capacidad de procreación están directamente vinculados a la dignidad de la persona y al libre desarrollo de la personalidad y son objeto de protección a través de distintos derechos fundamentales, señaladamente, de aquellos que garantizan la integridad física y moral y la intimidad personal y familiar. La decisión de tener hijos y cuándo tenerlos constituye uno de los asuntos más íntimos y personales que las personas afrontan a lo largo de sus vidas, que integra un ámbito esencial de la autodeterminación individual. Los poderes públicos están obligados a no interferir en ese tipo de decisiones, pero, también, deben establecer las condiciones para que se adopten de forma libre y responsable, poniendo al alcance de quienes lo precisen servicios de atención sanitaria, asesoramiento o información.

La protección de este ámbito de autonomía personal tiene una singular significación para las mujeres, para quienes el embarazo y la maternidad son hechos que afectan profundamente a sus vidas en todos los sentidos. La especial relación de los derechos de las mujeres con la protección de la salud sexual y reproductiva ha sido puesta de manifiesto por diversos textos internacionales. Así, en el ámbito de Naciones Unidas, la Convención sobre la eliminación de todas las formas de discriminación contra la Mujer, adoptada por la Asamblea General mediante Resolución 34/180, de 18 de diciembre de 1979, establece en su artículo 12 que «Los Estados Partes adoptarán todas las medidas apropiadas para eliminar la discriminación contra la mujer en la esfera de la atención médica a fin de asegurar, en condiciones de igualdad entre hombres y mujeres, el acceso a servicios de atención médica, incluidos los que se refieren a la planificación familiar». Por otro lado, la Plataforma de Acción de Beijing acordada en la IV Conferencia de Naciones Unidas sobre la mujer celebrada en 1995, ha reconocido que «los derechos humanos de las mujeres incluyen el derecho a tener el control y a decidir libre y responsablemente sobre su sexualidad, incluida la salud sexual y reproductiva, libre de presiones, discriminación y violencia». En el ámbito de la Unión Europea, el Parlamento Europeo ha aprobado la Resolución 2001/2128 (INI) sobre salud sexual y reproductiva y los derechos asociados, en la que se contiene un conjunto de recomendaciones a los Gobiernos de los Estados miembros en materia de anticoncepción, embarazos no deseados y educación afectivo sexual que tiene como base, entre otras consideraciones, la constatación de las enormes desigualdades entre las mujeres europeas en el acceso a los servicios de salud reproductiva, a la anticoncepción y a la interrupción voluntaria del embarazo en función de sus ingresos, su nivel de renta o el país de residencia.

Por su parte, la Convención sobre los Derechos de las Personas con discapacidad de 13 de diciembre de 2006, ratificada por España, establece la obligación de los Estados Partes de respetar «el derecho de las personas con discapacidad a decidir libremente y de manera responsable el número de hijos que quieran tener [...] a tener acceso a información, educación sobre reproducción y planificación familiar apropiada para su edad y a que se provean los medios necesarios que les permitan ejercer esos derechos», así como a que «mantengan su fertilidad, en igualdad de condiciones que los demás».

La presente Ley pretende adecuar nuestro marco normativo al consenso de la comunidad internacional en esta materia, mediante la actualización de las políticas públicas y la incorporación de nuevos servicios de atención de la salud sexual y reproductiva. La Ley parte de la convicción, avalada por el mejor conocimiento científico, de que una educación afectivo sexual y reproductiva adecuada, el acceso universal a prácticas clínicas efectivas de planificación de la reproducción, mediante la incorporación de anticonceptivos de última generación, cuya eficacia haya sido avalada por la evidencia científica, en la cartera de servicios comunes del Sistema Nacional de Salud y la disponibilidad de programas y servicios de salud sexual y reproductiva es el modo más efectivo de prevenir, especialmente en personas jóvenes, las infecciones de transmisión sexual, los embarazos no deseados y los abortos.

La Ley aborda la protección y garantía de los derechos relativos a la salud sexual y reproductiva de manera integral. Introduce en nuestro ordenamiento las definiciones de la Organización Mundial de la Salud sobre salud, salud sexual y salud reproductiva y prevé la adopción de un conjunto de acciones y medidas tanto en el ámbito sanitario como en el educativo. Establece, asimismo, una nueva regulación de la interrupción voluntaria del embarazo fuera del Código Penal que, siguiendo la pauta más extendida en los países de nuestro entorno político y cultural, busca garantizar y proteger adecuadamente los derechos e intereses en presencia, de la mujer y de la vida prenatal.

II

El primer deber del legislador es adaptar el Derecho a los valores de la sociedad cuyas relaciones ha de regular, procurando siempre que la innovación normativa genere certeza y seguridad en las personas a quienes se destina, pues la libertad sólo encuentra refugio en el suelo firme de la claridad y precisión de la Ley. Ese es el espíritu que inspira la nueva regulación de la interrupción voluntaria del embarazo.

Hace un cuarto de siglo, el legislador, respondiendo al problema social de los abortos clandestinos, que ponían en grave riesgo la vida y la salud de las mujeres y atendiendo a la conciencia social mayoritaria que reconocía la relevancia de los derechos de las mujeres en relación con la maternidad, despenalizó ciertos supuestos de aborto. La reforma del Código Penal supuso un avance al posibilitar el acceso de las mujeres a un aborto legal y seguro cuando concurriera alguna de las indicaciones legalmente previstas: grave peligro para la vida o la salud física y psíquica de la embarazada, cuando el embarazo fuera consecuencia de una violación o cuando se presumiera la existencia de graves taras físicas o psíquicas en el feto. A lo largo de estos años, sin embargo, la aplicación de la ley ha generado incertidumbres y prácticas que han afectado a la seguridad jurídica, con consecuencias tanto para la garantía de los derechos de las mujeres como para la eficaz protección del bien jurídico penalmente tutelado y que, en contra del fin de la norma, eventualmente han podido poner en dificultades a los profesionales sanitarios de quienes precisamente depende la vigilancia de la seguridad médica en las intervenciones de interrupción del embarazo.

La necesidad de reforzar la seguridad jurídica en la regulación de la interrupción voluntaria del embarazo ha sido enfatizada por el Tribunal Europeo de Derechos Humanos en su sentencia de 20 de marzo de 2007 en la que se afirma, por un lado, que «en este tipo de situaciones las previsiones legales deben, en primer lugar y ante todo, asegurar la claridad de la posición jurídica de la mujer embarazada» y, por otro lado, que «una vez que el legislador decide permitir el aborto, no debe estructurar su marco legal de modo que se limiten las posibilidades reales de obtenerlo».

En una sociedad libre, pluralista y abierta, corresponde al legislador, dentro del marco de opciones que la Constitución deja abierto, desarrollar los derechos fundamentales de acuerdo con los valores dominantes y las necesidades de cada momento histórico. La experiencia acumulada en la aplicación del marco legal vigente, el avance del reconocimiento social y jurídico de la autonomía de las mujeres tanto en el ámbito público como en su vida privada, así como la tendencia normativa imperante en los países de nuestro entorno, abogan por una regulación de la interrupción voluntaria del embarazo presidida por la claridad en donde queden adecuadamente garantizadas tanto la autonomía de las mujeres, como la eficaz protección de la vida prenatal como bien jurídico. Por su parte, la Asamblea Parlamentaria del Consejo de Europa, en su Resolución 1607/2008, de 16 abril, reafirmó el derecho de todo ser humano, y en particular de las mujeres, al respeto de su integridad física y a la libre disposición de su cuerpo y en ese contexto, a que la decisión última de recurrir o no a un aborto corresponda a la mujer interesada y, en consecuencia, ha invitado a los Estados miembros a despenalizar el aborto dentro de unos plazos de gestación razonables.

En la concreción del modelo legal, se ha considerado de manera especialmente atenta la doctrina constitucional derivada de las sentencias del Tribunal Constitucional en esta materia. Así, en la sentencia 53/1985, el Tribunal, perfectamente dividido en importantes cuestiones de fondo, enunció sin embargo, algunos principios que han sido respaldados por la jurisprudencia posterior y que aquí se toman como punto de partida. Una de esas afirmaciones de principio es la negación del carácter absoluto de los derechos e intereses que entran en conflicto a la hora de regular la interrupción voluntaria del embarazo y, en consecuencia, el deber del legislador de «ponderar los bienes y derechos en función del supuesto planteado, tratando de armonizarlos si ello es posible o, en caso contrario, precisando las condiciones y requisitos en que podría admitirse la prevalencia de uno de ellos» (STC 53/1985). Pues si bien «los no nacidos no pueden considerarse en nuestro ordenamiento como titulares del derecho fundamental a la vida que garantiza el artículo 15 de la Constitución» esto no significa que resulten privados de toda protección constitucional (STC 116/1999). La vida prenatal es un bien jurídico merecedor de protección que el legislador debe hacer eficaz, sin ignorar que la forma en que tal garantía se configure e instrumente estará siempre intermediada por la garantía de los derechos fundamentales de la mujer embarazada.

La ponderación que el legislador realiza ha tenido en cuenta la doctrina de la STC 53/1985 y atiende a los cambios cualitativos de la vida en formación que tienen lugar durante el embarazo, estableciendo, de este modo, una concordancia práctica de los derechos y bienes concurrentes a través de un modelo de tutela gradual a lo largo de la gestación.

La presente Ley reconoce el derecho a la maternidad libremente decidida, que implica, entre otras cosas, que las mujeres puedan tomar la decisión inicial sobre su embarazo y que esa decisión, consciente y responsable, sea respetada. El legislador ha considerado razonable, de acuerdo con las indicaciones de las personas expertas y el análisis del derecho comparado, dejar un plazo de 14 semanas en el que se garantiza a las mujeres la posibilidad de tomar una decisión libre e informada sobre la interrupción del embarazo, sin interferencia de terceros, lo que la STC 53/1985 denomina «autodeterminación consciente», dado que la intervención determinante de un tercero en la formación de la voluntad de la mujer gestante, no ofrece una mayor garantía para el feto y, a la vez, limita innecesariamente la personalidad de la mujer, valor amparado en el artículo 10.1 de la Constitución.

La experiencia ha demostrado que la protección de la vida prenatal es más eficaz a través de políticas activas de apoyo a las mujeres embarazadas y a la maternidad. Por ello, la tutela del bien jurídico en el momento inicial de la gestación se articula a través de la voluntad de la mujer, y no contra ella. La mujer adoptará su decisión tras haber sido informada de todas las prestaciones, ayudas y derechos a los que puede acceder si desea continuar con el embarazo, de las consecuencias médicas, psicológicas y sociales derivadas de la prosecución del embarazo o de la interrupción del mismo, así como de la posibilidad de recibir asesoramiento antes y después de la intervención. La Ley dispone un plazo de reflexión de al menos tres días y, además de exigir la claridad y objetividad de la información, impone condiciones para que ésta se ofrezca en un ámbito y de un modo exento de presión para la mujer.

En el desarrollo de la gestación, «tiene —como ha afirmado la STC 53/1985— una especial trascendencia el momento a partir del cual el nasciturus es ya susceptible de vida independiente de la madre». El umbral de la viabilidad fetal se sitúa, en consenso general avalado por la comunidad científica y basado en estudios de las unidades de neonatología, en torno a la vigésimo segunda semana de gestación. Es hasta este momento cuando la Ley permite la interrupción del embarazo siempre que concurra alguna de estas dos indicaciones: «que exista grave riesgo para la vida o la salud de la embarazada», o «que exista riesgo de graves anomalías en el feto». Estos supuestos de interrupción voluntaria del embarazo de carácter médico se regulan con las debidas garantías a fin de acreditar con la mayor seguridad posible la concurrencia de la indicación. A diferencia de la regulación vigente, se establece un límite temporal cierto en la aplicación de la llamada indicación terapéutica, de modo que en caso de existir riesgo para la vida o salud de la mujer más allá de la vigésimo segunda semana de gestación, lo adecuado será la práctica de un parto inducido, con lo que el derecho a la vida e integridad física de la mujer y el interés en la protección de la vida en formación se armonizan plenamente.

Más allá de la vigésimo segunda semana, la ley configura dos supuestos excepcionales de interrupción del embarazo. El primero se refiere a aquellos casos en que «se detecten anomalías fetales incompatibles con la vida», en que decae la premisa que hace de la vida prenatal un bien jurídico protegido en tanto que proyección del artículo 15 de la Constitución (STC 212/1996). El segundo supuesto se circunscribe a los casos en que «se detecte en el feto una enfermedad extremadamente grave e incurable en el momento del diagnóstico y así lo confirme un comité clínico». Su comprobación se ha deferido al juicio experto de profesionales médicos conformado de acuerdo con la evidencia científica del momento.

La Ley establece además un conjunto de garantías relativas al acceso efectivo a la prestación sanitaria de la interrupción voluntaria del embarazo y a la protección de la intimidad y confidencialidad de las mujeres. Con estas previsiones legales se pretende dar solución a los problemas a que había dado lugar el actual marco regulador tanto de desigualdades territoriales en el acceso a la prestación como de vulneración de la intimidad. Así, se encomienda a la Alta Inspección velar por la efectiva igualdad en el ejercicio de los derechos y el acceso a las prestaciones reconocidas en esta Ley.

Asimismo se recoge la objeción de conciencia de los profesionales sanitarios directamente implicados en la interrupción voluntaria del embarazo, que será articulado en un desarrollo futuro de la Ley.

Se ha dado nueva redacción al artículo 145 del Código Penal con el fin de limitar la pena impuesta a la mujer que consiente o se practica un aborto fuera de los casos permitidos por la ley eliminando la previsión de pena privativa de libertad, por un lado y, por otro, para precisar la imposición de las penas en sus mitades superiores en determinados supuestos. Asimismo se introduce un nuevo artículo 145 bis, a fin de incorporar la penalidad correspondiente de las conductas de quienes practican una interrupción del embarazo dentro de los casos contemplados por la ley, pero sin cumplir los requisitos exigidos en ella.

Finalmente, se ha modificado la Ley 41/2002, de 14 de noviembre, Básica Reguladora de la Autonomía del Paciente con el fin de que la prestación del consentimiento para la práctica de una interrupción voluntaria del embarazo se sujete al régimen general previsto en esta Ley y eliminar la excepcionalidad establecida en este caso.

III

La Ley se estructura en un Título preliminar, dos Títulos, tres disposiciones adicionales, una disposición derogatoria y seis disposiciones finales.

El Título Preliminar establece el objeto, las definiciones, los principios inspiradores de la ley y proclama los derechos que garantiza.

El Título Primero, bajo la rúbrica «De la salud sexual y reproductiva, se articula en cuatro capítulos. En el capítulo I se fijan los objetivos de las políticas públicas en materia de salud sexual y reproductiva. El capítulo II contiene las medidas en el ámbito sanitario y el capítulo III se refiere a las relativas al ámbito educativo. El capítulo IV tiene como objeto la previsión de la elaboración de la Estrategia Nacional de Salud Sexual y Reproductiva como instrumento de colaboración de las distintas administraciones públicas para el adecuado desarrollo de las políticas públicas en esta materia.

En el Título Segundo se regulan las condiciones de la interrupción voluntaria del embarazo y las garantías en el acceso a la prestación.

La disposición adicional primera mandata que la Alta Inspección verifique el cumplimiento efectivo de los derechos y prestaciones reconocidas en esta Ley.

La disposición adicional segunda impone al Gobierno la evaluación del coste económico de los servicios y prestaciones incluidos en la Ley así como la adopción de medidas previstas en la Ley 16/2003, de 28 de mayo, de Cohesión y Calidad del Sistema Nacional de Salud.

Finalmente, la disposición adicional tercera se refiere al acceso a los métodos anticonceptivos y su inclusión en la cartera de servicios comunes del Sistema Nacional de Salud.

La disposición derogatoria deroga el artículo 417 bis del Código Penal introducido en el Código Penal de 1973 por la Ley Orgánica 9/1985, de 5 de julio, y cuya vigencia fue mantenida por el Código Penal de 1995.

La disposición final primera da nueva redacción al artículo 145 del Código Penal e introduce un nuevo artículo 145 bis, y la disposición final segunda modifica el apartado cuarto del artículo 9 de la Ley 41/2002, de 14 de noviembre, básica reguladora de la autonomía del paciente y de derechos y obligaciones en materia de información y documentación clínica. Finalmente, las restantes disposiciones finales se refieren al carácter orgánico de la ley, la habilitación al Gobierno para su desarrollo reglamentario, el ámbito territorial de aplicación

Art. 1

de la Ley y la entrada en vigor que se fija en cuatro meses desde su publicación, con el fin de que se adopten las medidas necesarias para su plena aplicación.

TÍTULO PRELIMINAR
DISPOSICIONES GENERALES

Art. 1. *Objeto*[1041].

Esta ley orgánica tiene por objeto garantizar los derechos fundamentales en el ámbito de la salud sexual y de la salud reproductiva, regular las condiciones de la interrupción voluntaria del embarazo y de los derechos sexuales y reproductivos, así como establecer las obligaciones de los poderes públicos para que la población alcance y mantenga el mayor nivel posible de salud y educación en relación con la sexualidad y la reproducción. Asimismo, se dirige a prevenir y a dar respuesta a todas las manifestaciones de la violencia contra las mujeres en el ámbito reproductivo.

> Art. 2. Objeto.
> Constituye el objeto de la presente Ley Orgánica garantizar los derechos fundamentales en el ámbito de la salud sexual y reproductiva, regular las condiciones de la interrupción voluntaria del embarazo y establecer las correspondientes obligaciones de los poderes públicos[1042].

Art. 2. *Definiciones*[1043].

A los efectos de lo dispuesto en esta ley orgánica, se entenderá por:

1. Salud: El estado de completo bienestar físico, mental y social y no solamente la ausencia de afecciones o enfermedades.

2. Salud sexual: El estado general de bienestar físico, mental y social, que requiere un entorno libre de coerción, discriminación y violencia y no la mera ausencia de enfermedad o dolencia, en todos los aspectos relacionados con la sexualidad de las personas. Es también un enfoque integral para analizar y responder a las necesidades de la población, así como para garantizar el derecho a la salud y los derechos sexuales.

3. Salud reproductiva: El estado general de bienestar físico, mental y social, y no la mera ausencia de enfermedad o dolencia, en todos los aspectos relacionados con la reproducción. Es también un enfoque integral para analizar y responder a las necesidades de la población, así como para garantizar el derecho a la salud y los derechos reproductivos.

[1041] Artículo redactado conforme LO 1/2023, de 28 de febrero, por la que se modifica la Ley Orgánica 2/2010, de 3 de marzo, de salud sexual y reproductiva y de la interrupción voluntaria del embarazo.

[1042] Artículo redactado conforme LO 2/2010, de 3 de marzo, de salud sexual y reproductiva y de la interrupción voluntaria del embarazo.

[1043] Artículo redactado conforme LO 1/2023, de 28 de febrero, por la que se modifica la Ley Orgánica 2/2010, de 3 de marzo, de salud sexual y reproductiva y de la interrupción voluntaria del embarazo.

4. Salud durante la menstruación: El estado integral de bienestar físico, mental y social, y no meramente la ausencia de enfermedad o dolencia, en relación con el ciclo menstrual. Por gestión menstrual se entenderá la manera en que las mujeres deciden abordar su ciclo menstrual, pudiendo servirse para tal gestión de diversos productos menstruales, tales como compresas, tampones, copas menstruales y artículos similares.

5. Intervenciones ginecológicas y obstétricas adecuadas: Aquellas que promueven y protegen la salud física y psíquica de las mujeres en el marco de la atención a la salud sexual y reproductiva, en particular, evitando las intervenciones innecesarias.

6. Menstruación incapacitante secundaria: Situación de incapacidad derivada de una dismenorrea generada por una patología previamente diagnosticada.

7. Violencia contra las mujeres en el ámbito reproductivo: Todo acto basado en la discriminación por motivos de género que atente contra la integridad o la libre elección de las mujeres en el ámbito de la salud sexual y reproductiva, su libre decisión sobre la maternidad, su espaciamiento y oportunidad.

8. Esterilización forzosa: Forma de violencia contra las mujeres en el ámbito reproductivo que consiste en la práctica de una intervención quirúrgica que tenga por objeto o por resultado poner fin a la capacidad de una mujer de reproducirse de modo natural sin su consentimiento previo e informado o sin su entendimiento del procedimiento.

9. Anticoncepción forzosa: Forma de violencia contra las mujeres en el ámbito reproductivo que consiste en la intervención médica por cualquier vía, también medicamentosa, que tenga análogas consecuencias a la esterilización forzosa.

10. Aborto forzoso: Forma de violencia contra las mujeres en el ámbito reproductivo que consiste en la práctica de un aborto a una mujer sin su consentimiento previo e informado, a excepción de los casos a los que se refiere el artículo 9.2.b) de la Ley 41/2002, de 14 noviembre.

Art. 2. Definiciones.

A los efectos de lo dispuesto en esta Ley se aplicarán las siguientes definiciones:

a) Salud: el estado de completo bienestar físico, mental y social y no solamente la ausencia de afecciones o enfermedades.

b) Salud sexual: el estado de bienestar físico, psicológico y sociocultural relacionado con la sexualidad, que requiere un entorno libre de coerción, discriminación y violencia.

c) Salud reproductiva: la condición de bienestar físico, psicológico y sociocultural en los aspectos relativos a la capacidad reproductiva de la persona, que implica que se pueda tener una vida sexual segura, la libertad de tener hijos y de decidir cuándo tenerlos[1044].

[1044] Artículo redactado conforme LO 2/2010, de 3 de marzo, de salud sexual y reproductiva y de la interrupción voluntaria del embarazo.

Art. 3. *Principios rectores y ámbito de aplicación*[1045].

1. A efectos de esta ley orgánica, serán principios rectores de la actuación de los poderes públicos los siguientes:

a) Respeto, protección y garantía de los derechos humanos y fundamentales. La actuación institucional y profesional llevada a cabo en el marco de esta ley orgánica se orientará a respetar, proteger y garantizar los derechos humanos previstos en los tratados internacionales de derechos humanos.

Dentro de tales derechos, los poderes públicos reconocen especialmente:

1.º Que todas las personas, en el ejercicio de sus derechos de libertad, intimidad, la salud y autonomía personal, pueden adoptar libremente decisiones que afectan a su vida sexual y reproductiva sin más límites que los derivados del respeto a los derechos de las demás personas y al orden público garantizado por la Constitución y las leyes.

2.º Los derechos reproductivos y el derecho a la maternidad libremente decidida.

3.º El deber del Estado de garantizar que la interrupción voluntaria del embarazo se realiza respetando el bienestar físico y psicológico de las mujeres.

b) Diligencia debida. Es responsabilidad de los poderes públicos a todo nivel actuar con la diligencia debida en la protección de la salud y de los derechos sexuales y reproductivos, garantizando su reconocimiento y ejercicio efectivo. La obligación de actuar con diligencia debida se extenderá a todas las esferas de la responsabilidad institucional, e incluye el deber de hacer efectiva la responsabilidad de las autoridades y agentes públicos en caso de incumplimiento.

c) Enfoque de género. Las administraciones públicas incluirán un enfoque de género fundamentado en la comprensión de los estereotipos y las relaciones de género, sus raíces y sus consecuencias en la aplicación y la evaluación del impacto de las disposiciones de esta ley orgánica, y promoverán y aplicarán de manera efectiva políticas de igualdad entre mujeres y hombres y para el empoderamiento de las mujeres y las niñas.

d) Prohibición de discriminación. Las instituciones públicas garantizarán que las medidas previstas en esta ley orgánica se apliquen sin discriminación alguna por motivos de sexo, género, origen racial o étnico, nacionalidad, religión o creencias, salud, edad, clase social, orientación sexual, identidad de género, discapacidad, estado civil, situación administrativa de extranjería, o cualquier otra condición o circunstancia personal o social.

e) Atención a la discriminación interseccional y múltiple. En aplicación de esta ley orgánica, la respuesta institucional tendrá en especial consideración a factores superpuestos de discriminación, tales como el origen racial o étnico, la nacionalidad, la discapacidad, la orientación sexual, la identidad de género, la salud, la clase social, la situación administrativa de extranjería u otras circuns-

---

[1045] Artículo redactado conforme LO 1/2023, de 28 de febrero, por la que se modifica la Ley Orgánica 2/2010, de 3 de marzo, de salud sexual y reproductiva y de la interrupción voluntaria del embarazo.

Art. 3

tancias que implican posiciones desventajosas de determinados sectores para el ejercicio efectivo de sus derechos.

f) Accesibilidad. Se garantizará que todas las acciones y medidas que recoge esta ley orgánica sean concebidas desde la accesibilidad universal, para que sean comprensibles y practicables por todas las personas, de modo que los derechos que recoge se hagan efectivos para las personas con discapacidad, con limitaciones idiomáticas o diferencias culturales, para personas mayores, especialmente mujeres, jóvenes y para niñas y niños.

g) Empoderamiento. Las instituciones públicas implementarán esta ley orgánica con especial atención al fortalecimiento de la capacidad de agencia y la autonomía de las personas en cada fase del ciclo vital, con énfasis en las mujeres y en la población joven. Este enfoque, además, deberá contribuir a disminuir y eliminar las desigualdades estructurales que constriñen la vivencia del deseo y de la sexualidad plena, así como de otros elementos esenciales de la salud, los derechos sexuales y reproductivos.

h) Participación. En el diseño, aplicación y evaluación de los servicios y las políticas públicas previstas en esta ley orgánica, se garantizará la participación de las entidades, asociaciones y organizaciones del movimiento feminista y la sociedad civil, con especial atención a la participación de las mujeres desde una óptica interseccional.

i) Cooperación. Todas las políticas que se adopten en ejecución de esta ley orgánica se aplicarán por medio de una cooperación efectiva entre todas las administraciones públicas, instituciones y organizaciones implicadas en garantizar la salud y los derechos sexuales y reproductivos. En el seno de la Conferencia Sectorial de Igualdad, así como en el Consejo Interterritorial del Sistema Nacional de Salud, podrán adoptarse planes y programas conjuntos de actuación entre todas las administraciones públicas competentes con esta finalidad.

j) Implicación de los hombres. Fomentar la implicación y la responsabilidad de los hombres en la prevención de embarazos no deseados y de infecciones de transmisión sexual. Las administraciones públicas promoverán, en el marco de sus competencias, la corresponsabilidad en el ámbito de la salud sexual.

2. Los derechos previstos en esta ley orgánica serán de aplicación a todas las personas que se encuentren en España, con independencia de su nacionalidad, de si disfrutan o no de residencia legal o de si son mayores o menores de edad, sin perjuicio de las precisiones establecidas en el artículo 13 bis, y siempre de acuerdo con los términos previstos en la legislación vigente en la materia sanitaria. Todas las referencias de esta ley orgánica a las mujeres relacionadas con los derechos reproductivos serán aplicables a personas trans con capacidad de gestar, lo que incluye lo previsto en relación con la salud durante la menstruación.

3. Las obligaciones establecidas en esta ley orgánica serán de aplicación a toda persona, física o jurídica, que se encuentre o actúe en territorio español, cualquiera que fuese su nacionalidad, domicilio o residencia.

Art. 3. Principios y ámbito de aplicación.
1. En el ejercicio de sus derechos de libertad, intimidad y autonomía personal, todas las personas tienen derecho a adoptar libremente decisiones que afectan a su vida sexual y reproductiva sin más límites que

los derivados del respeto a los derechos de las demás personas y al orden público garantizado por la Constitución y las Leyes.
2. Se reconoce el derecho a la maternidad libremente decidida.
3. Nadie será discriminado en el acceso a las prestaciones y servicios previstos en esta Ley por motivos de origen racial o étnico, religión, convicción u opinión, sexo, discapacidad, orientación sexual, edad, estado civil, o cualquier otra condición o circunstancia personal o social.
4. Los poderes públicos, de conformidad con sus respectivas competencias, llevarán a cabo las prestaciones y demás obligaciones que establece la presente Ley en garantía de la salud sexual y reproductiva[1046].

Art. 4. *Garantía de igualdad en el acceso y equidad territorial[1047].*

El Estado, en el ejercicio de sus competencias de Alta Inspección, velará por el cumplimiento homogéneo de esta ley orgánica en el conjunto del territorio, y, en particular, por el acceso en condiciones de igualdad y con un enfoque de equidad territorial a las prestaciones y servicios establecidos en esta ley orgánica.

Art. 4. Garantía de igualdad en el acceso.
El Estado, en el ejercicio de sus competencias de Alta Inspección, velará por que se garantice la igualdad en el acceso a las prestaciones y servicios establecidos por el Sistema Nacional de Salud que inciden en el ámbito de aplicación de esta Ley[1048].

TÍTULO I
RESPONSABILIDAD INSTITUCIONAL EN EL ÁMBITO DE LA SALUD, LOS DERECHOS SEXUALES Y REPRODUCTIVOS[1049]

TÍTULO I
DE LA SALUD SEXUAL Y REPRODUCTIVA[1050]

[1046] Artículo redactado conforme LO 2/2010, de 3 de marzo, de salud sexual y reproductiva y de la interrupción voluntaria del embarazo.

[1047] Artículo redactado conforme LO 1/2023, de 28 de febrero, por la que se modifica la Ley Orgánica 2/2010, de 3 de marzo, de salud sexual y reproductiva y de la interrupción voluntaria del embarazo.

[1048] Artículo redactado conforme LO 2/2010, de 3 de marzo, de salud sexual y reproductiva y de la interrupción voluntaria del embarazo.

[1049] Rúbrica redactada conforme LO 1/2023, de 28 de febrero, por la que se modifica la Ley Orgánica 2/2010, de 3 de marzo, de salud sexual y reproductiva y de la interrupción voluntaria del embarazo.

[1050] Rúbrica redactado conforme LO 2/2010, de 3 de marzo, de salud sexual y reproductiva y de la interrupción voluntaria del embarazo.

CAPÍTULO I
POLÍTICAS PÚBLICAS PARA LA PROMOCIÓN DE
LA SALUD SEXUAL Y REPRODUCTIVA[1051]

CAPÍTULO I
Políticas públicas para la salud sexual y reproductiva[1052]

Art. 5. *Objetivos y garantías generales de actuación de los poderes públicos[1053].*

1. Los poderes públicos, en el desarrollo de sus políticas sanitarias, educativas y de formación profesional, y sociales garantizarán:

a) El acceso público, universal y gratuito a los servicios y programas de salud sexual y salud reproductiva.

b) La generación y difusión efectiva de información de calidad sobre salud, derechos sexuales y reproductivos.

c) El tratamiento de la educación afectivo-sexual y la detección y abordaje de conductas de abuso y violencia, en los términos establecidos en la Ley Orgánica 2/2006, de 3 de mayo, de Educación, en la Ley Orgánica 3/2022, de 31 de marzo, de ordenación e integración de la Formación Profesional, en las pertinentes leyes autonómicas y en los currículos de las diferentes etapas educativas y formativas que ambas normas contemplan.

d) El acceso a métodos anticonceptivos seguros y eficaces y a productos de gestión menstrual asequibles.

e) La eliminación de toda forma de discriminación y de las barreras que impidan el ejercicio pleno de los derechos sexuales y reproductivos.

f) La educación sanitaria integral, con perspectiva de género, de derechos humanos e interseccional, sobre salud sexual y salud reproductiva.

g) La información sanitaria sobre anticoncepción y sexo seguro, con especial atención a la prevención de las enfermedades e infecciones de transmisión sexual y de los embarazos no deseados.

h) La prevención, sanción y erradicación de cualquier forma de violencia contra las mujeres en relación con la salud, los derechos sexuales y reproductivos. Todas estas medidas se realizarán también en las lenguas oficiales de las comunidades autónomas.

i) El acceso a la justicia y los mecanismos de reparación de las personas cuyos derechos sexuales y reproductivos hayan sido vulnerados.

j) La generación y difusión efectiva de información de calidad sobre educación en materia menstrual y productos de gestión menstrual.

[1051] Rúbrica redactada conforme LO 1/2023, de 28 de febrero, por la que se modifica la Ley Orgánica 2/2010, de 3 de marzo, de salud sexual y reproductiva y de la interrupción voluntaria del embarazo.

[1052] Rúbrica redactada conforme LO 2/2010, de 3 de marzo, de salud sexual y reproductiva y de la interrupción voluntaria del embarazo.

[1053] Artículo redactado conforme LO 1/2023, de 28 de febrero, por la que se modifica la Ley Orgánica 2/2010, de 3 de marzo, de salud sexual y reproductiva y de la interrupción voluntaria del embarazo.

k) La atención específica a las personas con algún tipo de discapacidad, a quienes se garantizará su derecho a la salud sexual y reproductiva, garantizando y estableciendo para ellas entornos accesibles y los apoyos necesarios en función de su discapacidad.

2. Asimismo, en el desarrollo de sus políticas promoverán:

a) Acciones de desestigmatización y valoración sociosanitaria del personal involucrado en la prestación con garantías de los servicios de interrupción voluntaria del embarazo.

b) La atención con pertinencia cultural a las personas de otros orígenes nacionales, étnicos o raciales, cualquiera que fuere su situación administrativa de extranjería, y atendiendo especialmente a las posibles barreras del idioma, siempre de acuerdo con los términos previstos en la legislación vigente en materia sanitaria.

c) La atención pertinente a personas en situación de vulnerabilidad socioeconómica.

d) La atención especializada dirigida a personas en diferentes etapas del ciclo vital, con énfasis especial en la infancia y juventud, así como en la fase de la vida adulta de las mujeres en que tienen lugar el climaterio y la menopausia.

e) Las relaciones de igualdad, el respeto a las opciones sexuales individuales y la corresponsabilidad en las conductas sexuales.

f) La investigación, generación y difusión de conocimiento científico y especializado respecto de la salud, los derechos sexuales y reproductivos con perspectiva de género, interseccional y de derechos humanos.

g) Las relaciones de igualdad y respeto mutuo entre hombres y mujeres en el ámbito de la salud sexual y la adopción de programas educativos especialmente diseñados para la convivencia y el respeto de las opciones sexuales individuales.

h) La corresponsabilidad en las conductas sexuales, cualquiera que sea la orientación sexual.

Art. 5. Objetivos de la actuación de los poderes públicos.

1. Los poderes públicos en el desarrollo de sus políticas sanitarias, educativas y sociales garantizarán:

a) La información y la educación afectivo sexual y reproductiva en los contenidos formales del sistema educativo.

b) El acceso universal a los servicios y programas de salud sexual y reproductiva.

c) El acceso a métodos seguros y eficaces que permitan regular la fecundidad.

d) La eliminación de toda forma de discriminación, con especial atención a las personas con algún tipo de discapacidad, a las que se les garantizará su derecho a la salud sexual y reproductiva, estableciendo para ellas los apoyos necesarios en función de su discapacidad.

e) La educación sanitaria integral y con perspectiva de género sobre salud sexual y salud reproductiva.

f) La información sanitaria sobre anticoncepción y sexo seguro que prevenga, tanto las enfermedades e infecciones de transmisión sexual, como los embarazos no deseados.

2. Asimismo en el desarrollo de sus políticas promoverán:

a) Las relaciones de igualdad y respeto mutuo entre hombres y mujeres en el ámbito de la salud sexual y la adopción de programas educativos especialmente diseñados para la convivencia y el respeto a las opciones sexuales individuales.

b) La corresponsabilidad en las conductas sexuales, cualquiera que sea la orientación sexual[1054].

Art. 5 bis. *La salud sexual como estándar de salud[1055].*

Los poderes públicos reconocerán la salud durante la menstruación como parte inherente del derecho a la salud sexual y reproductiva. De la misma forma, combatirán los estereotipos sobre la menstruación que impactan negativamente en el acceso o el ejercicio de los derechos humanos de las mujeres, las adolescentes y las niñas.

El Consejo Interterritorial del Sistema Nacional de Salud, en colaboración con las sociedades científicas, aprobará los estándares mínimos de atención sanitaria a la salud durante la menstruación en las mujeres dentro del marco de atención a la salud sexual y reproductiva, con la perspectiva de derechos sexuales y reproductivos y garantizando la equidad en todos los niveles, promoviendo la investigación y la eliminación de la discriminación basada en estereotipos sobre la menstruación.

Art. 5 ter. *Medidas en el ámbito laboral y de la Seguridad Social sobre la salud durante la menstruación[1056].*

A fin de conciliar el derecho a la salud con el empleo, se reconoce a las mujeres con menstruaciones incapacitantes secundarias el derecho a una situación especial de incapacidad temporal en los términos establecidos por el texto refundido de la Ley General de la Seguridad Social, aprobado por el Real Decreto Legislativo 8/2015, de 30 de octubre.

Art. 5 quater. *Medidas de distribución de productos de gestión menstrual[1057].*

1. Los centros educativos garantizarán el acceso gratuito a productos de gestión menstrual en las situaciones en que resulte necesario y a través de los cauces que establezcan para ello.

2. Se garantizará, asimismo, el acceso gratuito de dichos productos a mujeres en riesgo de exclusión, en los centros que ofrecen servicios sociales, así como en los centros y otros lugares donde permanezcan personas privadas de libertad.

3. La entrega de productos de gestión menstrual respetará las elecciones de las personas usuarias. Los productos se encontrarán disponibles sin necesidad

---

[1054] Artículo redactado conforme LO 2/2010, de 3 de marzo, de salud sexual y reproductiva y de la interrupción voluntaria del embarazo.

[1055] Artículo introducido por LO 1/2023, de 28 de febrero, por la que se modifica la Ley Orgánica 2/2010, de 3 de marzo, de salud sexual y reproductiva y de la interrupción voluntaria del embarazo.

[1056] Artículo introducido por LO 1/2023, de 28 de febrero, por la que se modifica la Ley Orgánica 2/2010, de 3 de marzo, de salud sexual y reproductiva y de la interrupción voluntaria del embarazo.

[1057] Artículo introducido por LO 1/2023, de 28 de febrero, por la que se modifica la Ley Orgánica 2/2010, de 3 de marzo, de salud sexual y reproductiva y de la interrupción voluntaria del embarazo.

de mediación alguna, garantizando la protección de la identidad y la confidencialidad.

4. Los organismos públicos previstos en este artículo optarán de forma preferente y progresiva por los productos de gestión menstrual sostenibles, orgánicos, ecológicos, de rápida descomposición, reutilizables y libres de químicos, con el fin de causar el menor impacto posible al medio ambiente y en la salud de las mujeres y otras personas destinatarias.

5. Las anteriores medidas se adoptarán de forma progresiva en las dependencias de organismos públicos previstos en este artículo.

6. Se prohíbe la venta de los productos menstruales que sean entregados por las administraciones públicas en las entidades mencionadas y se promoverá su uso racional.

Art. 5 quinquies. *Medidas en el ámbito de la comercialización de los productos de gestión menstrual*[1058].

Todos los productos de gestión menstrual que se comercialicen en el territorio del Estado deberán ser libres de agentes nocivos para la salud. Los fabricantes estarán obligados a hacer pública la información sobre su composición y posibles efectos en la salud humana, así como sobre su impacto ambiental.

Art. 5 sexies. *Servicios de asistencia integral especializada y accesible*[1059].

1. Las administraciones públicas, en el ámbito de sus respectivas competencias, promoverán el derecho a la asistencia integral especializada y accesible, con objeto de la realización de las garantías y el cumplimiento de los objetivos enunciados en los artículos anteriores.

2. A tal fin, y en coherencia con lo establecido en el Real Decreto 1030/2006, de 15 de septiembre, por el que se establece la cartera de servicios comunes del Sistema Nacional de Salud y el procedimiento para su actualización, dispondrán servicios especializados, incluidos en la cartera de servicios del Sistema Nacional de Salud, dotados de equipos interdisciplinares que tendrán como objetivos principales la promoción de la salud sexual y la salud reproductiva en todas las fases del ciclo vital, que se constituyen como lugar de referencia para la coordinación con otros órganos institucionales de nivel local y autonómico.

3. Además de los servicios especializados dirigidos al conjunto de la población, las administraciones públicas establecerán servicios adaptados y adecuados a las necesidades y demandas de la población joven, que promuevan su participación para el desarrollo y abordaje integral de la sexualidad. También se atenderá de forma especial a la salud afectivo-sexual de las mujeres mayores teniendo en cuenta sus especificidades.

[1058] Artículo introducido por LO 1/2023, de 28 de febrero, por la que se modifica la Ley Orgánica 2/2010, de 3 de marzo, de salud sexual y reproductiva y de la interrupción voluntaria del embarazo.

[1059] Artículo introducido por LO 1/2023, de 28 de febrero, por la que se modifica la Ley Orgánica 2/2010, de 3 de marzo, de salud sexual y reproductiva y de la interrupción voluntaria del embarazo.

4. Estos servicios especializados estarán adaptados a las necesidades de las mujeres con discapacidad.

5. Estos servicios especializados estarán adaptados a las lenguas oficiales de las comunidades autónomas.

Art. 6. *Apoyo a las entidades sin ánimo de lucro y sociedad civil*[1060].

Las administraciones públicas promoverán y fortalecerán la participación de las entidades sin ánimo de lucro, asociaciones, organizaciones sociales y organizaciones sindicales y empresariales más representativas, atendiendo a las diferentes realidades territoriales del Estado que, desde el movimiento feminista y la sociedad civil, actúan en el ámbito de la salud y los derechos sexuales y reproductivos, con especial atención a aquellas cuyas actuaciones tienen lugar en los ámbitos específicos regulados por esta ley orgánica. Quedarán excluidas de este artículo aquellas organizaciones contrarias al derecho recogido en la presente ley orgánica de interrupción voluntaria del embarazo.

Art. 6. Acciones informativas y de sensibilización.

Los poderes públicos desarrollarán acciones informativas y de sensibilización sobre salud sexual y salud reproductiva, especialmente a través de los medios de comunicación, y se prestará particular atención a la prevención de embarazos no deseados, mediante acciones dirigidas, principalmente, a la juventud y colectivos con especiales necesidades, así como a la prevención de enfermedades de transmisión sexual. Artículo redactado conforme LO 2/2010, de 3 de marzo, de salud sexual y reproductiva y de la interrupción voluntaria del embarazo[1061].

CAPÍTULO II
MEDIDAS EN EL ÁMBITO DE LA SALUD SEXUAL Y REPRODUCTIVA[1062]

CAPÍTULO II

Medidas en el ámbito sanitario[1063]

Art. 7. *Atención a la salud sexual*[1064].

Los servicios públicos garantizarán:

a) El derecho a la libertad, la autonomía personal y el reconocimiento de las distintas opciones y orientaciones sexuales.

[1060] Artículo redactado conforme LO 1/2023, de 28 de febrero, por la que se modifica la Ley Orgánica 2/2010, de 3 de marzo, de salud sexual y reproductiva y de la interrupción voluntaria del embarazo.

[1061] Artículo redactado conforme LO 2/2010, de 3 de marzo, de salud sexual y reproductiva y de la interrupción voluntaria del embarazo.

[1062] Rúbrica redactada conforme LO 1/2023, de 28 de febrero, por la que se modifica la Ley Orgánica 2/2010, de 3 de marzo, de salud sexual y reproductiva y de la interrupción voluntaria del embarazo.

[1063] Rúbrica redactada conforme LO 2/2010, de 3 de marzo, de salud sexual y reproductiva y de la interrupción voluntaria del embarazo.

[1064] Artículo redactado conforme LO 1/2023, de 28 de febrero, por la que se modifica la Ley Orgánica 2/2010, de 3 de marzo, de salud sexual y reproductiva y de la interrupción voluntaria del embarazo.

b) El enfoque antidiscriminatorio e interseccional en todas sus prácticas, a fin de valorar y abordar de forma integral las circunstancias relativas a la edad, sexo, identidad de género, origen nacional, lengua, étnico o racial, situación administrativa de extranjería, discapacidad y situación económica de las personas.

c) La calidad de los servicios de atención a la salud integral y, en especial, de la promoción e implementación de estándares de atención basados en el mejor y más actualizado conocimiento científico disponible respecto de la salud sexual en todas las fases del ciclo vital y sobre los derechos sexuales.

d) La información y el acceso a anticonceptivos de última generación, regulares y de urgencia, definitivos y reversibles, cuya eficacia sea avalada por la evidencia científica.

e) El fortalecimiento de la prevención y el tratamiento de las infecciones y enfermedades de transmisión sexual, con especial atención al virus de la inmunodeficiencia humana (en adelante, VIH) y virus del papiloma humano (en adelante, VPH), y énfasis en la población joven.

f) La implementación y fortalecimiento de servicios públicos de proximidad y en todos los niveles de la atención sanitaria, especializados en salud sexual y conformados por equipos multidisciplinares.

> *Art. 7. Atención a la salud sexual y reproductiva.*
> *Los servicios públicos de salud garantizarán:*
> *a) La calidad de los servicios de atención a la salud sexual integral y la promoción de estándares de atención basados en el mejor conocimiento científico disponible.*
> *b) El acceso universal a prácticas clínicas efectivas de planificación de la reproducción, mediante la incorporación de anticonceptivos de última generación cuya eficacia haya sido avalada por la evidencia científica, en la cartera de servicios comunes del Sistema Nacional de Salud.*
> *c) La provisión de servicios de calidad para atender a las mujeres y a las parejas durante el embarazo, el parto y el puerperio. En la provisión de estos servicios, se tendrán en cuenta los requerimientos de accesibilidad de las personas con discapacidad.*
> *d) La atención perinatal, centrada en la familia y en el desarrollo saludable[1065].*

Art. 7 bis. *Atención a la salud reproductiva*[1066].

Los servicios públicos de salud garantizarán:

a) La calidad de los servicios de atención a la salud integral y en especial de la promoción e implementación de estándares de atención basados en el mejor y más actualizado conocimiento científico disponible respecto de la salud reproductiva.

b) El enfoque antidiscriminatorio e interseccional en todas sus prácticas, a fin de valorar y abordar de forma integral las diferentes circunstancias relativas a la edad, sexo, identidad de género, origen nacional, étnico o racial, situación

---

[1065] Artículo redactado conforme LO 2/2010, de 3 de marzo, de salud sexual y reproductiva y de la interrupción voluntaria del embarazo.

[1066] Artículo introducido por LO 1/2023, de 28 de febrero, por la que se modifica la Ley Orgánica 2/2010, de 3 de marzo, de salud sexual y reproductiva y de la interrupción voluntaria del embarazo.

administrativa de extranjería, discapacidad y situación económica de la población y, especialmente, de las mujeres.

c) La provisión de servicios de la más alta calidad posible durante el embarazo, la interrupción del embarazo, el parto y el puerperio.

d) La garantía de información accesible sobre los derechos reproductivos, las prestaciones públicas, la cobertura sanitaria durante el embarazo, parto y puerperio, así como sobre los derechos laborales y otro tipo de prestaciones y servicios públicos vinculados a la maternidad y el cuidado de hijos e hijas.

e) La regulación de una situación especial de incapacidad temporal para la mujer que interrumpa, voluntariamente o no, su embarazo, en los términos establecidos en el texto refundido de la Ley General de la Seguridad Social, aprobado por el Real Decreto Legislativo 8/2015, de 30 de octubre.

f) La regulación de una situación especial de incapacidad temporal para la mujer embarazada desde el día primero de la semana trigésima novena de gestación.

g) La provisión de asistencia, apoyo emocional y acompañamiento de la salud mental a las mujeres que lo requieran durante el postparto o en el caso de muerte perinatal.

h) La atención perinatal y neonatal con una perspectiva integral de desarrollo saludable.

i) La atención integral durante todo el procedimiento de interrupción del embarazo, ofreciendo recursos de acompañamiento y atención especializada, en particular de acompañamiento psicológico específico.

j) El incremento de la calidad de los servicios relacionados con la prevención, detección y tratamiento de cánceres relacionados con la sexualidad y la reproducción, y especialmente de los denominados cánceres ginecológicos y de mama.

k) La provisión especializada de atención psicológica o sexológica con perspectiva de género.

Art. 7 ter. *Garantía de acceso a la anticoncepción*[1067].

Las administraciones públicas, en el ámbito de sus competencias, garantizarán:

a) El acceso público y universal a prácticas clínicas efectivas de planificación de la reproducción, mediante el uso de métodos anticonceptivos, regulares y de urgencia, definitivos y reversibles, con especial atención a aquellos que presenten beneficio clínico incremental frente a las alternativas disponibles, que demuestren seguridad, y anticonceptivos masculinos, siempre que su eficacia y seguridad sea avalada por la evidencia científica rigurosa y de calidad.

b) La distribución gratuita de métodos anticonceptivos de barrera en los servicios a que se refiere el artículo 5 sexies, en los centros que ofrecen servicios

---

[1067] Artículo introducido por LO 1/2023, de 28 de febrero, por la que se modifica la Ley Orgánica 2/2010, de 3 de marzo, de salud sexual y reproductiva y de la interrupción voluntaria del embarazo.

sociales, en los centros residenciales dependientes de la red de servicios sociales y en los lugares donde permanezcan personas privadas de libertad.

c) Además, podrán distribuirse métodos de barrera durante las campañas de educación sexual que en ejercicio de su autonomía se realicen en los centros de educación secundaria.

Art. 7 quater. *Correspsabilidad*[1068].

Los poderes públicos, especialmente desde el ámbito de la educación y la salud, fomentarán la corresponsabilidad en la anticoncepción. A tal fin, se desarrollarán políticas públicas destinadas a:

a) La eliminación de los estereotipos y roles sociales que refuerzan la discriminación de las mujeres en el ámbito de la anticoncepción.

b) La investigación, financiación y comercialización de anticonceptivos masculinos que sean seguros y eficaces, y que contribuyan a distribuir de forma equitativa entre hombres y mujeres las responsabilidades de la anticoncepción.

c) La consideración de la anticoncepción como un asunto de salud pública y no como una responsabilidad exclusiva de las mujeres.

Art. 7 quinquies. *Anticoncepción de urgencia*[1069].

A efectos de lo dispuesto en el artículo 111.2.c).12.ª del texto refundido de la Ley de garantías y uso racional de los medicamentos y productos sanitarios, aprobado por el Real Decreto Legislativo 1/2015, de 24 de julio, se considerarán adecuadas las existencias de los métodos anticonceptivos de urgencia que garanticen la normal prestación del servicio en función de la demanda de cada oficina de farmacia.

Art. 8. *Formación de profesionales de la salud*[1070].

1. La formación de profesionales de la salud se abordará con perspectiva igualitaria entre mujeres y hombres, integral de derechos humanos e interseccional e incluirá:

a) La incorporación de los derechos sexuales y reproductivos en los programas curriculares de las carreras con competencias en dichos ámbitos.

b) La incorporación de la salud sexual y reproductiva en los programas curriculares de las carreras relacionadas con la medicina y las ciencias de la salud, incluyendo la investigación y formación, con los conocimientos más avanzados, en la práctica clínica de la interrupción voluntaria del embarazo.

[1068] Artículo introducido por LO 1/2023, de 28 de febrero, por la que se modifica la Ley Orgánica 2/2010, de 3 de marzo, de salud sexual y reproductiva y de la interrupción voluntaria del embarazo.

[1069] Artículo introducido por LO 1/2023, de 28 de febrero, por la que se modifica la Ley Orgánica 2/2010, de 3 de marzo, de salud sexual y reproductiva y de la interrupción voluntaria del embarazo.

[1070] Artículo redactado conforme LO 1/2023, de 28 de febrero, por la que se modifica la Ley Orgánica 2/2010, de 3 de marzo, de salud sexual y reproductiva y de la interrupción voluntaria del embarazo.

c) La salud sexual y reproductiva en los programas de formación continuada a lo largo del desempeño de la carrera profesional en las áreas de la salud.

d) La realidad y las necesidades de los grupos o sectores sociales más vulnerables, como el de las personas con discapacidad.

Art. 8. Formación de profesionales de la salud.

La formación de profesionales de la salud se abordará con perspectiva de género e incluirá:

a) La incorporación de la salud sexual y reproductiva en los programas curriculares de las carreras relacionadas con la medicina y las ciencias de la salud, incluyendo la investigación y formación en la práctica clínica de la interrupción voluntaria del embarazo.

b) La formación de profesionales en salud sexual y salud reproductiva, incluida la práctica de la interrupción del embarazo.

c) La salud sexual y reproductiva en los programas de formación continuada a lo largo del desempeño de la carrera profesional.

d) En los aspectos formativos de profesionales de la salud se tendrán en cuenta la realidad y las necesidades de los grupos o sectores sociales más vulnerables, como el de las personas con discapacidad[1071].

CAPÍTULO III
MEDIDAS EN EL ÁMBITO DE LA EDUCACIÓN Y LA SENSIBILIZACIÓN RELATIVAS A LOS DERECHOS SEXUALES Y REPRODUCTIVOS[1072]

CAPÍTULO III
MEDIDAS EN EL ÁMBITO EDUCATIVO[1073]

Art. 9. *Formación sobre salud sexual y reproductiva en el sistema educativo[1074].*

1. Las administraciones educativas, en el ámbito de sus competencias contemplarán la formación en salud sexual y reproductiva, como parte del desarrollo integral de la personalidad, de la formación en valores, con base en la dignidad de la persona, y con un enfoque interseccional, que contribuya a:

a) La promoción de una visión de la sexualidad en términos de igualdad y corresponsabilidad, y diversidad, desde la óptica del placer, el deseo, la libertad y el respeto, con especial atención a la prevención de la violencia de género y la violencia sexual.

b) El reconocimiento de la diversidad sexual.

c) El desarrollo armónico de la sexualidad en cada etapa del ciclo vital, con especial atención a la adolescencia y juventud.

d) La prevención de enfermedades e infecciones de transmisión sexual, especialmente del VIH y del VPH, visibilizando la realidad de las personas VIH+/

[1071] Artículo redactado conforme LO 2/2010, de 3 de marzo, de salud sexual y reproductiva y de la interrupción voluntaria del embarazo.

[1072] Rúbrica redactada conforme LO 1/2023, de 28 de febrero, por la que se modifica la Ley Orgánica 2/2010, de 3 de marzo, de salud sexual y reproductiva y de la interrupción voluntaria del embarazo.

[1073] Rúbrica redactada conforme LO 2/2010, de 3 de marzo, de salud sexual y reproductiva y de la interrupción voluntaria del embarazo.

[1074] Artículo redactado conforme LO 2/2010, de 3 de marzo, de salud sexual y reproductiva y de la interrupción voluntaria del embarazo.

SIDA, desde el surgimiento del VIH hasta la actualidad, haciendo hincapié en sus necesidades y propuestas para superar la discriminación y olvido en el que viven.

e) La prevención de embarazos no deseados.

2. La educación afectivo-sexual, en todas sus dimensiones, forma parte del currículo durante toda la educación obligatoria, y será impartida por personal que habrá recibido la formación adecuada para ello, en consonancia con la Ley Orgánica 3/2020, de 29 de diciembre, por la que se modifica la Ley Orgánica 2/2006, de 3 mayo, de Educación.

> *Art. 9. Incorporación de la formación en salud sexual y reproductiva al sistema educativo.*
> *El sistema educativo contemplará la formación en salud sexual y reproductiva, como parte del desarrollo integral de la personalidad y de la formación en valores, incluyendo un enfoque integral que contribuya a:*
> *a) La promoción de una visión de la sexualidad en términos de igualdad y corresponsabilidad entre hombres y mujeres con especial atención a la prevención de la violencia de género, agresiones y abusos sexuales.*
> *b) El reconocimiento y aceptación de la diversidad sexual.*
> *c) El desarrollo armónico de la sexualidad acorde con las características de las personas jóvenes.*
> *d) La prevención de enfermedades e infecciones de transmisión sexual y especialmente la prevención del VIH.*
> *e) La prevención de embarazos no deseados, en el marco de una sexualidad responsable.*
> *f) En la incorporación de la formación en salud y salud sexual y reproductiva al sistema educativo, se tendrán en cuenta la realidad y las necesidades de los grupos o sectores sociales más vulnerables, como el de las personas con discapacidad proporcionando, en todo caso, a este alumnado información y materiales accesibles, adecuados a su edad[1075].*

Art. 10. *Apoyo a la comunidad educativa*[1076].

Las administraciones públicas, en el ámbito de sus respectivas competencias, apoyarán a la comunidad educativa en la realización de actividades formativas complementarias relacionadas con la educación sexual, la prevención de infecciones de transmisión sexual y embarazos no deseados, facilitando información adecuada al profesorado, madres, padres y tutores de personas menores o personas con discapacidad.

> *Art. 10. Actividades formativas.*
> *Los poderes públicos apoyarán a la comunidad educativa en la realización de actividades formativas relacionadas con la educación afectivo sexual, la prevención de infecciones de transmisión sexual y embarazos no deseados, facilitando información adecuada a los padres y las madres[1077].*

[1075] Artículo redactado conforme LO 2/2010, de 3 de marzo, de salud sexual y reproductiva y de la interrupción voluntaria del embarazo.

[1076] Artículo redactado conforme LO 1/2023, de 28 de febrero, por la que se modifica la Ley Orgánica 2/2010, de 3 de marzo, de salud sexual y reproductiva y de la interrupción voluntaria del embarazo.

[1077] Artículo redactado conforme LO 2/2010, de 3 de marzo, de salud sexual y reproductiva y de la interrupción voluntaria del embarazo.

Art. 10 bis. *Educación para la prevención de las violencias sexuales*[1078].

Las administraciones educativas, en el ámbito de sus competencias incluirán, en los términos establecidos en la Ley Orgánica 3/2020, de 29 de diciembre, y en las disposiciones que la desarrollan y establecen los currículos de las diferentes etapas educativas, la educación afectivo-sexual, la igualdad entre mujeres y hombres y la educación en derechos humanos, como medidas dirigidas a la garantía de la libertad sexual y a la prevención de las violencias sexuales, incluida la que puede producirse en el ámbito digital. Estas medidas serán incluidas, asimismo, con el alcance que corresponda, en las ofertas formativas de Formación Profesional previstas en la Ley Orgánica 3/2022, de 31 de marzo.

Art. 10 ter. *Medidas en el ámbito de la educación menstrual*[1079].

Las administraciones educativas, en el ámbito de sus competencias, garantizarán, en el marco de la educación afectivo-sexual, que el sistema educativo establece en los currículos de las diferentes etapas educativas, el abordaje integral de la salud durante la menstruación con perspectiva de género, interseccional y de derechos humanos en el ámbito de la educación, tanto formal como no formal, con especial atención a la eliminación de los mitos, prejuicios y estereotipos de género que generan el estigma menstrual.

Art. 10 quater. *Medidas en el ámbito de la educación no formal*[1080].

Las administraciones públicas, en el ámbito de sus competencias, impulsarán, en el ámbito de la educación no formal, programas públicos de educación sexual y reproductiva dirigidos a personas adultas y adecuados a sus condiciones, necesidades e intereses diversos, con especial énfasis en las franjas etarias en las que se producen los procesos de climaterio y menopausia.

Art. 10 quinquies. *Campañas institucionales de prevención e información*[1081].

1. Con el fin de promover los derechos sexuales y reproductivos, las administraciones públicas, en el marco de sus respectivas competencias, impulsarán campañas de concienciación dirigidas a toda la población, que promuevan los derechos previstos en esta ley orgánica, lo que incluye la corresponsabilidad en el ámbito de la anticoncepción, la eliminación de los estereotipos de género en el ámbito de las relaciones sexuales, la promoción de los derechos reproducti-

---

[1078] Artículo introducido por LO 1/2023, de 28 de febrero, por la que se modifica la Ley Orgánica 2/2010, de 3 de marzo, de salud sexual y reproductiva y de la interrupción voluntaria del embarazo.

[1079] Artículo introducido por LO 1/2023, de 28 de febrero, por la que se modifica la Ley Orgánica 2/2010, de 3 de marzo, de salud sexual y reproductiva y de la interrupción voluntaria del embarazo.

[1080] Artículo introducido por LO 1/2023, de 28 de febrero, por la que se modifica la Ley Orgánica 2/2010, de 3 de marzo, de salud sexual y reproductiva y de la interrupción voluntaria del embarazo.

[1081] Artículo introducido por LO 1/2023, de 28 de febrero, por la que se modifica la Ley Orgánica 2/2010, de 3 de marzo, de salud sexual y reproductiva y de la interrupción voluntaria del embarazo.

vos con especial énfasis en la interrupción voluntaria del embarazo, el embarazo, parto y puerperio y la promoción de la salud durante la menstruación en las diferentes etapas de la vida y de la salud durante la menopausia y después de esta.

Asimismo, se realizarán campañas de prevención de conductas como la transmisión negligente o intencionada de infecciones de transmisión sexual o la retirada del preservativo sin consentimiento. También se impulsarán campañas que desmitifiquen todas las formas de violencia en el ámbito reproductivo contenidas en la presente ley, como la gestación por sustitución.

Las administraciones públicas, en el ámbito de sus competencias, promoverán la difusión en medios de comunicación social, publicidad, internet, redes sociales y empresas de la tecnología de la información y comunicación de contenidos que promuevan la concienciación, conocimiento y diagnóstico precoz de las enfermedades de la salud sexual y reproductiva.

2. Las administraciones públicas impulsarán campañas periódicas de información y prevención de las infecciones de transmisión sexual.

3. Las campañas se realizarán de manera que sean accesibles, tomando en consideración circunstancias, tales como la edad, la discapacidad, o el idioma. Para ello, tendrán especial divulgación en los medios de comunicación de titularidad pública y en los centros educativos y de formación, sociales, sanitarios, culturales y deportivos.

Art. 10 sexies. *Formación en los ámbitos de las ciencias jurídicas, las ciencias de la educación y las ciencias sociales*[1082].

Las administraciones educativas, en el ámbito de sus competencias, promoverán la incorporación de contenidos de calidad, adaptados y suficientes sobre salud, derechos sexuales y reproductivos en las titulaciones relacionadas con las ciencias jurídicas, las ciencias de la educación y las ciencias sociales. Asimismo, dichos contenidos se incorporarán a los temarios de oposiciones vinculados al acceso a los cuerpos y escalas de las administraciones públicas relacionadas con los ámbitos de las ciencias de la educación, las ciencias jurídicas y las ciencias sociales.

[1082] Artículo introducido por LO 1/2023, de 28 de febrero, por la que se modifica la Ley Orgánica 2/2010, de 3 de marzo, de salud sexual y reproductiva y de la interrupción voluntaria del embarazo.

Art. 11

CAPÍTULO IV
MEDIDAS PARA LA APLICACIÓN EFECTIVA DE LA LEY[1083]

CAPÍTULO IV
ESTRATEGIA DE SALUD SEXUAL Y REPRODUCTIVA[1084]

Art. 11. *Elaboración de la Estrategia Estatal de Salud Sexual y Reproductiva[1085].*

1. Para el cumplimiento de los objetivos previstos en esta ley orgánica, el Consejo Interterritorial del Sistema Nacional de Salud aprobará la Estrategia Estatal de Salud Sexual y Reproductiva, que contará con la colaboración de las sociedades científicas y profesionales y las organizaciones sociales, así como con el informe favorable de la Conferencia Sectorial de Igualdad.

Corresponde al Ministerio de Sanidad su planificación, coordinación, desarrollo y evaluación, garantizándose la participación de los departamentos ministeriales cuyas actuaciones incidan especialmente en materia de salud sexual y reproductiva, y en particular del Ministerio de Igualdad; de las comunidades autónomas y ciudades con estatuto de autonomía; así como de las organizaciones representativas de los intereses sociales afectados.

2. La Estrategia se elaborará con criterios de calidad y equidad en el Sistema Nacional de Salud, con énfasis en la salud sexual y la salud reproductiva, y estará integrada por medidas en el ámbito de la educación, la formación y la investigación, la interrupción voluntaria del embarazo y las violencias contra las mujeres en estos ámbitos.

3. En el marco de la Estrategia se desarrollará un plan operativo que aborde de manera específica el diagnóstico precoz, el diagnóstico y el tratamiento y abordaje integral, con perspectiva de género, de las patologías relacionadas con la salud sexual y reproductiva de las mujeres.

4. La Estrategia establecerá mecanismos de evaluación internos y externos de la consecución de sus objetivos. La evaluación interna será bienal y realizada por una Comisión destinada expresamente a estas tareas de evaluación, formada por representantes del Comité Técnico y del Comité Institucional de la Estrategia Estatal de Salud Sexual y Reproductiva.

La evaluación externa, que también será bienal, se realizará a cargo de una Comisión diferente a los Comités Técnico e Institucional de la Estrategia o sus representantes designados para la evaluación interna, debiendo garantizar, en cualquier caso, la inclusión de la perspectiva de género en su metodología evaluativa.

[1083] Rúbrica redactada conforme LO 1/2023, de 28 de febrero, por la que se modifica la Ley Orgánica 2/2010, de 3 de marzo, de salud sexual y reproductiva y de la interrupción voluntaria del embarazo.

[1084] Rúbrica redactada conforme LO 2/2010, de 3 de marzo, de salud sexual y reproductiva y de la interrupción voluntaria del embarazo.

[1085] Artículo redactado conforme LO 1/2023, de 28 de febrero, por la que se modifica la Ley Orgánica 2/2010, de 3 de marzo, de salud sexual y reproductiva y de la interrupción voluntaria del embarazo.

Tanto en la Comisión de evaluación externa, como en ambos Comités de la Estrategia, se garantizará la representación de la institución responsable de la propuesta y ejecución de la política del Gobierno en materia de igualdad.

5. En el marco de la Estrategia, se desarrollará un plan operativo sobre la atención sanitaria al parto normal que aborde de manera específica el impulso de los objetivos, recomendaciones y estándares propuestos contenidos en dicha Estrategia.

> *Art. 11. Elaboración de la Estrategia de Salud Sexual y Reproductiva.*
>
> *Para el cumplimiento de los objetivos previstos en esta Ley, el Gobierno, en cooperación con las Comunidades Autónomas y con respeto a su ámbito competencial, aprobará un Plan que se denominará Estrategia de Salud Sexual y Reproductiva, que contará con la colaboración de las sociedades científicas y profesionales y las organizaciones sociales.*
>
> *La Estrategia se elaborará con criterios de calidad y equidad en el Sistema Nacional de Salud y con énfasis en jóvenes y adolescentes y colectivos de especiales necesidades.*
>
> *La Estrategia tendrá una duración de cinco años y establecerá mecanismos de evaluación bienal que permitan la valoración de resultados y en particular del acceso universal a la salud sexual y reproductiva[1086].*

Art. 11 bis. *Investigación, recopilación y producción de datos*[1087].

1. La investigación en materia de salud, derechos sexuales y reproductivos se garantizará a través de políticas públicas con enfoque de género e interseccional que permitan obtener la mejor, más amplia y actualizada información científica respecto de la salud sexual, la salud reproductiva, la salud durante la menstruación y la salud durante la menopausia y el climaterio en cada etapa correspondiente del ciclo vital.

2. Las administraciones públicas llevarán a cabo y apoyarán la realización de estudios, encuestas y trabajos de investigación sobre las temáticas reguladas por esta ley orgánica, así como aquellos otros que, integrando la perspectiva de género e interseccional, las tengan en cuenta, a fin de obtener y producir el mejor y más actualizado conocimiento que sea posible en el ámbito de la salud, los derechos sexuales y reproductivos. Se promoverá la recogida de datos y la elaboración de estudios sobre las infecciones de transmisión sexual, con la finalidad de analizar su prevalencia y guiar las medidas para su prevención y tratamiento. Asimismo, se promoverán los estudios sobre la crisis de reproducción y sus impactos sociales.

3. Se promoverá y garantizará la investigación que permita obtener la mejor, más amplia y actualizada información acerca de la menstruación y la salud durante la menstruación en las diferentes fases del ciclo vital de las mujeres, con un enfoque relativo a la prevención, diagnóstico y tratamiento de patologías que afectan al ciclo menstrual y los efectos que sobre este producen los distintos fármacos.

[1086] Artículo redactado conforme LO 2/2010, de 3 de marzo, de salud sexual y reproductiva y de la interrupción voluntaria del embarazo.

[1087] Artículo introducido por LO 1/2023, de 28 de febrero, por la que se modifica la Ley Orgánica 2/2010, de 3 de marzo, de salud sexual y reproductiva y de la interrupción voluntaria del embarazo.

Art. 12

4. En la elaboración de las políticas públicas y en la realización de estudios, encuestas y trabajos de investigación se dará cumplimiento a la normativa vigente en materia de protección de datos de carácter personal.

5. Los objetivos de la investigación serán buscar soluciones a problemas específicos, explicar fenómenos y realidades, elaborar recomendaciones y propuestas de acción, desarrollar teorías, ampliar conocimientos, establecer principios y reformular planteamientos en relación con la promoción, protección y respeto de los derechos consagrados en esta ley orgánica.

TÍTULO II
DE LA INTERRUPCIÓN VOLUNTARIA DEL EMBARAZO

CAPÍTULO I
CONDICIONES DE LA INTERRUPCIÓN VOLUNTARIA DEL EMBARAZO

Art. 12. *Garantía de acceso a la interrupción voluntaria del embarazo.*

Se garantiza el acceso a la interrupción voluntaria del embarazo en las condiciones que se determinan en esta Ley. Estas condiciones se interpretarán en el modo más favorable para la protección y eficacia de los derechos fundamentales de la mujer que solicita la intervención, en particular, su derecho al libre desarrollo de la personalidad, a la vida, a la integridad física y moral, a la intimidad, a la libertad ideológica y a la no discriminación.

Art. 13. *Requisitos comunes*[1088].

Son requisitos necesarios de la interrupción voluntaria del embarazo:

a) Que se practique por un médico especialista, preferiblemente en obstetricia y ginecología o bajo su dirección.

b) Que se lleve a cabo en centro sanitario público o en un centro privado acreditado.

c) Que se realice con el consentimiento expreso informado y por escrito de la mujer embarazada o, en su caso, del representante legal, de conformidad con lo establecido en la Ley 41/2002, de 14 de noviembre, básica reguladora de la autonomía del paciente y de derechos y obligaciones en materia de información y documentación clínica.

Podrá prescindirse del consentimiento expreso en el supuesto previsto en el artículo 9.2.b) de la referida ley. En el supuesto de mujeres con medidas de apoyo para el ejercicio de su capacidad jurídica se atenderá a lo dispuesto en el artículo 9.7 de la misma ley.

Art. 13. Requisitos comunes.

[1088] Artículo redactado conforme LO 1/2023, de 28 de febrero, por la que se modifica la Ley Orgánica 2/2010, de 3 de marzo, de salud sexual y reproductiva y de la interrupción voluntaria del embarazo.

Art. 13 bis

Son requisitos necesarios de la interrupción voluntaria del embarazo:
Primero.– Que se practique por un médico especialista o bajo su dirección.
Segundo.– Que se lleve a cabo en centro sanitario público o privado acreditado.
Tercero.– Que se realice con el consentimiento expreso y por escrito de la mujer embarazada o, en su caso, del representante legal, de conformidad con lo establecido en la Ley 41/2002, Básica Reguladora de la Autonomía del Paciente y de Derechos y Obligaciones en materia de información y documentación clínica. Podrá prescindirse del consentimiento expreso en el supuesto previsto en el artículo 9.2.b) de la referida Ley[1089].
Cuarto[1090].–

Art. 13 bis. *Edad*[1091].

1. Las mujeres podrán interrumpir voluntariamente su embarazo a partir de los 16 años, sin necesidad del consentimiento de sus representantes legales.

2. En el caso de las menores de 16 años, será de aplicación el régimen previsto en el artículo 9.3.c) de la Ley 41/2002, de 14 de noviembre.

En el supuesto de las menores de 16 años embarazadas en situación de desamparo que, en aplicación del artículo 9.3.c) de la Ley 41/2002, de 14 de noviembre, requieran consentimiento por representación, éste podrá darse por parte de la Entidad Pública que haya asumido la tutela en virtud del artículo 172.1 del Código Civil.

En el supuesto de las menores de 16 años embarazadas en situación de desamparo cuya tutela no haya sido aún asumida por la Entidad Pública a la que, en el respectivo territorio, esté encomendada la protección de los menores, que, en aplicación del artículo el artículo 9.3.c) de la Ley 41/2002, de 14 de noviembre, requirieran consentimiento por representación, será de aplicación lo previsto en el artículo 172.4 del Código Civil, pudiendo la Entidad Pública que asuma la guarda provisional dar el consentimiento por representación para la interrupción voluntaria del embarazo, a fin de salvaguardar el derecho de la menor a la misma.

En caso de discrepancia entre la menor y los llamados a prestar el consentimiento por representación, los conflictos se resolverán conforme a lo dispuesto en la legislación civil por la autoridad judicial, debiendo nombrar a la menor un defensor judicial en el seno del procedimiento y con intervención del Ministerio Fiscal. El procedimiento tendrá carácter urgente en atención a lo dispuesto en el artículo 19.6 de esta ley orgánica.

[1089] Artículo redactado conforme LO 2/2010, de 3 de marzo, de salud sexual y reproductiva y de la interrupción voluntaria del embarazo.

[1090] Suprimido por LO 11/2015, de 21 de septiembre, para reforzar la protección de las menores y mujeres con capacidad modificada judicialmente en la interrupción voluntaria del embarazo.

[1091] Artículo introducido por LO 1/2023, de 28 de febrero, por la que se modifica la Ley Orgánica 2/2010, de 3 de marzo, de salud sexual y reproductiva y de la interrupción voluntaria del embarazo.

Art. 14. *Interrupción del embarazo dentro de las primeras catorce semanas de gestación*[1092].

Podrá interrumpirse el embarazo dentro de las primeras catorce semanas de gestación a petición de la mujer embarazada.

> *Art. 14. Interrupción del embarazo a petición de la mujer.*
> *Podrá interrumpirse el embarazo dentro de las primeras catorce semanas de gestación a petición de la embarazada, siempre que concurran los requisitos siguientes:*
> *a) Que se haya informado a la mujer embarazada sobre los derechos, prestaciones y ayudas públicas de apoyo a la maternidad, en los términos que se establecen en los apartados 2 y 4 del artículo 17 de esta Ley.*
> *b) Que haya transcurrido un plazo de al menos tres días, desde la información mencionada en el párrafo anterior y la realización de la intervención*[1093].

Art. 15. *Interrupción por causas médicas.*

Excepcionalmente, podrá interrumpirse el embarazo por causas médicas cuando concurra alguna de las circunstancias siguientes:

a) Que no se superen las veintidós semanas de gestación y siempre que exista grave riesgo para la vida o la salud de la embarazada y así conste en un dictamen emitido con anterioridad a la intervención por un médico o médica especialista distinto del que la practique o dirija. En caso de urgencia por riesgo vital para la gestante podrá prescindirse del dictamen.

b) Que no se superen las veintidós semanas de gestación y siempre que exista riesgo de graves anomalías en el feto y así conste en un dictamen emitido con anterioridad a la intervención por dos médicos especialistas distintos del que la practique o dirija.

c) Cuando se detecten anomalías fetales incompatibles con la vida y así conste en un dictamen emitido con anterioridad por un médico o médica especialista, distinto del que practique la intervención, o cuando se detecte en el feto una enfermedad extremadamente grave e incurable en el momento del diagnóstico y así lo confirme un comité clínico.

Art. 16. *Comité clínico*[1094].

1. El Comité clínico al que se refiere el artículo anterior estará formado por un equipo pluridisciplinar integrado por dos integrantes del personal médico especialistas en ginecología y obstetricia o expertos en diagnóstico prenatal y un pediatra. La mujer podrá elegir uno de estos especialistas. Ninguno de los miembros del Comité podrá formar parte del Registro de objetores de la interrupción voluntaria del embarazo ni haber formado parte en los últimos tres años.

[1092] Artículo redactado conforme LO 1/2023, de 28 de febrero, por la que se modifica la Ley Orgánica 2/2010, de 3 de marzo, de salud sexual y reproductiva y de la interrupción voluntaria del embarazo.

[1093] Artículo redactado conforme LO 2/2010, de 3 de marzo, de salud sexual y reproductiva y de la interrupción voluntaria del embarazo.

[1094] Artículo redactado conforme LO 1/2023, de 28 de febrero, por la que se modifica la Ley Orgánica 2/2010, de 3 de marzo, de salud sexual y reproductiva y de la interrupción voluntaria del embarazo.

2. Confirmado el diagnóstico por el Comité, la mujer decidirá sobre la intervención.

3. En cada Comunidad Autónoma habrá, al menos, un Comité clínico en un centro de la red sanitaria pública. Los miembros, titulares y suplentes, designados por las autoridades sanitarias competentes, lo serán por un plazo no inferior a un año. La designación deberá hacerse pública en los diarios oficiales de las respectivas comunidades autónomas.

4. Las especificidades del funcionamiento del Comité clínico se determinarán reglamentariamente.

> *Art. 16. Comité clínico[1095].*
>
> *1. El comité clínico al que se refiere el artículo anterior estará formado por un equipo pluridisciplinar integrado por dos médicos especialistas en ginecología y obstetricia o expertos en diagnóstico prenatal y un pediatra. La mujer podrá elegir uno de estos especialistas.*
>
> *2. Confirmado el diagnóstico por el comité, la mujer decidirá sobre la intervención.*
>
> *3. En cada Comunidad Autónoma habrá, al menos, un comité clínico en un centro de la red sanitaria pública. Los miembros, titulares y suplentes, designados por las autoridades sanitarias competentes, lo serán por un plazo no inferior a un año. La designación deberá hacerse pública en los diarios oficiales de las respectivas Comunidades Autónomas.*
>
> *4. Las especificidades del funcionamiento del Comité clínico se determinarán reglamentariamente.*

Art. 17. *Información vinculada a la interrupción voluntaria del embarazo[1096].*

1. Todas las mujeres que manifiesten su intención de someterse a una interrupción voluntaria del embarazo recibirán información del personal sanitario sobre los distintos métodos de interrupción del embarazo, quirúrgico y farmacológico, las condiciones para la interrupción previstas en esta ley orgánica, los centros públicos y acreditados a los que se podrán dirigir y los trámites para acceder a la prestación, así como las condiciones para su cobertura por el servicio público de salud correspondiente.

En el caso de procederse a la interrupción voluntaria del embarazo después de las catorce semanas de gestación por causas médicas, deberá facilitarse toda la información sobre los distintos procedimientos posibles para permitir que la mujer escoja la opción más adecuada para su caso.

2. En los casos en que las mujeres así lo requieran, y nunca como requisito para acceder a la prestación del servicio, podrán recibir información sobre una o varias de las siguientes cuestiones:

a) Datos sobre los centros disponibles para recibir información adecuada sobre anticoncepción y sexo seguro.

b) Datos sobre los centros que ofrecen asesoramiento antes y después de la interrupción del embarazo.

c) Las ayudas públicas disponibles para las mujeres embarazadas y la cobertura sanitaria durante el embarazo y el parto.

[1095] Artículo redactado conforme LO 2/2010, de 3 de marzo, de salud sexual y reproductiva y de la interrupción voluntaria del embarazo.

[1096] Artículo redactado conforme LO 1/2023, de 28 de febrero, por la que se modifica la Ley Orgánica 2/2010, de 3 de marzo, de salud sexual y reproductiva y de la interrupción voluntaria del embarazo.

d) Los derechos laborales vinculados al embarazo y a la maternidad; las prestaciones y ayudas públicas para el cuidado y atención de los hijos; los beneficios fiscales y demás información relevante sobre incentivos y ayudas al nacimiento.

La elaboración, contenidos y formato de esta información será determinada reglamentariamente por el Gobierno, prestando especial atención a las necesidades surgidas de las situaciones de extranjería.

3. En el supuesto de interrupción del embarazo previsto en el artículo 15.b), la mujer que así lo requiera expresamente, si bien nunca como requisito para acceder a la prestación del servicio, podrá recibir información sobre los derechos, prestaciones y ayudas públicas existentes relativas al apoyo a la autonomía de las personas con alguna discapacidad, así como la red de organizaciones sociales de asistencia social a estas personas.

4. En todos los supuestos, y con carácter previo a la prestación del consentimiento, se habrá de informar a la mujer embarazada en los términos de los artículos 4 y 10 de la Ley 41/2002, de 14 de noviembre, básica reguladora de la autonomía del paciente y de derechos y obligaciones en materia de información y documentación clínica y específicamente sobre la naturaleza de cada intervención, sus riesgos y sus consecuencias.

5. La información prevista en este artículo será clara, objetiva y comprensible. En el caso de las personas con discapacidad, se proporcionará en formatos y medios accesibles, adecuados a sus necesidades y las mujeres extranjeras que no hablen castellano serán asistidas por intérprete. En aquellas comunidades autónomas en las que haya lenguas oficiales, esta atención será dispensada en cualquiera de ellas, si así lo solicitare la mujer.

Se hará saber a la mujer embarazada que dicha información podrá ser ofrecida, además, verbalmente, siempre que así se solicite. Cuando la información sea ofrecida de forma verbal, se circunscribirá siempre a los contenidos desarrollados reglamentariamente por el Gobierno.

Artículo 17. Información previa al consentimiento de la interrupción voluntaria del embarazo.

1. Todas las mujeres que manifiesten su intención de someterse a una interrupción voluntaria del embarazo recibirán información sobre los distintos métodos de interrupción del embarazo, las condiciones para la interrupción previstas en esta Ley, los centros públicos y acreditados a los que se pueda dirigir y los trámites para acceder a la prestación, así como las condiciones para su cobertura por el servicio público de salud correspondiente.

2. En los casos en que las mujeres opten por la interrupción del embarazo regulada en el artículo 14 recibirán, además, un sobre cerrado que contendrá la siguiente información:

a) Las ayudas públicas disponibles para las mujeres embarazadas y la cobertura sanitaria durante el embarazo y el parto.

b) Los derechos laborales vinculados al embarazo y a la maternidad; las prestaciones y ayudas públicas para el cuidado y atención de los hijos e hijas; los beneficios fiscales y demás información relevante sobre incentivos y ayudas al nacimiento.

c) Datos sobre los centros disponibles para recibir información adecuada sobre anticoncepción y sexo seguro.

d) Datos sobre los centros en los que la mujer pueda recibir voluntariamente asesoramiento antes y después de la interrupción del embarazo.

Esta información deberá ser entregada en cualquier centro sanitario público o bien en los centros acreditados para la interrupción voluntaria del embarazo. Junto con la información en sobre cerrado se entregará a la mujer un documento acreditativo de la fecha de la entrega, a los efectos de lo establecido en el artículo 14 de esta Ley.

La elaboración, contenidos y formato de esta información será determinada reglamentariamente por el Gobierno.

3. En el supuesto de interrupción del embarazo previsto en la letra b del artículo 15 de esta Ley, la mujer recibirá además de la información prevista en el apartado primero de este artículo, información por escrito sobre los derechos, prestaciones y ayudas públicas existentes de apoyo a la autonomía de las personas con alguna discapacidad, así como la red de organizaciones sociales de asistencia social a estas personas.

4. En todos los supuestos, y con carácter previo a la prestación del consentimiento, se habrá de informar a la mujer en los términos de los artículos 4 y 10 de la Ley 41/2002 de 14 de noviembre, y específicamente sobre las consecuencias médicas, psicológicas y sociales de la prosecución del embarazo o de la interrupción del mismo.

5. La información prevista en este artículo será clara, objetiva y comprensible. En el caso de las personas con discapacidad, se proporcionará en formatos y medios accesibles, adecuados a sus necesidades.

Se comunicará, en la documentación entregada, que dicha información podrá ser ofrecida, además, verbalmente, si la mujer lo solicita[1097].

CAPÍTULO II
GARANTÍAS EN EL ACCESO A LA PRESTACIÓN

Art. 18. *Garantía del acceso a la prestación*[1098].

Las usuarias del Sistema Nacional de Salud tendrán acceso a la interrupción voluntaria del embarazo en condiciones de igualdad efectiva. Las administraciones sanitarias que no puedan ofrecer dicho procedimiento en su ámbito geográfico remitirán a las usuarias al centro o servicio autorizado para este procedimiento, en las mejores condiciones de proximidad de su domicilio, garantizando la accesibilidad y calidad de la intervención y la seguridad de las usuarias.

Art. 18. Garantía del acceso a la prestación.

Los servicios públicos de salud, en el ámbito de sus respectivas competencias, aplicarán las medidas precisas para garantizar el derecho a la prestación sanitaria de la interrupción voluntaria del embarazo en los supuestos y con los requisitos establecidos en esta Ley. Esta prestación estará incluida en la cartera de servicios comunes del Sistema Nacional de Salud[1099].

Art. 18 bis. *Medidas para garantizar la información sobre la prestación*[1100].

Los poderes públicos ofrecerán información pública sobre el proceso, normativa y condiciones para interrumpir voluntariamente un embarazo, garantizando:

[1097] Artículo redactado conforme LO 2/2010, de 3 de marzo, de salud sexual y reproductiva y de la interrupción voluntaria del embarazo.

[1098] Artículo redactado conforme LO 1/2023, de 28 de febrero, por la que se modifica la Ley Orgánica 2/2010, de 3 de marzo, de salud sexual y reproductiva y de la interrupción voluntaria del embarazo.

[1099] Artículo redactado conforme LO 2/2010, de 3 de marzo, de salud sexual y reproductiva y de la interrupción voluntaria del embarazo.

[1100] Artículo introducido por LO 1/2023, de 28 de febrero, por la que se modifica la Ley Orgánica 2/2010, de 3 de marzo, de salud sexual y reproductiva y de la interrupción voluntaria del

Art. 19

a) La accesibilidad a un itinerario sencillo y comprensible que tenga en cuenta las diferentes edades, condiciones socioeconómicas, de idioma y de discapacidad de las usuarias.

b) El posicionamiento en internet de la información sobre centros públicos que prestan el servicio de interrupción voluntaria del embarazo, con particular atención a la función del Registro General de centros, servicios y establecimientos sanitarios (REGCESS).

c) La creación de una línea telefónica especializada en información sobre salud y derechos sexuales y reproductivos, que preste información sobre el derecho a la interrupción del embarazo y el itinerario de la prestación en los servicios públicos.

Art. 19. *Medidas para garantizar la prestación sanitaria pública*[1101].

1. Con el fin de asegurar la igualdad y calidad asistencial de la prestación de interrupción voluntaria del embarazo, las administraciones sanitarias competentes garantizarán los contenidos básicos de esta prestación que el Gobierno determine, oído el Consejo Interterritorial de Salud. Se garantizará a todas las mujeres igual acceso a la prestación con independencia del lugar donde residan.

2. La prestación sanitaria de la interrupción voluntaria del embarazo se realizará en centros de la red sanitaria pública o vinculados a la misma, según lo establecido en el artículo 18. Los centros sanitarios en los que se lleve a cabo esta prestación proporcionarán el método quirúrgico y farmacológico, de acuerdo a los requisitos sanitarios de cada uno de los métodos.

3. Los poderes públicos garantizarán, de acuerdo con un reparto geográfico adecuado, accesible y en número suficiente, lo previsto en el artículo 18, en consonancia con lo previsto en el artículo 19 bis.

4. La usuaria del Sistema Nacional de Salud podrá recurrir en vía jurisdiccional, mediante el procedimiento para la protección de los derechos fundamentales de la persona regulado en la Ley 29/1998, de 13 de julio, reguladora de la Jurisdicción Contencioso-administrativa, en el caso de que el Comité clínico no confirmase el diagnóstico a que alude la letra c) del artículo 15 y la usuaria considerase que concurren los motivos expresados en el referido apartado.

5. Si, excepcionalmente, la administración pública sanitaria no pudiera facilitar en tiempo la prestación, las autoridades sanitarias reconocerán a la mujer embarazada el derecho a acudir a cualquier centro acreditado en el territorio nacional, con el compromiso escrito de asumir directamente el abono de la prestación. En este supuesto, las autoridades competentes de las comunidades autónomas o del Estado asumirán también los gastos devengados por la mujer, hasta el límite que éstas determinen.

---

embarazo.

[1101] Artículo redactado conforme LO 1/2023, de 28 de febrero, por la que se modifica la Ley Orgánica 2/2010, de 3 de marzo, de salud sexual y reproductiva y de la interrupción voluntaria del embarazo.

6. Por su especial sujeción a plazos, la interrupción voluntaria del embarazo será considerada siempre un procedimiento sanitario de urgencia.

> *Art. 19. Medidas para garantizar la prestación por los servicios de salud.*
>
> *1. Con el fin de asegurar la igualdad y calidad asistencial de la prestación a la interrupción voluntaria del embarazo, las administraciones sanitarias competentes garantizarán los contenidos básicos que el Gobierno determine, oído el Consejo Interterritorial de Salud. Se garantizará a todas las mujeres por igual el acceso a la prestación con independencia del lugar donde residan.*
>
> *2. La prestación sanitaria de la interrupción voluntaria del embarazo se realizará en centros de la red sanitaria pública o vinculados a la misma.*
>
> *Los profesionales sanitarios directamente implicados en la interrupción voluntaria del embarazo tendrán el derecho de ejercer la objeción de conciencia sin que el acceso y la calidad asistencial de la prestación puedan resultar menoscabadas por el ejercicio de la objeción de conciencia. El rechazo o la negativa a realizar la intervención de interrupción del embarazo por razones de conciencia es una decisión siempre individual del personal sanitario directamente implicado en la realización de la interrupción voluntaria del embarazo, que debe manifestarse anticipadamente y por escrito. En todo caso los profesionales sanitarios dispensarán tratamiento y atención médica adecuados a las mujeres que lo precisen antes y después de haberse sometido a una intervención de interrupción del embarazo.*
>
> *Si excepcionalmente el servicio público de salud no pudiera facilitar en tiempo la prestación, las autoridades sanitarias reconocerán a la mujer embarazada el derecho a acudir a cualquier centro acreditado en el territorio nacional, con el compromiso escrito de asumir directamente el abono de la prestación.*
>
> *3. Las intervenciones contempladas en la letra c) del artículo 15 de esta Ley se realizarán preferentemente en centros cualificados de la red sanitaria pública[1102].*

Art. 19 bis. *Objeción de conciencia[1103].*

1. Las personas profesionales sanitarias directamente implicadas en la práctica de la interrupción voluntaria del embarazo podrán ejercer la objeción de conciencia, sin que el ejercicio de este derecho individual pueda menoscabar el derecho humano a la vida, la salud y la libertad de las mujeres que decidan interrumpir su embarazo.

El rechazo o la negativa a realizar la intervención de interrupción del embarazo por razones de conciencia es una decisión siempre individual del personal sanitario directamente implicado en la realización de la interrupción voluntaria del embarazo, que debe manifestarse con antelación y por escrito.

La persona objetora podrá revocar la declaración de objeción en todo momento por los mismos medios por los que la otorgó.

2. El acceso o la calidad asistencial de la prestación no se verán afectados por el ejercicio individual del derecho a la objeción de conciencia. A estos efectos, los servicios públicos se organizarán siempre de forma que se garantice el personal sanitario necesario para el acceso efectivo y oportuno a la interrupción voluntaria del embarazo. Asimismo, todo el personal sanitario dispensará siempre tratamiento y atención médica adecuados a las mujeres que lo precisen antes y después de haberse sometido a una interrupción del embarazo.

[1102] Artículo redactado conforme LO 2/2010, de 3 de marzo, de salud sexual y reproductiva y de la interrupción voluntaria del embarazo.

[1103] Artículo introducido por LO 1/2023, de 28 de febrero, por la que se modifica la Ley Orgánica 2/2010, de 3 de marzo, de salud sexual y reproductiva y de la interrupción voluntaria del embarazo.

Art. 19 ter. *Registros de personas objetoras de conciencia*[1104].

1. A efectos organizativos y para una adecuada gestión de la prestación se creará en cada comunidad autónoma y en el Instituto Nacional de Gestión Sanitaria (INGESA) un registro de personas profesionales sanitarias que decidan objetar por motivos de conciencia respecto de la intervención directa en la práctica de la interrupción voluntaria del embarazo.

2. Quienes se declaren personas objetoras de conciencia lo serán a los efectos de la práctica directa de la prestación de interrupción voluntaria del embarazo tanto en el ámbito de la sanidad pública como de la privada.

3. En el seno del Consejo Interterritorial del Sistema Nacional de Salud, se acordará un protocolo específico que incluya las condiciones mínimas para garantizar el cumplimiento de los objetivos perseguidos con la creación de este Registro, junto a la salvaguarda de la protección de datos de carácter personal, conforme a lo previsto en la disposición adicional cuarta.

4. Se adoptarán las medidas organizativas necesarias para garantizar la no discriminación tanto de las personas profesionales sanitarias no objetoras, evitando que se vean relegadas en exclusiva a la práctica de la interrupción voluntaria del embarazo, como de las personas objetoras para evitar que sufran cualquier discriminación derivada de la objeción.

Art. 20. *Protección del derecho a la intimidad, a la confidencialidad y a la protección de datos*[1105].

1. Los centros públicos y privados que presten cualquier tipo de asistencia sanitaria en relación con la salud sexual y reproductiva, y, en particular, la interrupción voluntaria del embarazo, garantizarán el derecho a la intimidad y a la confidencialidad de las pacientes en el tratamiento de sus datos de carácter personal.

2. De manera general, el tratamiento de datos de carácter personal y sanitario, así como el ejercicio de los derechos de la paciente, se ajustarán a lo dispuesto en el Reglamento (UE) 2016/679 del Parlamento Europeo y del Consejo, de 27 de abril de 2016; a la Ley Orgánica 3/2018, de 5 de diciembre, de Protección de Datos Personales y garantía de los derechos digitales, y a la Ley 41/2002, de 14 de noviembre.

3. Los centros prestadores del servicio deberán contar con sistemas de custodia activa y diligente de las historias clínicas de las pacientes e implantar en el tratamiento de los datos las medidas técnicas y organizativas apropiadas para garantizar un nivel de seguridad adecuado al riesgo conforme a la normativa vigente de protección de datos de carácter personal.

[1104] Artículo introducido por LO 1/2023, de 28 de febrero, por la que se modifica la Ley Orgánica 2/2010, de 3 de marzo, de salud sexual y reproductiva y de la interrupción voluntaria del embarazo.

[1105] Artículo redactado conforme LO 1/2023, de 28 de febrero, por la que se modifica la Ley Orgánica 2/2010, de 3 de marzo, de salud sexual y reproductiva y de la interrupción voluntaria del embarazo.

Art. 20. Protección de la intimidad y confidencialidad.
1. Los centros que presten la interrupción voluntaria del embarazo asegurarán la intimidad de las mujeres y la confidencialidad en el tratamiento de sus datos de carácter personal.
2. Los centros prestadores del servicio deberán contar con sistemas de custodia activa y diligente de las historias clínicas de las pacientes e implantar en el tratamiento de los datos las medidas de seguridad de nivel alto previstas en la normativa vigente de protección de datos de carácter personal[1106].

Art. 21. *Tratamiento de datos.*

1. En el momento de la solicitud de información sobre la interrupción voluntaria del embarazo, los centros, sin proceder al tratamiento de dato alguno, habrán de informar a la solicitante que los datos identificativos de las pacientes a las que efectivamente se les realice la prestación serán objeto de codificación y separados de los datos de carácter clínico asistencial relacionados con la interrupción voluntaria del embarazo.

2. Los centros que presten la interrupción voluntaria del embarazo establecerán mecanismos apropiados de automatización y codificación de los datos de identificación de las pacientes atendidas, en los términos previstos en esta Ley.

A los efectos previstos en el párrafo anterior, se considerarán datos identificativos de la paciente su nombre, apellidos, domicilio, número de teléfono, dirección de correo electrónico, documento nacional de identidad o documento identificativo equivalente, así como cualquier dato que revele su identidad física o genética.

3. En el momento de la primera recogida de datos de la paciente, se le asignará un código que será utilizado para identificarla en todo el proceso.

4. Los centros sustituirán los datos identificativos de la paciente por el código asignado en cualquier información contenida en la historia clínica que guarde relación con la práctica de la interrupción voluntaria del embarazo, de forma que no pueda producirse con carácter general, el acceso a dicha información.

5. Las informaciones relacionadas con la interrupción voluntaria del embarazo deberán ser conservadas en la historia clínica de tal forma que su mera visualización no sea posible salvo por el personal que participe en la práctica de la prestación, sin perjuicio de los accesos a los que se refiere el artículo siguiente.

Art. 22. *Acceso y cesión de datos de carácter personal.*

1. Únicamente será posible el acceso a los datos de la historia clínica asociados a los que identifican a la paciente, sin su consentimiento, en los casos previstos en las disposiciones legales reguladoras de los derechos y obligaciones en materia de documentación clínica.

Cuando el acceso fuera solicitado por otro profesional sanitario a fin de prestar la adecuada asistencia sanitaria de la paciente, aquél se limitará a los datos estricta y exclusivamente necesarios para la adecuada asistencia, quedando constancia de la realización del acceso.

[1106] Artículo redactado conforme LO 2/2010, de 3 de marzo, de salud sexual y reproductiva y de la interrupción voluntaria del embarazo.

En los demás supuestos amparados por la ley, el acceso se realizará mediante autorización expresa del órgano competente en la que se motivarán de forma detallada las causas que la justifican, quedando en todo caso limitado a los datos estricta y exclusivamente necesarios.

2. El informe de alta, las certificaciones médicas y cualquier otra documentación relacionada con la práctica de la interrupción voluntaria del embarazo que sea necesaria a cualquier efecto, será entregada exclusivamente a la paciente o persona autorizada por ella. Esta documentación respetará el derecho de la paciente a la intimidad y confidencialidad en el tratamiento de los datos de carácter personal recogido en este Capítulo.

3. No será posible el tratamiento de la información por el centro sanitario para actividades de publicidad o prospección comercial. No podrá recabarse el consentimiento de la paciente para el tratamiento de los datos para estas actividades.

Art. 23. *Supresión de datos*[1107].

1. Los centros que hayan procedido a una interrupción voluntaria de embarazo deberán suprimir de oficio la totalidad de los datos de la paciente que consten en sus registros administrativos una vez transcurridos cinco años desde la fecha de alta de la intervención. No obstante, la documentación clínica podrá conservarse cuando existan razones epidemiológicas, de investigación o de organización y funcionamiento del Sistema Nacional de Salud, en cuyo caso se procederá a la supresión de todos los datos identificativos de la paciente y del código que se le hubiera asignado como consecuencia de lo dispuesto en los artículos anteriores.

2. Lo dispuesto en el apartado anterior se entenderá sin perjuicio del ejercicio por la paciente de su derecho de supresión, en los términos previstos en el Reglamento General de Protección de Datos y la Ley Orgánica 3/2018, de 5 de diciembre.

> Art. 23. Cancelación de datos.
>
> 1. Los centros que hayan procedido a una interrupción voluntaria de embarazo deberán cancelar de oficio la totalidad de los datos de la paciente una vez transcurridos cinco años desde la fecha de alta de la intervención. No obstante, la documentación clínica podrá conservarse cuando existan razones epidemiológicas, de investigación o de organización y funcionamiento del Sistema Nacional de Salud, en cuyo caso se procederá a la cancelación de todos los datos identificativos de la paciente y del código que se le hubiera asignado como consecuencia de lo dispuesto en los artículos anteriores.
>
> 2. Lo dispuesto en el apartado anterior se entenderá sin perjuicio del ejercicio por la paciente de su derecho de cancelación, en los términos previstos en la Ley Orgánica 15/1999, de 13 de diciembre, de Protección de Datos de Carácter Personal[1108].

[1107] Artículo redactado conforme LO 1/2023, de 28 de febrero, por la que se modifica la Ley Orgánica 2/2010, de 3 de marzo, de salud sexual y reproductiva y de la interrupción voluntaria del embarazo.

[1108] Artículo redactado conforme LO 2/2010, de 3 de marzo, de salud sexual y reproductiva y de la interrupción voluntaria del embarazo.

Art. 24

TÍTULO III
PROTECCIÓN Y GARANTÍA DE LOS DERECHOS SEXUALES Y REPRODUCTIVOS[1109]

CAPÍTULO I
ALCANCE DE LA RESPONSABILIDAD INSTITUCIONAL[1110]

Art. 24. *Responsabilidad institucional*[1111].

1. Las administraciones públicas se abstendrán de realizar cualquier acto que vulnere los derechos sexuales y reproductivos establecidos en esta ley orgánica y se asegurarán de que autoridades, personal funcionario, agentes e instituciones estatales y autonómicas, así como los demás actores que actúen en nombre de las anteriores se comporten de acuerdo con esta obligación.

2. Las administraciones públicas competentes garantizarán el libre ejercicio del derecho a la interrupción del embarazo en los términos de esta ley orgánica y, especialmente, velarán por evitar que la solicitante sea destinataria de prácticas que pretendan alterar, ya sea para afianzar, revocar o para demorar, la formación de su voluntad sobre la interrupción o no de su embarazo, la comunicación de su decisión y la puesta en práctica de la misma, con la excepción de la información clínica imprescindible y pertinente. Las intervenciones diagnósticas y terapéuticas asociadas con la decisión y la práctica de la interrupción del embarazo deberán basarse, en todo caso, en la evidencia científica.

3. Las administraciones públicas, en el ámbito de sus competencias, tomarán las medidas integrales y eficaces para prevenir, proteger, investigar, sancionar, erradicar y reparar las vulneraciones de los derechos sexuales y reproductivos de las mujeres.

Art. 25. *Sensibilización e información*[1112].

1. Las administraciones públicas, en el ámbito de sus competencias, promoverán la adopción de campañas y acciones informativas, accesibles a todas las mujeres tomando en cuenta su situación, que incluyan información sobre

---

[1109]   Rúbrica introducida por LO 1/2023, de 28 de febrero, por la que se modifica la Ley Orgánica 2/2010, de 3 de marzo, de salud sexual y reproductiva y de la interrupción voluntaria del embarazo.

[1110]   Rúbrica introducida por LO 1/2023, de 28 de febrero, por la que se modifica la Ley Orgánica 2/2010, de 3 de marzo, de salud sexual y reproductiva y de la interrupción voluntaria del embarazo.

[1111]   Artículo introducido por LO 1/2023, de 28 de febrero, por la que se modifica la Ley Orgánica 2/2010, de 3 de marzo, de salud sexual y reproductiva y de la interrupción voluntaria del embarazo.

[1112]   Artículo introducido por LO 1/2023, de 28 de febrero, por la que se modifica la Ley Orgánica 2/2010, de 3 de marzo, de salud sexual y reproductiva y de la interrupción voluntaria del embarazo.

sus derechos, y los recursos disponibles en caso de ver vulnerados sus derechos sexuales y reproductivos.

2. Las campañas se realizarán de manera que sean accesibles al conjunto de la población, tomando en consideración circunstancias tales como la edad, la discapacidad, el idioma, la ruralidad o la eventual residencia en el extranjero de nacionales españolas.

3. Sin perjuicio de lo previsto en otras normas, las administraciones públicas competentes, en todos los centros sanitarios, incluidos los servicios previstos en el artículo 5 sexies, pondrán en marcha medidas de información y asistencia a quienes vean vulnerados sus derechos sexuales y reproductivos, lo que comprenderá la orientación para el resarcimiento integral de los daños y perjuicios. Las mujeres atendidas deberán ser informadas de la existencia de estos servicios de asistencia.

Art. 26. *Apoyo a entidades sociales especializadas*[1113].

Las administraciones públicas apoyarán el trabajo de las instituciones sin ánimo de lucro con programas de promoción y difusión de buenas prácticas en el ámbito de la salud ginecológica y obstétrica, así como aquellas que proporcionan acompañamiento y asistencia integral ante vulneraciones de derechos en el ámbito de la salud sexual y reproductiva. Quedarán excluidas de este artículo aquellas organizaciones contrarias al derecho recogido en la presente ley de interrupción voluntaria del embarazo.

CAPÍTULO II
PROTECCIÓN Y GARANTÍA DE LOS DERECHOS SEXUALES Y REPRODUCTIVOS EN EL ÁMBITO GINECOLÓGICO Y OBSTÉTRICO[1114]

Art. 27. *Principios*[1115].

Las administraciones públicas competentes promoverán la prestación de servicios de ginecología y obstetricia que respete y garantice los derechos sexuales y reproductivos, tanto en el ámbito de la sanidad pública como en la privada. A tal fin, los servicios públicos destinarán esfuerzos especiales a:

a) Requerir de forma preceptiva el consentimiento libre, previo e informado de las mujeres en todos los tratamientos invasivos durante la atención del parto, respetando la autonomía de la mujer y su capacidad para tomar deci-

---

[1113] Artículo introducido por LO 1/2023, de 28 de febrero, por la que se modifica la Ley Orgánica 2/2010, de 3 de marzo, de salud sexual y reproductiva y de la interrupción voluntaria del embarazo.

[1114] Rúbrica introducida por LO 1/2023, de 28 de febrero, por la que se modifica la Ley Orgánica 2/2010, de 3 de marzo, de salud sexual y reproductiva y de la interrupción voluntaria del embarazo.

[1115] Artículo introducido por LO 1/2023, de 28 de febrero, por la que se modifica la Ley Orgánica 2/2010, de 3 de marzo, de salud sexual y reproductiva y de la interrupción voluntaria del embarazo.

siones informadas sobre su salud reproductiva, en los términos establecidos en el artículo 8 de la Ley 41/2002, de 14 de noviembre, básica reguladora de la autonomía del paciente y de derechos y obligaciones en materia de información y documentación clínica.

b) Disminuir el intervencionismo, evitando prácticas innecesarias e inadecuadas que no estén avaladas por la evidencia científica y reforzar las prácticas relativas al parto respetado y al consentimiento informado de la paciente incluyendo a tal fin todas las medidas necesarias para incrementar el número de personal especializado.

c) Proporcionar un trato respetuoso, y una información clara y suficiente, lo que incluye el respeto a la decisión sobre la forma de alimentación elegida por las madres para sus recién nacidos.

d) Garantizar la no separación innecesaria de los recién nacidos de sus madres, y otras personas con vínculo directo con estas.

Art. 28. *Investigación y recogida de datos*[1116].

1. Las administraciones sanitarias, en el ámbito de sus competencias, promoverán la realización de estudios sobre prácticas en el ámbito ginecológico y obstétrico contrarias a los principios establecidos en el artículo anterior y en las recomendaciones nacionales e internacionales sobre el parto respetado, que permitan evaluar y orientar las políticas públicas para su prevención y erradicación.

2. A los efectos de lo establecido en el apartado anterior, y para analizar la evolución de las citadas políticas públicas y promover buenas prácticas, las administraciones públicas competentes realizarán una recogida de datos periódica, a partir de la información proporcionada por los centros sanitarios.

Art. 29. *Prevención y formación*[1117].

Las administraciones sanitarias, en el seno del Consejo Interterritorial del Sistema Nacional de Salud, seguirán promoviendo la adecuada formación del personal de los servicios de ginecología y obstetricia, incluido el de enfermería y matronería, para el respeto y la garantía de los derechos de las mujeres, adecuando su práctica profesional a lo dispuesto en el artículo 30.

[1116]   Artículo introducido por LO 1/2023, de 28 de febrero, por la que se modifica la Ley Orgánica 2/2010, de 3 de marzo, de salud sexual y reproductiva y de la interrupción voluntaria del embarazo.

[1117]   Artículo introducido por LO 1/2023, de 28 de febrero, por la que se modifica la Ley Orgánica 2/2010, de 3 de marzo, de salud sexual y reproductiva y de la interrupción voluntaria del embarazo.

Art. 30. *Políticas públicas y protocolos*[1118].

1. En la Estrategia de Salud Sexual y Reproductiva se contemplará un apartado de prevención, detección e intervención integral para la garantía de los derechos sexuales y reproductivos en el ámbito ginecológico y obstétrico.

2. El Consejo Interterritorial del Sistema Nacional de Salud, con implicación del Observatorio de Salud de las Mujeres, aprobará un protocolo común de actuaciones para la garantía de los derechos sexuales y reproductivos en el ámbito ginecológico y obstétrico, que contemplará las medidas necesarias para que el sector sanitario contribuya a garantizar los derechos sexuales y reproductivos en este ámbito.

3. Tomando como marco el protocolo común, las comunidades autónomas promoverán que los centros sanitarios adopten protocolos específicos para la prevención de praxis profesionales contrarias a lo establecido en este Capítulo, asesoren a las mujeres sobre sus derechos y habiliten cauces para las reclamaciones que puedan formular quienes hayan sido afectadas por estas conductas.

CAPÍTULO III
MEDIDAS DE PREVENCIÓN Y RESPUESTA FRENTE A FORMAS DE VIOLENCIA CONTRA LAS MUJERES EN EL ÁMBITO DE LA SALUD SEXUAL Y REPRODUCTIVA[1119]

Art. 31. *Actuación frente al aborto forzoso y la esterilización y anticoncepción forzosas*[1120].

1. Los poderes públicos velarán por evitar las actuaciones que permitan los casos de aborto forzoso, anticoncepción y esterilización forzosas, con especial atención a las mujeres con discapacidad.

2. Las administraciones públicas, en el ámbito de sus competencias, promoverán programas de salud sexual y reproductiva dirigidos a mujeres con discapacidad, que incluyan medidas de prevención y detección de las formas de violencia reproductiva referidas en este artículo, para lo cual se procurará la formación específica necesaria para la especialización profesional.

[1118] Artículo introducido por LO 1/2023, de 28 de febrero, por la que se modifica la Ley Orgánica 2/2010, de 3 de marzo, de salud sexual y reproductiva y de la interrupción voluntaria del embarazo.

[1119] Rúbrica introducida por LO 1/2023, de 28 de febrero, por la que se modifica la Ley Orgánica 2/2010, de 3 de marzo, de salud sexual y reproductiva y de la interrupción voluntaria del embarazo.

[1120] Artículo introducido por LO 1/2023, de 28 de febrero, por la que se modifica la Ley Orgánica 2/2010, de 3 de marzo, de salud sexual y reproductiva y de la interrupción voluntaria del embarazo.

Art. 32. *Prevención de la gestación por subrogación o sustitución*[1121].

1. La gestación por subrogación o sustitución es un contrato nulo de pleno derecho, según la Ley 14/2006, de 26 de mayo, sobre técnicas de reproducción humana asistida, por el que se acuerda la gestación, con o sin precio, a cargo de una mujer que renuncia a la filiación materna a favor del contratante o de un tercero.

2. Se promoverá la información, a través de campañas institucionales, de la ilegalidad de estas conductas, así como la nulidad de pleno derecho del contrato por el que se convenga la gestación, con o sin precio, a cargo de una mujer que renuncia a la filiación materna a favor del contratante o de un tercero.

Art. 33. *Prohibición de la promoción comercial de la gestación por sustitución*[1122].

En coherencia con lo establecido en el párrafo cuarto del artículo 3.a) de la Ley 34/1988, de 11 de noviembre, General de Publicidad, las administraciones públicas legitimadas conforme al artículo 6 de dicha Ley instarán la acción judicial dirigida a la declaración de ilicitud de la publicidad que promueva las prácticas comerciales para la gestación por sustitución y a su cese.

Disposición adicional primera. *De las funciones de la Alta Inspección*[1123].

1. El Estado ejercerá la Alta Inspección como función de garantía y verificación del cumplimiento efectivo de los derechos y prestaciones reconocidas en esta ley orgánica en todo el Sistema Nacional de Salud.

2. Para la formulación de propuestas de mejora en equidad y accesibilidad de las prestaciones y con el fin de verificar la aplicación efectiva de los derechos y prestaciones reconocidas en esta ley orgánica en todo el Sistema Nacional de Salud, el Gobierno elaborará un informe anual de situación, sobre la base de los datos presentados por las comunidades autónomas al Consejo Interterritorial del Sistema Nacional de Salud.

3. En la memoria anual sobre el funcionamiento del sistema, regulada en el artículo 78 de la Ley 16/2003, de 28 de mayo, de cohesión y calidad del Sistema Nacional de Salud, y que la Alta Inspección del Sistema Nacional de Salud deberá presentar al Consejo Interterritorial del Sistema Nacional de Salud para su debate, se incluirá un análisis específico sobre la implementación de esta ley orgánica.

[1121] Artículo introducido por LO 1/2023, de 28 de febrero, por la que se modifica la Ley Orgánica 2/2010, de 3 de marzo, de salud sexual y reproductiva y de la interrupción voluntaria del embarazo.

[1122] Artículo introducido por LO 1/2023, de 28 de febrero, por la que se modifica la Ley Orgánica 2/2010, de 3 de marzo, de salud sexual y reproductiva y de la interrupción voluntaria del embarazo.

[1123] Disposición redactada conforme LO 1/2023, de 28 de febrero, por la que se modifica la Ley Orgánica 2/2010, de 3 de marzo, de salud sexual y reproductiva y de la interrupción voluntaria del embarazo.

4. Para el desarrollo de las funciones de la Alta Inspección, el Gobierno adoptará las disposiciones reglamentarias procedentes en el marco de esta ley orgánica.

Disposición adicional primera. De las funciones de la Alta Inspección.
El Estado ejercerá la Alta Inspección como función de garantía y verificación del cumplimiento efectivo de los derechos y prestaciones reconocidas en esta Ley en todo el Sistema Nacional de Salud.
Para la formulación de propuestas de mejora en equidad y accesibilidad de las prestaciones y con el fin de verificar la aplicación efectiva de los derechos y prestaciones reconocidas en esta Ley en todo el Sistema Nacional de Salud, el Gobierno elaborará un informe anual de situación, en base a los datos presentados por las Comunidades Autónomas al Consejo Interterritorial del Sistema Nacional de Salud[1124].

Disposición adicional segunda. *Evaluación de costes y adopción de medidas.*

El Gobierno evaluará el coste económico de los servicios y prestaciones públicas incluidas en la Ley adoptando, en su caso, las medidas necesarias de conformidad a lo dispuesto en la Ley 16/2003, de 28 de mayo, de Cohesión y Calidad del Sistema Nacional de Salud.

Disposición adicional tercera. *Dispensación gratuita de métodos anticonceptivos[1125].*

1. Se garantizará la financiación con cargo a fondos públicos de los anticonceptivos hormonales, incluidos los métodos reversibles de larga duración, sin aportación por parte de la persona usuaria, tal y como se establece en la normativa específica, cuando se dispensen en los centros sanitarios del Sistema Nacional de Salud.

2. Se garantizará la dispensación gratuita de métodos anticonceptivos de urgencia en los centros sanitarios del Sistema Nacional de Salud, así como en los servicios a los que se refiere el artículo 5 sexies, atendiendo a la organización asistencial de los servicios de salud de las comunidades autónomas y entidades gestoras del Sistema Nacional de Salud.

3. Las administraciones públicas, en el ámbito de sus competencias, velarán por hacer efectivo, en el plazo de un año, la dispensación gratuita de métodos anticonceptivos de barrera en los lugares a que se refiere el artículo 7 ter.b).

4. En el mismo plazo, las administraciones públicas, en el ámbito de sus competencias y con la coordinación del Ministerio de Sanidad y del Ministerio de Igualdad, concretarán las medidas relativas a la corresponsabilidad establecidas por el artículo 7 quater de esta ley orgánica.

Disposición adicional tercera. Acceso a métodos anticonceptivos.
El Gobierno, en el plazo de un año, desde la entrada en vigor de la Ley, concretará la efectividad del acceso a los métodos anticonceptivos. En este sentido, se garantizará la inclusión de anticonceptivos de última generación cuya eficacia haya sido avalada por la evidencia científica, en la cartera de servicios

---

[1124] Disposición redactada conforme LO 2/2010, de 3 de marzo, de salud sexual y reproductiva y de la interrupción voluntaria del embarazo.

[1125] Disposición redactada conforme LO 1/2023, de 28 de febrero, por la que se modifica la Ley Orgánica 2/2010, de 3 de marzo, de salud sexual y reproductiva y de la interrupción voluntaria del embarazo.

comunes del Sistema Nacional de Salud en las mismas condiciones que las prestaciones farmacéuticas con financiación pública[1126].

Disposición adicional cuarta. *Protección de datos de carácter personal en los Registros de personas objetoras de conciencia[1127].*

1. Los datos personales que contengan los Registros de personas objetoras de conciencia regulados en el artículo 19 ter se llevarán a cabo conforme a lo dispuesto en el Reglamento (UE) 2016/679, del Parlamento Europeo y del Consejo, de 27 de abril de 2016, relativo a la protección de las personas físicas en lo que respecta al tratamiento de datos personales y a la libre circulación de estos datos y por el que se deroga la Directiva 95/46/CE (Reglamento General de Protección de Datos), y en la Ley Orgánica 3/2018, de 5 de diciembre, de Protección de Datos Personales y garantía de los derechos digitales.

2. El fundamento jurídico de legitimación para el tratamiento de los datos que recoja el Registro de personas objetoras, de acuerdo con su objetivo y finalidad, se encuentra en las letras g) e i) del apartado 2 de los artículos 9 y concordantes del Reglamento General de Protección de Datos, así como en las letras c) y e) del apartado 1 de su artículo 6.

3. Los datos de las personas objetoras recogidos en cada uno de los Registros serán aquellos que resulten estrictamente necesarios para identificar al personal sanitario que desarrolle su actividad en centros sanitarios acreditados para la realización de la interrupción voluntaria del embarazo cuyas funciones conlleven su participación directa en las citadas intervenciones. Los datos objeto de tratamiento deberán ser adecuados, pertinentes y limitados a lo necesario en relación con los fines para los que son recogidos, no debiendo incluirse, en ningún caso, el motivo de la objeción.

4. La finalidad perseguida con el tratamiento de los datos recabados en virtud del artículo 19 ter es la garantía de la prestación de la interrupción voluntaria del embarazo, adecuando los recursos humanos a la correcta programación de las intervenciones de interrupción voluntaria del embarazo. Los datos no podrán ser utilizados en ningún caso con fines distintos a los establecidos en este precepto.

5. Son responsables del tratamiento las Consejerías competentes en materia de sanidad de las comunidades autónomas y el Instituto Nacional de Gestión Sanitaria (INGESA), de acuerdo con sus respectivos ámbitos competenciales.

6. Las personas titulares de las Direcciones o Gerencias de los centros sanitarios acreditados para la realización de la interrupción voluntaria del embarazo tienen la consideración de destinatarias de los datos que sean estrictamente necesarios para la correcta planificación del servicio. Asimismo, tendrán esta condición respecto de los datos personales que sean estrictamente necesarios para

---

[1126] Disposición redactada conforme LO 2/2010, de 3 de marzo, de salud sexual y reproductiva y de la interrupción voluntaria del embarazo.

[1127] Disposición introducida por LO 1/2023, de 28 de febrero, por la que se modifica la Ley Orgánica 2/2010, de 3 de marzo, de salud sexual y reproductiva y de la interrupción voluntaria del embarazo.

conocer el número de personas objetoras en cada centro sanitario, acreditado quienes sean responsables de planificar los recursos humanos en cada Comunidad Autónoma y en el Instituto Nacional de Gestión Sanitaria (INGESA), con el fin de garantizar la prestación de la interrupción voluntaria del embarazo.

7. Las personas responsables y encargadas del tratamiento, así como todas las personas que intervengan en cualquier fase del mismo, estarán sujetas al deber de confidencialidad regulado por el artículo 5.1.f) del Reglamento general de protección de datos, sin perjuicio de los deberes de secreto profesional que, en su caso, resulten de aplicación.

8. La recolección de datos se hará conforme a la legislación vigente, con especial atención a:

a) La confidencialidad y la autenticidad de la identificación de la persona titular de los datos mediante certificado electrónico o instrumento similar de identificación segura.

b) El cumplimiento del deber de información previa a los interesados en los términos previstos en el artículo 13 del Reglamento general de protección de datos.

9. De acuerdo con la finalidad del tratamiento, se conservarán los datos recogidos durante el tiempo necesario para el cumplimiento del fin para el cual fueron recogidos y, en su caso, podrán conservarse, debidamente bloqueados, por el tiempo necesario para atender a las responsabilidades derivadas de su tratamiento ante los órganos administrativos o jurisdiccionales competentes. Una vez trascurrido dicho periodo de conservación, los datos serán suprimidos definitivamente.

10. Las administraciones públicas que sean responsables del tratamiento deberán implementar la protección de datos desde el diseño, de acuerdo con lo previsto en el artículo 25 del Reglamento general de protección de datos, realizando, desde el momento de la concepción del tratamiento, el correspondiente análisis de riesgos y evaluación de impactos para determinar las medidas técnicas y organizativas adecuadas. Estas medidas garantizarán los derechos y libertades de la persona interesada, así como la confidencialidad, integridad, disponibilidad, autenticidad y trazabilidad de los accesos a los datos, teniendo en cuenta, en todo momento, lo previsto en el Real Decreto 311/2022, de 3 de mayo, por el que se regula el Esquema Nacional de Seguridad.

11. La persona titular de los datos podrá ejercer todos los derechos regulados en los artículos 13 a 22 del Reglamento General de Protección de Datos, excepto el de oposición, al basarse el tratamiento en el cumplimiento de una obligación legal, conforme al artículo 6.1.c) del Reglamento General de Protección de Datos.

Disposición derogatoria única. *Derogación del artículo 417 bis del Código Penal.*

Queda derogado el artículo 417 bis del Texto Refundido del Código Penal publicado por el Decreto 3096/1973, de 14 de septiembre, redactado conforme a la Ley Orgánica 9/1985, de 5 de julio.

Disposición final primera. *Modificación de la Ley Orgánica 10/1995, de 23 de noviembre, del Código Penal.*

Uno.– El artículo 145 del Código Penal queda redactado de la forma siguiente:

«Artículo 145.

1. El que produzca el aborto de una mujer, con su consentimiento, fuera de los casos permitidos por la ley será castigado con la pena de prisión de uno a tres años e inhabilitación especial para ejercer cualquier profesión sanitaria, o para prestar servicios de toda índole en clínicas, establecimientos o consultorios ginecológicos, públicos o privados, por tiempo de uno a seis años. El juez podrá imponer la pena en su mitad superior cuando los actos descritos en este apartado se realicen fuera de un centro o establecimiento público o privado acreditado.

2. La mujer que produjere su aborto o consintiere que otra persona se lo cause, fuera de los casos permitidos por la ley, será castigada con la pena de multa de seis a veinticuatro meses.

3. En todo caso, el juez o tribunal impondrá las penas respectivamente previstas en este artículo en su mitad superior cuando la conducta se llevare a cabo a partir de la vigésimo segunda semana de gestación.»

Dos.– Se añade un nuevo artículo 145 bis del Código Penal, que tendrá la siguiente redacción:

«Artículo 145 bis.

1. Será castigado con la pena de multa de seis a doce meses e inhabilitación especial para prestar servicios de toda índole en clínicas, establecimientos o consultorios ginecológicos, públicos o privados, por tiempo de seis meses a dos años, el que dentro de los casos contemplados en la ley, practique un aborto:

a) sin haber comprobado que la mujer haya recibido la información previa relativa a los derechos, prestaciones y ayudas públicas de apoyo a la maternidad;

b) sin haber transcurrido el período de espera contemplado en la legislación;

c) sin contar con los dictámenes previos preceptivos;

d) fuera de un centro o establecimiento público o privado acreditado. En este caso, el juez podrá imponer la pena en su mitad superior.

2. En todo caso, el juez o tribunal impondrá las penas previstas en este artículo en su mitad superior cuando el aborto se haya practicado a partir de la vigésimo segunda semana de gestación.

3. La embarazada no será penada a tenor de este precepto.»

Tres.– Se suprime el inciso «417 bis» de la letra a) del apartado primero de la disposición derogatoria única.

Disposición final segunda. *Modificación de la Ley 41/2002, de 14 de noviembre, Básica Reguladora de la Autonomía del Paciente y de Derechos y Obligaciones en materia de información y documentación clínica.*

El apartado 4 del artículo 9 de la Ley 41/2002, de 14 de noviembre, Básica Reguladora de la Autonomía del Paciente y de Derechos y Obligaciones en materia de información y documentación clínica, tendrá la siguiente redacción:

«4. La práctica de ensayos clínicos y de técnicas de reproducción humana asistida se rige por lo establecido con carácter general sobre la mayoría de edad y por las disposiciones especiales de aplicación.»

Disposición final tercera. *Carácter orgánico*[1128].

Esta ley orgánica se dicta al amparo del artículo 81 de la Constitución.

Los preceptos contenidos en el título preliminar, el título I, el capítulo II del título II, el título III, las disposiciones adicionales y las disposiciones finales segunda, cuarta, quinta y sexta no tienen carácter orgánico.

> *Disposición final tercera. Carácter orgánico.*
> *La presente Ley Orgánica se dicta al amparo del artículo 81 de la Constitución.*
> *Los preceptos contenidos en el Título Preliminar, el Título I, el capítulo II del Título II, las disposiciones adicionales y las disposiciones finales segunda, cuarta, quinta y sexta no tienen carácter orgánico[1129].*

Disposición final cuarta. *Habilitación para el desarrollo reglamentario.*

El Gobierno adoptará las disposiciones reglamentarias necesarias para la aplicación y desarrollo de la presente Ley.

En tanto no entre en vigor el desarrollo reglamentario referido, mantienen su vigencia las disposiciones reglamentarias vigentes sobre la materia que no se opongan a lo dispuesto en la presente Ley.

Disposición final quinta. *Ámbito territorial de aplicación de la Ley.*

Sin perjuicio de las correspondientes competencias autonómicas, el marco de aplicación de la presente Ley lo será en todo el territorio del Estado.

Corresponderá a las autoridades sanitarias competentes garantizar la prestación contenida en la red sanitaria pública, o vinculada a la misma, en la Comunidad Autónoma de residencia de la mujer embarazada, siempre que así lo solicite la embarazada.

Disposición final sexta. *Entrada en vigor.*

La Ley entrará en vigor en el plazo de cuatro meses a partir del día siguiente al de su publicación en el «Boletín Oficial del Estado».

[1128] Disposición redactada conforme LO 1/2023, de 28 de febrero, por la que se modifica la Ley Orgánica 2/2010, de 3 de marzo, de salud sexual y reproductiva y de la interrupción voluntaria del embarazo.

[1129] Disposición redactada conforme LO 2/2010, de 3 de marzo, de salud sexual y reproductiva y de la interrupción voluntaria del embarazo.

ARTÍCULO 23 DE LA LO 6/1985, DE 1 DE JULIO, DEL PODER JUDICIAL

Artículo 23

1. En el orden penal corresponderá a la jurisdicción española el conocimiento de las causas por delitos y faltas cometidos en territorio español o cometidos a bordo de buques o aeronaves españoles, sin perjuicio de lo previsto en los tratados internacionales en los que España sea parte.

2[1130]. También conocerá la jurisdicción española de los delitos que hayan sido cometidos fuera del territorio nacional, siempre que los criminalmente responsables fueren españoles o extranjeros que hubieran adquirido la nacionalidad española con posterioridad a la comisión del hecho y concurrieren los siguientes requisitos:

a) Que el hecho sea punible en el lugar de ejecución, salvo que, en virtud de un Tratado internacional o de un acto normativo de una Organización internacional de la que España sea parte, no resulte necesario dicho requisito, sin perjuicio de lo dispuesto en los apartados siguientes.

b) Que el agraviado o el Ministerio Fiscal interpongan querella ante los tribunales españoles. Este requisito se considerará cumplido en relación con los delitos competencia de la Fiscalía Europea cuando esta ejercite efectivamente su competencia[1131].

b) Que el agraviado o el Ministerio Fiscal interpongan querella ante los Tribunales españoles[1132].

c) Que el delincuente no haya sido absuelto, indultado o penado en el extranjero, o, en este último caso, no haya cumplido la condena. Si sólo la hubiere cumplido en parte, se le tendrá en cuenta para rebajarle proporcionalmente la que le corresponda.

3. Conocerá la jurisdicción española de los hechos cometidos por españoles o extranjeros fuera del territorio nacional cuando sean susceptibles de tipificarse, según la ley penal española, como alguno de los siguientes delitos:

a) De traición y contra la paz o la independencia del Estado.

b) Contra el titular de la Corona, su Consorte, su Sucesor o el Regente.

c) Rebelión y sedición.

[1130] Redactado conforme LO 1/2014, de 13 de marzo, de modificación de la Ley Orgánica 6/1985, de 1 de julio, del Poder Judicial, relativa a la justicia universal, salvo el apartado b).

[1131] Redactado conforme LO 9/2021, de 1 de julio, de aplicación del Reglamento (UE) 2017/1939 del Consejo, de 12 de octubre de 2017, por el que se establece una cooperación reforzada para la creación de la Fiscalía Europea.

[1132] Redactado conforme LO 1/2014, de 13 de marzo, de modificación de la Ley Orgánica 6/1985, de 1 de julio, del Poder Judicial, relativa a la justicia universal.

d) Falsificación de la firma o estampilla reales, del sello del Estado, de las firmas de los Ministros y de los sellos públicos u oficiales.

e) Falsificación de moneda española y su expedición.

f) Cualquier otra falsificación que perjudique directamente al crédito o intereses del Estado, e introducción o expedición de lo falsificado.

g) Atentado contra autoridades o funcionarios públicos españoles.

h) Los perpetrados en el ejercicio de sus funciones por funcionarios públicos españoles residentes en el extranjero y los delitos contra la Administración Pública española.

i) Los relativos al control de cambios.

4[1133]. Igualmente, será competente la jurisdicción española para conocer de los hechos cometidos por españoles o extranjeros fuera del territorio nacional susceptibles de tipificarse, según la ley española, como alguno de los siguientes delitos cuando se cumplan las condiciones expresadas:

a) Genocidio, lesa humanidad o contra las personas y bienes protegidos en caso de conflicto armado, siempre que el procedimiento se dirija contra un español o contra un ciudadano extranjero que resida habitualmente en España, o contra un extranjero que se encontrara en España y cuya extradición hubiera sido denegada por las autoridades españolas.

b) Delitos de tortura y contra la integridad moral de los artículos 174 a 177 del Código Penal, cuando:

1.º el procedimiento se dirija contra un español; o,

2.º la víctima tuviera nacionalidad española en el momento de comisión de los hechos y la persona a la que se impute la comisión del delito se encuentre en territorio español.

c) Delitos de desaparición forzada incluidos en la Convención internacional para la protección de todas las personas contra las desapariciones forzadas, hecha en Nueva York el 20 de diciembre de 2006, cuando:

1.º el procedimiento se dirija contra un español; o,

2.º la víctima tuviera nacionalidad española en el momento de comisión de los hechos y la persona a la que se impute la comisión del delito se encuentre en territorio español.

d) Delitos de piratería, terrorismo, tráfico ilegal de drogas tóxicas, estupefacientes o sustancias psicotrópicas, trata de seres humanos, contra los derechos de los ciudadanos extranjeros y delitos contra la seguridad de la navegación marítima que se cometan en los espacios marinos, en los supuestos previstos en los tratados ratificados por España o en actos normativos de una Organización Internacional de la que España sea parte.

e) Terrorismo, siempre que concurra alguno de los siguientes supuestos:

1.º el procedimiento se dirija contra un español;

[1133] Redactado conforme Ley Orgánica 1/2014, de 13 de marzo, de modificación de la Ley Orgánica 6/1985, de 1 de julio, del Poder Judicial, relativa a la justicia universal.

2.º[1134] el procedimiento se dirija contra un extranjero que resida habitualmente o se encuentre en España o, sin reunir esos requisitos, colabore con un español, o con un extranjero que resida o se encuentre en España, para la comisión de un delito de terrorismo;

3.º el delito se haya cometido por cuenta de una persona jurídica con domicilio en España;

4.º la víctima tuviera nacionalidad española en el momento de comisión de los hechos;

5.º el delito haya sido cometido para influir o condicionar de un modo ilícito la actuación de cualquier Autoridad española;

6.º el delito haya sido cometido contra una institución u organismo de la Unión Europea que tenga su sede en España;

7.º el delito haya sido cometido contra un buque o aeronave con pabellón español; o,

8.º el delito se haya cometido contra instalaciones oficiales españolas, incluyendo sus embajadas y consulados.

A estos efectos, se entiende por instalación oficial española cualquier instalación permanente o temporal en la que desarrollen sus funciones públicas autoridades o funcionarios públicos españoles.

f) Los delitos contenidos en el Convenio para la represión del apoderamiento ilícito de aeronaves, hecho en La Haya el 16 de diciembre de 1970, siempre que:

1.º el delito haya sido cometido por un ciudadano español; o,

2.º el delito se haya cometido contra una aeronave que navegue bajo pabellón español.

g) Los delitos contenidos en el Convenio para la represión de actos ilícitos contra la seguridad de la aviación civil, hecho en Montreal el 23 de septiembre de 1971, y en su Protocolo complementario hecho en Montreal el 24 de febrero de 1988, en los supuestos autorizados por el mismo.

h) Los delitos contenidos en el Convenio sobre la protección física de materiales nucleares hecho en Viena y Nueva York el 3 de marzo de 1980, siempre que el delito se haya cometido por un ciudadano español.

i) Tráfico ilegal de drogas tóxicas, estupefacientes o sustancias psicotrópicas, siempre que:

1.º el procedimiento se dirija contra un español; o,

2.º cuando se trate de la realización de actos de ejecución de uno de estos delitos o de constitución de un grupo u organización criminal con miras a su comisión en territorio español.

j) Delitos de constitución, financiación o integración en grupo u organización criminal o delitos cometidos en el seno de los mismos, siempre que se trate de grupos u organizaciones que actúen con miras a la comisión en España de

---

[1134] Numeral redactado conforme Ley Orgánica 2/2015, de 30 de marzo, por la que se modifica la Ley Orgánica 10/1995, de 23 de noviembre, del Código Penal.

un delito que esté castigado con una pena máxima igual o superior a tres años de prisión.

k) Delitos contra la libertad e indemnidad sexual cometidos sobre víctimas menores de edad, siempre que:

1.º el procedimiento se dirija contra un español;

2.º el procedimiento se dirija contra ciudadano extranjero que resida habitualmente en España;

3.º el procedimiento se dirija contra una persona jurídica, empresa, organización, grupos o cualquier otra clase de entidades o agrupaciones de personas que tengan su sede o domicilio social en España; o,

4.º el delito se hubiera cometido contra una víctima que, en el momento de comisión de los hechos, tuviera nacionalidad española o residencia habitual en España.

l) Delitos regulados en el Convenio del Consejo de Europa de 11 de mayo de 2011 sobre prevención y lucha contra la violencia contra las mujeres y la violencia doméstica, siempre que:

1.º el procedimiento se dirija contra un español;

2.º el procedimiento se dirija contra un extranjero que resida habitualmente en España; o,

3.º el delito se hubiera cometido contra una víctima que, en el momento de comisión de los hechos, tuviera nacionalidad española o residencia habitual en España, siempre que la persona a la que se impute la comisión del hecho delictivo se encuentre en España.

m) Trata de seres humanos, siempre que:

1.º el procedimiento se dirija contra un español;

2.º el procedimiento se dirija contra un ciudadano extranjero que resida habitualmente en España;

3.º el procedimiento se dirija contra una persona jurídica, empresa, organización, grupos o cualquier otra clase de entidades o agrupaciones de personas que tengan su sede o domicilio social en España; o,

4.º el delito se hubiera cometido contra una víctima que, en el momento de comisión de los hechos, tuviera nacionalidad española o residencia habitual en España, siempre que la persona a la que se impute la comisión del hecho delictivo se encuentre en España.

n) Delitos de corrupción entre particulares o en las transacciones económicas internacionales, siempre que:

1.º el procedimiento se dirija contra un español;

2.º el procedimiento se dirija contra un ciudadano extranjero que resida habitualmente en España;

3.º el delito hubiera sido cometido por el directivo, administrador, empleado o colaborador de una empresa mercantil, o de una sociedad, asociación, fundación u organización que tenga su sede o domicilio social en España; o,

4.º el delito hubiera sido cometido por una persona jurídica, empresa, organización, grupos o cualquier otra clase de entidades o agrupaciones de personas que tengan su sede o domicilio social en España.

o) Delitos regulados en el Convenio del Consejo de Europa de 28 de octubre de 2011, sobre falsificación de productos médicos y delitos que supongan una amenaza para la salud pública, cuando:

1.º el procedimiento se dirija contra un español;

2.º el procedimiento se dirija contra un extranjero que resida habitualmente en España;

3.º el procedimiento se dirija contra una persona jurídica, empresa, organización, grupos o cualquier otra clase de entidades o agrupaciones de personas que tengan su sede o domicilio social en España;

4.º la víctima tuviera nacionalidad española en el momento de comisión de los hechos; o,

5.º el delito se haya cometido contra una persona que tuviera residencia habitual en España en el momento de comisión de los hechos.

p) Cualquier otro delito cuya persecución se imponga con carácter obligatorio por un Tratado vigente para España o por otros actos normativos de una Organización Internacional de la que España sea miembro, en los supuestos y condiciones que se determine en los mismos.

Asimismo, la jurisdicción española será también competente para conocer de los delitos anteriores cometidos fuera del territorio nacional por ciudadanos extranjeros que se encontraran en España y cuya extradición hubiera sido denegada por las autoridades españolas, siempre que así lo imponga un Tratado vigente para España.

5[1135]. Los delitos a los que se refiere el apartado anterior no serán perseguibles en España en los siguientes supuestos:

a) Cuando se haya iniciado un procedimiento para su investigación y enjuiciamiento en un Tribunal Internacional constituido conforme a los Tratados y Convenios en que España fuera parte.

b) Cuando se haya iniciado un procedimiento para su investigación y enjuiciamiento en el Estado del lugar en que se hubieran cometido los hechos o en el Estado de nacionalidad de la persona a que se impute su comisión, siempre que:

1.º la persona a la que se impute la comisión del hecho no se encontrara en territorio español; o,

2.º se hubiera iniciado un procedimiento para su extradición al país del lugar en que se hubieran cometido los hechos o de cuya nacionalidad fueran las víctimas, o para ponerlo a disposición de un Tribunal Internacional para que fuera juzgado por los mismos, salvo que la extradición no fuera autorizada.

Lo dispuesto en este apartado b) no será de aplicación cuando el Estado que ejerza su jurisdicción no esté dispuesto a llevar a cabo la investigación o no pueda realmente hacerlo, y así se valore por la Sala 2.ª del Tribunal Supremo, a la que elevará exposición razonada el Juez o Tribunal.

A fin de determinar si hay o no disposición a actuar en un asunto determinado, se examinará, teniendo en cuenta los principios de un proceso con

---

[1135] Redactado conforme Ley Orgánica 1/2014, de 13 de marzo, de modificación de la Ley Orgánica 6/1985, de 1 de julio, del Poder Judicial, relativa a la justicia universal.

las debidas garantías reconocidos por el Derecho Internacional, si se da una o varias de las siguientes circunstancias, según el caso:

a) Que el juicio ya haya estado o esté en marcha o que la decisión nacional haya sido adoptada con el propósito de sustraer a la persona de que se trate de su responsabilidad penal.

b) Que haya habido una demora injustificada en el juicio que, dadas las circunstancias, sea incompatible con la intención de hacer comparecer a la persona de que se trate ante la justicia.

c) Que el proceso no haya sido o no esté siendo sustanciado de manera independiente o imparcial y haya sido o esté siendo sustanciado de forma en que, dadas las circunstancias, sea incompatible con la intención de hacer comparecer a la persona de que se trate ante la justicia.

A fin de determinar la incapacidad para investigar o enjuiciar en un asunto determinado, se examinará si el Estado, debido al colapso total o sustancial de su administración nacional de justicia o al hecho de que carece de ella, no puede hacer comparecer al acusado, no dispone de las pruebas y los testimonios necesarios o no está por otras razones en condiciones de llevar a cabo el juicio.

6[1136]. Los delitos a los que se refieren los apartados 3 y 4 solamente serán perseguibles en España previa interposición de querella por el agraviado o por el Ministerio Fiscal.

[1136] Apartado introducido por Ley Orgánica 2/2015, de 30 de marzo, por la que se modifica la Ley Orgánica 10/1995, de 23 de noviembre, del Código Penal.

CAPÍTULO VIII
DELITOS E INFRACCIONES ELECTORALES

SECCIÓN I
DISPOSICIONES GENERALES

Art. 135.

1. A los efectos de este capítulo son funcionarios públicos los que tengan esta consideración según el Código Penal, quienes desempeñen alguna función pública relacionada con las elecciones, y en particular los Presidentes y Vocales de las Juntas Electorales, los Presidentes, Vocales e Interventores de las Mesas Electorales y los correspondientes suplentes.

2. A los mismos efectos tienen la consideración de documentos oficiales, el censo y sus copias autorizadas, las actas, listas, certificaciones, talones o credenciales de nombramiento de quienes hayan de intervenir en el proceso electoral y cuantos emanen de personas a quienes la presente Ley encargue su expedición.

Art. 136.

Los hechos susceptibles de ser calificados con arreglo a esta Ley y al Código Penal lo serán siempre por aquel precepto que aplique mayor sanción al delito o falta cometidos.

Art. 137.

Por todos los delitos a que se refiere este capítulo se impondrá, además de la pena señalada en los artículos siguientes, la de inhabilitación especial para el derecho del sufragio pasivo.

Art. 138.

En lo que no se encuentre expresamente regulado en este Capítulo se aplicará el Código Penal.

También serán de aplicación, en todo caso, las disposiciones del Capítulo I, título 1.º, del Código Penal a los delitos penados en esta Ley.

SECCIÓN II
DELITOS ELECTORALES

Art. 139.

Serán castigados con las penas de seis meses a dos años y de multa de seis a veinticuatro meses los funcionarios públicos que:

1. Incumplan las normas legalmente establecidas para la formación, conservación y exhibición al público del censo electoral.

2. Incumplan las normas legalmente establecidas para la constitución de las Juntas y Mesas Electorales, así como para las votaciones, acuerdos y escrutinios que éstas deban realizar.

3. No extiendan las actas, certificaciones, notificaciones y demás documentos electorales en la forma y momentos previstos por la Ley.

4. Susciten, sin motivo racional, dudas sobre la identidad de una persona o la entidad de sus derechos.

5. Suspendan, sin causa justificada, cualquier acto electoral.

6. Nieguen, dificulten o retrasen indebidamente la admisión, curso o resolución de las protestas o reclamaciones de las personas que legalmente estén legitimadas para hacerlas, o no dejen de ellas la debida constancia documental.

7. Causen, en el ejercicio de sus competencias, manifiesto perjuicio a un candidato.

8. Incumplan los trámites establecidos para el voto por correspondencia.

Art. 140. *Delitos por abuso de oficio o falsedad.*

1. Serán castigados con las penas de prisión de tres a siete años y multa de dieciocho a veinticuatro meses los funcionarios que abusando de su oficio o cargo realicen alguna de las siguientes falsedades:

a) Alterar sin autorización las fechas, horas o lugares en que deba celebrarse cualquier acto electoral incluso de carácter preparatorio, o anunciar su celebración de forma que pueda inducir a error a los electores.

b) Omitir o anotar de manera que induzca a error sobre su autenticidad los nombres de los votantes en cualquier acto electoral.

c) Cambiar, ocultar o alterar, de cualquier manera, el sobre o papeleta electoral que el elector entregue al ejercitar su derecho.

d) Realizar con inexactitud el recuento de electores en actos referentes a la formación o rectificación del Censo, o en las operaciones de votación y escrutinio.

e) Efectuar proclamación indebida de personas.

f) Faltar a la verdad en manifestaciones verbales que hayan de realizarse en algún acto electoral, por mandato de esta Ley.

g) Consentir, pudiendo evitarlo, que alguien vote dos o más veces o lo haga sin capacidad legal, o no formular la correspondiente protesta.

h) Imprimir, confeccionar o utilizar papeletas o sobres electorales con infracción de las normas establecidas.

i) Incumplir las obligaciones relativas a certificaciones en materia de subvenciones por gastos electorales previstas en esta ley.

j) Cometer cualquier otra falsedad en materia electoral, análoga a las anteriores, por alguno de los modos señalados en el artículo 302 del Código Penal.

2. Si las falsedades a las que se refiere este artículo se cometieran por imprudencia grave, serán sancionadas con la pena de multa de doce a veinticuatro meses.

Art. 141. *Delito por infracción de los trámites para el voto por correo.*

1. El particular que vulnere los trámites establecidos para el voto por correo será castigado con las penas de prisión de tres meses a un año o la de multa de seis a veinticuatro meses.

2. El particular que participe en alguna de las falsedades señaladas en el artículo anterior será castigado con la pena de prisión de seis meses a tres años.

Art. 142. *Delito por emisión de varios votos o emisión sin capacidad.*

Quienes voten dos o más veces en la misma elección o quienes voten sin capacidad para hacerlo serán castigados con las penas de prisión de seis meses a dos años, multa de seis meses a dos años e inhabilitación especial para empleo o cargo público de uno a tres años.

Art. 143. *Delitos por abandono o incumplimiento en las Mesas electorales.*

El Presidente y los Vocales de las Mesas Electorales así como sus respectivos suplentes que dejen de concurrir o desempeñar sus funciones, las abandonen sin causa legítima o incumplan sin causa justificada las obligaciones de excusa o aviso previo que les impone esta Ley, incurrirán en la pena de prisión de tres meses a un año o multa de seis a veinticuatro meses.

Art. 144. *Delitos en materia de propaganda electoral.*

1. Serán castigados con la pena de prisión de tres meses a un año o la de multa de seis a veinticuatro meses quienes lleven a cabo alguno de los actos siguientes:

a) Realizar actos de propaganda una vez finalizado el plazo de la campaña electoral.

b) Infringir las normas legales en materia de carteles electorales y espacios reservados de los mismos, así como las normas relativas a las reuniones y otros actos públicos de propaganda electoral.

2. Serán castigados con las penas de prisión de seis meses a dos años y la de multa de seis meses a un año[1137] los miembros en activo de las Fuerzas Armadas y Seguridad del Estado, de las Policías de las Comunidades Autónomas y Locales, los Jueces, Magistrados y Fiscales y los miembros de las Juntas Electorales que difundan propaganda electoral o lleven a cabo otras actividades de campaña electoral.

[1137] Según el texto legal publicado en el BOE, en lugar de «un año» dice «una año».

Art. 145. *Delitos en materia de encuestas electorales.*

Quienes infrinjan la normativa vigente en materia de encuestas electorales serán castigados con la pena de prisión de tres meses a un año, multa de doce a veinticuatro meses e inhabilitación especial para profesión, oficio, industria o comercio por tiempo de uno a tres años.

Art. 146.

1. Serán castigados con la pena de prisión de seis meses a tres años o multa de doce a veinticuatro meses:

a) Quienes por medio de recompensa, dádivas, remuneraciones o promesas de las mismas, soliciten directa o indirectamente el voto de algún elector, o le induzcan a la abstención.

b) Quienes con violencia o intimidación presionen sobre los electores para que no usen de su derecho, lo ejerciten contra su voluntad o descubran el secreto de voto.

c) Quienes impidan o dificulten injustificadamente la entrada, salida o permanencia de los electores, candidatos, apoderados, interventores y notarios en los lugares en los que se realicen actos del procedimiento electoral.

2. Los funcionarios públicos que usen de sus competencias para algunos de los fines señalados en este artículo incurrirán en las penas señaladas en el número anterior y, además, en la inhabilitación especial para empleo o cargo público de uno a tres años.

Art. 147. *Delito de alteración del orden del acto electoral.*

Los que perturben gravemente el orden en cualquier acto electoral o penetren en los locales donde éstos se celebren portando armas u otros instrumentos susceptibles de ser usados como tales, serán castigados con la pena de prisión de tres a doce meses o la multa de seis a veinticuatro meses.

Art. 148.

Cuando los delitos de calumnia e injuria se cometan en período de campaña electoral y con motivo u ocasión de ella, las penas privativas de libertad previstas al efecto en el Código Penal se impondrán en su grado máximo.

Art. 149.

1. Los administradores generales y de las candidaturas de los partidos, federaciones, coaliciones o agrupaciones de electores que falseen las cuentas, reflejando u omitiendo indebidamente en las mismas aportaciones o gastos o usando de cualquier artificio que suponga aumento o disminución de las partidas contables, serán castigados con la pena de prisión de uno a cuatro años y multa de doce a veinticuatro meses.

2. Los Tribunales atendiendo a la gravedad del hecho y sus circunstancias podrán imponer la pena en un grado inferior a la señalada en el párrafo anterior.

Art. 150. *Delito de apropiación indebida de fondos electorales.*

1. Los administradores generales y de las candidaturas, así como las personas autorizadas a disponer de las cuentas electorales, que se apropien o distraigan fondos para fines distintos de los contemplados en esta Ley serán sancionados con las penas de prisión de uno a cuatro años y multa de seis a doce meses, si los fondos apropiados o distraídos no superan los 50.000 euros, y de prisión de dos a seis años y multa de doce a veinticuatro meses, en caso contrario.

2. Los Tribunales teniendo en cuenta la gravedad del hecho y sus circunstancias, las condiciones del culpable y la finalidad perseguida por éste, podrán imponer la pena de prisión de seis meses a un año y la de multa de tres a seis meses.

SECCIÓN III
PROCEDIMIENTO JUDICIAL

Art. 151.

1. El procedimiento para la sanción de estos delitos se tramitará con arreglo a la Ley de Enjuiciamiento Criminal. Las actuaciones que se produzcan por aplicación de estas normas tendrán carácter preferente y se tramitarán con la máxima urgencia posible.

2. La acción penal que nace en estos delitos es pública y podrá ejercitarse sin necesidad de depósito o fianza alguna.

Art. 152.

El Tribunal o Juez a quien corresponda la ejecución de las sentencias firmes dictadas en causas por delitos a los que se refiere este Título dispondrá la publicación de aquéllas en el «Boletín Oficial» de la provincia y remitirá testimonio de las mismas a la Junta Electoral Central.

SECCIÓN IV
INFRACCIONES ELECTORALES

Art. 153.

1. Toda infracción de las normas obligatorias establecidas en la presente Ley que no constituya delito será sancionada por la Junta Electoral competente. La multa será de 300 a 3.000 euros si se trata de autoridades o funcionarios y de 100 a 1.000 si se realiza por particulares.

2. Las infracciones de lo dispuesto en esta Ley sobre régimen de encuestas electorales serán sancionadas con multa de 3.000 a 30.000 de euros.

3. A las infracciones electorales consistentes en la superación por los partidos políticos de los límites de gastos electorales les será de aplicación lo previsto en la Ley Orgánica 8/2007, de 4 de julio, sobre financiación de los partidos políticos.

CAPÍTULO VII DEL TÍTULO XXII DEL LIBRO II DE LA LO 10/1995, DE 23 DE NOVIEMBRE, DEL CÓDIGO PENAL, «DE LAS ORGANIZACIONES Y GRUPOS TERRORISTAS Y DE LOS DELITOS DE TERRORISMO» DEROGADO POR LO 2/2015, DE 30 DE MARZO, POR LA QUE SE MODIFICA LA LEY ORGÁNICA 10/1995, DE 23 DE NOVIEMBRE, DEL CÓDIGO PENAL, EN MATERIA DE DELITOS DE TERRORISMO

CAPÍTULO VII[1138]
DE LAS ORGANIZACIONES Y GRUPOS TERRORISTAS Y DE LOS DELITOS DE TERRORISMO[1139]

SECCIÓN 1.ª
DE LAS ORGANIZACIONES Y GRUPOS TERRORISTAS[1140]

Art. 571[1141].

1. Quienes promovieren, constituyeren, organizaren o dirigieren una organización o grupo terrorista serán castigados con las penas de prisión de ocho a catorce años e inhabilitación especial para empleo o cargo público por tiempo de ocho a quince años.

2. Quienes participaren activamente en la organización o grupo, o formaren parte de los mismos, serán castigados con las penas de prisión de seis a doce años e inhabilitación especial para empleo o cargo público por tiempo de seis a catorce.

3. A los efectos de este Código, se considerarán organizaciones o grupos terroristas aquellas agrupaciones que, reuniendo las características respectiva-

---

[1138] Texto derogado por LO 2/2015, de 30 de marzo, por la que se modifica la Ley Orgánica 10/1995, de 23 de noviembre, del Código Penal.

[1139] Capítulo introducido por LO 5/2010, de 22 de junio, por la que se modifica la Ley Orgánica 10/1995, de 23 de noviembre, del Código Penal.

[1140] Sección introducida por LO 5/2010, de 22 de junio, por la que se modifica la Ley Orgánica 10/1995, de 23 de noviembre, del Código Penal.

[1141] Redactado conforme LO 5/2010, de 22 de junio, por la que se modifica la Ley Orgánica 10/1995, de 23 de noviembre, del Código Penal.

Art. 572

mente establecidas en el párrafo segundo del apartado 1 del artículo 570 bis) y en el párrafo segundo del apartado 1 del artículo 570 ter, tengan por finalidad o por objeto subvertir el orden constitucional o alterar gravemente la paz pública mediante la perpetración de cualquiera de los delitos previstos en la Sección siguiente.

> *Art. 571. Los que perteneciendo, actuando al servicio o colaborando con bandas armadas, organizaciones o grupos cuya finalidad sea la de subvertir el orden constitucional o alterar gravemente la paz pública, cometan los delitos de estragos o de incendios tipificados en los artículos 346 y 351, respectivamente, serán castigados con la pena de prisión de quince a veinte años, sin perjuicio de la pena que les corresponda si se produjera lesión para la vida, integridad física o salud de las personas.*

SECCIÓN 2.ª
DE LOS DELITOS DE TERRORISMO[1142]

Art. 572[1143].

1. Los que perteneciendo, actuando al servicio o colaborando con organizaciones o grupos terroristas cometan los delitos de estragos o de incendios tipificados en los artículos 346 y 351, respectivamente, serán castigados con la pena de prisión de quince a veinte años, sin perjuicio de la pena que les corresponda si se produjera lesión para la vida, integridad física o salud de las personas.

2. Los que perteneciendo, actuando al servicio o colaborando con las organizaciones o grupos terroristas atentaren contra las personas, incurrirán:

1.º En la pena de prisión de veinte a treinta años si causaran la muerte de una persona.

2.º En la pena de prisión de quince a veinte años si causaran lesiones de las previstas en los artículos 149 y 150 o secuestraran a una persona.

3.º En la pena de prisión de diez a quince años si causaran cualquier otra lesión o detuvieran ilegalmente, amenazaran o coaccionaran a una persona.

3. Si los hechos se realizaran contra las personas mencionadas en el apartado 2 del artículo 551 o contra miembros de las Fuerzas Armadas, de las Fuerzas y Cuerpos de Seguridad del Estado, Policías de las Comunidades Autónomas o de los Entes locales, se impondrá la pena en su mitad superior.

> *Art. 572. 1. Los que perteneciendo, actuando al servicio o colaborando con las bandas armadas, organizaciones o grupos terroristas descritos en el artículo anterior, atentaren contra las personas, incurrirán:*
> *1.º En la pena de prisión de veinte a treinta años si causaran la muerte de una persona.*
> *2.º En la pena de prisión de quince a veinte años si causaran lesiones de las previstas en los artículos 149 y 150 o secuestraran a una persona.*
> *3.º En la pena de prisión de diez a quince años si causaran cualquier otra lesión o detuvieran ilegalmente, amenazaran o coaccionaran a una persona.*

[1142] Sección introducida por LO 5/2010, de 22 de junio, por la que se modifica la Ley Orgánica 10/1995, de 23 de noviembre, del Código Penal.

[1143] Redactado conforme LO 5/2010, de 22 de junio, por la que se modifica la Ley Orgánica 10/1995, de 23 de noviembre, del Código Penal.

2. Si los hechos se realizaran contra las personas mencionadas en el apartado 2 del artículo 551 o contra miembros de las Fuerzas Armadas, de las Fuerzas y Cuerpos de Seguridad del Estado, Policías de las Comunidades Autónomas o de los Entes locales, se impondrá la pena en su mitad superior.

Art. 573.

El depósito de armas o municiones o la tenencia o depósito de sustancias o aparatos explosivos, inflamables, incendiarios o asfixiantes, o de sus componentes, así como su fabricación, tráfico, transporte o suministro de cualquier forma, y la mera colocación o empleo de tales sustancias o de los medios o artificios adecuados, serán castigados con la pena de prisión de seis a diez años cuando tales hechos sean cometidos por quienes pertenezcan, actúen al servicio o colaboren con las organizaciones o grupos terroristas descritos en los artículos anteriores.

Art. 574[1144].

Los que perteneciendo, actuando al servicio o colaborando con organizaciones o grupos terroristas, cometan cualquier otra infracción con alguna de las finalidades expresadas en el apartado 3 del artículo 571, serán castigados con la pena señalada al delito o falta ejecutados en su mitad superior.

__Art. 574.__ Los que perteneciendo, actuando al servicio o colaborando con bandas armadas, organizaciones o grupos terroristas, cometan cualquier otra infracción con alguna de las finalidades expresadas en el artículo 571, serán castigados con la pena señalada al delito o falta ejecutados en su mitad superior.

Art. 575.

Los que, con el fin de allegar fondos a las organizaciones o grupos terroristas señalados anteriormente, o con el propósito de favorecer sus finalidades, atentaren contra el patrimonio, serán castigados con la pena superior en grado a la que correspondiere por el delito cometido, sin perjuicio de las que proceda imponer conforme a lo dispuesto en el artículo siguiente por el acto de colaboración.

Art. 576[1145].

1. Será castigado con las penas de prisión de cinco a diez años y multa de dieciocho a veinticuatro meses el que lleve a cabo, recabe o facilite cualquier acto de colaboración con las actividades o las finalidades de una organización o grupo terrorista.

2. Son actos de colaboración la información o vigilancia de personas, bienes o instalaciones; la construcción, el acondicionamiento, la cesión o la utilización de alojamientos o depósitos; la ocultación o traslado de personas vinculadas a organizaciones o grupos terroristas; la organización de prácticas de entrenamiento o la asistencia a ellas, y, en general, cualquier otra forma equivalente de

---

[1144] Redactado conforme LO 5/2010, de 22 de junio, por la que se modifica la Ley Orgánica 10/1995, de 23 de noviembre, del Código Penal.

[1145] Redactado conforme LO 5/2010, de 22 de junio, por la que se modifica la Ley Orgánica 10/1995, de 23 de noviembre, del Código Penal.

Art. 576 bis

cooperación, ayuda o mediación, económica o de otro género, con las actividades de las citadas organizaciones o grupos terroristas.

Cuando la información o vigilancia de personas mencionada en el párrafo anterior ponga en peligro la vida, la integridad física, la libertad o el patrimonio de las mismas, se impondrá la pena prevista en el apartado 1 en su mitad superior. Si llegara a ejecutarse el riesgo prevenido, se castigará el hecho como coautoría o complicidad, según los casos.

3. Las mismas penas previstas en el número 1 de este artículo se impondrán a quienes lleven a cabo cualquier actividad de captación, adoctrinamiento, adiestramiento o formación, dirigida a la incorporación de otros a una organización o grupo terrorista o a la perpetración de cualquiera de los delitos previstos en este Capítulo.

> *Art. 576. 1. Será castigado con las penas de prisión de cinco a diez años y multa de dieciocho a veinticuatro meses el que lleve a cabo, recabe o facilite, cualquier acto de colaboración con las actividades o las finalidades de una banda armada, organización o grupo terrorista.*
>
> *2. Son actos de colaboración la información o vigilancia de personas, bienes o instalaciones; la construcción, el acondicionamiento, la cesión o la utilización de alojamientos o depósitos; la ocultación o traslado de personas vinculadas a las bandas armadas, organizaciones o grupos terroristas; la organización de prácticas de entrenamiento o la asistencia a ellas, y, en general, cualquier otra forma equivalente de cooperación, ayuda o mediación, económica o de otro género, con las actividades de las citadas bandas armadas, organizaciones o grupos terroristas. Cuando la información o vigilancia de personas mencionada en el párrafo anterior, ponga en peligro la vida, la integridad física, la libertad o el patrimonio de las mismas, se impondrá la pena prevista en el apartado 1, en su mitad superior. Si llegara a ejecutarse el riesgo prevenido, se castigará el hecho como coautoría o complicidad, según los casos*

Art. 576 bis[1146].

1. El que por cualquier medio, directa o indirectamente, provea o recolecte fondos con la intención de que se utilicen, o a sabiendas de que serán utilizados, en todo o en parte, para cometer cualquiera de los delitos comprendidos en este Capítulo o para hacerlos llegar a una organización o grupo terroristas, será castigado con penas de prisión de cinco a diez años y multa de dieciocho a veinticuatro meses.

Si los fondos llegaran a ser empleados para la ejecución de actos terroristas concretos, el hecho se castigará como coautoría o complicidad, según los casos, siempre que le correspondiera una pena mayor.

2. El que estando específicamente sujeto por la ley a colaborar con la autoridad en la prevención de las actividades de financiación del terrorismo dé lugar, por imprudencia grave en el cumplimiento de dichas obligaciones, a que no sea detectada o impedida cualquiera de las conductas descritas en el apartado primero de este artículo, será castigado con la pena inferior en uno o dos grados a la prevista en él.

3. Cuando de acuerdo con lo establecido en el artículo 31 bis de este Código una persona jurídica sea responsable de los delitos recogidos en este artículo, se le impondrán las siguientes penas:

[1146] Artículo introducido por LO 5/2010, de 22 de junio, por la que se modifica la Ley Orgánica 10/1995, de 23 de noviembre, del Código Penal.

a) Multa de dos a cinco años, si el delito cometido por la persona física tiene prevista una pena de prisión de más de cinco años.

b) Multa de uno a tres años, si el delito cometido por la persona física tiene prevista una pena de más de dos años de privación de libertad no incluida en el anterior inciso.

Atendidas las reglas establecidas en el artículo 66 bis de este Código, los jueces y tribunales podrán asimismo imponer las penas recogidas en las letras b) a g) del apartado 7 del artículo 33.

Art. 577.

Los que, sin pertenecer a organización o grupo terrorista, y con la finalidad de subvertir el orden constitucional o de alterar gravemente la paz pública, o la de contribuir a estos fines atemorizando a los habitantes de una población o a los miembros de un colectivo social, político o profesional, cometieren homicidios, lesiones de las tipificadas en los artículos 147 a 150, detenciones ilegales, secuestros, amenazas o coacciones contra las personas, o llevaren a cabo cualesquiera delitos de incendios, estragos, daños de los tipificados en los artículos 263 a 266, 323 ó 560, o tenencia, fabricación, depósito, tráfico, transporte o suministro de armas, municiones o sustancias o aparatos explosivos, inflamables, incendiarios o asfixiantes, o de sus componentes, serán castigados con la pena que corresponda al hecho cometido en su mitad superior[1147].

Art. 578.

El enaltecimiento o la justificación por cualquier medio de expresión pública o difusión de los delitos comprendidos en los artículos 571 a 577 de este Código o de quienes hayan participado en su ejecución, o la realización de actos que entrañen descrédito, menosprecio o humillación de las víctimas de los delitos terroristas o de sus familiares se castigará con la pena de prisión de uno a dos años. El Juez también podrá acordar en la sentencia, durante el período de tiempo que el mismo señale, alguna o algunas de las prohibiciones previstas en el artículo 57 de este Código[1148].

Art. 579[1149].

1. La provocación, la conspiración y la proposición para cometer los delitos previstos en los artículos 571 a 578 se castigarán con la pena inferior en uno o

---

[1147] Redactado conforme LO 7/2000, de 22 de diciembre, de modificación de la Ley Orgánica 10/1995, de 23 de noviembre, del Código Penal, y de la Ley Orgánica 5/2000, de 12 de enero, reguladora de la Responsabilidad Penal de los Menores, en relación con los delitos de terrorismo.

[1148] Redactado conforme LO 7/2000, de 22 de diciembre, de modificación de la Ley Orgánica 10/1995, de 23 de noviembre, del Código Penal, y de la Ley Orgánica 5/2000, de 12 de enero, reguladora de la Responsabilidad Penal de los Menores, en relación con los delitos de terrorismo.

[1149] Redactado conforme LO 5/2010, de 22 de junio, por la que se modifica la Ley Orgánica 10/1995, de 23 de noviembre, del Código Penal.

dos grados a la que corresponda, respectivamente, a los hechos previstos en los artículos anteriores.

Cuando no quede comprendida en el párrafo anterior o en otro precepto de este Código que establezca mayor pena, la distribución o difusión pública por cualquier medio de mensajes o consignas dirigidos a provocar, alentar o favorecer la perpetración de cualquiera de los delitos previstos en este capítulo, generando o incrementando el riesgo de su efectiva comisión, será castigada con la pena de seis meses a dos años de prisión.

2. Los responsables de los delitos previstos en este Capítulo, sin perjuicio de las penas que correspondan con arreglo a los artículos precedentes, serán también castigados con la pena de inhabilitación absoluta por un tiempo superior entre seis y veinte años al de la duración de la pena de privación de libertad impuesta en su caso en la sentencia, atendiendo proporcionalmente a la gravedad del delito, el número de los cometidos y a las circunstancias que concurran en el delincuente.

3. A los condenados a pena grave privativa de libertad por uno o más delitos comprendidos en este Capítulo se les impondrá además la medida de libertad vigilada de cinco a diez años, y de uno a cinco años si la pena privativa de libertad fuera menos grave. No obstante lo anterior, cuando se trate de un solo delito que no sea grave cometido por un delincuente primario, el Tribunal podrá imponer o no la medida de libertad vigilada en atención a la menor peligrosidad del autor.

4. En los delitos previstos en esta sección, los jueces y tribunales, razonándolo en sentencia, podrán imponer la pena inferior en uno o dos grados a la señalada por la ley para el delito de que se trate, cuando el sujeto haya abandonado voluntariamente sus actividades delictivas y se presente a las autoridades confesando los hechos en que haya participado, y además colabore activamente con éstas para impedir la producción del delito o coadyuve eficazmente a la obtención de pruebas decisivas para la identificación o captura de otros responsables o para impedir la actuación o el desarrollo de organizaciones o grupos terroristas a los que haya pertenecido o con los que haya colaborado.

Art. 579. 1. La provocación, la conspiración y la proposición para cometer los delitos previstos en los artículos 571 a 578 se castigarán con la pena inferior en uno o dos grados a la que corresponda, respectivamente, a los hechos previstos en los artículos anteriores.

2. Los responsables de los delitos previstos en esta sección, sin perjuicio de las penas que correspondan con arreglo a los artículos precedentes, serán también castigados con la pena de inhabilitación absoluta por un tiempo superior entre seis y veinte años al de la duración de la pena de privación de libertad impuesta, en su caso, en la sentencia, atendiendo proporcionalmente a la gravedad del delito, el número de los cometidos y a las circunstancias que concurran en el delincuente.

3. En los delitos previstos en esta sección, los Jueces y Tribunales, razonándolo en sentencia, podrán imponer la pena inferior en uno o dos grados a la señalada por la Ley para el delito de que se trate, cuando el sujeto haya abandonado voluntariamente sus actividades delictivas y se presente a las autoridades confesando los hechos en que haya participado y además colabore activamente con éstas para impedir la producción del delito o coadyuve eficazmente a la obtención de pruebas decisivas para la identificación o captura de otros responsables o para impedir la actuación o el desarrollo de bandas armadas, organizaciones o grupos terroristas a los que haya pertenecido o con los que haya colaborado.

Art. 580.

En todos los delitos relacionados con la actividad de las organizaciones o grupos terroristas, la condena de un Juez o Tribunal extranjero será equiparada a las sentencias de los Jueces o Tribunales españoles a los efectos de aplicación de la agravante de reincidencia.

ANEXO VII
LO 3/2021, DE 24 DE MARZO, DE REGULACIÓN DE LA EUTANASIA

PREÁMBULO

I

La presente Ley pretende dar una respuesta jurídica, sistemática, equilibrada y garantista, a una demanda sostenida de la sociedad actual como es la eutanasia.

La eutanasia significa etimológicamente «buena muerte» y se puede definir como el acto deliberado de dar fin a la vida de una persona, producido por voluntad expresa de la propia persona y con el objeto de evitar un sufrimiento. En nuestras doctrinas bioética y penalista existe hoy un amplio acuerdo en limitar el empleo del término «eutanasia» a aquella que se produce de manera activa y directa, de manera que las actuaciones por omisión que se designaban como eutanasia pasiva (no adopción de tratamientos tendentes a prolongar la vida y la interrupción de los ya instaurados conforme a la lex artis), o las que pudieran considerarse como eutanasia activa indirecta (utilización de fármacos o medios terapéuticos que alivian el sufrimiento físico o psíquico aunque aceleren la muerte del paciente —cuidados paliativos—) se han excluido del concepto bioético y jurídico-penal de eutanasia.

El debate sobre la eutanasia, tanto desde el punto de vista de la bioética como del Derecho, se ha abierto paso en nuestro país y en los países de nuestro entorno durante las últimas décadas, no solo en los ámbitos académicos sino también en la sociedad, debate que se aviva periódicamente a raíz de casos personales que conmueven a la opinión pública. Un debate en el que confluyen diferentes causas, como la creciente prolongación de la esperanza de vida, con el consiguiente retraso en la edad de morir, en condiciones no pocas veces de importante deterioro físico y psíquico; el incremento de los medios técnicos capaces de sostener durante un tiempo prolongado la vida de las personas, sin lograr la curación o una mejora significativa de la calidad de vida; la secularización de la vida y conciencia social y de los valores de las personas; o el reconocimiento de la autonomía de la persona también en el ámbito sanitario, entre otros factores. Y es, precisamente, obligación del legislador atender a las demandas y valores de la sociedad, preservando y respetando sus derechos y adecuando para ello las normas que ordenan y organizan nuestra convivencia.

La legalización y regulación de la eutanasia se asientan sobre la compatibilidad de unos principios esenciales que son basamento de los derechos de las personas, y que son así recogidos en la Constitución española. Son, de un lado, los derechos fundamentales a la vida y a la integridad física y moral, y de otro, bienes constitucionalmente protegidos como son la dignidad, la libertad o la autonomía de la voluntad.

Hacer compatibles estos derechos y principios constitucionales es necesario y posible, para lo que se requiere una legislación respetuosa con todos ellos. No basta simplemente con despenalizar las conductas que impliquen alguna forma de ayuda a la muerte de otra persona, aun cuando se produzca por expreso deseo de esta. Tal modificación legal dejaría a las personas desprotegidas respecto de su derecho a la vida que nuestro marco constitucional exige proteger. Se busca, en cambio, legislar para respetar la autonomía y voluntad de poner fin a la vida de quien está en una situación de padecimiento grave, crónico e imposibilitante o de enfermedad grave e incurable, padeciendo un sufrimiento insoportable que no puede ser aliviado en condiciones que considere aceptables, lo que denominamos un contexto eutanásico. Con ese fin, la presente Ley regula y despenaliza la eutanasia en determinados supuestos, definidos claramente, y sujetos a garantías suficientes que salvaguarden la absoluta libertad de la decisión, descartando presión externa de cualquier índole.

En el panorama de los países de nuestro entorno se pueden reconocer, fundamentalmente, dos modelos de tratamiento normativo de la eutanasia.

Por una parte, los países que despenalizan las conductas eutanásicas cuando se considera que quien la realiza no tiene una conducta egoísta, y por consiguiente tiene una razón compasiva, dando pie a que se generen espacios jurídicos indeterminados que no ofrecen las garantías necesarias.

Por otra parte, los países que han regulado los supuestos en que la eutanasia es una práctica legalmente aceptable, siempre que sean observados concretos requisitos y garantías.

En el análisis de estas dos alternativas jurídicas, es relevante la doctrina del Tribunal Europeo de Derechos Humanos que, en su sentencia de 14 de mayo de 2013 (caso Gross vs. Suiza), consideró que no es aceptable que un país que haya despenalizado conductas eutanásicas no tenga elaborado y promulgado un régimen legal específico, precisando las modalidades de práctica de tales conductas eutanásicas. Esta Ley pretende incluirse en el segundo modelo de legislación, dotando de una regulación sistemática y ordenada a los supuestos en los que la eutanasia no deba ser objeto de reproche penal. Así, la Ley distingue entre dos conductas eutanásicas diferentes, la eutanasia activa y aquella en la que es el propio paciente la persona que termina con su vida, para lo que precisa de la colaboración de un profesional sanitario que, de forma intencionada y con conocimiento, facilita los medios necesarios, incluido el asesoramiento sobre la sustancia y dosis necesarias de medicamentos, su prescripción o, incluso, su suministro con el fin de que el paciente se lo administre. Por su parte, eutanasia activa es la acción por la que un profesional sanitario pone fin a la vida de un paciente de manera deliberada y a petición de este, cuando se produce dentro de un contexto eutanásico por causa de padecimiento grave, crónico e imposibilitante o enfermedad grave e incurable, causantes de un sufrimiento intolerable.

El contexto eutanásico, en el cual se acepta legalmente prestar ayuda para morir a otra persona, debe delimitarse con arreglo a determinadas condiciones que afectan a la situación física de la persona con el consiguiente sufrimiento físico o mental en que se encuentra, a las posibilidades de intervención para aliviar su sufrimiento, y a las convicciones morales de la persona sobre la preservación de su vida en unas condiciones que considere incompatibles con su dignidad personal. Así mismo, han de establecerse garantías para que la decisión de poner fin a la vida se produzca con absoluta libertad, autonomía y conocimiento, protegida por tanto de presiones de toda índole que pudieran provenir de entornos sociales, económicos o familiares desfavorables, o incluso de decisiones apresuradas. Este contexto eutanásico, así delimitado, requiere de una valoración cualificada y externa a las personas solicitante y ejecutora, previa y posterior al acto eutanásico. Al mismo tiempo, mediante la posibilidad de objeción de conciencia, se garantiza la seguridad jurídica y el respeto a la libertad de conciencia del personal sanitario llamado a colaborar en el acto de ayuda médica para morir, entendiendo el término médica implícito en la Ley cuando se habla de ayuda para morir, y entendido en un sentido genérico que comprende el conjunto de prestaciones y auxilios asistenciales que el personal sanitario debe prestar, en el ámbito de su competencia, a los pacientes que soliciten la ayuda necesaria para morir.

En definitiva, esta Ley introduce en nuestro ordenamiento jurídico un nuevo derecho individual como es la eutanasia. Se entiende por esta la actuación que produce la muerte de una persona de forma directa e intencionada mediante una relación causa-efecto única e inmediata, a petición informada, expresa y reiterada en el tiempo por dicha persona, y que se lleva a cabo en un contexto de sufrimiento debido a una enfermedad o padecimiento incurable que la persona experimenta como inaceptable y que no ha podido ser mitigado por otros medios. Así definida, la eutanasia conecta con un derecho fundamental de la persona constitucionalmente protegido como es la vida, pero que se debe cohonestar también con otros derechos y bienes, igualmente protegidos constitucionalmente, como son la integridad física y moral de la persona (art. 15 CE), la dignidad humana (art. 10 CE), el valor superior de la libertad (art. 1.1 CE), la libertad ideológica y de conciencia (art. 16 CE) o el derecho a la intimidad (art. 18.1 CE). Cuando una persona plenamente capaz y libre se enfrenta a una situación vital que a su juicio vulnera su dignidad, intimidad e integridad, como es la que define el contexto eutanásico antes descrito, el bien de la vida puede decaer en favor de los demás bienes y derechos con los que debe ser ponderado, toda vez que no existe un deber constitucional de imponer o tutelar la vida a toda costa y en contra de la voluntad del titular del derecho a la vida. Por esta misma razón, el Estado está obligado a proveer un régimen jurídico que establezca las garantías necesarias y de seguridad jurídica.

II

La presente Ley consta de cinco capítulos, siete disposiciones adicionales, una disposición transitoria, una disposición derogatoria y cuatro disposiciones finales.

El capítulo I está destinado a delimitar su objeto y ámbito de aplicación, así como a establecer las necesarias definiciones fundamentales del texto normativo.

El capítulo II establece los requisitos para que las personas puedan solicitar la prestación de ayuda para morir y las condiciones para su ejercicio. Toda persona mayor de edad y en plena capacidad de obrar y decidir puede solicitar y recibir dicha ayuda, siempre que lo haga de forma autónoma, consciente e informada, y que se encuentre en los supuestos de padecimiento grave, crónico e imposibilitante o de enfermedad grave e incurable causantes de un sufrimiento físico o psíquico intolerables. Se articula también la posibilidad de solicitar esta ayuda mediante el documento de instrucciones previas o equivalente, legalmente reconocido, que existe ya en nuestro ordenamiento jurídico.

El capítulo III va dirigido a regular el procedimiento que se debe seguir para la realización de la prestación de ayuda para morir y las garantías que han de observarse en la aplicación de dicha prestación. En este ámbito cabe destacar la creación de Comisiones de Garantía y Evaluación que han de verificar de forma previa y controlar a posteriori el respeto a la Ley y los procedimientos que establece.

El capítulo IV establece los elementos que permiten garantizar a toda la ciudadanía el acceso en condiciones de igualdad a la prestación de ayuda para morir, incluyéndola en la cartera común de servicios del Sistema Nacional de Salud y garantizando así su financiación pública, pero garantizando también su prestación en centros privados o, incluso, en el domicilio. Hay que destacar que se garantiza dicha prestación sin perjuicio de la posibilidad de objeción de conciencia del personal sanitario.

Finalmente, el capítulo V regula las Comisiones de Garantía y Evaluación que deberán crearse en todas las Comunidades Autónomas y en las Ciudades de Ceuta y Melilla a los fines de esta Ley.

Las disposiciones adicionales, por su parte, se dirigen a garantizar que quienes solicitan ayuda para morir al amparo de esta Ley, se considerará que fallecen por muerte natural, a asegurar recursos y medios de apoyo destinados a las personas con discapacidad, a establecer mecanismos para dar la máxima difusión a la presente Ley entre los profesionales sanitarios y la ciudadanía y oferta de formación continua específica sobre la ayuda para morir, así como un régimen sancionador. En sus disposiciones finales, se procede, en consecuencia con el nuevo ordenamiento legal introducido por la presente Ley, a la modificación de la Ley Orgánica 10/1995, de 23 de noviembre, del Código Penal, con el objeto de despenalizar todas aquellas conductas eutanásicas en los supuestos y condiciones establecidos por la presente Ley.

CAPÍTULO I
DISPOSICIONES GENERALES

Artículo 1. *Objeto.*

El objeto de esta Ley es regular el derecho que corresponde a toda persona que cumpla las condiciones exigidas a solicitar y recibir la ayuda necesaria para morir, el procedimiento que ha de seguirse y las garantías que han de observarse.

Asimismo, determina los deberes del personal sanitario que atienda a esas personas, definiendo su marco de actuación, y regula las obligaciones de las administraciones e instituciones concernidas para asegurar el correcto ejercicio del derecho reconocido en esta Ley.

Artículo 2. *Ámbito de aplicación.*

Esta Ley será de aplicación a todas las personas físicas o jurídicas, públicas o privadas, que actúen o se encuentren en territorio español. A estos efectos, se entenderá que una persona jurídica se encuentra en territorio español cuando tenga domicilio social, sede de dirección efectiva, sucursal, delegación o establecimiento de cualquier naturaleza en territorio español.

Artículo 3. *Definiciones.*

A los efectos de lo previsto en esta Ley, se entiende por:

a) «Consentimiento informado»: la conformidad libre, voluntaria y consciente del paciente, manifestada en pleno uso de sus facultades después de recibir la información adecuada, para que, a petición suya, tenga lugar una de las actuaciones descritas en la letra g).

b) «Padecimiento grave, crónico e imposibilitante»: situación que hace referencia a limitaciones que inciden directamente sobre la autonomía física y actividades de la vida diaria, de manera que no permite valerse por sí mismo, así como sobre la capacidad de expresión y relación, y que llevan asociado un sufrimiento físico o psíquico constante e intolerable para quien lo padece, existiendo seguridad o gran probabilidad de que tales limitaciones vayan a persistir en el tiempo sin posibilidad de curación o mejoría apreciable. En ocasiones puede suponer la dependencia absoluta de apoyo tecnológico.

c) «Enfermedad grave e incurable»: la que por su naturaleza origina sufrimientos físicos o psíquicos constantes e insoportables sin posibilidad de alivio que la persona considere tolerable, con un pronóstico de vida limitado, en un contexto de fragilidad progresiva.

d) «Médico responsable»: facultativo que tiene a su cargo coordinar toda la información y la asistencia sanitaria del paciente, con el carácter de interlocutor principal del mismo en todo lo referente a su atención e información durante el proceso asistencial, y sin perjuicio de las obligaciones de otros profesionales que participan en las actuaciones asistenciales.

e) «Médico consultor»: facultativo con formación en el ámbito de las patologías que padece el paciente y que no pertenece al mismo equipo del médico responsable.

Art. 4

f) «Objeción de conciencia sanitaria»: derecho individual de los profesionales sanitarios a no atender aquellas demandas de actuación sanitaria reguladas en esta Ley que resultan incompatibles con sus propias convicciones.

g) «Prestación de ayuda para morir»: acción derivada de proporcionar los medios necesarios a una persona que cumple los requisitos previstos en esta Ley y que ha manifestado su deseo de morir. Dicha prestación se puede producir en dos modalidades:

1.ª) La administración directa al paciente de una sustancia por parte del profesional sanitario competente.

2.ª) La prescripción o suministro al paciente por parte del profesional sanitario de una sustancia, de manera que esta se la pueda auto administrar, para causar su propia muerte.

h) «Situación de incapacidad de hecho»: situación en la que el paciente carece de entendimiento y voluntad suficientes para regirse de forma autónoma, plena y efectiva por sí mismo, con independencia de que existan o se hayan adoptado medidas de apoyo para el ejercicio de su capacidad jurídica.

CAPÍTULO II
DERECHO DE LAS PERSONAS A SOLICITAR LA PRESTACIÓN DE AYUDA PARA MORIR Y REQUISITOS PARA SU EJERCICIO

Artículo 4. *Derecho a solicitar la prestación de ayuda para morir.*

1. Se reconoce el derecho de toda persona que cumpla los requisitos previstos en esta Ley a solicitar y recibir la prestación de ayuda para morir.

2. La decisión de solicitar la prestación de ayuda para morir ha de ser una decisión autónoma, entendiéndose por tal aquella que está fundamentada en el conocimiento sobre su proceso médico, después de haber sido informada adecuadamente por el equipo sanitario responsable. En la historia clínica deberá quedar constancia de que la información ha sido recibida y comprendida por el paciente.

3. En los procedimientos regulados en esta Ley, se garantizarán los medios y recursos de apoyo, materiales y humanos, incluidas las medidas de accesibilidad y diseño universales y los ajustes razonables que resulten precisos para que las personas solicitantes de la prestación de ayuda para morir reciban la información, formen y expresen su voluntad, otorguen su consentimiento y se comuniquen e interactúen con el entorno, de modo libre, a fin de que su decisión sea individual, madura y genuina, sin intromisiones, injerencias o influencias indebidas.

En especial, se adoptarán las medidas pertinentes para proporcionar acceso a las personas con discapacidad al apoyo que pueden necesitar en el ejercicio de los derechos que tienen reconocidos en el ordenamiento jurídico.

Artículo 5. *Requisitos para recibir la prestación de ayuda para morir.*

1. Para poder recibir la prestación de ayuda para morir será necesario que la persona cumpla todos los siguientes requisitos:

a) Tener la nacionalidad española o residencia legal en España o certificado de empadronamiento que acredite un tiempo de permanencia en territorio español superior a doce meses, tener mayoría de edad y ser capaz y consciente en el momento de la solicitud.

b) Disponer por escrito de la información que exista sobre su proceso médico, las diferentes alternativas y posibilidades de actuación, incluida la de acceder a cuidados paliativos integrales comprendidos en la cartera común de servicios y a las prestaciones que tuviera derecho de conformidad a la normativa de atención a la dependencia.

c) Haber formulado dos solicitudes de manera voluntaria y por escrito, o por otro medio que permita dejar constancia, y que no sea el resultado de ninguna presión externa, dejando una separación de al menos quince días naturales entre ambas.

Si el médico responsable considera que la pérdida de la capacidad de la persona solicitante para otorgar el consentimiento informado es inminente, podrá aceptar cualquier periodo menor que considere apropiado en función de las circunstancias clínicas concurrentes, de las que deberá dejar constancia en la historia clínica.

d) Sufrir una enfermedad grave e incurable o un padecimiento grave, crónico e imposibilitante en los términos establecidos en esta Ley, certificada por el médico responsable.

e) Prestar consentimiento informado previamente a recibir la prestación de ayuda para morir. Dicho consentimiento se incorporará a la historia clínica del paciente.

2. No será de aplicación lo previsto en las letras b), c) y e) del apartado anterior en aquellos casos en los que el médico responsable certifique que el paciente no se encuentra en el pleno uso de sus facultades ni puede prestar su conformidad libre, voluntaria y consciente para realizar las solicitudes, cumpla lo previsto en el apartado 1.d), y haya suscrito con anterioridad un documento de instrucciones previas, testamento vital, voluntades anticipadas o documentos equivalentes legalmente reconocidos, en cuyo caso se podrá facilitar la prestación de ayuda para morir conforme a lo dispuesto en dicho documento. En el caso de haber nombrado representante en ese documento será el interlocutor válido para el médico responsable.

La valoración de la situación de incapacidad de hecho por el médico responsable se hará conforme a los protocolos de actuación que se determinen por el Consejo Interterritorial del Sistema Nacional de Salud.

Artículo 6. *Requisitos de la solicitud de prestación de ayuda para morir.*

1. La solicitud de prestación de ayuda para morir a la que se refiere el artículo 5.1.c) deberá hacerse por escrito, debiendo estar el documento fechado y firmado por el paciente solicitante, o por cualquier otro medio que permita dejar constancia de la voluntad inequívoca de quien la solicita, así como del momento en que se solicita.

En el caso de que por su situación personal o condición de salud no le fuera posible fechar y firmar el documento, podrá hacer uso de otros medios que le permitan dejar constancia, o bien otra persona mayor de edad y plenamente capaz podrá fecharlo y firmarlo en su presencia. Dicha persona ha de mencionar el hecho de que quien demanda la prestación de ayuda para morir no se encuentra en condiciones de firmar el documento e indicar las razones.

2. El documento deberá firmarse en presencia de un profesional sanitario que lo rubricará. Si no es el médico responsable, lo entregará a este. El escrito deberá incorporarse a la historia clínica del paciente.

3. El solicitante de la prestación de ayuda para morir podrá revocar su solicitud en cualquier momento, incorporándose su decisión en su historia clínica. Asimismo, podrá pedir el aplazamiento de la administración de la ayuda para morir.

4. En los casos previstos en el artículo 5.2, la solicitud de prestación de ayuda para morir podrá ser presentada al médico responsable por otra persona mayor de edad y plenamente capaz, acompañándolo del documento de instrucciones previas, testamento vital, voluntades anticipadas o documentos equivalentes legalmente reconocidos, suscritos previamente por el paciente. En caso de que no exista ninguna persona que pueda presentar la solicitud en nombre del paciente, el médico que lo trata podrá presentar la solicitud de eutanasia. En tal caso, dicho médico que lo trata estará legitimado para solicitar y obtener el acceso al documento de instrucciones previas, voluntades anticipadas o documentos equivalentes a través de las personas designadas por la autoridad sanitaria de la Comunidad Autónoma correspondiente o por el Ministerio de Sanidad, de conformidad con la letra d) del punto 1 del artículo 4 del Real Decreto 124/2007, de 2 de febrero, por el que se regula el Registro nacional de instrucciones previas y el correspondiente fichero automatizado de datos de carácter personal.

Artículo 7. *Denegación de la prestación de ayuda para morir.*

1. Las denegaciones de la prestación de ayuda para morir deberán realizarse siempre por escrito y de manera motivada por el médico responsable.

2. Contra dicha denegación, que deberá realizarse en el plazo máximo de diez días naturales desde la primera solicitud, la persona que hubiera presentado la misma podrá presentar en el plazo máximo de quince días naturales una reclamación ante la Comisión de Garantía y Evaluación competente. El médico responsable que deniegue la solicitud está obligado a informarle de esta posibilidad.

3. El médico responsable que deniegue la solicitud de la prestación de ayuda para morir, con independencia de que se haya formulado o no una reclamación ante la Comisión de Garantía y Evaluación competente, deberá remitir, en el plazo de cinco días contados a partir de que se le haya notificado la denegación al paciente, los dos documentos especificados en el artículo 12, adaptando el documento segundo de modo que incluya los datos clínicos relevantes para la evaluación del caso y por escrito el motivo de la denegación.

CAPÍTULO III
PROCEDIMIENTO PARA LA REALIZACIÓN DE LA
PRESTACIÓN DE AYUDA PARA MORIR

Artículo 8. *Procedimiento a seguir por el médico responsable cuando exista una solicitud de prestación de ayuda para morir.*

1. Una vez recibida la primera solicitud de prestación de ayuda para morir a la que se refiere el artículo 5.1.c), el médico responsable, en el plazo máximo de dos días naturales, una vez verificado que se cumplen los requisitos previstos en el artículo 5.1.a), c) y d), realizará con el paciente solicitante un proceso deliberativo sobre su diagnóstico, posibilidades terapéuticas y resultados esperables, así como sobre posibles cuidados paliativos, asegurándose de que comprende la información que se le facilita. Sin perjuicio de que dicha información sea explicada por el médico responsable directamente al paciente, la misma deberá facilitarse igualmente por escrito, en el plazo máximo de cinco días naturales.

Transcurrido el plazo previsto en el artículo 5.1.c), y una vez recibida la segunda solicitud, el médico responsable, en el plazo de dos días naturales, retomará con el paciente solicitante el proceso deliberativo al objeto de atender, en el plazo máximo de cinco días naturales, cualquier duda o necesidad de ampliación de información que se le haya planteado al paciente tras la información proporcionada después de la presentación de la primera solicitud, conforme al párrafo anterior.

2. Transcurridas veinticuatro horas tras la finalización del proceso deliberativo al que se refiere el apartado anterior, el médico responsable recabará del paciente solicitante su decisión de continuar o desistir de la solicitud de prestación de ayuda para morir. En el caso de que el paciente manifestara su deseo de continuar con el procedimiento, el médico responsable deberá comunicar esta circunstancia al equipo asistencial, especialmente a los profesionales de enfermería, así como, en el caso de que así lo solicitara el paciente, a los familiares o allegados que señale. Igualmente, deberá recabar del paciente la firma del documento del consentimiento informado.

En el caso de que el paciente decidiera desistir de su solicitud, el médico responsable pondrá este hecho igualmente en conocimiento del equipo asistencial.

3. El médico responsable deberá consultar a un médico consultor, quien, tras estudiar la historia clínica y examinar al paciente, deberá corroborar el cumplimiento de las condiciones establecidas en el artículo 5.1, o en su caso en el 5.2, en el plazo máximo de diez días naturales desde la fecha de la segunda solicitud, a cuyo efecto redactará un informe que pasará a formar parte de la historia clínica del paciente. Las conclusiones de dicho informe deberán ser comunicadas al paciente solicitante en el plazo máximo de veinticuatro horas.

4. En caso de informe desfavorable del médico consultor sobre el cumplimiento de las condiciones del artículo 5.1, el paciente podrá recurrir a la Comisión de Garantía y Evaluación en los términos previstos en el artículo 7.2.

5. Una vez cumplido lo previsto en los apartados anteriores, el médico responsable, antes de la realización de la prestación de ayuda para morir, lo pondrá en conocimiento del presidente de la Comisión de Garantía y Evaluación, en el plazo máximo de tres días hábiles, al efecto de que se realice el control previo previsto en el artículo 10.

Artículo 9. *Procedimiento a seguir cuando se aprecie que existe una situación de incapacidad de hecho.*

En los casos previstos en el artículo 5.2 el médico responsable está obligado a aplicar lo previsto en las instrucciones previas o documento equivalente.

Artículo 10. *Verificación previa por parte de la Comisión de Garantía y Evaluación.*

1. Una vez recibida la comunicación médica a que se refiere el artículo 8.5, el presidente de la Comisión de Garantía y Evaluación designará, en el plazo máximo de dos días, a dos miembros de la misma, un profesional médico y un jurista, para que verifiquen si, a su juicio, concurren los requisitos y condiciones establecidos para el correcto ejercicio del derecho a solicitar y recibir la prestación de ayuda para morir.

2. Para el adecuado ejercicio de sus funciones, los dos miembros citados en el apartado anterior tendrán acceso a la documentación que obre en la historia clínica y podrán entrevistarse con el profesional médico y el equipo, así como con la persona solicitante.

3. En el plazo máximo de siete días naturales, emitirán un informe con los requisitos a que se refiere el documento contemplado en la letra b) del artículo 12. Si la decisión es favorable, el informe emitido servirá de resolución a los efectos de la realización de la prestación. Si la decisión es desfavorable a la solicitud planteada, quedará abierta la posibilidad de reclamar en virtud de lo previsto en la letra a) del artículo 18. En los casos en que no haya acuerdo entre los dos miembros citados en el apartado 1 de este artículo, se elevará la verificación al pleno de la Comisión de Garantía y Evaluación, que decidirá definitivamente.

4. La resolución definitiva deberá ponerse en conocimiento del presidente para que, a su vez, la traslade al médico responsable que realizó la comunicación para proceder, en su caso, a realizar la prestación de ayuda para morir; todo ello deberá hacerse en el plazo máximo de dos días naturales.

5. Las resoluciones de la Comisión que informen desfavorablemente la solicitud de la prestación de ayuda para morir podrán ser recurridas ante la jurisdicción contencioso-administrativa.

Artículo 11. *Realización de la prestación de ayuda para morir.*

1. Una vez recibida la resolución positiva, la realización de la prestación de ayuda para morir debe hacerse con el máximo cuidado y profesionalidad por parte de los profesionales sanitarios, con aplicación de los protocolos correspondientes, que contendrán, además, criterios en cuanto a la forma y tiempo de realización de la prestación.

En el caso de que el paciente se encuentre consciente, este deberá comunicar al médico responsable la modalidad en la que quiere recibir la prestación de ayuda para morir.

2. En los casos en los que la prestación de ayuda para morir lo sea conforme a la forma descrita en el artículo 3.g.1.ª) el médico responsable, así como el resto de profesionales sanitarios, asistirán al paciente hasta el momento de su muerte.

3. En el supuesto contemplado en el artículo 3.g.2.ª) el médico responsable, así como el resto de profesionales sanitarios, tras prescribir la sustancia que el propio paciente se autoadministrará, mantendrá la debida tarea de observación y apoyo a este hasta el momento de su fallecimiento.

Artículo 12. *Comunicación a la Comisión de Garantía y Evaluación tras la realización de la prestación de ayuda para morir.*

Una vez realizada la prestación de ayuda para morir, y en el plazo máximo de cinco días hábiles después de esta, el médico responsable deberá remitir a la Comisión de Garantía y Evaluación de su Comunidad Autónoma o Ciudad Autónoma los siguientes dos documentos separados e identificados con un número de registro:

a) El primer documento, sellado por el médico responsable, referido como «documento primero», deberá recoger los siguientes datos:

1.º) Nombre completo y domicilio de la persona solicitante de la ayuda para morir y, en su caso, de la persona autorizada que lo asistiera.

2.º) Nombre completo, dirección y número de identificación profesional (número de colegiado o equivalente) del médico responsable.

3.º) Nombre completo, dirección y número de identificación profesional del médico consultor cuya opinión se ha recabado.

4.º) Si la persona solicitante disponía de un documento de instrucciones previas o documento equivalente y en él se señalaba a un representante, nombre completo del mismo. En caso contrario, nombre completo de la persona que presentó la solicitud en nombre del paciente en situación de incapacidad de hecho.

b) El segundo documento, referido como «documento segundo», deberá recoger los siguientes datos:

1.º) Sexo y edad de la persona solicitante de la ayuda para morir.

2.º) Fecha y lugar de la muerte.

3.º) Tiempo transcurrido desde la primera y la última petición hasta la muerte de la persona.

4.º) Descripción de la patología padecida por la persona solicitante (enfermedad grave e incurable o padecimiento grave, crónico e imposibilitante).

5.º) Naturaleza del sufrimiento continuo e insoportable padecido y razones por las cuales se considera que no tenía perspectivas de mejoría.

6.º) Información sobre la voluntariedad, reflexión y reiteración de la petición, así como sobre la ausencia de presión externa.

7.º) Si existía documento de instrucciones previas o documento equivalente, una copia del mismo.

8.º) Procedimiento seguido por el médico responsable y el resto del equipo de profesionales sanitarios para realizar la ayuda para morir.

9.º) Capacitación de los médicos consultores y fechas de las consultas.

CAPÍTULO IV
GARANTÍA EN EL ACCESO A LA PRESTACIÓN DE AYUDA PARA MORIR

Artículo 13. *Garantía del acceso a la prestación de ayuda para morir.*

1. La prestación de ayuda para morir estará incluida en la cartera común de servicios del Sistema Nacional de Salud y será de financiación pública.

2. Los servicios públicos de salud, en el ámbito de sus respectivas competencias, aplicarán las medidas precisas para garantizar el derecho a la prestación de ayuda para morir en los supuestos y con los requisitos establecidos en esta Ley.

Artículo 14. *Prestación de la ayuda para morir por los servicios de salud.*

La prestación de la ayuda para morir se realizará en centros sanitarios públicos, privados o concertados, y en el domicilio, sin que el acceso y la calidad asistencial de la prestación puedan resultar menoscabados por el ejercicio de la objeción de conciencia sanitaria o por el lugar donde se realiza. No podrán intervenir en ninguno de los equipos profesionales quienes incurran en conflicto de intereses ni quienes resulten beneficiados de la práctica de la eutanasia.

Artículo 15. *Protección de la intimidad y confidencialidad.*

1. Los centros sanitarios que realicen la prestación de ayuda para morir adoptarán las medidas necesarias para asegurar la intimidad de las personas solicitantes de la prestación y la confidencialidad en el tratamiento de sus datos de carácter personal.

2. Asimismo, los citados centros deberán contar con sistemas de custodia activa de las historias clínicas de los pacientes e implantar en el tratamiento de los datos las medidas de seguridad de nivel alto previstas en la normativa vigente en materia de protección de datos de carácter personal, teniendo en cuenta que los tratamientos afectan a categorías especiales de datos previstas en el artículo 9 del Reglamento (UE) 2016/679 del Parlamento Europeo y del Consejo, de 27 de abril de 2016.

Artículo 16. *Objeción de conciencia de los profesionales sanitarios.*

1. Los profesionales sanitarios directamente implicados en la prestación de ayuda para morir podrán ejercer su derecho a la objeción de conciencia.

El rechazo o la negativa a realizar la citada prestación por razones de conciencia es una decisión individual del profesional sanitario directamente implicado en su realización, la cual deberá manifestarse anticipadamente y por escrito.

Art. 17

2. Las administraciones sanitarias crearán un registro de profesionales sanitarios objetores de conciencia a realizar la ayuda para morir, en el que se inscribirán las declaraciones de objeción de conciencia para la realización de la misma y que tendrá por objeto facilitar la necesaria información a la administración sanitaria para que esta pueda garantizar una adecuada gestión de la prestación de ayuda para morir. El registro se someterá al principio de estricta confidencialidad y a la normativa de protección de datos de carácter personal.

CAPÍTULO V
COMISIONES DE GARANTÍA Y EVALUACIÓN

Artículo 17. *Creación y composición.*

1. Existirá una Comisión de Garantía y Evaluación en cada una de las Comunidades Autónomas, así como en las Ciudades de Ceuta y Melilla. La composición de cada una de ellas tendrá carácter multidisciplinar y deberá contar con un número mínimo de siete miembros entre los que se incluirán personal médico, de enfermería y juristas.

2. En el caso de las Comunidades Autónomas, dichas comisiones, que tendrán la naturaleza de órgano administrativo, serán creadas por los respectivos gobiernos autonómicos, quienes determinarán su régimen jurídico. En el caso de las Ciudades de Ceuta y Melilla, será el Ministerio de Sanidad quien cree las comisiones para cada una de las ciudades y determine sus regímenes jurídicos.

3. Cada Comisión de Garantía y Evaluación deberá crearse y constituirse en el plazo de tres meses a contar desde la entrada en vigor de este artículo.

4. Cada Comisión de Garantía y Evaluación deberá disponer de un reglamento de orden interno, que será elaborado por la citada Comisión y autorizado por el órgano competente de la administración autonómica. En el caso de las Ciudades de Ceuta y Melilla, la citada autorización corresponderá al Ministerio de Sanidad.

5. El Ministerio de Sanidad y los presidentes de las Comisiones de Garantía y Evaluación de las Comunidades Autónomas se reunirán anualmente, bajo la coordinación del Ministerio, para homogeneizar criterios e intercambiar buenas prácticas en el desarrollo de la prestación de eutanasia en el Sistema Nacional de Salud.

Artículo 18. *Funciones.*

Son funciones de la Comisión de Garantía y Evaluación las siguientes:

a) Resolver en el plazo máximo de veinte días naturales las reclamaciones que formulen las personas a las que el médico responsable haya denegado su solicitud de prestación de ayuda para morir, así como dirimir los conflictos de intereses que puedan suscitarse según lo previsto en el artículo 14.

También resolverá en el plazo de veinte días naturales las reclamaciones a las que se refiere el apartado 3 del artículo 10, sin que puedan participar en la resolución de las mismas los dos miembros designados inicialmente para verificar el cumplimiento de los requisitos de la solicitud.

Art. 19

Asimismo resolverá en igual plazo sobre las solicitudes pendientes de verificación y elevadas al pleno por existir disparidad de criterios entre los miembros designados que impida la formulación de un informe favorable o desfavorable.

En el caso de que la resolución sea favorable a la solicitud de prestación de ayuda para morir, la Comisión de Garantía y Evaluación competente requerirá a la dirección del centro para que en el plazo máximo de siete días naturales facilite la prestación solicitada a través de otro médico del centro o de un equipo externo de profesionales sanitarios.

El transcurso del plazo de veinte días naturales sin haberse dictado resolución dará derecho a los solicitantes a entender denegada su solicitud de prestación de ayuda para morir, quedando abierta la posibilidad de recurso ante la jurisdicción contencioso-administrativa.

b) Verificar en el plazo máximo de dos meses si la prestación de ayuda para morir se ha realizado de acuerdo con los procedimientos previstos en la ley.

Dicha verificación se realizará con carácter general a partir de los datos recogidos en el documento segundo. No obstante, en caso de duda, la Comisión podrá decidir por mayoría simple levantar el anonimato y acudir a la lectura del documento primero. Si, tras el levantamiento del anonimato, la imparcialidad de algún miembro de la Comisión de Garantía y Evaluación se considerara afectada, este podrá retirarse voluntariamente o ser recusado.

Asimismo, para realizar la citada verificación la Comisión podrá decidir por mayoría simple solicitar al médico responsable la información recogida en la historia clínica del paciente que tenga relación con la realización de la prestación de ayuda para morir.

c) Detectar posibles problemas en el cumplimiento de las obligaciones previstas en esta Ley, proponiendo, en su caso, mejoras concretas para su incorporación a los manuales de buenas prácticas y protocolos.

d) Resolver dudas o cuestiones que puedan surgir durante la aplicación de la Ley, sirviendo de órgano consultivo en su ámbito territorial concreto.

e) Elaborar y hacer público un informe anual de evaluación acerca de la aplicación de la Ley en su ámbito territorial concreto. Dicho informe deberá remitirse al órgano competente en materia de salud.

f) Aquellas otras que puedan atribuirles los gobiernos autonómicos, así como, en el caso de las Ciudades de Ceuta y Melilla, el Ministerio de Sanidad.

Artículo 19. *Deber de secreto.*

Los miembros de las Comisiones de Garantía y Evaluación estarán obligados a guardar secreto sobre el contenido de sus deliberaciones y a proteger la confidencialidad de los datos personales que, sobre profesionales sanitarios, pacientes, familiares y personas allegadas, hayan podido conocer en su condición de miembros de la Comisión.

Disposición adicional primera. *Sobre la consideración legal de la muerte.*

La muerte como consecuencia de la prestación de ayuda para morir tendrá la consideración legal de muerte natural a todos los efectos, independientemente de la codificación realizada en la misma.

Disposición adicional segunda. *Régimen sancionador.*

Las infracciones de lo dispuesto por la presente Ley quedan sometidas al régimen sancionador previsto en el capítulo VI del título I de la Ley 14/1986, General de Sanidad, sin perjuicio de las posibles responsabilidades civil, penal y profesional o estatutaria que puedan corresponder.

Disposición adicional tercera. *Informe anual.*

Las Comunidades Autónomas remitirán al Ministerio de Sanidad el informe a que se refiere la letra e) del artículo 18. Para las Ciudades de Ceuta y Melilla el Ministerio de Sanidad recabará dicho informe a través del Instituto Nacional de Gestión Sanitaria. Los datos conjuntos de Comunidades y Ciudades Autónomas serán hechos públicos y presentados por el Ministerio de Sanidad.

Disposición adicional cuarta. *Personas con discapacidad.*

Las personas sordas, con discapacidad auditiva y sordociegas tendrán garantizados los derechos, recursos y medios de apoyo establecidos en la Ley 27/2007, de 23 de octubre, por la que se reconocen las lenguas de signos españolas y se regulan los medios de apoyo a la comunicación oral de las personas sordas, con discapacidad auditiva y sordociegas.

Disposición adicional quinta. *Recurso jurisdiccional.*

Los recursos a los que se refieren los artículos 10.5 y 18.a) se tramitarán por el procedimiento previsto para la protección de los derechos fundamentales de la persona en la Ley 29/1998, de 13 de julio, reguladora de la Jurisdicción Contencioso-administrativa.

Disposición adicional sexta. *Medidas para garantizar la prestación de ayuda para morir por los servicios de salud.*

Con el fin de asegurar la igualdad y calidad asistencial de la prestación de ayuda para morir, el Consejo Interterritorial del Sistema Nacional de Salud deberá elaborar en el plazo de tres meses a contar desde la entrada en vigor de la Ley un manual de buenas prácticas que sirva para orientar la correcta puesta en práctica de esta Ley.

Asimismo, en este mismo plazo deberá elaborar los protocolos a los que se refiere el artículo 5.2.

Disposición adicional séptima. *Formación.*

Las administraciones sanitarias competentes habilitarán los mecanismos oportunos para dar la máxima difusión a la presente Ley entre los profesionales sanitarios y la ciudadanía en general, así como para promover entre la misma la realización del documento de instrucciones previas.

Asimismo, difundirán entre el personal sanitario los supuestos contemplados en la misma a los efectos de su correcto y general conocimiento y de facilitar en su caso el ejercicio por los profesionales del derecho a la objeción de conciencia.

La Comisión de formación continuada de las profesiones sanitarias, adscrita a la Comisión de recursos humanos del Sistema Nacional de Salud, abordará, en el plazo de un año desde la entrada en vigor de esta Ley, la coordinación de la oferta de formación continua específica sobre la ayuda para morir, que deberá considerar tanto los aspectos técnicos como los legales, formación sobre comunicación difícil y apoyo emocional.

Disposición transitoria única. *Régimen jurídico de las Comisiones de Garantía y Evaluación.*

En tanto no dispongan de su propio reglamento de orden interno, el funcionamiento de las Comisiones de Garantía y Evaluación se ajustará a las reglas establecidas en la sección 3.ª del capítulo II del título preliminar de la Ley 40/2015, de 1 de octubre, de Régimen Jurídico del Sector Público.

Disposición derogatoria única. *Derogación normativa.*

Quedan derogadas todas las disposiciones de igual o inferior rango que contradigan o se opongan a lo establecido en esta Ley.

Disposición final primera. *Modificación de la Ley Orgánica 10/1995, de 23 de noviembre, del Código Penal.*

Se modifica el apartado 4 y se añade un apartado 5 al artículo 143 de la Ley Orgánica 10/1995, de 23 de noviembre, del Código Penal, en los términos siguientes:

«4. El que causare o cooperare activamente con actos necesarios y directos a la muerte de una persona que sufriera un padecimiento grave, crónico e imposibilitante o una enfermedad grave e incurable, con sufrimientos físicos o psíquicos constantes e insoportables, por la petición expresa, seria e inequívoca de esta, será castigado con la pena inferior en uno o dos grados a las señaladas en los apartados 2 y 3.

5. No obstante lo dispuesto en el apartado anterior, no incurrirá en responsabilidad penal quien causare o cooperare activamente a la muerte de otra persona cumpliendo lo establecido en la ley orgánica reguladora de la eutanasia.»

Disposición final segunda. *Título competencial.*

Esta Ley se dicta al amparo del artículo 149.1.1.ª y 16.ª de la Constitución Española, que atribuyen al Estado la competencia para la regulación de las condiciones básicas que garanticen la igualdad de todos los españoles en el ejercicio de los derechos y en el cumplimiento de los deberes constitucionales, y sobre las bases y coordinación general de la sanidad, respectivamente, salvo la disposición final primera que se ampara en la competencia que el artículo 149.1.6.ª atribuye al Estado sobre legislación penal.

Disposición final tercera. *Carácter ordinario de determinadas disposiciones.*

La presente Ley tiene carácter de ley orgánica a excepción de los artículos 12, 16.1, 17 y 18, de las disposiciones adicionales primera, segunda, tercera, cuarta, quinta, sexta y séptima, y de la disposición transitoria única, que revisten el carácter de ley ordinaria.

Disposición final cuarta. *Entrada en vigor.*

La presente Ley entrará en vigor a los tres meses de su publicación en el «Boletín Oficial del Estado», salvo el artículo 17, que entrará en vigor el día siguiente al de su publicación en el «Boletín Oficial del Estado».

CAPÍTULOS I, II Y II BIS DEL TÍTULO VIII DEL LIBRO II DE LA LO 10/1995, DE 23 DE NOVIEMBRE, DEL CÓDIGO PENAL, DEROGADOS POR LO 10/2022, DE 6 DE SEPTIEMBRE, DE GARANTÍA INTEGRAL DE LA LIBERTAD SEXUAL

CAPÍTULO I
DE LAS AGRESIONES SEXUALES

Art. 178.

El que atentare contra la libertad sexual de otra persona, utilizando violencia o intimidación, será castigado como responsable de agresión sexual con la pena de prisión de uno a cinco años[1150].

El que atentare contra la libertad sexual de otra persona, con violencia o intimidación, será castigado como responsable de agresión sexual con la pena de prisión de uno a cuatro años[1151].

Art. 179[1152].

Cuando la agresión sexual consista en acceso carnal por vía vaginal, anal o bucal, o introducción de miembros corporales u objetos por alguna de las dos primeras vías, el responsable será castigado como reo de violación con la pena de prisión de seis a 12 años.

Art. 180[1153].

1. Las anteriores conductas serán castigadas con las penas de prisión de cinco a diez años para las agresiones del artículo 178, y de doce a quince años

---

[1150] Redactado conforme LO 5/2010, de 22 de junio, por la que se modifica la Ley Orgánica 10/1995, de 23 de noviembre, del Código Penal.

[1151] Redactado conforme LO 11/1999, de 30 de abril, de modificación del Título VIII del Libro II del Código Penal, aprobado por Ley Orgánica 10/1995, de 23 de noviembre.

[1152] Redactado conforme LO 15/2003, de 25 de noviembre, por la que se modifica la Ley Orgánica 10/1995, de 23 de noviembre, del Código Penal.

[1153] Los numerales 1.ª, 2.ª y 5.ª del apartado 1 y apartado 2 redactados conforme LO 11/1999, de 30 de abril, de modificación del Título VIII del Libro II del Código Penal, aprobado por Ley Orgánica 10/1995, de 23 de noviembre.

para las del artículo 179, cuando concurra alguna de las siguientes circunstancias[1154]:

1. Las anteriores conductas serán castigadas con las penas de prisión de cuatro a diez años para las agresiones del artículo 178, y de doce a quince años para las del artículo 179, cuando concurra alguna de las siguientes circunstancias[1155]:

1.ª Cuando la violencia o intimidación ejercidas revistan un carácter particularmente degradante o vejatorio.

2.ª Cuando los hechos se cometan por la actuación conjunta de dos o más personas.

3.ª Cuando los hechos se cometan contra una persona que se halle en una situación de especial vulnerabilidad por razón de su edad, enfermedad, discapacidad o por cualquier otra circunstancia, salvo lo dispuesto en el artículo 183[1156].

3.ª Cuando la víctima sea especialmente vulnerable, por razón de su edad, enfermedad, discapacidad o situación, salvo lo dispuesto en el artículo 183[1157].

4.ª Cuando, para la ejecución del delito, la persona responsable se hubiera prevalido de una situación de convivencia o de una relación de superioridad o parentesco, por ser ascendiente, o hermano, por naturaleza o adopción, o afines, con la víctima[1158].

4.ª Cuando, para la ejecución del delito, el responsable se haya prevalido de una relación de superioridad o parentesco, por ser ascendiente, descendiente o hermano, por naturaleza o adopción, o afines, con la víctima[1159].

5.ª Cuando el autor haga uso de armas u otros medios igualmente peligrosos, susceptibles de producir la muerte o alguna de las lesiones previstas en los artículos 149 y 150 de este Código, sin perjuicio de la pena que pudiera corresponder por la muerte o lesiones causadas.

2. Si concurrieren dos o más de las anteriores circunstancias, las penas previstas en este artículo se impondrán en su mitad superior.

[1154] Párrafo redactado conforme LO 5/2010, de 22 de junio, por la que se modifica la Ley Orgánica 10/1995, de 23 de noviembre, del Código Penal.

[1155] Redactado conforme LO 11/1999, de 30 de abril, de modificación del Título VIII del Libro II del Código Penal, aprobado por Ley Orgánica 10/1995, de 23 de noviembre.

[1156] Apartado redactado conforme LO 8/2021, de 4 de junio, de protección integral a la infancia y la adolescencia frente a la violencia.

[1157] Redactado conforme LO 5/2010, de 22 de junio, por la que se modifica la Ley Orgánica 10/1995, de 23 de noviembre, del Código Penal.

[1158] Apartado redactado conforme LO 8/2021, de 4 de junio, de protección integral a la infancia y la adolescencia frente a la violencia.

[1159] Redactado conforme LO 11/1999, de 30 de abril, de modificación del Título VIII del Libro II del Código Penal, aprobado por Ley Orgánica 10/1995, de 23 de noviembre.

Art. 181

CAPÍTULO II
DE LOS ABUSOS SEXUALES

Art. 181.

1. El que, sin violencia o intimidación y sin que medie consentimiento, realizare actos que atenten contra la libertad o indemnidad sexual de otra persona, será castigado, como responsable de abuso sexual, con la pena de prisión de uno a tres años o multa de dieciocho a veinticuatro meses[1160].

2. A los efectos del apartado anterior, se consideran abusos sexuales no consentidos los que se ejecuten sobre personas que se hallen privadas de sentido o de cuyo trastorno mental se abusare, así como los que se cometan anulando la voluntad de la víctima mediante el uso de fármacos, drogas o cualquier otra sustancia natural o química idónea a tal efecto[1161].

> *2. A los efectos del apartado anterior, se consideran abusos sexuales no consentidos los que se ejecuten sobre menores de trece años, sobre personas que se hallen privadas de sentido o de cuyo transtorno mental se abusare[1162].*

3. La misma pena se impondrá cuando el consentimiento se obtenga prevaliéndose el responsable de una situación de superioridad manifiesta que coarte la libertad de la víctima[1163].

4. En todos los casos anteriores, cuando el abuso sexual consista en acceso carnal por vía vaginal, anal o bucal, o introducción de miembros corporales u objetos por alguna de las dos primeras vías, el responsable será castigado con la pena de prisión de cuatro a diez años[1164].

5[1165]. Las penas señaladas en este artículo se impondrán en su mitad superior si concurriere la circunstancia 3.ª o la 4.ª, de las previstas en el apartado 1 del artículo 180 de este Código[1166].

[1160] Redactado conforme LO 11/1999, de 30 de abril, de modificación del Título VIII del Libro II del Código Penal, aprobado por Ley Orgánica 10/1995, de 23 de noviembre.

[1161] Apartado redactado conforme LO 5/2010, de 22 de junio, por la que se modifica la Ley Orgánica 10/1995, de 23 de noviembre, del Código Penal.

[1162] Redactado conforme LO 11/1999, de 30 de abril, de modificación del Título VIII del Libro II del Código Penal, aprobado por Ley Orgánica 10/1995, de 23 de noviembre.

[1163] Redactado conforme LO 11/1999, de 30 de abril, de modificación del Título VIII del Libro II del Código Penal, aprobado por Ley Orgánica 10/1995, de 23 de noviembre.

[1164] Introducido por LO 5/2010, de 22 de junio, por la que se modifica la Ley Orgánica 10/1995, de 23 de noviembre, del Código Penal.

[1165] Reordenación de la numeración debida a LO 5/2010, de 22 de junio, por la que se modifica la Ley Orgánica 10/1995, de 23 de noviembre, del Código Penal. Redactado conforme LO 11/1999, de 30 de abril, de modificación del Título VIII del Libro II del Código Penal, aprobado por Ley Orgánica 10/1995, de 23 de noviembre.

[1166] Redactado conforme LO 11/1999, de 30 de abril, de modificación del Título VIII del Libro II del Código Penal, aprobado por Ley Orgánica 10/1995, de 23 de noviembre.

Art. 182

Art. 182.

1. El que, interviniendo engaño o abusando de una posición reconocida de confianza, autoridad o influencia sobre la víctima, realice actos de carácter sexual con persona mayor de dieciséis años y menor de dieciocho, será castigado con la pena de prisión de uno a tres años[1167].

> *1. El que, interviniendo engaño, realice actos de carácter sexual con persona mayor de trece años y menor de dieciséis, será castigado con la pena de prisión de uno a dos años, o multa de doce a veinticuatro meses[1168].*

2. Cuando los actos consistan en acceso carnal por vía vaginal, anal o bucal, o introducción de miembros corporales u objetos por alguna de las dos primeras vías, la pena será de prisión de dos a seis años. La pena se impondrá en su mitad superior si concurriera la circunstancia 3.ª, o la 4.ª, de las previstas en el artículo 180.1 de este Código[1169].

> *2. La pena señalada en el apartado anterior se impondrá en su mitad superior cuando concurra la circunstancia 3.ª o la 4.ª, de las previstas en el artículo 180.1 de este Código[1170].*

CAPÍTULO II BIS
DE LOS ABUSOS Y AGRESIONES SEXUALES A MENORES DE DIECISÉIS AÑOS[1171]

Art. 183[1172].

1. El que realizare actos de carácter sexual con un menor de dieciséis años, será castigado como responsable de abuso sexual a un menor con la pena de prisión de dos a seis años.

2. Cuando los hechos se cometan empleando violencia o intimidación, el responsable será castigado por el delito de agresión sexual a un menor con la pena de cinco a diez años de prisión. Las mismas penas se impondrán cuando mediante violencia o intimidación compeliere a un menor de dieciséis años a participar en actos de naturaleza sexual con un tercero o a realizarlos sobre sí mismo.

[1167] Redactado conforme LO 1/2015, de 30 de marzo, por la que se modifica la Ley Orgánica 10/1995, de 23 de noviembre, del Código Penal.

[1168] Redactado conforme LO 5/2010, de 22 de junio, por la que se modifica la Ley Orgánica 10/1995, de 23 de noviembre, del Código Penal.

[1169] Redactado conforme LO 5/2010, de 22 de junio, por la que se modifica la Ley Orgánica 10/1995, de 23 de noviembre, del Código Penal.

[1170] Redactado conforme LO 11/1999, de 30 de abril, de modificación del Título VIII del Libro II del Código Penal, aprobado por Ley Orgánica 10/1995, de 23 de noviembre.

[1171] Redactado conforme LO 1/2015, de 30 de marzo, por la que se modifica la Ley Orgánica 10/1995, de 23 de noviembre, del Código Penal.

[1172] Redactado —excepto las letras a) y d) del apartado 4— conforme LO 1/2015, de 30 de marzo, por la que se modifica la Ley Orgánica 10/1995, de 23 de noviembre, del Código Penal.

Art. 183

3. Cuando el ataque consista en acceso carnal por vía vaginal, anal o bucal, o introducción de miembros corporales u objetos por alguna de las dos primeras vías, el responsable será castigado con la pena de prisión de ocho a doce años, en el caso del apartado 1, y con la pena de doce a quince años, en el caso del apartado 2.

4. Las conductas previstas en los tres apartados anteriores serán castigadas con la pena de prisión correspondiente en su mitad superior cuando concurra alguna de las siguientes circunstancias:

a) Cuando la víctima se halle en una situación de especial vulnerabilidad por razón de su edad, enfermedad, discapacidad o por cualquier otra circunstancia, y, en todo caso, cuando sea menor de cuatro años[1173].

> *a) Cuando el escaso desarrollo intelectual o físico de la víctima, o el hecho de tener un trastorno mental, la hubiera colocado en una situación de total indefensión y en todo caso, cuando sea menor de cuatro años[1174].*

b) Cuando los hechos se cometan por la actuación conjunta de dos o más personas.

c) Cuando la violencia o intimidación ejercidas revistan un carácter particularmente degradante o vejatorio.

d) Cuando, para la ejecución del delito, el responsable se hubiera prevalido de una situación de convivencia o de una relación de superioridad o parentesco, por ser ascendiente, o hermano, por naturaleza o adopción, o afines, con la víctima[1175].

> *d) Cuando, para la ejecución del delito, el responsable se haya prevalido de una relación de superioridad o parentesco, por ser ascendiente, o hermano, por naturaleza o adopción, o afines, con la víctima[1176].*

e) Cuando el culpable hubiere puesto en peligro, de forma dolosa o por imprudencia grave, la vida o salud de la víctima.

f) Cuando la infracción se haya cometido en el seno de una organización o de un grupo criminal que se dedicare a la realización de tales actividades.

5. En todos los casos previstos en este artículo, cuando el culpable se hubiera prevalido de su condición de autoridad, agente de ésta o funcionario público, se impondrá, además, la pena de inhabilitación absoluta de seis a doce años.

> *1. El que realizare actos que atenten contra la indemnidad sexual de un menor de trece años será castigado como responsable de abuso sexual a un menor con la pena de prisión de dos a seis años.*
> *2. Cuando el ataque se produzca con violencia o intimidación el responsable será castigado por el delito de agresión sexual a un menor con la pena de cinco a diez años de prisión.*

[1173] Redactado conforme LO 8/2021, de 4 de junio, de protección integral a la infancia y la adolescencia frente a la violencia.

[1174] Redactado conforme LO 1/2015, de 30 de marzo, por la que se modifica la Ley Orgánica 10/1995, de 23 de noviembre, del Código Penal.

[1175] Redactado conforme LO 8/2021, de 4 de junio, de protección integral a la infancia y la adolescencia frente a la violencia.

[1176] Redactado conforme LO 1/2015, de 30 de marzo, por la que se modifica la Ley Orgánica 10/1995, de 23 de noviembre, del Código Penal.

Art. 183 bis

3. Cuando el ataque consista en acceso carnal por vía vaginal, anal o bucal, o introducción de miembros corporales u objetos por alguna de las dos primeras vías, el responsable será castigado con la pena de prisión de ocho a doce años, en el caso del apartado 1 y con la pena de doce a quince años, en el caso del apartado 2.

4. Las conductas previstas en los tres números anteriores serán castigadas con la pena de prisión correspondiente en su mitad superior cuando concurra alguna de las siguientes circunstancias:

a) Cuando el escaso desarrollo intelectual o físico de la víctima la hubiera colocado en una situación de total indefensión y, en todo caso, cuando sea menor de cuatro años.

b) Cuando los hechos se cometan por la actuación conjunta de dos o más personas.

c) Cuando la violencia o intimidación ejercidas revistan un carácter particularmente degradante o vejatorio.

d) Cuando, para la ejecución del delito, el responsable se haya prevalido de una relación de superioridad o parentesco, por ser ascendiente, o hermano, por naturaleza o adopción, o afines, con la víctima.

e) Cuando el autor haya puesto en peligro la vida del menor.

f) Cuando la infracción se haya cometido en el seno de una organización o de un grupo criminales que se dedicaren a la realización de tales actividades.

5. En todos los casos previstos en este artículo, cuando el culpable se hubiera prevalido de su condición de autoridad, agente de ésta o funcionario público, se aplicará, además, la pena de inhabilitación absoluta de seis a doce años[1177].

Art. 183 bis[1178].

El que, con fines sexuales, determine a un menor de dieciséis años a participar en un comportamiento de naturaleza sexual, o le haga presenciar actos de carácter sexual, aunque el autor no participe en ellos, será castigado con una pena de prisión de seis meses a dos años.

Si le hubiera hecho presenciar abusos sexuales, aunque el autor no hubiera participado en ellos, se impondrá una pena de prisión de uno a tres años.

El que a través de Internet, del teléfono o de cualquier otra tecnología de la información y la comunicación contacte con un menor de trece años y proponga concertar un encuentro con el mismo a fin de cometer cualquiera de los delitos descritos en los artículos 178 a 183 y 189, siempre que tal propuesta se acompañe de actos materiales encaminados al acercamiento, será castigado con la pena de uno a tres años de prisión o multa de doce a veinticuatro meses, sin perjuicio de las penas correspondientes a los delitos en su caso cometidos. Las penas se impondrán en su mitad superior cuando el acercamiento se obtenga mediante coacción, intimidación o engaño[1179].

Art. 183 ter[1180].

1. El que a través de internet, del teléfono o de cualquier otra tecnología de la información y la comunicación contacte con un menor de dieciséis años y proponga concertar un encuentro con el mismo a fin de cometer cualquiera de los delitos descritos en los artículos 183 y 189, siempre que tal propuesta

---

[1177] Artículo redactado conforme LO 5/2010, de 22 de junio, por la que se modifica la Ley Orgánica 10/1995, de 23 de noviembre, del Código Penal.

[1178] Redactado conforme LO 1/2015, de 30 de marzo, por la que se modifica la Ley Orgánica 10/1995, de 23 de noviembre, del Código Penal.

[1179] Introducido por LO 5/2010, de 22 de junio, por la que se modifica la Ley Orgánica 10/1995, de 23 de noviembre, del Código Penal.

[1180] Artículo introducido por LO 1/2015, de 30 de marzo, por la que se modifica la Ley Orgánica 10/1995, de 23 de noviembre, del Código Penal.

se acompañe de actos materiales encaminados al acercamiento, será castigado con la pena de uno a tres años de prisión o multa de doce a veinticuatro meses, sin perjuicio de las penas correspondientes a los delitos en su caso cometidos. Las penas se impondrán en su mitad superior cuando el acercamiento se obtenga mediante coacción, intimidación o engaño.

2. El que a través de internet, del teléfono o de cualquier otra tecnología de la información y la comunicación contacte con un menor de dieciséis años y realice actos dirigidos a embaucarle para que le facilite material pornográfico o le muestre imágenes pornográficas en las que se represente o aparezca un menor, será castigado con una pena de prisión de seis meses a dos años.

Art. 183 quater[1181].

El consentimiento libre del menor de dieciséis años, excepto en los casos del artículo 183.2 del Código Penal, excluirá la responsabilidad penal por los delitos previstos en este capítulo cuando el autor sea una persona próxima al menor por edad y grado de desarrollo o madurez física y psicológica.

El consentimiento libre del menor de dieciséis años excluirá la responsabilidad penal por los delitos previstos en este Capítulo, cuando el autor sea una persona próxima al menor por edad y grado de desarrollo o madurez[1182].

[1181] Redactado conforme LO 8/2021, de 4 de junio, de protección integral a la infancia y la adolescencia frente a la violencia.

[1182] Artículo introducido por LO 1/2015, de 30 de marzo, por la que se modifica la Ley Orgánica 10/1995, de 23 de noviembre, del Código Penal.

ANEXO IX
DISPOSICIÓN FINAL TERCERA DE LA LO 10/2022, DE 6 DE SEPTIEMBRE, DE GARANTÍA INTEGRAL DE LA LIBERTAD SEXUAL

PREÁMBULO

I

La ciudadanía supone el ejercicio de todo un conjunto de derechos humanos ligados a la libertad y a la seguridad, que están íntimamente relacionados con la libertad de movimiento y de uso de los espacios, pero también con las relaciones personales y la capacidad de decisión sobre el propio cuerpo. El acceso efectivo de las mujeres y las niñas a estos derechos ha sido históricamente obstaculizado por los roles de género establecidos en la sociedad patriarcal, que sustentan la discriminación de las mujeres y penalizan, mediante formas violentas, las expresiones de libertad contrarias al citado marco de roles.

Este estado de cosas se sitúa en abierta contradicción con el orden de valores que establece nuestra Constitución, que en su artículo 1.1 declara que son valores superiores de nuestro ordenamiento la libertad y la igualdad, mandata, en consecuencia, a los poderes públicos en el artículo 9.2 a promover las condiciones para que la libertad y la igualdad del individuo y de los grupos en que se integra sean reales y efectivas, reconoce en su artículo 10 la dignidad de la persona, los derechos inviolables que le son inherentes y el derecho al libre desarrollo de la personalidad como fundamentos del orden político y la paz social, consagra en su artículo 14 el principio de igualdad, y a continuación garantiza, en los artículos 15 y 17, los derechos a la vida y la integridad física y a la libertad y seguridad.

En su expresión física y también simbólica, las violencias sexuales constituyen quizá una de las violaciones de derechos humanos más habituales y ocultas de cuantas se cometen en la sociedad española, que afectan de manera específica y desproporcionada a las mujeres y a las niñas, pero también a los niños.

Se consideran violencias sexuales los actos de naturaleza sexual no consentidos o que condicionan el libre desarrollo de la vida sexual en cualquier ámbito público o privado, lo que incluye la agresión sexual, el acoso sexual y la explotación de la prostitución ajena, así como todos los demás delitos previstos en el Título VIII del Libro II de la Ley Orgánica 10/1995, de 23 de noviembre, del Código Penal, orientados específicamente a proteger a personas menores de edad. La presente ley orgánica pretende dar respuesta especialmente a las violencias sexuales cometidas en el ámbito digital, lo que comprende la difusión de actos de violencia sexual a través de medios tecnológicos, la pornografía no consentida y la extorsión sexual. Asimismo, entre las conductas con impacto en la vida sexual, se consideran violencias sexuales la mutilación genital femenina, el matrimonio forzado, el acoso con connotación sexual y la trata con fines de explotación sexual. Por último, en coherencia con las recomendaciones de la Relatora Especial de Naciones Unidas sobre violencia contra las mujeres, sus causas y sus consecuencias, se incluye el homicidio de mujeres vinculado a la violencia sexual, o feminicidio sexual, como la violación más grave de los derechos humanos vinculada a las violencias sexuales, que debe ser visibilizada y a la que se ha de dar una respuesta específica.

Las violencias sexuales vulneran el derecho fundamental a la libertad, a la integridad física y moral, a la igualdad y a la dignidad de la persona y, en el caso del feminicidio sexual, también el derecho a la vida. Estas violencias impactan en el derecho a decidir libremente, con el único límite de las libertades de las otras personas, sobre el desarrollo de la propia sexualidad de manera segura, sin sufrir injerencias o impedimentos por parte de terceros y exentas de coacciones, discriminación y violencia.

En los últimos años, gracias a las movilizaciones y acciones públicas promovidas por el movimiento feminista, las violencias sexuales han obtenido una mayor visibilidad social y se ha puesto de manifiesto la envergadura de los desafíos a que se enfrentan los poderes públicos para su prevención y erradicación.

Las violencias sexuales no son una cuestión individual, sino social; y no se trata de una problemática coyuntural, sino estructural, estrechamente relacionada con una determinada cultura sexual arraigada en patrones discriminatorios que debe ser transformada. Al mismo tiempo que se inflige un daño individual a través de la violencia sobre la persona agredida, se repercute de forma colectiva sobre el conjunto de las mujeres, niñas y niños que reciben un mensaje de inseguridad y dominación radicado en la discriminación, y sobre toda la sociedad, en la reafirmación de un orden patriarcal. Por ello, la respuesta a estas violencias debe emerger del ámbito privado y situarse indiscutiblemente en la esfera de lo público, como una cuestión de Estado.

Las consecuencias físicas, psicológicas y emocionales de las violencias sexuales pueden afectar gravemente o incluso impedir la realización de un proyecto vital personal a las mujeres y las niñas, que se pueden ver sometidas a las relaciones de poder que sustentan este tipo de violencias. En el caso de los niños, las violencias sexuales también son fruto de relaciones de poder determinadas por el orden patriarcal, tanto en el ámbito familiar como en otros ámbitos de tutela adulta. Si bien la protección genérica de la infancia y la adolescencia frente a los diferentes tipos de violencia viene establecida en otras normas, resulta imprescindible complementar mediante esta ley dicho suelo básico con medidas específicas para garantizar la protección de las niñas y niños menores de dieciocho años frente a las violencias sexuales.

A contrario sensu, resulta también imprescindible dar respuesta a la indefensión específica sufrida por las mujeres mayores debido a la persistencia de esquemas patriarcales.

Además de la edad, otros factores determinan que no todas las víctimas de violencias sexuales cuenten con las mismas oportunidades de vivir sin violencia y de obtener una respuesta adecuada en su búsqueda de apoyo, protección y justicia. Esta ley orgánica adopta la interseccionalidad como concepto básico para describir las obligaciones del Estado frente a las discriminaciones y su impacto. La discriminación por motivos de género está unida de manera indivisible a otros factores de discriminación como la discapacidad, el origen racial o étnico, la orientación sexual, la identidad sexual, la clase social, la situación administrativa, el país de procedencia, la religión, la convicción u opinión o el estado civil.

Esta ley orgánica pretende impulsar la prevención de las violencias sexuales y garantizar los derechos de todas las víctimas, poniendo las bases para la eliminación de los obstáculos añadidos que algunas encuentran por los factores de discriminación descritos. Para asegurar la prevención, una respuesta efectiva a las víctimas y la sanción proporcional de estas conductas, se confiere una importancia central a la puesta en marcha de medidas integrales e interdisciplinares de actuación institucional y profesional especializada y coordinada.

II

España ha ratificado los principales tratados y convenios internacionales de derechos humanos que establecen la obligación de actuar con la debida diligencia frente a todas las formas de violencia contra las mujeres, entre ellas las violencias sexuales. Cabe destacar la Convención para la Eliminación de Todas las Formas de Discriminación contra la Mujer de Naciones Unidas, el Convenio sobre prevención y lucha contra la violencia contra la mujer y la violencia doméstica del Consejo de Europa (Convenio de Estambul) y el Convenio sobre la lucha contra la trata de seres humanos del Consejo de Europa (Convenio de Varsovia).

El Convenio de Estambul establece la obligación de las administraciones públicas de actuar desde el enfoque de género frente a la violencia contra las mujeres, que define de manera amplia como «todos los actos de violencia basados en el género que implican o pueden implicar para las mujeres daños o sufrimientos de naturaleza física, sexual, psicológica o económica, incluidas las amenazas de realizar dichos actos, la coacción o la privación arbitraria de libertad, en la vida pública o privada».

Este marco internacional de promoción y protección de los derechos humanos, incluida la lucha contra toda clase de discriminación y violencia que sufren las mujeres y las niñas, encontró un nuevo impulso con la aprobación de los Objetivos de Desarrollo Sostenible de la Agenda 2030 de Naciones Unidas, que, en su objetivo 5, establece entre sus metas eliminar todas las formas de violencia contra todas las mujeres y las niñas en los ámbitos público y privado, el matrimonio infantil, precoz y forzado y la mutilación genital femenina.

Respecto a la prevención y respuesta específica a las violencias sexuales contra niñas y niños, España asumió compromisos concretos derivados de la ratificación del Convenio del Consejo de Europa para la protección de los niños contra la explotación y el abuso sexual (Convenio de Lanzarote) y de la aprobación de la Directiva 2011/93/UE del Parlamento Europeo y del Consejo, de 13 de diciembre de 2011, relativa a la lucha contra los abusos sexuales y la explotación sexual de los menores y la pornografía infantil y por la que se sustituye la Decisión marco 2004/68/JAI del Consejo.

En cumplimiento de las obligaciones internacionales y de la Constitución, desde 2004, en España se han desarrollado importantes avances normativos y de políticas públicas para promover la igualdad de género y combatir la violencia contra las mujeres. La Ley Orgánica 1/2004, de 28 de diciembre, de Medidas de Protección Integral contra a la Violencia de Género, supuso un gran paso adelante para garantizar una respuesta integral y coordinada frente a la violencia contra las mujeres cometida en el ámbito de las relaciones afectivas.

A pesar de los avances, el abordaje integral de las violencias sexuales, cometidas contra las mujeres, las niñas y los niños, en cualquier ámbito de relaciones o por parte de desconocidos, constituye, actualmente, un desafío pendiente al que esta ley pretende dar respuesta.

Mecanismos de Naciones Unidas, como el Comité para la Eliminación de todas las formas de Discriminación contra la Mujer (CEDAW) o el Grupo de trabajo sobre discriminación contra la mujer en la legislación y en la práctica, han recomendado a España la ampliación del marco normativo para incluir un abordaje integral frente a esta violencia, el impulso de acciones para eliminar los estereotipos de género que sustentan la violencia sexual, la puesta en marcha de recursos asistenciales adecuados para las víctimas y la recopilación de datos estadísticos sobre estas violencias para el desarrollo de políticas públicas eficaces.

Por su parte, el Comité sobre los Derechos de las Personas con Discapacidad de Naciones Unidas ha recomendado a España que adopte todas las medidas apropiadas para combatir la violencia de género contra las mujeres con discapacidad psicosocial y para prevenir, investigar y ofrecer reparaciones por las violaciones de sus derechos humanos, enjuiciando a las personas responsables.

Asimismo, el Comité de los Derechos del Niño de Naciones Unidas ha recomendado a nuestro país que se investiguen activamente los casos de explotación y de abusos sexuales de niños, se enjuicie a los autores y se asegure que reciban las sanciones apropiadas en caso de que se demuestre su culpabilidad; y que se adopte un marco nacional de coordinación entre administraciones e instituciones para responder adecuadamente a situaciones de violencia contra los niños, malos tratos o descuido, prestando especial atención a sus dimensiones de género.

Por su parte, la Recomendación General 35 (2017) del CEDAW sobre la violencia por razón de género contra la mujer desarrolla el alcance de las obligaciones de los Estados frente a todas las formas de violencia contra las mujeres y las niñas causadas por agentes estatales o particulares, entre ellas las violencias sexuales, y afirma que deben abarcar la obligación de prevenir, investigar, enjuiciar y sancionar a los responsables y garantizar la reparación a las víctimas.

El Pacto de Estado contra la Violencia de Género adoptado en el Congreso de los Diputados y en el Senado, cuya aprobación culminó en diciembre de 2017 con los acuerdos alcanzados entre el Gobierno y el resto de administraciones, autonómicas y locales, también reconoció la magnitud de los desafíos para la prevención y la adecuada respuesta frente a las violencias sexuales y estableció medidas transversales.

Por último, ha de señalarse que el primer informe de evaluación de la aplicación por parte de España del Convenio de Estambul, realizado por el Grupo de Expertos en Acción contra la Violencia contra las Mujeres y la Violencia Doméstica (GREVIO) del Consejo de Europa, expresa su preocupación por la concentración de esfuerzos en la violencia en el seno de la pareja en detrimento de otras formas de violencia, en particular la violencia sexual, el matrimonio forzado y la mutilación genital femenina, cuestiones a las que esta ley hace frente.

El GREVIO identifica una serie de cuestiones que requieren acción urgente, tales como fortalecer las medidas para prevenir y combatir la violencia que afecta a mujeres expuestas a discriminación interseccional; reforzar la formación de profesionales como agentes policiales, trabajadores de la salud y docentes, y evaluar las diferentes capacitaciones disponibles para el poder judicial; mejorar la prestación de servicios de apoyo, en particular mediante la adopción de medidas efectivas para garantizar una provisión de alojamiento suficiente; o reforzar el marco legal sobre violencia psicológica, acoso, violencia sexual, acoso sexual y mutilación genital femenina. Todo ello son cuestiones a las que la ley da respuesta.

Esta ley orgánica pretende dar cumplimiento a las mencionadas obligaciones globales en materia de protección de los derechos humanos de las mujeres, las niñas y los niños frente a las violencias sexuales, integrándose también en la política exterior española; y, siguiendo el mandato del artículo 9.2 de la Constitución, remover los obstáculos para la prevención de estas violencias, así como para garantizar una respuesta adecuada, integral y coordinada que proporcione atención, protección, justicia y reparación a las víctimas. Para ello, esta ley orgánica extiende y desarrolla para las violencias sexuales todos aquellos aspectos preventivos, de atención, sanción, especialización o asistencia integral que, estando vigentes para otras violencias, no contaban con medidas específicas para poder abordar de forma adecuada y transversal las violencias sexuales. Además, como novedad, se desarrolla el derecho a la reparación, como uno de los ejes centrales de la responsabilidad institucional para lograr la completa recuperación de las víctimas y las garantías de no repetición de la violencia.

III

Esta ley orgánica consta de un título preliminar, ocho títulos, cinco disposiciones adicionales, una disposición transitoria, y veinticinco disposiciones finales, adoptando una perspectiva integral y novedosa en el ámbito de las violencias sexuales que se materializa en la modificación de las disposiciones del ordenamiento jurídico necesarias para llevar a efecto los objetivos y principios de esta ley orgánica.

Los principios rectores establecidos en el Título Preliminar tienen como fundamento último un enfoque respecto de la respuesta institucional que coloca a las víctimas en una posición de titulares de derechos humanos y a las administraciones públicas en la posición de garantes de los mismos, como titulares de obligaciones. Asimismo, incluye la perspectiva de género e interseccionalidad como prisma desde el que garantizar que todas las acciones judiciales, medidas de protección y de apoyo y servicios para las víctimas, se adecúan a sus diversas necesidades y respetan y fortalecen su autonomía, con especial atención a las víctimas menores de edad y con discapacidad.

El Título I establece medidas de mejora de la investigación y la producción de datos sobre todas las formas de violencia sexual, con el fin de estudiar sus causas estructurales y sus efectos, su frecuencia y los índices de condena, así como la eficacia de las medidas adoptadas para aplicar esta ley orgánica.

El Título II prevé actuaciones para la prevención y la detección de las violencias sexuales como base fundamental para su erradicación. Así, el Capítulo I dispone medidas de prevención y sensibilización contra las violencias sexuales en el ámbito educativo, sanitario y sociosanitario, digital y de la comunicación, publicitario, laboral, de la Administración Pública y castrense, así como en lugares residenciales y de privación de libertad; en tanto el Capítulo II prevé el desarrollo de protocolos y formación para la detección de las violencias sexuales en tres ámbitos fundamentales: el educativo, el sanitario y el sociosanitario, con el fin de identificar y dar respuesta a las violencias sexuales más ocultas, como la mutilación genital femenina, la detección de casos de aborto y esterilizaciones forzosos.

El Título III, sobre formación, establece las medidas de formación necesarias para garantizar la especialización de profesionales con responsabilidad directa en la prevención y detección de la violencia sexual, así como en la atención integral, la protección y la justicia, como una de las principales garantías de aplicación de esta ley orgánica. Contiene medidas de formación en el ámbito docente y educativo, sanitario, sociosanitario y de servicios sociales y de las Fuerzas y Cuerpos de Seguridad. Asimismo, se prevé la formación en las Carreras Judicial y Fiscal y de letrados de la Administración de Justicia, en el ámbito de la abogacía, en el ámbito forense y, por último, en el penitenciario. Además, se regula la formación del personal en el exterior.

El Título IV, sobre el derecho a la asistencia integral especializada y accesible, se divide en dos capítulos.

El Capítulo I define el alcance y garantía de este derecho, que comprenderá, al menos, la información y orientación a las víctimas, la atención médica y psicológica, tanto inmediata y de crisis como de recuperación a largo plazo, la atención a las necesidades económicas, laborales, de vivienda y sociales, el asesoramiento jurídico previo y a la asistencia jurídica gratuita en los procesos derivados de la violencia, el seguimiento de sus reclamaciones de derechos, los servicios de traducción e interpretación y la asistencia especializada en el caso de mujeres con discapacidad, las niñas y los niños.

Este capítulo desarrolla las recomendaciones del Consejo de Europea en términos de servicios apropiados y estándares mínimos. Concretamente, se promueve la creación, entre otros, de los «centros de crisis», como servicios públicos interdisciplinares de atención permanente, que ofrecen asistencia en crisis para víctimas de violencias sexuales, sus familiares, y personas del entorno. También se establecen los servicios de asistencia integral a víctimas de trata y explotación sexual como recursos específicos para dar respuesta a este perfil de víctimas con necesidades específicas.

Respecto a las víctimas menores de edad, en este capítulo se establecen las bases para la implementación en España del modelo Children's House anglosajón o Barnahus escandinavo (Casa de Niños y Niñas), que desde hace una década se está extendiendo a otros países europeos. Este modelo sitúa en el centro de la intervención a la niña o al niño víctima de violencias sexuales, lo cual requiere la participación conjunta y coordinada, en un lugar específico, adaptado y adecuado a sus necesidades, del conjunto de profesionales que intervienen en la ruta de atención y de obtención de justicia. En el plano de la justicia, este modelo da respuesta a dos importantes objetivos: reduce drásticamente las fuentes de victimización secundaria para el niño o la niña y, al ofrecer mayores garantías de obtener un testimonio en condiciones de seguridad y tranquilidad, aumenta las posibilidades de concluir satisfactoriamente la investigación de hechos, de por sí complejos de acreditar.

El Capítulo II del Título IV prevé medidas para garantizar la autonomía económica de las víctimas con el fin de facilitar su recuperación integral a través de ayudas y medidas en el ámbito laboral y de empleo público que concilien los requerimientos de la relación laboral o del empleo público con las circunstancias de aquellas trabajadoras o funcionarias que sufran violencias sexuales. Estas ayudas serán compatibles con las establecidas en la Ley 35/1995, de 11 de diciembre, de ayudas y asistencia a las víctimas de delitos violentos y contra la libertad sexual; con las previstas en el Real Decreto 1369/2006, de 24 de noviembre, por el que se regula el programa de renta activa de inserción para desempleados con especiales necesidades económicas y dificultad para encontrar empleo; y con las establecidas en la Ley 19/2021, de 20 de diciembre, por la que se establece el ingreso mínimo vital. También serán compatibles con la percepción de las indemnizaciones establecidas por sentencia judicial.

El Título V regula la actuación de las Fuerzas y Cuerpos de Seguridad. Concretamente, prevé la obligación de una actuación policial especializada y mejoras relativas a la calidad de la atención en el proceso de denuncia, la investigación exhaustiva y la protección efectiva de mujeres, niñas y niños en riesgo.

El Título VI aborda el acceso y la obtención de justicia, y consta de dos capítulos.

El Capítulo I, sobre actuaciones fundamentales para la acreditación del delito, prevé la especialización en violencia sexual de las unidades de valoración forense integral que asisten a los Juzgados de Violencia sobre la Mujer. Asimismo, establece la obligación de especialización del personal médico forense que realice los exámenes de interés legal.

El Capítulo II establece medidas judiciales de protección y acompañamiento reforzado para las víctimas, así como medidas sobre protección de datos y limitación a la publicidad. Se aborda también la protección frente a las violencias sexuales de las mujeres españolas en el exterior.

El Título VII consagra el derecho a la reparación como un derecho fundamental en el marco de obligaciones de derechos humanos; derecho que comprende la indemnización por daños y perjuicios materiales y morales que corresponda a las víctimas de violencias sexuales de acuerdo con las normas penales sobre responsabilidad civil derivada de delito, las medidas necesarias para su completa recuperación física, psíquica y social y las garantías de no repetición, así como acciones de reparación simbólica.

Asimismo, en aras de garantizar una completa recuperación y de establecer garantías de no repetición, se establece que las administraciones podrán garantizar ayudas complementarias destinadas a las víctimas que, por especificidad o gravedad de las secuelas derivadas de la violencia, no encuentren una respuesta adecuada o suficiente en la red de recursos de atención o recuperación. Para financiar dichas ayudas, se podrán emplear los bienes, efectos y ganancias decomisados por los jueces y tribunales a los condenados por los delitos previstos en el artículo 127 bis del Código Penal.

El Título VIII prevé medidas fundamentales para garantizar la aplicación efectiva de la ley. Establece la obligación de desarrollarla a través de una Estrategia estatal y de evaluar su eficacia e impacto, para lo cual se pondrán en marcha mecanismos de recogida de datos. También prevé un sistema integral de respuesta institucional en el que la Administración General del Estado, en particular, el Ministerio de Igualdad, a través de la Delegación del Gobierno contra la Violencia de Género, impulsará la creación de políticas públicas dirigidas a ofrecer tutela a las víctimas de las violencias contempladas en la presente ley orgánica.

Por último, se introducen cinco disposiciones adicionales referidas a la aprobación de la Estrategia estatal de prevención y respuesta a las violencias machistas; a la financiación del coste que de las medidas introducidas por esta ley orgánica se deriva para la Seguridad Social mediante transferencia de los Presupuestos Generales del Estado; a la evaluación de la aplicación de la ley orgánica; al sistema de financiación de las políticas públicas en materia de violencia contra las mujeres en el marco del Pacto de Estado contra la Violencia de Género; y a la evaluación y monitoreo de la actividad de las instituciones en materia de violencia contra las mujeres. Además se introducen una disposición transitoria única y veinticinco disposiciones finales.

La disposición final primera modifica la Ley de Enjuiciamiento Criminal, aprobada por Real Decreto de 14 de septiembre de 1882, siendo lo más relevante la incorporación de la figura de la revocación de la renuncia de la acción civil cuando los efectos del delito fueran más graves de lo previsto inicialmente, lo que es habitual en delitos contra la libertad sexual.

Las disposiciones finales segunda y tercera modifican, respectivamente, la Ley Orgánica 8/1985, de 3 de julio, reguladora del Derecho a la Educación, y la Ley 34/1988, de 11 de noviembre, General de Publicidad, para adaptarlas a las previsiones de la presente ley orgánica.

La disposición final cuarta modifica la Ley Orgánica 10/1995, de 23 de noviembre, del Código Penal. Como medida más relevante, elimina la distinción entre agresión y abuso sexual, considerándose agresiones sexuales todas aquellas conductas que atenten contra la libertad sexual sin el consentimiento de la otra persona, cumpliendo así España con las obligaciones asumidas desde que ratificó en 2014 el Convenio de Estambul. Este cambio de perspectiva contribuye a evitar los riesgos de revictimización o victimización secundaria. También se introduce expresamente como forma de comisión de la agresión sexual la denominada «sumisión química» o mediante el uso de sustancias y psicofármacos que anulan la voluntad de la víctima. Igualmente, y en línea con las previsiones del Convenio de Estambul, se introduce la circunstancia cualificatoria agravante específica de género en estos delitos.

Por último, se reforman otros preceptos de dicho Código relacionados con la responsabilidad de las personas jurídicas, la suspensión de la ejecución de penas en los delitos de violencia contra la mujer, el perjuicio social y los delitos de acoso, incluido el acoso callejero.

La disposición final quinta modifica la Ley 35/1995, de 11 de diciembre, de ayudas y asistencia a las víctimas de delitos violentos y contra la libertad sexual, para garantizar la protección de las víctimas de violencias sexuales.

La disposición final sexta modifica el artículo 31 bis de la Ley Orgánica 4/2000, de 11 de enero, sobre derechos y libertades de los extranjeros en España y su integración social, para evitar la incoación de expediente administrativo sancionador en el caso de las mujeres víctimas de violencias sexuales que denuncien su situación, como ya ocurre en el caso de víctimas de violencia de género.

La disposición final séptima modifica la Ley Orgánica 5/2000, 12 de enero, reguladora de la responsabilidad penal de los menores.

La disposición final octava modifica el artículo 2 de la Ley 38/2003, de 17 de noviembre, General de Subvenciones, para excluir del concepto de subvenciones las ayudas económicas a las víctimas de violencias sexuales concedidas según lo establecido en el artículo 40 de dicha ley.

La disposición final novena modifica la Ley Orgánica 1/2004, de 28 de diciembre, de Medidas de Protección Integral contra la Violencia de Género, con el objetivo de dar cumplimiento al Pacto de Estado contra la violencia de género.

Las disposiciones finales décima y undécima adaptan a la presente norma, respectivamente, la Ley Orgánica 3/2007, de 22 de marzo, para la igualdad efectiva de mujeres y hombres, y la Ley 20/2007, de 11 de julio, del Estatuto del Trabajo Autónomo.

La disposición final duodécima modifica la Ley 4/2015, de 27 de abril, del Estatuto de la víctima del delito, para garantizar la protección de las víctimas de violencias sexuales, así como su acceso a los servicios de asistencia y apoyo.

La disposición final decimotercera modifica la Ley Orgánica 14/2015, de 14 de octubre, del Código Penal Militar, tipificando las violencias sexuales y el acoso sexual en este ámbito.

Por su parte, las disposiciones finales decimocuarta y decimoquinta modifican, respectivamente, el texto refundido de la Ley del Estatuto de los Trabajadores, aprobado por Real Decreto Legislativo 2/2015, de 23 de octubre, y el Estatuto Básico del Empleado Público, aprobado por el Real Decreto Legislativo 5/2015, de 30 de octubre, con el fin de introducir diversos derechos laborales para las víctimas de violencias sexuales, en la línea de lo previsto en la normativa actual para las víctimas de violencia de género.

Las novedades en el plano laboral se reflejan asimismo en la modificación de la Ley General de la Seguridad Social, aprobada por Real Decreto Legislativo 8/2015, que lleva a cabo la disposición final decimosexta.

La disposición final decimoséptima establece los preceptos de la ley que tienen carácter orgánico, y las disposiciones finales decimoctava y decimonovena recogen los títulos competenciales en los que se ampara la norma y las competencias autonómicas.

Las disposiciones finales vigésima y vigesimoprimera prevén modificaciones legislativas futuras en materia de especialización judicial y de garantía, a las víctimas de delitos contra la libertad sexual, del derecho a la asistencia jurídica gratuita.

La disposición final vigesimosegunda prevé la creación, en el plazo de un año desde la entrada en vigor de la norma, de un fondo de bienes decomisados por delitos contra la libertad sexual destinado a financiar las medidas de reparación a las víctimas. Por su parte, la disposición final vigesimotercera se refiere a la futura modificación del reglamento de ayudas a las víctimas de delitos violentos y contra la libertad sexual, aprobado por Real Decreto 738/1997, de 23 de mayo.

Finalmente, la disposición final vigesimocuarta se refiere al desarrollo reglamentario de la norma por parte del Gobierno y la disposición final vigesimoquinta regula la entrada en vigor de la norma.

IV

La presente ley orgánica se adecua a los principios de buena regulación previstos en el artículo 129 de la Ley 39/2015, de 1 de octubre, del Procedimiento Administrativo Común de las Administraciones Públicas. Dicho precepto dispone que, en el ejercicio de la iniciativa legislativa y la potestad reglamentaria, las administraciones públicas actuarán de acuerdo con los principios de necesidad, eficacia, proporcionalidad, seguridad jurídica, transparencia y eficiencia.

En virtud de los principios de necesidad y eficacia, la iniciativa normativa debe estar justificada por una razón de interés general, basarse en una identificación clara de los fines perseguidos y ser el instrumento más adecuado para garantizar su consecución.

En este sentido, la norma viene justificada por una razón de interés general tan poderosa como es la necesidad de erradicar las violencias sexuales que sufren las mujeres de todas las edades y los niños. Esta es una realidad innegable en nuestro país, como ilustran, entre otros, los datos aportados por la Macroencuesta sobre Violencia Contra la Mujer del año 2019. El porcentaje de mujeres de 16 o más años residentes en España que han sufrido violencia sexual fuera del ámbito de la pareja a lo largo de la vida es del 6,5 %. Es decir, 1.322.052 mujeres han sufrido este tipo de violencia y el 0,5 % (103.487) en los últimos 12 meses.

Un 2,2 % (453.371 mujeres) del total de mujeres de 16 o más años residentes en España han sido violadas alguna vez en su vida. Estos datos son en realidad una aproximación de mínimos, pues se trata de la prevalencia revelada, pero debe tenerse en cuenta que es probable que las mujeres que han sufrido los casos más graves no sean capaces de contarlo en una encuesta como esta debido al trauma que supone. En el caso de las niñas menores de 16 años, el porcentaje es del 3,4 %, lo que se traduce en unas 703.925 niñas víctimas de violencias sexuales. Además, el 12,4 % de las mujeres que han sufrido violencia sexual fuera de la pareja dice que en alguna de las agresiones sexuales participó más de una persona. Finalmente, casi en el 50 % (40,6 %) de los casos, la violencia se repitió más de una vez.

Además, esta ley orgánica se basa en una identificación clara de los fines perseguidos, toda vez que los identifica de forma expresa en el apartado 3 de su artículo 1.

Asimismo, al tratarse de una norma compleja que abarca un ámbito particular pero amplio de la violencia contra las mujeres, la regulación por una ley *ad hoc* exhaustiva constituye el instrumento más adecuado para garantizar la consecución de dichos fines.

En virtud del principio de proporcionalidad, la iniciativa que se proponga deberá contener la regulación imprescindible para atender la necesidad a cubrir con la norma, tras constatar que no existen otras medidas menos restrictivas de derechos, o que impongan menos obligaciones a los destinatarios. En este sentido, la norma es respetuosa con el principio de intervención mínima del Derecho penal y al mismo tiempo facilita el acceso de las víctimas de violencias sexuales a los derechos garantizados, de lo que resulta ilustrativa, en particular, la regulación de las formas de acreditar la existencia de violencias sexuales.

A fin de garantizar el principio de seguridad jurídica, esta ley orgánica introduce un marco normativo estable, predecible, integrado, claro y de certidumbre, que facilita su conocimiento y comprensión y, en consecuencia, la actuación y toma de decisiones, todo ello en coherencia con el resto del ordenamiento jurídico, nacional y de la Unión Europea, así como con las obligaciones asumidas por nuestro país a nivel internacional, en particular mediante la ratificación del Convenio de Estambul. Ello queda patente en las disposiciones finales que operan las modificaciones necesarias en otras normas a fin de garantizar la coherencia interna, así como la necesaria actualización del ordenamiento jurídico.

En aplicación del principio de transparencia, se han puesto a disposición de la ciudadanía los documentos propios del proceso de elaboración de la norma, como su memoria del análisis de impacto normativo, elaborado de acuerdo con lo establecido en el Real Decreto 931/2017, de 27 de octubre, por el que se regula la Memoria del Análisis de Impacto Normativo, y se ha posibilitado que las potenciales personas destinatarias tengan una participación activa en la elaboración de la norma, mediante los trámites de audiencia e información pública. Así mismo, se ha recabado de manera directa el criterio de nueve organizaciones y asociaciones representativas de intereses relacionados con el ámbito objetivo de la norma.

Por último, en aplicación del principio de eficiencia, la iniciativa normativa evita la imposición de cargas administrativas y racionaliza, en su aplicación, la gestión de los recursos públicos.

V

La presente ley orgánica se dicta al amparo de las competencias exclusivas atribuidas al Estado por los títulos competenciales recogidos en los artículos 149.1. 1.ª, 2.ª, 4.ª, 5.ª, 6.ª, 7.ª, 13.ª, 16.ª, 17.ª, 18.ª, 21.ª, 27.ª, 29.ª, 30.ª y 31.ª de la Constitución.

Disposición final tercera. *Modificación de la Ley 34/1988, de 11 de noviembre, General de Publicidad.*

Se modifica el párrafo a) del artículo 3, que quedará redactado como sigue:

«a) La publicidad que atente contra la dignidad de la persona o vulnere los valores y derechos reconocidos en la Constitución, especialmente a los que se refieren sus artículos 14, 18 y 20, apartado 4. Se entenderán incluidos en la previsión anterior los anuncios que presenten a las mujeres de forma vejatoria, bien utilizando particular y directamente su cuerpo o partes del mismo como mero objeto desvinculado del producto que se pretende promocionar, bien su imagen asociada a comportamientos estereotipados que vulneren los fundamentos de nuestro ordenamiento coadyuvando a generar las violencias a que se refieren la Ley Orgánica 1/2004, de 28 de diciembre de Medidas de Protección Integral contra la Violencia de Género y la Ley Orgánica de garantía integral de la libertad sexual.

Asimismo, se entenderá incluida en la previsión anterior cualquier forma de publicidad que coadyuve a generar violencia o discriminación en cualquiera de sus manifestaciones sobre las personas menores de edad, o fomente estereotipos de carácter sexista, racista, estético o de carácter homofóbico o transfóbico o por razones de discapacidad, así como la que promueva de la prostitución.»

Disposición final vigesimoquinta. *Entrada en vigor.*

La presente ley orgánica entrará en vigor a los treinta días de su publicación en el «Boletín Oficial del Estado».

No obstante, el Capítulo I del Título IV y el Título VI de la ley serán de aplicación en el plazo de seis meses desde su publicación en el «Boletín Oficial del Estado».

Asimismo, la letra e) del apartado 1 del artículo 33 de esta ley será de aplicación a partir de la entrada en vigor de la modificación normativa prevista en la disposición final vigesimoprimera.

ANEXO X
DISPOSICIONES TRANSITORIAS Y DISPOSICIONES FINALES QUINTA Y SEXTA DE LA LO 14/2022, DE 22 DE DICIEMBRE, DE TRANSPOSICIÓN DE DIRECTIVAS EUROPEAS Y OTRAS DISPOSICIONES PARA LA ADAPTACIÓN DE LA LEGISLACIÓN PENAL AL ORDENAMIENTO DE LA UNIÓN EUROPEA, Y REFORMA DE LOS DELITOS CONTRA LA INTEGRIDAD MORAL, DESÓRDENES PÚBLICOS Y CONTRABANDO DE ARMAS DE DOBLE USO

PREÁMBULO

I

La legislación penal constituye un ámbito jurídico clave para fundamentar las bases de un Estado de Derecho.

El artículo 1 de la Constitución Española de 1978 establece que «España se constituye en un Estado social y democrático de Derecho, que propugna como valores superiores de su ordenamiento jurídico la libertad, la justicia, la igualdad y el pluralismo político».

La plena vigencia de los valores constitucionales, la calidad de nuestra democracia y la convivencia misma, dependen en buena medida de la aplicación de una legislación penal coherente con aquellos principios, actualizada y eficaz.

La presente ley pretende afrontar algunos de los retos pendientes en la legislación penal española, en relación con ciertos tipos y penas que la evolución social, la experiencia y el Derecho comparado invitan a revisar desde hace mucho tiempo.

Algunos de esos tipos y penas presentes en nuestra legislación penal responden aún a realidades sociales y configuraciones doctrinales propias de hace dos siglos. Es tiempo ya, por tanto, para que el ordenamiento jurídico español actualice ciertas definiciones, en cuanto a los comportamientos delictivos y a las respuestas adecuadas en las sociedades del siglo XXI.

Es preciso aportar calidad, claridad y modernidad en algunos ámbitos de la legislación penal española que presentan problemas evidentes de indeterminación y obsolescencia. El mandato de certeza propio del principio de legalidad penal requiere una actuación insoslayable e inaplazable al respecto.

Por otra parte, España forma parte de las instituciones europeas y comparte propósitos y tareas de coordinación crecientes en materia judicial y de seguridad. La armonización de nuestra legislación penal con los estándares más claramente asentados en la doctrina y en la práctica jurídica de los países de la Unión Europea constituye una obligación incontestable, en consecuencia.

La presencia en nuestro ordenamiento de tipos penales inexistentes en la mayoría de los Estados integrantes de la Unión Europea, o la vigencia de penas desproporcionadas en relación a las que se aplican en los países vecinos, resulta altamente disfuncional en lo relativo al funcionamiento de la mencionada cooperación judicial y de seguridad.

Esta ley busca dar solución a buena parte de estas dificultades y desafíos.

En tal sentido, el Código Penal, tal y como señala la Exposición de Motivos de la Ley Orgánica 10/1995, de 23 de noviembre, ha de tutelar los valores y principios básicos de la convivencia social. Cuando esos valores y principios cambian, es preciso actualizar su contenido para que pueda seguir cumpliendo su labor social.

El devenir social, la incardinación de nuestro país en la Unión Europea y la pertenencia a determinados organismos internacionales que marcan pautas de actuación, no solo en la represión de las conductas delictivas sino en el respeto a los derechos fundamentales como límite de actuación de los poderes públicos, exigen una modificación de determinados tipos penales, posibilitando así seguir contando con un Código Penal que responde al tiempo en que la sociedad se halla y da una respuesta actual, segura y propia de un Estado de Derecho como el nuestro a nuevas formas delictivas o a la evolución de otras ya existentes.

La presente ley orgánica consta de dos artículos, tres disposiciones transitorias y seis disposiciones finales. El primer artículo es de modificación de la Ley Orgánica 10/1995, de 23 de noviembre, del Código Penal, con varios apartados sobre diferentes materias, pero todos ellos con el objetivo último de adaptación de nuestro ordenamiento a la normativa europea o de modernización del mismo ante las nuevas realidades sociales. El segundo, de modificación de la Ley Orgánica 12/1995, de 12 de diciembre, de Represión del Contrabando, para reforzar la sanción de armas de doble uso.

En primer lugar, esta ley responde a la necesidad de transposición de determinadas Directivas cuya introducción en el Derecho español es urgente. En este sentido, de acuerdo con el principio de cooperación leal, consagrado en el artículo 4.3 del Tratado de la Unión Europea, el cumplimiento de los plazos para la transposición de directivas europeas constituye uno de los principales objetivos que condicionan el diseño de la política legislativa de un Estado miembro. Tal obligación se ha intensificado al constituir en la actualidad uno de los objetivos prioritarios del Consejo Europeo. En el escenario diseñado por el Tratado de Lisboa, la Unión Europea fija como una de sus principales prioridades la construcción del Espacio de Libertad, Seguridad y Justicia en el que, entre otros fines, esté garantizada la adopción de medidas adecuadas para la prevención y la lucha contra la delincuencia.

Mediante un itinerario de convergencia y armonización, y al amparo del principio general de subsidiariedad reconocido en el artículo 5 del Tratado de la Unión Europea, se establece una serie de «reglas mínimas comunes» para determinados segmentos del Derecho penal especial, los denominados «eurodelitos», siendo aquellos de especial gravedad que tengan una dimensión transfronteriza, incluida la falsificación de medios de pago y la delincuencia informática. Ello implica la necesidad de una ajustada y diligente transposición al ordenamiento jurídico español, en concreto, de diversas directivas que afectan al ámbito penal sustantivo. Tal es el caso, en primer lugar, de la Directiva (UE) 2019/713 del Parlamento Europeo y del Consejo, de 17 de abril de 2019, sobre la lucha contra el fraude y la falsificación de medios de pago distintos del efectivo y por la que se sustituye la Decisión Marco 2001/413/JAI del Consejo. Asimismo, se perfecciona la transposición de la Directiva 2014/57/UE del Parlamento Europeo y del Consejo, de 16 de abril de 2014, sobre las sanciones penales aplicables al abuso de mercado.

La Directiva (UE) 2019/713 del Parlamento Europeo y del Consejo, de 17 de abril de 2019, sobre la lucha contra el fraude y la falsificación de medios de pago distintos del efectivo y por la que se sustituye la Decisión Marco 2001/413/JAI del Consejo, se inserta dentro de la línea de la política criminal europea de lucha contra la criminalidad organizada, ámbito en el que los instrumentos de pago no dinerarios se han articulado como un medio para facilitar la obtención y blanqueo de las ganancias obtenidas con dichas acciones delictivas. Al mismo tiempo, el fraude y la falsificación de medios de pago distintos del efectivo representan un obstáculo para el mercado único digital, ya que socavan la confianza de los consumidores y provocan pérdidas económicas directas, con especial incidencia en el ámbito transnacional.

La directiva persigue también ser un complemento y refuerzo, en la esfera digital, de la Directiva 2013/40/UE del Parlamento Europeo y del Consejo, de 12 de agosto de 2013, relativa a los ataques contra los sistemas de información, que fue objeto de transposición a nuestro ordenamiento mediante Ley Orgánica 1/2015, de 30 de marzo, por la que se modifica el Código Penal, al abordar un aspecto diferente de la ciberdelincuencia. En este caso, específicamente en los artículos 197 bis y ter, se trató de la tipificación de las interferencias en los sistemas de información —no de las transmisiones personales, que ya estaban tipificadas—, así como la facilitación o la producción de programas informáticos o equipos específicamente diseñados o adaptados para la comisión de estos delitos, además de los supuestos de daños informáticos en los artículos 264 a 264 ter.

Igualmente, la Directiva se complementa con la norma de transposición de la Directiva 2014/62/UE del Parlamento Europeo y del Consejo, de 15 de mayo de 2014, relativa a la protección penal del euro y otras monedas frente a la falsificación, y por la que se sustituye la Decisión marco 2000/383/JAI del Consejo, efectuada en los artículos 386 y 387 del Código Penal mediante la Ley Orgánica 1/2019, de 20 de febrero, por la que se modifica la Ley Orgánica 10/1995, de 23 de noviembre, del Código Penal, para transponer Directivas de la Unión Europea en los ámbitos financiero y de terrorismo, y abordar cuestiones de índole internacional.

La relevancia de los delitos informáticos ha sufrido un crecimiento exponencial a lo largo de los años, como consecuencia del incremento del denominado ciberespacio y el consecuente aumento de la ciberpoblación en el ámbito de Internet. Así, si bien es cierto que España no ha culminado actualmente la trasposición de la directiva, hay que señalar que las estrategias seguidas por el legislador a lo largo de este largo proceso de desarrollo tecnológico han sido entre otras la introducción de figuras penales paralelas a las tradicionales, en las que se incorpora a cada tipo el equivalente mediante el uso de nuevas tecnologías. De este modo, se han ido cubriendo poco a poco las lagunas de punibilidad, que ha ido poniendo de manifiesto la jurisprudencia según surgían nuevas modalidades de comisión de esta clase de delitos.

Ello facilita la integración, de una manera armónica, de las exigencias normativas derivadas de la Directiva (UE) 2019/713, de 17 de abril, en el texto del vigente Código Penal.

La Directiva, sin embargo, se centra en una regulación conjunta del fraude y de la falsificación de los medios de pago distintos del efectivo, alejándose de la sistemática clásica de nuestro Código Penal, que atiende prioritariamente a los diferentes bienes jurídicos tutelados o puestos en peligro, tales como el patrimonio, la seguridad del tráfico o la fe pública, y no al concreto modo de comisión. Al propio tiempo otorga especial relevancia a los medios de pago inmateriales, y entre ellos, los soportes digitales de intercambio. Estos han de ser entendidos como aquellos que permiten efectuar transferencias de dinero electrónico, de monedas virtuales y otros criptoactivos, ahora bien, en estos dos últimos casos, solo en la medida en que puedan usarse de manera habitual para efectuar pagos. Por ello, es palmario que el ámbito de protección que ofrece esta reforma se extiende a las monedas de carácter virtual. En consecuencia, y a fin de cumplir con el principio de taxatividad propio del Derecho penal, se ha procedido a incluir una cláusula de interpretación auténtica de tales conceptos. Quedan incluidos, por tanto, todos los instrumentos de pago distintos del efectivo, incluidas las monedas virtuales y otros criptoactivos que se utilicen como medio de pago y los monederos electrónicos en una definición lo suficientemente abierta como para permitir la flexibilidad necesaria para adecuarse a los rápidos avances tecnológicos.

Manteniendo la sistemática de nuestro Código Penal, se ha optado por explicitar todas las conductas cuya tipificación autónoma exige la directiva, bien vinculándolas al ámbito de la estafa (fraude en la denominación de la directiva), esencialmente cuando los medios de pago han sido obtenidos de forma ilícita, bien al de las falsedades (falsificación o alteración fraudulenta en la denominación de la directiva), incluyendo en estos casos tanto la falsificación como su uso fraudulento. Igualmente se tipifican de forma autónoma los actos preparatorios para la comisión de tales conductas.

II

La Directiva 2014/57/UE del Parlamento Europeo y del Consejo, de 16 de abril de 2014, sobre las sanciones penales aplicables al abuso de mercado, fue incorporada al ordenamiento jurídico español mediante la Ley Orgánica 1/2019, de 20 de febrero, por la que se modifica la Ley Orgánica 10/1995, de 23 de noviembre, del Código Penal, para transponer directivas de la Unión Europea en los ámbitos financiero y de terrorismo, y abordar cuestiones de índole internacional.

En el artículo primero de esta ley orgánica se incorpora la modificación del apartado 5 del artículo 285 del Código Penal. El apartado 2 del artículo 7 de la Directiva 2014/57/UE, por conexión con el párrafo segundo del apartado 2 de su artículo 3, exige que los delitos relativos a operaciones con información privilegiada cometidos por sujetos que no tienen acceso reservado a la información privilegiada, al igual que el resto de delitos recogidos en el artículo, se castiguen con penas privativas de libertad cuya duración máxima sea de, al menos, cuatro años. La Ley Orgánica 1/2019, de 20 de febrero, no introdujo, sin embargo, esta previsión.

Así, la duración máxima de la pena indicada en este apartado en la actualidad resulta inferior a cuatro años, que es la que exige para estos supuestos la Directiva 2014/57/UE. Es por ello que la presente ley orgánica extiende al apartado 5 del artículo 285 la aplicación de las penas señaladas en el resto del artículo para el tipo general del apartado 1 y el tipo agravado del apartado 3, cuya duración máxima sí supera los cuatro años exigidos por la norma europea.

III

En segundo lugar, mediante esta ley se completa la transposición de la Directiva (UE) 2019/1 del Parlamento Europeo y del Consejo, de 11 de diciembre de 2018, encaminada a dotar a las autoridades de competencia de los Estados miembros de medios para aplicar más eficazmente las normas sobre competencia y garantizar el correcto funcionamiento del mercado interior, conocida como Directiva ECN+.

La Directiva establece determinadas normas para garantizar que las autoridades nacionales de competencia (ANC) dispongan de las garantías de independencia, recursos y competencias de aplicación e imposición de multas, necesarias para poder aplicar efectivamente los artículos 101 y 102 del Tratado de Funcionamiento de la Unión Europea, de modo que no se falsee la competencia en el mercado interior y que los consumidores y las empresas no se vean perjudicados por el Derecho y las medidas nacionales que impiden la aplicación eficaz de las normas por parte de las autoridades nacionales de competencia. La implantación de garantías fundamentales que aseguren que las ANC apliquen de manera uniforme y eficaz los artículos 101 y 102 del Tratado de Funcionamiento de la Unión Europea lleva a instar a los Estados Miembros a que prevean la exoneración o reducción de la responsabilidad penal de personas que hayan podido cometer un delito relacionado con estas prácticas anticompetencia y presten cooperación activa en los términos que establece la Directiva. Dice la propia Directiva que los Estados miembros podrían prever que las autoridades competentes puedan elegir entre la protección a las personas frente a sanciones o solo la atenuación de dichas sanciones, en función del resultado de la evaluación del interés por procesar o por sancionar en función de su contribución a la detección e investigación del cártel.

La Directiva se ha traspuesto parcialmente mediante el Real Decreto-ley 7/2021, de 27 de abril, de transposición de directivas de la Unión Europea en las materias de competencia, prevención del blanqueo de capitales, entidades de crédito, telecomunicaciones, medidas tributarias, prevención y reparación de daños medioambientales, desplazamiento de trabajadores en la prestación de servicios transnacionales y defensa de los consumidores. La transposición por este Real Decreto-ley ha sido exclusivamente del apartado 1 del artículo 23, relativo a procedimientos administrativos.

El Código Penal español sanciona con penas privativas de libertad conductas subsumibles en los artículos 1 y 2 de la Ley 15/2007, de 3 de julio, de Defensa de la Competencia: la alteración de precios en concursos y subastas públicas (artículo 262), la detracción de materias primas o productos de primera necesidad (artículo 281) y la alteración de los precios (artículo 284.1.º).

El apartado 3 del artículo 23 de la Directiva ECN+ deja libertad a los Estados miembros para elegir entre no imponer ninguna sanción en el procedimiento judicial penal o solamente atenuarla, en la medida en que la contribución de las personas, contemplada en el apartado 2, a la detección e investigación del cártel secreto sea mayor que el interés por el enjuiciamiento o la sanción a estas personas.

Si bien en nuestro ordenamiento jurídico penal las medidas premiales basadas en la colaboración con las autoridades por parte del responsable del delito han sido la rebaja o atenuación de penas, tal precedente no puede llevar, sin más, a una solución simplista de la atenuación. Por el contrario, razones relativas conducen a la exención de la responsabilidad criminal. En concreto:

a) Los acuerdos restrictivos de la competencia no solo perjudican a los consumidores a través del incremento de precios y de la reducción de la producción y calidad de bienes y servicios, sino que también privan a la economía del dinamismo y la innovación que producen las presiones competitivas.

b) La política de clemencia supone un mecanismo efectivo y esencial en la lucha contra conductas anticompetitivas. Busca detectar cárteles secretos mediante la denuncia de alguno de sus integrantes: el informante debe ofrecer a la autoridad de competencia información y pruebas útiles que le permitan perseguir el cártel. Por tanto, contribuyen al enjuiciamiento eficiente y la imposición de sanciones a las infracciones más graves del Derecho de la competencia.

c) La Directiva ECN+ amplía el ámbito subjetivo de los beneficiarios de clemencia para abarcar tanto a los que pueden ser beneficiarios de la misma como a los que pueden solicitarla. En efecto, como regla se entiende por las autoridades de competencia que, salvo que la empresa indique expresamente lo contrario, al solicitar la clemencia lo hace también en beneficio de los directivos partícipes en la conducta. Además, se permite que la persona física pueda solicitar a título particular el beneficio de exención, ya no en nombre de la empresa a la que representa, sino en su propio nombre. El que se establezca en favor de las personas físicas la posibilidad de acudir a la autoridad nacional de competencia para solicitar, en su propio nombre, el beneficio de la clemencia por su participación en un cártel, tiene una relevancia fundamental y potenciadora, puesto que su efecto inmediato es que la persona física ocupe a título individual el primer puesto en el orden de prioridad del programa de clemencia.

d) Finalmente, la mayoría de los Estados miembros ha optado por la exención de la responsabilidad criminal para los directivos gestores y otros miembros del personal, presentes y pasados, que acuden a los programas de clemencia. En este sentido, cabe citar Francia (apartado IV artículo L. 420-6-1 del Código de Comercio), Italia (artículo 31 quater de la Ley de Competencia), Dinamarca o Eslovenia. En Austria se establece como un supuesto de suspensión del procedimiento por razones de oportunidad. Atendiendo a la finalidad de la Directiva y sus consideraciones sobre los programas de clemencia en cuanto instrumento eficaz para la lucha contra los cárteles secretos y un enjuiciamiento eficiente, quedaba pendiente la transposición del artículo 23 de la misma, para la que se propone en el Derecho interno que, cuando se dé una cooperación activa por parte de directivos, gestores y otros miembros del personal, actuales y antiguos, de empresa que participan en cártel secreto, en los términos previstos en la Directiva, la consecuencia debe ser la exoneración de la responsabilidad penal.

IV

Se modifica también el artículo 173 del Código Penal, con el objetivo de introducir, dentro de los delitos contra la integridad moral, una específica modalidad delictiva en la que se castigue la ocultación del cadáver, atendiendo al sufrimiento que tal conducta puede ocasionar en los familiares o allegados de la persona fallecida, estableciendo una pena agravada con respecto a la prevista en el párrafo primero del artículo 173.1.

Esta modificación obedece a que cuando se produce la muerte de un familiar o allegado, la imposibilidad de disponer del cuerpo para darle las honras fúnebres que nuestras costumbres sociales y religiosas prescriben, supone un dolor añadido que se ve especialmente agravado cuando obedece a la actuación de un tercero que oculta el cadáver deliberadamente. Así, en algunos casos de clara notoriedad en los que los responsables de un homicidio o un asesinato se han negado a revelar el paradero del cadáver de su víctima, incluso cuando ya han sido condenados en firme y cuando, en consecuencia, ningún perjuicio penal podría acarrearles dar razón de su paradero, se produce una acción que causa un daño específico a los familiares y allegados de la víctima y que resulta particularmente reprochable.

Por ello, resulta necesario que, en estos y otros casos parecidos, el hecho de ocultar el cadáver se castigue penalmente, con independencia de la pena que corresponda, en su caso, por el delito previo que haya ocasionado la muerte, pues se trata de un injusto añadido que merece una respuesta penal diferenciada. Al tratarse de un injusto diferenciado que atenta contra un bien jurídico distinto, el castigo de esta conducta no puede realizarse en el marco de los delitos contra la vida, como el delito de homicidio o el delito de asesinato.

Por otra parte, hay que tener en cuenta que, debido precisamente a ese carácter diferenciado, el hecho de ocultar el cadáver también puede merecer un reproche penal cuando quien lo lleva a cabo no se ha visto implicado en ningún delito previo contra la vida.

Tampoco en el Derecho comparado la ocultación del cadáver se regula como modalidad agravada o específica de los delitos contra la vida. Por lo general, tal conducta puede dar lugar a un delito contra la dignidad o el respeto de los muertos (artículo 412 del Código Penal italiano y 168 del Código Penal alemán) o a un delito de obstrucción a la justicia (artículo 434-7 del Código Penal francés), sin diferenciar en ningún caso en función de si quien comete el delito es a su vez el autor de un previo delito de homicidio o asesinato.

La ocultación del cadáver constituye, más bien, como ha apuntado el propio Tribunal Supremo, un atentado contra la integridad moral de los familiares o allegados, que se ven privados de esta forma de disponer del cuerpo de la persona querida según sus costumbres o creencias religiosas.

Aunque la regulación actual del delito contra la integridad que se recoge en el artículo 173 del Código Penal ya permite castigar el acto de ocultar el cadáver, ante la preocupación social que han generado algunos casos recientes, y visto el especial sufrimiento ocasionado a los familiares y allegados de las víctimas de algunos delitos cuando los responsables se han negado a dar cuenta del paradero del cadáver, es procedente hacer una referencia expresa en dicho precepto a este tipo de supuestos, contemplando además un agravamiento de la pena por razón del especial desvalor que tal hecho merece.

V

Se modifica el artículo 311 del Código Penal para añadir un nuevo párrafo que sanciona a quienes impongan condiciones ilegales a las personas trabajadoras mediante su contratación bajo fórmulas ajenas al contrato de trabajo, o las mantengan en contra de requerimiento o sanción administrativa.

El delito recogido en el artículo 311 del Código Penal ha sido definido por la jurisprudencia como «el tipo central del Derecho Penal del trabajo» y «núcleo esencial de la tutela penal del trabajador». Protege las condiciones mínimas exigibles e irrenunciables de la contratación laboral, un bien jurídico de innegable dimensión colectiva. El precepto está concebido para garantizar la indemnidad de la propia relación laboral mediante la sanción de aquellas conductas que atenten de forma más grave contra los derechos y condiciones laborales de las personas trabajadoras.

La incorporación de las nuevas tecnologías a la organización del mercado de trabajo ha propiciado una forma de elusión de responsabilidades empresariales mediante el camuflaje jurídico del trabajo por cuenta ajena bajo otras fórmulas que niegan a las personas trabajadoras los derechos individuales y colectivos que a tal condición reconoce, con carácter de indisponibles e irrenunciables, la legislación laboral, con respaldo expreso de la Constitución y de los tratados internacionales que vinculan a nuestro país.

El conjunto de instrumentos de tutela de la relación de trabajo reposa en el ordenamiento jurídico laboral, que garantiza la eficacia de sus preceptos mediante las instituciones, administrativas y judiciales, que permiten asegurar la vigencia de las normas y de las decisiones judiciales. No obstante, cuando los medios preventivos y sancionadores con que cuenta el ordenamiento laboral ceden ante nuevas formas de criminalidad grave, es inevitable el recurso, como última ratio, al Derecho penal.

Por un lado, el nuevo precepto pretende cubrir una laguna de punibilidad sobre hechos vinculados, en general pero no exclusivamente, a nuevas tecnologías que, a partir del uso de sistemas automatizados, permiten el incumplimiento masivo de la correcta utilización del contrato de trabajo; conductas que no pudieron ser previstas por el legislador de 1995 pero que no puede desconocer el de 2022. Por otro lado, pretende garantizar la efectividad del ordenamiento jurídico laboral y de su sistema de control administrativo ante incumplimientos del mismo en detrimento de los derechos, individuales y colectivos, de las personas trabajadoras.

El sistema penal no puede eludir sus obligaciones en materia de protección de estos derechos, colectivos e irrenunciables, frente a los ataques más graves y por ello se propone la introducción de un nuevo numeral 2.º en el artículo 311. Se trata de un tipo especial, que acota el ámbito de la autoría a aquellos que violan los derechos de las personas trabajadoras; de resultado lesivo, eludiendo así el expansionismo punitivo y de medios tasados, que acota el *modus operandi* a la utilización espuria de un contrato o a la desatención del llamamiento a adecuarse a la legalidad que se le ha hecho mediante requerimiento o sanción al infractor o infractora.

VI

La reforma implica un regreso al modelo tradicional español, es decir, al anterior a la reforma de 2015. En efecto, porque la Ley Orgánica 1/2015 supuso también en esta materia una ruptura con nuestra tradición codificadora ya bicentenaria. Lo hizo al reformar drásticamente la regulación de los delitos de malversación siguiendo parcialmente el modelo alemán, al definirlos en referencia a los delitos de apropiación indebida y administración desleal. Es decir, como figuras de naturaleza eminentemente patrimonial. Sin embargo, y a diferencia del modelo alemán, los mantuvo dentro de los «Delitos contra la

Administración Pública». Con este cambio construyó un híbrido entre delitos contra el patrimonio y delitos contra el correcto funcionamiento de los servicios públicos.

Pero a su vez introdujo como típicas cualquier conducta no solo de las clásicas de apropiación o distracción de recursos públicos con ánimo de lucro propio o de tercero, sino que lo extendió a conductas de deficiente o abusiva administración, esto es, desleal e infiel, y en consecuencia posibilitó abiertamente la punición de comportamientos consistentes en desviaciones presupuestarias, despilfarro o gastos de difícil justificación y, por supuesto, cualquier gasto de dudosa legalidad o de incierta finalidad pública.

Sin embargo, no siguió la legislación alemana en su elenco de penas por el delito de malversación, que allí llegan hasta los cinco años de prisión, mientras que en España pueden alcanzar los doce años.

Ya el Consejo General del Poder Judicial y el Consejo Fiscal en sus Informes emitidos en relación con la reforma de 2015, se mostraron abiertamente contrarios a la propuesta que equiparaba la apropiación indebida con la administración desleal y pidieron mantener el modelo tradicional.

Pues bien, la presente modificación supone el regreso al modelo que siempre se compartió con Francia, Italia y Portugal. Se configura sobre dos ejes centrales. El primero radica en su sistematización, dentro de los delitos contra la Administración Pública, originalmente delitos de los funcionarios públicos cometidos en el ejercicio de sus cargos. De este modo se subraya su naturaleza pluriofensiva de infracción patrimonial, de una parte, pero también lesiva del interés general al afectar justamente al patrimonio común, y con ello al cumplimiento de las funciones y finalidades públicas. A su vez, el segundo eje central descansa en la distinción entre las conductas de apropiación o distracción de los fondos públicos hacia beneficios directos o indirectos de carácter privado, y de otra parte, los comportamientos que, sin comportar una apropiación definitiva o el uso temporal para fines privados, suponen una desviación de las finalidades legalmente establecidas o una auténtica administración desleal con perjuicio a la causa pública.

Por consiguiente, el texto distingue claramente entre tres niveles de malversación: la apropiación de fondos por parte del autor o que éste consienta su apropiación por terceras personas (artículo 432), que integra la conducta más grave y contiene diversas agravaciones; el uso temporal de bienes públicos sin *animus rem sibi habendi* y con su posterior reintegro (artículo 432 bis) y un desvío presupuestario o gastos de difícil justificación (artículo 433).

De este modo, la apropiación de caudales públicos queda castigada como en la actualidad, mientras que los desvíos presupuestarios tendrán una pena más leve, pero en todo caso implicarán pena de prisión, salvo en el caso de que no quede comprometido o entorpecido el servicio al que estuviesen consignados los fondos desviados.

El Código Penal de 1995 no incluyó un precepto semejante porque delimitó los delitos de malversación exclusivamente para las conductas de apropiación definitiva o temporal o desviación de fondos públicos para fines privados. De lo que se seguía la despenalización absoluta de cualquier comportamiento de desviación presupuestaria o si se prefiere de usos públicos distintos a los previstos legalmente. De suerte que cualquier comportamiento en el que un funcionario destinaba o aplicaba caudales públicos a finalidades públicas distintas a las previstas, resultaba completamente atípico.

Ahora bien, existía debate acerca de la caracterización de lo que es un uso público, esto es, si además de las conductas de estricta desviación presupuestaria también incluía alcanzar finalidades discutibles por su legalidad o por su propia consideración de públicas. No obstante, en la actualidad la sociedad española ha evolucionado hacia una mayor intolerancia hacia ciertos comportamientos de administración desleal del patrimonio público, si bien nunca equipara su gravedad y castigo con las conductas de sustracción o desvío hacia intereses particulares, que integran la noción común de corrupción. De esta manera se corrige la inseguridad y la desproporción introducidas en la reforma de 2015 igualando el reproche a hechos con un desvalor nítidamente diferente, como hacen otros países europeos con una tradición jurídica similar a la española.

En la misma línea de recuperar nuestro clásico sistema legal y a la vez volver a compartir una regulación similar a la de Francia, Italia y Portugal, se reintroduce una modalidad atenuada de la malversación consistente en el uso temporal de bienes o efectos públicos, como existía también antes de 2015 y como se da en los casos de los países antes referidos. El cambio se sitúa ahora en una actualización de la penalidad que responde a la actual sensibilidad de la sociedad española frente a esta clase de comportamientos.

Por otro lado, se introducen mejoras técnicas en los artículos 433 ter y 434. En el primero se contiene una definición, a los efectos penales, de patrimonio público, con idéntica funcionalidad a la desempeñada por los artículos 24 y 25. El segundo dispone una cláusula premial ahora redactada de forma similar a otras semejantes contempladas en el Código Penal. El resto de preceptos de este capítulo no sufren modificaciones.

En resumen, la presente reforma viene a sancionar cualquier clase de gasto indebido de fondos públicos por quien siendo autoridad o funcionario público tiene encomendada su custodia o administración.

VII

La presente reforma introduce por primera vez en el ordenamiento jurídico español el delito de enriquecimiento ilícito. España incorpora así una figura de vanguardia para la lucha contra la corrupción siguiendo diversas recomendaciones y tendencias internacionales y europeas, entre las que destacan la de Naciones Unidas a través de la Convención contra la Corrupción del año 2003, la Comunicación de la Comisión al Parlamento Europeo y al Consejo, de 20 de noviembre de 2008, relativa a la creación de un delito que penalizase la posesión de bienes injustificados para luchar contra la criminalidad organizada, así como el anuncio de la presidenta de la Comisión Europea en el año 2022 de la intención de reforzar la lucha contra la corrupción en materia de enriquecimiento ilícito. En los últimos años, diversos países europeos como Francia, Luxemburgo, Portugal o Lituania han introducido este delito en sus respectivas legislaciones, por lo que su incorporación al Código Penal supone tanto un avance claro en la lucha contra la corrupción como una homologación con algunas de las legislaciones más avanzadas del entorno internacional.

La figura que se incorpora se configura como un delito de desobediencia. De este modo, para incurrir en el tipo penal no basta con poseer un patrimonio cuyo origen no sea explicable a partir de los ingresos declarados, sino que debe existir un requerimiento previo por parte de los organismos administrativos o judiciales competentes para la comprobación de dicho patrimonio. Solo ante la negativa a detallar a dichos órganos el origen de un incremento patrimonial o de una cancelación de deudas o ante una explicación manifiestamente falsa sobre los mismos se incurriría en el tipo penal. Tradicionalmente, la figura del enriquecimiento ilícito o injusto había generado controversia constitucional al ser configurado como un delito de sospecha, por su posible colisión con el derecho fundamental a la presunción de inocencia, algo que se evita con la actual regulación que sigue el ya citado modelo de desobediencia que han incorporado recientemente países como Portugal.

VIII

Se aborda igualmente la reforma de los delitos contra el orden público del título XXII del libro II de la Ley Orgánica 10/1995, de 23 de noviembre, del Código Penal.

La revisión de este título persigue los siguientes objetivos: en primer lugar, armonizar la legislación española sobre esta materia con la de los países de nuestro entorno; en segundo lugar, adecuar su regulación a la realidad histórica actual, que resulta muy diferente de aquella en la que fueron concebidas algunas figuras; en tercer lugar, mejorar la redacción y clarificar la estructura de los tipos penales afectados.

El tipo de sedición del artículo 544 del vigente Código penal fue introducido en el ordenamiento español a través del Código Penal de 1822 en el título III de la Parte primera, bajo la rúbrica «De los delitos contra la seguridad interior del Estado, y contra la tranquilidad y orden público». En la actualidad, mantiene prácticamente inalterada su redacción original, si bien su reciente aplicación ha permitido establecer criterios interpretativos, sobre todo en lo referido a la intensidad de la afectación del orden público y el uso de la violencia, que se ven reflejados en la presente reforma.

Desde un principio, la conducta típica de este delito se ha basado en el alzamiento para la consecución de ciertos objetivos. Ya el artículo 250 del Código Penal de 1870 consideraba reos de este delito a los que se alzaren pública y tumultuariamente para conseguir por la fuerza o fuera de las vías legales determinados objetivos, tal y como hace actualmente el artículo 544 del Código penal de 1995. A lo largo de los años se han ido introduciendo mínimas variaciones en cuanto a los objetivos concretos que en este delito debía perseguir el alzamiento, pero apenas se ha modificado el elemento central de la conducta típica.

La reforma más importante en esta materia se produce con la aprobación del Código Penal de 1995, que reubica el delito de sedición para configurarlo como un delito contra el orden público, con una tipificación y una pena que no se ajustan a los mejores estándares de los países de nuestro entorno.

La escasa aplicación que hasta fechas recientes ha experimentado este delito ha impedido apreciar con claridad los graves problemas de interpretación que se derivan de la difícil delimitación del tipo penal y de la confusa definición de la conducta típica.

La doctrina ha criticado efectivamente la falta de claridad acerca del contenido y alcance del tipo delictivo de sedición, circunstancia esta que opera en contra del mandato de certeza propio del principio de legalidad penal. Tampoco puede obviarse, por otra parte, el hecho de que la comisión de este delito puede presentarse vinculada en su desarrollo al ejercicio de derechos y libertades fundamentales como el derecho de reunión o la libertad de expresión. Conviene, en este sentido, evitar un posible efecto disuasorio sobre el ejercicio de tales derechos y libertades constitucionales, lo que hace particularmente necesario precisar cuál es exactamente la conducta castigada y de qué forma lesiona o pone en peligro el bien penalmente protegido.

De igual forma, debe fortalecerse la importancia del principio de proporcionalidad a la hora de establecer la pena hasta ahora asociada a este delito. Destaca la elevada gravedad de las penas previstas hasta la fecha, teniendo en cuenta no solo la amplitud con la que se define la conducta típica, sino también el marco penal en el que se mueven estos delitos en otros ordenamientos jurídicos europeos.

Los problemas de proporcionalidad se agudizan por la defectuosa delimitación que actualmente se hace entre la sedición y otros delitos o infracciones administrativas basados igualmente en una alteración del orden público que implique resistencia o desobediencia a la autoridad, que en algunos casos requieren además una conducta violenta o intimidatoria. Y es que, una vez que el delito de sedición es claramente separado del delito de rebelión y pasa a ser configurado como un delito contra el orden público, resulta complicado precisar el lugar sistemático que le corresponde en relación con otros delitos que atentan contra este mismo bien jurídico. De hecho, en otros ordenamientos es difícil encontrar un delito específico que pueda identificarse con este delito de sedición del artículo 544 del Código Penal.

A la vista de la regulación que de estos comportamientos llevan a cabo los países con los que España comparte tradición jurídica, resultaba imprescindible revisar el tratamiento que el Código Penal español viene realizando de los delitos contra el orden público.

Es deber del Estado dotar al ordenamiento de tipos penales que permitan dar la respuesta jurídica más adecuada a los nuevos retos para la convivencia que plantea el presente y que, como es lógico, no son recogidos en toda su complejidad en una legislación de hace dos siglos.

De este modo, la reciente aplicación de este precepto ha puesto de manifiesto imprecisiones normativas de dudosa compatibilidad con el principio de legalidad penal y el principio de proporcionalidad. Unas imprecisiones, además, que se suman al carácter obsoleto y carente de reflejo en la legislación de los países europeos de nuestro entorno jurídico. Todos estos factores aconsejan abordar de forma simultánea la supresión de esta figura a la vez que se acomete una reforma integral de otros tipos penales para centrar la acción legislativa en materia penal en la protección del bien jurídico del orden público.

Esta reforma integral del tipo penal del delito de desórdenes públicos pretende: dar una respuesta jurídico penal adecuada a nuevos fenómenos sociales que afectan a la figura del ejercicio de las legítimas competencias por parte de las autoridades; reforzar el principio de legalidad penal en todas sus expresiones y muy especialmente en lo relativo a la debida proporcionalidad entre delitos y penas y a la taxatividad de los tipos penales; acercar la legislación penal española a la de los países de nuestro entorno; adecuar a los valores propios de una sociedad democrática y permitir a los operadores jurídicos interpretar con total claridad la legislación existente sobre la materia cuando deban aplicarla.

Así, las principales modificaciones operadas sobre los delitos contra el orden público, son las siguientes: en primer lugar, se introduce una nueva regulación del delito de desórdenes públicos para dotarlo de unos contornos más claros, describiendo los elementos necesarios y confluyentes para su comisión: la actuación en grupo, la finalidad de atentar contra la paz pública, entendida esta como la normalidad de la convivencia con un uso pacífico de los derechos, especialmente los derechos fundamentales y, por último, la existencia de violencia o intimidación. La confluencia de estos tres elementos no solo aporta una mayor precisión al tipo penal, sino que además ayuda a distinguirlo de otros delitos sobre las personas o las cosas y permite distinguir entre comportamientos amparados por los derechos fundamentales de reunión y de libertad de expresión y comportamientos antijurídicos claramente destinados a perjudicar la convivencia o a poner en peligro la paz y tranquilidad públicas. En este sentido, se reintegra en el tipo la exigencia de la actuación en grupo, regresando a la formulación original contenida en el Código Penal de 1995 y eliminando la confusa, contradictoria y perturbadora referencia a su comisión individual operada por la Ley Orgánica 1/2015, de 30 de marzo.

En segundo lugar, se introduce una modalidad agravada de desórdenes públicos. Esta modalidad agravada exige que el delito de desórdenes públicos sea cometido por una multitud cuyas características (número, organización y finalidad) sean idóneas para afectar gravemente el orden público, entendido como el normal funcionamiento de las instituciones y servicios públicos. Se configura, así, como un tipo de peligro que, aunque no exige que el orden público llegue a verse efectivamente afectado o impedido, sí requiere que se hayan dispuesto los elementos de una forma adecuada para haberlo puesto en peligro.

De este modo, el bien jurídico del orden público se convierte en el centro de esta figura penal, evitando problemas de imprecisión jurídica existentes hasta ahora. Las penas asociadas a este nuevo tipo penal se sitúan, además, en los contornos de las jurisdicciones europeas de nuestro entorno, que prevén, como se hace en esta reforma, una respuesta penal a fenómenos específicos y especialmente graves de alteración del orden público cuando este se ve objetivamente amenazado por multitudes constituidas para conseguir dicho fin. España incorpora así un modelo de protección avanzada del orden público ante estos riesgos muy similar al de países europeos con los que comparte valores jurídicos y con los que aspira a una plena homologación. Cabe citar, por ejemplo, los códigos penales de Alemania, Francia, Italia, Suiza, Bélgica o Portugal.

En líneas generales, la regulación que se hace de tales ilícitos en países de nuestro entorno, en comparación con la que ofrece nuestro Código Penal, se caracteriza no solo por la menor gravedad de las penas o la exigencia en todo caso de violencia o intimidación, sino también por la ausencia de una figura específica equiparable al delito de sedición. Tal tipología ha sido objeto de derogación en ordenamientos como el alemán, donde se encontraba regulado en el parágrafo 115 de su norma penal, que castigaba a los que tomaban parte en una asonada o alzamiento público en el que se llevara a cabo precisamente un acto de resistencia del parágrafo 113; un delito que, sin embargo, fue criticado por castigar el mero hecho de formar parte de la asonada, sin exigir que se hiciera uso de la violencia o de la amenaza, y que fue finalmente derogado en 1970, una tendencia que se asume en la presente reforma.

En definitiva, se opera una profunda modificación de los «desórdenes públicos». Así, el nuevo artículo 557 se estructura en varios apartados. En el apartado 1 se contiene el tipo básico de desórdenes públicos, que contempla ataques de relevante entidad para el orden público. En cambio, el apartado 2 describe un tipo cualificado para situaciones de excepcional capacidad para afectar la paz pública e idóneas para alterar gravemente el orden público. En este sentido, es necesario destacar el carácter excepcional del delito descrito en este segundo apartado, que no puede considerarse una mera agravación de las conductas descritas en el apartado 1 ni pretende sustituir el actual 557 bis (muy al contrario, y, como se verá más adelante, las conductas agravadas de este apartado 1 se recogen en el apartado 3 en una sucesión penal del actual 557 bis), sino un comportamiento autónomo y con elementos (número, organización y propósito de la multitud) dispuestos desde el inicio para alterar gravemente el orden público, con una intensidad notablemente mayor de la que se puede producir en la modalidad normal de desórdenes públicos regulada en el apartado 1.

A su vez, el apartado 3 sintetiza y selecciona las agravaciones actualmente recogidas en el artículo 557 bis, que ahora queda derogado. Por su parte, el apartado 4 mantiene la punición de los actos preparatorios. A continuación, el apartado 5 formula una conducta de peligro para la vida o integridad con ocasión de encuentros de cierto número de personas. El precepto se cierra con el apartado 6 que mantiene la cláusula concursal vigente.

Por último, el nuevo artículo 557 bis viene a suceder al derogado artículo 557 ter.

Consecuentemente con lo anterior, la reforma diferencia varias modalidades, tanto por la entidad de la finalidad perseguida en el ataque, como por la gravedad de los medios empleados, y siempre que se trate de un sujeto activo plural. Por consiguiente, y con carácter general, es pertinente escalonar distintas penalidades de modo que resulten en abstracto y en concreto proporcionadas a estos parámetros.

Para la aplicación de las reformas penales contenidas en esta ley a los delitos cometidos antes de su entrada en vigor, las disposiciones transitorias primera, segunda y tercera reproducen las disposiciones transitorias de otras leyes orgánicas destinadas a modificar el Código Penal, como la Ley Orgánica 5/2010, de 22 de junio, o la Ley Orgánica 1/2015, de 30 de marzo, que a su vez se corresponden sustancialmente con las que en su momento estableció el Código Penal de 1995, en su redacción original dada por la Ley Orgánica 10/1995, de 23 de noviembre, que son disposiciones que hoy se encuentran vigentes y han sido convenientemente interpretadas por el Tribunal Supremo. Por consiguiente, aun cuando no se estableciera régimen transitorio en esta ley, se llegaría a las mismas conclusiones por aplicación del artículo 2.2 del Código Penal y de la disposición transitoria quinta de la Ley Orgánica 10/1995, de 23 de noviembre. No obstante, la diversidad de interpretaciones realizadas en recientes reformas que afectan al Código Penal aconseja su introducción expresa, conforme al principio de seguridad jurídica garantizado en el artículo 9.3 de la Constitución Española.

IX

La regulación de la infracción de contrabando de material de defensa y de productos y tecnologías de doble uso, responde al establecimiento de un sistema de control de las operaciones de comercio exterior derivado de obligaciones internacionales de España.

El sistema punitivo a través del contrabando busca como uno de sus objetivos sacar del circuito el material o los productos o tecnologías a los que se aplica cuando no se conoce con anterioridad por la Administración la realización de la operación. Objetivo que se alcanza con la intervención del material o de los productos o de la tecnología objeto del comercio exterior.

Si bien el Código Penal tipifica la fabricación, comercialización o tenencia de las armas de guerra, armas de fuego o armas químicas, biológicas, nucleares o radiológicas, minas antipersonas o municiones en racimo, en relación con productos y tecnología de doble uso solo están tipificadas las acciones previas al comercio exterior de productos y tecnologías que vayan a ser destinadas a programas de proliferación, con la posible comisión del delito de contrabando en grado de tentativa. Se considera necesario tipificar las conductas de conspiración y proposición de operaciones de comercio exterior sobre productos y tecnologías de doble uso, a cuyo fin se modifica el artículo 3 de la Ley Orgánica 12/1995, de 12 de diciembre, de Represión del Contrabando.

Por otro lado, habida cuenta de la especialización, el nivel técnico y el empleo de estructuras financieras complejas que implican la realización de este tipo de conductas delictivas, así como la materialización de parte o la totalidad de estas en territorio extranjero o en aguas internacionales, se considera adecuado atribuir a la Audiencia Nacional la instrucción y enjuiciamiento de causas por este tipo de acciones delictivas, lo que exige la modificación del artículo 65 de la Ley Orgánica 6/1985, de 1 de julio, del Poder Judicial.

X

Se modifican los artículos 182 y 183 de la Ley Orgánica 6/1985, de 1 de julio, del Poder Judicial, para establecer la inhabilidad procesal del periodo que media entre los días 24 de diciembre y 6 de enero de cada año judicial con el fin de compatibilizar los principios de seguridad jurídica, el derecho de defensa y los derechos de los y las profesionales que se relacionan con la Administración de Justicia, concretamente, el derecho al descanso y a la conciliación de la vida personal, familiar y laboral en dicho periodo.

Esta medida no supone la paralización de la actividad en los órganos y oficinas judiciales, que continuarán prestando el servicio público, afectando especialmente al cómputo procesal de los plazos, que se verá interrumpido y que se reanudará inmediatamente después del transcurso de este periodo. El precepto deja a salvo la posibilidad de habilitación de estos días en los términos previstos en la legislación orgánica y en las leyes procesales.

Las personas profesionales de la abogacía, la procura y los graduados y graduadas sociales aspiran a la regulación de una serie de medidas que permitan una mayor conciliación de la vida personal y familiar con su desempeño profesional ante los tribunales de justicia. Si bien la mayor parte de las mismas han sido atendidas por otras leyes, resulta necesario anticipar en esta norma la declaración de inhabilidad del período navideño, a cuyo efecto se modifican el artículo 130.2 de la Ley 1/2000, de 7 de enero, de Enjuiciamiento Civil, y el artículo 43.4 de la Ley 36/2011, de 10 de octubre, reguladora de la jurisdicción social.

Disposición transitoria primera. Legislación aplicable.

1. Los delitos cometidos hasta el día de la entrada en vigor de esta ley se juzgarán conforme a la legislación penal vigente en el momento de su comisión. No obstante lo anterior, se aplicará esta ley, una vez que entre en vigor, si las disposiciones de la misma son más favorables para el reo, aunque los hechos hubieran sido cometidos con anterioridad a su entrada en vigor.

2. Para la determinación de cuál sea la ley más favorable se tendrá en cuenta la pena que correspondería al hecho enjuiciado con la aplicación de las normas completas del Código en su redacción anterior y con las del Código resultante

de la reforma operada por la presente ley y, en su caso, la posibilidad de imponer medidas de seguridad.

3. En todo caso, será oído el reo.

Disposición transitoria segunda. Revisión de sentencias.

1. El Consejo General del Poder Judicial, en el ámbito de las competencias que le atribuye el artículo 98 de la Ley Orgánica 6/1985, de 1 de julio, del Poder Judicial, podrá asignar la revisión de las sentencias firmes dictadas antes de la vigencia de esta ley a uno o varios de los Juzgados de lo Penal o secciones de las Audiencias Provinciales dedicados en régimen de exclusividad a la ejecución de sentencias penales.

Dichos jueces o tribunales procederán a revisar las sentencias firmes y en las que el penado esté cumpliendo efectivamente la pena, aplicando la disposición más favorable considerada taxativamente y no por el ejercicio del arbitrio judicial. En las penas privativas de libertad no se considerará más favorable esta ley cuando la duración de la pena anterior impuesta al hecho con sus circunstancias sea también imponible con arreglo a esta reforma del Código. Se exceptúa el supuesto en que esta ley contenga para el mismo hecho la previsión alternativa de una pena no privativa de libertad; en tal caso, deberá revisarse la sentencia.

2. No se revisarán las sentencias en que el cumplimiento de la pena esté suspendido, sin perjuicio de hacerlo en caso de que se revoque la suspensión y antes de proceder al cumplimiento efectivo de la pena suspendida.

Igual regla se aplicará si el penado se encuentra en período de libertad condicional.

Tampoco se revisarán las sentencias en que, con arreglo a la redacción anterior de los artículos del Código y a la presente reforma, corresponda exclusivamente pena de multa.

3. No serán revisadas las sentencias en que la pena esté ejecutada o suspendida, aunque se encuentren pendientes de ejecutar otros pronunciamientos del fallo, así como las ya totalmente ejecutadas, sin perjuicio de que el juez o tribunal que en el futuro pudiera tenerlas en cuenta a efectos de reincidencia deba examinar previamente si el hecho en ellas penado ha dejado de ser delito o pudiera corresponderle una pena menor de la impuesta en su día, conforme a esta ley.

4. En los supuestos de indulto parcial, no se revisarán las sentencias cuando la pena resultante que se halle cumpliendo el condenado se encuentre comprendida en un marco imponible inferior respecto a esta ley.

Disposición transitoria tercera. Reglas de invocación de la normativa aplicable en materia de recursos.

En las sentencias dictadas conforme a la legislación que se deroga y que no sean firmes por estar pendientes de recurso, se observarán, una vez producida la entrada en vigor de esta ley, las siguientes reglas:

a) Si se trata de un recurso de apelación, las partes podrán invocar y el juez o tribunal aplicará de oficio los preceptos de la nueva ley, cuando resulten más favorables al reo.

b) Si se trata de un recurso de casación, aún no formalizado, el recurrente podrá señalar las infracciones legales basándose en los preceptos de la nueva ley.

c) Si, interpuesto recurso de casación, estuviera sustanciándose, se pasará de nuevo al recurrente, de oficio o a instancia de parte, por el término de ocho días, para que adapte, si lo estima procedente, los motivos de casación alegados a los preceptos de la nueva ley, y del recurso así modificado se instruirán las partes interesadas, el fiscal y el magistrado ponente, continuando la tramitación conforme a derecho.

Disposición final quinta. Incorporación de Derecho de la Unión Europea.

Mediante esta ley orgánica se incorporan al Derecho español la Directiva (UE) 2019/713, de 17 de abril de 2019, sobre la lucha contra el fraude y la falsificación de medios de pago distintos del efectivo y por la que se sustituye la Decisión Marco 2001/413/JAI del Consejo. También se completa la transposición al Derecho español de la Directiva 2014/57/UE del Parlamento Europeo y del Consejo, de 16 de abril de 2014, sobre las sanciones penales aplicables al abuso de mercado y de la Directiva (UE) 2019/1 del Parlamento Europeo y del Consejo, de 11 de diciembre de 2018, encaminada a dotar a las autoridades de competencia de los Estados miembros de medios para aplicar más eficazmente las normas sobre competencia y garantizar el correcto funcionamiento del mercado interior.

Disposición final sexta. Entrada en vigor.

Esta ley orgánica entrará en vigor a los veinte días de su publicación en el «Boletín Oficial del Estado».

No obstante lo anterior, las disposiciones finales primera, segunda y tercera entrarán en vigor el día de su publicación en el «Boletín Oficial del Estado».

ANEXO XI
DISPOSICIONES TRANSITORIAS, FINALES Y DISPOSICIÓN DEROGATORIA DE LA LO 3/2023, DE 28 DE MARZO, DE MODIFICACIÓN DE LA LEY ORGÁNICA 10/1995, DE 23 DE NOVIEMBRE, DEL CÓDIGO PENAL, EN MATERIA DE MALTRATO ANIMAL

PREÁMBULO

Ante la necesidad de reforzar la protección penal de los animales y posibilitar una más eficaz respuesta penal ante las diferentes formas de violencia contra ellos, se modifica el articulado relacionado con la protección de los animales de la Ley Orgánica 10/1995, de 23 de noviembre, del Código Penal.

El maltrato animal fue incluido en el Código Penal, como falta, en 1995. A continuación, la Ley Orgánica 15/2003, de 25 noviembre, configuró el maltrato a los animales domésticos como delito, mantuvo como falta determinados supuestos e introdujo el abandono de animales como falta. Posteriormente, la Ley Orgánica 5/2010, de 22 de junio, y la Ley Orgánica 1/2015, de 30 de marzo, introdujeron nuevas modificaciones, que condujeron a los vigentes artículos 337 y 337 bis, en los que se tipifican los delitos de maltrato, explotación sexual y abandono de animales.

Aunque todas estas reformas han supuesto un progresivo avance en la tipificación y sanción penal del maltrato animal, aún existe en los delitos de violencia contra los animales un amplio margen de mejora para adecuarlos a la realidad de las problemáticas que actualmente se plantean en este ámbito, así como al nuevo estatus jurídico de los animales como seres vivos dotados de sensibilidad reconocido por la Ley 17/2021, de 15 de diciembre, que como tal debe ser recogido también en el Código Penal atendiendo al bien jurídico a proteger en los delitos contra los animales, que no es otro que su vida, salud e integridad, tanto física como psíquica.

La necesidad de abordar una reforma del Código Penal para proteger dicho bien jurídico es una realidad confirmada por la práctica procesal, en la que se siguen observando dificultades y vacíos que es preciso solucionar, reduciendo problemas interpretativos.

A través de la presente reforma, siguiendo los pasos de los legisladores alemán y británico se incluye en nuestro ordenamiento jurídico la expresión «animal vertebrado», que sustituye y amplía la lista tasada de animales protegidos por el actual Código Penal. De este modo, no únicamente los animales domésticos, domesticados, o que convivan con el ser humano verán su integridad física y emocional salvaguardada por la norma penal, sino que a ellos se añaden los animales silvestres que viven en libertad. Sin duda, este cambio enmienda una de las más evidentes carencias del tipo actual, que deja fuera de su ámbito de aplicación conductas de maltrato a animales silvestres que viven libres en su medio natural y que, si no pertenecen a especies protegidas, resultan impunes.

Por otro lado, tanto desde los diversos colectivos de operadores jurídicos como en la sociedad en general, se percibe una cierta impunidad del maltrato animal, con penas no proporcionadas a la gravedad de los hechos y falta de mecanismos para la salvaguarda efectiva de los animales, tanto en la tramitación como al finalizar el procedimiento judicial. Estos problemas hacen preciso revisar el articulado y los mecanismos de protección de los animales que a tal efecto se disponen en el marco del Código Penal.

Para solucionar esta problemática, se incorporan al delito de maltrato animal nuevas agravantes, que permitirán la imposición de penas más graves en aquellos casos que merecen mayor reproche, y se contempla, también, la posibilidad de adopción de medidas cautelares por parte de los jueces y tribunales, incluyendo el cambio sobre la titularidad y cuidado animal, con el fin de salvaguardar el bien jurídico protegido en estos delitos, a saber, la vida, la integridad y la salud de los animales.

Asimismo, la constatación del vínculo existente entre el maltrato a los animales y la violencia interpersonal obliga también a tener en cuenta como circunstancia agravante la violencia instrumental que se realiza con animales en el ámbito de la violencia de género.

El proyecto de ley del que trae causa la presente ley cumple con los principios de necesidad, eficacia, proporcionalidad, seguridad jurídica, transparencia, y eficiencia referidos en el artículo 129 de la Ley 39/2015, de 1 de octubre, del Procedimiento Administrativo Común de las Administraciones Públicas. En efecto, la presente norma está plenamente justificada al acometer la necesaria adaptación de la normativa penal al nuevo estatuto jurídico otorgado a los animales en el ámbito civil, distinto del de los bienes muebles, en tanto que seres dotados de sensibilidad, y a la necesidad de adecuar la respuesta penológica a la gravedad de las conductas contra los animales y preservar el bien jurídico protegido.

En términos de seguridad jurídica, la norma establece preceptos claros en relación con el tipo penal del maltrato a animales vertebrados, acorde al tratamiento penal que se da a otros delitos contra la fauna, y en consonancia con la consideración de los animales como seres sintientes operada por la Ley 17/2021, de 15 de diciembre, de modificación del Código Civil, la Ley Hipotecaria y la Ley de Enjuiciamiento Civil, sobre el régimen jurídico de los animales.

En términos de proporcionalidad y transparencia, no se generan significativas cargas administrativas, resultando la modificación legal propuesta proporcional al objetivo perseguido, puesto que a la par que se aumenta el número de circunstancias agravantes se contempla la multa como pena alternativa, y eficiente al no conllevar un incremento del gasto público. Asimismo, en la elaboración de la presente norma se ha posibilitado la participación ciudadana en las diferentes fases de su elaboración, con pleno acceso de los ciudadanos a toda la documentación del procedimiento, lo que ha implicado un considerable número de aportaciones para la redacción del texto definitivo.

Esta Ley se dicta al amparo de la competencia exclusiva en materia de legislación penal que atribuye al Estado el artículo 149.1.6.ª de la Constitución española.

Disposición transitoria primera. Legislación aplicable.

1. Los delitos cometidos hasta el día de la entrada en vigor de esta Ley se juzgarán conforme a la legislación penal vigente en el momento de su comisión. No obstante lo anterior, se aplicará esta Ley, una vez que entre en vigor, si las disposiciones de la misma son más favorables para el reo, aunque los hechos hubieran sido cometidos con anterioridad a su entrada en vigor.

2. Para la determinación de cuál sea la ley más favorable se tendrá en cuenta la pena que correspondería al hecho enjuiciado con la aplicación de las normas completas del Código en su redacción anterior y con las del Código resultante de la reforma operada por la presente Ley y, en su caso, la posibilidad de imponer medidas de seguridad.

3. En todo caso, será oído el reo.

Disposición transitoria segunda. Revisión de sentencias.

1. El Consejo General del Poder Judicial, en el ámbito de las competencias que le atribuye el artículo 98 de la Ley Orgánica 6/1985, de 1 de julio, del Poder Judicial, podrá asignar la revisión de las sentencias firmes dictadas antes de la vigencia de esta Ley a uno o varios de los Juzgados de lo Penal o secciones de las Audiencias Provinciales dedicados en régimen de exclusividad a la ejecución de sentencias penales.

Dichos jueces o tribunales procederán a revisar las sentencias firmes y en las que el penado esté cumpliendo efectivamente la pena, aplicando la disposición más favorable considerada taxativamente y no por el ejercicio del arbitrio judicial. En las penas privativas de libertad no se considerará más favorable esta Ley cuando la duración de la pena anterior impuesta al hecho con sus circunstancias sea también imponible con arreglo a esta reforma del Código. Se exceptúa el supuesto en que esta Ley contenga para el mismo hecho la previsión alternativa de una pena no privativa de libertad; en tal caso, deberá revisarse la sentencia.

2. No se revisarán las sentencias en que el cumplimiento de la pena esté suspendido, sin perjuicio de hacerlo en caso de que se revoque la suspensión y antes de proceder al cumplimiento efectivo de la pena suspendida.

Igual regla se aplicará si el penado se encuentra en período de libertad condicional.

Tampoco se revisarán las sentencias en que, con arreglo a la redacción anterior de los artículos del Código y a la presente reforma, corresponda exclusivamente pena de multa.

3. No serán revisadas las sentencias en que la pena esté ejecutada o suspendida, aunque se encuentren pendientes de ejecutar otros pronunciamientos

del fallo, así como las ya totalmente ejecutadas, sin perjuicio de que el juez o tribunal que en el futuro pudiera tenerlas en cuenta a efectos de reincidencia deba examinar previamente si el hecho en ellas penado ha dejado de ser delito o pudiera corresponderle una pena menor de la impuesta en su día, conforme a esta Ley.

4. En los supuestos de indulto parcial, no se revisarán las sentencias cuando la pena resultante que se halle cumpliendo el condenado se encuentre comprendida en un marco imponible inferior respecto a esta Ley.

Disposición transitoria tercera. Reglas de invocación de la normativa aplicable en materia de recursos.

En las sentencias dictadas conforme a la legislación que se deroga y que no sean firmes por estar pendientes de recurso, se observarán, una vez transcurrido el período de vacatio, las siguientes reglas:

a) Si se trata de un recurso de apelación, las partes podrán invocar y el juez o tribunal aplicará de oficio los preceptos de la nueva ley, cuando resulten más favorables al reo.

b) Si se trata de un recurso de casación, aún no formalizado, el recurrente podrá señalar las infracciones legales basándose en los preceptos de la nueva ley.

c) Si, interpuesto recurso de casación, estuviera sustanciándose, se pasará de nuevo al recurrente, de oficio o a instancia de parte, por el término de ocho días, para que adapte, si lo estima procedente, los motivos de casación alegados a los preceptos de la nueva ley, y del recurso así modificado se instruirán las partes interesadas, el fiscal y el magistrado ponente, continuando la tramitación conforme a derecho.

Disposición derogatoria única. Derogación normativa.

Quedan derogadas cuantas disposiciones se opongan a lo previsto en esta Ley Orgánica.

Disposición final primera. Título competencial.

Esta ley se dicta al amparo de la competencia exclusiva en materia de legislación penal que atribuye al Estado el artículo 149.1.6.ª de la Constitución española.

Disposición final segunda. Entrada en vigor.

La presente ley entrará en vigor a los veinte días de su publicación en el «Boletín Oficial del Estado».

ANEXO XII
DISPOSICIONES TRANSITORIAS DE LA LO 4/2023, DE 27 DE ABRIL, PARA LA MODIFICACIÓN DE LA LEY ORGÁNICA 10/1995, DE 23 DE NOVIEMBRE, DEL CÓDIGO PENAL, EN LOS DELITOS CONTRA LA LIBERTAD SEXUAL, LA LEY DE ENJUICIAMIENTO CRIMINAL Y LA LEY ORGÁNICA 5/2000, DE 12 DE ENERO, REGULADORA DE LA RESPONSABILIDAD PENAL DE LOS MENORES

PREÁMBULO

I

La Ley Orgánica 10/2022, de 6 de septiembre, de garantía integral de libertad sexual, ha dado una nueva regulación a los delitos contra la libertad sexual, para unificar los anteriores tipos de abuso y agresión sexual en un solo tipo, el de agresión sexual, que comprende cualquier acto que atente contra la libertad sexual de otra persona sin su consentimiento, el cual se define en los siguientes términos: «Solo se entenderá que hay consentimiento cuando se haya manifestado libremente mediante actos que, en atención a las circunstancias del caso, expresen de manera clara la voluntad de la persona» (artículo 178.1 del Código Penal).

Respetando este modelo, es importante blindar la ley en favor de las víctimas y evitar el efecto no deseado de una posible aplicación de las penas mínimas de los nuevos marcos penales, que son más amplios, para que en casos graves no exista la posibilidad de que se impongan penas bajas, pero sin afectar al corazón de la norma, ya que se mantiene la íntegra definición del consentimiento y, por tanto, la esencia de la regulación de los delitos contra la libertad sexual.

La Ley Orgánica 14/2022, de 22 de diciembre, de transposición de directivas europeas y otras disposiciones para la adaptación de la legislación penal al ordenamiento de la Unión Europea, y reforma de los delitos contra la integridad moral, desórdenes públicos y contrabando de armas de doble uso, introduce un nuevo párrafo en el artículo 173.1 para sancionar dentro de los delitos contra la integridad moral a quienes, con conocimiento del paradero del cadáver de una persona, oculten de modo reiterado tal información a los familiares o allegados de la misma, lo que conllevó que, al no adecuarse en el último párrafo del apartado el número de párrafos a que se refería, dejara fuera de responsabilidad penal a las personas jurídicas cuando se infligiera a otra persona un trato degradante, menoscabando gravemente su integridad moral, por lo que se procede a reparar la omisión referida.

Además, al haberse omitido la referencia al capítulo II, que sustituye al II bis (suprimido por el apartado nueve de la disposición final cuarta de la Ley Orgánica 10/2022, de 6 de septiembre, que dice «Se suprime el capítulo II bis del título VIII del libro II»), se produjo la destipificación de la distribución o difusión pública a través de internet, del teléfono o de cualquier otra tecnología de la información o de la comunicación, de contenidos específicamente destinados a promover, fomentar, o incitar a la comisión de los delitos de agresiones sexuales cuando se trate de menores de dieciséis años, que se introdujo por la Ley Orgánica 8/2021, de 4 de junio, de protección integral a la infancia y la adolescencia frente a la violencia, que debe recuperarse, razón por la que se incorpora también en esta ley la modificación del artículo 189 bis.

Al igual que ocurre en otros ordenamientos penales europeos y en la vigente regulación de las agresiones sexuales a menores de dieciséis años de edad en nuestro Código Penal, se deben establecer unas penas distintas y más graves para las agresiones sexuales a mayores de esa edad cuando se realizan con violencia o intimidación o sobre una víctima con la voluntad anulada, lo que encierra una gravedad equiparable al empleo de violencia o intimidación. En estos casos, no estamos ante meras circunstancias agravantes que rodean el delito, sino ante elementos que están en la conducta misma y que evidencian una mayor antijuridicidad, lo que precisa de una respuesta normativa diferenciada. Por ello, se castigan con unas penas más graves y se excluyen del tipo atenuado del artículo 178.4 del Código Penal.

Es importante advertir que esta reforma solo puede ser de futuro, al haber quedado consolidada la nueva realidad normativa, de manera irreversible, por efecto de la Ley Orgánica 10/2022, de 6 de septiembre, de garantía integral de la libertad sexual, tanto para los delitos cometidos antes de la entrada en vigor de esa Ley Orgánica como para los que se hayan perpetrado bajo la vigencia de la misma. Esto es una consecuencia del artículo 25 de la Constitución Española y del principio constitucional de la retroactividad de la ley penal más favorable contenido en el artículo 9.3 de dicha Ley Fundamental.

Por otra parte, se ajustan las penas en los tipos agravados del artículo 180 del Código Penal, adecuando unos marcos punitivos que reflejen normativamente la mayor gravedad de algunas conductas. Además, se resuelve el problema que se produce en aquellos casos agravados en los que concurran las mismas circunstancias de las modalidades típicas previstas en los artículos 178 y 179 del Código Penal (artículo 181.1, 2 y 3 en caso de víctimas de menores de edad).

Se modifica la circunstancia 5.ª del artículo 180.1 del Código Penal suprimiéndose la limitación en caso de prevalimiento de los parientes. La fórmula actual, que es la misma de las regulaciones anteriores, los limita a los ascendientes o hermanos, por naturaleza o adopción, o afines, dejando fuera a otros parientes, como los primos. La regulación vigente contrasta con la realidad, ya que los resultados de la Macroencuesta de Violencia sobre la Mujer del año 2019, en relación con los agresores de violencia sexual fuera de la pareja y con el vínculo con el agresor, afirma que el 21,6 % de los agresores era un familiar. Y respecto del lugar de comisión, el 44,2 % de las mujeres que han sufrido violencia sexual fuera de la pareja afirma que la violencia sexual tuvo lugar en una casa (la de la propia mujer, la del agresor o la de otra persona), porcentaje que asciende al 59,1 % entre las mujeres que han sufrido una violación. Esto hace necesario abrir la agravante a otros parientes para una mayor protección penal de las víctimas. Esta modificación es trasladada a las agresiones sexuales a menores de dieciséis años en el artículo 181.5.e) del Código Penal.

En la circunstancia 7.ª del artículo 180.1 del Código Penal se sustituye el término «autor» por el de «persona responsable», a fin de evitar una indeseada falta de aplicación de esta circunstancia. También, en este caso, se introduce la modificación en el artículo 181 del Código Penal.

Se añaden dos apartados en el artículo 181, lo que supone su renumeración. Se excluyen del tipo atenuado las agresiones sexuales a los menores de dieciséis años de edad cuando la víctima tenga anulada su capacidad, al igual que sucede en los casos de víctimas mayores de esa edad.

Para asegurar una más adecuada protección a los menores de edad, se recuperan las penas con las que se castigaban los delitos agravados contra la libertad sexual a menores de dieciséis años en la redacción anterior a la Ley Orgánica 10/2022, de 6 de septiembre, que son más proporcionadas en relación con las formas de violencia sexual a un menor de edad.

Finalmente, se corrige la omisión del tratamiento de la concurrencia de dos o más circunstancias agravantes en las agresiones sexuales a menores de dieciséis años, de modo coherente con víctimas mayores de esa edad.

II

La Ley Orgánica 8/2021, de 4 de junio, de protección integral a la infancia y la adolescencia frente a la violencia, modificó el artículo 192.3 del Código Penal elevando el límite máximo de la pena de inhabilitación especial para cualquier profesión, oficio o actividades, sean o no retribuidos, que conlleve contacto regular y directo con personas menores de edad, accesoria de los delitos contra la libertad sexual, a veinte años en delitos menos graves y en un tiempo superior entre cinco y veinte años al de la duración de la pena de privación de libertad impuesta en la sentencia en los delitos graves. Además, amplió el ámbito de aplicación de esta pena accesoria a todos los delitos del Título VII del Libro II del Código Penal. Esta reforma, que se ha mantenido en los mismos términos por la Ley Orgánica 10/2022, de 6 de septiembre, ha traído como consecuencia indirecta, por efecto del artículo 14.3 de la Ley de Enjuiciamiento Criminal, la modificación del órgano de enjuiciamiento. Tras la entrada en vigor de la Ley

Orgánica 8/2021, de 4 de junio, la competencia para el enjuiciamiento de todos los delitos del Título VIII del Código Penal es de la Audiencia Provincial, lo que ha provocado un aumento considerable de los asuntos conocidos por estos órganos judiciales, que podría producir dilaciones en los enjuiciamientos en perjuicio de las víctimas y de su adecuada recuperación.

Es por ello necesaria la modificación del artículo 14.3 de la Ley de Enjuiciamiento Criminal para volver a atribuir a los Juzgados de lo Penal el conocimiento y fallo de aquellos delitos contra la libertad sexual de los que venían conociendo hasta la entrada en vigor de la Ley Orgánica 8/2021, de 4 de junio, limitando el catálogo de las penas que determinan la competencia en estos delitos para circunscribirlas únicamente a las penas de prisión o multa.

III

La disposición final séptima de la Ley Orgánica 10/2022, de 6 de septiembre, modificó el artículo 10 de la Ley Orgánica 5/2000, de 12 de enero, reguladora de la responsabilidad penal de los menores, ampliando el ámbito del apartado 2 de dicho precepto a todos los delitos contra la libertad sexual de los artículos 178 a 183 del Código Penal, ambos inclusive, lo que produce un problema de coordinación con los artículos 8.2, 9.2 y 10.2 de la Ley Orgánica 5/2000, de 12 de enero, imponiendo a los menores de edad, en algunos casos, penas más graves que a los mayores de edad. Además, el artículo 10 reitera lo que ya se dice en el artículo 7.5 de la misma Ley. Se procede en esta ley orgánica, en consecuencia, a su corrección.

Disposición transitoria primera. Legislación aplicable.

1. Los delitos cometidos hasta el día de la entrada en vigor de esta ley orgánica se juzgarán conforme a la legislación penal vigente en el momento de su comisión. No obstante lo anterior, se aplicará esta ley orgánica, una vez que entre en vigor, si las disposiciones de la misma son más favorables para el reo, aunque los hechos hubieran sido cometidos con anterioridad a su entrada en vigor.

2. Para la determinación de cuál sea la ley más favorable se tendrán en cuenta las penas que corresponderían al hecho enjuiciado con la aplicación de las normas completas del Código Penal en su redacción anterior a esta ley orgánica y las del Código Penal modificadas por la presente ley orgánica y, en su caso, la posibilidad de imponer medidas de seguridad.

3. En todo caso, será oído el reo.

Disposición transitoria segunda. Revisión de sentencias.

1. El Consejo General del Poder Judicial, en el ámbito de las competencias que le atribuye el artículo 98 de la Ley Orgánica 6/1985, de 1 de julio, del Poder Judicial, podrá asignar la revisión de las sentencias firmes dictadas antes de la vigencia de esta ley a uno o varios de los Juzgados de lo Penal o secciones de las

Audiencias Provinciales dedicados en régimen de exclusividad a la ejecución de sentencias penales.

Dichos jueces o tribunales procederán a revisar las sentencias firmes y en las que el penado esté cumpliendo efectivamente la pena, aplicando la disposición más favorable considerada taxativamente y no por el ejercicio del arbitrio judicial.

En las penas privativas de libertad no se considerará más favorable esta ley orgánica cuando la duración de la pena anterior impuesta al hecho con sus circunstancias sea también imponible con arreglo a esta reforma del Código. Se exceptúa el supuesto en que esta ley orgánica contenga para el mismo hecho la previsión alternativa de una pena no privativa de libertad; en tal caso, deberá revisarse la sentencia.

2. No se revisarán las sentencias en que el cumplimiento de la pena esté suspendido, sin perjuicio de hacerlo en caso de que se revoque la suspensión y antes de proceder al cumplimiento efectivo de la pena suspendida.

La misma regla se aplicará si el penado se encuentra en periodo de libertad condicional. Tampoco se revisarán las sentencias en que, con arreglo a la redacción anterior de los artículos del Código Penal a la presente ley orgánica, corresponda exclusivamente pena de multa.

3. No serán revisadas las sentencias en que la pena esté ejecutada o suspendida, aunque se encuentren pendientes de ejecutar otros pronunciamientos del fallo, así como las ya totalmente ejecutadas, sin perjuicio de que el juez o tribunal que en el futuro pudiera tenerlas en cuenta a efectos de reincidencia deba examinar previamente si el hecho en ellas penado ha dejado de ser delito o pudiera corresponderle una pena menor de la impuesta en su día, conforme a esta ley orgánica.

4. En los supuestos de indulto parcial, no se revisarán las sentencias cuando la pena resultante que se halle cumpliendo el condenado se encuentre comprendida en un marco imponible inferior respecto a esta ley orgánica.

Disposición transitoria tercera. Reglas de invocación de la normativa aplicable en materia de recursos.

En las sentencias dictadas conforme a legislación anterior a la entrada en vigor de esta ley orgánica, y que no sean firmes por estar pendientes de recurso, se observarán, una vez producida la entrada en vigor de esta ley, las siguientes reglas:

a) Si se trata de un recurso de apelación, las partes podrán invocar y el juez o tribunal aplicará de oficio los preceptos de esta ley orgánica, cuando resulten más favorables al reo.

b) Si se trata de un recurso de casación, aún no formalizado, el recurrente podrá señalar las infracciones legales basándose en los preceptos de esta ley orgánica.

c) Si, interpuesto recurso de casación, estuviera sustanciándose, se pasará de nuevo al recurrente, de oficio o a instancia de parte, por el término de ocho días, para que adapte, si lo estima procedente, los motivos de casación alegados a los preceptos de esta ley orgánica, y del recurso así modificado se instruirán las partes interesadas, el fiscal y el magistrado ponente, continuando la tramitación conforme a derecho.

d) En todo caso, serán oídas las partes personadas.

Disposición transitoria cuarta. Procedimientos penales en tramitación.

La modificación del artículo 14 de la Ley de Enjuiciamiento Criminal será de aplicación a los procesos en tramitación a la entrada en vigor de la presente ley orgánica salvo que ya se hubiere dictado auto de apertura de juicio oral.

Disposición final primera. Modificación de la Ley de Enjuiciamiento Criminal, aprobada por Real Decreto de 14 de septiembre de 1882.

Se modifica el apartado 3 del artículo 14 de la Ley de Enjuiciamiento Criminal, aprobada por Real Decreto de 14 de septiembre de 1882, que queda redactado como sigue:

«3. Para el conocimiento y fallo de las causas por delitos a los que la ley señale pena privativa de libertad de duración no superior a cinco años o pena de multa cualquiera que sea su cuantía, o cualesquiera otras de distinta naturaleza, bien sean únicas, conjuntas o alternativas, siempre que la duración de estas no exceda de diez años, así como por delitos leves, sean o no incidentales, imputables a los autores de estos delitos o a otras personas, cuando la comisión del delito leve o su prueba estuviesen relacionadas con aquellos, el Juez de lo Penal de la circunscripción donde el delito fue cometido, o el Juez de lo Penal correspondiente a la circunscripción del Juzgado de Violencia sobre la Mujer, en su caso, o el Juez Central de lo Penal en el ámbito que le es propio, sin perjuicio de la competencia del Juez de Instrucción de Guardia del lugar de comisión del delito para dictar sentencia de conformidad, del Juez de Violencia sobre la Mujer competente, en su caso, en los términos establecidos en el artículo 801, así como de los Juzgados de Instrucción competentes para dictar sentencia.

No obstante, en los delitos comprendidos en el Título VIII del Libro II del Código Penal, a los solos efectos de determinar la competencia para el enjuiciamiento, se tendrán en cuenta únicamente las penas de prisión o de multa, correspondiendo al Juez de lo Penal de la circunscripción donde el delito fue cometido, o al Juez de lo Penal correspondiente a la circunscripción del Juzgado de Violencia sobre la Mujer, en su caso, el conocimiento y fallo de los delitos para los que la ley señale pena privativa de libertad de duración no superior a cinco años o pena de multa cualquiera que sea su cuantía.»

Disposición final segunda. Modificación de la Ley Orgánica 5/2000, de 12 de enero, reguladora de la responsabilidad penal de los menores.

Se modifica el apartado 2 del artículo 10 de la Ley Orgánica 5/2000, de 12 de enero, reguladora de la responsabilidad penal de los menores, que queda redactado en la forma siguiente:

«2. Cuando el hecho sea constitutivo de alguno de los delitos tipificados en los artículos 138, 139, 178, apartados 2 y 3, 179, 180, 181, apartados 2, 4, 5 y 6, y 571 a 580 del Código Penal, o de cualquier otro delito que tenga señalada en dicho Código o en las leyes penales especiales pena de prisión igual o superior a quince años, el Juez deberá imponer las medidas siguientes:

a) Si al tiempo de cometer los hechos el menor tuviere catorce o quince años de edad, una medida de internamiento en régimen cerrado de uno a cinco años de duración, complementada en su caso por otra medida de libertad vigilada de hasta tres años.

b) Si al tiempo de cometer los hechos el menor tuviere dieciséis o diecisiete años de edad, una medida de internamiento en régimen cerrado de uno a ocho años de duración, complementada en su caso por otra de libertad vigilada con asistencia educativa de hasta cinco años. En este supuesto solo podrá hacerse uso de las facultades de modificación, suspensión o sustitución de la medida impuesta a las que se refieren los artículos 13, 40 y 51.1 de esta ley orgánica, cuando haya trascurrido, al menos, la mitad de la duración de la medida de internamiento impuesta.»

Disposición final tercera. Disposiciones con carácter de ley ordinaria.

Tienen carácter de ley ordinaria la disposición transitoria cuarta y la disposición final primera.

Disposición final cuarta. Entrada en vigor.

La presente ley orgánica entrará en vigor el día siguiente de su publicación en el «Boletín Oficial del Estado».

ANEXO XIII
LO 1/2024, DE 10 DE JUNIO, DE AMNISTÍA PARA LA NORMALIZACIÓN INSTITUCIONAL, POLÍTICA Y SOCIAL EN CATALUÑA

PREÁMBULO

I

Toda amnistía se concibe como una figura jurídica dirigida a excepcionar la aplicación de normas plenamente vigentes, cuando los actos que hayan sido declarados o estén tipificados como delito o determinantes de cualquier otro tipo de responsabilidad se han producido en un contexto concreto.

Esta facultad legislativa se configura en el ordenamiento como un medio adecuado para abordar circunstancias políticas excepcionales que, en el seno de un Estado de Derecho, persigue la consecución de un interés general, como puede ser la necesidad de superar y encauzar conflictos políticos y sociales arraigados, en la búsqueda de la mejora de la convivencia y la cohesión social, así como de una integración de las diversas sensibilidades políticas.

Es, por tanto, una institución que articula una decisión política mediante una ley aprobada por el Parlamento como expresión del papel otorgado por la Constitución a las Cortes Generales, que se erigen como el órgano encargado de representar a la soberanía popular en los poderes constituidos y configurar libremente la voluntad general a través del ejercicio de la potestad legislativa por los cauces preestablecidos.

La amnistía ha sido utilizada en numerosas ocasiones en nuestra tradición jurídica. No es una vía novedosa, cuenta con numerosos precedentes en España. El más importante, pero no el único, es la Ley de Amnistía de 1977 (Ley 46/1977, de 15 de octubre).

Además, se reconoce en el orden constitucional de buena parte de los países de nuestro entorno geográfico e influencia jurídica. Así, está prevista expresamente en los textos constitucionales de Italia, Francia o Portugal, que han aplicado esta medida en diversas ocasiones, siendo la más reciente la Ley 38-A/2023, de 2 de agosto, de Portugal, que amnistía a todos los jóvenes de entre dieciséis y treinta años por la comisión de determinados delitos, con motivo de la visita del Papa Francisco a dicho país.

También existen otras normas constitucionales de países europeos que, si bien no mencionan expresamente la amnistía, como en el caso de Alemania, Bélgica, Irlanda o Suecia, ello no ha impedido que se afirmara su constitucionalidad. Desde la Segunda Guerra Mundial se han promulgado más de medio centenar de estas leyes en los citados países, considerando la propia doctrina que una amnistía es aplicable en el Estado constitucional en circunstancias de especial crisis política.

Desde la perspectiva del derecho de la Unión Europea, la institución de la amnistía está perfectamente homologada. Destacan en este sentido, por ejemplo, la Decisión Marco del Consejo, de 13 de junio de 2002, relativa a la orden de detención europea y a los procedimientos de entrega entre Estados miembros, cuyo artículo 3 prevé que cuando el delito esté cubierto por la amnistía en el Estado miembro de ejecución se denegará la orden de detención europea. Más recientemente, también el Acuerdo de comercio y cooperación entre la Unión Europea y la Comunidad Europea de la Energía Atómica, por una parte, y el Reino Unido de Gran Bretaña e Irlanda del Norte, cuyo artículo 600 contiene una previsión similar a la mencionada anteriormente.

Coherentemente, el Tribunal de Justicia de la Unión Europea, en su sentencia de 29 de abril de 2021, dictada en el asunto C-665/20 PPU, no solo reconoce la posibilidad de la existencia de amnistías, sino que, además, establece que la misma «tiene por finalidad despojar de su carácter delictivo a los hechos a los que se aplica, de tal modo que el delito ya no pueda dar lugar al ejercicio de acciones penales y, en caso de que ya se haya impuesto una condena, que se ponga fin a su ejecución, implica por tanto, en principio, que la sanción impuesta ya no pueda ejecutarse». Y más recientemente, en su sentencia de 16 de diciembre de 2021, dictada en el asunto C-203/20, el mismo tribunal ha establecido la posibilidad de archivar diligencias penales y de poner fin a las penas, basándose en resoluciones judiciales dictadas al amparo de una amnistía resultante de un procedimiento de índole legislativa.

En esa misma línea, el Tribunal Europeo de Derechos Humanos ha reconocido la validez y oportunidad política de la amnistía, fijando como límite las graves violaciones de los derechos humanos, por tratarse de hechos que no pueden quedar al margen de la obligación de los Estados de enjuiciarlos y sancionarlos (entre otras, la sentencia de 27 de mayo de 2014 de la Gran Sala, dictada en el caso Marguš contra Croacia).

Y, por su parte, tanto el Consejo de Europa como la Comisión Europea para la Democracia, mediante el Derecho (Comisión de Venecia), también han dejado clara la validez de medidas como la amnistía y su compatibilidad con las decisiones judiciales, tanto en la Recomendación CM/Rec (2010)12 como en la Opinión 710/2012 CDL-AD (2013) 009, emitida en la sesión plenaria del 8 y 9 de marzo del año 2013.

II

La presente ley orgánica amnistía los actos que hayan sido declarados o estuvieran tipificados como delitos o como conductas determinantes de responsabilidad administrativa o contable, vinculados a la consulta celebrada en Cataluña el 9 de noviembre de 2014 y al referéndum de 1 de octubre de 2017 (declarados ambos inconstitucionales en las sentencias del Tribunal Constitucional 31/2015, de 25 de febrero, y 114/2017, de 17 de octubre), que se hubiesen realizado entre el 1 de noviembre de 2011, cuando comenzaron a desarrollarse los hechos del proceso independentista, y el 13 de noviembre de 2023. La amnistía abarca no solo la organización y celebración de la consulta y el referéndum, sino también otros posibles ilícitos que guardan una profunda conexión con los mismos, como pueden ser, a modo de ejemplo, los actos preparatorios, las diferentes acciones de protesta para permitir su celebración o mostrar oposición al procesamiento o condena de sus responsables, incluyendo también la asistencia, colaboración, asesoramiento o representación de cualquier tipo, protección y seguridad a los responsables, así como todos los actos objeto de la presente ley que acreditan una tensión política, social e institucional que esta norma aspira a resolver de acuerdo con las facultades que la Constitución confiere a las Cortes Generales.

Los hechos enmarcados en el denominado proceso independentista, impulsado por las fuerzas políticas al frente de las instituciones de la Generalitat de Catalunya (President, Parlament y Govern) y apoyados por parte de la sociedad civil, así como los representantes políticos al frente de un buen número de los ayuntamientos de Catalunya, tuvieron como precedente el intenso debate sobre el futuro político de Catalunya abierto a raíz de la sentencia del Tribunal Constitucional 31/2010, de 28 de junio. Además, desembocaron en una serie de movilizaciones intensas y sostenidas en el tiempo, así como en mayorías parlamentarias independentistas.

Estos hechos comportaron una tensión institucional que dio lugar a la intervención de la Justicia y una tensión social y política que provocó la desafección de una parte sustancial de la sociedad catalana hacia las instituciones estatales, que todavía no ha desaparecido y que es reavivada de forma recurrente cuando se manifiestan las múltiples consecuencias legales que siguen teniendo, especialmente en el ámbito penal.

En este tiempo, las Cortes Generales han tenido un papel preponderante a la hora de configurar la respuesta de la soberanía popular a ese proceso independentista. Un papel que esta ley orgánica reafirma al reconocer su competencia y legitimidad para hacer una evaluación de la situación política y promover una serie de soluciones que deben ofrecerse en cada contexto, de acuerdo con el interés general.

Así, con esta ley orgánica de amnistía las Cortes Generales acuden de nuevo a un mecanismo constitucional que refuerza el Estado de Derecho para dar una respuesta adecuada más de diez años después del comienzo del proceso independentista, cuando ya se han superado los momentos más acusados de la crisis y toca establecer las bases para garantizar la convivencia de cara al futuro. De esta manera, al asumir las Cortes Generales esta decisión de política legislativa no solo no invaden otros espacios, sino que, muy al contrario y en uso de sus competencias, asumen la mejor vía de las posibles para abordar, desde la política, un conflicto político.

La aprobación de esta ley orgánica se entiende, por tanto, como un paso necesario para superar las tensiones referidas y eliminar algunas de las circunstancias que provocan la desafección que mantiene alejada de las instituciones estatales a una parte de la población. Unas consecuencias, además, que podrían agravarse en los próximos años a medida que se sustancien procedimientos judiciales que afectan no solo a los líderes de aquel proceso (que son los menos), sino también a los múltiples casos de ciudadanos e incluso a empleados públicos que ejercen funciones esenciales en la administración autonómica y local y cuyo procesamiento y eventual condena e inhabilitación produciría un trastorno grave en el funcionamiento de los servicios en la vida diaria de sus vecinos y, en definitiva, en la convivencia social. Así pues, la consecución del objetivo de esta norma pasa por finalizar la ejecución de las condenas y los procesos judiciales que afectan a todas las personas, sin excepción, que participaron en el proceso independentista.

Con la aprobación de esta ley orgánica, por tanto, lo que el legislador pretende es excepcionar la aplicación de normas vigentes a unos hechos acontecidos en el contexto del proceso independentista catalán en aras del interés general, consistente en garantizar la convivencia dentro del Estado de Derecho, y generar un contexto social, político e institucional que fomente la estabilidad económica y el progreso cultural y social tanto de Cataluña como del conjunto de España, sirviendo al mismo tiempo de base para la superación de un conflicto político.

Además, y en relación directa con lo anterior, debe tenerse presente que en nuestro ordenamiento constitucional no tiene cabida un modelo de democracia militante, esto es, un modelo en el que se imponga no ya el respeto, sino la adhesión positiva al ordenamiento. Las metas a perseguir dentro del marco constitucional son plurales. No obstante, todos los caminos deben transitar dentro del ordenamiento jurídico nacional e internacional.

Así, esta amnistía no puede interpretarse como un alejamiento de nuestro marco legal. Muy al contrario, es una herramienta que lo fortalece y mira hacia el futuro, devolviendo al debate parlamentario las divisiones que siguen tensando las costuras de la sociedad, mediante una renuncia al ejercicio del ius puniendi por razones de utilidad social que se fundamenta en la consecución de un interés superior: la convivencia democrática.

Esta ley orgánica es un paso más en un camino difícil, pero a la vez valiente y reconciliador; una demostración de respeto a la ciudadanía y de que la aplicación de la legalidad es necesaria, pero, en ocasiones, no es suficiente para resolver un conflicto político sostenido en el tiempo. Por tanto, esta amnistía constituye una decisión política adoptada bajo el principio de justicia en el entendimiento de que los instrumentos con los que cuenta un Estado de Derecho no son, ni deben ser, inamovibles; toda vez que es el Derecho el que está al servicio de la sociedad y no al contrario, y que por tanto este debe tener la capacidad de actualizarse adaptándose al contexto de cada momento.

III

El contexto jurídico y político en el que se aprueba esta amnistía es muy diferente de aquel en el que se aprobaron las dos últimas normas que implementaron esta medida en nuestro país: el Real Decreto-ley 10/1976, de 30 de julio, sobre amnistía, y la Ley 46/1977, de 15 de octubre, de Amnistía. En ese momento, formaban parte del conjunto de actos con los que se pretendía poner fin a una larga dictadura para iniciar la construcción de un Estado social y democrático de Derecho en el marco de la Unión Europea, presidido por el reconocimiento de un amplio elenco de derechos fundamentales y por la división de poderes. Hoy, en el año 2023, España se caracteriza por ser una democracia y un Estado de Derecho, en el que el principio de legalidad, el principio democrático y el respeto a los derechos fundamentales se configuran como pilares esenciales.

Desde el año 1978, España cuenta con un texto constitucional homologable al de los países de nuestro entorno, que garantiza los derechos fundamentales individualmente considerados y preserva los derechos ideológicos y políticos de todos, y que establece para los poderes públicos la obligación de interpretar las normas relativas a los derechos fundamentales y a las libertades de conformidad con la Declaración Universal de Derechos Humanos y los tratados y acuerdos internacionales ratificados, tal y como reconoce la propia Constitución.

De acuerdo con este marco, una ley de amnistía solo puede fundamentarse en la solidez del sistema democrático, que demuestra así su capacidad de conciliación a través de un acto soberano de las Cortes Generales, cuya legitimidad encuentra fundamento en dos pilares de distinta naturaleza: por un lado, la constitucionalidad de la medida y, por otro, la necesidad de abordar una situación excepcional en pro del interés general, apostando por un futuro de entendimiento, diálogo y negociación entre las distintas sensibilidades políticas, ideológicas y nacionales. Una sociedad que pretende avanzar desde un punto de vista democrático debe tener la capacidad de favorecer y ubicar entre sus prioridades la convivencia, el diálogo, el respeto y el eventual entendimiento entre las diferentes posiciones y reivindicaciones políticas democráticas.

Y es que, en coherencia con el Convenio Europeo de Derechos Humanos y con la Carta Europea de Derechos Fundamentales, es necesario recordar que la Constitución española de 1978 consagra el pluralismo político como uno de los valores superiores de nuestro ordenamiento jurídico (artículo 1), configura los partidos políticos como cauce de expresión de la voluntad popular y como instrumento fundamental para la participación política (artículo 6), proclama el principio de legalidad, la seguridad jurídica y la interdicción de la arbitrariedad de los poderes públicos (artículo 9) y garantiza el derecho fundamental a la libertad ideológica (artículo 16), así como los derechos a la libertad de expresión y de información (artículo 20), el derecho de reunión y manifestación pacífica y sin armas (artículo 21) y el derecho de asociación (artículo 22). A partir de estos presupuestos, se da una adecuada articulación con los principios y valores superiores del texto constitucional, especialmente teniendo en cuenta que la Constitución de 1978 se integra en la tradición liberal-democrática que ha alumbrado los Estados sociales y democráticos de Derecho contemporáneos. Ello exige que valores como el pluralismo político, la justicia y la igualdad presidan el fundamento, la finalidad, el ámbito y las condiciones de una ley de amnistía.

Este es el marco jurídico general en el que se concibe la presente ley de amnistía, en el claro entendimiento de que, si bien no hay democracia fuera del Estado de Derecho, es necesario crear las condiciones para que la política, el diálogo y los cauces parlamentarios sean los protagonistas en la búsqueda de soluciones a una cuestión política con una presencia recurrente en nuestra historia. Se trata, pues, de utilizar cuantos instrumentos estén en manos del Estado para procurar la normalización institucional tras un periodo de grave perturbación, así como seguir favoreciendo el diálogo, el entendimiento y la convivencia. Este proceso está inspirado, además, por la interpretación que ofrece el Tribunal Constitucional sobre las obligaciones políticas de los poderes públicos al decir que «la Constitución no aborda ni puede abordar expresamente todos los problemas que se pueden suscitar en el orden constitucional [...]. Por ello, los poderes públicos y muy especialmente los poderes territoriales que conforman nuestro Estado autonómico son quienes están llamados a resolver mediante el diálogo y la cooperación los problemas que se desenvuelven en este ámbito» (sentencia 42/2014, de 24 de marzo).

IV

La constitucionalidad de la amnistía fue declarada por el Tribunal Constitucional, en su sentencia 147/1986, de 25 de noviembre, a propósito precisamente de la aplicación de la Ley 46/1977. En este pronunciamiento, se afirma taxativamente que «no hay restricción constitucional directa sobre esta materia».

La Constitución no prohíbe la institución jurídica de la amnistía, sino solo una manifestación concreta del derecho de gracia, como son los indultos generales, que cuentan con una naturaleza jurídica muy diferente a la que es propia de una ley orgánica de amnistía, al ser el indulto una prerrogativa del Poder Ejecutivo. La propia sentencia 147/1986 abunda en esta cuestión al afirmar que «es erróneo razonar sobre el indulto y la amnistía como figuras cuya diferencia es meramente cuantitativa, pues se hallan entre sí en una relación de diferenciación cualitativa».

Parece razonable entender que el constituyente de 1978 no prohibió la institución de la amnistía porque, entre otras razones, ello hubiera implicado la derogación del ya mencionado Real Decreto-ley 10/1976, de 30 de julio, y la Ley 46/1977, de 15 de octubre, que constituyeron el punto de partida del pacto constitucional y sin las cuales no hubiera sido posible la Transición Democrática ni el amplio consenso parlamentario y social que avalaron e hicieron posible que la Constitución española de 1978 viera la luz. Esta circunstancia se revela evidente en la jurisprudencia, toda vez que el Tribunal Supremo ha afirmado de forma taxativa que la Ley 46/1977 es «una ley vigente cuya eventual derogación correspondería, en exclusiva, al Parlamento» (sentencia 101/2012, de 27 de febrero).

Todo ello nos permite inferir que la amnistía, lejos de ser una figura inconstitucional, forma parte del pacto fundacional de la democracia española y se presenta como una facultad de las Cortes Generales, en las que está representado todo el pueblo español, titular de la soberanía nacional. De esta manera, a quien se halla legitimado para tipificar o destipificar una determinada conducta se le reconoce, en lógica consecuencia, la facultad de amnistiar esos mismos hechos sin otros límites que los que directamente dimanen de la Constitución.

Cabe subrayar que la amnistía no afecta al principio de separación de poderes ni a la exclusividad de la jurisdicción prevista en el artículo 117 de la Constitución porque, como reza su propio texto, el Poder Judicial está sometido al imperio de la ley y es precisamente una ley con valor de orgánica la que, dentro de los parámetros antes expuestos, prevé los supuestos de exención de la responsabilidad, correspondiendo a los jueces y tribunales, así como al Tribunal de Cuentas o a las autoridades administrativas que sigan o hubieran seguido las diligencias, procesos, expedientes y causas a las que afecten los actos amnistiados, su aplicación a cada caso concreto.

Lo anterior es así tal cual se ha venido reconociendo implícitamente en nuestro ordenamiento jurídico que, con normalidad, incorpora en distintos preceptos la figura de la amnistía.

Entre la legislación estatal cabría destacar, por ejemplo, el artículo 666.4.ª del Real Decreto de 14 de septiembre de 1882 por el que se aprueba la Ley de Enjuiciamiento Criminal, donde se prevé la amnistía como una de las causas que obligan al sobreseimiento. Así como toda una serie de normas que han sido aprobadas desde los años 80, como (i) el artículo 16 del Real Decreto 796/2005, de 1 de julio, por el que se aprueba el Reglamento general de régimen disciplinario del personal al servicio de la Administración de Justicia; (ii) el artículo 163 del Real Decreto 1608/2005, de 30 de diciembre, por el que se aprueba el Reglamento Orgánico del Cuerpo de Secretarios Judiciales; (iii) el artículo 108 del Real Decreto 429/1988, de 29 de abril, por el que se aprueba el Reglamento Orgánico del Cuerpo de Secretarios Judiciales; (iv) el artículo 88 del Real Decreto 2003/1986, de 19 de septiembre, por el que se aprueba el Reglamento Orgánico de los Cuerpos Oficiales, Auxiliares y Agentes de la Administración de Justicia; y (v) el artículo 19 del Real Decreto 33/1986, de 10 de enero, por el que se aprueba el Reglamento de Régimen Disciplinario de los Funcionarios de la Administración del Estado, en los que se prevé que la responsabilidad disciplinaria de los integrantes de estos cuerpos puede extinguirse, entre otras causas, por la amnistía. O la exposición de motivos y el artículo 2 de la más reciente Ley 20/2022, de 19 de octubre, de Memoria Democrática, donde se reconoce que la Ley de 46/1977, de 15 de octubre, de Amnistía, forma parte de las leyes plenamente vigentes del Estado español.

En la normativa autonómica también encontramos referencias a la amnistía como causa de extinción de responsabilidad disciplinaria en normas aprobadas desde los años 90, por ejemplo, (i) el artículo 144 del Decreto Legislativo 1/2020, de 22 de julio, por el que se aprueba el texto refundido de la Ley de Policía del País Vasco; (ii) el artículo 57.4 de la Ley Foral 8/2007, de 23 de marzo, de las Policías de Navarra; (iii) el artículo 89.1 de la Ley 6/1989, de 6 de julio, de la Función Pública Vasca; (iv) el artículo 64 de la Ley 6/2005, de 3 de junio, de coordinación de las Policías Locales de las Illes Balears; (v) el artículo 78.1 de la Ley del Parlament de Cataluña 10/1994, de 11 de julio, de la Policía de la Generalitat; o (vi) el artículo 58.1 de la Ley del Parlament de Cataluña 16/1991, de 10 de julio, de las Policías Locales.

Por último, cabe destacar que la amnistía se contempla en más de treinta acuerdos internacionales suscritos por España en materia de traslado de personas condenadas o extradiciones, teniendo más de veinte de ellos rango de tratado o convenio internacional, lo que implica una revisión previa sobre su plena constitucionalidad.

<h2 style="text-align:center">V</h2>

El Tribunal Constitucional no solo ha dejado clara la constitucionalidad de las leyes de amnistía con carácter general, sino que, con ocasión de la amnistía aprobada en 1977, ha establecido los requisitos para que una ley de estas características pueda ser válida en nuestro ordenamiento jurídico. En este sentido, ha insistido en que este tipo de normas, como el resto del ordenamiento jurídico, han de ajustarse a los principios constitucionales (sentencias 28/1982, de 26 de mayo; 63/1983, de 20 de julio; 116/1987, de 7 de julio, entre otras).

En este mismo sentido, cabe destacar que el Consejo de Estado, cuyo cometido es también el examen de la constitucionalidad de los proyectos de disposiciones generales, en su Dictamen 895/2005, emitido con ocasión de la tramitación del ya citado Real Decreto 796/2005, por el que se aprueba el Reglamento disciplinario del personal al servicio de la Administración de Justicia, no efectuó reproche alguno a la inclusión de la amnistía como causa de extinción de la responsabilidad disciplinaria (artículo 16).

Pues bien, declarada su constitucionalidad, solo cabe entender esta opción legislativa en el marco de las leyes singulares, respecto de las que el Tribunal Constitucional ha venido sosteniendo su excepcionalidad, pero también su conformidad con el texto constitucional al afirmar que «el dogma de la generalidad de la ley no es obstáculo insalvable que impida al legislador dictar, con valor de ley, preceptos específicos para supuestos únicos o sujetos concretos» (sentencia 166/1986, de 19 de diciembre). Esta jurisprudencia se ha mantenido en el tiempo y, décadas después, nuestro intérprete supremo ha seguido afirmando que «el concepto de ley presente en la Constitución no impide la existencia de leyes singulares» (sentencia 129/2013, de 4 de junio).

Ahora bien, la regulación ad casum que supone toda ley singular, solo supera el canon constitucional de igualdad cuando se trata de normas «dictadas en atención a un supuesto de hecho concreto y singular, que agotan su contenido y eficacia en la adopción y ejecución de la medida tomada por el legislador ante ese supuesto de hecho, aislado en la Ley singular» (sentencia del Tribunal Constitucional 129/2013, de 4 de junio). Este es precisamente el parámetro de constitucionalidad que cumple la presente ley orgánica de amnistía, toda vez que su objeto y ámbito se dirige a un grupo concreto de destinatarios y agota su contenido en la adopción de la medida para un supuesto de hecho singular, en este caso el conjunto de actos vinculados, de diversas formas, al ya mencionado proceso independentista, que quedan acotados material y temporalmente.

En efecto, el principio de igualdad no implica la necesidad de dar un alcance universal a los efectos de la amnistía, sino a que no existan discriminaciones entre personas que se encuentren comprendidas en el supuesto habilitante de la norma (en este caso, los actos determinantes de distintos tipos de responsabilidad en relación con el proceso independentista). Y ello porque, como ha dejado claro el máximo intérprete de la Constitución, el principio de igualdad debe aplicarse cuando exista «identidad sustancial de las situaciones jurídicas», sin que se pueda «trabar comparación [...] entre situaciones jurídicas que en origen no han sido equiparadas por las propias normas que las crean» (sentencia 194/1999, de 25 de octubre), atendiendo para ello al principio de justificación y razonabilidad (sentencias 62/1982, de 15 de octubre; 112/1996, de 24 de junio; 102/1999, de 31 de mayo). Esta ley orgánica respeta, por tanto, el principio de igualdad en la medida en que el ámbito de aplicación se identifica de forma objetiva y justificada, de acuerdo a valores constitucionales, y sin que arbitrariamente se excluyan de la misma supuestos con una identidad sustancial.

Enmarcada la presente ley orgánica de amnistía en la categoría de ley singular y definida la situación excepcional a la que pretende dar respuesta, se inspira, como no puede ser de otra manera, en los principios de razonabilidad, proporcionalidad y adecuación.

La razonabilidad de la misma se vincula a la justificación objetiva y razonable de su singularidad, que se enmarca en la necesidad de superar, como ya se ha puesto de manifiesto, la situación de alta tensión política que vivió la sociedad catalana de forma especialmente intensa desde finales de 2011. Se consagra así legalmente la voluntad de avanzar en el camino del diálogo político y social necesario para la cohesión y el progreso de la sociedad catalana, en el entendimiento de que el refuerzo de la convivencia justifica la presente ley de amnistía, que supone un punto de inflexión, con la finalidad de superar obstáculos y mejorar la convivencia avanzando hacia la plena normalización de una sociedad plural que aborda los principales debates sobre su futuro mediante el diálogo, la negociación, y los acuerdos democráticos. De esta manera, se devuelve la resolución del conflicto político a los cauces de la discusión política.

La proporcionalidad de la ley deriva de la concreción del elenco de actos que hayan sido declarados o estén tipificados como delitos y conductas que se amnistían y de su necesaria vinculación con los actos realizados en un periodo de tiempo acotado por la ley. De este modo, se elude una referencia genérica e imprecisa, evitando que la amnistía pueda abarcar otro tipo de actos no conectados directamente con el proceso independentista y las consecuencias de este, cuya exoneración no tendría cabida dentro del fundamento sobre el que se erige esta medida.

Todo ello conecta con el principio de adecuación y con la finalidad que pretende la norma, vinculada al mandato de optimización que se deriva del artículo 9 de la Constitución y que se dirige a todos los poderes públicos, pero particularmente al legislador, que es quien configura los tipos penales, quien los deroga y quien aprueba, como es el caso, una ley de amnistía con una finalidad legítima y constitucional. Finalidad, además, que, debido a su naturaleza jurídica o a la diversidad de situaciones procesales vigentes en el momento de la promulgación de esta norma, no podría lograrse con otro tipo de figuras legales como la concesión de indultos o la reforma del Código Penal.

Por otra parte, el carácter de ley singular que excepciona la aplicación de normas vigentes a los hechos acontecidos en un determinado contexto en aras del interés general deberá conllevar que los órganos judiciales que estuvieran conociendo del procedimiento en el momento de la aprobación de esta ley alcen de inmediato las medidas restrictivas de derechos que hubieran sido adoptadas, incluso en aquellos casos en los que se produzca una eventual suspensión del procedimiento judicial. Esto es así toda vez que cualquier limitación del ejercicio de los derechos y libertades debe respetar siempre los requisitos establecidos en el Convenio Europeo para la Protección de los Derechos Humanos y las Libertades Fundamentales, la Carta de los Derechos Fundamentales de la Unión Europea y la Constitución Española, garantizando una base legal sólida para las restricciones a los derechos y libertades.

Esta previsión es coherente con el régimen establecido para la cuestión de inconstitucionalidad del artículo 163 de la Constitución y la cuestión prejudicial del artículo 267 de Tratado de Funcionamiento de la Unión Europea. Y, además, cabe recordar que el eventual planteamiento de los mecanismos regulados en estos preceptos no afecta a la vigencia o eficacia de las leyes.

Es, por tanto, la fuerza normativa de los derechos la que obliga, de conformidad con el principio de legalidad, a que el mantenimiento de cualquier medida restrictiva de derechos acordada por los órganos judiciales deba contar, en todo momento –y, por tanto, también durante la pendencia, en su caso, de los citados procedimientos– con el debido sustento legal.

En conclusión, esta ley busca proporcionar seguridad jurídica, el respeto por el principio de legalidad y un marco legal para la protección imparcial de los derechos fundamentales, teniendo en cuenta las recomendaciones de la Comisión de Venecia que, en su opinión de 2013, enfatizaba la importancia de mantener una distinción clara entre el poder legislativo y el judicial en la implementación de la amnistía, asegurando el respeto por la autonomía judicial y los principios democráticos.

VI

Esta ley consta de 16 artículos, divididos en tres títulos y tres disposiciones finales.

El Título I delimita el ámbito objetivo de la amnistía. A estos efectos, primero describe los actos tipificados como delito o determinantes de responsabilidad administrativa o contable ejecutados en el contexto del proceso independentista catalán y vinculados, de una u otra forma, a la consulta del 9 de noviembre de 2014 y al referéndum del 1 de octubre de 2017, declarados ambos inconstitucionales, que quedan exonerados, delimitando el marco temporal en el que deben haberse producido desde el 1 de noviembre de 2011 hasta el 13 de noviembre de 2023.

Después identifica los actos delictivos a los que, en todo caso, no resultará de aplicación esta amnistía, en el entendido de que no todo hecho ni delito puede ni merece ser amnistiado.

Esta aproximación, que en todo caso es abstracta, ya que en ningún caso implica una valoración acerca de la existencia de hechos susceptibles de ser incardinados en cada una de dichas exclusiones, es imprescindible conforme a lo señalado por la Comisión de Venecia del Consejo de Europa en su opinión de 11 de marzo de 2013, adoptada en su 94.ª sesión plenaria. De manera que corresponde al poder legislativo el establecimiento de los criterios para ser beneficiado por la amnistía y corresponde al poder judicial identificar a las concretas personas comprendidas en el ámbito de aplicación establecido por el legislador.

Sobre este punto, cabe señalar que la identificación abstracta de determinadas exclusiones es un requisito necesario para que esta norma se incardine plenamente en los estándares internacionales sobre los actos inamnistiables que se han ido configurando a través de la jurisprudencia internacional, especialmente europea, y que responden a los principios básicos del derecho internacional y del derecho europeo en materia de derechos humanos.

Esta Ley de amnistía ha sido diseñada, por tanto, en coherencia con los compromisos europeos e internacionales en materia de derechos humanos, siguiendo directrices de tratados y organismos internacionales como el Pacto Internacional de Derechos Civiles y Políticos y el Convenio Europeo para la Protección de los Derechos Humanos. Se destaca la incorporación de exclusiones específicas para garantizar el cumplimiento de los estándares internacionales y responder a la jurisprudencia relevante, particularmente en lo que respecta a violaciones graves de derechos humanos, reflejando las posiciones del Tribunal Europeo de Derechos Humanos en casos como Marguš c. Croacia. Por todo ello se excluyen del ámbito de la ley los actos que constituyen graves violaciones de derechos humanos, tomando también en consideración las directrices del Consejo de Europa sobre la impunidad de violaciones graves de derechos humanos. Asimismo, se siguen las recomendaciones de la Oficina de las Naciones Unidas contra la Droga y el Delito, distinguiendo entre infracciones graves y otras acciones que, sin cumplir con ciertos requisitos formales, no son necesariamente excluidas de la amnistía.

Este enfoque refleja un compromiso con la protección de los derechos fundamentales, equilibrando la amnistía con el respeto por los derechos humanos y los compromisos internacionales de España.

Un ejemplo de lo anterior es la referencia a los hechos previstos en el artículo 3 de la Directiva (UE) 2017/541 del Parlamento Europeo y del Consejo, de 15 de marzo de 2017, relativa a la lucha contra el terrorismo, o con el artículo 3 del Convenio Europeo de Derechos Humanos, que prohíbe la tortura y las penas o tratos inhumanos o degradantes, que son un límite infranqueable. No obstante, conviene recordar que no todo acto degradante tiene encaje en dicho precepto, pues para ello se precisa que la acción, además de ser ilícita, alcance un nivel mínimo de gravedad. Así, de acuerdo con la jurisprudencia del Tribunal Europeo de Derechos Humanos, para que el acto sea considerado degradante con arreglo al artículo 3 del mencionado convenio, usualmente será preciso que las lesiones corporales ocasionadas o el sufrimiento experimentado por la víctima revistan cierta intensidad o, en todo caso, sean capaces de quebrar la resistencia moral o física de una persona. Se opta por un criterio restrictivo de exclusiones en la aplicación de la presente ley, debido a que determinadas conductas podrían generar confusión con otros delitos, lo que sucedería en algunas acciones comprendidas en el Capítulo VII del Título XXII del Libro II del Código Penal.

De acuerdo con las directrices de la Comisión de Venecia, se ha establecido una definición precisa y detallada para los actos susceptibles de ser amnistiados, con el fin de garantizar la seguridad jurídica y la igualdad ante la ley. Esto resulta crucial, en particular, al abordar los delitos de malversación, diferenciando claramente entre las acciones que pueden ser amnistiadas y los actos de corrupción, a los que no es aplicable tal medida.

La presente norma especifica que sólo los actos de malversación dirigidos a los fines mencionados en la ley pueden acogerse a ella, excluyendo expresamente aquellos que implican un enriquecimiento personal o beneficio patrimonial.

En este sentido sólo podrán beneficiarse de la amnistía aquellos actos en que los fondos públicos se destinaron a la preparación, realización y consecuencias de las consultas del 9 de noviembre de 2014 y el referéndum del 1 de octubre de 2017, así como los que se destinaron a reivindicar, promover o procurar la independencia de Cataluña.

Sobre el artículo 1.1, conviene precisar que el hecho de que la presente ley extienda la amnistía a las acciones delictivas que pudieran haberse ejecutado en la defensa de la legalidad y del orden constitucional no supone demérito o reproche alguno para los colectivos concernidos. En ningún caso implica la criminalización de los funcionarios que intervinieron en defensa del orden público, pues la presunción de inocencia es un principio básico de nuestro ordenamiento jurídico. Lejos de ello, persigue aliviar la situación procesal de los encausados y con ello las tensiones derivadas de unos hechos que se enmarcaron en un determinado momento y como consecuencia de las tensiones existentes entonces y a lo largo de más de diez años. Asimismo, la presente ley aspira a sentar unas sólidas bases para, de una vez por todas, continuar mitigando las consecuencias de un conflicto que jamás debió producirse y que, a pesar de los pasos de los últimos años, aún sigue latente.

El Título II describe los efectos de la exoneración de responsabilidad que supone la aprobación de esta medida en el ámbito penal, administrativo y contable. Asimismo, dedica un artículo a concretar las consecuencias que se derivan de dicha exoneración para los empleados públicos. Y, por último, determina que la amnistía no dará derecho a percibir indemnización alguna, ni dará lugar a la restitución de las cantidades abonadas en concepto de multa o sanción salvo las satisfechas por imposición de sanciones leves o graves al amparo de la Ley Orgánica 4/2015, de 30 de marzo, de protección de la seguridad ciudadana, siempre que concurran para ello criterios de proporcionalidad según estime la Administración que impuso la sanción, ni exonerará la responsabilidad civil frente a particulares.

Y, por último, el Título III identifica la competencia para aplicar esta amnistía a cada caso concreto y describe el procedimiento en el orden penal y contencioso-administrativo, así como en el ámbito administrativo y contable, estableciendo un plazo de prescripción de cinco años para que los afectados puedan solicitar la amnistía aquí reconocida. Adicionalmente, se reconoce la posibilidad de interponer los recursos que en Derecho procedan contra las resoluciones que se dicten en aplicación de esta ley.

Por su parte, la disposición final segunda tiene por objeto modificar el artículo 130 del Código Penal para incluir expresamente la amnistía como un supuesto de extinción de responsabilidad criminal, en línea con las previsiones que ya contiene la Ley de Enjuiciamiento Criminal. La disposición final primera tiene por objeto modificar el artículo 39 de la Ley Orgánica 2/1982, de 12 de mayo, del Tribunal de Cuentas, para adaptarlo a la entrada en vigor de la presente ley. Y la disposición final tercera determina que esta ley entrará en vigor el día de su publicación en el «Boletín Oficial del Estado».

Por todo lo expuesto, y atendiendo al ámbito penal de esta regulación (artículo 149.1.6.ªCE) y a su afección a derechos fundamentales (artículo 81.1 CE), las Cortes Generales aprueban la siguiente ley orgánica.

TÍTULO I
ÁMBITO OBJETIVO Y EXCLUSIONES

Artículo 1. Ámbito objetivo.

1[1183]. Quedan amnistiados los siguientes actos determinantes de responsabilidad penal, administrativa o contable, ejecutados en el marco de las consultas celebradas en Cataluña el 9 de noviembre de 2014 y el 1 de octubre de 2017, de su preparación o de sus consecuencias, siempre que hubieren sido realizados entre los días 1 de noviembre de 2011 y 13 de noviembre de 2023, así como las siguientes acciones ejecutadas entre estas fechas en el contexto del denominado proceso independentista catalán, aunque no se encuentren relacionadas con

---

[1183] Declarado inconstitucional pero no nulo por STC 137/2025, de 26 de junio de 2025 (ECLI:ES:TC:2025:137), según la cual "las disposiciones de la ley han de entenderse aplicables, con las mismas condiciones, límite y requisitos que sus normas establecen a quienes realizaron actos amnistiables con la finalidad de oponerse a la secesión o independencia de Cataluña o a la celebración de las referidas consultas" (Fundamento Jurídico 8.3.5. Efectos de la declaración de inconstitucionalidad). En consecuencia, el párrafo 1.1. debe interpretarse en el sentido antedicho.

Art. 1

las referidas consultas o hayan sido realizadas con posterioridad a su respectiva celebración:

a) Los actos cometidos con la intención de reivindicar, promover o procurar la secesión o independencia de Cataluña, así como los que hubieran contribuido a la consecución de tales propósitos.

En todo caso, se entenderán comprendidos en este supuesto los actos tipificados como delitos de usurpación de funciones públicas o de malversación, únicamente cuando estén dirigidos a financiar, sufragar o facilitar la realización de cualesquiera de las conductas descritas en el primer párrafo de esta letra, directamente o a través de cualquier entidad pública o privada, siempre que no haya existido propósito de enriquecimiento, así como cualquier otro acto tipificado como delito que tuviere idéntica finalidad.

También se entenderán comprendidas en este supuesto aquellas actuaciones desarrolladas, a título personal o institucional, con el fin de divulgar el proyecto independentista, recabar información y adquirir conocimiento sobre experiencias similares o lograr que otras entidades públicas o privadas prestaran su apoyo a la consecución de la independencia de Cataluña.

Asimismo, se entenderán comprendidos aquellos actos, vinculados directa o indirectamente al denominado proceso independentista desarrollado en Cataluña o a sus líderes en el marco de ese proceso, y realizados por quienes, de forma manifiesta o constatada, hubieran prestado asistencia, colaboración, asesoramiento de cualquier tipo, representación, protección o seguridad a los responsables de las conductas a las que se refiere el primer párrafo de esta letra, o hubieran recabado información a estos efectos.

b) Los actos cometidos con la intención de convocar, promover o procurar la celebración de las consultas que tuvieron lugar en Cataluña el 9 de noviembre de 2014 y el 1 de octubre de 2017 por quien careciera de competencias para ello o cuya convocatoria o celebración haya sido declarada ilícita, así como aquellos que hubieran contribuido a su consecución.

En todo caso, se entenderán comprendidos en este supuesto los actos tipificados como delitos de usurpación de funciones públicas o de malversación, únicamente cuando estén dirigidos a financiar, sufragar o facilitar la realización de cualesquiera de las conductas descritas en el párrafo anterior, siempre que no haya existido propósito de enriquecimiento, así como cualquier otro acto tipificado como delito que tuviere idéntica finalidad.

c) Los actos de desobediencia, cualquiera que sea su naturaleza, desórdenes públicos, atentado contra la autoridad, sus agentes y los funcionarios públicos o resistencia que hubieran sido ejecutados con el propósito de permitir la celebración de las consultas populares a que se refiere la letra b) del presente artículo o sus consecuencias, así como cualesquiera otros actos tipificados como delitos realizados con idéntica intención.

En todo caso, se entenderán comprendidos en este supuesto los actos tipificados como delitos de prevaricación o cualesquiera otros actos que hubieran consistido en la aprobación o ejecución de leyes, normas o resoluciones por autoridades o funcionarios públicos que hayan sido realizados con el propósito de permitir, favorecer o coadyuvar a la celebración de las consultas populares a que se refiere la letra b) del presente artículo.

También quedarán amnistiados los actos de desconsideración, crítica o agravio vertidos contra las autoridades y funcionarios públicos, los entes e instituciones públicas, así como sus símbolos o emblemas, incluidos los actos llevados a cabo a través de la prensa, de la imprenta, de un medio de comunicación social, de internet o mediante el uso de redes sociales y servicios de la sociedad de la información equivalentes, así como en el curso de manifestaciones, asambleas, obras o actividades artísticas o educativas u otras de similar naturaleza que tuvieran por objeto reivindicar la independencia de Cataluña o la celebración de las consultas a las que se refiere la letra b) o prestar público apoyo a quienes hubieran ejecutado los actos amnistiados con arreglo a esta ley.

d) Los actos de desobediencia, cualquiera que sea su naturaleza, desórdenes públicos, atentado contra la autoridad, sus agentes y los funcionarios públicos, resistencia u otros actos contra el orden y la paz pública que hubieran sido ejecutados con el propósito de mostrar apoyo a los objetivos y fines descritos en las letras precedentes o a los encausados o condenados por la ejecución de cualesquiera de los delitos comprendidos en el presente artículo.

e) Las acciones realizadas en el curso de actuaciones policiales dirigidas a dificultar o impedir la realización de los actos determinantes de responsabilidad penal o administrativa comprendidos en este artículo.

f) Los actos cometidos con el propósito de favorecer, procurar o facilitar cualesquiera de las acciones determinantes de responsabilidad penal, administrativa o contable contempladas en los apartados anteriores del presente artículo, así como cualesquiera otros que fueran materialmente conexos con tales acciones.

2. Los actos determinantes de responsabilidad penal, administrativa o contable amnistiados en virtud del apartado 1 de este artículo lo serán cualquiera que sea su grado de ejecución, incluidos los actos preparatorios, y cualquiera que fuera la forma de autoría o participación.

3. Los actos cuya realización se hubiera iniciado antes del día 1 de noviembre de 2011 únicamente se entenderán comprendidos en el ámbito de aplicación de la presente ley cuando su ejecución finalizase con posterioridad a esa fecha[1184].

Los actos cuya realización se hubiera iniciado antes del día 13 de noviembre de 2023 también se entenderán comprendidos en el ámbito de aplicación de la presente ley aunque su ejecución finalizase con posterioridad a esa fecha.

4. No se considerará enriquecimiento la aplicación de fondos públicos a las finalidades previstas en los apartados a) y b) cuando, independientemente de su adecuación al ordenamiento jurídico, no haya tenido el propósito de obtener un beneficio personal de carácter patrimonial.

[1184] Segundo párrafo declarado inconstitucional y nulo por STC 137/2025, de 26 de junio de 2025 (ECLI:ES:TC:2025:137).

Art. 2

Artículo 2. Exclusiones.

En todo caso, quedan excluidos de la aplicación de la amnistía prevista en el artículo 1:

a) Los actos dolosos contra las personas que hubieran producido un resultado de muerte, aborto o lesiones al feto, la pérdida o la inutilidad de un órgano o miembro, la pérdida o inutilidad de un sentido, la impotencia, la esterilidad o una grave deformidad.

b) Los actos tipificados como delitos de torturas o de tratos inhumanos o degradantes con arreglo al artículo 3 del Convenio para la Protección de los Derechos Humanos y de las Libertades Fundamentales, a excepción de aquellos tratos que no superen un umbral mínimo de gravedad por no resultar idóneos para humillar o degradar a una persona o mostrar una disminución de su dignidad humana, o para provocar miedo, angustia o inferioridad de una forma capaz de quebrar su resistencia moral y física.

c) Los actos que por su finalidad puedan ser calificados como terrorismo, según la Directiva (UE) 2017/541 del Parlamento Europeo y del Consejo, de 15 de marzo de 2017, relativa a la lucha contra el terrorismo y, a su vez, hayan causado de forma intencionada graves violaciones de derechos humanos, en particular las reguladas en los artículos 2 y 3 del Convenio Europeo para la Protección de los Derechos Humanos y de las Libertades Fundamentales, y en el derecho internacional humanitario.

d) Los actos tipificados como delitos en cuya ejecución hubieran sido apreciadas motivaciones racistas, antisemitas, antigitanas u otra clase de discriminación referente a la religión y creencias de la víctima, su etnia o raza, su sexo, edad, orientación o identidad sexual o de género, razones de género, de aporofobia o de exclusión social, la enfermedad que padezca o su discapacidad, con independencia de que tales condiciones o circunstancias concurrieran de forma efectiva en la persona sobre la que recayó la conducta.

e) Los actos tipificados como delitos que afectaran a los intereses financieros de la Unión Europea.

f) Los actos tipificados como delitos de traición y contra la paz o la independencia del Estado y relativos a la Defensa Nacional del Título XXIII del Libro II del Código Penal, siempre que se haya producido tanto una amenaza efectiva y real como un uso efectivo de la fuerza en contra de la integridad territorial o la independencia política de España en los términos establecidos en la Carta de las Naciones Unidas o en la Resolución 2625 (XXV) de la Asamblea General de Naciones Unidas de 24 de octubre de 1970, que contiene la declaración relativa a los principios de derecho internacional referentes a las relaciones de amistad y a la cooperación entre los Estados de conformidad con la Carta de las Naciones Unidas.

g) Los actos tipificados como delitos contra la Comunidad Internacional comprendidos en el Título XXIV del Libro II del Código Penal.

TÍTULO II
EFECTOS

Artículo 3. Extinción de la responsabilidad penal, administrativa o contable.

La amnistía declarada en virtud de la presente ley produce la extinción de la responsabilidad penal, administrativa o contable, en los términos previstos en este Título.

Artículo 4. Efectos sobre la responsabilidad penal.

Sin perjuicio de lo dispuesto en el artículo 163 de la Constitución y en el artículo 267 del Tratado de Funcionamiento de la Unión Europea, tras la entrada en vigor de esta ley:

a) El órgano judicial que esté conociendo de la causa ordenará la inmediata puesta en libertad de las personas beneficiarias de la amnistía que se hallaran en prisión ya sea por haberse decretado su prisión provisional o en cumplimiento de condena.

Así mismo, acordará el inmediato alzamiento de cualesquiera medidas cautelares de naturaleza personal o real que hubieran sido adoptadas por las acciones u omisiones comprendidas en el ámbito objetivo de la presente ley, con la única salvedad de las medidas de carácter civil a las que se refiere el artículo 8.2.

b) El órgano judicial que esté conociendo de la causa procederá a dejar sin efecto las órdenes de busca y captura e ingreso en prisión de las personas a las que resulte de aplicación esta amnistía, así como las órdenes nacionales, europeas e internacionales de detención.

c) La suspensión del procedimiento penal por cualquier causa no impedirá el alzamiento de aquellas medidas cautelares que hubieran sido acordadas con anterioridad a la entrada en vigor de la presente ley y que implicasen la privación del ejercicio de derechos fundamentales y libertades públicas.

d) El órgano judicial que esté conociendo de la causa procederá a dar por finalizada la ejecución de todas las penas privativas de libertad, privativas de derechos y multa, que hubieran sido impuestas con el carácter de pena principal o de pena accesoria, y que tuvieran su origen en acciones u omisiones que hubieran sido amnistiadas.

e) Las penas privativas de libertad total o parcialmente cumplidas no podrán ser abonadas en otros procedimientos penales para el caso de que los actos que motivaron la condena ejecutada resulten amnistiados en aplicación de esta ley. Idéntica regla se aplicará en relación con los periodos de prisión preventiva no seguidos de condena a causa de la entrada en vigor de la presente ley.

f) Se procederá a la eliminación de antecedentes penales derivados de la condena por el acto delictivo amnistiado.

Artículo 5. Efectos sobre la responsabilidad administrativa.

1. El órgano administrativo competente acordará el archivo definitivo de todo procedimiento administrativo incoado al objeto de hacer efectivas las responsabilidades administrativas en que se hubiera incurrido.

2. Se procederá a la eliminación del Registro Central de Infracciones contra la Seguridad Ciudadana de las infracciones y sanciones derivadas de los procedimientos administrativos objeto de la presente ley de amnistía.

3. Se procederá al alzamiento de las medidas cautelares de cualquier tipo adoptadas en el procedimiento administrativo, sin perjuicio de aquellas medidas que deban mantenerse a efectos de satisfacer la responsabilidad civil prevista en el artículo 8.2 de esta ley, devolviéndose, en su caso, las cantidades que hayan sido consignadas.

Artículo 6. Efectos sobre los empleados públicos.

1. Se procederá a la reintegración en la plenitud de sus derechos activos y pasivos de los empleados públicos sancionados o condenados, así como a la reincorporación de los mismos a sus respectivos cuerpos, si hubieran sido separados de ellos.

2. Los empleados públicos no tendrán derecho a recibir ningún haber por el tiempo en que no hubieran prestado un servicio efectivo, pero será reconocida su antigüedad como si no hubiera habido interrupción en la prestación de los servicios.

3. Se procederá a la eliminación de las notas desfavorables en las hojas de servicio por cualquier otra razón que no fuera la sanción, incluso cuando la persona sancionada hubiera fallecido o causado baja por enfermedad.

Artículo 7. Efectos sobre indemnizaciones y restituciones.

1. La amnistía de un acto determinante de responsabilidad penal, administrativa o contable no dará derecho a percibir indemnización de ninguna clase ni generará derechos económicos de ningún tipo en favor de persona alguna.

2. Tampoco dará derecho a la restitución de las cantidades abonadas en concepto de multa, salvo las satisfechas por imposición de sanciones al amparo de la Ley Orgánica 4/2015, de 30 de marzo, de protección de la seguridad ciudadana, con excepción de las impuestas por infracciones muy graves, siempre que, a criterio de la Administración que impuso la sanción, se estime que concurren para ello criterios de proporcionalidad.

Artículo 8. Efectos sobre la responsabilidad civil y contable.

1. Quedarán extinguidas las responsabilidades civiles y contables derivadas de los actos descritos en el artículo 1.1 de esta ley, incluidas las que estén siendo objeto de procedimientos tramitados ante el Tribunal de Cuentas, salvo aquellas que ya hubieran sido declaradas en virtud de sentencia o resolución administrativa firme y ejecutada.

2. Sin perjuicio de lo establecido en el apartado anterior, la amnistía otorgada dejará siempre a salvo la responsabilidad civil que pudiera corresponder

por los daños sufridos por los particulares, que no se sustanciará ante la jurisdicción penal.

3. Se procederá al alzamiento de las medidas cautelares acordadas en fase de actuaciones previas o de primera instancia previstas en los artículos 47 y 67 de la Ley 7/1988, de 5 de abril, de Funcionamiento del Tribunal de Cuentas.

Artículo 9. Competencia para la aplicación de la amnistía.

1. La amnistía de actos tipificados como delitos será aplicada por los órganos judiciales determinados en el artículo 11 de esta ley, de oficio o a instancia de parte o del Ministerio Fiscal y, en todo caso, previa audiencia del Ministerio Fiscal y de las partes.

2. La amnistía de las conductas que constituyan infracciones de naturaleza administrativa o que sean determinantes de responsabilidad contable corresponderá aplicarla a los órganos competentes para el inicio, tramitación o resolución de los procedimientos que se sigan por tales conductas, según el estado en que se encuentren, previa audiencia del interesado.

3. Solo podrá entenderse amnistiado un acto determinante de responsabilidad penal, administrativa o contable concreto cuando así haya sido declarado por resolución firme dictada por el órgano competente para ello con arreglo a los preceptos de esta ley.

Artículo 10. Tramitación preferente y urgente.

La aplicación de la amnistía en cada caso corresponderá a los órganos judiciales, administrativos o contables determinados en la presente ley, quienes adoptarán, con carácter preferente y urgente, las decisiones pertinentes en cumplimiento de esta ley, cualquiera que fuera el estado de tramitación del procedimiento administrativo o del proceso judicial o contable de que se trate.

Las decisiones se adoptarán en el plazo máximo de dos meses, sin perjuicio de los ulteriores recursos, que no tendrán efectos suspensivos.

Artículo 11. Procedimiento en el ámbito penal.

1. La amnistía se aplicará por los órganos judiciales en cualquier fase del proceso penal.

2. De aplicarse durante la fase de instrucción o la fase intermedia se decretará el sobreseimiento libre, previa audiencia del Ministerio Fiscal y de las partes, por el órgano judicial competente con arreglo al artículo 637.3.º de la Ley de Enjuiciamiento Criminal.

3. De aplicarse durante la fase de juicio oral el órgano judicial que estuviera conociendo del enjuiciamiento dictará auto de sobreseimiento libre o, en su caso, sentencia absolutoria, previo cumplimiento de los siguientes trámites:

a) Las partes y el Ministerio Fiscal podrán proponer la aplicación de la amnistía como artículo de previo pronunciamiento de acuerdo con lo dispuesto en el artículo 666.4.ª de la Ley de Enjuiciamiento Criminal, con arreglo a lo establecido en el Título II del Libro III de la Ley de Enjuiciamiento Criminal o, en su caso, en el artículo 786 de la misma ley.

b) También podrán las partes y el Ministerio Fiscal interesar su aplicación en cualquier momento del juicio oral o al formular sus conclusiones definitivas.

c) Cuando las partes o el Ministerio Fiscal no interesaran la aplicación de la amnistía, el órgano judicial deberá hacerlo de oficio, previa audiencia del Ministerio Fiscal y de las partes, si concurrieran los presupuestos para ello, dictando a tal efecto auto de sobreseimiento libre o, en su caso, sentencia absolutoria.

4. En el caso de sentencias que no hubieran adquirido firmeza, se observarán las siguientes reglas:

a) Si el recurso contra la sentencia aún no se hubiera sustanciado, las partes y el Ministerio Fiscal podrán invocar al interponerlo los preceptos de la presente ley e interesar que los delitos atribuidos a la persona encausada se declaren amnistiados.

b) Si el recurso contra la sentencia se estuviera sustanciando, el tribunal, de oficio o a instancia de parte o del Ministerio Fiscal, les dará audiencia por un plazo de cinco días para que se pronuncien sobre si consideran amnistiados todos o alguno de los delitos que constituyen objeto del procedimiento con arreglo a los preceptos de la presente ley.

c) En todo caso, al resolver el recurso contra la sentencia, el tribunal declarará de oficio que los actos tipificados como delitos cometidos por la persona encausada quedan amnistiados cuando concurran los presupuestos para ello en aplicación de la presente ley.

5. De aplicarse durante la fase de ejecución de las penas, los órganos judiciales a los que correspondió el enjuiciamiento en primera instancia revisarán las sentencias firmes en aplicación de la presente ley, incluso en el supuesto de que la pena impuesta estuviera suspendida o la persona condenada se hallara en libertad condicional.

6. La concesión de un indulto total o parcial con anterioridad a la entrada en vigor de la presente ley no impedirá la revisión de la sentencia firme.

7. No se revisarán las resoluciones judiciales firmes que hubieran apreciado la extinción de la responsabilidad criminal a causa de la prescripción del delito con arreglo al artículo 130.1.6 del Código Penal.

8. El alzamiento de cualesquiera medidas cautelares, incluidas las órdenes de busca y captura e ingreso en prisión, así como de las órdenes de detención, corresponderá al órgano judicial que, en cada momento, venga conociendo de la causa.

Artículo 12. Procedimiento en el ámbito contencioso-administrativo.

1. En los procedimientos tramitados ante la jurisdicción contencioso-administrativa que tengan por objeto la revisión de resoluciones administrativas de imposición de sanciones por actos determinantes de responsabilidad administrativa o contable, la aplicación de la amnistía, cuando concurran los presupuestos establecidos para ello en la presente ley, corresponderá a los órganos judiciales ante los cuales se esté tramitando el recurso contencioso-administrativo, en cualquier fase del proceso.

2. Una vez recibido el expediente administrativo y en cualquier momento previo al del dictado de la sentencia, el juzgado o sala, de oficio o a instancia de parte, aplicará la amnistía previa audiencia de las partes y dictará sentencia declarando la nulidad sobrevenida del acto administrativo impugnado.

3. Cuando el procedimiento ya haya sido resuelto por sentencia que no hubiera adquirido firmeza, se observarán las siguientes reglas:

a) Si el recurso aún no se hubiera interpuesto, las partes podrán invocar al formularlo los preceptos de la presente ley e interesar que se aplique la amnistía y se declare la nulidad sobrevenida del acto administrativo.

b) Si el recurso estuviera pendiente de resolución, el tribunal competente para resolverlo, de oficio o a instancia de parte, dará audiencia por un plazo de cinco días para que las partes se pronuncien sobre si consideran de aplicación la amnistía y la consiguiente declaración de nulidad sobrevenida del acto.

c) En todo caso, al resolver el recurso, el tribunal aplicará la amnistía y declarará la nulidad sobrevenida del acto impugnado cuando concurran los presupuestos de la presente ley.

4. Si al tiempo en que hubiera de aplicarse la amnistía hubiera recaído sentencia firme, se aplicará el procedimiento previsto en el artículo 102 de la Ley 29/1998, de 13 de julio, de la Jurisdicción Contencioso-administrativa.

Artículo 13. Procedimiento en el ámbito contable.

1. La amnistía se aplicará por el Tribunal de Cuentas en cualquier fase del proceso.

2[1185]. En las actuaciones previas previstas en los artículos 45, 46 y 47 de la Ley 7/1988, de 5 de abril, de Funcionamiento del Tribunal de Cuentas, se dictarán las correspondientes resoluciones declarando el archivo de las actuaciones, previa audiencia del Ministerio Fiscal y de las entidades del sector público per-

---

[1185] Declarado inconstitucional pero no nulo por STC 137/2025, de 26 de junio de 2025 (ECLI:ES:TC:2025:137) en su Fundamento Jurídico 20.4.3, según la cual "aun cuando la redacción legal pudiera interpretarse de formas diversas, incluida una interpretación no ajustada a la Constitución, cabe un entendimiento de los apartados 2 y 3 del art. 13 de la Ley de amnistía que no impide oír a todas las partes ni articular un trámite que les permita formular las alegaciones que consideren convenientes sobre la aplicación de la amnistía a los hechos susceptibles de generar responsabilidad contable, conforme, por tanto, con el art. 24 CE. Ese entendimiento viene avalado por el conglomerado normativo aplicable según la propia Ley de amnistía, cuyas disposiciones, además, no agotan el régimen procesal de los incidentes en los que se dirima la posibilidad de amnistiar, sino que aportan sucintas reglas que deben integrarse en los distintos procedimientos en los que inciden y hacerlo siempre de manera respetuosa con el art. 24 CE.

En virtud de lo razonado, el motivo de inconstitucionalidad debe descartarse en tanto que la exégesis del precepto como no obstativa a la audiencia de todas las partes del procedimiento contable resulta posible, pues, sin forzamiento textual que lo impida y en línea con las previsiones de la Ley de amnistía, supone una comprensión respetuosa con el derecho de defensa y la prohibición de indefensión (art. 24 CE)".

En consecuencia, el párrafo ha de interpretarse en el sentido de que "la referencia expresa a la audiencia del Ministerio Fiscal y las entidades del sector público perjudicadas no excluye la preceptiva audiencia al resto de partes".

judicadas por el menoscabo de los caudales o efectos públicos relacionados con los hechos amnistiados, cuando estas no se hayan opuesto.

3[1186]. Si el proceso de exigencia de responsabilidad contable tramitado por el Tribunal de Cuentas se hallara en fase de primera instancia o de apelación, los órganos competentes de dicho Tribunal, previa audiencia del Ministerio Fiscal y de las entidades del sector público perjudicadas por el menoscabo de los caudales o efectos públicos relacionados con los hechos amnistiados, dictarán resolución absolviendo de responsabilidad contable a las personas físicas o jurídicas demandadas, cuando dichas entidades no se hayan opuesto.

Artículo 14. Procedimiento en el ámbito administrativo.

1. En los procedimientos que estén en la fase de instrucción en relación con la comisión de infracciones administrativas, la apreciación de la amnistía se realizará de oficio o a instancia de parte por el órgano administrativo competente, si concurrieran los presupuestos para ello, dictando a tal efecto la resolución de finalización del procedimiento y el archivo de las actuaciones.

2. De apreciarse la amnistía frente a actos administrativos firmes o durante la fase de ejecución de las sanciones, los órganos administrativos competentes procederán a revisar, de oficio o a instancia de parte, las resoluciones correspondientes.

3. En el caso de resoluciones que no hubieran adquirido firmeza por haber sido recurridas, el órgano competente para la resolución del recurso administrativo correspondiente declarará, de oficio o a instancia de parte, que los hechos objeto del procedimiento quedan amnistiados cuando concurran los presupuestos para ello en aplicación de la presente ley.

Artículo 15. Plazo para el reconocimiento de los derechos comprendidos en esta ley.

Las acciones para el reconocimiento de los derechos establecidos en esta ley estarán sujetas a un plazo de prescripción de cinco años.

Artículo 16. Recursos.

1. Contra las resoluciones que resuelvan sobre la extinción de la responsabilidad criminal o de las infracciones administrativas y contables en aplicación de la presente ley cabrá interponer los recursos previstos en el ordenamiento jurídico.

2. Frente a las resoluciones que resuelvan la revisión de sentencias o de resoluciones administrativas firmes cabrá interponer los mismos recursos que, en su caso, hubieran procedido contra la sentencia dictada en primera instancia.

[1186] Declarado inconstitucional pero no nulo por STC 137/2025, de 26 de junio de 2025 (ECLI:ES:TC:2025:137), en su Fundamento Jurídico 20.4.3, según lo reproducido en la nota anterior. En consecuencia, el párrafo ha de interpretarse en el sentido de que "la referencia expresa a la audiencia del Ministerio Fiscal y las entidades del sector público perjudicadas no excluye la preceptiva audiencia al resto de partes".

Disposición final primera. Modificación de la Ley Orgánica 2/1982, de 12 de mayo, del Tribunal de Cuentas.

Se modifica el artículo 39 de la Ley Orgánica 2/1982, de 12 de mayo, del Tribunal de Cuentas, que queda redactado con el siguiente tenor:

«Artículo treinta y nueve.

Uno. Quedarán exentos de responsabilidad quienes actuaren en virtud de obediencia debida, siempre que hubieren advertido por escrito la imprudencia o legalidad de la correspondiente orden, con las razones en que se funden.

Dos. Tampoco se exigirá responsabilidad cuando el retraso en la rendición, justificación o examen de las cuentas y en la solvencia de los reparos sea debido al incumplimiento por otros de sus obligaciones específicas, siempre que el responsable así lo haya hecho constar por escrito.

Tres. Quedarán exentos de responsabilidad quienes hubiesen cometido actos que hayan sido amnistiados en los términos en los que se establezca en la ley.»

Disposición final segunda. Modificación de la Ley Orgánica 10/1995, de 23 de noviembre, del Código Penal.

Se modifica el apartado 1 del artículo 130 del Código Penal, que queda redactado con el siguiente tenor:

«1. La responsabilidad criminal se extingue:

1.º Por la muerte del reo.

2.º Por el cumplimiento de la condena.

3.º Por la remisión definitiva de la pena, conforme a lo dispuesto en los apartados 1 y 2 del artículo 87.

4.º Por la amnistía o el indulto.

5.º Por el perdón de la persona ofendida, cuando se trate de delitos leves perseguibles a instancias de la persona agraviada o la ley así lo prevea. El perdón habrá de ser otorgado de forma expresa antes de que se haya dictado sentencia, a cuyo efecto la autoridad judicial sentenciadora deberá oír a la persona ofendida por el delito antes de dictarla.

En los delitos cometidos contra personas menores de edad o personas con discapacidad necesitadas de especial protección que afecten a bienes jurídicos eminentemente personales, el perdón de la persona ofendida no extingue la responsabilidad criminal.

6.º Por la prescripción del delito.

7.º Por la prescripción de la pena o de la medida de seguridad.»

Disposición final tercera. Entrada en vigor.

La presente ley entrará en vigor el mismo día de su publicación en el «Boletín Oficial del Estado».

ÍNDICE ANALÍTICO

A

Abandono de

Actividades delictivas, 376

Animales, 340 ter

Asistencia sanitaria, 196

Del cargo, 483

Del lugar del accidente, 382 bis.1

Destino, 407

Domicilio, 224

Familia, 226

Forzado del territorio español, 172 bis.2

Organización o grupo criminal (la), 570 quater, 4

Puesto de trabajo determinado por otro, 312

Subasta, 262

Trabajo en beneficio de la Comunidad, art. 49.7.ª

Tratamiento, 80.5

Un menor o persona con discapacidad, 229 y 230

Un servicio público, 409

Violencia (la), 90.8 y 92

Voluntario del terrorismo, 579 bis.3

Abasto

Animales de, 364. 2.2.º, 3.º y 4.º

Abogados

Del Estado, 305.4, 307 ter.3 y 308.6

Doble defensa, 467.1

Falso testimonio, 461.2

Impedir la asistencia de, 537

Influencia ilegítima en, 464.1

Intervención en procedimiento de suspensión de la pena de prisión permanente, 92

Obstaculizar el derecho a la asistencia de, 537

Obstrucción a la Justicia, 463.2 y 465.1

Prevaricación, 467.2

Que destruyen, inutilizan u ocultan documentos, 465

Revelación de secreto sumarial, 466.1

Aborto

Amenaza de, 169

Delito de, 144 y 573 bis1.3.ª

Penas accesorias, 48 y 57

Prescripción, 132

Abstinencia

Síndrome, 20.2.º

Abuso de

Cargo por funcionario en delitos contra la integridad moral, 175

Cargo por funcionario en estafa o fraude a la Seguridad Social, 438

Cargo por funcionario en tortura, 174

Confianza, 22.6.ª

El ejercicio de la función, 439 y ss.

Exención de pena a víctima, 177.11

Firma, 250.1.2.º y 292

Funciones públicas, 451.3.º b)

Función de abogado o procurador, 465.1

Las circunstancias personales en hurto, 235.1.6.º

Las relaciones personales en estafa, 250.1.6.º

Profesión u oficio, 107 y 369.1.1.ª

Situación de necesidad, 20.5.º, 177 bis.1, 178.2, 187, 188.1, 311.1.º, 315.1 y 607 bis.2.9.º

Situación mental, 178.2

Situación de vulnerabilidad, 172 ter.1.4.º, 177 bis.1, 178.2, 188.1, 268.1, y 607 bis.2.9.º

Superioridad, 22.2.ª, 173.1, 177 bis.1, 181.4.e), 184.2, 187.1, 188.1, 361 quinquies.2.3.ª y 607 bis.2.9.º

Acceso a

Datos o programas informáticos, 197, 197 bis y 264.3

Documentos restringidos o secretos, 414 y 415

Documentos o material que inciten al delito de odio, 510

Expedientes, 502.2

Información privilegiada, 285.1.4 y 5

Obras o prestaciones objeto de propiedad intelectual, 270.2.3 y 5.d)

Plenos de Corporación Local, 505.1

Servicios de radiodifusión sonora o televisiva, 286

Tercer grado, 36.4, 78 bis

Zonas restringidas sin autorización, 600

Acceso carnal, 179 y 181.4

Accidente

Abandono del lugar, 382 bis

De trabajo, 316 y 317

En delito de hurto, 235.1.6.º

Omisión del deber de socorro, 195.3

Acción

Civil, 119

De la Justicia, 31 ter

En delito de daños, 263.2.1.ª y 267

Militar del adversario, 613.1

Penal, 1.1, 4.2 y 3, 7, 10, 11, 12, 65.2, 74.1, 119, 177 bis.2, 189.7, 191.2, 201.3, 208, 215.2 y 3, 267, 286 quater, 293, 305.1 y 5, 306, 307, 307 ter.4, 308.7, 354.2, 382 bis.2, 467.2, 510.2.a), 557.2 y 611.8.º

Violenta por bandas armadas, 170.2

Acciones

Suscripción preferente en delito societario, 293

Acogimiento, 46, 55, 56.1.3.º, 57.2, 84.2, 149.2, 153, 171.4 y 5, 172.2, 173.2, 189.6 y 7, 192.3, 221.1, 226, 233.1, 577.1 y Disp. Adicional Segunda

Acometer

A auxiliadores de funcionario, 554.2

En caso de conflicto armado, 612.3.º
En delito de matrimonio forzado, 172 quater.4
En delitos contra la libertad e indemnidad sexual, 193
Impago de pensión, 227
Nocivos, 363.2
Oferta con omisión o alteración de requisitos, 363.1

Alojamiento
A bandas armadas o terroristas, 577.1
En caso de conflicto armado, 612.3.º

Alteración
De actividad deportiva, 286 bis
De actividad subvencionada, 308.2
De alimentos y bebidas, 363 y 364
De aparatos automáticos, 283
De aparatos contadores, 255.1.2.º
De armas, 564.2.1.ª
De conducciones de agua, gas o electricidad, 560.3
De datos, 197.2
De datos informáticos, 249.1.a) y 264.1
De documentación empresarial, 259.1.7.ª
De documento, 390.1.1.º
De edificios, 321 y 322
De equipos de comunicaciones, 286.2
De la paternidad, 220 a 222
De la paz pública, 510.4, 514, 557, 573.1.2.ª y 577
De la personalidad, 515.3.º
De la seguridad vial, 385
De la verdad, 460
De libros contables, 259.1
De lindes, 246
De medicamentos, 362
De moneda, 386
De precios, 262.1, 281 y 284
De prelación de créditos, 435
De pruebas en la Corte Penal Internacional, 471 bis
De señales o mojones, 246
De sepulturas, 526
De suministro o servicio, 560
De tarjetas de crédito y cheques de viaje, 399 bis.1
Del cuerpo, efectos o instrumentos del delito, 451.2.º
Del desarrollo de actividades con equipos productores de radiaciones, 342
Del funcionamiento de las Cámaras legislativas, 494
Del genotipo, 159
Del hábitat de la fauna, 334
Del hábitat de las plantas, 332
Del normal desarrollo de la vida cotidiana, 172 ter.1
Del orden, 561
Del orden constitucional, 571.3
En la percepción, 20.3.º, 103 a 106, 118 y Disp. Adicional Primera
Grave de la paz pública, 514.5, 557, 573.1.2.ª y 577
Por incendio de las condiciones de vida animal o vegetal, 353
Psíquica, 20.1.º, 101, 105 y 118

Alzamiento
De bienes, 257.1.º
De medidas, 85, 90.5, 92.3 y 99
Rebelión, 472 y 483
Delitos contra las Instituciones del Estado, 493 y 495

Allanamiento
De domicilio, por funcionarios, 534.1.1.º
De domicilio de una persona jurídica (desórdenes públicos), 557 bis
De morada, 132.1, 202 y ss. y disposición final segunda d)
De morada de la Familia Real, 490.1

Amenazas
A Diputados y Senadores, 498
A los ejércitos y fuerzas de seguridad, 504
A miembros de las Corporaciones Locales, 505.2
Al Consejo del Poder Judicial, 504.1
Al Consejo de Gobierno o al Tribunal Superior de Justicia de una Comunidad Autónoma, 504.1
A la Familia Real, 490.2
Al Gobierno, 504.1
Al Tribunal Constitucional, 504.1
Al Tribunal Supremo, 504.1
Con ocasión de conflicto armado, 611.1.º
Delitos de, 169 y ss.
En aborto, 144
En actos de culto, 523
En alteración de precios, 262 y 284
En delitos contra la Corona, 490
En delitos contra las instituciones del Estado, 498
En delitos de terrorismo, 573 y 573 bis.1.4.º
En desórdenes públicos, 557.6
En quebrantamiento de condena, 470.3. Expulsión de ciudadanos de la UE, 89.4
Leves, 171.7
Para alterar precios, 262 y 284
Para aterrorizar a la población civil, 611.1.º
Violencia doméstica, 171.4, 5 y 6

Amnistía, 130.1.4º

Analogía
A filiación, 221.1
A fraude procesal, 250.1.7.º
A intoxicación plena, 20.2.º
A la patria potestad, 46
A privación de empleo o cargo, 42
A relación de afectividad, 23, 57.2, 148, 153, 171.4, 172.2, 173.2, 197.7, 425, 443 y 454
A sociedad financiera o mercantil, 297
Arrebato u obcecación, 21.3.ª
Atenuante, 21.7.ª
En actos médicos, 609
En daños a bibliotecas, centros docentes, bienes de valor artístico, etc., 323 y 324
En honores, 42
En obras, 350
Ganzúas, 239.1

Instrumento tecnológico en robo, 239, II
Penas, Disposición Transitoria Undécima.1 l)
Prohibición, 4.1
Reincidencia, Disposición Transitoria Séptima

Animales
Abandono, 340 ter
Administración de sustancias prohibidas, 364.2.1.º
Caza o pesca, 334 a 337
Causarlos daño mediante sustancias o radiaciones, 343 y 345
Despacho de su carne contraviniendo reglamentos, 364.2.4.º
Domésticos y otros, 340 bis y ss.
Explotar instalaciones de modo que pueda causar daño a, 326 bis
Incendios forestales que alteren sus condiciones de vida, 353
Inhabilitación para su tenencia o comercio, 33.3 f) y 4 c), 39 b)
Maltrato a los, 340 bis.4
Participar en programas formativos de formación de, 83.1.6.ª
Realizar actividades sobre el medio ambiente que pueda causar daño a, 325 y 326
Sacrificio de, 364.2.2.º y 3.º

Ánimo de lucro
En delitos contra los animales, 340 bis.2.f)
En delitos relativos a la energía nuclear, 345.1
En delitos societarios, 291
En descubrimiento y revelación de secretos, 197.7
En el hurto, 234
En el robo, 237
En encubrimiento, 451.1.º
En equipos de telecomunicaciones, 286
En la apropiación indebida, 253 y 254
En la estafa, 248
En la extorsión, 243
En malversación, 432
En propiedad intelectual, 270.1
En receptación, 298
En tráfico ilegal o inmigración clandestina, 318 bis.2

Antecedentes penales
A efectos de reincidencia, 22.8.ª, 66.1.5.ª, 156 bis.10, 375 y 388
Cancelación de, 136
Para la suspensión de la pena, 80.2.1.ª
Publicidad, 136.4
Transcurrido el plazo de cancelación, no se tendrán en cuenta, 136.5

Anuncio
De medicamentos alterados, 362 bis
En delito de acoso por utilización de la imagen de una persona, 172 ter.5
En delito de intrusismo, 403

Aparatos contadores (alteración), 255.2.º

Apertura
De correspondencia o documentación, 603
De pozos, excavaciones, u obras de construcción, 350
Del domicilio de una persona jurídica, 203
Del procedimiento, 21.4.ª, 127 sexies y 426
En allanamiento de morada, 203.1
Mandos a distancia en robo, 239
Masa del concurso, 259.1.1.ª
Robo en establecimiento abierto al público fuera de las horas de, 241

Apoderamiento
De datos, 197
De materiales nucleares, 345 y 574.3
De naves, buques u otros medios de transporte, 573.1
En delitos relativos al mercado, 278
En conflicto armado de cosas sin interés militar, 613.1 g)
En piratería, 616 ter
En el robo, 237

Apología, 18.1.II

Aporofobia
Circunstancia genérica agravante, 22.4.º
En delito cometido con ocasión del ejercicio de derechos fundamentales, 511. 1 y 2, 512 y 515. 4.º
En discriminación contra trabajadores, 314

Aprehensión
A una persona para presentarla a la Autoridad, 163.4
De objeto, medios, bienes, instrumentos, etc., 127 sexies, 127 octies y 374.1.2.ª
De personas en delito de lesa humanidad, 607 bis.2.6.º

Apremio
Dificultar procedimiento en frustración en la ejecución, 257.1.2.º
En fraude a la seguridad social, 307 y 307 bis
En fraude fiscal, 305.7
Ilegítimo en delitos contra la libertad de conciencia, 522.1.º
Para abono de multa en la persona jurídica, 53.5

Apropiación
Cometida por funcionario, 432 y ss. y 534.1.2.º
De tarjetas de crédito o débito, cheques de viaje o cualquier otro instrumento de pago, 249.3
De vehículos de motor, 244
En malversación, 432 y 432 bis
Excusa absolutoria, 268
Indebida, 253 y ss. y 269

Aprovechamiento de las circunstancias
Agravante, 22.2.ª

Aranceles indebidos, 437

Árbitros
Cohecho, 423
De entidades deportivas, 286 bis.4
Negociaciones prohibidas, 440

Asociación (Véase «Actividades»)

Agravación de la pena por pertenencia, 177 bis.6, 187.2, 188.3, 189.2.f), 262.2, 271.c), 276. c), 318 bis.3, 369.1.2.º y 386.4

Colaboración con las autoridades de miembros de la, 376

Colaboración de los miembros de las terroristas, 90.8

Cumplimiento de la pena de trabajos comunitarios, 49.1.ª

Delitos contra una, 511.2

De carácter transitorio, 162, 187.4, 189.3.e), 262.2, 271.c), 276.c), 318 bis.4 y 386.4

Depósitos de armas, 569

Disolución de, por funcionario público, 539

Consecuencia accesoria, 129, 162, 262.2 y 386

Favorecimiento ilícito, 584

Ilícita, 515 y ss.

Internacionales o extranjeras, 592.1

Persona jurídica, 33.7.b)

Por funcionario público, 539

Suspensión, 369

Suspensión de la pena de cadena perpetua para miembros de las que sean terroristas, 92.2

Traición, 584

Ataque

A miembros de Naciones Unidas, 612.10.º

A quienes acudan en auxilio en robo, 242.3

A personas o bienes en conflicto armado, 611.1.º y 613.b)

En agresiones sexuales, 183.3

En legítima defensa, 20.4.º

Generalizado o sistemático contra la población civil, 607 bis.1

Utilizar de modo pérfido bandera, insignia o emblema durante los, 612.5.º

Atentado

Agravación del homicidio, 138

Contra Jefes de Estado o representantes extranjeros, 605 y 606

Contra el honor, 208

Contra la autoridad, sus agentes y los funcionarios, 550 a 554

Contra la independencia de jueces o magistrados, 508.2

Contra la independencia o seguridad del Estado, 589

Contra la integridad moral de la persona, 174, 175 y 177

Contra la inviolabilidad de un cargo, 612.6.º

Contra la libertad sexual, 178 y ss. y 611.9.º

Contra la libertad o indemnidad sexual de la víctima en delitos de detención ilegal, 166

Contra la libertad o patrimonio en delito de acoso, 172 ter.1.4.ª

Contra la paz pública, 557

Contra la propia estimación, 208

Contra las personas con fines de piratería, 616 ter

Contra las personas con fines terroristas, 573

Contra la vida, 464.2

En delitos de lesa majestad, 607 bis

Los deberes que condicionen la suspensión de la pena no pueden constituirlo contra la dignidad del penado, 83.1.9.ª

No lo han de constituir contra la dignidad los trabajos en beneficio de la comunidad, 49.2.ª

Terrorista contra el patrimonio, 576

Atenuantes

Genéricas, 21, 23, 52.2 y 65 a 68

De personas jurídicas, 31 quater

Para valorar la responsabilidad penal, 65

Se valorarán para fijar la pena de multa, 52.2

Se valorarán para fijar la pena, 66 y 67

Aterramientos, 325

Atribución, (Véase «Intrusismo»)

A personas jurídicas de delitos contra los trabajadores, 318

De las gubernativas o disciplinarias, 34.2

De manifestaciones falsas en documento, 390.1.3.º

De la participación en el hecho a efectos de la prescripción, 132

Ilegítima de actos propios de autoridad, 402

Ilegítima de uniforme de carácter oficial, 402 bis

Falsa de facultad de disposición, 251.1.º

Indebida del derecho de voto, 292

Pública de la cualidad de profesional (intrusismo), 403

Sustracción en delito de rebelión, 472.4.º

Usurpación de las administrativas, 507

Usurpación de las judiciales, 508

Usurpación de las legislativas, 506

Audiencia de un Tribunal o Juzgado

Perturbar gravemente el orden, 558

Aumento deliberado del mal del delito (ver «Ensañamiento»), 22.5.ª y 139.1.3.ª

Auto

De localización permanente, 37

En acusación y denuncia falsas, 456

En la pena de intervención judicial, 33.7.g)

En prevaricación, 446 y ss.

Autolesión de menores o personas con discapacidad, 156 ter

Automóviles. Véanse «Delitos contra la seguridad vial», 379 y ss.

Autonomías (Véanse: «Asamblea Legislativa» y «Consejo de Gobierno»)

Autor, 6, 11, 14, 16, 18, 27, 28, 30, 31, 61, 62, 63, 65, 68, 74.1, 84.1.3.ª, 89.4, 116, 118, 129.1, 140.1, 148, 153, 166.2, 171, 172, 175, 182.1, 183 quater, 184.1, 192, 258.3, 286 quater, 298.1, 300, 305.6, 307.5, 307 ter, 318 bis.1, 319.3, 321, 323.3, 339, 353.2, 354.2, 382 bis.1, 400, 451, 453, 464.1, 510.1.c), 545.1, 577.2, 579 bis.2 y 615 bis

De torturas y otros contra la integridad moral, 169 y 173 y ss.

De tráfico de influencias, 428 y ss.

De tráfico o trasplante de órganos, 156 bis

De traición y contra la paz o la independencia del Estado y relativos a la defensa nacional, 451.3.º.a) y 581 y ss.

De trata de seres humanos, 177 bis

De ultrajes a España, 543

De uso indebido de uniforme, 402 bis

De usurpación de atribuciones, 506 y ss.

De usurpación de funciones públicas y del intrusismo, 402 y 403

De usurpación del estado civil, 401

De usurpación, 245 y ss.

De utilización de la imagen para realizar anuncios o abrir perfiles falsos, 172 ter.5

Delito electoral (véase Anexo V) 472.3º

Graves, menos graves y leves, 13

Informáticos, 197 bis y ss., y 264 y ss.

Leves, 13, 22, 53, 57.3, 66.2, 80.2.1.ª, 130.1.5.º y 131.1

Publicitarios, 282

Que comprometen la paz o la independencia del Estado, 589 y ss.

Relativos a la defensa nacional, 598 y ss.

Relativos a la energía nuclear y a las radiaciones ionizantes, 341 y ss.

Relativos a la ordenación del territorio y el urbanismo, la protección del patrimonio histórico y del medio ambiente, 319 y ss.

Relativos a la prostitución y a la explotación sexual y corrupción de menores, 187 y ss.

Sobre la ordenación del territorio y el urbanismo, 319 y s

Societarios, 290 y ss.

Tráfico de drogas, 368 y ss.

Demolición de obras no autorizadas, 319.3

Denegación de

Asistencia sanitaria, 196

Auxilio, 412

Prestaciones, 511 y 512

Denominación de origen, 275 y 276

Denuncia

Amenaza de, 171.3

De la sustracción de un menor, 225 bis.4

En abandono de familia, 228

En acoso personal, 172 ter.4

En acoso a los centros sanitarios para obstaculizar el aborto, 172 quater. 4

En agresiones sexuales y acoso sexual 191.1

En amenaza leve, 171.7

En calumnia e injuria, 215.1

En coacciones leves, 172.3

En cohecho, 426

En corrupción en los negocios, 287

En daños imprudentes, 267

En defraudación a la Seguridad Social, 307.3

En delito fiscal, 305.4

En delitos contra la libertad sexual, 191.1

En delitos relativos al mercado y a los consumidores, 287

En delitos societarios, 296

En descubrimiento y revelación de secretos, 201

En fraude de subvenciones, 308.5

En homicidio imprudente, 142.2

En impago de pensiones, 228

En injurias o vejación injusta de carácter leve, 173.4

En lesiones imprudentes, 152.2

En reproducción asistida, 161.2

Falsa, 456 y 457

Omisión, 450.2

Omisión en rebelión, 476.2

Suspensión de la ejecución de la pena, 86

Suspensión del cómputo de la prescripción, 132

Violencia o intimidación sobre quien, 464

Dependencia

Abiertas al público en tráfico de influencias (clausura), 430

De casa habitada, edificio o local abiertos al público, 241 y 242

De drogas, 20.2.º, 80.5 y 87

De la morada, 20.4.º. Primero

De otro, en actividades prohibidas a los funcionarios, 441

Dependientes

De farmacéuticos, 303 y 372

De personas naturales o jurídicas, 120

Deportistas

En delito de corrupción en los negocios, 286 bis.4

Suministro de sustancias a, 362 quinquies

Depósito

De armas, municiones o explosivos, 566 a 569, 573 y 574

De caudales o efectos públicos, 435

De dinero o bienes embargados o secuestrados, 258 bis y 435.3.º

De medicamentos, 362 bis

En apropiación indebida, 253

En decomiso, 127 octies

En delitos contra el medio ambiente (de deshechos o residuos), 325 y 328

En delitos relativos al mercado y a los consumidores, 282 bis

En terrorismo, 573, 574 y 577

Inflamables o explosivos, 346 y 348.4

Para el decomiso en delito de tráfico de drogas, 374

Derechos

A la interrupción voluntaria del embarazo, 172 quater

Cívicos (impedir su ejercicio), 542

Constitucionales y legales (impedir su ejercicio), 167

De los ciudadanos extranjeros, 318 bis

De los trabajadores, 127 bis.1.k), 311 y ss.

H

En delitos contra la Corona, 489 y 490

En delitos contra la libertad e indemnidad sexual, 178.2, 180.1.1.ª, 181.1, 183.2 y 4.c), 183 ter, 187.1, 188.2 y 189.3

En delitos contra la salud pública, 362 quinquies.2

En delitos contra las Instituciones del Estado, 493, 498, 503 y 504

En delitos contra los derechos de los trabajadores, 311.4.º

En delitos contra los sentimientos religiosos, 522.1.º

En delitos de lesa humanidad, 607 bis

En delitos de obstrucción a la Justicia y deslealtad profesional, 464.1

En desórdenes públicos, 557.1

En extorsión, 243

En piratería. 616 ter

En quebrantamiento de condena, 469 y 470.2

En realización arbitraria del propio derecho, 455

En robo, 237 y 242

En sustracción de materiales nucleares o elementos radiactivos, 345.3

En sustracción de vehículo a motor o ciclomotor, 244.4

En trata de seres humanos, 177 bis

En usurpación, 245.1

En utilización de menores para la mendicidad, 232.2

Su ausencia permitirá la exención de la responsabilidad criminal, 268.1

Intimidad

Delitos contra la intimidad y cometidos por los funcionarios públicos contra la inviolabilidad domiciliaria y demás garantías de la intimidad, 57, 132.1, 197 y ss. y 535 y ss.

En amenaza, 169

Intoxicación plena

Eximente, 20.2.º

Introducción de radiaciones ionizantes, 343.1

Introducción de datos informáticos para la comisión de estafas, 249.1.a)

Intrusismo, 403

Inundación

En estragos, 346

Inutilización

De dispositivos técnicos para controlar el cumplimiento de las penas, 468.3

De sistemas de alarma o guarda, 234.3 y 238.5.º

De sistema informático ajeno, 264 bis.1.c)

De cosa propia, 289

De cuerpo, efectos o instrumentos del delito, 451.2.º

De documentos, 413, 414, 465, 510.6 y 578.4

De información reservada o secreta, 584, 598, 601 y 603

De material de guerra, 265

De proceso, expediente, protocolo o documento en estafa, 250.1.2.º

De sentido de animal, 337.2.c)

Invasión, 493, 503 y 557.1.c) y bis

Inviolabilidad

De domicilio (véanse «Delitos: De allanamiento de morada y Cometidos por los funcionarios públicos contra la inviolabilidad domiciliaria y demás garantías de la intimidad»), 57, 132, 202 y ss. y 534 y ss.

De las Cortes Generales o Asamblea Legislativa de las Comunidades Autónomas, 499

De parlamentario, 612.6.º

Invitación para cometer delitos, 17.2

Irretroactividad de la ley penal, 2

J

Jefe de Estado

Homicidio o lesiones a, 605

Violación de la inmunidad de, 606.1

Jueces

Abstención, 4.2 y 3

Atentado, 550.3

De instrucción, 132.2

De Vigilancia Penitenciaria, 36, 49, 58.2, 60, 78.2, 90, 91, 92, 96.3.4.ª, 98, 105, 106.2 y 308 bis.1.2.ª

Deportivos en corrupción en los negocios, 286 bis.4

Efectos de Sentencias dictadas fuera de España, 22 últ., 190, 375, 388 y 580

En cancelación de antecedentes delictivos, 136

En cancelación de medidas de seguridad, 137

En delito contra las garantías constitucionales, 529

En delito de estafa procesal, 250.1.7.º

En delitos de calumnias o injurias vertidas en juicio, 215.2

En el perdón del ofendido, 130.1.5.º

En aplicación del precepto, imposición de pena y ejecución de sentencia, 3, 4, 31 ter, 31 quinquies.2, 33, 36.2, 37, 39, 46, 48, 49, 50, 51 y ss., 71 y ss., 130.2, 142 bis, 145, 145 bis, 149, 152 bis, 153, 156 bis, 171, 172, 173, 177 bis, 189.8, 189 ter, 192, 197 quinquies, 214, 226.2, 233.1, 251 bis, 258 ter, 261 bis, 262, 264 quater, 270, 272, 274, 288, 298, 301, 302, 305, 307, 307 ter, 308, 310 bis. 318 bis, 319, 321, 323, 328, 339, 343, 348, 351, 366, 369 bis, 371, 376, 385 ter, 386, 399 bis, 427 bis, 430, 434, 435, 470.3, 510, 510 bis, 514, 520, 565, 567, 570 quáter, 578, 579, 579 bis, 580 bis y 616.

En la libertad condicional, 90 y ss.

En la responsabilidad civil, 109 y ss.

En la suspensión de las penas, 80 y ss.

En la sustitución de las penas, 89.

En las consecuencias accesorias, 127 y ss.

En las medidas de seguridad, 95 y ss.

En acusación y denuncia falsas, 456.2.

En usurpación de atribuciones, 507 y 509

Recibir adiestramiento para terrorismo, 575.1

Ministerio Fiscal
Adopción de medidas para custodia del menor, 233
Audiencia en ejecución, 37 y 78
Autoridad, 24.1
Denuncia en nombre del menor de edad, persona con discapacidad necesitada de especial protección o persona desvalida, 161.2, 189.8, 201.1, 228, 267, 287.1 y 296.1
En delitos contra la Hacienda Pública, 307 y 308
En expulsión de extranjero, 89.3
Medidas de apoyo a las personas con discapacidad, Disposición Adicional Primera en los supuestos del Art. 20.1.º y 3.º
Obstrucción a la Justicia, 463.2
Promoción de acciones para privación de derechos, 189.8
Revelación de secreto sumarial, 466.2

Mobbing (Véase «Acoso laboral)

Modelo de utilidad, 273.1

Modelo industrial o artístico, 273.3.º

Mojón (alteración), 246.1

Moneda
Concepto de la falsa, 387
De curso legal, 399 ter
Falsificación de, 386 y ss.

Monte
Incendio de, 352 y ss.

Morada
Circunstancia agravante en delito de robo, 241.2
Delito de allanamiento de, 202 y ss.
En delitos contra la Corona, 490.1
Legítima defensa, 20.4.º

Motín, 551.4.º

Motivos humanitarios y de dignidad personal, 36.4

Motivos racistas, antisemitas, antigitanos, discriminatorios, 22.4.º, 314, 510, 511, 512, 515.4.º, 607 y 607 bis

Muebles
Fractura de, en robo, 238.3.º

Muerte del animal, 340 bis.3

Muerte del reo
Extinción de la responsabilidad criminal, 130.1.1.º

Muestras biológicas
A condenados, 129 bis

Multa (Véase «Penas: Multa»)
Gubernativa o disciplinaria, 34.2
Potestativa en suspensión de la pena, 84.1.2.ª

Municiones, 563 y ss.
Suministro al enemigo en delitos de traición, 583.2.º

Municipio
Responsable civil, 121

Museos
Daños en, 324

Mutilación genital, 83.2º.2 y 149.2

N

Naciones Unidas, 371, 608.6, 612.5 y 10 y 613, 1, i)

Nave
Daños, 265
En conflictos armados, 613.1.h)
En piratería, 616 ter quater
En traición, 582.1.º y 583.2.º
Inmersión o varamiento, 346 y 347

Negación del genocidio, 510.c)

Negativa
A juzgar, 448
A prestar auxilio, 195, 196 y 412
A sometimiento pruebas de alcoholemia, 383
De derechos fundamentales, 512
Derechos societarios, 293

Negligencia (Véase «Culpa» e «Imprudencia»)

Negocio
Corrupción en los, 127 bis, 286 bis y ss.
Especulativos, 259.1.5.ª
Jurídico en administración fraudulenta, 252
Jurídico en extorsión, 243
Pena de intervención del, 33.7 g)
Perjudicar uno, 264 bis.1
Realizar u omitir uno en extorsión, 243

Negociaciones
Prohibidas a funcionario, 439 y ss.

Neutralidad
Actos que la comprometan, 591
Daños a una parte que goce de esa calificación, 611.2.º
Violación de, 612
Dirigir correspondencia con país que goce de tal calificación, 596.2

Neutralización
De dispositivos para proteger programas de ordenador, 270

Niños (Véase «Menor»)

Nombramientos
De Autoridad competente, 24. 2
Ilegal, 405 y 406

Impedir el de Regencia, 492
Inhabilitación para obtenerlos, 46

Nombre
Actuación en nombre de otro, 31 y 31 bis, 259.5, 318 y 362.2
Amenazas en el de grupos reales o supuestos, 169.1.º
Depósitos de armas establecidos en el de una asociación, 569

Noticia
Contra la paz o independencia del Estado, 596
Criminis, 408 y 450.2
Falsa contra el crédito o interés del Estado, 594
No promover la persecución de delitos de los que tenga, 615 bis. 6
Tendenciosa para alterar el precio de las cosas, 284.2.º
Traición, 583. 3.º y 4.º

Nulidad
De matrimonio, 219, 227 y 268

O

Obcecación
Atenuante, 21.3.º

Obediencia (Véase «Desobediencia»)
Debida, 616 bis
Desobediencia y denegación de auxilio de funcionarios, 410 y ss.
Desobediencia contra las instituciones del Estado, 502
Desobediencia de particulares, 556
Desobediencia en seguridad de explosivos, 348.4.c)
Sustraer fuerza armada a la del Gobierno, 472.7.º

Objetos
Cerrados o sellados, en robo, 238. 3.º
Contundentes, 513, 551.2.º
En delitos contra la propiedad industrial, 273 y ss.
En delitos contra la propiedad intelectual, 271
Introducción de, 179, 181.4, 182.2 y 183.3
Peligrosos, 148. 1.º, 455, 513 y 551
Relativos a la seguridad o defensa nacional, 600.2 y 601
Secretos de empresa, 278.1

Obligación
De estar siempre localizable, 106.1 a)
De comunicar el cambio de lugar de residencia o trabajo, 106.1 c)
De participar en programas formativos y similares, 106.1 j)
De presentarse periódicamente en el lugar judicialmente acordado, 106.1 b)
De seguir tratamiento médico o controles médicos periódicos, 106.1 k)

Obras no autorizadas, 319

Observancia de reglas de conducta en suspensión de la pena, 83.2

Obstaculizar
A los suministros de socorro, 612.8
Al Defensor del Pueblo, 502. 2
Al Tribunal de Cuentas, 502. 2
Delitos provocados por explosivos y otros agentes, 348
Derecho a la asistencia de abogado, 537
La circulación, 385.1.ª
La libertad del Gobierno central o de las Comunidades Autónomas, 503.2.º
Líneas de telecomunicación, 560.1
Operaciones militares, 612.5.º
Un sistema informático ajeno, 264 bis
Un sistema de información, 249.1.a)
Vías públicas, 447.1.b)

Obstrucción a la Justicia, 463 y ss.

Obtención de dispositivos, instrumentos, datos o programas informáticos para estafas, 249.2.a)

Obtención de relación sexual a cambio de precio, 187.1

Ocultar
Bienes, 301.1 y 2
Condiciones desfavorables en fraude tributario, 308.1
Documentos
Por abogado o procurador, 465
Por funcionario, 413
Efectos destinados a su inutilización, 363.5
En encubrimiento, 451 y ss.
En estafa, 250.1.2.º y 251.2.º
En receptación, 301.1 y 2
Hijos, 220.2 y 4
Identidad, 305 bis.1.c)
Información sobre seguridad de explosivos, 348.4 b)
Reiteradamente el paradero del cadáver, 173.1
Terroristas, 576.2

Ocupar bien inmueble, 245

Odio (delitos de), 510 y ss. y 515.4.º

Ofensa
A España, sus Comunidades Autónomas, sus símbolos o emblemas, 543
A la Autoridad, sus agentes y a los funcionarios, 215
A los sentimientos religiosos, 524 y 525.1

Oficina
Allanamiento, 203
Desórdenes públicos en, 557 bis y 558

Ofrecimiento
De condiciones de trabajo engañosas, 312. 2
De productos alimenticios alterados, 363. 1
En cohecho, 419 y ss.
En corrupción de funcionario público, 286 ter
En corrupción en los negocios, 286 bis 2
En tráfico de órganos, 156 bis 2.b)

P

Q

De expulsión del territorio, 89.7
De la inviolabilidad de las Asambleas Legislativas, 499
De las penas del artículo 48, 171.5, 172.2 y 173.2
De los deberes de custodia de menores, 223 y ss.
De medida cautelar, 468 y ss.
De medida de seguridad, 100
De suspensión de la pena, 83.3
En violencia doméstica, 173.2, II
En violencia de género, 153.3, 171.5 y 172.2

Quema
De especies de flora amenazada o de sus propágulos, 332
De madera procedente de incendio, 355

Querella, 80.6, 132.2.ª, 191.1, 215.1, 305.4, 307.3, 307 ter y 308.6

R

Raza
Discriminación, 22.4.ª, 314, 510, 511, 512, 515 y 607
En manipulación genética, 160.3
Selección de, 160.3

Radiaciones ionizantes, 341 y ss. y 574.3

Realización arbitraria del propio derecho, 455

Rebeldía, 30.3

Rebelión, 451, 472 y ss., 573 bis.4 y 592.2

Receptación, 127 bis.1 h) y 298 y ss.

Recompensa
Circunstancia, 22.3.ª, 139.2.ª, 156, I y 213
Determinación de la pena de multa, 377
En amenazas, 171.2
En cohecho, 421

Reconocimiento de sentencias extranjeras, 22, 8.ª últ., 94 bis, 177 bis.10, 190, 375, 388, 580

Recursos naturales (delitos contra los), 325 y ss., 338 y ss. y 357

Redes sociales, en delito de acoso por utilización de la imagen de una persona, 172 ter.5

Regencia, 451, 472, 485, 486, 487, 490.3, 491 y 492

Regente, 451.3.º.a), 472.2.º, 485.2, 486, 487, 490.3 y 491.2

Registro
De la propiedad industrial, 273 y 274
De papeles o documentos, 534
Fiscales, 310
Público o privado, 197.2 y 4, 323, 324 y 523

Registro central de penados y rebeldes, 136 y 137

Reglas de determinación de la pena, 61 y ss.

Regularización, 305.4, 307 ter.3 y 308.5 y Disposición Adicional Segunda de la Ley Orgánica 6/1995, de 29 de junio

Rehabilitación
Del penado, 83.1.9.º, 98.2 y 369.4.º
Social, 83.1.9.º
Tratamiento de, 369.1.4.º y 7.º

Reincidencia, 22.8.ª, 66.1.5.ª, 66 bis.2.ª, 98.2, 127 bis.1 d), 156 bis.10, 177 bis.10, 189.2 h), 190, 375, 388 y 580 y Disposiciones Transitorias Sexta y Séptima de la Ley Orgánica 6/1995, de 29 de junio

Reiteración
En delito de acoso laboral e inmobiliario, 173.1.II y III
En la comisión de la infracción, 37.1, 49.6.ª c), 86, 90, 92, 98, 106.4, 129 bis, 270.3 y 570 ter.1 c)

Relación de afectividad, 23, 57.2, 83.2, 84.2, 148.4.º, 153, 171.4, 172.2, 173.2, 180, 197.7, 425, 443 y 454

Relaciones comerciales, 286 bis

Religión, 22.4.ª, 197.5, 314, 510, 511, 512, 515.4.º, 522.2.º y 525.2

Remisión de la pena, 87 y 130.1.3.º

Reos habituales, 80.3 y 94

Reparación
De los efectos del delito, 21.5.º, 31 quater, 34.3, 80, 86.3, 90.2, 109.1, 110.2.º, 112, 114, 126.1.1.º, 216, 227.3, 314, 340, 378.1.º y 434

Represalia, 464.2, 471 bis.6, 590, 611.1.º, 613.1.a), d) y f)

Representantes
Del Ministerio Fiscal, 461.2, 463.2 y 466.2
Legales, 31 bis, 31 quater, 31 quinquies. 2, 120.4.º y 5.º, 130.1.5.º, 156, 161.2, 191, 200, 201.1 y 3, 215.1, 228, 267.II, 287.1, 296.1 y 305.4

Reproducción
Asistida, 161.1
De tarjetas de crédito o débito y cheques de viaje, 399 bis.1

Requerimiento administrativo, 311.2.º, 314 y 412

Resarcimiento, 122, 156 bis y 382

Residencia
Obligación de comunicar el cambio, 106.1.c)
Prohibición de ausentarse, 106.1.d).596
Prohibición de fijarla en determinados lugares, 106.1.h)

Residuos
Recogida, transporte o eliminación, 326.1
Traslado, 326.2

S